HEINZ G. KONSALIK
Tödlicher Staub

Meinen Lesern

Heinz G. Konsalik

Von Heinz G. Konsalik sind folgende Romane
als Goldmann-Taschenbücher erschienen:

Eine angesehene Familie (6538) · Auch das Paradies wirft Schatten / Die Masken der Liebe (3873) · Aus dem Nichts ein neues Leben (43512) · Bluthochzeit in Prag (41325) · Duell im Eis (8986) · Engel der Vergessenen (9348) · Der Fluch der grünen Steine (3721) · Der Gefangene der Wüste (8823) · Das Geheimnis der sieben Palmen (3981) · Geliebte Korsarin (9775) · Eine glückliche Ehe (3935) · Das goldene Meer (9627) · Das Haus der verlorenen Herzen (6315) · Heimaturlaub (42804) · Der Heiratsspezialist (6458) · Heiß wie der Steppenwind (41323) · Das Herz aus Eis / Die grünen Augen von Finchley (6664)
Ich gestehe (3536) · Im Tal der bittersüßen Träume (9347) · Im Zeichen des großen Bären (6892) · In den Klauen des Löwen (9820) · Der Jade-Pavillon (42202) · Kosakenliebe (9899) · Ein Kreuz in Sibirien (6863) · Der Leibarzt der Zarin (42387) · Leila, die Schöne vom Nil (9796) · Liebe am Don (41324) · Liebe auf dem Pulverfaß (9185) · Die Liebenden von Sotschi (6766) · Das Lied der schwarzen Berge (2889) · Manöver im Herbst (3653) · Ein Mensch wie du (2688) · Morgen ist ein neuer Tag (3517) · Ninotschka, die Herrin der Taiga (43034) · Öl-Connection (42961) · Promenadendeck (8927) · Das Regenwald-Komplott (41005)
Schicksal aus zweiter Hand (3714) · Das Schloß der blauen Vögel (3511) · Schlüsselspiele für drei Paare (9837) · Die schöne Ärztin (3503) · Die schöne Rivalin (42178) · Schwarzer Nerz auf zarter Haut (6847) · Die schweigenden Kanäle (2579) · Sie waren Zehn (6423) · Sommerliebe (8888) · Die strahlenden Hände (8614) · Die Straße ohne Ende (41218) · Eine Sünde zuviel (43192) · Tal ohne Sonne (41056) · Die tödliche Heirat (3665) · Tödlicher Staub (43766) · Transsibirien-Expreß (43038) · Und alles nur der Liebe wegen (42396) · Unternehmen Delphin (6616) · Der verkaufte Tod (9963) · Verliebte Abenteuer (3925) · Wer sich nicht wehrt… (8386) · Wer stirbt schon gerne unter Palmen… 1: Der Vater (41230) · Wer stirbt schon gerne unter Palmen… 2: Der Sohn (41241) · Westwind aus Kasachstan (42303) · Wie ein Hauch von Zauberblüten (6696) · Wilder Wein (8805) · Wir sind nur Menschen (42361) · Zwei Stunden Mittagspause (43203)

Ferner liegen als Goldmann-Taschenbücher vor:

Stalingrad. Bilder vom Untergang der 6. Armee (3698) · Die fesselndsten Arztgeschichten. Herausgegeben von Heinz G. Konsalik (11586) ·

HEINZ G. KONSALIK

Tödlicher Staub

Roman

GOLDMANN

Ungekürzte Ausgabe

Umwelthinweis:
Alle bedruckten Materialien dieses Taschenbuches
sind chlorfrei und umweltschonend.
Das Papier enthält Recycling-Anteile.

Der Goldmann Verlag
ist ein Unternehmen der Verlagsgruppe Bertelsmann

Genehmigte Taschenbuchausgabe 9/97
Copyright © 1995 by Blanvalet Verlag GmbH, München
Umschlagentwurf: Design Team München
Druck: Elsnerdruck, Berlin
Verlagsnummer: 43766
MV · Herstellung: Heidrun Nawrot
Made in Germany
ISBN 3-442-43766-0

1 3 5 7 9 10 8 6 4 2

Das Rätsel

Es war ein sonniger, milder Nachmittag im Mai 1991. Auf den Wiesen am Moskwa-Ufer leuchteten die Blumenrabatten, die ersten weißen Ausflugsschiffe lagen tief im blauschimmernden Wasser des Flusses. Sie waren überfüllt mit frühlingssehnsüchtigen Menschen, denn erst Ende April hatte sich der Winter zurückgezogen, um dann plötzlich, buchstäblich über Nacht, zu weichen und einer strahlenden Sonne die Erde zu überlassen. Alles stürzte an die Moskwa, in die Parks, stürmte die Schiffe, und im riesigen Gorkipark begann die Vergnügungssaison – es war, als hole ganz Moskau tief Atem, werfe sich in luftige Kleidung und recke sich der Sonne entgegen, so, wie man sich unter einer wohltuenden Dusche dehnt und streckt. Auch Natalja Petrowna Victorowa war hinunter zum Fluß gegangen, saß auf einer Bank, hatte den weiten Rock über ihre Beine und die Schenkel hochgezogen, was manchen Vorbeiflanierenden zu einem langen Blick animierte. Sie hatte den Kopf zurückgelehnt, die geblümte Bluse spannte über ihrem Körper... so muß der Frühling aussehen! So und nicht anders. Leben! Pralles Leben! Sehnsucht im Sonnengold. Himmel, was lockst du da hervor aus dem Wintergrau!

Natalja war neunzehn Jahre alt, aber mit der Erfahrung einer Dreißigjährigen belastet. Ihr Vater, ein strammer Kommunist, war nach Glasnost arbeitslos geworden; die Fabrik, in der er als Heizer an den Steinkohleöfen gearbeitet hatte, war die erste gewesen, die 1987 auf Ölfeuerung umstellte, alles automatisch, was einen Heizer überflüssig machte. Der neue Direktor, in Boston ausgebildet, ein eleganter, noch junger Mensch mit besten Manieren, schickte ihm nicht einfach einen Entlassungsbrief, sondern er ließ ihn in sein Chefbüro kommen. Mit Blick auf ein großes Foto von Gorbatschow stand Petr Nikolajewitsch Victorow nichtsahnend vor dem freundlichen Direktor, ja sogar in der Hoffnung, zum Vorarbeiter befördert zu werden. Verdient hatte er es.

»Wie lange sind Sie schon bei uns?« fragte der Direktor jovial. Victorow straffte sich unwillkürlich.

»Fast vierundzwanzig Jahre, Genosse Direktor.« 1987 sprach man sich noch so an.

»Und keine Klagen. Wir sind stolz auf Sie, Genosse.«

»Ich habe nur meine Pflicht getan.«

»Das sehen wir auch so. Vierundzwanzig Jahre an den Öfen, in der heißen Unterwelt – das nagt die Kräfte aus dem Körper.«

»Ich fühle mich gesund, Genosse Direktor. Man gewöhnt sich an alles. Ich liebe meine Öfen. Aber nun ist ja alles anders geworden. Jetzt verbrennt man Öl, ein Mann sitzt an einer großen Kontrolltafel, alles läuft automatisch, und ich und vier Kollegen – einer ist schon dreißig Jahre bei uns – müssen jetzt die Lagerhallen leerräumen. Alles nur Gerümpel.«

»Sehen Sie, Victorow, das ist es!« Der junge Direktor lächelte gütig. »Sie haben es verdient, einen ruhigen Lebensabend zu verbringen.«

»Ich bin erst vierundvierzig Jahre alt, Genosse Direktor.«

»Vierundvierzig! Und davon vierundzwanzig in der glühenden Unterwelt. Gehen Sie nach Hause, Genosse, und genießen Sie das Leben. Ich entlasse Sie hiermit in die verdiente Ruhe...«

Victorow verstand zunächst nichts. Wie sollte er auch eine Ahnung von dem kühlen Humor moderner, junger Manager haben? Aber als er den letzten Satz endlich begriff, stöhnte er leise auf.

»Genosse... ich bin entlassen?« stotterte er.

»Sie gehen in den Ruhestand.«

»Und wovon soll ich leben?«

»Das Kombinat zahlt Ihnen eine Pension.«

»Wieviel? Darf man das fragen?«

»Das rechnet unser Betriebsbüro aus.«

»Man wirft mich nach vierundzwanzig Jahren raus?! Das geht doch nicht!«

»Der neue Trend heißt: Rationalisierung, Kostensenkung, Angleichung an den Weltmarkt. Der alte staatliche Schlendrian hört auf.«

»Und das ist nun das neue Rußland, Genosse Direktor?!« Victorow holte tief Atem. »Das ist Perestroika?«

»Sie bekommen Ihre Urkunde per Post.« Der junge Direktor verlor ein wenig von seiner Freundlichkeit. »Sie können gehen, Genosse. Ich beglückwünsche Sie zu Ihrem Ruhestand. Genießen Sie die kommenden Jahre.«

Victorow erwiderte nichts mehr. Er bedankte sich auch nicht für seine »Freiheit«, sondern ließ hinter sich die Tür zuknallen. Im Vorraum aber sagte er laut: »Man sollte ihn mit Scheiße beschmieren!« Die Sekretärin blickte kurz von ihrer Schreibmaschine auf.

»Meinen Sie den neuen Chef?« Sie lächelte etwas bläßlich. »Es wird noch schlimm werden mit unserem Rußland.«

Zu Hause – Victorow bewohnte mit seiner Frau und seiner Tochter Natalja eine schmale Dreizimmerwohnung in einem Wohnblock – trank Petr Nikolajewitsch zunächst hundertfünfzig Gramm Wodka pur und nicht wie üblich mit Limonade vermischt, was ihm besonders gut schmeckte, legte sich dann auf das mit rotem Plüsch bezogene Sofa, auf dem schon sein Vater geschnarcht hatte, schlug die Beine übereinander und sagte mit etwas schwerer Zunge:

»Ihr Lieben, hier seht ihr einen Menschen, den man in den Arsch getreten hat.«

Sonja, Victorows Frau, sah hinüber zu ihrer Tochter Natalja und nickte bedächtig. »Dein Vater ist besoffen«, sagte sie. »Keiner tritt ihm in den Hintern, ohne nachher im Krankenhaus Nummer 1 aufzuwachen.«

»Ich hätte ihn erwürgen können!« Victorow drehte sich auf die Seite und mußte dabei rülpsen. »Ich bin entlassen! Gefeuert. Hinausgeschmissen. Wie eine lästige Fliege weggejagt.«

»O Gott, ist er besoffen!« Sonja winkte begütigend zu Natalja hinüber. Diese war entsetzt aufgesprungen. Mit ihren fünfzehn Jahren war sie bereits vollentwickelt... sie war nicht nur die Hübscheste der ganzen Mädchenoberschule *Stanislawski*; sie nahm sehr wohl die begehrlichen Blicke der Lehrer auf ihren Busen und ihre Schenkel wahr. Ganz schlimm war der Hausmeister Kyrill Stepanowitsch, der sogar einmal zu ihr gesagt hatte: »Nataljascha, ein ganzes Pfund bestes Rindfleisch bekommst du von mir, wenn du deinen Rock ganz hochhebst. Aber ohne Höschen – das ist Bedingung.« Da hatte sie laut gelacht, hatte sich umgedreht, ihm den Hintern hingestreckt und war dann schnell davongelaufen. Es wurde zu einem geheimen Spaß für sie: die Männer und die Jungen nebenan von der Oberschule *Puschkin* so zu reizen, daß sie Glubschaugen bekamen... dann lief sie mit hellem Lachen davon. Ein gemeines, kleines, wunderhübsches Luder, das in der Schule zu Wetten animierte: Wann wird sie vergewaltigt? Wer legt sich als erster auf sie?

Es war Jurij Wladimirowitsch Krepkin, ein flotter Student, aber das wußte keiner. Alle glaubten noch an ihre Jungfräulichkeit, am hartnäckigsten ihre Eltern. Und mit Jurij kam Natalja nach dieser einen Abendstunde im Park auch nicht mehr zusammen. Sie war enttäuscht... sie hatte nichts, aber auch gar nichts dabei empfunden, und sein Aufstöhnen am Ende hatte sie sogar angeekelt. So kam es, daß Natalja sich wieder in die Unberührtheit zurückzog.

»Du bist wirklich arbeitslos, Väterchen?« rief sie jetzt.

»So ist es, Töchterchen. Ich kann Daumen drehen und in die Ecke spucken. Wer nimmt jetzt, wo alles modernisiert wird, einen vierundvierzigjährigen Heizer? Eine andere Arbeit? Nehme ich sofort an... aber wo gibt es Arbeit? Ihr Lieben, ein gebrochener Mann bin ich.«

Jetzt begriff auch Sonja den Ernst der Lage und die düstere Zukunft. Sie schlug die Hände über dem Kopf zusammen und brach in ein solches Jammern aus, wie es bei einem Begräbnis die Klageweiber hinter dem offenen Sarg anstimmen. »Was nun?« schrie sie. »Was nun? Verhungern werden wir, verschrumpeln wie ein alter Apfel. Müll werden wir sein, den sie einfach wegkehren. Betteln müssen wir, in den Müllkippen nach Nahrung suchen, und jeder darf uns wegjagen wie räudige Hunde! O Gott, o Gott... wir haben doch nicht gesündigt, daß er uns so hart bestraft.«

Victorow hörte das Wort Gott, drehte sich auf die andere Seite, furzte vernehmlich, sagte: »*Das* ist Gott wert!« und schlief dann schnell ein.

An diesem Tag fällte Natalja eine lebensbestimmende Entscheidung.

Während Väterchen Petr in Moskau herumstrolchte, bei unzähligen Firmen vorsprach und sich als Arbeiter anbot, natürlich vergebens, dabei eine Gruppe anderer Unzufriedener und Arbeitsloser fand, die Gorbatschow verdammten und von einer neuen Revolution faselten, und Mutter Sonja bei den großen Betrieben um eine Stelle als Putzfrau bettelte, was auch umsonst war, denn die zum Putzen bereits angestellten Frauen jagten sie mit Besenstielen aus den Büros, während dieses Kampfes um das nackte Überleben entdeckte Natalja das so oft zitierte Licht am Ende des Tunnels.

Sofort nach dem Schulunterricht fuhr sie hinaus zur Garnison des Ersten Garderegimentes. Mit wiegendem Gang und schwingenden Hüften ging sie die Straßen entlang, an denen die Offizierswohnungen lagen. Ein einfacher Soldat sollte nicht an ihren Körper herankommen... wenn es schon sein mußte, wollte sie diese

Gunst einem höheren Offizier zukommen lassen, selbst ein junger Leutnant stand bei den Huren an letzter Stelle.

Es war der Kapitän Tschutscharin, ein Sibirier, der als erster Natalja ansprach und in seine Wohnung führte. Er war ein rotgesichtiger, schwerer Mann mit einem deutlichen Bauchansatz, der, als er von der Uniform befreit und nackt war, sich noch mehr vorwölbte. Natalja sah ihn mit zusammengepreßten Lippen an. Nie, nie hätte sie einen solchen Mann an sich herangelassen, aber jetzt ging es um Väterchen und um die Mutter, sie sollten nicht hungern, sie sollten nicht in Verzweiflung versinken... und überhaupt – ob Bauch oder nicht Bauch, sie würde wie bei dem Studenten Jurij nichts empfinden, nicht das geringste Gefühl... man lag da, spürte einen immer wiederkehrenden Druck, hörte den schweren Atem, den letzten Seufzer... und das war dann alles. Aufstehen, waschen, anziehen und gehen.

Tschutscharin saß in seiner quellenden Nacktheit auf der Bettkante und sah mit flackernden Augen zu, wie sich Natalja auszog. Als sie den Slip abgestreift hatte und sich, vor ihm stehend, um sich selbst drehte, sagte er mit heiserer Stimme:

»Verdammt, bist du schön...«

»Das weiß ich, Genosse.«

»Komm her, du Engel.«

»Das Paradies kostet Eintritt. Wieviel zahlst du?«

»Zweihundert Rubel...«

»Dafür darfst du noch nicht mal meine Löckchen berühren.«

Es wurde fürchterlich, aber es dauerte zum Glück nur zwanzig Minuten – der sibirische Bär kapitulierte, lag ächzend und schwitzend auf dem Rücken und richtete sich erst auf, als Natalja angezogen aus dem Badezimmer zurückkam.

»Du warst wunderbar«, sagte er und strich sich mit beiden Händen über den schweißnassen Bauch. »Kommst du wieder?«

»Wenn du bezahlst, warum nicht?«

»Treffen wir eine Abmachung: alle zwei Wochen.«

»Ich werde es mir merken.«

In der U-Bahn während der Heimfahrt wunderte sich Natalja, daß dieser Einstieg in das Hurenleben sie so wenig berührte. In ihrer Jackentasche knisterten vierhundert Rubel... das allein war wichtig und bemerkenswert. Verdammt, du bist ein kalter Typ, dachte sie und begann, sich selbst zu analysieren. Deinen Körper hinzugeben, das berührt dich nicht... du mußt nur lernen, deinen Ekel zu unterdrücken. Denk an ein wogendes Kornfeld im Sommerwind, wenn er auf dir liegt und sich in dir bewegt, und denk an den Schrei der Wildgänse, die unter dem leuchtenden Himmel dahinziehen, wenn er dich umklammert und sich zum Höhepunkt stöhnt. Denk an alles, nur nicht an das, was du gerade tust. Steh immer außerhalb deines Körpers. Bleibe kühl bis ins Herz.

Natalja, du wirst eine Frau werden, die nur sich selbst liebt. Eine Frau aus Eis, an der die Männer verglühen, denn Eis brennt auf der Haut ...

Einige Wochen lang glaubte Väterchen Victorow seiner Tochter, daß sie das Geld, das sie täglich bei ihm ablieferte, in einem Krankenhaus verdiente, nachmittags, als Hilfe auf der Station für Frauenkrankheiten. Eine Schulfreundin, deren Vater Arzt sei, habe ihr die Stelle vermittelt, erklärte sie, und Victorow hatte keinen Grund, ihr das nicht zu glauben. Er umarmte seine Tochter, küßte sie mehrmals und sagte gerührt:

»Welch ein Opfer bringst du uns, mein Schwänchen. Die Schule und danach die schwere Arbeit im Krankenhaus ... ich bin stolz auf dich. Aber so soll es nicht bleiben. Irgendwo werde ich schon eine Arbeit bekommen; es kann ja in Rußland nicht so bleiben, wie es jetzt ist. Gorbatschow wird es schon schaffen ... alles braucht seine Zeit ... ein neues Rußland kann man nicht aus der leeren Hand zaubern. Nach siebenundsechzig Jahren Sowjetunion muß man erst Atem holen und sich daran gewöhnen, was freie Marktwirtschaft und Demokratie überhaupt bedeuten.«

Das war ein kluger Satz. Victorow hatte ihn bei einer Diskussion auf der Straße aufgeschnappt, als eine Gruppe unzufriedener Arbeitsloser sich nicht einig wurde, ob Gorbatschows Reformen wirklich ein Segen für Rußland waren, denn die Kritiker wurden immer lauter, und die Zahl der Verbrechen stieg an, je mehr die staatlichen Zügel durch die persönliche Freiheit gelockert wurden.

Bis zu jenem Tag, an dem ein Bekannter den ahnungslosen Victorow zur Seite nahm und diskret fragte:

»Hast bald einen Schwiegersohn, Petr Nikolajewitsch? Gratuliere. Natalja ist zwar noch jung, aber ihr Körperchen ... Wie kann ein Mensch wie du nur eine so schöne Tochter haben?!«

»Wieso Schwiegersohn?« fragte Victorow erstaunt. »Was faselst du da? Es gibt keinen Schwiegersohn!«

»Leugne es nicht. Hat einen guten Fang gemacht, dein Herzblättchen. Einen Major – gut sieht er aus, ein strammes Männchen.

Wenn er erst einmal General geworden ist, sitzt du im Buttertopf. Gratuliere, Freundchen.«

Victorow blickte seinen Freund nachdenklich an. Nein, betrunken ist er nicht, dachte er, und geistesgestört ist er nie gewesen. »Du mußt dich geirrt haben«, sagte er nach einigem Nachdenken laut. »Ganz sicher hast du dich geirrt.«

»Unmöglich. Gestern war's: Natalja kam mir entgegen, ging an mir vorbei, so nah, wie wir uns jetzt gegenüberstehen. Und eingehakt hatte sie sich bei diesem schönen Major, und gezwitschert hat sie wie ein Vögelchen und die Augen gerollt und mit dem Hintern gewackelt, daß mir ganz trocken im Hals wurde. Und dann habe ich gesehen, daß sie in ein Hotel gingen... das Hotel *Dunja*... ein kleines Hotel. Na, was machen Verliebte wohl in einem Hotel, he? Petr Nikolajewitsch, spiel nicht den Ahnungslosen. Ein hoher Offizier ist eine gute Lebensversicherung.«

Victorow schnaufte. Er erinnerte sich: Gestern abend hatte Natalja aus dem Krankenhaus mehr Rubel nach Hause gebracht als an anderen Tagen. »Eine Prämie, Papa!» hatte sie gerufen. »Stell dir vor... ich habe eine Prämie bekommen, weil ich so fleißig bin!« Und er war fast geplatzt vor väterlichem Stolz.

An diesem Abend wurde Natalja nicht wie sonst mit einer Umarmung empfangen. Als sie die Wohnung betrat, fröhlich wie immer, und fünfhundert Rubel auf den Tisch legte, fegte Victorow die Scheine mit einer wilden Handbewegung zu Boden. Erst jetzt sah Natalja, daß Mutter Sonja unter dem in Gold gerahmten Bild der schwarzen Madonna saß und in die Schürze weinte. Und als sie ihren Vater fragend anblickte, sah sie sein gerötetes Gesicht und seine hervorquellenden Augen, deren Blick wie ein Dolchstoß war.

»Wer war es diesmal?« brüllte Victorow und zitterte vor Wut am ganzen Körper. »Ein Oberleutnant oder gar ein Oberst? Fünfhundert Rubel – welch ein geiziger Schwanz!« Er holte tief Atem, sein Herz zuckte krampfhaft... und jetzt, jetzt falle ich um und sterbe an zerbrochenem Herzen, dachte er, getötet von meiner Tochter... und er ballte die Fäuste und schüttelte sie vor Nataljas Gesicht.

»Hure!« schrie er, und seine Stimme überschlug sich. »Meine Tochter ist eine Hure! Wälzt sich in Hotelbetten herum und steckt mir ihren Hurenlohn zu. Mit fünfzehn Jahren das Flittchen der Offiziere! Ich spucke vor dir aus, ich spucke...«

Natalja senkte den Kopf. Auf diese Stunde hatte sie sich vorbereitet, sie mußte ja einmal kommen.

»Väterchen...«, sagte sie mit klarer, kühler und doch kindlicher Stimme.

»Nenn mich nicht so!« Victorow drehte ihr den Rücken zu. »Ich bin nicht mehr dein Vater!«

»Ich tue es für euch.«

Natalja bückte sich, hob die Rubelscheine vom Boden auf und legte sie auf den Tisch zurück. »Nur für euch! Ihr sollt nicht hungern und unglücklich sein. Eine gute Tochter bin ich, die für euch sorgt. Wenn du wieder eine Arbeit findest, Väterchen, höre ich sofort auf. Aber wovon wollt ihr jetzt leben? Von der winzigen Pension, mit der ihr euch nicht mal auf dem Schwarzmarkt eine Scheibe Speck kaufen könnt? Ihr solltet dankbar sein, aber mich nicht verfluchen. Wir wollen überleben – mit welchen Mitteln, danach fragt man nicht.«

Es dauerte drei Wochen, bis sich Victorow damit abgefunden hatte, daß seine schöne Natalja ihnen ein sorgloses Leben bescherte. Zu seiner Frau Sonja sagte er nachdenklich, als er die zwei Pfund Fleisch betrachtete, die sie hatte kaufen können:

»Die heutige Zeit lebt nicht von der Moral, alles hat sich geändert. Leben wir schlecht? Nein! So betrachtet, ist Natalja eine gute Tochter. Jeden Rubel gibt sie uns, diese wirklich schwer verdienten Rubel! Na gut, sie ist eine Hure... aber sie verdient Geld. Sieht man einem Rubel an, ob er in einer Fabrik oder in einem Bett verdient wurde? Wir müssen umdenken, Mütterchen. Und es ist ja auch nur vorübergehend. Ich werde mich weiter bemühen, eine Arbeit zu finden.«

Natürlich fand Victorow keine Arbeit. Die »untere Klasse« wuchs von Woche zu Woche, Natalja nahm Tanzunterricht, nicht bei einem Ballettmeister des Bolschoi-Theaters, sondern bei einer Lehrerin für Striptease, die sie lehrte, sich bei sinnlicher Musik so aufreizend auszuziehen, daß die neuen Reichen mit Rubeln und sogar mit Dollars um sich warfen, um mit der Tänzerin in einer der Hinterzimmer weiterzuspielen.

Als Natalja nach Meinung ihrer Lehrerin reif für die neue Karriere war, verließ sie die Oberschule und nahm ein Engagement in der Bar *Tropical* an. Es war ein »In-Lokal«, wie man so etwas jetzt nannte, besucht von einer neuen Gesellschaftsschicht, die – wer weiß, was sie tagsüber trieb – mit Geld um sich warf und alles kaufte, was käuflich war. Und käuflich war in Rußland jetzt alles, je mehr dieses Land sich dem Westen öffnete. Eine Tänzerin für eine

Nacht zu kaufen, gehörte zu den geringfügigen Ausgaben eines angenehmen Lebens.

Das war nun bereits vier Jahre her. Jetzt, im Mai 1991, war Natalja der Star vom *Tropical*, nahm mehr Rubel ein als der Präsident Rußlands, und Vater Victorow, noch immer arbeitslos, lebte wie ein wohlgenährter Natschalnik, besuchte ab und zu die Bar und sah seiner wunderschönen Tochter zu, wie sie sich aus dem Kostüm schälte und schließlich nackt von der Bühne tänzelte. Und wenn ihn jemand fragte, wie es Natalja gehe, antwortete er stolz:

»Sie ist Tänzerin, Ausdruckstänzerin. Eine wahre Künstlerin. Keine Pawlowa, die ist unerreicht... aber ein Star ist sie trotzdem. Wir sind mit ihr zufrieden.«

An diesem sonnigen Nachmittag im Mai saß Natalja also auf der Bank am Moskwa-Ufer, nahm die Wärme der Sonne in sich auf und dachte über eine neue Tanznummer nach, die sie einstudieren wollte. Eine ziemlich geile Nummer, in der ein Teddybär seine Spielchen zwischen ihren Beinen trieb. Und das war noch die harmloseste Szene der Choreographie.

Plötzlich hatte sie das Gefühl, nicht mehr allein auf der Bank zu sitzen. Sie senkte ihren Kopf und öffnete die Augen. Kein Irrtum, neben ihr saß ein Mann mittleren Alters, elegant gekleidet, nach einem herben Herrenparfüm duftend. Durch die tiefbraunen Haare zogen sich einige weiße Fäden, aber das bemerkenswerteste waren seine blaugrünen Augen, eine Farbmischung, die Natalja noch nie gesehen hatte. Diese fordernden Augen blickten sie an, als strichen seine Hände bereits liebkosend über ihren Körper.

Die Hände! Natalja warf einen Blick auf sie. Seine Hände lagen auf seinem linken Oberschenkel, geschmückt von vier dicken Ringen mit Brillanten und blauen Saphiren, die aber nicht davon ablenken konnten, daß die linke Hand nur vier Finger besaß. Es mußte ein Geburtsfehler sein, denn keine Narbe zeigte, daß er den fünften Finger durch einen Unfall verloren hatte.

Der Mann machte im Sitzen eine kleine Verbeugung. Als er zu sprechen begann, wirkte seine tiefe, warme Stimme sympathisch.

»Ein herrlicher Tag«, sagte er. »Man kann richtig aufatmen nach dem langen Winter. Und wer Sie ansieht, Natalja, weiß, was Frühling bedeutet.«

»Sie kennen mich?« Natalja errichtete eine Glaswand zwischen sich und dem Mann. Nachts, da war sie ein anderer Mensch als am Tag. »Ich nehme an, aus dem *Tropical*.«

»Ich bin Stammgast, seitdem Sie dort tanzen. Wie Sie sich ausziehen... das ist Klasse und hat Rasse.«

»Was wollen Sie?« Ihre Zurückweisung war deutlich genug, um nicht mißverstanden zu werden. Aber der elegante Herr überhörte den abwehrenden Ton und lächelte Natalja an, als sei man sich für eine Nacht einig geworden.

»Ich bin Igor Germanowitsch Sybin«, sagte er. Er sprach den Namen so aus, als erwarte er ein lautes Händeklatschen. Aber Natalja zeigte sich völlig unbeeindruckt.

»Na und?« fragte sie zurück.

»Sie kennen mich nicht?«

»Wie kann man jeden Gast kennen, der in der Bar sitzt, auch wenn er Stammgast ist.«

»Bis auf die, welche das Glück haben, mit tausend Rubel die Tür Ihrer Garderobe zu öffnen.«

»Sie verwechseln Ort und Zeit, Igor Germanowitsch. In der Nacht – das ist mein Beruf, jetzt haben wir Tag, ich sitze auf einer Bank an der Moskwa, lasse mich von der Sonne bescheinen und möchte allein sein. Wenn Sie meinen, ich sei die Tänzerin, dann irren Sie sich. Ich bin die Ihnen fremde Natalja Petrowna Victorowa.« Sie legte den Kopf wieder in den Nacken, schloß die Augen und genoß weiter ungerührt die sie umhüllende Wärme der Maisonne.

Sybin sah sie eine Weile schweigend an und dachte daran, wie betörend dieser Körper auf der Bühne war. Ein Bildhauer aus der Blütezeit Griechenlands hätte ihn nicht besser in weißen Marmor meißeln können. Vollkommene Schönheit.

»Warum sind Sie so kalt, Natalja?« fragte er.

»Am Tag bin ich kalt. Wir sollten uns vielleicht am Abend unterhalten. Wenn Sie in das *Tropical* kommen...«

»Nicht in der Bar! Auch nicht in Ihrer Garderobe! Ich bin nicht von der Sorte, die mit einem Bündel Rubel eine schöne Frau auf den Rücken zwingen. Ich möchte nicht einer Ihrer Stundenkunden sein.«

Natalja veränderte ihre Haltung nicht. Sie hielt die Augen geschlossen und sonnte sich weiter. Geradezu beleidigend sagte sie nur:

»Und warum sitzen Sie dann da und reden so dumm?«

»Ich möchte Sie nach Ihrem letzten Tanz einladen.«

»Also doch. Sagen Sie das der Tänzerin in der Bar!«

»Nein, nicht in der Bar, Natalja. Ich lade Sie ein zu einem Essen im *Kasan*.«

Natalja öffnete die Augen, aber sie sah ihn nicht an. Sie blickte in den blauen Himmel und auf eine fast runde, weiße Wolke, die träge in der Unendlichkeit schwamm.

»Ins *Kasan* kommt man nur mit einer tagelangen Vorbestellung. Und außerdem ist es längst geschlossen, wenn ich meinen Auftritt beendet habe.«

»Ich komme zu jeder Zeit hinein. Wenn Sie sagen: Ja, ich komme... die Köche werden auf uns warten, die Kellner, der Pianist. Auf uns ganz allein.«

Nun änderte Natalja doch ihre Haltung. Sie wandte sich wieder Sybin zu, warf einen Blick auf seine brillantenblitzenden Finger und sah ihm dann ins Gesicht.

»Sie lieben Umwege?«

»Nein! Ich habe nicht die Absicht, in Ihr Bett zu steigen... wenn Sie das meinen.«

»Was sonst?«

»Ich möchte mit Ihnen reden. Nur reden. Vernünftig reden. Ich glaube, das sagte ich schon. Ist dieser Wunsch so schwer zu erfüllen?«

»Sie wären der erste Mann, der in meiner Gegenwart anders denken und mich nicht als eine Ware behandeln würde.«

»Ich bin nicht wie jeder andere Mann.«

»Sind Sie pervers?«

»Manchmal ja – auch das kann ich sein.« Sybins Lächeln veränderte sich nicht. »Aber ich will nur reden! Ist Reden pervers?«

»Jeder Mensch hat seine Eigenheiten. Was weiß ich?« Sie nickte. »Also reden wir...«

»Sie sagen zu, Natalja?«

»Aus Neugier – ja. Und nun lasen Sie mich allein, Igor Germanowitsch. Die Sonne versinkt schneller, als wir es uns wünschen... und ich will die Zeit genießen.«

»Die Zeit genießen – das ist ein gutes Wort.« Sybin erhob sich von der Bank, ergriff Nataljas rechte Hand, hob sie an die Lippen und küßte sie. »Bis heute abend, Natalja Petrowna.«

Er ging schnell und mit kräftigen Schritten davon und verschwand in der Menschenmenge, die auf der Promenade am Fluß den warmen Maitag genoß.

Ein merkwürdiger Mensch, dachte Natalja und schloß erneut die

Augen. Man lernt nie aus. Da will einer nur reden und könnte für tausend Rubel den schönsten Körper von Moskau in den Armen halten. Sybin. Igor Germanowitsch Sybin. Sybin? Wo hatte sie diesen Namen schon einmal gehört? Plötzlich wußte sie, daß er kein Unbekannter war... Sybin, das war ein Klang, der sich in ihr versteckt hatte. Irgendwo war das Wort Sybin schon in ihr Ohr gedrungen.

Sie suchte in ihren Erinnerungen, marterte ihr Gedächtnis, doch Sybin kam nicht zum Vorschein. Als die Sonne blasser wurde, stand sie von der Bank auf, ging hinüber zu dem Taxistand und ließ sich nach Hause bringen. Jetzt gehörte sie zu den Privilegierten, die sich ein Taxi leisten konnten. Unterwegs ließ sie anhalten, kaufte für Mutter Sonja einen Blumenstrauß und für Väterchen Petr zweihundert Gramm Wodka und versank dann bis zur Haustür in tiefes Grübeln.

Sybin. Sybin! Wer ist dieser Sybin? Ein Mann mit vier Fingern an der linken Hand. Ein Mann, der nur reden will – mit dem schönsten käuflichen Körper.

Igor Germanowitsch, Sie werden mir unheimlich, aber Sie wecken auch meine Neugier. Ein interessanter Abend wird es werden...

Der letzte Bühnenauftritt war zu Ende.

Die Gäste in der Bar klatschten begeistert Beifall, auf dem Tisch der Garderobe lagen vier Kuverts mit Rubelscheinen, aber Natalja hatte gleich bei ihrem Kommen zu Semjon, dem Geschäftsführer, gesagt: »Heute nicht! Geh hin und sage den Kerlen, bei mir ist zugesperrt. Nichts... und wenn sie zehntausend Rubel bieten.« Und Semjon hatte sie ungläubig angestarrt und begriff es erst, als sie ihm die Kuverts in die Hand drückte.

Sie hatte Sybin bereits bei ihrem ersten Auftritt an einem runden Tisch in der ersten Reihe sitzen sehen. Er trug einen maßgeschneiderten, dunkelblauen Anzug und dazu eine wildgemusterte Krawatte, und wenn die Scheinwerfer die Bühne erhellten, erzeugte ihr Strahlen ein Funkeln an seinen Fingern. Die Brillanten – zur Schau gestellter Reichtum. Die Protzerei der neuen, russischen Gesellschaft, die an dem seit 1990 gewählten radikalen Reformer Jelzin vorbei regierte, war eine im Verborgenen herrschende Macht, die in allen Bereichen, die Geld brachten, mitmischte. Die Kluft zwischen Arm und Reich war größer denn je geworden, und die Erinnerung an das alte Zarenreich tauchte wieder auf, als es die Adeligen und die

Bojaren gab, und dann nur noch das gemeine Volk, die Kulaken, Tagelöhner und Bettler. Nur die Leibeigenen gab es nicht mehr... oder sie hießen jetzt anders. Wer abhängig war vom Wohlwollen seines Arbeitgebers, fühlte sich jetzt zwar frei, weil er alles glaubte, was dieser ihm einredete, aber in Wahrheit hatte sich am Sklaventum nichts verändert... es war nur nicht mehr so offensichtlich.

Im letzten Tanz steigerte sich Natalja noch um einige Nuancen. Sie stellte sich am Schluß Sybin gegenüber an den Rand der Bühne, zum Greifen nahe saß er da mit seinen Brillanten, und – jetzt kommt es, Sybin, dachte sie – spreizte die Beine und schob mit rhythmischen Stößen ihre Hüften nach vorn.

Sieh es dir an, Sybin, dachte sie. Sieh nur hin, du Brillanten-Igor! Nur reden willst du mit mir?! Reden! Läßt dich das völlig kalt, was du jetzt siehst? So bin ich. So und nicht anders. Das Mädchen auf der Bank am Fluß ist ein anderer Mensch, der nichts gemein hat mit dem, der dir jetzt entgegentritt!

Unter lautem Gejohle und Klatschen verließ Natalja die Bühne. Die Gäste waren außer Rand und Band, so etwas hatte man von Natalja noch nicht gesehen. Welch ein geiles Luderchen... bestimmt erhöhte sie ab heute den Preis.

Sybin wartete draußen auf der Straße, bis sich die Gäste zerstreut hatten und Natalja allein durch einen Seiteneingang die Bar verließ. Er kam ihr entgegen und begrüßte sie wie eine Schwester mit einer geradezu keuschen Umarmung.

»Du warst fabelhaft«, sagte er. Das Du war jetzt selbstverständlich. »Komm, steig ein. Im *Kasan* warten alle auf uns.«

Sybin zeigte auf einen großen, schwarzen Wagen, der einige Meter neben dem Eingang zur Bar parkte. Ein 600er Mercedes, blitzend vor Sauberkeit. Natalja blieb stehen und starrte Sybin an.

»Der da?« fragte sie.

»Ja.«

Ein Chauffeur stieg aus dem Wagen und riß die Türen auf. Wie bei den westlichen Kapitalisten nahm er sogar seine Mütze vom Kopf.

»Du hast einen Fahrer?« Natalja wurde es langsam unheimlich.

»Wie du siehst. Es ist Wladimir, genannt Wladi. Ein treuer, ergebener Mensch. Durchs Feuer geht er für mich. Ein starker Mensch... kann Karate und Kung-Fu und zerteilt mit seiner Handkante drei Ziegelsteine.«

Natalja rührte sich nicht vom Fleck. Der teure Wagen, ein Chauffeur, der Kung-Fu beherrschte, Finger voller Brillantringe, das Restaurant *Kasan*, das weit nach Mitternacht nur für ihn offenhielt, mit dem gesamten Personal...

»Wer bist du?« fragte sie.
»Sybin...«
»Und weiter?«
»Igor Germanowitsch.«
»Red keinen Unsinn! Ich will wissen, was du bist.«
»Darüber will ich mit dir im *Kasan* reden.«
»Bist du Besitzer eines geheimen Herrenclubs?«
»Nein.«
»Kontrollierst du die Moskauer Huren?«
»Laß uns fahren.« Etwas in Sybins Stimme hielt Natalja davon ab, weiterzufragen. Sie ließ sich am Arm nehmen und zu dem großen schwarzen Wagen führen. Sie nickte Wladi zu, ehe sie einstieg und sich in die dicken Lederpolster fallen ließ. Sybin setzte sich neben sie und legte den Arm um ihre Schultern.

Gleich wird er zu fummeln anfangen, dachte Natalja. Er ist doch nicht anders als die anderen Kerle. Aber ich werde ihm auf die Finger schlagen. Ja, das werde ich.

Doch Sybin benahm sich anständig. Er erzählte auf der Fahrt von einer Reise nach Bukarest, und als sie vor dem Portal des *Kasan* hielten, half er ihr vorbildlich, aus dem Wagen zu steigen.

Kasan, der Luxusgourmettempel Moskaus, empfing sie wie ein Zarenpaar. Der Pianist spielte an einem Flügel, die Kellner standen aufgereiht wie bei einer Parade, der Geschäftsführer überschlug sich fast mit: »Es ist uns eine Ehre. Bitte dort der Tisch mit dem Rosenstrauß«, und der Chefkoch wartete am Eingang zur Küche mit einem Blatt Papier in der Hand, auf das er die Vorschläge für ein exklusives Dinner geschrieben hatte.

Während des Essens, zu dem es einen milden, dunkelroten Wein aus Grusinien gab, plauderte Sybin über alles und Unwichtiges, aber als nach dem Kaffee und einem milden Kognak von der Krim der Tisch abgeräumt war und eine Flasche Krimsekt serviert wurde, sagte er plötzlich:

»Natalja, du bist zu schade, deinen Körper allen zu zeigen. Du bist zu schade, eine Mitternachtshure zu sein. Du bist zu schade für das Leben, das du jetzt führst. Auf dich wartet eine andere Welt.«

»Willst du mich zu deiner Dauergeliebten machen?« Sie lachte kurz auf und schüttelte den Kopf. »Ich eigne mich nicht dafür, meine Freiheit mit einem einzigen Bett zu vertauschen.« Und plötzlich wurde sie sehr ernst und blickte Sybin mit einem harten Schimmer in den Augen an. »Ich hasse Männer!«

»Und nimmst sie doch mit in dein Hinterzimmer...«

»Das ist ein Beruf, sonst nichts. Ob ich auf dem Markt Kartoffeln verkaufe oder in einem Geschäft Strümpfe und Schuhe – oder meinen Körper, wo ist da ein Unterschied? Wer bezahlt, bekommt seine Ware. Was danach übrigbleibt, sind Ekel und Haß.«

»Du hast dich noch nie verliebt?«

»Nein!«

»Wie alt bist du? Ehrlich.«

»Neunzehn – aber meine Seele hat Falten wie eine Siebzigjährige.«

»Sie lassen sich ausbügeln.«

»Bist du das Bügeleisen? Da muß ich aber lachen, Igor Germanowitsch.«

Sybin schaute in das leere Lokal und hob dann die Hand. Er winkte damit, als wehre er eine Biene ab, und rief in herrischem Ton:

»Ich will allein sein. Alles raus... sofort raus... Alle!«

Die Wirkung seiner Worte war so, als habe er eine Peitsche geschwungen. Sofort verschwanden die Kellner durch die Tür zur Küche, der Geschäftsführer eilte hinaus in die Garderobe, und der kleine, grauhaarige Pianist in seinem schwarzen Anzug raffte seine Noten zusammen, machte zu Sybin hin eine Verbeugung und verschwand ebenfalls durch eine Seitentür. Natalja beobachtete das alles mit maßlosem Erstaunen.

»Verdammt, wer bist du?« fragte sie wieder. »Sie gehorchen deinem Befehl. Bist du ein neuer Zar?«

»Das möchte ich nie sein. Die Herrschenden stehen im kalten Licht... die wirklich Herrschenden regieren aus dem Hintergrund.«

»Und einer von ihnen bist du?«

»Wer ist Gorbatschow?«

»Hältst du mich für dumm? Der Präsident der UdSSR.«

»Und wer ist Jelzin?«

»Der Vorsitzende des Obersten Sowjets.« Natalja schob ihr Sektglas zur Seite. »Ist das die Unterhaltung, wegen der wir hier sitzen? Ein dämliches Quiz?«

»Ich will dir etwas von der Zukunft erzählen.« Sybin ergriff ihre

Hand, küßte sie wieder und hielt sie danach fest zwischen seinen geschmückten Fingern. »Glasnost und Perestroika – Gorbatschow sei geküßt – haben Rußland verwandelt. Öffnung heißt Freiheit... aber was bedeutet die Freiheit für ein Volk, das siebenundsechzig Jahre lang von Partei, KGB, Funktionären, Kommissaren und verrückten Jahresplänen, die nie jemand einhielt, regiert wurde? Du stehst plötzlich vor einem weiten Land, und man sagt zu dir: Das gehört jetzt dir. Aber was willst du mit dem Land? Wo sind die Maschinen, die es bearbeiten sollen? Wo ist die Kraft, die eine neue Zeit emporträgt? Wo sitzt die Intelligenz, das neue Rußland zu führen? Die früheren Natschalniks hat man hinausgeworfen, die neuen irren noch in ihren Aufgabenbereichen umher, die Reformen erfolgen Schlag auf Schlag – in der Theorie bedeuten sie eine Veränderung der Gewohnheiten, aber in der Praxis eine lähmende Unsicherheit. Also wurde es notwendig, neue Strukturen zu schaffen.« Sybin trank einen Schluck Sekt. »Verstehst du?«

»Nein. Ich verstehe nur, daß es immer mehr Arbeitslose gibt, immer mehr Elend, eine Masse von enttäuschten und belogenen Menschen. Ich brauche nur meinen Vater anzusehen. Man hat ihm außer der Arbeit auch noch den Wodka genommen.«

»Das Alkoholverbot war ein großer Fehler Gorbatschows. Er hätte gewarnt sein müssen bei einem Blick auf Amerika. Die dortige Prohibition in den zwanziger Jahren wurde zum Fundament des Gangstertums. Die Mafia entstand, die Cosa Nostra, Al Capone, Bugsy Siegel, Lucky Luciano, all die großen Namen der Unterwelt regierten Städte wie New York, Chicago und Los Angeles und darüber hinaus ganz Amerika... ja, und nicht anders sieht es jetzt im neuen Rußland aus. Auf der Tribüne stehen die Volkshelden, die großen Reformer im Licht der Popularität... aber hinter ihnen, stark und mächtig, stehen unsichtbar die Männer, die an den Fäden ziehen.«

Natalja starrte Sybin mit so ungläubig geweiteten Augen an, daß dieser lachen mußte.

»Begreifst du jetzt, meine Schöne?« fragte er und küßte erneut ihre Hand.

»Du... du bist einer von ihnen?« fragte Natalja stockend. »Wieso? Was bist du?«

»Wir sind eine Organisation von Spezialisten. Es gibt bisher zwölf Gruppen, die nicht nur in Rußland, sondern weltweit arbeiten. Wir haben Zweigstellen in Deutschland und Österreich, in

Frankreich und Polen, in Ungarn und im Iran, in den USA und sogar in Italien.«

»Und du... du bist der Oberste dieser Zwölf...«

»Nein. Jede Gruppe hat ihren eigenen... Direktor, nennen wir ihn. Ich kontrolliere die Gruppe III, aber viele Drähte, an denen die wichtigsten Wirtschaftszweige hängen, laufen durch meine Hände.«

»Jetzt verstehe ich.« Natalja straffte sich. Die Erkenntnis, wer Sybin war, ließ sie versteinern, und gleichzeitig spürte sie, wie Angst durch ihren Körper rann, sie hörte das Blut in ihren Ohren rauschen. »Du bist einer der Führer der Mafia, von der jetzt alle reden. Du bist ein Verbrecher!«

»Ich bin ein Geschäftsmann. Nein, starre mich nicht so an, Natalja, ich will das böse Wort Verbrecher überhört haben. Unserem Konzern – das ist ein gutes Wort – gehören bis heute siebenundzwanzigtausend Betriebe aller Sparten, neunhundert Banken und etwa siebzigtausend Wohnungen. Die großen Baugesellschaften in Rußland gehören größtenteils uns, und wer uns noch nicht gehört, zahlt eine Gebühr dafür, daß er bauen darf. Siebzig Prozent aller Betriebe, Läden, Fabriken und Unternehmer zahlen ein Schutzgeld, das sie davor bewahrt, in die Luft gesprengt oder liquidiert zu werden. Zuerst gab es Unwillige, und die Popen hatten Hochkonjunktur bei den Beerdigungen... das läßt sich nicht vermeiden, der Aufbau eines Geschäfts erfordert Härte und Konsequenzen. Es ist ein altes Naturgesetz, seit es Leben auf der Erde gibt: Nur der Stärkere überlebt.«

»Du... du hast Menschen getötet?«

»Nein. Das macht die Gruppe I.« Sybin tätschelte Nataljas Hand. Sie ließ es über sich ergehen; sie war wie gefroren, ein Eisklotz, der sich nicht bewegen konnte. »Ich habe mit meiner Gruppe den Rauschgifthandel organisiert und dann später – da es eine Ergänzung ist und zusammenpaßt – den Mädchenhandel. Die westlichen kapitalistischen Staaten sind gierig auf russische Mädchen. Waren vorher Huren aus Thailand, den Philippinen, China und Malaysia die Favoriten, so sind es jetzt die Huren aus dem Osten. Die asiatische Welle ist vorbei... Russinnen, Polinnen, Frauen aus Tschechien und Ungarn mit ihren wohlgeformten Rundungen sind gefragt. Für die Bordelle sind die Asiatinnen zu klein und zu mager... man will wieder Fleisch in den Händen haben.«

Sybin lehnte sich zurück. Er las das Entsetzen in Nataljas Augen und bedauerte, das alles sagen zu müssen. Aber es war notwendig für den Plan, den er mit Nataljas Hilfe verwirklichen wollte. »Seit einem Jahr«, fuhr Sybin fort, »habe ich auch den Autodiebstahl und den Autoschmuggel über die polnische Grenze übernommen. Ein gutes Geschäft, aber im großen gesehen, doch nur ein Nebengeschäft. Mir kam es eigentlich nur darauf an, Kontakte zu kriminellen Kreisen in Deutschland zu bekommen, um eine neue, noch geheime und weltumspannende Gruppe zu gründen. Ein Milliardengeschäft... keine Rubel, sondern Dollars, deutsche Mark, französische Franc, österreichische Schillinge und Schweizer Franken. Milliarden, sage ich dir. Und ein bisher völlig unbekannter Markt, weil die Moralisten der westlichen Welt sich so etwas noch gar nicht vorstellen können. Aber mit Moral wird man nicht reich, bekommt man keine Macht, kann man die Welt nicht regieren. Wir, Natalja, wir werden es bald können. Wir werden reich sein und die Macht über diese Erde in den Händen halten.«

Er hielt inne, trank sein Sektglas leer und goß sich und Natalja erneut ein. Dann hob er sein Glas, prostete ihr zu und wartete, daß auch sie ihm ihr Glas entgegenhielt. Aber sie saß steif und unbeweglich vor ihm und starrte ihn nur an.

»Begreifst du, was ich sage?« fragte er und trank sein Glas Sekt zur Hälfte leer.

»Ja und nein.« Dies waren die ersten Worte, die sie hervorbrachte, gepreßt, mit zugeschnürtem Hals. »Warum erzählst du mir das alles? Du solltest Angst haben, daß ich heute nacht noch den KGB anrufe.«

»Meine Schöne –« Sybin lächelte wie nach einer Liebeserklärung. »Du wirst nicht *ein* Wort sagen von dem, was nur wir zwei gehört haben. Da bin ich sicher. Einen Sybin verrät man nicht. Das erste Gebot unseres Ehrenkodexes heißt: Schweigen. Wer es verletzt...«

Sybin zuckte die Achseln, und Natalja verstand ihn sofort. Sie nickte kurz, und es war schmerzhaft, den Kopf überhaupt zu bewegen.

»Willst du mich auch an ein Bordell in Deutschland verkaufen?« fragte sie ungläubig.

»Natalja, welch ein Gedanke! Wenn ich das wollte, wärst du jetzt schon unterwegs zur Grenze.«

»Was willst du dann?«

»Ich werde aus dir eine der reichsten und schönsten Frauen der

Welt machen. Die Männer werden dir zu Füßen liegen... auch wenn du sie haßt.«

»Und meine Gegenleistung?«

»Du sollst meine Sonne sein, die in jeden Winkel strahlt.«

»Wie poetisch. Eine Sonne des Verbrechens!«

»Laß mich weiter erzählen, damit du deine Aufgabe begreifst.« Sybin legte die Hände übereinander. Die linke Hand lag jetzt auf der rechten... die linke Hand mit den vier Fingern. Er hat wirklich keine Narbe, dachte sie. Es ist ein Geburtsfehler. Welch ein eitler Mensch er ist. Er sucht nach Vollkommenheit und ist selbst eine Mißgeburt. Wie muß ihn das erschüttern.

»Wir haben unser Machtimperium in Rußland aufgebaut. Unsere Vertrauten sitzen in allen wichtigen Positionen des Staates: in den Ministerien, im KGB, im Obersten Sowjet, beim Militär, in allen staatlichen Betrieben, bei der Energieforschung, im diplomatischen Corps. Sie alle, diese Freunde, halten die Hand auf, und wir legen die Scheinchen hinein. Es war nie anders in Rußland, nur ist jetzt unser Konzern der Geldgeber. Das bedeutet: Wir wissen alles. Der Informationsfluß gleicht einem strömenden unterirdischen Gewässer. Natalja, was weißt du von Gorbatschow?«

»Was wir alle wissen – er hat es schwer mit seinen Reformen.«

»Er wird bald in aller Ruhe in seiner Datscha leben können.« Sybin blickte an die Decke, als wolle er dort seine weiteren Worte ablesen. »Man plant, Gorbatschow mit einem schnellen, schmerzlosen Putsch zu entmachten. Im August soll er stattfinden, und Boris Jelzin soll an seine Stelle treten. Der KGB-Vorsitzende Wladimir Krjutschkow ist einer der Köpfe der Putschisten. Es wird sich nach dem Putsch vieles ändern... in der Partei, in der Wirtschaft, im militärischen Bereich, in der Außenpolitik. Wir wissen, daß Jelzins Pläne darauf hinauslaufen, mit den USA einen Atomsperrvertrag zu unterzeichnen, der alle Atomtests verbieten soll, die weitere Herstellung von waffenfähigem Uran und Plutonium soll eingestellt werden, die vorhandenen Atomraketen sollen vernichtet werden. Einen Atomkrieg soll es nicht mehr geben. Die Welt soll sicher und angstfrei werden.«

»Das weißt du alles im voraus?«

»Ich sagte schon: Unsere Informanten sitzen überall. Das versetzt uns in die Lage, weit voraus zu planen. Wenn Rußland diesen Atomsperrvertrag unterschreibt, wird es eine dramatische Entwicklung geben: Die Atomforschungsinstitute werden geschlossen, von heute auf morgen werden Tausende von qualifizierten Forschern arbeitslos, die Atomstädte wie Semipalatinsk, Krasnojarsk, Tomsk, Tscheljabinsk und die anderen geheimen Forschungsstätten in Sibirien und Kasachstan werden tote Städte werden, in denen die Arbeitslosen in den Parks herumsitzen und jede Arbeit annehmen, um ihren Hunger zu stillen. Auf sie können wir zurückgreifen... und auf die arbeitslosen Atomforscher und ihre Teams. Und dort, in den Forschungszentren und den Atomkombinaten liegen unsere Milliarden. Sie liegen herum wie in einem Selbstbedienungsladen... man braucht sie nur einzusammeln!«

»Was willst du dort einsammeln?«

»Waffenfähiges Plutonium 239, Uran 235, Plutoniumbrennstäbe, Lithium 6, zündungsfähige Atombomben und Atomraketen...«

»Und was soll man damit anfangen?«

»Aus Plutonium – aus nur fünf Kilogramm – kann man eine Bombe bauen, gegen die die Bombe von Hiroshima nur ein Windhauch war. Mit Lithium 6 baute man die Wasserstoffbombe, mit Uran die Uranbombe.«

»Bomben! Bomben! Bomben! Wer will sie denn?«

»O Natalja. Es gibt viele Staaten, die eine Atommacht werden wollen: der Iran, Pakistan, Libyen, Korea, Herrscher in Schwarzafrika... es wimmelt nur so von Interessenten.«

»Igor Germanowitsch... es ist ein Geschäft mit millionenfachem Tod. Willst du die Menschheit auslöschen?«

»Ich bin ein Händler, weiter nichts. Ich liefere, wonach Nachfrage besteht. Was der Käufer damit macht... ist es meine Schuld? Es ist wie mit der Kartoffel: Man kann sie kochen und essen, oder man kann aus ihr verbotenen Schnaps brennen. Soll man deswegen jeden Kartoffelverkäufer anklagen? Natalja, in Kürze werden ungefähr sechstausend Arbeiter der Atomindustrie auf der Straße stehen, und in den Lagern befinden sich jetzt hundertachtzig Tonnen Plutonium, hat man uns verraten. Hundertachtzig Tonnen... das reicht für sechsunddreißigtausend Atombomben!« Sybin atmete tief durch. »Ich habe die Preise erkundet. Für ein Kilo Plutonium 239 zahlen die Interessierten zweiundsechzigeinhalb Millionen Dollar. Das heißt: Für fünf Kilo zum Herstellen einer Bombe sind es dreihundertzwölfeinhalb Millionen Dollar! Für fünf Kilo! Und wir haben hundertachtzig Tonnen in Rußland herumliegen! Das ist das größte Geschäft, seit diese Welt besteht.«

Natalja war beeindruckt von diesen Zahlen, aber es waren für sie eben nur Zahlen, mit denen sie nichts anfangen konnte.

»Und was habe ich damit zu tun?« fragte sie.

»Du wirst die Türen öffnen, hinter denen die Millionen liegen.«

»Ich? Was habe ich mit Plutonium zu tun?«

»Das Plutonium bin ich... du wirst die Kunden betreuen. Eine so wunderschöne Frau wie du kennt keine verschlossenen Türen. Du wirst den Markt öffnen, so wie du deine Schenkel öffnest. Deine Arbeit bekommt jetzt einen höheren Sinn.«

Sybins Lächeln war durchaus nicht sarkastisch oder ironisch... es war ein Lächeln, als habe er ihr eine Liebeserklärung gemacht. Aber Natalja fror plötzlich, als ob eine eisige Hand über ihren Rücken striche.

»Ich soll die Hure der Mafia werden...«, stieß sie hervor.

»Du sollst unsere verführerischste Vermittlerin sein. Du arbeitest als Repräsentantin eines Konzerns... ist das gegen deine Ehre? Es gibt keine lächerliche Tausendrubelnacht mehr... dazu bist du zu schade. Die Männer, die du beglücken wirst, sind internationale Größen. Und bei jeder Nummer mußt du denken: eine Million... und wieder eine Million... und noch eine Million... Mach nicht schlapp, Mustafa oder wie du heißt...«

»Igor Germanowitsch, du bist ein Schwein. Eine sich im Dreck wälzende Sau! Und du denkst wirklich, ich spiele da mit?«

Sybin nickte mehrmals. »Ja. Du wirst eine reiche Frau sein. Jetzt denke nicht, daß die Hunderte von Millionen Dollar mir allein gehören. Sie gehören dem Konzern. Die Idee stammt zwar von mir, aber unsere Firma ist auf Freundschaft und Brüderlichkeit aufgebaut. Nur ein Rubel in die eigene Tasche, und ein Ehrengericht deiner Freunde beschließt, daß du nicht mehr würdig bist, zu leben.«

»Du bekommst nichts von den Millionen?«

»Zwanzig Prozent von jedem bezahlten Verkauf.«

»Das heißt...« Natalja hielt kurz den Atem an, »für fünf Kilo Plutonium, das für eine Bombe reicht, wie du sagst, bekommst du für dich allein einunddreißigeinhalb Millionen Dollar?«

»Du kannst gut rechnen, Natalja. Fünf Kilo... es liegen Tonnen von Plutonium und Uran herum. Man muß nur an sie herankommen.«

»Und das ist schwer!«

»Aber nicht aussichtslos. Unsere gesamte Organisation arbeitet daran: mit Bestechung, Erpressung, mit Drohungen und körperlicher ›Überzeugungsarbeit‹ und mit moralischem Druck im Bett. Das wird deine Abteilung sein, meine Schöne. Auch der charakterfesteste Atomwissenschaftler wird letztlich von seinen Hormonen geleitet. Wem die Lenden glühen, dem verbrennt der Verstand. Die Schaltzentrale jeden Mannes ist sein Schwanz – und wer diesen beherrscht, beherrscht den ganzen Menschen.«

»Ich liebe solche ordinären Sprüche nicht, Sybin!« Natalja griff nach ihrem Sektglas und trank es in einem Zug leer. Sie entzog ihre Hand Sybins Finger, die sie immer noch umklammert hielten.

»Zehn Prozent«, sagte sie mit plötzlich harter Stimme.

»Was heißt zehn Prozent?« fragte Sybin überrascht zurück.

»Wenn ich als Oberhure der Mafia mitspiele... zehn Prozent von jedem Geschäft.«

»Natalja, du bist verrückt!« Sybin verzog seine Lippen, sein schönes, männliches Gesicht wurde schief. »Wir dachten an ein gutes Gehalt. Ein Direktorengehalt, wie es kein Industriemanager bekommt. Ein Gehalt, das deutsche oder amerikanische Vorstände erbleichen läßt.«

»Eine große Aufgabe erfordert eine große Investition. Ich ficke nicht für ein Monatsgehalt.«

»Jetzt bist du ordinär!«

»In dieser Sprache werden wir uns vielleicht besser verstehen.«

Sybin schwieg und sah sie lange wortlos an. Sein Blick glitt über ihr Gesicht, über ihren Hals, hinunter zu dem tiefen Ausschnitt ihres Kleides und über ihre nur halb verdeckten Brüste. Ein Blick, gefährlich und rätselhaft.

Was denkt er jetzt, dachte Natalja und atmete flacher. Ist das der Blick eines Killers, der sein Opfer abschätzt, um sich zu entscheiden: Ziele ich auf die Stirn, zwischen die Augen oder aufs Herz? Natalja, sind das deine letzten Minuten? Du bist zu weit gegangen, du hast die Grundregel der Mafia – Stell niemals Forderungen! – verletzt. Erpressung ist das letzte, was die Mafia ertragen kann... Erpressung kommt sofort nach dem Verrat.

»Was ist?« fragte sie und bemühte sich, ihrer Stimme einen festen Klang zu geben. »Denkst du nach?«

»Ich denke an eine bestimmte Möglichkeit.« Sybin legte die Arme auf den Tisch und stützte sein Kinn auf die gefalteten Hände. Sein Blick aber blieb an Natalja haften. »Es wäre möglich zu sagen: Gut! Laß sie laufen. Vergiß alles. Zieh einen Strich. Mach die

Rechnung auf: Sie weiß zuviel, sie ist eine Gefahr geworden, und Gefahren muß man beseitigen. Begleite sie aus dem *Kasan* hinaus, gehe mit ihr zu deinem Wagen, gib Wladi ein Zeichen, und er übernimmt es, sie mit einem Stahldraht zu erwürgen. Lautlos und schnell. Die Polizei, die irgend jemand am Morgen rufen wird, läßt einen Wagen kommen und schafft sie weg. Wieder eine, wird es heißen. In dieser Nacht der vierte Mord. Und, wie es aufgrund ihrer Kleidung scheint, eine Hure. Es lohnt sich kaum, ein Protokoll anzulegen. Ein paar Tote pro Nacht gehören zum Moskauer Alltag. Ja, so könnte man denken und Probleme lösen.«

»Das wirst du nie tun, Igor Germanowitsch«, sagte Natalja. Ihre Stimme klang heiser vor Angst. »Du kannst mich nicht töten.«

»Nein, ich kann dich nicht töten.« Er hob den Kopf von seinen Händen. »Auch mich hast du zu einem Idioten gemacht ... Ich liebe dich.«

»Wir kennen uns kaum! Willst du mit mir schlafen? Willst du mit einem Eiszapfen schlafen?«

»Ich biete dir drei Prozent.«

»Fünf!«

»Vier.«

»Fünf ... oder vergiß es.« Einen Moment preßte sie die Lippen aufeinander und sagte dann mit fester Stimme: »Oder bring mich um, wenn du es kannst. Hast du überhaupt eine Waffe bei dir?«

»Immer. Eine Makarow. Willst du sie sehen?«

»Wenn du willst! Ich habe Angst davor, zusehen zu müssen, wie du abdrückst. Es war meine Dummheit, hierherzukommen. Dummheit hat Folgen ... also bitte, hol die Pistole heraus.«

»Einverstanden.« Sybin lehnte sich wieder zurück und – lächelte. »Fünf Prozent! Wie könnte ich dich jemals töten? Aber ich verfluche den ersten Abend im *Tropical*, an dem ich dich gesehen habe. Igor Germanowitsch, habe ich damals zu mir gesagt, das ist die Frau deines Lebens. Leugne nicht, es hat keinen Zweck.«

»Ich werde nie die Frau deines Lebens sein.«

»Jeden Abend habe ich dann an der Bar gesessen und auf die Bühne gestarrt, auf der du dich auszogst und den Körper einer Göttin zeigtest, allen diesen geilen Böcken, die dir mit den Rubelscheinen oder mit Dollar zuwinkten. Diese ›neue Gesellschaft‹, diese Sumpfblasen, dieser stinkende Abfall, der plötzlich golden glänzt, diese Jüngelchen und die alten Faltensäcke, die als skrupellose Geschäftemacher ihr Volk betrügen ...«

»Moment!« Natalja hob die Hand. »Bist du etwas anderes, du Mafiafürst?«

»Ich vergleiche mich nicht mit diesem Abschaum!« Sybin sah sich um. Die Sektflasche war leer. Er stand auf, ging zu dem großen Tisch, auf dem als Dekoration einige Flaschen besten Weines standen, nahm eine Flasche Bordeaux und kehrte zu Natalja zurück. Da er keinen Korkenzieher hatte, aber auch keinen Kellner rufen wollte, köpfte er mit einem Hieb seines Messers den Flaschenhals und goß den tiefroten Wein unbekümmert in die Sektgläser. Erst dann probierte er, schnalzte mit der Zunge und trank genüßlich einen langen Schluck.

»Weißt du, daß ich jeden hätte ermorden können, der nach der Vorstellung in deine Garderobe kommen durfte? Diese schmierigen Ratten! Doch dann habe ich zu mir gesagt: Igor, du wirst sie da herausholen. Es soll keinen Tausendrubelfick mehr geben...«

»Aber für eine Million... das ist etwas anderes?«

»Ja.«

»Ihr lieben Leute... vernehmet die neue Moral! Auch hier gibt es Reformen!«

»Wir werden ein Team sein, eine Gemeinschaft, die engste Gemeinschaft, die es gibt. Alles, was wir tun werden, geschieht zu unserem Besten. Es ist für uns.«

»Das klingt, als wären wir ein Ehepaar.«

»Im Bett nicht, aber beim Erfolg.«

»Ich hasse dich, Igor Germanowitsch!« sagte Natalja. Sie ballte die Fäuste und preßte sie gegen ihre Brust. »Mein Gott, wie hasse ich dich!«

»So soll es sein!« Sybin lachte schallend. »Das ist die beste Voraussetzung für die Liebe.«

Kurz danach verließen sie das *Kasan*, stiegen in den Wagen, und Wladi fuhr Natalja nach Hause. Als sie vor dem Wohnblock hielten – ein seelenloser, häßlicher Betonsilo in Plattenbauweise –, half Sybin Natalja wieder mit aller Höflichkeit auf die Straße und blickte die glatte, scheußliche Fassade hinauf.

»Hier wohnst du?«

»Ja. Bei meinen Eltern.«

»Sie wissen, was du treibst?«

»Sie leben davon... darum tu ich es ja.«

»Das brave Töchterchen.«

»Du weißt nicht, was Hunger und Elend sind, Verzweiflung,

Hoffnungslosigkeit und innere Leere. Du bist die Made im fetten Speck.«

»Ich bin aufgewachsen in einer Blechhütte in der Nähe von Kysilmow. Du kennst Kysilmow nicht? Wer kennt es schon! Ein Dorf am Rande des Moores. Im Winter vereist, im Sommer unter einer Wolke von Stechmücken. Mein Vater war Wurstmacher, er war beliebt wegen seiner Gewürzmischungen, die er keinem verriet. Und meine Mutter... sie war damit beschäftigt, immer schwanger zu sein. Nach dem zwölften Kind sagte sie mutig: ›Stepan, wenn noch eines kommt, schneide ich dir den Schwanz ab!‹ Das half. Mein Vater wurde wachsam, er wußte, daß sie es wahrmachen würde. Mit zwölf Jahren bin ich ausgerissen. Nach Moskau. Bin mit Güterzügen gefahren und habe mir mein Essen zusammengestohlen. Das war der Anfang. Und was bin ich jetzt?« Er zeigte auf den Mercedes und auf den wartenden Wladimir mit seinen weißen Handschuhen. »Man muß nur Mut haben und keine Seele.«

Er griff wieder nach Nataljas Hand, drückte sie an seine Lippen und zeigte dann die Hausfassade hinauf.

»Sag deinen Eltern, sie werden bald in einer schönen Datscha wohnen und im Sommer am Strand von Sotschi in der Sonne liegen. Und das alles, weil ihr Töchterchen bei jeder Nummer zählt... eine Million, noch eine Million... zehn Millionen... Wir sehen uns morgen wieder.«

Er ging zurück zu seinem Wagen, Wladi riß die Tür auf, und sie fuhren schnell davon. Natalja blickte ihnen nach, bis sie um die Ecke bogen.

»Und ich hasse dich doch!« sagte sie und zog den Kopf zwischen die Schultern. »Igor Germanowitsch, du wirst noch viel mit mir erleben...«

Unmittelbar nach dem Fall der Berliner Mauer verließ General Alexander Nikolajewitsch Petschin seine schöne Wohnung in Karlshorst und kehrte nach Moskau zurück.

Er bedauerte das sehr. Im Laufe der Jahre hatte er viele Freunde gewonnen, verkehrte im Hause von Mielke, dem Chef der Staatssicherheit der DDR, kannte eine Menge wichtiger Leute aus der Regierung, wurde bei Spionagechef Wolf zum Kaffee eingeladen und war ein gern gesehener Gast bei den Wirtschaftsbossen, mit denen er in dem feudalen *Grand Hotel,* dem Vorzeigehotel der deutschen Genossen, rauschende Feste feierte. Eine abgelegene

Suite war immer für ihn reserviert... hier empfing der adrette General seine Gespielinnen, aber auch äußerlich unscheinbare Herren, die in diskreten Geschäftsbeziehungen zu ihm standen.

Bei solchen Treffen trug Petschin natürlich keine Uniform, sondern einen unauffälligen mittelblauen Anzug. Wenn er das Prachtstück des *Grand Hotels,* die riesige, breite, mit rotem Teppich bespannte Freitreppe, hinunter in die runde Halle schritt, hätte niemand geglaubt, daß er einer der wichtigsten Männer der sowjetischen Besatzungsmacht war. Er war verantwortlich für die gesamte Logistik der Berlintruppe, und das war eine Position, die Macht bedeutete. Ohne General Petschin passierte in Berlin nichts.

Über seinen Schreibtisch wurde die gesamte Versorgung der sowjetischen Garnison abgewickelt, einschließlich der Waffenkontrolle, obwohl es dafür eine eigene Abteilung gab, die sein Freund Kusma befehligte. Aber Kusma war nicht nur ein Freund, sondern so etwas wie ein illegales Familienmitglied – er war der Liebhaber von Petschins Schwägerin Olga, der Schwester der Frau Generalin. Eine so enge Verbindung ist zugleich auch eine Verpflichtung. Für Petschin gab es also nichts, was er nicht beschaffen konnte... für eine Gehaltsaufbesserung die beste Voraussetzung.

Also war es verständlich, daß General Petschin nicht nur im *Grand Hotel* mit den Spitzen der DDR-Regierung dinierte, sondern auch Kontakte zu den »untergeordneten Kreisen« pflegte. Hier – vor allem in der Stasi, dem Staatssicherheitsbüro – fand er die Männer, die über beste Beziehungen im westlichen Ausland verfügten und manche lukrativen Geschäfte vermittelten. Natürlich gegen eine prozentuale Beteiligung – das ist so selbstverständlich im Geschäftsleben, daß man darüber nicht zu sprechen braucht, denn aus einem großen Trog können mehrere Pferde trinken.

Zwei Tage nach dem Fall der Berliner Mauer traf General Petschin als harmloser Zivilist in Moabit, in der beliebten Kneipe *Zum dicken Adolf,* zwei sehr seriös aussehende Herren: den Rechtsanwalt Dr. Paul Sendlinger und den Major der Stasi Ludwig Waldhaas. Zu ihnen gesellte sich auch der Wirt, Adolf Hässler, ein ziemlich fülliger Mann, der dem Namen seiner Kneipe alle Ehre machte.

Aber das war ein Zufall. Die typische Moabiter Gastwirtschaft existierte schon seit über zweiundsiebzig Jahren und war weithin bekannt geworden, als 1934 das Gewerbeamt unter seinem neuen NSDAP-Direktor verlangte, den Namen zu ändern. Weg mit dem

Adolf und erst recht mit dem »dicken«, man schlug statt dessen, im Hinblick auf die lange Tradition der Kneipe, den Namen *Deutsche Eiche* vor. Aber Adolf Hässlers Vater Julius lehnte es ab, sich wegen des schlanken Adolfs umzubenennen. Und als Julius Hässler 1943 an der Rollbahn Richtung Moskau fiel und sein Sohn Adolf die Kneipe übernahm, dachte keiner mehr daran, im *Dicken Adolf* einen Spottnamen zu sehen.

Wie immer brachte Hässler zuerst einen Doppelkorn und ein Pilsener Bier an den Stammtisch. Er wußte, was der General liebte. Nur Major Waldhaas bekam einen Schoppen Rotwein. Bier machte ihm Sodbrennen – sehr ungewöhnlich, zugegeben.

»Nun sitzen wir also in der Scheiße!« sagte General Petschin volkstümlich. Er sprach ein gutes Deutsch. Erstens hatte er deutsch in der Schule seiner Heimatstadt Minsk gelernt, und zweitens sind fünf Jahre als Besatzungsoffizier in Karlshorst eine gute Lehrzeit. »Gorbatschow, der Wiedervereiniger Deutschlands! Man soll es nicht für möglich halten. Denn das eine kann ich Ihnen prophezeien, meine Herren: Bei dem Mauerfall bleibt es nicht! Es wird ein neues Gesamtdeutschland entstehen. Und das ist der Beginn einer neuen europäischen Zeit, der wir uns anpassen müssen. Vor allem für Sie, Waldhaas, wird es kritisch. Als Stasi-Offizier...«

»Ich hoffe, ich kann allen Untiefen ausweichen.« Waldhaas, ein mittelgroßer, schmächtiger Mann, der in Uniform wesentlich besser aussah als in Zivil, winkte selbstsicher ab. Er war bei der Stasi Führungsoffizier für vier Agenten in der Bundesrepublik und über viele andere lange vorher informiert gewesen, bevor sie entdeckt wurden. »Ich habe mich durch die Vermittlung unseres Freundes Dr. Sendlinger schon vor einer Woche an einen Oberstaatsanwalt in West-Berlin gewandt, mich als Informant zur Verfügung gestellt und glaube, daß man dies auch honoriert.«

»Sie wollen die Seiten wechseln?« fragte Petschin. Es klang etwas konsterniert.

»Nee!« Adolf Hässler lachte, noch bevor Waldhaas antworten konnte. »Wenn er nicht mehr auf der Liste steht, wird er in den Baustoffhandel meines Schwagers einsteigen. Das ist *das* Geschäft der Zukunft. Die Wessis werden bauen wie die Irren, aus Ruinen machen die Paläste, da werden Milliarden hierher in den Osten fließen, nicht wahr, Ludwig?«

»Warten wir es ab.« Waldhaas war sehr zurückhaltend. »Es ist zu früh zum Jubeln. Mir geht es zunächst darum, nicht auf einer Anklagebank zu sitzen.«

»Aber wir sollten vorsorgen«, sagte Dr. Sendlinger, ein etwas dicklicher, rotgesichtiger Mann mit breiten Schultern und einem Schnauzbart, der elegant gestutzt war. »Gorbatschows Weisheit: ›Wer zu spät kommt, den bestraft das Leben‹, sollte man nicht als schönes Zitat ansehen... hinter diesen Worten verbirgt sich Ungeahntes. Neuerungen, die wir nicht erahnen können. Umwälzungen, die das Gesicht Europas verändern. Wir müssen auf vieles gefaßt sein.«

»Das waren auch meine Überlegungen, als ich vorschlug, daß wir uns treffen.« General Petschin schlürfte sein Pilsener Bier. »Ich werde zurückkommandiert nach Moskau.«

»Keine gute Nachricht!« Dr. Sendlinger zündete sich eine Zigarre an und blies den ersten Rauch gegen die Decke.

»Was soll man machen? Ein Offizier gehorcht! Ehrlich, ich weine Berlin schon eine Träne nach... andererseits komme ich in den Generalstab der Westarmee und übernehme dort die zentrale Versorgung.«

»Das wiederum ist gut zu hören.« Waldhaas grinste ungeniert. »Vor allem wird es unsere Beziehungen vertiefen und erweitern.«

»Darüber wollen wir heute abend sprechen.« Petschin schob sein Glas über den Tisch. Hässler sprang auf und holte ein neues Glas. »Ich habe aus Moskau streng vertraulich gehört, daß nach einer Wiedervereinigung beider Deutschlands unsere Truppen in der DDR ausgedünnt werden sollen. Von einem völligen Abzug ist allerdings keine Rede, ich könnte mir das auch nicht vorstellen. Ausdünnen aber heißt: Es werden Waffen und Geräte frei.«

»Aha!« sagte Waldhaas.

»Muß ich deutlicher werden?«

»Keinesfalls, Genosse General.« Waldhaas machte den Eindruck, als sei er soeben reich beschenkt worden. »Was können Sie liefern?«

»Das kann ich erst dann sagen, wenn ich einen Überblick habe. Meine grundsätzliche Frage: Was können Sie gebrauchen.«

»Alles.« Dr. Sendlinger paffte den Zigarrenqualm wieder gegen die Decke. »An Waffen und Munition – alles. Gut wären Granatwerfer, Raketengeschütze, leichte Artillerie... aber da werden Sie nicht herankommen, Herr General.«

»Mit Pessimismus kann man kein Geschäft machen. Warten Sie es ab. Haben Sie Abnehmer?«

»Ich habe Verbindungen.« Dr. Sendlinger war sehr vorsichtig. Auch vor Freunden muß man die Wahrheit verbergen. Zuviel Wissen belastet nur.

»Es müssen, wie bisher, sichere Geschäfte sein.« Petschin wurde zurückhaltender. Die neue Lage, die sich abzeichnete, würde die staatlichen Kontrollen verschärfen, oder auch nicht... Es war möglich, daß bei einem Zusammenschluß der beiden Teile Deutschlands die Behörden heillos überfordert waren und den Überblick verloren. Euphorie macht blind, und danach kommt die große Leere, die man mit neuen Ideen auffüllen muß. Es ist nicht einfach, ein ehemals selbständiges Land zu schlucken und dann zu verändern. Dabei verliert man vieles aus den Augen, und das war die große Chance, die sowohl Petschin als auch Waldhaas und Dr. Sendlinger erkannten. Aber noch hieß es, die weiteren Entwicklungen abzuwarten und Vorsicht walten zu lassen. »Es wird auch nicht einfach sein, von Moskau aus mit Ihnen den engen Kontakt zu behalten. Wer weiß, was sich alles ändern wird? Ich habe deshalb einen Kontaktmann in West-Berlin etabliert. In der Wilmersdorfer Straße, einen Pelzhändler. Jurij Nikolajewitsch Spasski. Man kann zu ihm Vertrauen haben. Im Großen Vaterländischen Krieg war er Unteroffizier in meinem Bataillon und wurde viermal verwundet. Ein guter Mann! Über ihn sollen Ihre Bestellungen laufen.«

»Ein Mitspieler mehr ist immer ein Risiko, General.«

Dr. Sendlinger gab sich keine Mühe, seine Bedenken zu verbergen. Aber Petschin wehrte mit einer weitausholenden Handbewegung ab.

»Ich vertraue Spasski wie mir selbst.«

»Wenn Sie es sagen.« Waldhaas warf einen schnellen Blick zu Dr. Sendlinger. Wie immer waren sie sich einig. »Wir haben Interesse an hochangereichertem Uran.«

»Unmöglich!« Petschin starrte Waldhaas geradezu entsetzt an. »Da kommt niemand dran! Uran! Was wollen Sie denn damit?«

»Wir haben Interessenten...«

»In Deutschland?«

»Nein.«

»In arabischen Staaten?«

»General...« Dr. Sendlinger wurde wieder zurückhaltender. »Sie liefern uns – wenn möglich – Uran 235, wir bezahlen... und dann vergessen Sie es!«

»Das ist ein höllisches Geschäft!« General Petschin schüttelte den Kopf. »Vergessen Sie es!«

»Waffenfähiges Material wird die Handelsware der Zukunft sein. Nichts anderes wird so teuer verkauft wie hochangereichertes Uran 235, Plutonium 239, Lithium 6, Cäsium 137, Uranoxid U 305 und das neue Californium. Um Ihnen nur ein Beispiel zu geben, General: Wir können das Californium für zwei Millionen Dollar pro Gramm verkaufen!«

»Wahnsinn!« Petschin stand plötzlich Schweiß auf der Stirn. »Das ist doch irre!«

»Das große Geschäft aber wird Plutonium 239 sein. Und das stellt Rußland her! Sie sollten sich bemühen, General, Verbindungen zu den Atomwerken und Atomforschungszentren aufzunehmen. Es lohnt sich: Für ein Kilo Plutonium, waffenfähig, zahlen die Käufer heute ungefähr fünfzig Millionen Dollar! Und die Preise werden steigen. Die Gewinnspanne ist geradezu märchenhaft. Sagen wir: Sie kaufen bei den Atomexperten ein Kilo Plutonium 239 für ein bis eineinhalb Millionen Dollar und verkaufen es für fünfzig Millionen, dann ist das ein Bruttogewinn von achtundvierzigeinhalb Millionen. Davon zehn Prozent für Sie, General ... das sind vier Komma fünfundachtzig Millionen Dollar bei nur *einem* Geschäft!«

»Und wer soll Ihnen die verrückten fünfzig Millionen Dollar zahlen?«

»Kein Kommentar.« Dr. Sendlinger lachte auf. »Wer vier Komma acht Millionen auf ein Schweizer Konto überwiesen bekommt, sollte sich freuen, aber nicht fragen.«

»Es bleibt dennoch eine Utopie. Unsere Atomanlagen, die radioaktives Material für die Atomwaffen der Roten Armee liefern, gehören zu den bestbewachten Fabriken der Welt. Da huscht nicht eine Maus ungesehen herum! Liebe Freunde ... über das Waffengeschäft läßt sich reden ... Über Atomwaffen nicht! Plutonium im illegalen Handel ... ein unmöglicher Gedanke!«

An diesem Abend im Lokal *Zum dicken Adolf* verabschiedete sich General Petschin mit einer kleinen Feier von seinen deutschen Freunden. Zu später Stunde dachte er mit Wehmut an seine Berliner Zeit zurück, und es traten ihm Tränen in die Augen. Die russische Seele ... Abschied nehmen ist wie ein halber Tod. Vor allem, wenn man nicht weiß, was einen in Moskau erwartet und wie die Zukunft im neuen Rußland Gorbatschows aussehen wird.

Wer zu spät kommt, den bestraft das Leben.

Gütiger Himmel, wie viele werden zu spät kommen? Kann man über ein halbes Jahrhundert Sowjetdenken so einfach auslöschen? Und was kommt dann?

Es wurde ein trauriger Abschied. Petschin umarmte seine deutschen Freunde, küßte sie nach alter Tradition dreimal auf die Wangen und fuhr dann nach Karlshorst zurück. Dr. Sendlinger, Waldhaas und Hässler standen vor der Kneipe und winkten ihm nach.

»Glauben Sie, daß das Geschäft mit ihm klappt?« fragte Hässler. »Er macht sich schon jetzt in die Hosen.«

»Aber er ist geldgierig... das beruhigt seinen Darm.« Dr. Sendlinger lachte laut.

Am 31. 8. 1990 gab es nach Unterzeichnung des Wiedervereinigungsvertrages nur noch ein Deutschland. Petschins Ahnungen hatten sich erfüllt.

Stasi-Major Ludwig Waldhaas kam dank Dr. Sendlingers Beziehungen nicht in die Fahndungsakten und wurde Baustoffhändler bei Adolf Hässlers Schwager in Berlin-Tegel. Dr. Sendlingers Rechtsanwaltspraxis wurde von »Ossis« überschwemmt, die Rat suchten gegen die gewieften westdeutschen Geschäftemacher, die modernen Goldgräber, die auf allen Gebieten versuchten, die ostdeutschen Brüder über den Tisch zu ziehen. Adolf Hässler ließ seine Kneipe renovieren und gliederte ihr ein Bistro an. *Zum dicken Adolf* wurde ein In-Lokal. Es schien, als würde allein der Name jede Menge neuer Gäste anziehen. Eine »Vereinigung deutscher Nationalisten« erwählte es zum Stammlokal, was Hässler gar nicht recht war. Aber die Kerle hatten Geld und wurden von unbekannten Gruppen unterstützt. Und wo Hässler Geld witterte, bekam er eine Nase wie ein Spürhund. Ab und zu ließ er in Gesprächen einfließen, daß russische Offiziere, die mit ihrer Truppe zurück nach Rußland versetzt wurden, gerne eine Rakete stehenließen und dafür eine Waschmaschine mit nach Hause nahmen.

Von General Petschin hörten die drei nur wenig, aber der Kontakt mit dem Pelzhändler Spasski klappte vorzüglich. Über geheimgehaltene Wege schafften sie Waffen aller Kaliber nach Jugoslawien, Ghana und Nigeria, Somalia und Angola, und von manchen afrikanischen Diktaturen wurde der Wunsch an sie herangetragen, das Arsenal auch mit einigen einsatzfähigen Atombomben zu füllen.

Aber General Petschin reagierte nicht auf die Anfragen nach Plutonium, Uran oder Lithium.

»Ein Scheißkerl!« schimpfte Waldhaas enttäuscht. »Wir müssen uns um eine andere Quelle bemühen. Dabei soll es jetzt so leicht sein, an radioaktive Stoffe heranzukommen. Wir dürfen die aktuelle Entwicklung nicht verschlafen. Petschin begreift nicht, daß man investieren muß, ehe man Gewinne macht. Er sitzt auf seinem Geld in der Schweiz, aber statt goldene Eier brütet er nur heiße Luft aus! Er ist zu geizig mit den ›Vermittlergebühren‹. Irgendeiner der ›Atomschtschiki‹ an den Reaktoren von Tomsk-7 und Krasnojarsk-26 wird doch weichzukneten sein, wenn man ihm eine Million Dollar auf die Hand zählt. Jeder Mensch ist käuflich, es kommt nur auf die Summe an – das ist eine uralte Weisheit. Dr. Sendlinger, als der Beauftragte dieses afrikanischen Präsidenten...«

»Ich kann nicht etwas anbieten, was ich nicht habe. Aber ich werde in den nächsten Tagen nach Moskau fliegen und neue Wege erforschen.«

»Genau das wollte ich vorschlagen. Sie werden auch Petschin treffen?«

»Natürlich.«

»Dann machen Sie ihm klar, daß Dollars nicht ein Sitzkissen sind, sondern ein Geschäftskapital. Er nutzt seine Stellung als oberster Waffenkontrolleur der Roten Armee nicht richtig aus. Wenn nicht er Verbindungen zu den Rüstungsbetrieben herstellen kann – wer sonst? Und auch an die völlig abgeschirmten und geheimen Atomzentren müßte er über Kreuz-und-Quer-Verbindungen herankommen. Es ist alles nur eine Frage des Geldes. Schlitzen Sie ihm die Taschen auf, Doktor.«

Drei Tage, bevor Dr. Sendlinger seine Reise nach Rußland antrat, rief Pelzhändler Spasski in der Baustoffgroßhandlung in Tegel an und sagte, als sich Waldhaas meldete:

»Können Sie kommen zu mir?«

»Warum?«

»Großes Projekt von General Petschin!« antwortete Spasski mit verschwörerischer Stimme.

»Hat er fünf Panzer T 52 für den afrikanischen Staat auftreiben können?«

»Nein... kleiner. Kann man in Hosentasche wegtragen.«

Waldhaas wurde aufmerksam. In Hosentasche wegtragen? Großes Projekt? Himmel noch mal – sollte Petschin wirklich einen Tunnel zu einem Atomkraftwerk gefunden haben?

»Wann?« fragte er laut.

»Heute abend bei mir.«

»In Ordnung. Wir sind gegen zwanzig Uhr bei Ihnen.«

Pünktlich um acht Uhr abends fuhren Dr. Sendlinger, Waldhaas und Adolf Hässler zum Pelzgeschäft in der Wilmersdorfer Straße und parkten zwanzig Meter von der Ladentür entfernt. Sie hatten Hässlers Wagen benutzt, einen VW-Transporter, auf dessen Seitenwänden mit großen Buchstaben der Slogan gemalt war: »ZUM DICKEN ADOLF komm herein – und wenn Du gehst, bist Du sein Freund«. Solch einen Spruch merkt sich jeder Berliner.

Sie blieben vor den beiden hellerleuchteten Schaufenstern stehen, ehe sie klingelten. Hässler, der selten zu Spasski kam, schnalzte mit der Zunge.

»Das sind ja tolle Modelle. Ich versteh nichts von Pelzen, aber das da müssen Dinger sein, die 'ne Stange Geld kosten. Wer kauft denn so was?«

»Von seinen Pelzen kann Spasski nicht leben.« Dr. Sendlinger lachte kurz auf. »Der liebe Jurij Nikolajewitsch hält seine Hände woanders auf. Wir wissen noch lange nicht alles, was sich um uns herum tut... und ich will es auch gar nicht wissen. Wichtig ist nur, daß niemand unsere Pfade kreuzt.«

Spasski war so fröhlich, Petschins Freunde zu sehen, daß Waldhaas zurückhaltend wurde. Sie setzten sich in Spasskis protziger Wohnung in die Couchecke, beobachteten schweigend, wie Spasski an der Hausbar Drinks aus Wodka, Cassis und einem Hauch von Pfefferminzlikör mixte, eine eigene Kreation, die er »Abendröte« nannte und von der er behauptete, daß sich die schönsten Frauen nach drei Gläschen auf der Couch ausstreckten.

»Was ist mit General Petschin?« fragte Dr. Sendlinger, nachdem sie an dem Cocktail genippt hatten. »Spasski, machen Sie es nicht so spannend.«

»Der General kann Ihnen eine Probe schicken.«

»Eine Probe wovon?«

»Lithium 6«, antwortete Spasski leichthin.

Dr. Sendlinger und Waldhaas sahen sich überrascht an. Adolf Hässler mußte sich die Nase putzen... ein nervöser Juckreiz ließ ihn plötzlich niesen.

»Wirklich Lithium 6?« fragte Waldhaas.

»Ja.« Spasskis Gesicht glänzte, wie mit Speck eingerieben. »Ich habe es mir genau notiert. General Petschin hat es am Telefon dreimal wiederholt.«

»Am Telefon!« Waldhaas seufzte auf. »Am Telefon! Er ist wirklich ein Scheißer! Wer da alles mithören kann! Auch wenn er über eine Armeeleitung spricht – gerade die werden überwacht.«

»Was nennt der General eine Probe?« fragte Dr. Sendlinger. Er hielt das Telefonat für nicht so gefährlich.

»Hundertzwanzig bis zweihundert Gramm. Nicht genug für eine Wasserstoffbombe.« Spasski grinste. Ihn für dumm zu verkaufen, war ein Irrtum: Er wußte genau, was man mit Lithium 6 anfangen konnte. Und er wußte auch, daß die Atombombe, die 1945 über der südjapanischen Stadt Nagasaki explodiert war, eine Plutoniumbombe gewesen war. Damals starben Zehntausende – eine genaue Zahl war nie bekannt geworden –, und ebenso viele Menschen starben an den Spätschäden, an Leukämie oder Knochenkrebs, Lungen- oder Leberkrebs. Selbst Jahre später war die Anzahl der Mißgeburten alarmierend hoch.

»Und was sollen wir mit dieser Probe?« fragte Waldhaas.

»Sie als Beweis den Kunden vorlegen.« Dr. Sendlinger ärgerte sich über die dumme Frage seines Kompagnons. »Wieviel kann der General liefern?«

»Er sagt, genug, um eine Wasserstoff- oder Neutronenbombe zu bauen.«

»Der Preis?«

»Der General vertraut auf Ihre Kenntnis der Marktlage.«

»Und was bekommen Sie, Spasski?«

»Im Vergleich zu Ihnen ein Butterbrot.«

»Von uns?«

»Vom General.«

Dr. Sendlinger war mit dieser Auskunft noch nicht zufrieden. Wenn das Geschäft mit Lithium 6 anlief, wenn Petschin wirklich, wo auch immer, eine Lücke in das angeblich streng bewachte und geheime Atomkombinat geschlagen hatte ... wer garantierte, daß nicht doch der ganze Handel in der Überwachung hängenblieb? Je mehr Mitwisser, um so größer war die Gefahr der Aufdeckung des Deals. Das vielzitierte »schwache Glied der Kette« konnte in diesem Falle vernichtend sein.

»Wer hat noch Kenntnis von dem Lithium?« fragte Dr. Sendlinger. Spasski hob bedauernd beide Hände.

»Das weiß nur der General.«

»Und was wissen Sie?«

»Nur das, was ich Ihnen weitergeben soll.« Spasski trank seinen

Cocktail aus. Er hatte das Gefühl, daß sein Hals austrocknete. Auch ihm war bewußt, auf welch unbekannten und gefährlichen Weg er eingebogen war. »Ich bin nur die Zwischenstation Ihrer Verbindung zu Moskau. Ich soll Ihre Antwort schon morgen weiterleiten. General Petschin hat mir eine Geheimnummer mitgeteilt, eine Militärtelefonnummer, unter der ich ihn direkt, ohne Vermittlung, erreichen kann.« Spasski hüstelte. Sein Rachen schien angeschwollen zu sein. »Was soll ich antworten?«

»Wir möchten die Probe sehen. Erst dann, wenn es wirklich Lithium 6 ist, können wir Kontakt zu einem Interessenten aufnehmen.«

»Natürlich.«

»Und wie soll der Stoff nach Berlin kommen?«

»Darüber hat der General nicht gesprochen. Aber ich nehme an: mit einem Kurier.«

»Wieder zwei Augen mehr!« sagte Waldhaas.

»Anders geht es nicht.« Spasski stand auf, ging zur Hausbar und goß sich aus dem Mixbecher einen Cocktail ein, den er in einem Zug austrank.

»Und wann?«

»Das teilt der General noch mit. Es gibt, glaube ich, keinen anderen Weg als den über Polen oder Tschechien. Warten wir es ab. Es ist so besprochen, daß sich der Kurier bei mir meldet.«

»Sie stecken also tief mit drin, Spasski!« stellte Dr. Sendlinger fest. Die Zusammenarbeit mit Spasski beim Waffenhandel hatte bisher nie Ärger gebracht, trotzdem war Sendlinger immer auf Abstand geblieben. Er mochte Spasski einfach nicht. Begründen konnte er es allerdings nicht. Es war ein unerklärliches Gefühl, das ihn immer dann überfiel, wenn er Spasski gegenübersaß.« Er ist mir zu glatt, zu schleimig«, sagte er einmal zu Waldhaas. »Und seine Augen signalisieren etwas anderes, als sein Mund spricht. Achten Sie mal darauf: Er macht einen Witz, aber sein Blick ist drohend. Ich werde nicht klug aus ihm. In meinen Augen ist er eine Ratte mit einem Kaninchengesicht.« Auch jetzt hatte Dr. Sendlinger das Empfinden, Spasski spiele auf zwei Klavieren gleichzeitig.

Spasski zuckte die Schultern. Welch eine Frage, dachte er. Was heißt das: Sie stecken tief mit drin?

»Petschin war mein General, ich war sein Unteroffizier. Ich gehorche ihm noch immer. Ich bin ein treuer, traditionsbewußter Mensch. Ich verehre ihn.«

Eine Antwort, so russisch, daß Dr. Sendlinger auf weitere Fragen verzichtete.

Später, auf der Rückfahrt zum *Dicken Adolf*, wandte sich Dr. Sendlinger an Waldhaas. »Was halten Sie von der ganzen Sache?«

»Wenn es wirklich Lithium 6 ist, kann das ein Bombengeschäft werden... im wahrsten Sinne des Wortes.« Waldhaas lachte über das Wortspiel. »Vorausgesetzt, daß Petschin mehr liefern kann als nur eine Probe. Dann wäre es ein Jonglieren mit Millionen Dollar.«

»Und wenn die Probe stimmt, aber später die bestellte Menge untauglich ist?« Hässler saß am Steuer seines VW-Transporters, er hatte während der Verhandlung mit Spasski bis auf ein paar Bemerkungen geschwiegen. »Was dann?«

»Wir werden bei unseren Kunden Vertrauen verlieren.« Dr. Sendlinger war sich vollkommen klar darüber, was dann passieren würde. Das Risiko war ungeahnt groß.

»Oder unser Leben.« Hässler umklammerte das Lenkrad. »Bei einem solchen Geschäft kennt man keine Entschuldigungen. Da stehen wir im Visier, und irgendeiner drückt ab. Wir lassen uns auf einen lebensgefährlichen Job ein.«

»Da wir das wissen, werden wir das Risiko so gering wie möglich halten«, erwiderte Waldhaas.

»Und wie?« Hässler hupte wütend, ein Auto kam von links, schnitt ihn und sauste in eine Nebenstraße. »Haben Sie diesen Idioten gesehen?«

»Ein gutes Beispiel. Man kann eher auf der Straße umkommen als in unserem Geschäft. Wir werden dem Kunden sagen, daß das Risiko sehr hoch ist. Wir werden ihm erklären, daß wir nur vermitteln, was uns angeboten wurde. Er wird sowieso erst zahlen, wenn die Expertise vorliegt: reines Lithium 6, dann die Dollars.«

»Und wenn der Kunde uns bescheißt?«

»Das kann er nicht. Er bekommt den Stoff häppchenweise. So viele Dollars, soviel Lithium.«

»Und wo lagern wir das Teufelszeug?« Hässler hielt an einer Kreuzung an. Die Ampel stand auf Rot.

»Bei Ihnen im Keller.«

»Unmöglich!« rief Hässler entsetzt. »Völlig indiskutabel!«

»Und warum?«

»Sollen der *Dicke Adolf* und alle Gäste verstrahlt werden? Und ich auch?«

»Hässler... Lithium strahlt nicht.« Dr. Sendlinger lehnte sich zurück. Seine Stimme nahm einen dozierenden Tonfall an. »Lithium ist ein sehr weiches, silberweißes Leichtmetall aus der Gruppe der Alkalimetalle. Es strahlt nicht, sondern geht meistens eine Verbindung mit einem Hydridmolekül ein, was es zu einem festen Stoff macht. Der in ihm gebundene Wasserstoff ist leicht wieder herauszuziehen und wirkt als starkes Reduktionsmittel. Seine Reaktionsfähigkeit ist großartig... das Lithiumhydrid ist zur Erzeugung von Wasserstoff hervorragend geeignet und wird als Raketentreibmittel verwendet. Eine andere chemische Verbindung mit einem Deuterium, das Lithiumdeuterid, ist der Hauptbestandteil der Wasserstoffbombe.«

»Das beruhigt mich nicht!« sagte Hässler und fuhr weiter. »Ich will das Zeug nicht in meinem Keller haben!«

»Die Hauptsache – es strahlt nicht. Es ist nicht radioaktiv. Es ist, wenn es so rumliegt, ein harmloses Metall. Aber es wird durch Atomspaltung ein unverzichtbarer Grundstoff zur Herstellung der Wasserstoffbombe. Durch eine Verringerung der Druckwelle – die technischen Details möchte ich jetzt nicht erläutern – entsteht die alles vernichtende Neutronenbombe. Am gefährlichsten aber ist die Plutoniumbombe. Da genügen nur fünf Kilogramm Plutonium 239, um Hunderttausende von Menschen zu vernichten.«

»In welcher Scheißwelt leben wir nur!« sagte Hässler dumpf. »Und wir mischen da auch noch mit!«

»Auch auf Plutonium werden wir noch Zugriff bekommen, Hässler. Die Politik arbeitet für uns. Je mehr man abrüstet, um so leichter wird man an dieses Material herankommen. Wir werden den Handel an uns reißen...«

»Und uns damit den Arsch vergolden!«

»So ist es, Hässler.« Dr. Sendlinger wandte sich zur Seite und stieß mit seinem Ellenbogen Waldhaas in die Rippen. »Sie hatten 1989 die beste Idee, die es je gab. Jetzt wird Wirklichkeit daraus.«

»Ich habe damals nur vage Informationen ausgewertet. Ich befürchte allerdings, daß Petschin – trotz Lithiumproben – nicht der richtige Mann ist. Nicht, weil er zu geizig für vernünftige ›Provisionen‹ ist, sondern weil er, trotz Generalsuniform und drei Reihen Orden, im Grunde ein Feigling ist. Für dieses Geschäft darf man keine Skrupel haben, aber Petschin geht auf Nummer Sicher und scheut jedes Risiko. Da läuft nicht mehr viel.« Waldhaas blickte hinaus auf die Straße. Es hatte zu regnen begonnen, die Lichtreklamen zuckten über den nassen Asphalt, ein paar späte Spaziergänger huschten unter Regenschirmen oder mit hochgeschlagenen Kragen an den Häuserwänden entlang. »Wir haben noch gar nicht darüber gesprochen, Doktor.«

»Worüber?« fragte Dr. Sendlinger erstaunt.

»Wen Sie in Moskau besuchen wollen.«

»Das weiß ich selbst noch nicht.«

»Es gibt keine Kontaktadresse?«

»Nein. Zumindest habe ich keine... aber wir alle wissen, daß es in Rußland seit der ›Erneuerung‹ eine Art Mafia gibt. Nicht nach italienischem Muster... das ist für einen Russen nicht effektiv genug. Die wie ein Pilz wachsende russische Mafia soll – so sagt man – neben den chinesischen Triaden die gnadenloseste und grausamste Organisation sein, die je in der Unterwelt entstanden ist. Und da will ich rein!«

»Verrückt, Doktor!« Waldhaas sah ihn entsetzt an. »Hängen Sie nicht am Leben?«

»Ich lebe mit Begeisterung.«

»Und wie wollen Sie an die Mafia herankommen? Glauben Sie, die umarmt Sie, wenn Sie in irgendeinem Hotel sitzen?«

»So ähnlich.« Dr. Sendlinger lächelte verschmitzt. »Auch da sind Dollars der beste Schlüssel, um geheime Türen zu öffnen. Wie bei uns gibt es auch in Moskau Orte, wo man die richtigen Männer treffen kann. Die junge russische Mafiageneration besteht aus fixen Jungs mit intelligenten Köpfen, denen kann man nichts vormachen. Da gelten nur Fakten, und die bringe ich mit.«

»Meine lieben Mafiosi... ich will Plutonium...«

»So ähnlich.« Dr. Sendlinger lachte. »Wenn ich zurückkomme, habe ich etwas dabei.«

»Im Handköfferchen...«

»Nicht doch. Ich meine das Wort des russischen Syndikats, daß wir zusammenarbeiten.«

»Gott sei mit Ihnen.« Waldhaas klopfte Dr. Sendlinger auf die Knie. »Auch wenn wir einen gottverdammten Job haben.«

»Sie sind Baustoffhändler, ich bin Rechtsanwalt... was ist daran ehrenrührig? Und Hässler zapft Berliner Weiße... lauter integre Männer.«

Es folgte eine Sekunde Schweigen, dann platzten sie los und lachten dröhnend.

Nur selten machte Dr. Sendlinger Witze, aber wenn, dann saßen sie!

So kam es, daß drei fröhliche Männer des Nachts in der bereits geschlossenen Kneipe *Zum dicken Adolf* saßen und Buletten futterten und dazu roten französischen Landwein tranken.

Am übernächsten Tag flog Dr. Sendlinger nach Moskau, in das Nest der ehrenwerten Gesellschaft »Roter Falke«.

Falke... das Synonym für Freiheit ohne Grenzen.

Es war wie immer langweilig und doch spannend – diese nächtliche Streife an der polnischen Grenze. Hunderte Male hatte Bundesgrenzschutz-Oberfeldwebel Lukas im Laufe der Jahre dieses Gebiet durchstreift: in einem Mercedesgeländewagen, Allradantrieb, bulliger Motor, dicke Stollenreifen, sechs Scheinwerfer und ein starker Handscheinwerfer, vor dem Kühler ein stählerner Rammschutz, auf dem Dach ein Lautsprecher und ein sich drehendes Blaulicht mit einer Sirene, die jaulte, wenn sie eingeschaltet wurde. Neben ihm hockte sein Kamerad, der BGS-Unteroffizier Heiner Pflaume, der unter seinem Namen litt und sich schon oft überlegt hatte, ob er nicht eine Namensänderung beantragen sollte. Seine Kameraden, die ihn Pfläumchen oder gar Muschi riefen, oder Fremde, die grinsten, wenn er sich vorstellte, erzeugten bei ihm Aggressionen, die er dank seiner guten Erziehung aber unterdrücken konnte.

Ganz schlimm war es gewesen, als er und Lukas – den man natürlich Prophet nannte – bei einer nächtlichen Kontrollfahrt einen polnischen Schlepper stellten, der gerade dabei war, in Begleitung von sechs wirklich hübschen und wohlgeformten russischen Prostituierten über die deutsche Grenze zu schleichen.

»Unser Pfläumchen sammelt Mösen!« jubelte die ganze BGS-Station. Es war eine Nacht, in der Pflaume zum Massenmord fähig gewesen wäre.

In dieser Nacht nun fuhren sie durch ein Gebiet, das aus lichten Wäldern und Buschland bestand, durchzogen von Feldwegen und unbefestigten schmalen Straßen, auf denen die Bauern das Holz aus den Wäldern transportierten oder zu ihren Äckern fuhren. Im Sprachgebrauch der Zöllner war es so etwas wie eine »offene Grenze«... zwar gab es einen Grenzzaun aus verrottetem Draht, aber dessen Funktion war eher symbolisch. Vor dem Zaun endeten die Wege. Ein Übergang nach Deutschland war hier nur zu Fuß möglich. Daß diese Möglichkeit genutzt wurde, zeigten die Löcher im Zaun, die immer wieder hineingeschnitten und immer wieder geflickt wurden. Die »Grüne Grenze« ständig zu überwachen, war unmöglich. So kam den Streifenbeamten also beim Aufspüren von illegalen Grenzgängern nur der Zufall zu Hilfe.

Dennoch hatte das BGS-Kommando in Frankfurt/Oder genug zu tun. Vor allem an den offiziellen Grenzübergängen stieß man immer wieder auf gestohlene Autos, irgendwo in der BRD geklaut, schnell umgespritzt, mit gefälschten Papieren versehen und mit nicht registrierten Zulassungsnummern bestückt... das große Geschäft polnischer Autoschieber, die, bestens organisiert, als harmlose Deutschlandbesucher nun in die Heimat zurückkehrten. Wie vielen es gelang, durchzuschlüpfen – man kann ja nicht jeden Wagen gründlich kontrollieren, ohne daß der gesamte Verkehr zusammenbricht –, wußte man nicht. Man war sich nur sicher, daß es eine polnische Mafia gab, die sich auf Autodiebstahl im großen Maßstab spezialisiert hatte. Meistens waren es die teuren Wagen wie Mercedes, BMW, Volvo, Jaguar oder Saab, die in Polen sofort weitergeleitet wurden und dann in den Oststaaten wieder auftauchten, aber auch in Afrika und in den arabischen Wüstenländern. Die Autodiebe konnten gut davon leben, vor allem wegen eines perfekt eingespielten Tauschgeschäfts: Mädchen gegen BMW-Kabriolett. Auf dem Dirnenmarkt erzielten Osthuren die besten Preise, ihnen eilte der Ruf voraus, im Bett viel Phantasie zu haben.

Ungefähr zwei Stunden waren Lukas und Pflaume bereits unterwegs, als Lukas sagte:

»Halt mal an, Heiner... ich muß pinkeln.«

Pflaume stellte den Motor ab und schaltete, warum, das wußte er später nicht zu erklären, auch die beiden normalen Scheinwerfer aus. Dann stieg auch er aus, stellte sich neben Lukas und wollte ebenfalls pinkeln, als er plötzlich stutzte. Lukas erging es ebenso, und beide hoben lauschend die Köpfe.

»Da ist doch was!« sagte Pflaume leise. »Hörst du's?«

»Klingt wie 'n Motorengeräusch...« Lukas knöpfte seine Hose zu.

»Es *ist* ein Motor. Verdammt, da kommt einer durch den Wald über die Grenze.«

»Hier? Mit 'nem Auto?« Lukas hielt den Atem an, um sich völlig auf das Lauschen zu konzentrieren. »Da ist es! Ganz deutlich. Kommt von drüben rüber. Junge, Junge...«

»Haben wir noch nie gehabt.« Pflaume blickte zurück auf ihren Geländewagen. Rein und los, dachte er, genau wie Lukas. Wenn jemand in diesem unwegsamen Gelände nachts mit einem Auto herumstrolcht, ist das mehr als verdächtig. »Das muß ein ausgekochter Fahrer sein! Ohne Licht durch diese Gegend.«

»Ein Spezialist, würden die da drüben sagen.« Lukas nickte. »Den sehen wir uns mal an.«

Sie rannten zu ihrem Wagen zurück, sprangen auf die Sitze, und Pflaume ließ den Motor aufheulen. Ohne Licht glitten sie leise in das Gelände; hier kannten sie jede Senke, jede niedrige Baumgruppe, hinter der man sich verbergen konnte, jede Reifenspur der Bauerntraktoren, die sich durch den Boden gewühlt hatten.

Ab und zu hielt Pflaume an und stellte den Motor ab, um zum Wald hinüberzuhorchen.

»Man müßte geländegängige Elektroautos erfinden«, sagte er. »Unser Motor macht einen Heidenlärm. Den hört der da drüben doch auch!«

Sie fuhren weiter, und vor einer Buschgruppe hielten sie an, wie Jäger, die sich an das Wild heranpirschen. Lukas nahm sein Schnellfeuergewehr aus der Halterung und entsicherte es.

»Glaubst du, das brauchen wir?« fragte Pflaume.

»Vorsicht ist die kugelsichere Weste der Polizisten.« Lukas hob wieder den Kopf. »Da ist er! Fährt direkt auf uns zu. Muß ein eiskalter Bursche sein. Heiner, hol deinen Puffer aus dem Halfter.«

Sie starrten in die fahle Dunkelheit. Es war abnehmender Mond, die Mondscheibe hatte sich um zwei Drittel verkleinert, aber sie gab noch genug Licht, um Gegenstände wie ein Auto erkennen zu lassen. Und dann sahen sie ihn... einen für polnische Autodiebe kleinen Wagen, keinen Mercedes oder BMW, sondern einen Japaner der unteren Mittelklasse. Im Mondlicht waren deutlich die Scheinwerfer zu sehen.

»Der kann keine große Fracht haben«, flüsterte Lukas. »Höchstens vier Mädchen, mehr quetscht der nicht hinein. Müssen Klasseweiber sein... die meisten kommen doch als Touristen per Bus.«

Der dunkle Schatten kam langsam näher, tastend wie ein witterndes Tier, blieb plötzlich stehen und verharrte.

»Nun komm schon, Junge«, knurrte Pflaume. »Komm näher. Gleich haben wir dich im vollen Licht.«

»Er kennt das Gelände nicht. Er ist zum ersten Mal hier. Wetten?« Lukas stemmte sein Gewehr auf die Knie. »Das sind die gefährlichsten.«

»Komm, komm, Junge...« Pflaume beugte sich über das Lenkrad. »Papi wartet auf dich. Du läufst ihm direkt in die ausgebreiteten Arme.«

Der Wagen aus Polen fuhr wieder an. Lukas tastete nach dem Schalter, mit dem er Blaulicht, Sirene und Lautsprecher auf dem Dach einschalten konnte. Pflaumes Hand umklammerte den Zündschlüssel. Ihnen gegenüber verschwand das Auto kurz in einer Senke, tauchte dann wieder auf der Kuppe auf und stand dort wie eine Schießscheibe.

»Los!« sagte Lukas hart. »Ran an ihn!«

Gleichzeitig mit dem Aufblitzen der sechs Scheinwerfer heulte die Sirene auf und blinkte das Blaulicht. Mit der linken Hand drehte Lukas den Suchscheinwerfer und richtete ihn voll auf das »Objekt«, wie es im Amtsdeutsch so schön heißt. Über den starken Lautsprecher dröhnte seine Stimme durch die Nacht.

»Halten Sie an! Grenzkontrolle! Halten Sie sofort an!«

Der polnische Wagen – natürlich trug er ein gefälschtes deutsches Nummernschild – stockte einen Augenblick, dann heulte sein Motor auf, er schoß vorwärts, fuhr schleudernd im Kreis und raste zurück zum Waldrand.

»Der Kerl türmt!« rief Lukas.

»Den haben wir gleich.« Der schwere Mercedesmotor heulte auf, der Geländewagen schoß mit einem Satz nach vorn und fuhr dem flüchtenden Polen nach. Und immer wieder ließ Lukas den Lautsprecher dröhnen:

»Halt! Bleiben Sie stehen! Stoj! Stoj!« Das verstand auch ein Pole, der nicht deutsch sprach. »Anhalten – oder wir schießen...«

Der Fahrer des kleinen Wagens dachte gar nicht daran, dem Befehl nachzukommen. Er hüpfte über die Furchen des Feldes, durch Pfützen und um Buschgruppen herum, zurück zur Grenze. Jetzt hatte auch er seine Scheinwerfer eingeschaltet, sah, wohin er fuhr, und nutzte den Vorsprung aus. Pflaume gab Vollgas und schaltete in den Allradantrieb um. Für ihn gab es jetzt nur noch freie Fahrt... er raste durch die Büsche, riß sie mit dem Rammschutz um, und die Stollenräder walzten alles nieder.

»Fahren kann der Kerl!« sagte Lukas und kurbelte sein Fenster herunter. Er legte das Gewehr an und schrie noch einmal in den Lautsprecher. »Halten Sie an, oder wir schießen.«

»Der scheißt uns was!« Pflaume stellte die Sirene ab. Vor seinen Scheinwerfern tanzte der kleine Wagen über die Unebenheiten, als spränge ein klobiger Kobold durch die Nacht. »Ich sage dir, das ist ein eiskalter Bursche!«

Lukas schoß. Zuerst auf die Reifen, dann, als der Pole noch immer nicht hielt, auf das Rückfenster. Das war eine schwierige Entscheidung: Traf er den Fahrer tödlich in den Kopf, gab es eine lange Untersuchung des Vorfalls. War der Schuß nötig gewesen? War es Notwehr? Nein? Was sonst? Wie rechtfertigen Sie den Gebrauch der Waffe? Erklären Sie uns die Notlage. Gab es nicht? Wieso haben Sie dann geschossen? In Ihrer Dienstvorschrift steht...

Nach dem vierten Schuß blieb der Pole stehen. Ein Reifen war geplatzt, die Rückscheibe zersplittert. Die Tür sprang auf, und ein Mann schob sich in das grelle Licht der Scheinwerfer. Er hielt sich an der Wagentür fest und krümmte sich.

»Den haste erwischt«, sagte Pflaume und drosselte den Motor. Langsam fuhren sie an den Mann heran. »Hoffentlich haste nicht auch ein Mädchen getroffen.«

Sie bremsten hinter dem japanischen Wagen und sprangen aus ihrem Auto heraus. Lukas drückte sein Gewehr in die Hüfte, bereit, sofort zu schießen, wenn der Mann eine verdächtige Bewegung machen sollte. Fast wünschte er sich das... dann wäre es Notwehr.

Als erster warf Pflaume einen Blick in das Innere des Wagens. Er war leer. Keine Mädchen, kein Gepäck, nur eine polnische Tageszeitung, und der Rücksitz war übersät mit den Splittern des Rückfensters.

»O Mist!« sagte Pflaume laut. Lukas, der abseits stand und nicht wußte, was Pflaume gesehen hatte, sträubten sich die Nackenhaare. Also doch ein Mädchen getroffen. Es ist zum Kotzen!

»Was ist los, Heiner?« rief er heiser vor Aufregung. Der Verwundete an der Tür krampfte die Finger in den Türrahmen. Er hatte Mühe, auf den Beinen zu bleiben.

»Nichts.«

»Was heißt nichts?«

»Nichts heißt: Der Wagen ist leer.«

»Wieso leer?«

»Unser Gangster fährt eine Zeitung spazieren.«

»Das gibt es doch nicht.« Lukas ließ das Gewehr sinken und trat an das Auto heran. Pflaume machte keine Witze, die Rücksitze waren leer. »Das ist ja 'n Ding!«

»Kann man sagen. Das kann sogar ins Auge gehen.«

»Abwarten. Ich wette gegen alles, daß das deutsche Nummernschild gefälscht ist.«

»Kein polnischer Autoschieber klaut einen kleinen japanischen Wagen.«

»Der hier fährt auf eigene Rechnung.« Lukas trat an den sich krümmenden Polen heran. »Sprechen Sie deutsch?«

»Ganz klein...«, keuchte der Verletzte.

»Wer sind Sie?«

»Armer Tourist...«

»Dachte ich mir.« Pflaume klopfte die Taschen und Hosenbeine des Polen ab. »War ja klar. Keine Waffen.«

»Ich machen Fahrt zum Vergnügen.« Der Pole röchelte kurz auf und schwankte. »Weiß nachher Weg nicht... bin in Wald... weiß nicht, daß Grenze hier... plötzlich du da, machst bumbum... ich blute... sieh nach... rechte Schulter...«

»Der verarscht uns!« sagte Lukas ungerührt. »Verwundet ist er, aber die Spazierfahrt glaubt ihm keine Sau.« Und zu dem Polen gewandt: »Du hast eine gefälschte Nummer.«

»Nix falsch. Ich arbeiten in Deutschland. In Köln. Bei Ford.«

»Das stimmt.« Pflaume nickte. »Es ist eine Kölner Nummer. Aber das haben wir schnell überprüft.«

»Aus Köln also?« Lukas ließ nicht locker. »Und was machen Sie dann an der deutsch-polnischen Grenze?«

»Urlaub. Mama wohnt in Dorf. Dort hinten.«

»Und da willst du dich verfahren haben? Wenn du hier aufgewachsen bist, kennst du jeden Kuhschiß!« Pflaume schob seine Hand unter das Kinn des Polen und hob sein Gesicht hoch. »Und warum flüchtest du dann?«

»Angst...«

»Wer keinen Dreck am Stecken hat, braucht keine Angst zu haben.«

»Ich muß Arzt haben...«

»Bekommst du. Warum wolltest du abhauen?«

»Ich nix mehr reden bis Arzt.« Der Pole sank an der Tür zusammen und lehnte den Kopf an den Türrahmen. »Bitte... Arzt...« Und dann, wie ein Aufbäumen: »Ich nix mehr sprechen...«

»Dann ab durch die Mitte!«

Lukas und Pflaume schleppten den kaum noch gehfähigen Polen zu ihrem Mercedes, legten ihn auf den Rücksitz, und während

Lukas zu dem kleinen Wagen zurückging, den Schlüssel an sich nahm und ihn abschloß, rief Pflaume die BGS-Wache an.

»Bestellt 'nen Krankenwagen! Wir haben einen Verletzten hier. Sind in zehn Minuten da.«

»O Pfläumchen!« Der Kamerad am Telefon gluckste vor Vergnügen. »Bist du in 'ner russischen Muschi explodiert?«

»Arschloch!« Pflaume ballte die Faust. »Darüber unterhalten wir uns noch! Ein Notarzt mit Einsatzwagen muß her. Es ist dringend! Ende.«

Lukas kam zurück, warf einen Blick auf den stöhnenden Polen und stellte sein Gewehr wieder in die Halterung zurück. »Alles klar?« fragte er.

»Bei mir, ja. Aber bei dir? Wenn das wirklich stimmt, was der Kerl sagt... dann stehst du schön im Regen.«

»Er ist geflüchtet. Hat auf mehrmaligen Zuruf nicht reagiert. Ist einfach geflüchtet. Das ist ein Tatbestand, der sofortiges Eingreifen rechtfertigt. Er könnte ja auch ein schwerer Junge sein, der auf der Fahndungsliste steht. Das muß doch jeder einsehen.«

Lukas beugte sich nach hinten, suchte in den Taschen des Verletzten und fand endlich einen polnischen Paß. Der Pole rührte sich nicht, er stöhnte nur laut auf, als Lukas seine rechte Schulter berührte.

»Wie heißt er?« fragte Pflaume, während Lukas in dem Paß blätterte.

»Angeblich Karel Londricky. Aber das heißt noch lange nicht, daß der Paß echt ist. Auch die eingetragene Aufenthalts- und Arbeitsgenehmigung kann gefälscht sein. Aber damit sollen sich andere herumschlagen. Nicht unser Bier.«

Nach zehn Minuten erreichten sie das BGS-Quartier. Pflaume hatte gewaltig auf das Gaspedal gedrückt. Vier Beamte erwarteten ihn schon und trugen den vor Schmerzen wimmernden Londricky ins Haus.

»Wo ist Ewald?« brüllte Pflaume. »Mit dem habe ich vorhin telefoniert. Ewald, du Drecksau, versteck dich nicht! Komm her!«

Aber Ewald kam nicht heraus. Er war kurz nach dem Telefonat auf Streife gefahren.

Pflaume beruhigte sich wieder, trank ein Bier und war froh, daß diese Nacht für ihn zu Ende war.

So einfach gab sich Lukas jedoch nicht geschlagen. Falls man ihm einen Verweis anhängte, wollte er wenigstens wissen, warum Londricky geflüchtet war und Schutz hinter der polnischen Grenze suchte. Ich hatte Angst, hatte er gesagt, aber das war eine Ausrede. Wovor Angst, wenn man nichts zu verbergen hat? Niemand flüchtet, weil er sich an der Grenze verlaufen hat und in einem fremden Staat steht. Und niemand rast mit einem Auto weiter, wenn er von der Polizei aufgefordert wird, anzuhalten, es sei denn, er hat ein schlechtes Gewissen.

»Irgend etwas stimmt hier nicht!« sagte Lukas zu seinen Kollegen. »Den harmlosen Touristen nehme ich ihm nicht ab.«

»Das ist jetzt Sache der Kripo, Prophet.« Die Grenzpolizisten schüttelten den Kopf. »Es genügt, daß ihr ihn eingefangen habt.«

»Ich habe ihn angeschossen, das kann ein Verfahren geben. Aber ich lasse mich nicht in die Pfanne hauen. Ich will beweisen, daß der Waffeneinsatz notwendig war.«

»Und wenn's nichts zu beweisen gibt? Rühr nicht im Schlamm, Prophet.«

Lukas ließ sich nicht beirren. Noch in der Nacht begann er im Licht zweier Halogenscheinwerfer den japanischen Wagen auseinanderzunehmen. Sitze raus, Reserverad aus dem Kofferraum, sämtliche Räder runter, Armaturenbrett abgeschraubt, Türverkleidungen entfernt... darin hatte er Übung und wußte, wo Schmuggler ihre Waren versteckten. Wie viele Wagen hatte er schon auseinandergenommen, und immer war er fündig geworden. An den unmöglichsten Stellen hatte er Kokain oder Heroin gefunden, einmal sogar Rohdiamanten aus Sibirien in einem unauffälligen Stahlkästchen oberhalb des Auspufftopfes.

Aber dieses Mal fand Lukas nichts. Er saß auf einem Sitz des ausgeschlachteten Wagens und starrte auf die Tür vor sich. Was nun? Ein Verfahren wegen Waffenmißbrauchs war ihm fast sicher. Da hatten die Offiziere in den Kommandostellen kein Verständnis... gerade an der neuen Grenze zu Polen war man allergisch gegen Vorfälle, bei denen Menschen verletzt wurden. Die Medien stürzten sich darauf, und es gab Schlagzeilen wie: »Ist unsere Polizei zu schießwütig?«

Für Lukas gab es nur noch eine Chance: den Ausbau des Motors. Aber dazu mußte der Wagen in eine Werkstatt abgeschleppt werden. Auch einen kleinen Motorblock kann man nicht in der hohlen Hand schaukeln. Und wenn auch das nichts brachte?

Lukas brauchte das Auto nicht in die Werkstatt bringen zu lassen.

Er öffnete die Kühlerhaube, starrte auf den Motor mit seinen vielen Kabeln und Klemmen und Behältern, leuchtete mit einem der starken Halogenhandscheinwerfer in jede Ecke und fand keinen »Fremdkörper« in der für einen Laien verwirrenden Maschine. Aber Lukas war kein Laie ... noch einmal leuchtete er den Motor ab und entdeckte einen kleinen Kasten aus Metall. Er war zwischen dem Wasserbehälter für die Scheibenwaschanlage und dem Behälter für die Bremsflüssigkeit befestigt. Lukas leuchtete ihn an ... kein Kabel führte irgendwohin, er hatte keinerlei Verbindung zum Motor oder zu anderen Teilen, aber er war fest verlötet.

Verlötet? Im Motorblock Lötstellen? Das war neu. Und welche Funktion hatte ein Kasten, der keinerlei Verbindung besaß? Ein kleiner, schwarzlackierter Kasten, unauffällig und bei einem flüchtigen Blick zu übersehen.

Lukas spürte ein Kribbeln unter der Kopfhaut. Er nahm einen Hammer und schlug vorsichtig auf die Breitseite des stählernen Behälters. Es gab einen dumpfen Laut, und dann brach der Kasten ab ... seine Lötstellen waren nur punktförmig angebracht, und es war nur ein leichter Schlag nötig, um ihn abzutrennen. Und jetzt zeigte sich auch, daß er nicht zum Motor gehörte und keinerlei Funktion hatte.

Lukas atmete ein paarmal tief durch, holte den Kasten aus dem Motorraum und trug ihn in das Haus.

»Hier!« sagte er. »Das habe ich gefunden. Nun sagt noch einmal, daß dieser Londricky ein harmloser Verirrter ist.«

»Und was ist drin?« Der wachhabende Offizier, ein junger Leutnant, wog den Kasten in seinen Händen. »Das Ding ist schwer wie Blei. Was kann das sein? Wer fährt heute morgen in die Stadt?«

»Ich.« Ein junger Beamter hob die Hand.

»Du nimmst den Kasten mit und lieferst ihn bei der Kripo ab. Prophet, vielleicht hast du Glück, und es gibt keine Meldung.« Der Leutnant stellte den kleinen Kasten auf den Tisch. »Ob das wieder russische Diamanten sind? Dann ist der Weg falsch: So was kommt aus dem Osten nach Westen und nicht umgekehrt. Na, morgen werden wir wissen, was da am Motorblock gehangen hat.«

Am Morgen fuhr der Zollbeamte Richard Hemmer nach Frankfurt/Oder und gab den Kasten bei der Kripo im Polizeipräsidium ab.

»Sagt ihr uns, was wir gefunden haben?« fragte er.

»Na klar. Auch wenn's nur heiße Luft ist...«
»Dafür ist es zu schwer.«
»Lassen wir uns überraschen.«
Und es wurde eine Überraschung.

Nachdem man den Kasten mühsam mit einer Stahlsäge aufgeschnitten hatte, hob einer der Kriminalbeamten eine Bleiröhre heraus, die genau in das Transportgefäß paßte. Das Rohr war an beiden Enden mit einem Bleistopfen verschlossen. Der Kriminaloberrat Jürgen Plotze, Leiter des Kommissariats XII für Wirtschaftsverbrechen, schüttelte den Kopf.

»Die Bleiröhre machen wir nicht auf!« sagte er unsicher. »Das sollen Spezialisten entscheiden. Ab mit dem Ding zum Landeskriminalamt! Das LKA ist dafür zuständig. Ich will mit dem Zeug nichts zu tun haben.«

Und so wurde der Kasten mit dem Bleirohr weitertransportiert zum LKA und landete dort im Labor, das bestens ausgerüstet war. Unter größten Sicherheitsvorkehrungen wurde die Bleiröhre geöffnet.

Es war eine Stunde, die keiner der Laboranten jemals vergessen würde. Und die erste Analyse des Inhaltes wurde sofort an den Chef des LKA durchgegeben.

Von da an liefen die Telefondrähte heiß: nach Bonn zum Verteidigungsministerium, nach Köln zum Bundesamt für Verfassungsschutz, zum Bundeskriminalamt nach Wiesbaden, zur Bundesanwaltschaft nach Karlsruhe, zum Bundesnachrichtendienst nach München-Pullach und sogar zum Bundeskanzleramt.

Höchste Alarmstufe.
Gefahrenstufe EINS.
Absolute Geheimhaltung.

Benachrichtigung aller Zollstationen: Ähnliche Behälter wie den an der Grenze nach Polen nicht öffnen! Sofort an die LKAs schikken! Mit Kurier. Strengstes Stillschweigen!

Eine Welle des Entsetzens breitete sich bei den benachrichtigten Behörden aus. Im BND in München-Pullach und beim BKA, dem Bundeskriminalamt, reagierte man schnell: Experten flogen nach Frankfurt/Oder.

Nur keine Panik. Nicht ein Wort an die Öffentlichkeit! Absolute Geheimhaltung!

Es gibt keinen Karel Londricky...

Die Operation war ohne Komplikationen verlaufen.

Die Ärzte hatten aus der rechten Schulter die Gewehrkugel herausgeholt; es war ein glatter Muskelschuß, der Knochen war nicht gesplittert. Das Projektil mußte durch die Rückenlehne des Sitzes gebremst worden sein, denn sonst hätte es das Schulterblatt durchschlagen. Londricky hatte großes Glück gehabt.

Nun lag er in einem Einzelzimmer, hatte eine Tetanusspritze und Antibiotika injiziert bekommen und war sehr schwach. Der hohe Blutverlust, denn es war viel Zeit vergangen, bis Lukas und Pflaume ihn zum Revier gebracht hatten. Die Kripo hatte auf Anraten des Chefarztes von einem Verhör abgesehen. »Morgen«, schlug der Arzt vor. »Jetzt befindet er sich in einer Art Dämmerzustand. Und dann die Narkose... Morgen früh ist er wieder klar.«

Ein Polizist wurde zur Bewachung vor dem Krankenzimmer postiert. Er saß auf einem Stuhl, las Illustrierte und wurde alle zwei Stunden abgelöst.

Am nächsten Tag war Londricky etwas munterer. Zwei Infusionen hatten ihn gestärkt, er hatte sogar am Morgen zwei Tassen Kaffee und ein Brötchen mit gekochtem Schinken zu sich genommen; als der wachhabende Polizist einmal ins Zimmer schaute, hatte er ihn sogar angegrinst.

Allerdings änderte sich seine Laune am Nachmittag.

Aus Wiesbaden und München waren die Sonderermittler angereist, hatten beim LKA noch einmal die Berichte der Grenzpolizisten durchgesprochen und kamen nun, sechs Männer, zu Londricky ins Zimmer. Ein Fachmann vom Bundesnachrichtendienst (BND), Kriminaloberrat Egon Wallner vom BKA, wo man in Anbetracht der »heißen Sache« sofort eine Sonderkommission gebildet hatte, Kriminalobermeister Julius Berger, auch vom BKA, zwei Kommissare vom Dezernat XII in Frankfurt/Oder und der Chef des Landeskriminalamtes. Hinzu kamen noch der Chirurg, der Londricky operiert hatte, und die zuständige Krankenschwester. Sie wurde sofort hinausgeschickt.

»Keine Störungen!« sagte der Mann vom BND. »Vergessen Sie, daß hier ein Patient liegt.«

»Aber... es gibt gleich Abendessen.«

»Er wird schon nicht verhungern.«

»Vorher muß Fieber gemessen werden.«

»Auch platzen vor Hitze wird er nicht.«

Die Krankenschwester sah den Arzt fragend an. Er nickte

kurz... alles in Ordnung, ich bin ja da. Sie verließ schnell das Zimmer und atmete auf dem Flur tief durch. Sechs Kriminaler auf einmal, war der Verwundete wirklich so ein gefährlicher Verbrecher?

Die Herren stellten sich rund um das Bett auf. Das Verhör leitete Oberrat Wallner als Chef der Sonderkommission des BKA. Er hatte sich als einziger auf die Bettkante gesetzt und blickte Londricky eine Weile wortlos an. Londricky hielt diesem Blick nicht lange stand... er drehte den Kopf zur Seite.

»Spielen wir jetzt kein Theater mehr«, sagte Wallner mit fast gütiger Stimme. »Die Sache ist für Sie gelaufen. Sie wissen, was Sie am Motor kleben hatten? Woher kommen Sie?«

»Köln. Fordwerke.« Londricky starrte auf die Knie des BND-Beamten, der neben ihm stand.

»Glauben Sie, wir haben geschlafen?« Einer der Kommissare vom Dezernat XII mischte sich ein. »In Köln ist kein Londricky gemeldet, bei Ford gibt es keinen Arbeiter dieses Namens...«

»Illegal ich.«

»Und ausgerechnet bei Ford! Die beschäftigen keine Schwarzarbeiter. Auch Ihr Paß ist gefälscht. Wer sind Sie?«

»Ich nix sagen...« Londricky schloß die Augen, als sei er wieder sehr schwach. Aber der Arzt schüttelte den Kopf, als Wallner ihn anblickte. Alles Theater, der Kerl ist munter. Die Infusionen haben den Blutverlust ausgeglichen, und ein Kreislaufmittel wurde auch injiziert.

»Wir haben Ihren Metallkasten gefunden und aufgemacht. Sie wissen, was Sie im Motorblock transportiert haben?«

»Ich nix reden.«

»Reines Lithium 6, zweihundertsiebzig Gramm!«

»Nix verstehen.«

»Wo sollten Sie das Lithium abgeben?«

Schweigen. Londricky streckte sich im Bett aus. Laßt mich in Ruhe, Bullen, glaubt ihr wirklich, ich singe? Eher kriegt ihr einen Grabstein dazu, die Biographie des Toten unter ihm zu erzählen.

»Nun mach keinen Ärger, Junge.« Oberrat Wallner beugte sich etwas nach vorn. Seine jovial-väterliche Art hatte manchmal Erfolg gezeigt; nun versuchte er es auch hier. »Jemand hat dich beauftragt, das Lithium 6 zu einem Abnehmer zu transportieren. Dafür bekommst du höchstens fünf Jahre Gefängnis; wenn du die Wahrheit sagst, kann man auch darüber verhandeln. Man könnte das so hindrehen, daß nur eine Geldstrafe drin ist... wegen Ordnungswidrigkeit. So idiotisch sind unsere Gesetze, wer denkt denn schon daran, daß jemand in Deutschland mit Atomschmuggel auffällt? Unsere Politiker verschlafen die aktuelle Lage... ein paar Gramm Lithium oder Uran, na, was soll's!« Wallner setzte sich wieder gerade hin. »Dabei hat bereits im Januar 1988 der damalige Ministerpräsident von Hessen, Walter Wallmann, die Bundesregierung vor einem Handel mit atombombenfähigem Material gewarnt.« Wallner blickte rauf zu dem BND-Mann, der gerade seinen Schlips lockerte. Es war sehr warm in dem kleinen Zimmer. »Aber das weiß der BND ja am besten.«

»Nur war der Weg umgekehrt.« Der Geheimdienstmann fühlte sich nicht wohl dabei, diese alte Geschichte wieder aufzuwärmen. »Damals wurden deutsche Nuklearbetriebe beschuldigt, technisches Know-how *und* Nuklearmaterial nach Pakistan geliefert zu haben, um das veraltete Atomzentrum Pinstech bei Karatschi auf den neuesten Stand zu bringen. Über den Umweg Hongkong wurden neunundfünfzig ›Dokumentensendungen‹ verschickt, der vollkommene Bauplan für eine eigene Produktion von Brennelementen, dazu Blaupausen von Reaktortechnik, Urananreicherung und Kernfusion. Achtundsechzig Einzellieferungen für Fertigungsanlagen von Brennelementen wurden auf Umwegen exportiert. Sinteröfen, Elektronenstrahl-Schweißgeräte, Spezialstahl zur Herstellung von Brennelementen, Rohmaterial für den Bau von Uranzentrifugen, Hüllrohre und Spezialbehälter für den Stoff, den man zur Urananreicherung braucht – das Uranhexafluorid. Der dickste Hund aber war die Lieferung des Know-how für eine rein militärischen Zwecken dienende Anlage zur Rückgewinnung und Bereitstellung von reinem Tritium. Tritium ist ein radioaktives Gas, das in kleinsten Mengen als Beimischung zur Sprengkraftverstärkung von Atombomben eingebracht wird. Und – wie üblich – schickte man sogar ein Pröbchen von Tritium mit... Null Komma acht Gramm. Nicht viel? Diese Null Komma acht Gramm Tritium entsprechen einer Strahlung von zweihundertsechsundneunzigtausend Giga-Becquerel!«

»Du lieber Himmel!« sagte der Chef des LKA erschüttert. »Davon hatte ich keine Ahnung.«

»Es gab auch nur einen kurzen Rummel in Bonn, im Bundestag, in den Medien und auf dem diplomatischen Parkett. Die Staatsanwaltschaft ermittelte wegen des Verstoßes gegen das Außenwirtschafts- und Kriegswaffenkontrollgesetz. Höchststrafe: zehn Jahre! Alle, meine Herrn, kennen die Gesetze. Zehn Jahre für die Mithilfe an einer Vernichtungsmaschine, die Millionen Menschenleben kosten kann! So sind wir hier in Deutschland: zehn Jahre – eine Vollmilchschokolade für Völkermord.« Der Geheimdienstler holte tief Luft. »Wir hatten damals beim BND genaue Kenntnis davon, was in Pakistan passierte. Die amerikanische CIA hatte uns Geheimberichte zukommen lassen: Im Atomzentrum Pinstech, umgeben von zwei Meter hohen Mauern und mit Stacheldraht bewehrt, von Militär bewacht und alle Gebäude zur Tarnung grün gestrichen... hier bastelt man nach CIA-Informationen an einer Atombombe. In der Tritiumanlage sollen nach den Non-Papers – so nennt man drüben die Geheimberichte – in einem tiefen Stollen sechzig Gramm reines Tritium lagern. Wir haben alle maßgebenden Stellen gewarnt, es gab viel Aufregung in Bonn, im Bundestag wurden flammende Reden gehalten, man sprach voller Empörung von ›unglaublichen Vorwürfen‹ bis zum ›Sumpf ohne Ende‹, ja man warf im Ausland der BRD vor, sie habe Pakistan zum atomaren Selbstversorger gemacht. Das war 1988. Und seitdem breitet sich wieder Schläfrigkeit in Bonn aus.« Oberrat Wallner blickte auf Londricky, der meisterhaft den Erschöpfen zu spielen versuchte.

»Bei uns im BKA wurden später noch zwei Fälle bekannt. Kleine Fische... mal ein halbes Gramm Uran, mal hundert Gramm Cäsium 137. Das Uran war minderwertig, das Cäsium war ein Abfallprodukt aus Kernkraftwerken. Beides also Betrug. Jetzt haben wir 1991... und es scheint so, als hätten wir hier mit dem Lithium 6 einen neuen Markt aufgetan. Das Lithium ist absolut hochwertig!«

»Aber wer kauft denn so was?« Der Arzt schüttelte den Kopf. »Wer sind die Abnehmer?«

»Das wissen wir nicht.« Wallner wandte sich wieder Londricky zu. »Diese zweihundertsiebzig Gramm Lithium 6 sind meiner Ansicht nach nur eine Probesendung, zum Beweis, daß es rein ist und man mehr liefern kann.«

»Da braut sich was zusammen.« Der Chef des Dezernats XII sprach aus, was alle dachten. »Das kann einen Skandal größten Ausmaßes geben!«

»Die Geheimstufe eins wird das verhindern. Noch. Aber wenn noch mehr radioaktive Ware auftaucht, bekommen die Medien früher oder später Wind davon. Dann gnade uns Gott!« Wallner beugte sich wieder über Londricky. »Junge, spiel mir nicht den

Schlappen vor. Bei mir zieht das nicht. Wo kommt das Lithium her?«

»Ich nix sagen.« Londricky hielt die Augen geschlossen.

»Wohin sollte es geliefert werden?«

»Ich nix sagen.«

»Und überhaupt... du hast den verkehrten Weg genommen. Du sollst das Zeug in den Westen bringen, aber du wolltest abhauen in den Osten! Da stimmt doch was nicht! Die Richtung stimmt nicht!«

»Ich nix sagen und nicht mehr hören...«

»Wie du willst. Ich nehme dich mit nach Wiesbaden, und dort kochen wir dich weich.«

»Nix foltern... darfst du nicht...«

»Da hast du recht. Ich möchte dir am liebsten die Wahrheit aus dem Hintern prügeln.« Wallner blickte auf. »Meine Herren, das haben Sie nicht gehört. Wir sind unter uns, und ich weiß, was jeder von Ihnen denkt. Noch mal, Londricky – oder wie Sie heißen mögen: Sie können durch ein Geständnis Ihre Lage nur verbessern.«

»Ich nix sagen.«

»Wie Sie wollen.« Wallner sprach ihn wieder mit »Sie« an. »Wir haben legale Mittel, Sie zum Reden zu bringen.«

Er erhob sich von der Bettkante. Jeder in diesem Krankenzimmer wußte, daß es eine leere Drohung war... wer nicht sprechen wollte, konnte nicht dazu gezwungen werden. Verhörmethoden wie in anderen Staaten, vor allem die einiger Länder in Asien, Afrika und Südamerika, verbot die Achtung vor den Menschenrechten. Man war auf freiwillige Aussagen oder auf erdrückende Beweise angewiesen... aber wo sollte man hier Beweise suchen?

»Ist er transportfähig?« fragte Wallner den Arzt.

»Ja. Die Verwundung war ein undramatischer Steckschuß. Nur der hohe Blutverlust mußte aufgefangen werden.«

»Und das haben Sie?«

»Ja. Aber wir können zur Sicherheit noch eine Infusion geben.«

»Ich bitte darum. Morgen früh nehmen wir ihn mit nach Wiesbaden.«

»Aber er muß noch klinisch behandelt werden.« Der Arzt hob wie bedauernd die Schultern. »Noch wenigstens eine Woche. Dann wissen wir sicher, daß es keine Wundinfektion oder andere Komplikationen gibt. Schließlich ist die Kugel durch die Lehne des Sitzes in den Rücken eingedrungen, es gab Polsterfasern in der Wunde, und niemand kann sagen, ob wir wirklich alle Rückstände oder Staubteilchen herausgeholt haben. Eine Entzündung ist bei einer solchen Verletzung immer drin.«

»Keine Sorge. Wir bringen ihn in das Krankenhaus.« Wallner wandte sich dem Chef des LKA zu. »Das Lithium nehmen wir auch mit. Es gibt ja keine Strahlungsgefahr.« Er warf noch einmal einen Blick auf Londricky. Der spielte immer noch den Erschöpften und versuchte sogar zu röcheln. »Er ist ein begabter Schauspieler!« sagte Wallner trocken. »Junge, bei mir nicht. Ich bin kein Theaterfreund, ich liebe die Musik. Deshalb werde ich dich zum Singen bringen.«

Am nächsten Morgen flogen Wallner und sein Assistent Berger zurück nach Wiesbaden. Londricky wurde in einem Rollstuhl transportiert. Er versuchte immer wieder, aus dem Sitz zu rutschen, und täuschte Schwächeanfälle vor, bis Berger ihn einfach im Rollstuhl so anband, daß er sich nicht mehr rühren konnte.

»Das Folter!« schrie Londricky empört. »Ich Presse erzählen!«

»Die wirst du nie zu Gesicht bekommen, Junge«, sagte Wallner mit einem Grinsen. »Der Bundesanwalt wird dich aus der Öffentlichkeit wegzaubern.«

In Wiesbaden warteten ein Krankenwagen und drei Kriminalbeamte des BKA auf sie. Sie übernahmen Londricky und fuhren mit ihm zum Krankenhaus. Dort bekam er ein Zimmer am hintersten Ende des Flures auf der ersten Etage und wieder einen Polizisten, der auf einem Stuhl vor der Tür Wache hielt.

Zwei Tage später, noch vor dem Beginn der Verhöre, war Londricky tot.

Jemand hatte ihm die Kehle durchgeschnitten. Ein lautloser Tod.

Das Fenster zum Garten war aufgebrochen. Der Täter – so wurde rekonstruiert – war über ein Rosenspalier hinauf in die erste Etage geklettert. Ein ganz einfacher Weg.

»Und das beweist«, sagte Wallner ziemlich schockiert, »daß wir es hier mit einer ganz dicken Sache zu tun haben...«

Die Überraschung

Dr. Sendlinger war zum ersten Mal in Moskau.

Paß- und Zollkontrolle im Flughafen von Scheremetjewo II hatte er sich wesentlich umständlicher vorgestellt... man sah seinen Paß an, registrierte, daß er aus der BRD kam, und drückte den Einreisestempel hinein. Bürger aus der BRD, aus dem neuen, vereinten Deutschland, sind Freunde geworden. Das hatte bei Gorbatschow angefangen und setzte sich bei Jelzin fort. Noch herzlicher, als man je vermutet hätte... die offenen Arme im Osten drückten alles an sich. Die rätselhafte russische Seele! Vor kurzer Zeit noch kalter Krieg und eine atomare Bedrohung des Weltfriedens – heute Schulterklopfen und Händeschütteln und Festessen im Palast des Kreml. So schnell kann sich die Weltlage ändern.

Dr. Sendlinger hatte sich vor seiner Reise nach Moskau genau erkundigt. Wo wohnte man, um Kontakte zu knüpfen? In den riesigen Bettenburgen wie dem *Rossija* oder dem *Ukraina* oder in dem altehrwürdigen *Monopol*, wo zu Zeiten Hitlers die deutschen Kommunisten Ulbricht und Genossen logiert hatten, bereit, nach dem Fall des Dritten Reiches die Regierung in Berlin zu übernehmen. Hier schmiedeten Pieck und Grotewohl die Pläne für *ihr* Deutschland, hier warteten sie das Ende des Krieges ab, um einen Staat zu gründen, der – mit deutscher Gründlichkeit – ein Musterschüler des Kommunismus werden sollte.

Dr. Sendlinger entschied sich für das *Monopol*. Man hatte ihm gesagt, es sei renoviert und modern, und wichtige russische Männer würden noch immer in dem Restaurant und in der Bar verkehren. Das Traditionsbewußtsein der Russen hatte nicht nachgelassen. Was die Väter einmal geliebt hatten, liebten auch die Söhne. Nur das äußere Leben hatte sich verändert: Man mußte nicht mehr jeden Satz, bevor man ihn aussprach, überdenken; heute konnte man sagen: Gorbatschow hat uns verdammt enttäuscht! Oder: Wie das wohl mit Jelzin wird? Wer weiß das, Freundchen? Einen guten Willen hat er ja, aber da liegen viele Steine auf dem Weg. Und der verfluchte, geliebte Wodka. Hast du gesehen, vorgestern, bei der

Rede im Fernsehen... diese glasigen Augen? Hoffen wir, daß es gutgeht.

Hoffnung... der jahrhundertealte Strohhalm der Russen.

Im *Monopol* bekam Dr. Sendlinger ein schönes, großes Zimmer. Die Etagendame, ohne die in einem russischen Hotel nichts läuft, die alles sieht, alles weiß und alles besorgen kann, vom Rauchtee bis zum Krimsekt, brachte ihm zur Begrüßung einen Korb mit frischen Früchten und eine Kanne Tee. Ein Service, den es hier früher nicht gegeben hatte.

»Sprechen Sie deutsch oder englisch?« fragte Dr. Sendlinger und griff nach einem roten Apfel.

»Beides, mein Herr.« Die Etagendame scheute sich nicht, zuzugeben, daß zu ihren Betreuungsaufgaben auch das Belauschen gehörte. Der KGB, der russische Geheim- und Spionagedienst, war noch immer allgegenwärtig – daran hatte sich nichts geändert. Dr. Sendlinger stellte das ohne innere Bewegung fest, aber er beschloß, vorsichtig zu sein.

»Ich möchte heute abend etwas erleben. Ich bin zum ersten Mal in Moskau. Die Moskauer Nächte sind ja berühmt.« Dr. Sendlinger lachte kurz auf. Das, was ihm Mandanten seiner Kanzlei, die öfter geschäftlich nach Rußland reisten, erzählt hatten, übertraf sogar St. Pauli... allerdings lief es hier nicht so öffentlich wie auf dem Kiez der Großen Freiheit in Hamburg ab. »Sie kennen doch gewiß genug Adressen?«

Er legte zehn Dollar auf den Tisch, die von der Etagendame schweigend eingesteckt wurden.

»Täubchen auf dem Zimmer sind nicht erlaubt.« Sendlinger hörte heraus, daß sie das schon unzählige Male gesagt hatte. Fast jeder ausländische Gast schien diese Frage zu stellen. Russische Mädchen, der Steppensturm im Bett. »Bei uns nicht!«

»Daran habe ich nicht gedacht.« Dr. Sendlinger biß in den Apfel. Er hatte ein gutes Gebiß, er konnte es sich leisten, mußte nicht befürchten, daß die dritten Zähne im Fruchtfleisch hängenblieben. »Ich habe mehr an einen unterhaltsamen Abend gedacht. Varieté, Showtanz, eine gemütliche Bar...«

»Mit angeschlossenem Bordell?«

»Nicht unbedingt. Es muß etwas Besonderes sein. Puffs haben wir in Berlin genug.«

»Ich kann Ihnen das *Tropical* empfehlen, mein Herr.«

»Das klingt gut. *Tropical*... was ist das?«

»Ein vornehmes Restaurant mit Bar und Bühne. Schönheitstänze. Sie sagen im Westen Striptease dazu. Wird sehr gern von Ausländern besucht. Eine gute Auswahl von Mädchen, aber nicht zu uns ins Hotel!«

»Ich verstehe.« Zwischen Dr. Sendlingers Zähnen knirschte der Apfel. »Muß man sich dort anmelden?«

»Besser wäre es. Ist immer voll.«

»Können Sie das für mich übernehmen? Wie heißen Sie überhaupt?«

»Ludmila.«

»Natürlich. Wie konnte ich fragen? Ludmila. Der Name paßt zu schönen Frauen.«

Das war maßlos übertrieben. Die Etagendame Ludmila war dicklich und schwerfällig, so um die Fünfzig, hatte ein grobes Bauerngesicht und eine platte Nase wie ein Boxer. Daß sie zwei Fremdsprachen beherrschte, traute ihr keiner zu. Man hätte sie eher auf einem Traktor im Kartoffelacker vermutet. Ludmila steckte das Kompliment ohne Reaktion weg und wandte sich zur Tür.

»Haben Sie sonst noch einen Wunsch, mein Herr?« fragte sie steif.

»Nein, danke. Waren Sie auch schon im *Tropical*?«

»Da passe ich nicht rein. Da sitzen die Geldsäcke, ich bin nur eine Kopeke.«

Um einer weiteren Unterhaltung zu entgehen, verließ sie schnell das Zimmer.

Sendlinger trat ans Fenster, öffnete es und blickte auf die Straße. Ein Verkehr wie auf dem Ku'damm: Autos, Menschen, ein ununterbrochenes Hin und Her. So ganz anders, als er es sich vorgestellt hatte. Das sind die verdammten Vorurteile. Er hatte einige Bücher über Moskau gelesen, darunter auch eines von Konsalik... darin wurde Rußland ganz anders beschrieben, als es sich ihm jetzt darbot. Schriftsteller! Die idealisierenden Verklärer oder die tendenziösen Schiefblicker.

Er packte seinen Koffer aus, hängte Anzüge und Hosen auf die Bügel, ging ins Bad, duschte sich und zog ein frisches Hemd an. Für den Abend wählte er einen dunkelblauen Anzug und eine rot-blaugestreifte Krawatte aus, dazu dunkelblaue Kniestrümpfe – nichts sieht lächerlicher aus, als ein nacktes Männerbein mit rutschenden Socken. Er steckte fünfhundert Dollar ein; mehr wollte er nicht ausgeben, komme, was da wolle.

Vor dem Portal des *Monopol* warteten drei Taxen. Er ging zum ersten Wagen, riß die Tür auf und setzte sich auf den Rücksitz. Dabei dachte er erneut daran, was er über Moskau gelesen hatte: Wenn du ein Taxi willst, frage nicht erst, setz dich einfach hinein, dann muß der Fahrer dich befördern. Fragst du ihn, sagt er »Njet«, weil er keine Lust hat. Er ist Staatsangestellter und bekommt sein Gehalt auch dann, wenn er nicht fährt.

Aber auch das war anders geworden. Jetzt fuhren die meisten Taxen auf eigene Rechnung und waren froh über jeden Kunden.

»Zum *Tropical*«, sagte Sendlinger.

»Zum *Tropical*«, wiederholte der Taxifahrer auf deutsch. Sendlinger beugte sich zu ihm vor.

»Sie sprechen deutsch?«

»Wänig.«

»Wo haben Sie das gelernt?«

»In Karl-Marx-Stadt.«

»Das heißt jetzt wieder Chemnitz.«

»Alläs andärs gäwordän.« Der Fahrer startete den Motor. »Hier auch. Abär nix bässär...«

»Es gibt keine Sowjetunion mehr. Sie sind ein freier Mensch.«

»Freiheit? Was ist das? Die arm sind, wärden noch ärmer... wär reich ist, wird noch reichär. Und am reichstän wärden die Gaunär.«

Dr. Sendlinger spürte einen Druck auf der Brust.« Kennen Sie solche Gauner?«

»Im *Tropical* sitzen gänug härum. Fast allä sind dort Gaunär.«

»Das ist doch übertrieben. Woher wollen Sie das wissen?«

»Sie wärden äs sähän. Teurä Anzügä, Fingär voll Ringä, schönä Frau näbän sich... das sind die Obergaunär. Die rägieren jetzt, nicht Jelzin. Alläs habän sie an Hand. Allä zahlen Schutzgäldär...«

»Sie auch?«

»Ich auch. Ich will läbän. Wär nichts zahlt... Auto kaputt, später sälbst kaputt. Man gäwöhnt sich an Gangstär.«

Sie hielten vor dem *Tropical*, und Sendlinger bezahlte mit Dollar, was den Taxifahrer begeisterte. Am Straßenrand parkten zahlreiche Mercedes und BMW, sogar ein Rolls-Royce war dabei und ein Cadillac mit einer CD-Nummer – Corps diplomatique, ein Botschaftswagen.

»Viel Freudä.« Der Taxifahrer musterte seinen Fahrgast, als Sendlinger auf der Straße stand. »Darf ich einän Rat gäbän?«

»Wenn er gut ist.«

»Gähän Sie Natalja Petrowna aus däm Wäg.«
»Wer ist Natalja?«
»Tanzt auf Bühnä. Nackt. Schönä Frau. Aber Teufäl! Sie wärden sähän...«
»Danke für die Warnung.« Sendlinger winkte dem Fahrer zu und ging zum Eingang. Er wußte jetzt schon, daß er diese Natalja treffen würde, ja treffen mußte. Wer einen solchen Ruf hat, kennt auch die richtige Leute. Die besten Verbindungen knüpft man über die Frauen, vor allem in diesen Kreisen. Er hatte genug Beispiele in seiner Rechtsanwaltspraxis erlebt... ein Bett ist nicht nur zum Schlafen da. Mit einer Frau lassen sich fest verriegelte Türen öffnen.

Der Portier vor dem *Tropical* warf einen schnellen Blick auf Sendlinger und stieß dann die Tür auf. Sein geübtes Auge sah sofort: Das ist ein Tourist. Einer aus dem Westen. Ein russischer Emporkömmling stinkt auch im Frack nach Parfüm. Man sieht ihm an, daß sich die Taschen vor Geld beulen.

Im Vorraum wurde Sendlinger von dem Oberkellner empfangen. Er blickte den Gast fragend an und wartete, in welcher Sprache er sprechen würde.

»Dr. Sendlinger«, sagte Sendlinger. »Ich hatte bestellt.«
»Please, Sir...« Der Oberkellner ging vor, zeigte auf einen runden Tisch in der Nähe der Bühne und schob den Stuhl vor, als Sendlinger sich setzte. Auf der Bühne tanzte ein Paar einen erotischen Tanz. Das Mädchen trug nur ein winziges glänzendes Höschen, ihr Partner verbarg seine Männlichkeit in einem ledernen Futteral. Sie rieben sich aneinander, drehten und wanden sich und spielten eine Kopulation, die in einem ebenso vorgetäuschten Orgasmus endete. Der Beifall war mäßig. Wenn schon Sex, dann richtiger.

Dr. Sendlinger schaute sich um. Das Lokal war um diese Zeit nur halbvoll, aber der erste Überblick zeigte ihm bereits, daß nicht alle, die hier Champagner tranken und ihren Damen auf die halbentblößten Dekolletés starrten, zur Gattung der Ehrenmänner gehörten. Ich bin zu früh hier, dachte Sendlinger. In einer Stunde sieht das anders aus. Nachtschattengewächse werden erst im Dunkeln munter und blühen dann auf. Warten wir ab, was kommt. Gespannt bin ich vor allem auf diese Natalja, diesen Teufel, wie sie der Taxifahrer nannte.

Mit großer Zufriedenheit studierte Sendlinger die Speisekarte, die auf russisch, englisch, französisch und arabisch geschrieben war, aber nicht auf deutsch. Was er bestellte, begeisterte ihn wirklich: eine fulminante Borschtschsuppe mit einer großen Haube aus saurer Sahne, dann ein Fischgericht, ein auf den Punkt gekochtes Störfilet, ein medium gebratenes Hirschsteak mit Waldpilzen und Multbeerenkompott, eingerahmt von kleinen knuspringen Blinis, und als Nachtisch ein Eisparfait, das den von beleidigten Italienern bestrittenen Ruf rechtfertigte, das russische Eis sei das beste der Welt. Dazu trank er einen wunderbar würzigen, rubinroten Krimwein, der im Abgang einen Hauch von schwarzen Johannisbeeren schmecken ließ.

Dr. Sendlinger, schon immer ein Gourmet, stellte fest, daß er seit langer Zeit nicht mehr so gut gegessen hatte. Er gönnte sich noch einen grusinischen Kognak und einen starken Kaffee à la Aserbaidschan.

Und dann, es war genau dreiundzwanzig Uhr, wie Sendlinger feststellte, betrat ein Gast das *Tropical,* bei dem sogar der Geschäftsführer herbeirannte und ihn persönlich zu einem Tisch in der ersten Reihe vor der Bühne führte, auf dem ein großer Strauß roter Rosen stand. An den Händen des Mannes funkelten unübersehbar Brillant- und Saphirringe.

»Das ist der Boß!« dachte Sendlinger. »So kann nur einer aussehen, der jeden ungestraft in den Hintern treten darf.«

Eine Wiederkehr der Al-Capone-Gesellschaft. Bugsy Siegel würde sich freuen und Mayer Lanski die Nase rümpfen. Eine hervorragende Kopie, und das 1991 im neuen Rußland!

Zwei Kellner eilten sofort an den Tisch und standen stramm, als sei der Zar erschienen. Der Oberkellner hastete mit der Speisekarte herbei.

»Wie immer.« Igor Germanowitsch Sybin blätterte in der Speisekarte herum.

»Kaviar auf Eis?«

»Frag nicht so dämlich. Wo ist das Krimgesöff? Ich verdurste.«

Die Kellner eilten davon. Sybin blickte sich kurz um. Sein Blick traf Dr. Sendlinger, der zurückgelehnt die Szene beobachtete und nun lächelte. Sybin lächelte ebenfalls und wandte sich dann ab.

»Wer ist der Fremde an Tisch neun?« fragte er den Geschäftsführer.

»Einer aus Deutschland. Heißt Sendlinger. Dr. Sendlinger. Wohnt im *Monopol.*«

»Woher weißt du das?«

»Von dort wurde der Tisch bestellt.«

»Und was weißt du noch?«

»Er ist ein Rechtsanwalt aus Berlin. Das ist alles.«

Sybin nickte, blickte aber nicht wieder zu Sendlinger hinüber.

»Sag Natalja, sie soll ihn scharf machen.« Sybin nahm den Kognak entgegen, den ihm ein Kellner im Eilschritt gebracht hatte. »Was hat er gegessen?«

»Das Menü Nummer eins und den besten Wein.«

»Also kein neugieriger Tourist. Die sitzen auf dem Geld wie brütende Hennen. Rechtsanwalt ist er? Er will hier Geschäfte machen. Das spüre ich auf der Haut.«

»Soll ich ihn an Ihren Tisch bitten?«

»Aber nein, du Idiot!« Sybins Stimme wurde unwirsch. »Natalja soll ihm ihren Hintern ins Gesicht recken... das andere findet sich von allein.«

Auf der Bühne erschien jetzt eine Frau mit Riesenbusen. Sie ließ ihn im Takt der Musik hin und her schwingen, wie fleischfarbene Kürbisse, drückte an ihm herum; dabei stöhnte sie ins Mikrofon, riß sich dann das Kleid vom Leib und entblößte einen Bauch, der über den Unterleib hing. Ästheten hätten sich die Augen zugehalten. Auch Sendlinger fragte sich, warum sich ein Lokal wie das *Tropical* eine solche Show leisten konnte. Aber auch diese Frau wurde beklatscht, als sie von der Bühne hüpfte.

Sybin wandte sich Dr. Sendlinger zu. Wieder kreuzten sich ihre Blicke, und Sendlinger schüttelte den Kopf. Mit einem Grinsen nickte ihm Sybin zu.

Warte, mein Doktor. Gleich kommt Natalja Petrowna. Da wird's dir heiß im Anzug. Und wenn sie sich in ihrer ganzen wunderschönen Nacktheit auf deinen Schoß setzt... das hat noch kein Mann regungslos überstanden. In spätestens einer Stunde weiß ich, was du in Moskau willst. Dann bist du entweder interessant für mich, oder du bist nur ein geiler Bock, der Natalja hundert Dollar in den Ausschnitt steckt.

Die Musik spielte einen Tusch. Die grellen Lampen auf der Bühne erloschen, ein altes russisches Volkslied erklang: Schwarze Augen – Sehnsucht der Taiga.

Natalja betrat die Bühne in einem kirgisischen Kostüm: weiße Stiefelchen, ein weiter Faltenrock, eine rote Bluse und darüber ein buntbesticktes Jäckchen. Das lange, schwarze Haar hatte sie hochgebunden und mit bunten Bändern zusammengehalten. Wie eine Elfe schwebte sie herein, sittsam, verträumt, wie von der Melodie getragen. Ihr tatarisches Gesicht war mit Goldstaub überpudert.

Dr. Sendlinger starrte sie an. Sie ist die schönste Frau, die ich je gesehen habe, dachte er, ein Wunder an Weiblichkeit. Und sie soll ein Teufel sein...? Aber war Lucretia Borgia nicht auch eine wunderbare Frau gewesen und dennoch ein Satan? Und Katharina von Medici, deren Schönheit überall besungen wurde, befahl in der Nacht zum 24. August 1572 die Pariser Bluthochzeit, die Bartholomäusnacht, bei der über zwanzigtausend Hugenotten ermordet wurden. Es gibt viele, viele Beispiele von zauberhaften Frauen, hinter deren Schönheit sich Grausamkeit, tödliche Perversion, gnadenloser Haß und Lust an der Vernichtung verbergen.

Wie komme ich bloß darauf, beim Anblick von Natalja plötzlich an die Historie zu denken? Sie ist eine Tänzerin in einem Moskauer Nachtlokal, weiter nichts. Paul, was ist mit dir los? Und wie ich vermute – und auch erwarte –, wird sie sich dort oben auf der Bühne ausziehen, provozierend langsam und mit lasziven Bewegungen, und die männlichen Gäste zu Wunschträumen anregen. Sie wird rasenden Beifall bekommen, und das war's dann. Keine Ahnung, warum der Taxifahrer ihr teuflische Qualitäten andichtete.

Die Musik ging in eine aufreizende, rhythmische Melodie über. Natalja löste die Bänder, die ihre Haare zusammenhielten, und warf sie hinunter zu den Tischen. Die Männer griffen gierig danach, und da sie nahe vor Sendlinger tanzte, bekam er eines der Bänder, ein dünnes, goldenes, in den Schoß geworfen. Er nahm es und legte es auf den runden Tisch. Bewußt gleichgültig, so als habe man ihm wie zu Fasching eine Papierschlange zugeworfen.

Ein alter, aber bewährter Trick: Gleichgültigkeit, was eine Frau bis zur Selbstaufgabe reizen kann.

Sybin blickte erneut hinüber zu Dr. Sendlinger. Er grinste breit, aber Sendlinger beantwortete es mit einem Achselzucken. Was soll's? Da muß schon anderes in meinen Schoß fliegen als ein goldfarbenes Bändchen.

Natalja kniff einen kurzen Moment die Augen zusammen. Du westlicher Schnösel! Ich werde dir zeigen, daß auch in dir Verlangen und Geilheit stecken. Sieh her – jetzt fallen Jäckchen und Bluse! Lassen dich meine Brüste kalt? Noch sind sie in einen BH gezwängt, aber gleich löse ich den Haken. Ins Gesicht werfe ich ihn dir, und er wird nach Rosen duften, mit einem Hauch von Moschus, der die Männer antreibt wie die Peitsche des Kutschers seine Gäulchen.

Und so geschah es... Natalja bewegte den Körper in wilden Zuckungen, löste den Büstenhalter, ließ ihre herrlichen, straffen Brüste tanzen, und während die Gäste klatschten und ihr etwas zuriefen, was Sendlinger nicht verstand, warf sie ihm zielsicher den BH ins Gesicht.

Er nahm ihn und legte ihn gleichgültig neben das Goldband. Du bist doch ein Teufelchen, und sogar ein atemberaubendes, aber einen Paul Sendlinger siehst du nicht ausflippen. Das kennst du anscheinend noch nicht... einen nüchtern denkenden Kopf, während der Körper sich verlieren kann.

Er trank einen Schluck Krimsekt und sah erstaunt hoch, als sich zwischen ihn und die Bühne eine Gestalt schob.

Sybin lächelte ihn an. Auf englisch sagte er zu Sendlinger:

»Sie haben Glück bei Natalja, ein unverschämtes Glück. So deutlich hat sie ihre Sympathie noch keinem anderen Mann gezeigt.«

»Ein Spiel. Es gehört zu ihrer Nummer.« Auch Sendlinger sprach jetzt englisch.

»Ist Natalja nicht wunderschön?«

»Es gibt viele schöne Frauen auf der Welt.«

»Aber keine ist wie Natalja Petrowna.«

Dr. Sendlinger zeigte auf den freien Stuhl an seinem Tisch. »Bitte, nehmen Sie doch Platz.«

»Wenn Sie erlauben.« Sybin setzte sich und rückte etwas zur Seite, um nicht zwischen Natalja und Sendlinger zu sitzen. »Ich bin Igor Germanowitsch Sybin«, sagte er unbefangen.

»Dr. Sendlinger.«

»Aus Berlin. Rechtsanwalt...« Sybin grinste Sendlinger an.

»Woher kennen Sie mich?« Sendlinger war nun doch verblüfft, und gleichzeitig schrillte in seinem Kopf eine Alarmklingel. Achtung! Da stimmt etwas nicht. Ich bin zum ersten Mal in Moskau, und ich habe in Berlin, außer mit General Petschin, nie zu Russen Verbindung gehabt. Wie und woher kann mich dieser Sybin kennen?

»Ich habe mich nach Ihnen bei Semjon, dem Geschäftsführer, erkundigt.«

»Und warum?«

»Sie fielen mir auf.«

»Ich nehme doch an, daß viele Besucher aus dem Westen Gäste im *Kasan* sind. Warum gerade ich?«

»Eine Art Intuition.« Sybin wartete, bis der Kellner seinen Wein an Sendlingers Tisch gebracht hatte. »Ein – wie soll ich sagen – Gefühl. Ich verlasse mich oft auf Gefühle. Ich spüre sie auf meiner Haut wie einen unsichtbaren elektrischen Strahl. Haben Sie so etwas noch nicht erlebt?«

»Es ist gefährlich, sich Gefühlen hinzugeben. Ein klarer Kopf ist wichtiger.«

Ihre Unterhaltung wurde unterbrochen. Natalja tanzte wieder vor Sendlinger und warf ihm den Rock zu, den sie eben ausgezogen hatte. Sie trug jetzt nur noch einen knappen, goldfarbenen Slip... Strümpfe und Stiefel hatte sie bereits seitlich in die Kulisse geworfen. Dr. Sendlinger legte den Rock achtlos zu den anderen Kleidungsstücken.

»Ich komme mir vor wie ein Garderobenständer. Folgt noch mehr?«

Sybin lachte schallend und klopfte auf Sendlingers Arm. Dabei bemerkte Sendlinger, daß seinem Gast an der linken Hand ein Finger fehlte. Aber er sah auch die dicken Brillantringe. Zwei- und Dreikaräter, bestimmt lupenrein. Protz! dachte Sendlinger. Einer der neureichen Russen. Und plötzlich ahnte er, daß dieser Sybin zu der Sorte Russen gehörte, die durch Glasnost und Perestroika ihre bisher dunklen Geschäfte ins Licht rücken konnten. Die Ratten wurden fett.

»Sie hat noch ihr Höschen an!« sagte Sybin fröhlich. »Wenn Natalja es Ihnen ins Gesicht wirft, sollten Sie sie zu einem Glas Champagner einladen.«

»Wir werden sehen. Was kommt dabei heraus? Ich investiere nie in unsichere Geschäfte. Investition heißt Gewinn.«

»Sie gefallen mir, Gospodin Sendlinger.« Sybin nickte Natalja kurz zu. Es sollte diskret geschehen, aber Sendlinger, wach wie immer, erkannte den Wink. Er spürte in sich eine Spannung, die den ganzen Körper ergriff.

Was soll das, fragte er sich. Wohin treibt dieses Spiel? Wer ist dieser Sybin? Ganz klar: Er benutzt Natalja als Lockvogel... aber wohin soll ich gelockt werden? Was hat man mit mir vor? Mich auf diesen herrlichen Körper legen und dann ausrauben? Lohnt sich nicht, meine Lieben. Ich habe nur fünfhundert Dollar bei mir. Für einen Beischlafdiebstahl, wie es im Juristendeutsch so schön heißt, lohnt es sich nicht. Und außerdem bin ich ein guter Boxer. Meister im Mittelgewicht der Studentenstaffel. Das ist zwar eine Zeit lang her, aber einen guten Punch habe ich noch immer.

»Was machen Sie in Moskau?« fragte Sybin frei heraus.

»Geschäfte.«

»Dachte ich mir. Wie ein harmloser Tourist sehen Sie nicht aus. Das habe ich sofort gefühlt.«

»Ihr berühmtes Gefühl! Wieso bin ich denn Ihrer Meinung nach nicht harmlos?«

»Sie kommen aus dem Westen, um in Rußland Geschäfte zu machen. Das heißt: Sie wollen Rußland ausbeuten.«

»Oh! Das klingt aber sehr marxistisch und kämpferisch.«

»Es klingt ehrlich. Ich kenne genug westliche Kapitalisten, die nach Rußlands Erneuerung bei uns nach Gold graben wollen.«

»Interessant! Und womit verdienen Sie Ihre Brillantringe?«

»Mit Geschäften... wie Sie.« Sybin grinste freundlich. Die Provokation in Sendlingers Frage überhörte er großzügig.

»Das glaube ich nicht. Sagen Sie mir, wen oder was Sie vertreten?«

»Nein.«

»Sehen Sie, genauso denke auch ich.« Dr. Sendlinger blickte auf die Bühne. Natalja setzte zum Finale an. »Widmen wir uns lieber unserer Schönen.«

Natalja sah hinunter zu Sendlinger und Sybin, zog ihren Goldslip aus und schob ihnen ihr nun entblößtes Geschlecht entgegen. Im Saal klatschten und pfiffen die Männer, die anwesenden Frauen verzogen die geschminkten Gesichter. Aus der Seitenkulisse flog ein Teddybär, den Natalja geschickt auffing. Und dann geschah das, was den Saal zum Toben brachte: Sie drückte das Bärchen fest an sich, preßte die Beine zusammen und bewegte sich und zuckte, als zerfließe sie in einem Superorgasmus. Plötzlich erstarrte sie, ergriff den kleinen Bären, zog ihn zwischen ihren Schenkeln hervor und warf ihn Dr. Sendlinger zu. Das Publikum tobte.

»Das ist eine Flasche Champagner wert!« rief Sybin und umarmte Dr. Sendlinger impulsiv. »Gospodin, du hast ihr Herz erobert... und nicht nur das...«

Natalja verschwand von der Bühne. Dr. Sendlinger setzte den Bären auf den Tisch. Ohne daß er bestellt hatte, brachte ein Kellner eine Flasche Roederer Brut Cristal.

Sybin strahlte Sendlinger an. »Der Champagner des Zaren«,

sagte er. »Die Flasche wurde eigens für ihn erfunden. Ich meine, Natalja ist es wert, einen fürstlichen Champagner zu trinken. Sie ist die Majestät von Moskaus Nachtleben.«

So also funktioniert das, dachte Dr. Sendlinger wachsam und distanziert. Mit einem Frauenkörper ködert man das Opfer. Mein lieber Genosse Sybin, du kennst mich noch nicht. Ein Sendlinger ist noch nie das Opferlamm gewesen, immer nur der Schlächter. Jetzt fängt es an, wirklich interessant zu werden.

Es dauerte keine zehn Minuten, da erschien Natalja in einem engen, gelben Kleid und setzte sich an Sendlingers Tisch, als sei sie nur einen Augenblick weggegangen gewesen. Das Kleid war so eng, als sei es nicht aus Stoff, sondern als habe man den nackten Körper mit gelber Farbe übergossen. Es gab keine Wölbung, kein Tal des herrlichen Körpers, die nicht betont wurden. Das lange schwarze Haar trug sie offen – es floß über die Schulter wie glänzende Seidenfäden. Das Rot ihrer Lippen war diskret und betonte ihr Gesicht, dieses faszinierende, tatarische Gesicht mit den hohen Wangenknochen und den wie Feuer glühenden, tiefdunkelbraunen Augen.

Dr. Sendlinger nickte ihr kurz zu. »Nehmen Sie Platz«, sagte er, obwohl sie bereits saß. Er sprach englisch, aber Sybin machte eine abwehrende Handbewegung.

»Natalja Petrowna kann deutsch.« Sein Grinsen verstärkte sich. »Sie hatte fünf Monate lang einen deutschen Geliebten. Einen Direktor aus der Schwerindustrie. Man lernt Sprachen am leichtesten im Bett...«

»Er lügt.« Nataljas Stimme war erregend wie ihr Körper... ein dunkelgefärbter Tonfall, in dessen Timbre Sehnsucht, Lockung und Hingabe schwangen. Und genau diese Stimme war es, die Dr. Sendlinger aus seiner gespielten Reserve lockte.

»Woher können Sie deutsch?« fragte er.

»Ich habe es in der Schule gelernt. Es war ein Wahlfach.«

»Und warum haben Sie gerade diese Sprache gewählt?«

»Ich weiß es nicht. Ich hatte plötzlich den Gedanken: Das mußt du nehmen. Aber mein Deutsch ist schlecht.«

»Es ist hervorragend. Ich würde nie so gut russisch sprechen lernen.«

»Sie müssen einen guten Lehrer finden.«

»Oder eine gute Lehrerin.«

Sie ging auf diese versteckte Anspielung nicht ein, sondern sah zu, wie der Kellner die Champagnerflasche öffnete und die Gläser füllte. Sybin, der von der deutschen Unterhaltung nichts verstanden hatte, war dennoch zufrieden. Der Kontakt zwischen Natalja Petrowna und diesem Dr. Sendlinger war hergestellt. Er war planmäßig verlaufen.

»Darüber könnten wir uns einigen«, sagte Natalja, als der Kellner gegangen war. »Sie verbessern mein Deutsch, ich lehre Sie Russisch.«

Dr. Sendlinger blickte auf die Ansammlung von Kleidungsstücken auf seinem Tisch. »Eine Demonstration ihrer Fähigkeiten haben Sie mir ja bereits gegeben. Was erwarten Sie als Gegenleistung?«

»Muß man denn immer alles bezahlen?«

»Bei uns heißt es: Umsonst ist nur der Tod – und der kostet das Leben.«

»Wir Russen sagen: Der Wind über der Steppe ist der Vater allen Lebens.«

»Das ist viel poetischer.« Dr. Sendlinger nahm sein Glas und prostete Natalja und Sybin zu.

»Köstlich!« sagte sie, als sie einen Schluck getrunken hatte.

»Den Champagner hat Herr Sybin ausgesucht.«

»Igor Germanowitsch hat immer einen guten Geschmack.«

Bis auf die brillantberingten Finger, dachte Sendlinger. Er kommt mir vor wie eine übriggebliebene Kopie der dreißiger Jahre von Chicago. Aber man sollte sich nicht täuschen, die neuen russischen Gangster haben noch weniger Gewissen oder Skrupel als ihre amerikanischen oder italienischen Vorgänger. Man hat schon viel von ihnen gehört, ohne an sie heranzukommen. Sie übernehmen langsam und im geheimen die Herrschaft über das Land, ohne daß man sie orten kann. Und ich bin gerade einen Tag in Moskau, und einer dieser Kerle umarmt mich und will mir seine Freundin auf die Matratze legen. Bin ich ein Glückspilz oder ein Idiot?

Er wandte sich Sybin zu und sprach nun wieder englisch.

»Ich suche in Rußland Partner«, sagte er ohne Umschweife oder verdeckte Andeutungen. »Kontakte zu – sagen wir es so – außergewöhnlichen Produktionen. Für einen kleinen, aber lukrativen Markt. Es gibt da bereits verschiedene Verbindungen, aber sie genügen nicht und sind sehr unsicher. Vor allem ist der Markt sehr publikumsempfindlich. Sie verstehen, Mr. Sybin?«

»Ich verstehe nur, daß es Geschäfte unter der Theke sind...«

»Es sollte nicht mal eine Theke geben...«

»Also ein absolutes Tunnelgeschäft.«

»Ihre Auffassungsgabe ist lobenswert, Mr. Sybin.«

»Sie sagten, es sei ein Handel. Das ist ein weiter Begriff – handeln kann man mit Sonnenblumenkernen, Öl, Kaviar oder Waffen.«

»Ich möchte sagen: Sie nähern sich dem Feuer.«

»Also Waffen!«

»Nicht direkt... im übertragenen Sinne schon.«

»Ich verstehe nicht«, sagte Sybin ehrlich. Ihm kam im Augenblick Sendlingers Erklärung noch reichlich verworren vor.

Soll ich aufs Ganze gehen? dachte Sendlinger. Soll ich es wagen? Zum KGB wird er nicht laufen, das ist gewiß. Man liefert seinem Feind keine Munition. Ein gewagtes Spiel bleibt es aber trotzdem. Doch ohne Wagnis ist unser Geschäft tot, da braucht man erst gar nicht anzufangen.

Sendlinger wagte es. Er hatte in seinem Leben sooft va banque gespielt und immer gewonnen, als klebe das Spielerglück an seinen Händen.

»Eine Probesendung von zweihundertsiebzig Gramm Lithium 6 ist unterwegs.«

Er sagte es, als handele es sich um Bananen. Sybin starrte ihn entgeistert an und pfiff dann durch die Zähne.

»Ei... ei... Lithium 6! Höre ich richtig?«

»Sie hören richtig.«

»Und Probesendung? Da kommt noch mehr?«

»So ist es.«

»Für wen?«

»Frage ich Sie, woher Sie Ihren Reichtum haben? Auf legale Art können Sie in Rußland in so kurzer Zeit nicht Millionär werden. Sie sagten vorhin, Sie lebten von Geschäften vielerlei Art. Mr. Sybin, frei heraus: Haben Sie Verbindungen zur Atomindustrie oder zu Nuklearforschungsinstitutionen?«

»Wir haben überallhin Verbindungen.« Sybin hörte ebenfalls auf, hinter einer Maske zu agieren. Allein das Wort »überallhin« stieß die Tür einen Spalt weit auf. »Was brauchen Sie, Dr. Sendlinger?«

»Uran 235, hochangereichert, und vor allem Plutonium 239.«

»Wieviel?«

»Soviel man liefern kann.«

»Das klingt verlockend.« Sybin trank sein Champagnerglas aus, als habe er plötzlich ein Brennen im Hals. »Sind Sie finanzkräftig genug?«

»Ja!«

»Es kann um Hunderte von Millionen Dollar gehen, das muß Ihnen klar sein.«

»Kein Problem.«

»Und wann?«

»Wann immer man liefern kann.«

»Und da hüpft der Hase aus der Pfanne.« Sybin warf einen bösen Blick auf Natalja. Sie hatte begonnen, über Sendlingers Hand zu streichen. »Laß uns in Ruhe!« sagte er grob. »Such dir einen anderen, der dir die Dollars zuschiebt.«

»Du Arsch!« Nataljas Augen blitzten gefährlich auf. »Du hast mir befohlen...«

»Das ist vorbei. Das hat sich geändert. Wir brauchen dich nicht mehr. Trink deinen Champagner – und dann weg hier!«

»Der deutsche Doktor gefällt mir...«

»Du kannst ihn später haben, nicht heute.«

»Ein Miststück bist du!«

»Hau ab!«

»Was sagt sie?« fragte Sendlinger und registrierte Nataljas wütende Blicke.

»Sie gefallen ihr. Wollen Sie sie haben?«

»Jetzt? Nicht unbedingt. Ich bleibe acht Tage in Moskau; da bleibt noch genügend Zeit für solche Aktivitäten.«

»Ich habe Sie – wieder mein Gefühl! – doch richtig eingeschätzt: Frauen lassen Sie kalt.«

»Falsch! Nur wenn sie beim Geschäft stören. Außerhalb der Arbeit habe ich ein großes Faible für Frauen wie Natalja.«

Sybin nickte verständnisvoll. Er wartete, bis Natalja ihr Glas leergetrunken hatte, und sagte dann herrisch: »Nun geh!«

Sie gehorchte wortlos, nahm BH, Slip, das Goldband und den Teddybären vom Tisch, klemmte alles unter ihren rechten Arm und verließ den Tisch. Sendlinger blickte ihr nach und wiegte den Kopf hin und her.

»Sie haben das Zauberweib weggejagt, Sybin?«

»Wie Sie sagten: Sie stört.«

»Passen Sie auf! Frauen neigen zu Haß und Rachsucht. Eine Frau, die zuviel weiß, ist immer eine Gefahr. Ihr Wissen ist Macht... Macht über den Mann.«

»Natalja weiß, daß ich unverwundbar bin.«

»Na, na, na... das klingt sehr überheblich. Jeder ist verwundbar. Man muß nur die richtige Waffe finden.«

»Oder die nötige Abwehr beherrschen.« Das klang stolz, und wieder fragte sich Sendlinger, wer dieser Mann in Wirklichkeit war. »Ich kann Ihnen Plutonium besorgen.«

Das war die Überraschung, auf die Sendlinger gewartet hatte, die Hoffnung, die ihn nach Moskau hatte reisen lassen. Einen Weg in die Geheimnisse der russischen Atomforschung, ins Allerheiligste der militärischen Macht zu finden. Nicht ein General Petschin war der Wegbereiter, sondern – das war Sendlinger nun klar – einer der Paten der russischen Mafia.

»Wieviel können Sie liefern?« fragte er.

»Soviel, wie Sie wollen.«

»Ist das nicht etwas großspurig?«

»Ein Sybin hält sein Wort.«

»Und wann?«

»Vielleicht in zwei Jahren.«

»Wie bitte?« Sendlinger beugte sich über den Tisch. Er glaubte, sich verhört zu haben. »Soll das ein Witz sein?«

»Es ist eine ganz einfache, realistische Überlegung.« Sybin goß die Gläser wieder voll. Er wartete nicht darauf, bis er einen Kellner herbeiwinken konnte. Auf der Bühne verrenkte sich gerade eine Schlangentänzerin, natürlich nackt. Das Knäuel, das ihr Körper bildete, schien unentwirrbar. »Wir wollen doch so wenig Risiko eingehen wie möglich.«

»Natürlich.«

»In der russischen Atomindustrie sind gegenwärtig sechs Millionen Menschen beschäftigt. Davon sind mittlerweile ungefähr eine Million arbeitslos geworden, weil die Waffenentwicklung und -produktion nach dem west-östlichen Händeschütteln eingeschränkt wird. Ich weiß aus Regierungskreisen, daß man noch weitere Schritte hin zu einem Dauerfrieden plant, was vor allem die Nuklearexperten in Rußland, Kasachstan, Weißrußland und der Ukraine trifft. Da werden noch mindestens zwei Millionen arbeitslos. Im Kreml jongliert man mit einem Atomsperrvertrag, aber der ist noch lange nicht spruchreif. Vielleicht in zwei Jahren oder gar erst 1994, wer weiß das heute schon? Die arbeitslos gewordenen Atomwissenschaftler und Facharbeiter werden kaum eine neue Stelle finden, wo auch, wenn die gesamte nukleare Produktion zurückgefahren wird, vor allem im militärischen Bereich. Die Arbeitslosigkeit wird sie gierig machen, denn sie wollen nicht mit dem Hut auf der Straße stehen als moderne akademische Bettler. Und Sie haben ja etwas behalten: ihr Wissen und auch den Zugang zu den Produktionsstätten, zu ihren ehemaligen Kollegen, die weiterarbeiten dürfen. Wissen Sie, was ein hochqualifizierter Atomforscher, ein Professor sogar, im Atomzentrum von Tscheljabinsk-65 verdient?«

»Nicht vergleichbar mit unseren Forschern, nehme ich an.«

»Für diesen Lohn würde ein westdeutscher Bauarbeiter nicht einmal eine Schaufel Sand in den Betonmischer werfen. Der hochangesehene Professor bekommt im Monat nach deutscher Währung hundert Mark!«

»Unmöglich!«

»Und nun nimmt man ihm auch diese hundert Mark weg! Es ist also selbstverständlich, daß er sein Wissen verkauft, und geradezu zwangsläufig, daß er Nuklearmaterial verschiebt, um sich jeden Tag ein Stück Fleisch zu gönnen. Hier haben wir unsere Lieferanten.«

»Die gleichen Gedanken hatte ich auch, als ich nach Moskau flog.«

»Aber die Zeit ist noch nicht reif.« Sybin schüttelte den Kopf, als wolle er seine Worte damit unterstreichen. »Die Kombinate Tomsk-7, Krasnojarsk-26 und vor allem Tscheljabinsk-65 werden unsere Zuträger sein, denn sie sind die Hauptlieferanten von Plutonium für die sowjetische Rüstung gewesen. Krasnojarsk und Tomsk sind heute noch offiziell die Produktionsstätten von waffenfähigem Plutonium. Diese Atomzentren im Ural und in Sibirien sind völlig von der Außenwelt abgeschirmt. Und man weiß auch, daß es geheime, unbekannte Atomproduktionen in Sibirien gibt, neugegründete Städte, die auf keiner Landkarte stehen und keinen Namen haben, nur Nummern. Krasnojarsk-26 soll nach Plänen des Atomministeriums zur größten Wiederaufbereitungsanlage der Welt ausgebaut werden, die – soweit plant man bereits – vom Jahr 2004 an Brennstoffe aus Südkorea, Taiwan und anderen Staaten mit atomarer Stromgewinnung verarbeiten soll. Dabei fällt natürlich wieder Plutonium ab, denn Plutonium ist ja ein Abfallprodukt in Kernreaktoren. Es gibt fünfzehn verschiedene Arten von PU... das Plutonium 239 ist davon das gefährlichste und giftigste.«

»Sie haben sich gut informiert, Sybin«, sagte Sendlinger voller Respekt. »Sie sprechen wie ein Fachmann.«

»Ehe man Geschäfte aufnimmt, sollte man sich erst um die ›Seele‹ kümmern. Und die Seele des Geschäftes ist die Information. So wissen wir zum Beispiel, daß die Gewerkschafter der ›Atomschtschiki‹, wie man die Arbeiter in den Atomzentren nennt, mit der Faust in der Tasche herumlaufen, weil immer mehr Entlassungen vorgenommen werden und der Staat die Löhne nur zögernd und immer zu spät zahlt. Es ist kein Geld da, Rußland jongliert am Rand der Pleite, und wo kein Geld ist, läuft man dem Geld nach. Und deshalb sage ich: Warten wir noch ab. In zwei Jahren werden wir das Plutonium kaufen können, leichter als eine Kiste Wodka. Heute ist noch die moralische Bremse angezogen ... in zwei Jahren, vielleicht schon in einem Jahr, sieht es bereits anders aus. Moral verträgt keinen Hunger. Ein Gewissen füllt keinen knurrenden Magen. Und dann der Preis ...«

»Das ist interessant!« Dr. Sendlinger lehnte sich zurück. Sybins Vortrag erstaunte und überraschte ihn. »Sie haben Zahlen?«

»Auch da sind wir fixer als alle anderen. Zur Zeit kostet ein Kilo Uran dreihunderttausend Dollar, ein Kilo Plutonium vierhunderttausend Dollar, ein SS-20-Atomsprengkopf um die siebzigtausend Dollar, eine ganze Atomrakete vom Typ SA-11 oder SA-19 etwa achteinhalb Millionen Dollar. Alles Einkaufspreise ... interne Offerten. Lieferzeit nicht unter drei Monaten. Und was bezahlt Ihr Auftraggeber, Dr. Sendlinger?«

»Ich habe ein Angebot für vier Kilo Plutonium 239, waffenfähig und hochangereichert, von dreihundertachtzig Millionen Dollar.«

»So in etwa habe ich es mir auch ausgerechnet. Eine blendende Verdienstspanne – so macht der Handel Spaß. Warten wir noch ein Jahr oder zwei, dann erhalten wir den Stoff noch billiger und können die Preise diktieren. Und wir werden soviel bekommen, wir wir wollen.«

»Zwei Jahre sind zu lang, Sybin. Wir müssen die ersten sein und damit die Führenden. Wenn uns andere zuvorkommen, können wir uns wie alte Männer auf eine Bank setzen.«

»Einem Sybin kommt keiner zuvor.«

»Das klingt wieder etwas übertrieben.«

»Das Uran und das Plutonium werden aus Rußland kommen ... und was in Rußland geschieht, wissen wir, noch bevor es geschieht. Unsere Mitarbeiter sitzen überall.«

»Unsere?« Dr. Sendlinger fragte so dumm, um aus Sybins eigenem Munde zu hören, was für ihn längst Gewißheit war. »Wie soll ich das verstehen?«

»Wir sind ein Rußland umspannender Konzern.«

»Ein Syndikat.«

»Wir nennen uns nicht so, weil es Emotionen erweckt. Das Wort Syndikat hat einen schlechten Beigeschmack... Konzern ist besser.«

»Aber sie sind Geschwister.«

»Nein! Eine Geschwisterliebe gibt es nicht zwischen uns. Ich wollte nur sagen: Wenn uns jemand zuvorkommt auf dem neuen Markt, ist es ein einmaliges Geschäft für ihn. Er wird dann nur noch zwei Quadratmeter Erde benötigen.«

»Mord!« sagte Sendlinger respektlos.

»Nennen wir es: Geschäftsaufgabe.« Sybin grinste zufrieden. Man verstand sich bestens miteinander. Es blieb nur eine Frage offen: War dieser Dr. Sendlinger der richtige Partner für das Jahrhundertgeschäft? Mit Lithium handelte er bereits... wer lieferte es ihm? Hier hatten bisher die Informanten des Konzerns versagt. Es würde nötig sein, die betreffenden Herren mit Konsequenzen zu konfrontieren. »Woher kommt Ihr Lithium?« fragte Sybin frei heraus. »Zwischen engen Geschäftspartnern ist Wahrheit und Vertrauen eine Voraussetzung, sonst ist alles nur auf Sand gebaut.«

»Vom Militär.« Sendlinger sah es genauso: Ehrlichkeit gegen Ehrlichkeit.

»Direkt aus den Lagern?«

»Das weiß ich nicht. Es läuft alles über einen General.«

»Wer?«

»General Alexander Nikolajewitsch Petschin. Er sitzt jetzt im Generalstab. Ich kenne ihn aus Berlin, wo er für die Logistik der Truppen zuständig war.«

»Ein guter Mann?«

»Etwas vorsichtig und feige.«

»Das ist nicht gut.« Sybin wiegte den Kopf hin und her und hob den Zeigefinger. »Ein Unsicherheitsfaktor. Das können wir uns nicht leisten. Feigheit ist wie ein Loch in einem Gummiboot... es verursacht ein langsames Sinken. Ich werde mit Petschin sprechen.«

Sendlinger spürte plötzlich einen kalten Schauer über seinen Rücken laufen.

»Kommen Sie denn in den Generalstab hinein?«

»Es gibt für uns keine verschlossenen Türen.«
»Sie wollen Petschin umbringen?«
»Aber nein. Ich trage nie eine Waffe bei mir.«
»Dann einer Ihrer ›Herren‹?«
»Dr. Sendlinger, Geschäfte unserer Art vertragen keine zweideutigen Fragen. Wenn die richtige Zeit gekommen ist, können Sie Plutonium wie aus einem Bauchladen verkaufen...«

Dr. Sendlinger flog nach einer Woche wieder zurück nach Berlin. Er war mit dem Ergebnis seiner Reise außerordentlich zufrieden, hatte mit Sybin einen genauen »Exportplan« entworfen und ihre Geschäftsverbindung zwar nicht schriftlich, aber mit drei Bruderküssen besiegelt. Das bindet in diesen Kreisen mehr als Verträge, die in fremde Hände fallen könnten. Sie duzten sich sogar, sagten Paul und Igor Germanowitsch zueinander, soffen in einer Nacht bis zum Umfallen im feudalen Nachtclub *Stanislawski*, wo nackte Mädchen von Tisch zu Tisch gingen und ihre Schönheit zeigten, um bei den willigen Männern »Nostalschi« – Sehnsucht – zu erwecken. Es waren wirklich hübsche Mädchen und nicht nur Professionelle, sondern auch Studentinnen – wie Sybin sachkundig erklärte –, die damit ihre Bücher und ein angenehmes Leben finanzierten, oder junge, tagsüber biedere Hausfrauen, die sich mit solchen Aktivitäten den Kauf eines Fernsehgerätes oder neuer Möbel ermöglichten.

»Brüderchen, wie ist es?« fragte Sybin, angenehm betrunken, und umarmte Sendlinger. »Wann legst du dich endlich auf Natalja? Sie wartet auf dich. Nein, nein, glaube nicht, daß ich dich aus Eifersucht umbringe... Eifersucht wegen Natalja wäre so, als wenn du in den Wein pinkelst: völlig sinnlos! Sie vögelt nur mit dem Körper, an ihre Seele kommt niemand heran. Sie haßt die Männer und könnte sie anspucken, wenn sie von ihr ablassen. Bilde dir also nichts ein, wenn sie sagt, sie mag dich. Nur du hast was davon, und das gönne ich dir. Du bist doch mein Freund, Paul.«

Aber Sendlinger flog nach Berlin zurück, ohne Natalja Petrowna einen Gefallen im Bett getan zu haben. Das würde abhängig machen, sagte er sich. Sie könnte Macht über mich gewinnen und mich ihr hörig machen. Die großen Kurtisanen waren meistens Unglücksboten... mit ihren Körpern haben sie Königreiche vernichtet. Ich kann auch ohne Nataljas Umarmungen leben. Dennoch freute Sendlinger sich, daß sie zum Abschied zum Flughafen kam, in einem sittsamen Kostüm, ganz unnahbare Dame, schön wie eine keusche Sonnenblume. Sybin ließ sich nicht blicken... die Gegenwart von Polizei erzeugte bei ihm allergische Reaktionen. Sendlinger küßte Natalja auf die Stirn und beeilte sich, durch die Sperre zu kommen.

In Berlin empfing ihn der »Baustoffhändler« Ludwig Waldhaas. Sie begrüßten sich wie gute Freunde, und als sie in Waldhaas' Wagen saßen, einem unauffälligen VW Golf, begann Waldhaas, herumzudrucksen, und was er sagte, waren unzusammenhängende Satzfetzen. Dr. Sendlinger sah ihn erstaunt von der Seite an. So zerfahren und unsicher kannte er Waldhaas nicht.

»Was ist los?« fragte er.

»Hm, hm...« machte Waldhaas.

»Nun red schon. Haben sie dich nun doch als Stasi-Major entlarvt?«

»Nein, Paul.« Waldhaas schluckte, ehe er weitersprach. »Unser Lithium ist weg.«

»Was?!« Sendlinger zuckte wie unter einem Schlag zusammen. »Was soll das heißen?«

»Es lagert jetzt im BKA in Wiesbaden.«

»Erzähle.« Sendlinger bezwang seine Wut. Sei nicht wie Sybin, sagte er sich. Sybin würde Ludwig jetzt ohrfeigen und an den Haaren ziehen. »Wieso BKA?«

»Man hat den Kurier erwischt, einen Polen: Karel Londricky, an der Grenze bei Frankfurt/Oder.«

»Pech.«

»So einfach ist das nicht.« Waldhaas atmete auf. Er hatte einen Wutausbruch Sendlingers erwartet. »Londricky war auf der falschen Spur.«

»Was heißt das?«

»Er war auf dem Weg zurück nach Polen. Er hatte anscheinend den wahnsinnigen Gedanken, mit dem Lithium auf eigene Rechnung zu arbeiten.«

»Aber er kennt doch keinen einzigen Kontaktmann.«

»Immerhin kennt er General Petschin. Und über ihn, so nehme ich an, wollte er an die Adressen herankommen – durch Erpressung. Und er wußte ja auch, wer der Empfänger des Lithiums ist: wir!«

»Wenn sie ihn im BKA weichkochen... uns ist nichts nachzuweisen. Wir kennen ihn gar nicht – was ja auch stimmt. Wenn er überhaupt redet...«

»Er wird nicht reden.«

»Das weißt du so genau?«

»Ja.« Waldhaas nickte mehrmals. »Er kann nicht mehr reden. Man hatte ihn an der Grenze angeschossen, das BKA brachte ihn in einem Wiesbadener Krankenhaus unter, im ersten Stockwerk. Es war einfach, ins Zimmer zu kommen...«

Dr. Sendlinger atmete hörbar durch die Nase aus. Er starrte Waldhaas mit unruhigem Blick an. »Heißt das...«

»Ja. Das heißt es.«

»Wer hat das getan?«

»Man hat so seine Verbindungen von früher.« Waldhaas lächelte jetzt sogar, als könne er darauf stolz sein. »Die alten Bande halten. Es sind hervorragende Spezialisten darunter.«

»Der erste Tote. Wie viele werden noch folgen?«

»Das liegt an der Geschäftsentwicklung.« Waldhaas klopfte mit der linken Hand auf das Lenkrad. Welch eine Frage! Über Tote sprach man nicht. »Was hast du in Moskau erreicht?«

Dr. Sendlinger lehnte sich in das Polster zurück und faltete die Hände über dem Bauch, als habe er vorzüglich gegessen.

»Alles...«, sagte er mit sonorer Zufriedenheit. »Wir bekommen eine Tochter...«

Eine Spur

Im BKA hatte sich eine gereizte Stimmung eingestellt. Kriminaloberrat Wallner war zum Chef bestellt worden. Der hatte ihn, zurückhaltend und höflich, wie es unter höheren Beamten üblich ist, getadelt, aber Wallner war klar, daß das ein gewaltiger Anschiß gewesen war. Ein wichtiger Atomdealer, von dem die Hintermänner zu erfahren gewesen wären, wurde unter den Augen der Polizei ermordet. Im Krankenhaus. Mit einer Wache vor der Tür! Welcher Idiot hatte Londricky in das erste Stockwerk gelegt?

Die Tötungsart – durchschnittene Kehle – wies nach den Erfahrungen der Kriminalpolizei auf einen Mafiamord hin. In Italien wurde das praktiziert, vor allem aber bei den chinesischen Triaden... aber es war unwahrscheinlich, daß der Pole Londricky etwas mit den Chinesen oder Italienern zu tun hatte. Die neue russische Mafia, von der bereits jetzt bekannt war, daß sie alle anderen Syndikate an Grausamkeit übertreffen sollte, hatte keinen Grund, einen ihrer Kuriere zu liquidieren. Wallner und allen anderen Fachleuten im BKA war klar, daß das Lithium 6 nur aus ehemaligen sowjetischen Kombinaten stammen konnte. Nach den Erkenntnissen des Bundesnachrichtendienstes kamen eine Menge Kernkraftwerke in Frage. Auch durch eine Analyse des sichergestellten Lithiums konnte die Herkunft nicht festgestellt werden.

Aus Bonn und Köln trafen die ersten Reaktionen ein.

Der Bundeskanzler zeigte sich betroffen und verlangte eine genaue Untersuchung des Falles, wobei absolute Geheimhaltung selbstverständlich war. Der Präsident des Bundesamtes für Verfassungsschutz schaltete sich persönlich ein; von ihm erfuhr das verblüffte BKA, daß in Köln einige Hinweise eingegangen waren, daß es im Panzer der Nuklearindustrie Löcher gab. Der Wink kam von einem russischen Oberst, dessen Namen man nicht preisgab. Im Bundesamt hatte man den Telefonanruf nicht ernst genommen, und die Gesprächsnotiz war in den Aktenbergen verschollen. Hinzu kam, daß der russische Oberst für weitere eingehende Informationen Geld verlangte, viel Geld sogar. Da die ganze Sache zu phantastisch war, um wahr zu sein, rückte das Amt keine einzige Mark heraus.

Jetzt aber gewann der Hinweis eine andere Dimension. Die große Frage rückte in den Vordergrund: War dieser Lithium-6-Schmuggel ein Einzelfall oder nur die Spitze eines Eisberges? Kursierten noch mehr radioaktive Stoffe in Deutschland? Und die wichtigste Frage: Wer war der Abnehmer? Saß er in Deutschland, oder war die BRD nur ein Zwischenstopp, von dem aus die Ware verteilt wurde?

Für das BKA und den BND war Atomschmuggel keine Neuigkeit. Bereits einundvierzig Fälle waren aktenkundig, aber sie hatten nie Anlaß zu Besorgnis gegeben. Wallner berichtete seinem Chef über diese Ermittlungen, um sich von dem Verdacht reinzuwaschen, seine Abteilung habe schlampig gearbeitet.

»Es waren alles harmlose Fälle«, sagte er und legte eine Liste vor. Der Präsident des BKA warf nur einen flüchtigen Blick auf die Dokumentation. »Reine Betrugsfälle. Man bot Cäsium aus Atomkraftwerken an, unbrauchbares Osmium, und wollte es hochstaplerisch als ›Atomwaffenmaterial‹ verkaufen. Das tollste Ding passierte erst vor zwei Monaten. Da bot ein russischer Atomschmuggler reines ›Venezuelanium‹ an. Die Pointe: Dieses Element gibt es gar nicht! Ein freierfundener Name. Unsere Ermittlungen wurden fast lächerlich. Wo wir auch zugriffen: kein Material, das sich militärisch auswerten ließ. Bis jetzt! Zum ersten Mal taucht wirklich gefährliches Material aus Rußland auf, dessen sind wir sicher. Ich befürchte, daß nach dem Abbau der russischen Rüstung und der Reduzierung der Atomindustrie, der immer mehr um sich greifenden Arbeitslosigkeit und der Verringerung des Lebensstandards der Diebstahl von waffenfähigem Material organisiert wird.«

»Sie erwarten eine Art Atommafia?« fragte der Präsident.

»Die Befürchtung liegt nahe.«

»Dann gnade uns Gott! Da kommt was auf uns zu. Hoffentlich bleiben Ihre Schreckensbilder nur Phantasie.«

»Warten wir es ab. Wir haben in Zusammenarbeit mit den LKAs eine Menge verdeckter Ermittler im Umlauf. Wir hoffen, daß diese Aktionen uns einen Überblick über den neuen Markt verschaffen. Das Rätselhafte ist, daß wir bisher nur Anbieter, aber nie einen Abnehmer ermitteln konnten. Und die Atomdealer schweigen natürlich wie die Fische. Mit Londricky kam eine neue Variante ins Spiel: Mord zur Verhinderung einer Aussage. Das zeigt uns, wie ernst die Situation beim Atomschmuggel geworden ist... und wie hochqualitativ die Ware ist, die man liefern kann!«

»Unsere Ermittlungen müssen effizienter werden.«

Wallner nickte, aber er dachte: So etwas ist leicht zu sagen, wenn man Präsident ist und nicht an der Front steht. Effizienter! Greif einem nacken Mann mal in die Tasche. Noch haben wir erst eine Spur, und die führt nach Rußland, und damit – bisher – ins Nichts. Beweisen können wir gar nichts. Zweihundertsiebzig Gramm Lithium 6 sind noch keine Bedrohung der Welt, da muß schon mehr kommen. Ist es bereits unterwegs? Vagabundiert spaltbares Material bereits durch Deutschland oder Europa? Und immer wieder die Frage: Wer braucht so was bei uns? Oder sind wir wirklich nur die Drehscheibe für ein multinationales Geschäft?

Das Gespräch mit dem Präsidenten des BKA brachte nichts als den Ausdruck der Enttäuschung, die der Präsident Wallner deutlich zur Kenntnis gab. Und genau genommen hatte er sogar recht.

Wer wußte von dem Atomkurier Londricky? Wer wußte, daß der Pole im Krankenhaus von Wiesbaden lag? Wer hatte den Mordauftrag gegeben? War das die erste Visitenkarte der russischen Mafia?

Oberrat Wallner trommelte seine Abteilung zu einer Sondersitzung zusammen. Die erfahrenen Kriminalbeamten saßen oder standen in dem Konferenzraum und blickten Wallner erwartungsvoll an. Ihr werdet euch wundern, dachte er und setzte sich an den langen Tisch.

»Ich komme soeben vom Präsidenten...«, sagte er mit ruhiger Stimme und warf einen langen Blick in die Runde. »Ich will nichts verschweigen: Er hat mich zur Sau gemacht. Er hat mich verbal in den Hintern getreten, und das gebe ich an euch weiter. Er verlangt mehr Effizienz von uns. Ins Deutsche übersetzt heißt das: Wir sind alle Schlafmützen, Penner, beamtete Stuhlfurzer. Die Panne mit Londricky ist peinlich, zugegeben. Man hat vor unserer Nase dem einzigen Zeugen den Hals durchgeschnitten. Es spielt dabei keine Rolle, daß die Krankenhausleitung Londricky in den ersten Stock gelegt hat, wo jeder an den Rosenstaketen hochklettern konnte. *Wir* hätten das erkennen müssen und eine Verlegung nach oben, unter das Dach, fordern können. Sagen Sie nicht, so etwas konnte keiner ahnen! Ich habe schon Reiter vom Pferd fallen sehen, weil es furzte.« Die Beamten grinsten. Das ist typisch Wallner, der Herr Oberrat ließ die Worte knallen. »Ich habe in Zusammenarbeit mit den Landeskriminalämtern mehr verdeckte Ermittler vorgeschlagen. Sie sollen nicht nur herumschnüffeln, sondern als Kontaktpersonen auftreten, als Interessenten, als Vermittler, als Atomhändler. Sie sollen mit Kaufpreisen locken, die alles überbieten, und so die Verkäufer aus ihren Verstecken holen. Wir müssen in diesen dunklen Kanälen mitschwimmen. Das Auftauchen des Lithium 6 zeigt uns, daß sich eine neue Form der Atomkriminalität entwickelt und auf dem Vormarsch ist. Mehr können wir im Augenblick nicht tun, wenn uns nicht wieder so ein Fang gelingt wie mit Londricky.«

»Das heißt also: abwarten«, sagte einer der Beamten.

»Wissen Sie was Besseres?« bellte Wallner.

»Einen engeren Kontakt zu den russischen Sicherheitsbehörden.«

»Das wird der BND versuchen. Aber sagen Sie mal einem Russen, seine abgeschirmten Nuklearbetriebe seien in Wirklichkeit wie ein Sieb. Er wird tief beleidigt dementieren. Und außerdem können wir nicht beweisen, daß Atommaterial aus Rußland zu uns gelangt. Wir vermuten es lediglich, weil Rußland als einzige Quelle in Frage kommt. Auf Vermutungen scheißt der Teufel!« Wallner nickte allen zu. »Ich danke Ihnen, meine Herren.«

Die gereizte Stimmung blieb. Es ist schwierig, eine Niederlage zu verkraften.

Spät in der Nacht – es war genau drei Uhr siebzehn, wie Dr. Sendlinger nach einem Blick auf den Wecker feststellte – klingelte bei ihm das Telefon. Er setzte sich im Bett auf, griff nach dem Hörer und sagte unwirsch:

»Wer Sie auch sind ... um diese Zeit ist keine Sprechstunde.«

»Steig von deinem Weib herunter, Paul«, antwortete eine Stimme auf englisch, die er nur zu gut kannte. Dennoch hatte sie einen härteren Klang, als er es in Erinnerung hatte. »Ich soll dich von Onkel Alexander Nikolajewitsch grüßen ...«

Damit war General Petschin gemeint. Sendlinger wurde hellwach.

»Danke. Wie geht es ihm?« Er preßte die Lippen zusammen. Hatte das Syndikat bereits zugeschlagen?

»Er ist in bedrückter Stimmung.« Sendlinger atmete auf. Petschin lebte also noch. Sybin räusperte sich. »Er macht sich Sorgen.«

»Weswegen?«

»Deinetwegen. Du ... du hattest einen Unfall?«

Die Macht der Mafia ... sie wußten alles. Sendlinger preßte seinen Rücken gegen das Kopfteil des Bettes.

»Ja«, sagte er kurz.

»Wie konnte das passieren?«

»Menschliche Schwäche.«

Wie Sybin sprach er in unverfänglichen Redewendungen – wußte man denn, ob in Moskau nicht der KGB mithörte?

»Du hast Glück gehabt.«

»Wie man's nimmt. Mein Beifahrer hat dabei sein Leben verloren.«

»Bedauerlich, daß er nicht angeschnallt war.«

Auch das weiß er also! Igor Germanowitsch, du wirst mir unheimlich. Wo überall hast du deine Informanten sitzen? Auch im BKA oder gar im BND?

»Onkel Igor sagt, du hättest dich verfahren.«

»Mein Beifahrer wollte unbedingt nach Hause. Auf einem falschen Weg ist es dann passiert.«

»Onkel Igor macht sich Sorgen.«

»Unnötig. Der Wagen läuft weiter. War ja nur eine kleine Panne.«

»Solche Pannen sind oft lebensgefährlich. Onkelchen hat einen kleinen Schock bekommen. Er will nicht mehr mit dir mitfahren.«

Das war es. General Petschin stieg aus, er hatte Angst. Der erste Versuch mit der Atomschieberei war gescheitert. Nun ging er in Deckung. Für immer?

»Das ist *sein* Entschluß. Ich fahre weiter.«

»Der Unfall hat ihm schwer zugesetzt.« Sybin räusperte sich wieder. »Er sieht krank aus, der gute Alexander Nikolajewitsch. Sein Herz hält keine Belastung mehr aus. Wir glauben, daß er es nicht mehr lange macht. Die ganze Familie kümmert sich um ihn. Sein Herz kann jeden Tag stehenbleiben... ein großer Verlust für die Armee.«

Das Todesurteil!

Dr. Sendlinger spürte ein Kribbeln von der Kopfhaut bis zu den Zehen. Das ist die Maxime der Mafia: Wer unnütz geworden ist, muß weg. Gnadenlos. Auch ihn konnte es treffen, wenn es Sybin für nötig hielt. Einen Pakt mit dem Teufel unterschreibt man immer mit dem eigenen Blut. Er kam sich vor wie Faust, der Mephisto seine Seele verkauft hat. Nur war es bei Faust die Sehnsucht nach ewiger Jugend; bei ihm war es die Sehnsucht nach Hunderten von Millionen Dollar.

»Wir wollen hoffen, daß alles gutgeht!« erwiderte Sendlinger. Es war, als preßte er die Worte durch seine Kehle. »Vielleicht erholt sich Onkel Alexander wieder.«

»Die Familie glaubt es nicht. Er ist schon zu schwach...«

»Wie laufen die Geschäfte?« Sendlinger wollte das Thema beenden.

»Ich bin zufrieden. Die Exportfirmen zeigen großes Interesse. Aber – du weißt es ja – alles braucht seine Zeit.«

»Wie geht es Natalja?«

»Das Vögelchen spricht von dir, als sei es gerade erleuchtet worden.« Jetzt lachte Sybin. Sendlinger sah sein Gesicht vor sich: die glänzenden Haare, das schmale Oberlippenbärtchen, die unruhigen Augen; dazu die beringten Finger, der Maßanzug, das Seidenhemd, die Lackschuhe... ein Parvenü, dem niemand den lebenden Tod ansah.

»Grüß Natalja von mir.«

»Vielleicht kommt sie nach Berlin.«

»Wann?« Sendlinger zuckte unwillkürlich zusammen. Halt sie mir vom Hals, Sybin. Wenn du der Tod bist, ist sie dein Todesengel.

»Wenn es an der Zeit ist, mein Bruder.« Sybin erweckte mit dem nächsten Satz Sendlingers Neugier. »Sobald der Export anläuft, wird Natalja eine Europareise antreten. Selbstverständlich kommt sie dann auch nach Berlin.«

»Ich freue mich«, log Sendlinger.

»Sie auch. Und nun schlaf weiter, Paul. Ich rufe dich bald wieder an.«

Ein Knacken, das Gespräch war beendet. Aber Sendlinger konnte nicht weiterschlafen. Er saß im Bett und überdachte noch einmal das Telefonat mit Moskau.

Eines war ihm klar: Sybin hatte angerufen, um ihm zu zeigen, daß die Macht der russischen Mafia sogar bis in die deutschen Polizeibehörden reichte. An einen »Maulwurf« im BKA konnte Sendlinger nicht glauben, obgleich in Deutschland – gerade nach der Wende – alles möglich war. Er tippte eher auf den BND; Doppelagenten waren keine Seltenheit, der Informationsfluß war oft erst auf Umwegen möglich. Und daß Leute aus Sybins »Konzern« auch in der russischen Abwehr saßen, das war für ihn sicher. Was auch hinter Rußlands verriegelten Türen geschah oder besprochen wurde – Sybin erfuhr es umgehend.

Es war schrecklich und quälend, aber Sendlinger wartete auf eine neue Nachricht aus Moskau.

Zehn Tage später klingelte das Telefon, nicht nachts, sondern am Tag, in der Kanzlei von Rechtsanwalt Dr. Sendlinger. Er war gerade dabei, einen Mandanten zu beraten, der eine Scheidung von seiner Frau vorbereitete. Ein hoffnungsloser Fall. Das Ehepaar lebte in einer Zugewinngemeinschaft, was hieß, daß alles, was in den Ehejahren verdient und angeschafft worden war, geteilt werden mußte. Sein Mandant hatte während seiner zweiundzwanzigjährigen Ehe eine Fabrik für Baubeschläge aus dem Nichts aufgebaut, denn als er heiratete, war er noch Student gewesen, genau wie seine Frau, und beide hatten unter großen persönlichen Opfern das Werk zu einem in der Branche führenden Unternehmen gemacht. Jetzt war er Millionär, besaß eine Villa bei Marbella und eine junge Geliebte in Porto Banus. Wie das so ist im Leben – von seiner Frau hatte er sich entfremdet. Man hatte sich nichts mehr zu sagen, lebte nebeneinander her ohne innere Anteilnahme. Gewohnheitstiere, die sich ab und zu bissen und innerlich haßten. Eine Scheidung aber würde den Ruin der Fabrik herbeiführen, die totale Veränderung des bequemen Lebens. Das deutsche Scheidungsrecht kannte da keine Kompromisse, wenn sie nicht von den Ehepartnern selbst kamen.

Das hatte Dr. Sendlinger dem erschrockenen Mandanten erklärt: Eine Scheidung würde für ihn den wirtschaftlichen Zusammenbruch bedeuten.

In dieser schwierigen Situation klingelte das Telefon. Die Sekretärin im Vorzimmer entschuldigte sich: »Ein Ferngespräch. Der Herr ließ sich nicht abweisen. Es sei dringend.«

Dr. Sendlinger spürte erneut das Kribbeln im ganzen Körper. »Stellen Sie durch, Monika.« Und zu dem blaß gewordenen Mandanten sagte er: »Sie entschuldigen. Es dauert nicht lange. Ein Ferngespräch.«

Sybin hielt sich nicht mit Höflichkeiten auf. Er kam sofort zur Sache.

»Onkel Alexander Nikolajewitsch ist gestern gestorben. Er hat nicht lange gelitten. Es ging sehr schnell.«

Sendlinger preßte die Lippen zusammen und wandte sich souverän an seinen ehemüden Mandanten.

»Ein Trauerfall. Mein Onkel.«

»Mein Beileid.« Der Fabrikant verzog den Mund. »Es sterben immer die Falschen.«

»Wir sind alle erlöst worden«, hörte Sendlinger Sybins Stimme. »Jetzt hat er seine Ruhe.«

»War es ein Herzanfall?« Sendlinger gab sich Mühe, ruhig zu sprechen.

»Nein. Eine innere Blutung. Kein Arzt hätte da mehr helfen können.«

»Tragisch. Igor, leg ihm einen großen Kranz von mir aufs Grab.« Er holte tief Luft. »Sonst noch etwas?«

»Nein. Wie geht es dir?«

»Wie immer. Sprich für Onkelchen ein Gebet.«

»Du Arsch!«

Sybin legte auf. Es gab in Moskau keine Zeugen mehr, die Spur war ausgelöscht. Es war das Gesetz der Wildnis: Der Schwache wurde totgebissen. Er war eine Belastung geworden. Das Leben gehört den Starken.

Dr. Sendlinger wandte sich wieder seinem Mandanten zu.

»Es ist zu überlegen«, sagte er nüchtern, »ob unter diesen Umständen eine Scheidung sinnvoll ist. Das müssen Sie entscheiden. Eines ist sicher: Sie gehen – volkstümlich ausgedrückt – baden. Wir haben Gesetze, die an der Vernunft vorbei gemacht wurden.«

Drei Tage später war in einer Berliner Zeitung eine kleine Meldung zu lesen:

»General Alexander N. Petschin ist in Moskau verstorben. Petschin wurde bekannt, als er für die Versorgung der sowjetischen Truppen in Berlin verantwortlich wurde. Er war ein Freund Deutschlands und nannte Berlin seine zweite Heimat. Petschin starb an einem Riß der Bauchschlagader.«

Was keiner wußte: Petschin hatte am Tag seines Todes Besuch von zwei Männern bekommen, die Uniformen der Armee trugen... ein Leutnant und ein Oberleutnant. Sie kamen in seine Privatwohnung, in der der Junggeselle allein lebte.

»Was gibt es?« fragte er erstaunt. »Jetzt, um diese Zeit? Es ist schon zehn Uhr abends, meine Herren. Wer schickt Sie?«

»General Sovkov«, antwortete der Leutnant. Er war ein großer, kräftiger Mann. Auch der Oberleutnant war ein Kraftmensch mit dem Gesicht eines Boxers.

»Sovkov? Sovkov? Ich kenne keinen General Sovkov.«

Sie betraten die Wohnung, schlossen die Tür und versetzten Petschin einen leichten Schlag an die Stirn. Er taumelte zurück, aber bevor er schreien und sich wehren konnte, landete der zweite Hieb bereits an seinem Kinn.

Petschin stürzte völlig benommen zu Boden, Blut sickerte aus seinem Mund, instinktiv krümmte er sich zusammen, aber ein Tritt in den Rücken ließ ihn sich wieder strecken. Und dann traten die »Offiziere« mit aller Wucht in seinen Leib, immer und immer wieder, auch dann noch, als Petschin schon längst ohnmächtig war... sie trampelten auf ihm herum, bis sein Gesicht sich gelblich verfärbte und die Baucharterie platzte.

Ungesehen verließen die beiden Offiziere die Wohnung, stiegen auf der Straße in einen Wolga und fuhren davon. In Moskau stand keine Wache unten vor dem Haus, wozu auch. In der Heimat ehrt man einen General, aber man beschützt ihn nicht. Ein General ist in den Augen eines Russen eine unangreifbare Persönlichkeit.

So starb Petschin an »innerer Blutung« und wurde drei Tage später mit allen militärischen Ehren beerdigt.

Niemand kam auf den Gedanken, daß es kein natürlicher Tod gewesen war – dies wäre zu absurd gewesen.

Sybin hörte erst wieder von Sendlinger, als nach dem ersten Putschversuch der verunsicherten Altkommunisten gegen Gorbatschow im August 1991 der zweite Putsch im Dezember 1991 den großen Machtwechsel herbeiführte. Boris Jelzin, der im August Gorbatschow gerettet und sich mit ihm solidarisch erklärt hatte, leitete die Ablösung ein und übernahm selbst die Regierung. Der Zusammenbruch der bisher noch bestehenden Sowjetunion war vollzogen. Die Mutter des Kommunismus lag im Sterben. Mit einer Grundsatzerklärung, der sogenannten »Minsker Erklärung«, gründeten die Präsidenten von Weißrußland, der Ukraine und Rußland im Dezember 1991 die »Union der Unabhängigen Staaten«, die nun unter der Abkürzung GUS die Geschichte Rußlands verändern sollte. Präsident von Rußland wurde Boris Jelzin. Der große Reformer Gorbatschow, der Geburtshelfer des wiedervereinten Deutschland, verschwand in ein ihm aufgezwungenes Privatleben. Perestroika... das Wort bekam einen anderen Klang. Was Gorbatschow an Erneuerungen geplant hatte und dafür eine Zeitspanne von fünfzehn bis zwanzig Jahren für vernünftig und vertretbar hielt, sollte nun in rasendem Tempo verwirklicht werden. Das russische Volk, das den Begriff Freiheit seit Jahrhunderten nur aus dem Wörterbuch kannte, gierte nach Wohlstand und privater Freizügigkeit. Es waren die gleichen Fehler, an denen sich die Demokratiebewegungen vieler, plötzlich »freier« Staaten in Afrika oder Südamerika ins Gegenteil verkehrten. Die Freiheit fraß ihre

Befreiten, und die öffentliche Ordnung, Grundpfeiler eines Staatswesens, brach zusammen.

Sybin war in Hochstimmung, als er Dr. Sendlinger im Dezember 1991 anrief.

»Nun ist es soweit, endlich!« rief er ins Telefon. »Die Türen öffnen sich... für uns! Die alte Sowjetunion ist Historie geworden. Bis auf ein paar Fanatiker, Uraltkommunisten, entthronte Generäle und ihrer korrupten Pfründe entzogene Parteibonzen hofft alles auf bessere Zeiten. Aber auch Wodka-Boris wird scheitern. Die Arbeitslosigkeit wird steigen, die Armut wird sich ausbreiten, das ganze Wirtschaftssystem wackelt, nur die Außenpolitik wird zur Schaunummer. Rußland wird von innen zerfressen werden, und der Krebs heißt Zügellosigkeit – die beste Voraussetzung für unser Geschäft. Der Konzern steht mit Geldbündeln bereit.«

»Wann kannst du liefern, Igor?« fragte Sendlinger. Die Euphorie Sybins steckte ihn nicht an. Er hatte im Fernsehen die dramatische Entwicklung Rußlands mit großer Spannung verfolgt und war zu einer anderen Einschätzung gelangt. Gorbatschow war zu weich für das brodelnde Rußland gewesen, zu vorsichtig, zu zögernd... seine Vorstellung einer Demokratisierung Rußlands unter kommunistischer Führung war eine Idee voller Phantasie gewesen, die einen langen Reifeprozeß benötigte, ohne Garantie auf Erfolg. Es war der gleiche Gedanke, den auch Deng Xiaoping träumte, als er die Öffnung Chinas nach Westen durchsetzte. Die ersten Auswirkungen zeigten sich bereits: Zerstörung der Landschaft, Korruption und Bestechung, ein rasantes Anwachsen der Kriminalität, der Verfall der alten Sitten und eine geradezu paranoide Jagd nach Geld. Das »erwachende« Volk entglitt auch hier der ordnenden Hand.

Was würde Jelzin tun? War er der Stier, der die Kampfarena beherrschte? Sybin prophezeite den Verfall – Sendlinger glaubte eher an eine radikale Straffung der Politik. Er war eben kein Russe...

»Liefern?« Sybins Stimme wurde geschäftlich. »Ist Rom an einem Tag erbaut worden? Um mit Plutonium zu handeln, das heißt, um die Lieferanten zu motivieren, muß noch mehr passieren. Wir stehen bereit, aber Ungeduld ist die Mutter des Mißerfolges.«

»Mit russischen Weisheiten kann ich meine Auftraggeber nicht füttern. Sie werden ungeduldig.«

»Aber sie sind von uns abhängig. Nirgendwoher bekommen sie

ihr Plutonium oder Uran frei Haus geliefert, ohne internationale Gegenmaßnahmen auszulösen. Das wissen sie genau! Hier lohnt sich das Warten.«

Und die Zeit verstrich. Sybin meldete sich einmal vierteljährlich, berichtete von Natalja, die das Tanzen aufgegeben hatte und im »Konzern« arbeitete, als Kontakterin, wie es Sybin vornehm, aber mit einem Glucksen in der Stimme bezeichnete, und sie war – wie nicht anders erwartet – erfolgreich. Ihr Aufstieg in die neue Moskauer Gesellschaft war eine Sensation. Einflußreiche Männer aus Jelzins Umfeld flüsterten von ihren Leistungen im Bett, von der Fähigkeit, einen Mann auszupumpen und ihm das Gefühl des Siegers zu vermitteln. Daß sie nichts, aber auch gar nichts dabei empfand, blieb allen ihren Liebhabern verborgen. Sie schwärmten nur von ihrem zauberhaften Körper und dessen rhythmischen Bewegungen: einmal Natalja Petrowna, und du weißt, was es heißt, zu den Sternen zu schweben.

Sybin erhielt durch Nataljas Arbeit wichtige Erkenntnisse und Verbindungen. Es ist eine Eigenheit der Männer, in den Armen einer schönen Frau nicht nur von der Liebe, sondern auch über ihr Privatleben und vor allem ihren Beruf zu reden. Informationen, die unter unter dem Vermerk »streng geheim« in Panzerschränken verschlossen wurden, wurden bei Natalja hemmungslos preisgegeben. So wußte Sybin genau, oft besser als die russische Atomkontrollbehörde, was in den Nuklearkombinaten geschah. Und da Natalja viel im Land herumreiste, genossen auch Direktoren und Wissenschaftler ihre Liebeskünste und plauderten ihre Probleme in Nataljas Armen aus.

Sybin baute mittels Nataljas Liebeskünsten eine gefährliche Machtstruktur auf.

In Berlin wartete man geduldig.

Die Kanzlei Dr. Sendlingers blühte wie nie zuvor. Betrogene ehemalige DDR-Bürger, die um ihren Besitz kämpften, da sie Immobilienhaien ihre Häuser oder Grundstücke zu lächerlichen Preisen verkauft hatten und später erkannten, daß Millionen zu verdienen gewesen wären; Verhandlungen mit der Treuhand zum Kauf von früheren Staatsbetrieben; aber auch Zivilklagen von Betroffenen, die sich in den Gauck-Akten wiederfanden, wo alle Personendossiers der Stasi gesammelt waren, ließen die Kanzlei Sendlinger zu einer der größten Rechtsanwaltspraxen werden.

Sendlinger hatte es eigentlich nicht nötig, sich schmutzigen Geschäften zuzuwenden, aber sein Traum von den Millionen war geblieben. Ein Palast auf Barbados oder Grenada, ein riesiger tropischer Garten, eine Hochseejacht, ein eigenes kleines Paradies... und die Eva in diesem Garten Eden, aus dem ihn keiner vertreiben würde können, sollte eine schöne Frau sein.

Natalja Petrowna?

Kann man sich wirklich in eine Hure verlieben?

Er konnte das nicht analysieren, aber immer, wenn Sybin von Nataljas sexuellen Turnübungen berichtete, spürte er einen Stich im Herzen und wurde wortkarg. Irgendwie griff das nach seiner Seele, auch wenn er es nicht wahrhaben wollte.

Auch der Aufstieg von Ludwig Waldhaas war eng verknüpft mit der Wiedervereinigung Deutschlands. Seine Baustoffhandlung expandierte zu einem Großunternehmen.

Wenn er sagte »mein Betrieb«, so stimmte das jetzt. Er hatte Mitte 1991 die Baustoffhandlung gekauft, mit dem Geld, das er durch den Schwarzhandel an der Firma vorbei verdient hatte. Viele ehemalige Kollegen von der Stasi, die heute in wichtigen Positionen saßen, halfen sich untereinander und hievten ihre Freunde in ein angenehmes, bürgerliches Leben. Auch Waldhaas gehörte einer solchen »Seilschaft« an. Sie war vor allem auf dem Bausektor von Berlin zu Hause, und wenn Häuserblocks und ganze Straßenzüge abgerissen wurden, um supermodernen Prachtbauten, Großraumbüros, Läden, Hotels und Supermärkten Platz zu machen – Architektenträume, die nun Wirklichkeit wurden, denn Geld spielte hier kaum noch eine Rolle –, dann stand die Firma »Baumarkt 2000« des ehemaligen Stasi-Majors Waldhaas oben auf der Lieferantenliste.

Ab und zu ging Waldhaas am Abend spazieren, nachdem er im ehemaligen *Grandhotel*, das jetzt *Grandhotel Maritim* hieß, gegessen hatte. Er schlenderte die Friedrichstraße hinunter, die eine einzige Baustelle war und das neue Berlin repräsentieren sollte: Profanbauten wie Paläste. Beton, Glas, Marmor, modernste Technik, kühne Architektenphantasien und sichtbar gewordener Größenwahn. Berlin bekam ein neues Gesicht. Die Stadt der Superlative sollte zeigen: Deutschland ist wieder etwas! Der total besiegte Staat steht wieder an der Spitze. Und wenn Waldhaas so durch die Straßen lief und an den Fassaden der halbfertigen Prachtbauten emporblickte, konnte er mit Stolz sagen: Auch hier wird unser Material verarbeitet.

Waldhaas' Umwandlung war vollkommen gelungen. Wer dachte noch an den Agentenführer und Stasi-Major Waldhaas? Seine Personalakte gehörte zu den Dokumenten, die verschollen oder von Kameraden verbrannt worden waren. Der Baustoffgroßhändler von »Baumarkt 2000« war ein geachteter Mann.

Zum dicken Adolf, das Restaurant in Moabit, hatte Adolf Hässler noch einmal renoviert. Aus der Kneipe und dem Bistro war ein In-Lokal geworden. Hier trafen sich Industrielle und Wirtschaftler, Anwälte und Ärzte, und ab und zu fand auch ein Stammtisch ehemaliger Stasi-Offiziere statt, aber das merkte keiner. Beim *Dikken Adolf* wurden Millionengeschäfte abgewickelt, man erkannte das daran, daß zur Feier eines Vertragsabschlusses Champagner bestellt wurde.

Hässler machte dem Namen seines Lokals nun alle Ehre: Er war dick geworden, dick und bequem. Was ihn jetzt belastete, war seine Freundschaft mit Dr. Sendlinger und Waldhaas. Mit Atommaterial wollte er nichts mehr zu tun haben; ihm genügte es, daß das Lokal *Zum dicken Adolf* eine Topadresse geworden war. Er setzte auf Sicherheit, Atomschmuggel aber bedeutete Gefahr. Anders als Dr. Sendlinger, träumte er nicht von einer Insel in der Karibik. Er wollte nur noch seine Ruhe haben. Ruhe und Liebe. Für das letzte war Sybille zuständig. Eine junge, schicke Kellnerin in seinem Lokal. Wie er in Moabit geboren, aus ärmsten Verhältnissen stammend, dankbar für jeden zärtlichen Klaps auf den Hintern. Mit ihr wollte er sein Alter genießen. Seine Frau hatte er mit hundertfünfzigtausend Mark abgefunden... sie war nach Mallorca verschwunden und ließ nichts mehr von sich hören. Dies erzählte Hässler, wenn man ihn nach ihr fragte, und man glaubte ihm das auch. Sybille war ein Kumpel. Sie hielt eisern zu ihm.

Ein Glück, daß der Mensch nicht in seine Zukunft sehen kann...

Es war still an der Atomfront geworden, aber es war eine trügerische und erzwungene Stille. Verordnet von BKA und BND mit ausdrücklicher Billigung der Bonner Ministerien und des Bundeskanzleramtes. Es war erstaunlich, wie präzise diese Geheimhaltung funktionierte, nicht einmal bestinformierte Presseorgane wie *Der Spiegel, Focus* oder *BILD* konnten das Schweigen durchdringen. Die Pressestellen in den Präsidialbüros der Landeskriminalämter, des BKA und der Bundesregierung blockten alle Anfragen ab. Ab und zu sickerten Hinweise von Informanten durch, aber es waren unbewiesene Meldungen, vor allem waren sie nicht sensationell.

Ende April 1993 erhielt Dr. Sendlinger erneut einen Anruf aus Moskau. Sybin ließ grüßen.

»Dich gibt es wirklich noch?« sagte Sendlinger verärgert. »Man hört bei uns soviel über die russische Mafia, nur von dir nichts. Mittlerweile sind fast achtzig Prozent unserer Puffs mit Mädchen aus dem Osten belegt. Ein noch nie erlebter Menschenhandel.«

»Ich beschäftige mich nicht mit Puffs!« antwortete Sybin. Es klang, als sei er beleidigt. »Das ist eine andere Abteilung unseres Konzerns.«

»Hier findet bereits ein Krieg zwischen den Russen und den chinesischen Triaden statt wegen Rauschgiftschmuggels und Schutzgelderpressung. Überall dringen die Russen in Domänen ein, die bisher von Italienern und Chinesen besetzt waren. Ein Verdrängungswettbewerb brutalster Art mit Folter, Verstümmelungen und Mord.«

»Das bin wiederum ich.« Sybin sah keinen Grund, seinen Freund Paul anzulügen. Er war stolz auf seine »Kompanie I«, die er so nannte, weil sie paramilitärisch organisiert war. Außerdem kann Kompanie auch Handelsgesellschaft heißen oder Genossenschaft – wie man es auch liest, es ist immer richtig. »Das ist unser tägliches Brot, das hält – wie mein Großvater es ausdrückte – unsere Ärsche am Kacken.« Er lachte kurz auf und wurde im nächsten Augenblick wieder ernst. »Es geht los!«

Dr. Sendlinger schob die Unterlippe vor und nahm seine Brille ab. Seit einem Jahr brauchte er eine Brille. »Was kannst du liefern?« fragte er, ohne seiner Erleichterung Ausdruck zu verleihen.

»Das ist es, was mich aufregt.« Sybins Stimme zitterte. »Es sind zwanzig Gramm waffenfähiges Plutonium 239 unterwegs ... aber nicht von mir!«

Sendlinger zuckte nun doch hoch. »Igor! Das ist eine Katastrophe!«

»Noch nicht. Es ist der Versuch eines Außenseiters, der viel Geld verdienen will und glaubt, privat ein Geschäft aufziehen zu können. Eine Art Glücksritter.«

»Tatsache ist, daß uns jemand zuvorgekommen ist, da hilft kein Herumreden.«

»Zwanzig Gramm ...«

»Wer zwanzig Gramm Plutonium liefern kann, hat noch mehr im Keller.«

»Irrtum. Es handelt sich um einen entlassenen Abteilungsleiter des Kombinates Tomsk-7, der Zugang zu den Abfallprodukten der Brennstäbe hat. Und Plutonium ist ein Abfallprodukt von uranhaltigen Brennelementen nach deren Abbrennen...«

»Ich weiß, was Plutonium ist«, unterbrach Sendlinger die Erklärungen Sybins mit einer Barschheit, die beleidigend war.

»Der Abteilungsleiter heißt Kyrill Simferowitsch Poltschow.«

»Das wißt ihr?«

»Vergiß nicht: Unsere Ohren hören überall alles. Poltschow kann uns nicht stören... er wird morgen begraben.«

»Aha!« sagte Sendlinger nur.

»Aber: die Zwanziggrammprobe ist unterwegs.«

»Da haben wir den Mist.«

»Kein Mist. Der Kurier ist ein Deutscher. Der Lkw-Fahrer Freddy Brockler aus Köln.«

»Woher wißt ihr das nun wieder?«

»Bevor Poltschow diese Welt verließ, hatte er das Bedürfnis, sein Herz auszuschütten. Ein gesprächiger Mann. Wir haben von ihm siebenundsechzig Adressen erhalten, die an einem Atomgeschäft interessiert sind. Siebenundsechzig, Paul! Es sind einige darunter, die Nataljas Reitkünste bewundern. Unsere Lieferanten stehen bereit.«

»Und was ist mit diesem Freddy Brockler?« Die Erwähnung von Nataljas Arbeitseinsatz berührte Sendlinger unangenehm.

»Wir jagen ihn. Er muß noch in Rußland sein, bestimmt aber in Polen. Er fährt einen MAN-Laster, einen Zehntonner. Wir bekommen ihn!«

»Und wenn nicht?«

»Dann ist das eure Sache.«

»Danke für den schönen Auftrag«, erwiderte Sendlinger voll Sarkasmus. »Ich habe kein Grenzschutzbataillon zur Verfügung.«

»Ich garantiere dir, Paul... er wird nicht mehr als hundert Meter über die deutsche Grenze kommen. Ein kleiner Wink fliegt ihm voraus.«

»Was soll das heißen?«

»Ein guter Kamerad im ukrainischen Sicherheitsdienst, genannt SBU, einem Nachfolger des umgestalteten KGB, hat einen Ruf zu eurem BND losgelassen.«

»Du bist verrückt!« schrie Sendlinger entsetzt. »Du setzt den Spürhund auf unsere Fährte?!«

»Nicht auf unsere, auf Poltschows Spur. Aber Poltschow gibt es nicht mehr. Er ist offiziell verschollen. Ein GUS-Flüchtling, wie man in Tomsk annimmt.«

»Und wenn Brockler redet?«

»Was weiß er denn? Er hat ein Paket mitgenommen und dafür zweitausend Mark bekommen, das ist alles.«

»Drehe es, wie du willst: Er verunsichert den Markt.« Sendlinger war nun ernsthaft wütend. Hatte er sich in Sybin getäuscht? Erst der feige Petschin und jetzt noch ein Großmaul? War Sybin nur eine schillernde Seifenblase? Ein Schwätzer mit enormer Überzeugungskraft? Morden konnte er ... aber taugte er für dieses diffizile Atomgeschäft? Fast zwei Jahre waren vergangen, ohne einen Erfolg zu bringen. Was heißt hier siebenundsechzig Adressen? Eine genügt, wenn sie gutes Plutonium 239 liefert.

Sybin schien zu spüren, was Sendlinger in diesem Moment dachte. Man hörte durch das Telefon, wie er mit den Fingern auf die Tischplatte hämmerte. Neun Finger voller Brillanten und Edelsteinen.

»Beobachte, was sich tut«, sagte er tröstend. »Glaube mir, die Polizei wird uns helfen. Sie arbeitet ahnungslos für uns, indem sie stillschweigend diesen Brockler aus dem Verkehr zieht. Die Gewinner sind wir!«

Der anonyme Hinweis auf zwanzig Gramm Plutonium wurde beim Bundesnachrichtendienst in München-Pullach sehr ernst genommen. Es trafen täglich viele anonyme Anzeigen ein, die meisten stellten sich als faule Eier heraus, aber wenn von Atomschmuggel die Rede war, wurden die Geheimdienstler hellhörig.

Sofort nach dem Anruf wurde das BKA alarmiert, das seinerseits alle Landeskriminalämter informierte. Ein riesiger Polizeiapparat stand bereit, Freddy Brockler zu empfangen.

An der Grenze bei Guben, das zu DDR-Zeiten Wilhelm-Pieck-Stadt hieß, wurde der MAN-Laster kontrolliert, die Papiere von Brockler waren einwandfrei, die Beamten des Bundesgrenzschutzes wickelten höflich die Formalitäten ab und gaben Freddy freie Fahrt. Vor sich hinpfeifend ging Brockler zu seinem Zehntonner zurück und fuhr Richtung Deutschland über die Grenze.

»Er ist da!« sagte der diensthabende Offizier des Bundesgrenzschutzes. »Wir haben ihn weisungsgemäß nicht festgehalten. Er fährt auf der Straße von Guben nach Cottbus. Möglich, daß er nach Dresden will. Macht's gut, Kollegen.«

Von dieser Stunde an wurde Brockler ununterbrochen beobachtet. Er wurde weitergereicht, von Polizeistelle zu Polizeistelle. Vom BKA war der Befehl gekommen: in Ruhe lassen, ihm unauffällig folgen, nur observieren. Wir müssen feststellen, wo seine Endstation ist.

Brockler fuhr tatsächlich nach Dresden. Dort übernachtete er auf einer Raststätte bei Radebeul und ahnte nicht, daß seine beiden Tischnachbarn im Restaurant Beamte des Dresdener LKA waren. Im Gespräch stellte sich heraus, daß Freddy Kölner war – mit rheinischem Humor, gesellig und trinkfest.

»Radebeul –« sagte er lachend zu den beiden Kumpels am Tisch. »Da hat Karl May gelebt. Den habe ich als Junge gefressen. Den hatte ich immer bei mir. Und nachts habe ich ihn unter der Bettdecke mit der Taschenlampe gelesen. Jetzt lese ich Konsalik.«

»Auch unter der Bettdecke?«

Sie lachten schallend und verabschiedeten sich als Freunde.

Am nächsten Tag fuhr Brockler weiter mit dem Ziel Frankfurt/Main. Über Chemnitz und vorbei an Gera, Jena, Weimar, Erfurt, Gotha, Eisenach, Fulda. Und überallhin folgten ihm unauffällige Wagen. Im BKA in Wiesbaden saß Oberrat Wallner vor einer Straßenkarte und verfolgte Brocklers Weg, der ihm telefonisch von den observierenden Beamten durchgegeben wurde.

»Eine Affentour –« sagte er kopfschüttelnd. »Erst der Transport von Tomsk nach Moskau, dort Übernahme des Plutoniums und dann quer durch Europa – wohin, das werden wir bald wissen. Das geht doch bequemer per Flugzeug! Ich habe da so eine Ahnung, daß wir den dicken Hund noch nicht gefangen haben...«

»Vielleicht ist Köln das Ziel?« schlug Kriminalkommissar Berger vor. Er war in den vergangenen zwei Jahren zur rechten Hand seines Chefs avanciert.

»Das wäre zu schön! Dann haben wir ihn gleich hier. Jungs, ich bin gespannt wie beim Spiel vom 1. FC Köln gegen die Bayern.«

Und Freddy Brockler fuhr tatsächlich nach Köln.

Bevor das BKA bei Freddy zugriff, hielt Wallner eine große Informationskonferenz ab. Sie fand im Beisein des Präsidenten statt. Kriminaloberrat Wallner hatte sich gut vorbereitet... er schleppte eine dicke Aktentasche in das Sitzungszimmer und legte einen Stapel Akten auf den Tisch.

»Ich habe Sie hierhergebeten«, begann er sein Referat, »um Ihnen einen umfassenden Überblick über die Szene des Nuklearschmuggels zu geben. Seit dem Bekanntwerden dieses neuen Bereichs der Kriminalität vor zwei Jahren – damals wurde uns der Täter, der Pole Londricky, vor der Nase ermordet, kein Ruhmesblatt für uns! –, hat sich der Handel mit atomarem Material nur zögernd entwickelt... soweit uns dies bekannt wurde. Spektakuläre Fälle hat es nicht gegeben, was verblüffend ist. Immerhin aber ist ein deutlicher Anstieg des Atomdeals zu bemerken. Waren es in Deutschland 1991 einundvierzig Fälle, wuchs 1992 die Zahl auf hundertachtundfünfzig an. Bis heute, 1993, sind allein in Bayern vierzig Fälle bekannt geworden... es scheint so, als ob Bayern eine beliebte Drehscheibe geworden ist. Die Abteilung 633 im Dezernat VI steht – zusammen mit der Abteilung 632 – in einer aufregenden Ermittlungs- und operativen Phase gegen die organisierte Kriminalität. Die Kollegen vom LKA München sind darüber durchaus nicht erfreut, trotz aller Erfolge. Man rennt gegen Gummiwände, heißt es dort.«

Wallner breitete seine Akten auf dem Tisch aus. Die besten Kriminalexperten Deutschlands sahen ihn erwartungsvoll an, denn Wallner war immer für Überraschungen gut.

»Ich habe hier eine Liste zusammengestellt von den spektakulärsten Fällen von Atomschmuggel der letzten zwei Jahre. Uns wurden in diesem Zeitraum über zweihundert Straftaten bekannt. Einige Beispiele:

Im Juli 1992 boten zwei Österreicher und zwei Polen in Berlin eins Komma acht Kilogramm Uran, Cäsium 137 und dreihundert Plutoniumkapseln an, die normalerweise als Rauchmelder verwendet werden.

Im Oktober 1992 wird in Frankfurt der bisher umfangreichste Atomdeal aufgedeckt. Am Hauptbahnhof und in einem abgestellten Auto findet die Polizei Cäsium 137 und Strontium 90 – ein Abfallprodukt aus Kernkraftwerken wie das Plutonium – in Behältern mit zweiundzwanzig Kilo dieses Nuklearmaterials.

Im Dezember 1992 werden in Bayern und Österreich sechzehn Atomschmuggler gefaßt. Sie hatten radioaktives Material mit einem Marktwert von zehntausend Mark für hundert Millionen Mark angeboten! Absender unbekannt, Empfänger nicht zu ermitteln. Vor Gericht spielen sie die Doofen. Erfolg: Zwei der Täter erhalten vom Gericht nur eine ›Ordnungswidrigkeitsstrafe‹. Ich hätte damals heulen können... mittlerweile haben wir uns an widersinnige Richtersprüche gewöhnt.

Im März 1993 gelingt ein bemerkenswerter Fang in Berlin. Ein Pole bot fünf Kilogramm hochgiftiges Uranoxid U 305 an. Für wen? Schweigen bis heute. Fehlanzeige.

April 1993. Großalarm aus Bremen. Ein Wink des BND... fragen Sie mich nicht, woher die Burschen das wissen. Vier Dealer, drei Deutsche und wieder ein Pole, bieten atomwaffenfähiges Plutonium an. Im Labor stellt sich heraus, daß das Plutonium nur minderwertiges Uran ist. Also ein Betrugsversuch. Woher das Uran stammt... auch hier bleibt die Suche im dunkeln.«

Wallner machte eine Pause, schob die Papiere zusammen und wischte sich kurz über die Stirn.

»Fassen wir zusammen, was wir bisher an Erkenntnissen gewonnen haben: Nichts! Kein Herkunftsland, keine Abnehmer. Man vermutet – ich betone: vermutet! – als Quelle die russischen Atomkraftwerke oder Atomforschungsinstitute. Beweisen können wir es noch nicht. Und was wir bisher sicherstellen konnten, war – grob ausgedrückt – Schrott. Aber das kann sich ändern. Wenn die zwanzig Gramm Plutonium, die Brockler gerade nach Köln bringt – und dabei muß es sich um eine Probe handeln –, wirklich hochangereichertes Plutonium ist, stehen wir einer der größten Bedrohungen unserer Welt gegenüber. Denn wo zwanzig Gramm sind, da gibt es noch mehr. Lieferbereit! Was da auf uns zukommt, ist im Augenblick noch gar nicht überblickbar.«

Wallner blätterte wieder in seinen Papieren und zog eine Tabelle mit einigen Zahlenreihen heraus. Die Kriminalbeamten an dem langen Tisch warteten gespannt. Was hatte Wallner sonst noch im Ärmel? Er benahm sich wie ein Zauberer, der aus seinen Manschetten weiße Mäuse herausließ.

»Sie alle wissen, was Plutonium ist.« Wallner warf einen Blick auf den Präsidenten. Nun paß mal auf! Auch ein Präsident kann noch lernen. »Aber kennen Sie auch die Einzelheiten? Auch wenn es für Sie langweilig klingt... diese Langeweile ist tödlich!«

Er legte die Unterlagen nebeneinander hin und begann, daraus vorzulesen. Es klang wie eine physikalische Lehrstunde.

»Plutonium gehört in die Gruppe der ›Seltenerdmetalle‹ und kommt in der Natur nur in ganz geringen Spuren vor. In Uranerzen, dem Grundmetall, kommt auf tausend Milliarden Urankerne nur ein einziges Plutoniumatom! Schätzungsweise gibt es in der Erdkruste nur wenige Kilogramm natürliches Plutonium. Also nicht erwähnenswert. Das änderte sich, als den deutschen Physikern Otto

Hahn und Friedrich Straßmann im Jahre 1938 in Berlin ihre Experimente mit der Kernspaltung gelangen. Kernspaltung – das veränderte die Welt. Sofort nach diesem Erfolg wurde an der kalifornischen Universität von Berkeley der Versuch wiederholt. Dabei entdeckte der Amerikaner Edwin McMillan, daß bei der Kernspaltung weitere Elemente entstanden. Das von ihm bestimmte Neuelement nannte er ›Neptunium‹. Sein Mitarbeiter Glenn T. Seaborg analysierte ein zweites Spaltelement, das vorher von der theoretischen Physik berechnet worden war und besonders leicht spaltbar sein sollte. Seaborg nannte den neuen Stoff ›Plutonium‹. Ein Name, den er von dem zuletzt entdeckten Planeten unseres Sonnensystems ableitete – den Planeten Pluto. Was ist nun dieses durch Uranspaltung erzeugte Plutonium?«

Wallner trank einen Schluck Mineralwasser. Jeder der Herren hatte mehrere Flaschen vor sich stehen. Beim Anblick dieser Flaschenbatterien hatten sie sofort gedacht: Das sieht nach einer längeren Sitzung aus. Keine normale Berichterstattung. Hoffentlich hat Wallner Mitleid und legt ab und zu eine Zigarettenpause ein. Und das Mittagessen in der Kantine wird ebenfalls ausfallen. Auch ein schäumendes Pils... man darf gar nicht daran denken.

»Plutonium ist ein Alphastrahler«, setzte Wallner seine Unterrichtsstunde fort. »Das bedeutet: Die Strahlung reicht nur wenige Zentimeter weit. Es kann also durch die Haut kaum in den Körper dringen, im Gegensatz zu der Uranstrahlung. Aber es kann durch die Atmung und die Nahrung aufgenommen werden! Absolut lebensgefährlich ist es, Plutoniumstaubteilchen einzuatmen... die Strahlung zerstört in kürzester Zeit die Lunge, den Bronchialtrakt und die Lymphgefäße. Das GSF-Forschungszentrum in München hat ausgerechnet, daß ein Millionstel Gramm Plutonium genügt, um einen Menschen zu töten! Es entstehen als Spätschäden Leber-, Lungen- und Knochenkrebs. Mit anderen Worten: Es gibt kein Entrinnen!«

Wallner legte ein Blatt Papier zur Seite und griff nach einem anderen. Das betretene Schweigen am langen Tisch zeigte ihm, daß seine Worte gewirkt hatten.

»Was wissen wir noch von Plutonium? Es schmilzt bei 641 Grad und siedet bei 3232 Grad. Man kennt heute fünfzehn verschiedene Plutoniumisotope, von denen das Plutonium 239 das gefährlichste ist. Zusammen mit den Uran 235 wird es zur alles vernichtenden Waffe. Aber davon später. Plutonium 239 besitzt eine Halbwertzeit

– das ist die Zeit, in der es sich um die Hälfte abbaut – von 24 100 Jahren! Man hat errechnet, daß nach zehn Halbwertzeiten von jeder Tonne Plutonium immer noch ein Kilo übrigbleibt. Das am längsten strahlende Plutoniumisotop 244 hat sogar eine Halbwertzeit von achtzig Millionen Jahren. Praktisch ist es also nicht abbaubar! Keiner weiß, wieviel reines Plutonium 239 lagert, vor allem in Rußland und den USA. Man schätzt die Menge auf sechshundert Tonnen! Das genügt, um bereits durch das Einatmen von Plutoniumstaub die gesamte Erdbevölkerung mehrmals zu töten! Mit anderen Worten: Wir haben die Vernichtung unserer Welt bereits in den Atombunkern lagern! Einen Vorgeschmack haben wir auch schon erlebt.«

Wallner trank wieder einen Schluck Wasser. Das Entsetzen packte auch ihn wieder, obgleich er diese Zahlen auswendig gelernt hatte. Die Kriminalisten am Tisch starrten ihn an. In einigen Gesichtern erkannte Wallner Zweifel an seinen Ausführungen. Es war auch schwierig, daran zu glauben... er selbst hatte sich beim Studium der Unterlagen gefragt: Ist das wirklich eine Tatsache oder nur eine Theorie? Mein Gott – der Mensch kann einen ganzen Planeten zerstören.

»In den letzten Monaten des Zweiten Weltkrieges arbeiteten amerikanische Wissenschaftler im Atomforschungszentrum Los Alamos fieberhaft an einer Atombombe, deren Grundmaterial Uran 235 und Plutonium 239 bildeten. In der chemischen Trennanlage von Hanford im Staat Washington stellte man mehrere Kilogramm Plutonium her und baute daraus – zusammen mit dem Sprengmittel TNT, einem konventionellen Sprengstoff, der durch Druck- und Hitzeentwicklung eine Explosion auslöst – die Atombombe. Diese Atombombe, von den Amerikanern ›Fat Man‹ getauft, explodierte am 9. 8. 1945 über der südjapanischen Hafenstadt Nagasaki. Wir alle kennen diese Tragödie der totalen Vernichtung. Und im Vergleich zu den heute möglichen Neutronenbomben, auch auf der Basis von Plutonium 239, war der Feuerball über Nagasaki nur ein Bömbchen! Heute ist Plutonium 239 der meistverwendete Sprengstoff für Kernwaffen. Es ist ein besonderes Plutonium, das man als ›Waffen-Plutonium‹ bezeichnet: In besonderen Reaktoren gewonnen aus dem Uran 239. Hauptsteller ist Rußland. Vermutliche Erzeuger: der schnelle Brüter Belojarsk in Westsibirien.« Wallner blickte auf und schob seine Papiere zusammen. »Ich weiß, meine Herren, in Ihren Köpfen brodelt es jetzt von

Zahlen und Begriffen. Ich will Sie deshalb heute verschonen mit dem zweiten gefährlichen Nuklearprodukt, einem silberweißen, sehr weichen Metall aus der Gruppe der Alkalimetalle. Es hat seinen Namen aus dem Griechischen... Lithos, das Wort für Stein, weil das Metall in vielen Gesteinen enthalten ist: Lithium. Und mit Lithium 6 stellt man die Wasserstoffbombe her! Sie sehen, meine Herren, der Weltuntergang liegt ganz allein in den Händen des Menschen. Aus genialen Entdeckungen brauen wir den Tod. Zigarettenpause!«

Wortlos erhoben sich die Starkriminalisten und verließen den Sitzungssaal. Nur der Präsident blieb zurück und kam zu Wallner.

»Was Sie da berichtet haben, ist unfaßbar!« sagte er sichtlich bedrückt. »Ein Glück, daß die Bevölkerung davon keine Ahnung hat.«

»*Noch* nicht, Herr Präsident.« Wallner zuckte die Schultern, als wolle er resignierend fragen: Wie könnten wir das verhindern? »Es wird sich nicht vermeiden lassen, daß die Medien dahinterkommen. Sie haben hervorragende Informanten.«

»Und dann, Wallner?«

»Dann müssen wir alle die Hosen runterlassen und die Wahrheit sagen. Einen Feind besiegt man nicht durch Wegsehen, sondern durch einen Gegenangriff. Greifen wir an!«

»Wen?«

»Das werden uns die nächsten Monate – oder Jahre zeigen. Eines wissen wir jetzt schon: Es wird ein verdammter Kampf werden... und er wird größtenteils in der Grauzone des organisierten Verbrechens stattfinden...«

Die Observation des Verdächtigen Freddy Brockler – von einem Täter spricht man erst dann, wenn jemand überführt ist, so feinsinnig ist unsere Juristensprache – war festgefahren, denn Brockler brachte keinen bleiisolierten Kasten zu seinem Abnehmer. Er ließ den Zehntonner auf dem Ladehof einer Kölner Spedition stehen und fuhr mit einem Taxi zu seiner Wohnung in Köln-Ehrenfeld. Dort wartete seine Freundin Elfriede auf ihn, mit der er seit drei Jahren zusammenlebte. Sie war ein dralles, fröhliches Mädchen, die mit neunzehn Jahren einmal Funkenmariechen gewesen war und die Karnevaljecken mit ihren schlanken Beinen und ihrem kurzen Faltenröckchen begeistert hatte. Brockler liebte sie sehr und nannte sie zärtlich Elfi oder auch Elfchen.

Beamte des Kölner Verfassungsschutzes bezogen Posten vor dem Haus, abwechselnd in verschiedenen Autos, damit die parkenden Wagen nicht auffielen. Ein Kommissar der Kölner Kriminalpolizei und drei Polizisten, vom PP – dem Polizeipräsidenten – dafür abkommandiert, besuchten den Inhaber der internationalen Spedition *Rund um die Welt*, auf dessen Ladehof Brockler seinen Lkw abgestellt hatte.

Franz-Ferdinand Stüßken, so hieß er, wunderte sich und dachte: Da hat einer meiner Fahrer wieder Mist gebaut! Aber mit vier Männern kommen, das ist doch übertrieben, für 'nen gefälschten Fahrtenschreiber oder mehr als acht Stunden hinterm Lenker sitzen – so einen Aufwand. Die Polizei scheint nicht genug zu tun zu haben.

Er empfing die Polizei in seinem Büro und deutete auf ein paar Stühle.

»Bitte nehmen Sie Platz«, sagte er. »Wo brennt's?«

»Wir möchten nicht sitzen, sondern arbeiten.« Kriminalkommissar Lodemann warf einen schnellen Blick durch das Büro. Auch das ist möglich, dachte er. Eine internationale Spedition als Zwischenhändler. Geradezu ideal. Die kommen überall hin, an den Grenzen kennt man sie und ist großzügig. Kaum Kontrollen.

»Sie sind der Inhaber der Spedition?« fragte Lodemann.

»Ja. Stüßken ist mein Name.«

»Sie haben auf dem Platz einen Zehntonner stehen. Gehört er zu Ihrer Flotte?«

»Steht mein Name drauf? Nein! Also gehört er auch nicht mir. Er gehört einem guten Bekannten von mir, der sich mit dem Lkw selbständig gemacht hat.«

»Freddy Brockler.«

»Genau. Freddy. Er darf seinen Wagen bei mir abstellen, bis er einen eigenen Hof gemietet hat. Hat Freddy was ausgefressen?«

»Sie kennen Brockler gut?«

»Wie man so sagt... wir sind Kegelbrüder. Kegelclub *Jib Jas*. Auf deutsch: ›Gib Gas‹. Ein prima Kumpel. Fährt manchmal ein bißchen schneller, als erlaubt... aber das tun wir alle.« Stüßken grinste. »Haben Sie ihn erwischt?«

»Wir müssen seinen Wagen untersuchen.«

»Schmuggel? Nee, nicht bei Freddy.« Stüßken wedelte mit den Händen. »Der ist so ehrlich, daß er 'nen gefundenen Pfennig bei der Polizei abliefert.«

»Das wollen wir mal feststellen.«

»Bitte. Aber sollten Sie vorher nicht erst Freddy fragen?«

»Nicht nötig.« Lodemann winkte ab. »Das ist ein Sondereinsatz, vom Polizeipräsidenten angeordnet. Beschwerden ans Präsidium. Gehen wir.«

Kommissar Lodemann und seine drei Polizisten verließen das Büro. Stüßken blickte ihnen aus dem Fenster nach und wartete, bis sie, kunstvoll wie Autodiebe, die Fahrertür aufgeknackt hatten. Die Polizei kann so was auch. Dann griff er zum Telefon und rief Freddy an.

Brockler hatte sich gerade geduscht und sprang nackt in der Wohnung herum, voller Vorfreude auf die kommenden Stunden. Immerhin hatte er vier Wochen lang Elfi vermißt, und jetzt lag sie im Bett, mit Parfüm besprüht und bereit. Das Telefon unterbrach Brocklers Bocksprünge.

»Was ist?« fragte er verstimmt.

»Hier ist FF –« meldete sich Stüßken.

»Du Idiot, stör mich jetzt nicht! Ich bin gerade dabei, Elfis Brand zu löschen.« Brockler war wirklich wütend. »Ich bin vor morgen vormittag nicht mehr zu sprechen.«

»Ich glaube doch.« Stüßken war nicht beleidigt. »Gieß kaltes Wasser über Elfi und kommt sofort hierher. *Hier* brennt es! Die Polizei ist dabei, deinen Laster auseinanderzunehmen.«

Einen Augenblick lang blieb Brockler stumm. Dann fragte er gepreßt:

»Sie montieren ihn ab? Scheiße!«

»Junge, Freddy... hast du 'ne Sau mitgebracht? Wonach suchen die Bullen?«

»Ich weiß es nicht.«

»Mach keinen Piß. Sag's mir, Freddy. Vielleicht kann ich was tun...«

»Da kannst du gar nichts machen, FF. Ich muß sofort verschwinden.«

»Freddy! Was hast du in der Kiste versteckt?«

»Frag mich nicht. Tschüs, alter Junge! Ich muß abhauen.«

Brockler legte auf, rannte zu seinen Kleidern und zog sich in größter Hast an. Aus einem Fach des geerbten Sekretärs nahm er einen Bündel Banknoten, Dollars, und stopfte sie in seine Tasche. Sie finden es, dachte er, sie finden es bestimmt. Verdammt, wer hat mich da verpfiffen? Von den zwanzig Gramm wußte doch keiner, außer dem Professor und dem ehemaligen KGB-Major. Was wird hier gespielt?

Im Bett räkelte sich Elfriede und quengelte. »Was ist, Freddy?« rief sie. »Wo bleibst du? Du bist sauber genug. Guck doch mal, wie ich hier liege...«

Brockler gab keine Antwort. Er rannte zur Tür, riß sie auf und schlug sie hinter sich zu. Beim Weglaufen hörte er noch Elfis Aufschrei:

»Freddy! Freddy!«

Er rannte die Treppen hinab, hinunter in die Tiefgarage, wo er seinen Audi 80 abgestellt hatte. Mit zittrigen Fingern schloß er die Tür auf, stürzte sich hinter das Lenkrad. Er drückte auf die Fernbedienung, und das Garagentor öffnete sich knirschend. Brockler gab Gas und raste hinaus auf die Straße.

Damit überraschte er die observierenden Beamten des Verfassungsschutzes. Sie brauchten eine lange Schrecksekunde, um zu reagieren.

»Das ist er! Er haut ab!« schrie einer der Beamten. »Hinterher! Den hat jemand gewarnt. Los! Wenn der uns entkommt, können wir Radieschen pflanzen.«

Der Wagen fuhr los, dem Audi hinterher. Zum Glück hatten die Beamten für diese Stunde nicht einen unauffälligen Kleinwagen eingesetzt, sondern einen 200er Mercedes. Er holte schnell zu dem Audi auf. Der Fahrer drückte die Faust auf die Hupe... der schrille Dauerton war entnervend. Einige Fußgänger starrten den Autos nach, und einer sagte sogar: »Da drehen se wieder so 'nen dämlichen Krimi mit Tatütata... Denen fällt auch nichts Besseres mehr ein...«

Es wurde eine kurze Flucht. Brockler sah ein, daß es kein Entkommen mehr gab. Er wußte, daß er verloren hatte. Er trat ein paarmal auf die Bremse, fuhr rechts an den Bordstein, stieg aus und hob sogar beide Arme über den Kopf. Man wußte nie, ob einem nervösen Bullen nicht plötzlich aus Versehen die Pistole losging. Es gab ja genügend solcher Fälle, von denen die Zeitungen berichtet hatten.

Einer der Beamten trat an Brockler heran und winkte ab. »Sie können die Arme runternehmen«, sagte er. »Sie sind Freddy Brockler?«

»Das wissen Sie doch.«

»Sie sind vorläufig festgenommen.«

»Weshalb?«

»Das werden Ihnen die Kollegen erklären, die gerade Ihren Laster untersuchen. Einsteigen.«

Auf der Fahrt zur Spedition der Firma Stüßken versuchte der Leiter der Überwachung, Brockler zum Sprechen zu bringen. Er tat das sehr freundlich, bot ihm eine Zigarette an, die Brockler gierig rauchte, und gab sich jovial. Beim Verfassungsschutz herrscht ein anderer Ton als bei der normalen Polizei. Da brüllt man nicht, da ist man höflich, geduldig und hat viel Zeit. Und genau das war es oft, was schweigsamen Mündern plötzlich Wortkaskaden entlockte.

»Wollen Sie nicht auspacken, Brockler?«

»Ich habe keinen Koffer bei mir. Sehen Sie einen?«

»Witzig. Machen wir uns doch nichts vor. Wir finden es.«

»Was?«

»Die zwanzig Gramm Plutonium.«

»Was ist Plutonium? Gummibärchen?«

»Brockler... Sie verkennen Ihre Situation. Sie befinden sich in Lebensgefahr.«

»Ach nee?! Wer will mir denn an die Wäsche?«

»Es gab da schon mal einen ähnlichen Fall, 1991. Ein Pole schmuggelte zweihundertsiebzig Gramm Lithium 6, bestand darauf: ›Ich sage nix!‹ und wurde kurz danach in einem Krankenhaus ermordet. Ritschratsch: Kehle durch. Das kann Ihnen auch passieren.«

»Und wo war da die Polizei?«

»Sie saß vor der Tür... der Mörder kletterte durchs Fenster.«

»Typisch!« Brockler versuchte ein Grinsen. Aber er spürte, wie ein Gefühl von Angst in ihm emporkroch. »Die Polizei – dein Freund und Helfer!«

Von da an schwieg er und antwortete nicht mehr auf Fragen. Der Verfassungsschutzbeamte sprach gegen eine Glaswand.

Im Hof der Spedition waren die Polizisten fündig geworden. Kommissar Lodemann hielt einen Stahlkasten in der Hand, ziemlich schwer für seine Größe, aber er wußte, daß das Gewicht von dem Bleimantel stammte. Der Kasten hatte in einer Kiste mit russischem Porzellan gelegen, eingepackt in Holzwolle, zwischen Kopien vom Tafelgeschirr des Zaren, kobaltblau mit Goldverzierungen. In Deutschland warteten viele Käufer auf neue Lieferungen.

Der Kommisar hielt sich nicht mit langen Reden auf. Als Brockler aus dem Wagen stieg, streckte er ihm den Kasten entgegen.

»Kennen Sie den?« fragte er knapp.
»Ja.«
»Und der Truck ist Ihr Wagen?«
»Nein. Der ist von allein aus Moskau gekommen.«
»Sie werden sofort nach Wiesbaden überstellt.«
»Warum denn das?«
»Zum BKA. Dort wartet man auf Sie.«

Brockler wandte sich zu dem netten Beamten des Verfassungsschutzes um. »Ist das damals in Wiesbaden passiert?« fragte er. »Das mit dem Polen?«

»Ja.«

Brockler wirbelte zu Lodemann herum. Seine Stimme überschlug sich fast.

»Ich protestiere gegen diese Überstellung. Ich will in Köln bleiben!«

»Nichts zu machen, Brockler.« Lodemann zuckte die Schultern. »Sie sind ein Fall für das BKA. Und Sie sind – leider – eine Art Staatsgeheimnis Nummer eins.« Er winkte seinen drei Polizisten zu. »Abführen.« Und sagte dann ironisch zu Brockler: »Gute Fahrt.«

Brockler zog den Kopf tief zwischen die Schultern. »Dafür möchte ich Ihnen in den Arsch treten, Kommissar!« zischte er durch die Zähne. Und als er zwischen zwei Polizisten an Stüßken vorbei zu dem Einsatzwagen ging, sagte Stüßken zu ihm:

»Freddy, Junge, Junge, was haste da angestellt?! Hast du 'ne Meise im Kopf? Atomschmuggel! Du warst doch sonst nie ein Rindvieh...«

Spät am Abend hielten sie vor dem Gebäude des BKA und ließen Brockler aussteigen. Ohne Handschellen, denn er hatte versprochen, sich gesittet zu verhalten. Flucht? Wer denkt denn an Flucht? Und wohin zu Fuß? Nur Idioten versuchen wegzulaufen.

Oberrat Wallner war noch in seinem Büro und erwartete Brockler. Sein Assistent KK Berger saß an einem Nebentisch und kaute an einem Brötchen mit Käse aus der Kantine. Er mochte keinen Käse, aber um diese Zeit war nichts anderes mehr zu bekommen.

»Willkommen, Herr Brockler«, begrüßte Wallner den Ankömmling. »Mein Name ist Wallner.«

»Freut mich, Sie kennenzulernen«, antwortete Brockler ebenso höflich. »Herr Kommissar...«

»Oberrat...«, knurrte Berger hinter seinem Käsebrötchen.

»Von mir aus auch Oberrat. Eines vorweg: Sparen Sie sich alle Verhörtricks, die Sie auf Lager haben. Ich gestehe.«

»Zigarette? Ein Bier?« Wallner zeigte auf einen Stuhl vor seinem Schreibtisch.

»Wenn's geht... bitte beides.« Brockler setzte sich.

»Sie gestehen.« Wallner lehnte sich in seinem Schreibtischsessel zurück. »Das ist nicht alles, Herr Brockler. Ich möchte mehr wissen.«

Brockler sah Wallner eine Zeitlang stumm an. Er konnte es nicht erklären, aber dieser Oberbulle war ihm sympathisch. Kein Gegner, eher ein Berater. Verrückt, so etwas! Aber das Gefühl ließ ihn nicht los.

»Was bekomme ich, wenn ich rede?« fragte er schließlich. Wallner verharrte regungslos.

»Statt fünf vielleicht drei Jahre Knast.« Dabei lächelte er... ein guter Onkel. »Aber versprechen kann ich das natürlich nicht... kann nur vor Gericht und in den Protokollen Ihre Kontaktfreudigkeit erwähnen. Oft stimmt das den Richter milde.«

Das Bier brachte ein Kriminalbeamter, die Zigarette bekam er von Berger... Brockler trank das Glas Pils in einem Zug fast leer und rauchte dann genußvoll.

»Das hat mir gefehlt.«

»Worüber wollen Sie reden, Herr Brockler?«

»Über Tomsk, Moskau, Professor Poltschow, KGB-Major Pujaschew – und mehr.«

»Ich höre.« Das klang fast gleichgültig, aber in Wallner brodelte es.

Eine Spur! Endlich eine Spur! Jetzt ist auch der BND gefordert mit seinen Agenten und V-Männern. Er hob den Kopf, als Brockler weitersprach.

»Sie sagten eben, Herr Oberrat, drei Jahre wären drin, statt fünf. Mir ist das nicht genug. Ich verlange Sicherheit.«

»Was heißt das?«

»Ich weiß von dem Polen mit durchgeschnittener Kehle. Das ist hier in Wiesbaden passiert.«

»Wer hat Ihnen das erzählt?«

»Ein freundlicher Beamter vom Verfassungsschutz.«

Wallner blickte hinüber zu KK Berger. Der hatte sein Käsebrötchen hinuntergewürgt und nickte Wallner zu. »Meine Rede. Man sollte den Kollegen vom BVS einen Maulkorb umbinden, wenn sie frei herumlaufen. Dieses Gequatsche!« Und zu Brockler: »Es stimmt. Wir hatten diesen Unglücksfall. Es kommt nie wieder vor.«

»Garantieren Sie das, Herr Oberrat? Können Sie nicht, natürlich. Deshalb mein Vorschlag: meine Informationen gegen meine Abschiebung ins Ausland.«

»Völlig unmöglich, Herr Brockler.« Wallner beugte sich zu ihm vor. »Sie sind ein Straftäter. Wir können Sie doch nicht laufenlassen!«

»In Amerika ist das möglich. Da kann ein gefährdeter Zeuge einen anderen Namen und sogar ein neues Gesicht bekommen.«

»In Amerika! Unser Rechtssystem ist anders.«

»Es ist Scheiße!«

»Manchmal, zugegeben. Wir können Sie nicht in die freie Wildbahn entlassen ... aber wir können Sie verstecken, an einem sicheren Ort.«

»In irgendeiner Haftanstalt? Nein! In keinem Knast ist man sicher.«

»Wer spricht von Knast? Es gibt andere Möglichkeiten.« Wallner blickte auf seine Armbanduhr. »Herr Brockler, es ist schon spät. Wir reden morgen weiter. Heute übernachten Sie bei uns. Ich habe für Sie ein schönes Zimmer reserviert ... von außen abgeschlossen, die Fenster vergittert. Da klettert keiner durchs Fenster herein wie bei dem Polen. Und morgen früh kann ich Ihnen sagen, wo wir Sie verstecken. Gute Nacht.«

»Gute Nacht, Herr Oberrat.«

KK Berger führte Brockler weg. Wallner blieb sitzen und faltete die Hände. Er starrte gegen die Wand auf einen gerahmten Druck, der die Wand verzierte.

»Eine Spur!« sagte er zu dem Bild. »Endlich eine Spur. Eine verdammte Scheißspur! Eine Spur nach Rußland, einwandfrei ... das hat uns noch gefehlt! Da werden in Bonn einige Herren einen dicken, roten Kopf bekommen. So eine verfluchte Spur ...«

Die schöne Natalja

Man muß die Skrupellosigkeit eines Igor Germanowitsch Sybin besitzen, um in kürzester Zeit ein Milliardengeschäft aufzuziehen und den Markt dafür fast allein zu beherrschen. Fast! Denn die Idee, nach dem Zusammenbruch der UdSSR – der Reduzierung der Atomwaffenproduktion, der Freistellung von Nuklearforschern und Arbeitern in den Nuklearzentren und dem Wunsch bestimmter Staaten, eine Atombombe zu besitzen – mit der Bedrohung der Welt das große Geld zu machen, hatten auch andere. Und diese Interessenten saßen näher an den Quellen als Sybin und sein »Konzern«.

Sybin erkannte das Problem sofort, aber es beängstigte ihn nicht besonders. Die Konkurrenten hatten zwar die Idee, aber nicht die alles besiegende, jeden Widerstand brechende Waffe im Kampf um den Markt: Natalja Petrowna. Sie war im wahrsten Sinne des Wortes der »Stoßtrupp«, der jede Festung einnahm.

Natalja wurde zur Reisenden in Sachen »Kontaktpflege«.

Sybin, wie immer gut informiert durch seine Vertrauensleute, wußte seinen stärksten Feind im Atomforschungszentrum Semipalatinsk, in einem abgeriegelten Vorort dieser Stadt im äußersten Winkel von Kasachstan, nicht weit von der Grenze zu China. Hier leitete der Atomphysiker Iwan Semjonowitsch Kunzew die streng geheime Abteilung für militärische Forschung, was nichts anderes bedeutete, als Plutonium, Uran und Lithium für einen kriegerischen Einsatz weiterzuentwickeln. An Kunzew hatte sich ein Oberst des KGB gewandt, das nach den Plänen Jelzins aufgelöst, umbenannt und mit neuen Aufgaben betraut werden sollte. Dies war eine von Jelzins Ideen, die bei den Altkommunisten Alarm auslöste und ihm eine Menge heimlicher Gegner verschaffte. Mit dem KGB fiel die letzte Bastion des Sowjetstaates, die umfassende Kontrolle in allen Lebensbereichen, die geheime Macht über das gesamte russische Volk. Und für diese »alte Garde« wurde Jelzin immer unerträglicher ... sie rächte sich mit einem eigenen Geheimplan: Ausnutzung der Atommacht Rußland zugunsten des eigenen Wohlstandes.

Zu den Betroffenen, die darauf warteten, in Pension geschickt zu werden, gehörte auch Oberst Konstantin Petrowitsch Micharin. Er hatte drei KGB-Chefs überlebt, war mit Orden behängt worden und sah nicht ein, daß er, ein so hochdekorierter Offizier und Genosse, in die Wüste geschickt werden sollte, nur weil er ein treuer und überzeugter Kommunist war. Zu seiner Abteilung gehörte auch die politische Überwachung von drei Atomkombinaten, unter anderem auch die des geheimnisvollen Semipalatinsk. Er selbst hatte seine Dienststelle in Tomsk. Dort lebte er fast wie ein kleiner König, residierte privat in einer alten Villa aus der Jahrhundertwende, war eine geachtete, aber auch gefürchtete Persönlichkeit, hatte vor zwei Jahren seine Frau Jelena zu Grabe getragen und lebte nun als lustiger Witwer, der sich ab und zu eine Gespielin leisten konnte. Für jede der jungen Frauen, die sein Schlafzimmer kannten, war das ein Gewinn: Sie hatten keine Sorgen mehr. Alles, was sie brauchten und was knapp war, besorgte Oberst Micharin. Und jeder war erfreut, Micharin dienlich sein zu können. Das gegenseitige Händewaschen gehörte von jeher zum Lebensstil der Russen... so wie überall auf der Welt.

Als politischer Wachmann kannte Micharin natürlich den hochgelobten Professor Kunzew und auch dessen Tochter Nina Iwanowna. Sie arbeitete als Ärztin im Krankenhaus Nr. 1 in Semipalatinsk, war Fachärztin für Lungenkrankheiten, mit zweiunddreißig Jahren noch unverheiratet, obwohl sie ein hübsches Gesicht und einen schlanken Körper hatte. Kollegen wußten angeblich den Grund ihrer Ehelosigkeit: »Sie ist zu intelligent, zu klug, zu beherrschend. Ein Mann müßte sich ihr unterordnen, aber welcher Mann tut das? Es müßte also ein Mann ran, der ihr geistig überlegen ist. Wo aber ist so einer?«

Oberst Micharin hatte nach dem Tod seiner Frau Jelena mehrmals versucht, Nina Iwanowna zu überzeugen, daß sie in seinem Bett bestens aufgehoben wäre – ohne Erfolg. Der Titel Oberst imponierte ihr nicht, den KGB haßte sie sowieso, fünfundzwanzig Jahre Altersunterschied waren auch nicht ihr Fall, und da auch Micharins Bildung nicht ausreichte, um mit ihr geistreich zu plaudern, war er sofort aus dem Rennen. Nicht einmal Napoleon III. kannte er und verwechselte ihn ständig mit Napoleon I. Das war für Nina unerträglich. Dagegen hatte sich mit Professor Kunzew eine gute Freundschaft entwickelt; Micharin sagte Iwan zu ihm, und Kunzew sagte Konstantin zu Micharin, man duzte sich und sprach lange Abende über Politik, die Zukunft Rußlands und wo alles hintrieb nach Gorbatschow und Jelzin. Auch Kunzew war ein alter Kommunist, die Partei hatte ihn gefördert und zum Chef der militärischen Nuklearforschung gemacht... nun stand auch für ihn die Entlassung bevor, wenn Semipalatinsk verkleinert oder gar aufgelöst werden sollte.

Das alles wußte Sybin! In der Zentralverwaltung des KGB saß sein Informant, der monatlich einen stattlichen Geldbetrag in die Hand gedrückt bekam. Was die Zentrale nicht wußte, das war der Plan Micharins, mit Professor Kunzew zusammen einen Atomhandel aufzuziehen.

»Natalja, mein Schweinchen –« sagte Sybin im Mai 1993, nachdem sie im *Tropical* zu Abend gegessen und Nataljas Nachfolgerin beim Striptease begutachtet hatten. Sie konnte in keiner Weise Natalja ersetzen, weder was die Figur noch was die Tanzdarbietungen und schon gar nicht was die Erotik der Darstellung anbelangte. Nataljas Bärchennummer war eben einmalig gewesen. »Du mußt auf Reisen gehen.«

»Wohin?« fragte sie. Daß Sybin sie Schweinchen nannte, war sie gewöhnt. Beim ersten Mal hatte sie geantwortet: »Was willst du, du Drecksau?!« Aber dann hatte sie sich gesagt, daß es besser sei, Schweinchen genannt zu werden, statt Prügel zu beziehen, wie die Freundinnen anderer Mafiagrößen.

»Nach Sibirien. Genauer gesagt, nach Semipalatinsk in Kasachstan.«

»Kasachstan? Warum nicht gleich zum Mond?«

»Weil es auf dem Mond keinen Micharin und Kunzew gibt.«

»Wer sind diese Männer?«

»Idioten. Sie drängen in unser Geschäft. Du mußt erfahren, was genau sie vorhaben und wie sie ihr Geschäft aufbauen wollen. Vor allem, ob sie schon Abnehmer haben.« Sybin grinste breit. Seine linke Hand mit den vier beringten Fingern tätschelte Nataljas Unterarm. »Eine leichte Arbeit für dich, Täubchen. Micharin ist Witwer, siebenundfünfzig Jahre alt, hinter den Weibern her wie ein Karnickelbock. Kunzew ist Atomphysiker, Professor, neunundfünfzig Jahre alt, Fanatiker in seinem Beruf, vereinsamt trotz einer Tochter, die Ärztin ist, ein Pessimist, dem nur eines fehlt, um wieder Freude am Leben zu haben: ein Vögelchen wie du! Aus ihm mußt du herauskitzeln, was sein Institut alles liefern kann, wann und wieviel.«

Natalja behagte dieser neue Auftrag gar nicht. Sie trank einen Schluck georgischen Wein, schaute mißmutig auf die Bühne, wo die Tänzerin ihren etwas zu kleinen Busen herumschaukelte, gar kein Vergleich zu Nataljas üppigen, aber straffen Brüsten, und schüttelte dann den Kopf.

»Nicht?« Sybin starrte sie verwundert an. Das gibt es doch nicht: Sie sagt nein?! »Du willst nicht?« fragte er, um ganz sicher zu sein.

»Habe ich das gesagt?«

»Du hast den Kopf geschüttelt.«

»Ich habe daran gedacht, daß du mir immer alte Männer an den Hals hängst. Siebenundfünfzig und neunundfünfzig... vorher sechzig und sogar einundsiebzig, der war auch noch impotent. Du scheinst völlig zu vergessen, daß ich erst zweiundzwanzig bin!«

»Geschäfte unserer Art erfordern Opfer.« Sybin atmete auf. Natalja wurde nicht rebellisch... das wäre ein großes Problem geworden. »Die wichtigsten Männer haben eben ein gewisses Alter, sonst wären sie nicht wichtig. Und je älter, um so geiler, das ist ja dein und mein Grundkapital. Ich denke da an einen Spruch von meinem Vater, der so ähnlich klang: Je älter man wird, um so schamloser wird man. Das ist es, Schweinchen: Man muß die Schamlosigkeit ausnutzen, um einen Menschen gefügig zu machen. Du verlierst ja nicht deine Seele dabei. Hast du überhaupt eine Seele?«

»Ich weiß es nicht.«

»Jeder Mann läßt dein Herz kalt, nur dein Körper steht in Flammen! Auch bei mir! Ist es so?«

»Sei froh, daß es so ist. Wie könnte ich sonst deinen Befehlen folgen.«

»Wünschen. Es sind Wünsche, Natalja.«

»Wann soll ich fliegen?«

»Morgen schon.«

»So plötzlich?«

»Wer zuerst kommt, schöpft die Sahne ab. Mit Magermilch hatte ich noch nie zu tun.«

Sie verließen das *Tropical* bald nach der ersten Vorführung. Das Flugzeug nach Alma Ata, der Hauptstadt Kasachstans, flog sehr früh von Moskau ab.

So kam Natalja Petrowna an die chinesische Grenze, nach Semipalatinsk.

Sie mietete ein Zimmer im Hotel *Kasachstan,* schlief nach dem weiten Flug zehn Stunden lang, duschte sich dann und legte ein diskretes, aber dennoch sehr effektvolles Make-up auf und rief Professor Kunzew an. Die Telefonnummer hatte sie von Sybin bekommen, denn Kunzews Nummer stand in keinem Telefonbuch.

Kunzew war – wie das Institut mitteilte – zu Hause in seiner Wohnung. Er hatte sich krank gemeldet, sein altes Leiden: ein Magengeschwür. Das vierte innerhalb von zehn Jahren. Seine Tochter Nina hatte ihn im besten Krankenhaus von Fachärzten untersuchen lassen. Kein Krebs, Gott sei Dank. Nur der ständige Ärger, und man weiß ja, daß Ärger Magengeschwüre erzeugt. Ein Rätsel der Medizin. Warum erzeugt psychische Belastung eine manifeste Krankheit?

Am Nachmittag gegen sechzehn Uhr klingelte Natalja an Kunzews Tür. Erstaunt sah er die schöne Frau an.

»Ja?« fragte er. »Sie wünschen?«

Kunzew war ein mittelgroßer Mann mit der etwas gelblichen Gesichtsfarbe aller chronisch Magenkranken, bei denen auch die Leber angegriffen ist. Sein Haar war weiß, er ging etwas gebückt mit einem kyphosischen Rücken, der aber nicht so stark ausgebildet war, daß man ihn einen Buckel hätte nennen können. Als Kind war er rachitisch gewesen durch Mangelernährung, und so entstand im Alter eine Adoleszentenkyphose, ein leichter Scheuermann, wie man es auch nennt. Und dies trug natürlich zu seiner psychischen Mißstimmung bei.

»Ich komme aus Moskau. Sie sind Professor Kunzew?«

»Ja.«

»Ich soll Sie grüßen von Irena Karlowna.«

»Irena Karlowna? Kenne ich nicht. Aber, bitte, kommen Sie doch herein.«

Natalja betrat die kleine Wohnung... ein Wohnzimmer, ein Schlafzimmer, eine winzige Küche, eine Dusche im WC. Eingerichtet mit Möbeln aus den sechziger Jahren. Das Glanzstück war ein Sofa mit einem grünen Plüschbezug, Kunzews Lieblingsplatz. Und sogar ein Fernseher stand auf einer alten, geschnitzten Kommode, einem Erbstück von Kunzews Mutter.

Natalja empfand zum ersten Mal so etwas wie Mitleid, wenn sie daran dachte, diesen biederen Mann betören und gefügig machen zu müssen. Aber er war, wie Sybin ihr erklärt hatte, eine Schlüsselfigur im großen Atomspiel.

»Darf ich Ihnen etwas anbieten?« fragte Kunzew und blieb an der Küchentür stehen. »Ich habe keine große Auswahl. Ein Stück

Kuchen – von meiner Tochter gebacken – oder ein paar Kekse mit Zuckerglasur. Sehr süß ... kommt über die Grenze aus China. Dazu ein Glas Wein?«

»Ich heiße Natalja Petrowna Victorowa«, sagte sie. »Ein Glas Wasser genügt.«

»Aber nein, nein! Einen so charmanten Besuch habe ich noch nie gehabt. Ich sehe mal nach, was an Vorräten da ist.« Er verschwand in der kleinen Küche, man hörte Schranktüren auf- und zuklappen, irgend etwas klirrte, und dann rief Kunzew: »Ha! Ich habe noch ein halbes Hähnchen hier. Mögen Sie ein kaltes Hähnchen und Bier? Es ist ein Bauernhähnchen, keines aus der verdammten Massenzucht, diesem GULAG der Hühner.«

»Danke, Herr Professor, danke!« Natalja mußte lächeln. GULAG der Hühner, das hatte er schön gesagt. Es war zutreffend ... diese Legebatterien in ihren Drahtkäfigen, ein Huhn neben dem anderen, ohne sich bewegen zu können, hatten sogar sie aufgeregt, als sie Fotos davon gesehen hatte. »Ein Glas Wasser genügt wirklich.«

»Man soll nicht sagen, Kunzew ist ein Geizhals, der Gäste hungern läßt.« Er kam zurück mit einem halben Rosinenkuchen und einer geöffneten Flasche Wein, holte aus einem Schrank aus verblichenem Birkenholz Gläser, Teller und Löffel und stellte alles auf den Tisch. Natalja senkte den Blick. Was ist das, fragte sie sich, du schämst dich? Wirklich, du schämst dich? Du hast gar nicht gewußt in den letzten Jahren, was Scham ist. Professor Kunzew setzte sich ihr gegenüber auf sein geliebtes grünes Sofa.

»Natalja Petrowna«, sagte er, »es tut mir leid ... aber ich kenne keine Irena Karlowna ...«

»Aber sie läßt Sie grüßen.« Natalja kam sich schäbig vor, wie ein Miststück, wie eine Diebin, die Greise bestiehlt. »Sie kennt Sie aus ihrer Jugendzeit.«

»Jugendzeit? Das ist lange her. Da kann die Erinnerung verblassen. Sonst erinnere ich mich gut ... aber eine Irena Karlowna?«

»Sie waren mir ihr befreundet.«

»Befreundet?« Kunzew starrte Natalja hilflos an. Er konnte seine früheren Freundinnen an den zehn Fingern abzählen. Er war, auch als Student, nie ein Schürzenjäger gewesen. Er konnte von seinen Freundinnen noch alle Namen nennen, eine Irena war nicht dabei.

»Erinnern Sie sich, Herr Professor. Es war in Moskau.«

»In Moskau?«

»Ja.«

»Ich bin in meinem ganzen Leben noch nie in Moskau gewesen.«

»Dann muß Irena sich geirrt haben.«

»Hat sie bestimmt. Die westlichste Stadt, in der ich gewesen bin, war Swerdlowsk. Dort habe ich zwei Semester studiert. Ich war damals dreiundzwanzig Jahre alt.« Kunzew schnitt den Rosinenkuchen an und legte Natalja ein dickes Stück auf den Teller. »Hat diese Irena wirklich meinen Namen genannt?«

»Ja. Iwan Semjonowitsch Kunzew heißt er, sagte sie. Wäre ich sonst zu Ihnen gekommen? Woher sollte ich wohl Ihren Namen kennen?«

»Ein Rätsel. Wirklich ein Rätsel.« Kunzew schüttelte den Kopf. »Aber nun sind Sie hier, Natalja Petrowna, und mein Gast. Es ist auch für einen alten Mann wie mich angenehm, Sie anzusehen und sprechen zu hören.«

Und wieder kam sich Natalja, entgegen ihrer sonstigen Art, schäbig und verworfen vor. Doch ihr Ziel hatte sie bereits zur Hälfte erreicht: Kunzews Interesse für sie war geweckt. Was jetzt folgen würde, war Routine... sie würde die Scheue spielen, die später, in ein paar Tagen, verschämt und zögerlich seinem Altmännercharme erliegen würde. Das war der einzige Weg, Kunzews Vertrauen zu gewinnen.

Natalja blieb zwei Stunden bei Kunzew. Sie erzählte von Moskau, von der immer größer werdenden Not und Arbeitslosigkeit, von den Schwarzmärkten, auf denen sogar die Polizisten, die sie bekämpfen sollten, einkauften, von der zunehmenden Prostitution, mit der sich die jungen Mädchen ernährten und auch ihre Familien... so wie ich Vater und Mutter ernähre, dachte sie... und von der Angst von Millionen, daß die propagierte Freiheit der Menschen in Rußland zu einem Chaos führen würde.

»Auch ich sehe nur Dunkelheit in der Zukunft«, sagte Kunzew mit traurigen Augen. »Ich stehe – wie sagt man so treffend – auf der Abschußliste. Wie ein alter Wolf, der das Rudel belastet. Das Forschungsinstitut, an dem ich arbeite, wird verkleinert, und wen setzt man vor die Tür? Uns Alte. Was aus uns wird? Wen interessiert das? Ich habe fast dreißig Jahre für mein Vaterland gearbeitet und die höchsten wissenschaftlichen Auszeichnungen bekommen... und was bleibt? Eine Pension, die mich zwingt, von meiner Tochter abhängig zu werden. Kennt man in Rußland keine Dankbarkeit mehr?«

»Das klingt verbittert, Iwan Semjonowitsch.«
»Ich bin verbittert.«
»Und wie soll es weitergehen?«
»Wer weiß das? Neue Aufgaben? Wo? Ich bin ja nicht der einzige von uns Wissenschaftlern, den man in den Hintern tritt. Es sind Hunderte, ja Tausende von Experten, die auf den Bänken in den Parks herumsitzen.« Er blickte Natalja mit etwas wäßrigen Augen an, als weine er nach innen. »Ich habe mit vielen gesprochen. Sie haben Angebote bekommen... aus dem Iran, dem Irak, aus Syrien und Libyen, aus Korea und anderen asiatischen Staaten, sogar ein paar afrikanische Länder waren darunter. Und sie bieten Summen, von denen wir nicht einmal geträumt haben! Soviel hat in Rußland noch niemand verdient, außer der jetzt herrschenden Mafia! Sie ist die Krebsgeschwulst am russischen Körper! Aber soll ich mein Vaterland verraten? Soll ich in den Irak gehen? Ich kann so etwas nicht tun!«

Natalja atmete auf, wie aus einem Würgegriff befreit. Es wird nicht nötig sein, Kunzew im Bett Informationen zu entlocken, er wird aus purer Verzweiflung alles sagen, was Sybin wissen will. Und er haßt, wie alle Menschen, die Mafia... an diesem Haß kann ich ihn packen.

»Die Mafia«, sagte sie mit Abscheu in der Stimme. »Ich kenne ihre teuflischen Methoden! Meinen Onkel haben sie erschossen, weil er nicht mit ihnen arbeiten wollte. Er war Direktor eines Traktorenwerkes und hat sich geweigert, für sich und das ganze Werk Schutzgelder zu zahlen.«

Natürlich war das alles gelogen, aber Kunzew glaubte es ihr. Er verzog den Mund, als spüre er starke innere Schmerzen. »Es bricht alles zusammen«, sagte er dumpf.

»Und wie wollen Sie weiterleben, Professor?« Natalja beugte sich zu ihm vor. Ihre ein Stück weit offene Bluse zeigte den Ansatz ihres vollen Busens. Sie trug keinen BH, ihre Haut schimmerte wie Perlmutt. Kunzew sah es, aber sein Blick blieb nicht daran hängen. Seine Verbitterung war stärker als sein männlicher Instinkt.

»Ich habe einen Plan, aber über den spreche ich nicht. Mit Hilfe eines Partners werde ich ein Geschäft aufbauen.«

Jetzt sind wir dort, wo ich hin wollte, dachte Natalja. Jetzt nur nicht in die Tiefe fragen, das kann verdächtig wirken. Alles auf ein paar Tage verteilen, das ist klüger.

»Ich wünsche Ihnen bei Ihren Plänen viel Erfolg, Iwan Semjonowitsch.« Sie erhob sich zum Gehen, und Kunzew sprang von seinem grünen Sofa hoch.

»Sie wollen mich verlassen, Natalja Petrowna?« rief er enttäuscht. »Warum?«

»Es ist unhöflich, zu lange zu Besuch zu bleiben, habe ich von meinem Vater gelernt. Wir sitzen schon Stunden zusammen.«

»Und Sie haben noch nicht einmal Ihren Kuchen gegessen.«

»Vielleicht später.«

»Was heißt später?« Seine Augen glänzten plötzlich, als sei er noch mal zwanzig. »Sie kommen wieder?«

»Ich bleibe eine Woche in Semipalatinsk. Vielleicht...«

»Sie sind eingeladen, Natalja Petrowna! Morgen zum Abendessen?«

»Sie sollten Ihr Geld festhalten, Herr Professor.«

»Es kostet mich nichts. Meine Tochter Nina wird für uns kochen.«

»Ob es ihr recht ist?«

»Nina ist eine gute Tochter. Wenn sie ihrem Vater eine Freude machen kann, dann tut sie es. Und es ist für mich eine Freude, Sie als Gast bei mir zu sehen. Sie kommen, Natalja Petrowna?«

»Ja.«

»Ich werde Nina sagen, sie soll etwas ganz Besonderes kochen.«

Kunzew verabschiedete Natalja an der Tür, ging dann zurück zu seinem grünen Sofa und aß den Kuchen auf, den Natalja nicht angerührt hatte. Doch ja... eine kleine Ecke hatte sie abgebissen. Kunzew begann bei dieser Ecke, die ihre Lippen umschlossen hatten, und ihm kam der Kuchen heute besonders aromatisch und süß vor.

Kurz darauf betrat Nina Iwanowna die Wohnung. Sie warf ihren Mantel über einen Stuhl und sah ihren Vater fragend an.

»Ich habe von weitem eine Frau aus deinem Haus kommen sehen. War sie bei dir?«

»Ja.« Kunzew aß weiter.

»Ich rieche es... ein aufdringliches Parfüm! Was wollte sie bei dir?«

»Sie hat mir dubiose Grüße aus Moskau bestellt.«

»Grüße? Aus Moskau? Du bist doch nie in Moskau gewesen.«

»Eben deshalb sind sie dubios. Grüße von einer Frau, die Irena heißt. Keine Ahnung, wer das sein soll.«

»Ich mag sie nicht«, sagte Nina hart.

»Wen?« Kunzew hob erstaunt den Kopf. »Kennst du diese Irena, Töchterchen?«

»Was geht mich Irena an! Ich meine diese Frau...«

»Natalja Petrowna?«

»Heißt sie so? Noch mal... ich mag sie nicht. Sie ist an mir vorbeigegangen. Diese Kleidung, dieses geschminkte Gesicht, dieser Gang... sie kommt mir ordinär vor.«

»Moskau! Das ist Moskau, meine Liebe. In der Großstadt sind sie eben so. Was wissen wir davon? Wir leben hier wie in einem Schweigelager, wie Ausgestoßene in einer Leprakolonie. Die Auserwählten der Wissenschaft!«

»Papa, überwinde doch deine Enttäuschung. Das Leben geht weiter. Verhungern werden wir nicht. Millionen geht es schlechter als uns.«

»Welch ein Trost!« Kunzew schob den Kuchenteller von sich und trank sein Glas Wein leer. »Wie war's im Krankenhaus?«

»Wie immer.« Nina ging ins Bad, wusch sich die Hände und kämmte ihr braunes, kurzes Haar. Wenig war an ihr, was auf einen Mann hätte wirken können. Als sie sich in einem der alten Sessel ihrem Vater gegenüber niederließ, wirkte sie müde und älter, als sie war. »Konstantin Petrowitsch ist in der Stadt.«

»Was?! Er ist da? Nichts hat er mir mitgeteilt.«

»Der Herr Oberst war natürlich bei mir.« Ninas Stimme klang noch härter, fast männlich. »Er ist wie eine Raupe! Man kann ihn wegfegen, und er kriecht wieder hoch. Micharin begreift einfach nicht, daß er für mich ein Schleimfleck ist.«

»Nina! Redet so eine gebildete Person? Eine Ärztin?«

»Ich bin wütend, Papa!«

»Du wirst gleich noch wütender werden, Töchterchen. Wir haben morgen abend einen Gast.«

»Wen?«

»Natalja Petrowna.«

»Und ich soll für sie kochen?« rief Nina empört. Sie war aufgesprungen und schlug mit der Faust auf die Sessellehne. »Nein!«

»Du sollst kochen für mich, dich *und* Natalja... bitte.«

»Ich werde Ratten braten und sie mit Rattengift würzen!«

»Dann bist du auch mich los. Willst du das?«

»Ich verfeinere nur ihre Portion!«

»Nina, du kennst sie doch gar nicht. Sie kann so schön erzählen. Und stell dir vor – ein Onkel von ihr ist von der Moskauer Mafia ermordet worden.« Kunzew räusperte sich. »Nina, sei nicht so böse und hartherzig. Koch morgen etwas ganz Schönes.«

Es war der Ton in seiner Stimme und der Ausdruck in seinen Augen, die Nina ans Herz gingen, und sie gab nach. Ihre innere Bindung zu ihrem Vater war so stark, daß sie ihm alles verziehen hätte. Und daß sie Oberst Micharin in seinem Leben duldete, war ein Beweis dafür. Nun auch diese Natalja... Das geht vorüber, dachte sie. Ein Besuch, sie fährt bald zurück nach Moskau. Verbittern wir Väterchen nicht mehr, als er es schon ist. »Gut, ich brate drei Täubchen.«

»Mir kommt da eine gute Idee«, sagte Kunzew in Ninas Gedanken hinein. »Micharin ist hier. Laden wir ihn auch ein. Ob einer mehr am Tisch ist oder nicht...«

»Das nennst du eine gute Idee, Vater?!« Nina brauste wieder auf. »Eine ganz miserable Idee ist es! Gleich zwei Ekel, für die ich kochen soll!«

»Es wird ein sehr interessanter und lustiger Abend werden, Nina. Haben wir sonst viel Abwechslung? Wir versauern doch wie eingelegte Gurken.«

Wieder diese Stimme, diese traurigen Augen. Nina wandte sich ab und nickte.

»Gut«, sagte sie. »Schlucken wir auch das. Ruf Micharin an... er kann kommen.«

Natalja Petrowna hatte unverschämtes Glück.

Nachdem Oberst Micharin enttäuscht über die Ablehnung Ninas das Krankenhaus verlassen hatte, fuhr er in seinem erdfarbenen Dienstwagen kreuz und quer durch Semipalatinsk. Er mochte diese Stadt am äußersten Ende Rußlands, auch wenn es um sie herum nur Steppe und Einöde gab, unterbrochen von kleinen Dörfern, deren Bauern zwar ihr Schicksal beklagten, sich aber an die Erde krallten. Ausnahmen waren nur die Dörfer der Deutschstämmigen – schmucke Häuser mit schönen Schnitzereien, gepflegte Felder, der widerspenstigen Natur abgerungen, Farbtupfer in der unendlichen Weite des Landes und unter einem grenzenlosen Himmel. Vor allem aber die Frauen gefielen ihm. Die Kasachinnen besaßen den Zauber asiatischer Erotik, ihre schwarzen, schrägstehenden Augen empfand er wie eine ständige Verlockung, und wenn sie tanzten, war es, als seien ihre schlanken Körper leicht wie Federn.

Hier war Moskau weit, weit entfernt. Hier lebte man sein eigenes

Leben, zusammen mit der Natur, die den Zeitenlauf bestimmte. Deshalb auch war Micharin eine Respektsperson für jedermann, denn er verkörperte die kommunistische Macht, die sich die Mutter des sowjetischen Volkes nannte. Das war nun völlig anders geworden nach der Perestroika... Kasachstan wurde zu einem selbständigen Staat, eingebunden in die Gemeinschaft der GUS-Staaten. Moskaus Worte wurden zwar vernommen, aber immer häufiger kritisiert. Es gab nicht mehr den unbedingten Gehorsam... aber es gab eine Souveränität besonderer Art: Kasachstan war eine Atommacht. Hier lagen die geheimen Produktionsstätten, hier lagerten Uran und Plutonium, hier verbarg sich eine ungeahnte Vernichtungsmaschinerie vor den Augen der Welt.

Und in Kasachstan allein lag auch Micharins Zukunft, lagen Millionen von Dollars, wenn man sie geschickt aufzuheben verstand. Tonnen von waffenfähigem Plutonium 239 und Lithium 6 – ein Weltuntergangsszenario.

Micharin fuhr also durch die Straßen der Stadt, vorbei an dem schweigend geduldeten Schwarzmarkt, den Kirchen und der Moschee, in denen die Gläubigen zu ihrem Gott beteten und um Hilfe flehten. Als er an dem Hotel *Kasachstan* vorbeikam, sah er eine Frau, die ihn sofort faszinierte.

Er erkannte, daß sie nicht aus Semipalatinsk stammte. Diese Eleganz gab es hier nicht, und der Gang dieser Frau war so aufreizend, daß Micharin sich bezwingen mußte, nicht neben ihr anzuhalten. Aber er nahm das Gas weg, ließ den Wagen ausrollen und beobachtete im Rückspiegel, wie sie das Hotel betrat.

Micharin schnaufte kurz durch die Nase, fuhr rückwärts bis vor den Hoteleingang, stieg aus und betrat die Hotelhalle. Der Portier kratzte sich den Kopf, als er Micharin erkannte, und stand stramm. Den KGB sah niemand gern, schon gar nicht in einem Hotel.

Er wartete, bis Micharin an die Rezeption trat und sich auf die Theke stützte.

»Hier ist eben eine Dame ins Hotel gekommen. Eine fremde Dame«, sagte Micharin.

Der Portier nickte. »Bei uns wohnen nur Fremde. Aus der Stadt steigt doch keiner im Hotel ab, Oberst.«

So eine Antwort hätte er früher nicht gegeben, dachte Micharin zähneknirschend. Ich hätte ihn sofort mitgenommen.

»Wer ist sie? Sie wissen, wen ich meine?«

»Oberst, hier gehen viele aus und ein und...«

»Reden Sie nicht so dumm! Die Dame, die eben erst hereingekommen ist. Eine sehr schöne Dame!«

»Ach – die?«

»Ja – die!«

»Sie kommt aus Moskau.«

»Dachte ich mir. Wie heißt sie?«

Der Portier blätterte in dem Gästebuch. »Natalja Petrowna Victorowa.«

»Alter?«

»Dreiundzwanzig, Oberst.«

»Beruf?«

»Ist nicht eingetragen.«

»Seit wann wohnt sie hier?«

»Seit gestern, Oberst.«

»Zimmer?«

»Nummer vierundvierzig...« Der Portier sah Micharin neugierig an. »Hat sie was ausgefressen, Oberst?« Eine solche Frage hätte er früher auch nicht gestellt. Aber heutzutage... Kasachstan war ein eigener Staat.

»Erwarten Sie darauf eine Antwort?«

»Nein, Oberst.« Der Portier grinste unverhohlen. »Soll ich Sie auf Zimmer vierundvierzig anmelden, Oberst?«

»Reden Sie keinen Blödsinn!« antwortete Micharin unwirsch. Er legte ein Bündel Rubel auf die Theke. »Schicken Sie einen großen Rosenstrauß hinauf. Anonym. Nicht die geringste Andeutung, von wem die Blumen sind! Ich werde sonst für Ihre sofortige Entlassung sorgen.«

»Ich bin schweigsamer als ein Fisch, Oberst.« Der Portier schob das Geld in eine Schublade unter der Theke. »Auch eine Flasche Krimsekt?«

»Eine gute Idee. Tun Sie das.«

»Dann fehlen noch ein paar Rubelchen, Oberst.«

Micharin griff in die Tasche, holte noch einige Scheine heraus und warf sie dem Portier zu. »Der Rest gehört Ihnen. Sie betrügen mich sowieso.«

Der Portier schwieg und beobachtete grinsend, wie Micharin das Hotel verließ. Du Rotz am Ärmel, dachte er, immer noch der kleine König! Warte nur ab, bald jagen wir dich aus dem Land wie einen tollwütigen Fuchs. Es ist vorbei mit dem Kommandieren... wir werden demokratisch!

Er winkte einen kleinen Pagen heran und gab ihm den Auftrag, einen großen Strauß gelber Rosen zu besorgen. Eine Straße weiter in dem Blumengeschäft, gelbe Rosen, keine roten. Er hoffte, daß diese Natalja Petrowna aus Moskau keine gelben Rosen mochte. Sie sah eher nach roten Rosen aus...

Natalja hatte sich gerade für das Abendessen umgezogen, als der Page einen herrlichen Strauß gelber Rosen brachte und dazu noch einen Eiskübel, in dem eine Flasche Krimsekt stand. Verblüfft schüttelte sie den Kopf. »Das muß ein Irrtum sein«, sagte sie.

Der Page zuckte die Schultern. »Für Zimmer vierundvierzig, Gospodina.«

»Von wem?«

»Bitte fragen Sie den Portier Stephan Wladissiwitsch.«

»Danke.« Sie gab dem Pagen ein Trinkgeld. Einen amerikanischen Dollar, der den Jungen so verwirrte, daß er einen roten Kopf bekam und schnell aus dem Zimmer lief. Ein ganzer Dollar... und außerdem war Natalja nur leicht bekleidet gewesen, was einen sechzehnjährigen Pagen auch nicht kaltläßt.

Es war vorauszusehen, daß das Gespräch zwischen Natalja und dem Portier Stephan wenig Erfolg zeigte. Stephan blieb eisern, trotz der fünf Dollar, die Natalja über die Rezeptionstheke schob.

»Ich weiß es nicht«, beharrte er. »Es war ein Herr.«

»Natürlich war es ein Herr! Sie kennen ihn?«

»Wie soll ich jeden Herrn kennen?«

»Wie sah er aus? Hatte er weiße Haare?«

»Er trug eine braune Kappe.«

»Ging er etwas nach vorn gebeugt?« Natürlich dachte Natalja zuerst an Professor Kunzew.

»Das habe ich nicht beobachtet. Es standen noch drei andere Gäste vor der Rezeption. Ich hatte viel zu tun.«

Natalja sah ein, daß weiteres Ausfragen sinnlos war. Wenn Kunzew ihr einen Riesenstrauß gelber Rosen schickte, so hatte er unbewußt ihre Lieblingsfarbe getroffen.

»Wenn noch einmal ein Blumenstrauß abgegeben werden sollte«, sagte sie, »dann nehmen Sie ihn nicht an.«

»Das kann ich nicht.« Stephan Wladissiwitsch dachte an Oberst Micharin. Obwohl sich die Zeiten grundlegend geändert hatten, wäre Micharin in seinem Zorn fähig, ihn zu ohrfeigen. Und ihn dann verklagen? Verklage einer mal den KGB! Früher wäre es fast das eigene Todesurteil gewesen, heute war es immerhin noch mit großen Schwierigkeiten verbunden.

»Sagen Sie dem Herrn: Natalja Petrowna verzichtet auf die Blumen.«

»Eine solche Rede steht mir nicht zu!« rief Stephan verzweifelt. »Das können nur Sie selbst ihm sagen. Und das wird schwierig, denn der Herr möchte ja anonym bleiben.«

Natalja brach das Gespräch ab. Sie verließ das Hotel, winkte ein Taxi herbei und setzte sich neben den Fahrer. Der schnupperte in ihre Parfümwolke, warf einen Blick auf ihre langen Beine und seufzte leise.

»Wohin?« fragte er.

»Durch die Stadt, kreuz und quer. Ich will sie kennenlernen.«

»Hier gibt es keine großartigen Sehenswürdigkeiten. Die Universität, den Flugplatz, der Hafen am Irtysch, die Lederfabriken, die großen Fleischkombinate... das ist schon alles. Ja, und das kasachische Volksmuseum.«

»Fahren Sie los. Mich interessiert alles.«

Der Taxifahrer tat sein Bestes. Er kutschierte Natalja durch die Altstadt, die auf sie einen Eindruck machte, als sei sie in den Orient oder gar nach Asien verschlagen worden. Es gab hier noch die alten Volkstrachten, die vor allem von älteren Frauen getragen wurden, die Märkte boten Gemüse und Früchte aller Art an, jetzt, im Januar, in großen Treibhäusern gezogen, und viel Fleisch hing an den Haken – Semipalatinsk wurde das östlichste Fleischparadies genannt. Hunger schien man in dieser Stadt nicht zu kennen, so sah es jedenfalls auf den ersten Blick aus.

»Ihr habt hier genug Fleisch«, sagte sie. Der Fahrer stieß eine Art Pfiff aus.

»Es liegt da, ja... aber keiner kann es kaufen. Zu teuer! Viele kaufen das Abfallfleisch und kochen daraus eine Suppe oder braten es als Goulasch.«

»Die Stadt sieht aus, als sei sie reich.«

»Das war sie... bis die sogenannte Demokratie kam. Glasnost, was haben wir davon? Perestroika... das geht an uns vorbei. Die Armen werden ärmer, und die Reichen werden reicher. Es gibt keine starke Hand mehr, keine Faust, die auf den Tisch schlägt. Aber ein Russe braucht sie. Er muß wissen, was getan werden muß! Wer weiß das heute noch? Alles geht durcheinander. Dort die alten Kommunisten, die sabotieren, wo es was zu sabotieren gibt, und hier die Jelzin-Jünger, die nach der Hilfe aus Amerika, Deutschland und anderen Staaten schreien. Ist das noch unser Rußland? Und dann die Banden, die Verbrecher, die überall sitzen, auch in den höchsten Stellen. Das Volk ist unzufrieden... und Unzufriedenheit ist in Rußland gefährlich. Denken Sie an das Zarenreich.«

Sie waren am Hafen angekommen, dem wichtigsten Umschlagplatz von Kasachstan. Von hier aus schwammen die schweren Lastkähne den Irtysch hinauf in das riesige Sibirien, nach Omsk und Tobolsk und weiter bis an die Mündung in den Ob. Natalja betrachtete lustlos das vielfältige Treiben im Hafen.

»Fahren wir jetzt zu der Atomstadt«, sagte sie.

Der Mann überhörte es. »Es gibt hier in der Nähe einen verfallenen Kreml. Die Festung der ersten russischen Siedler. Es waren Kosaken...«

Natalja stieg wieder in den Wagen ein. »Ich möchte die Atomstadt sehen«, sagte sie wie ein trotziges Kind. »Sie liegt doch, wie man sich erzählt, zwischen hier und der Stadt Ost-Kamenogorsk.«

»Ich kenne keine Atomstadt...«

»Warum lügen Sie, Genosse?«

»Ich habe eine Frau und drei Kinder. Außerdem wohnen bei mir mein Großvater und die Mutter meiner Frau; für alle muß ich sorgen.«

»Was hat das mit den Atomwerken zu tun?«

»Ich kann es mir nicht leisten, tagelang eingesperrt zu werden. Sie etwa? Darum kenne ich keine Atomstadt.«

»Haben Sie schon einmal den Namen Professor Kunzew gehört?«

»Nein.«

»Iwan Semjonowitsch ist Abteilungsleiter im Atomwerk. Von ihm weiß ich, daß es ein großes Forschungsinstitut gibt.«

»Dann soll der Professor Sie hinführen, Genossin.«

Natalja griff in ihre Handtasche und holte einige Dollarnoten hervor. Der Taxifahrer schielte darauf und riß sich dann aber von dem verführerischen Anblick los. Er schüttelte erneut den Kopf.

»Diesen Ausflug kann man nicht bezahlen, Genossin. Es gab schon einige dumme Menschen, die in die Sperrzone eingedrungen sind. Die Wachen schossen sofort auf sie. Ein Toter, vier Schwerverletzte. Sollen meine drei Kinder Waisen werden?«

»Ich will ja gar nicht in die Sperrzone. Ich will nur von weitem...«

»Da sehen Sie gar nichts, Genossin. Absolut nichts. Am Himmel vielleicht weiße Rauchwolken aus den Schornsteinen, und was haben Sie davon?«

»Ich kann zu Hause in Moskau erzählen: Freunde, ich habe Rußlands großes Geheimnis gesehen! Das wird sie neidisch machen.« Natalja benahm sich kindisch, aber es war die letzte Möglichkeit, den Taxifahrer zu überreden.

»Ich fahre nur bis zu den Schildern ›Weiterfahrt verboten! Lebensgefahr!‹« sagte er zögernd. »Und wenn wir auf eine Patrouille der Armee treffen...«

»Sage ich dasselbe. Sie werden doch nicht eine neugierige Frau verhaften, die außerhalb der Sperrzone steht...«

»Alles ist möglich. Die Soldaten sind dort sehr empfindlich.«

Der Fahrer nahm die Dollarscheine, die Natalja noch immer in der Hand hielt, mit einem schnellen Griff an sich, ließ den Motor an und fuhr Richtung Südosten.

Eine halbe Stunde später hielten sie vor einem Stacheldrahtzaun. Er war über zwei Meter hoch und sperrte die Straße ab. Das große Warnschild leuchtete Natalja entgegen.

Sie stieg aus, ging bis zu dem Zaun und blickte über die Todeszone. In der Mitte eines Hügelgeländes erhob sich ein hölzerner Wachturm. »Die sehen uns jetzt«, sagte sie.

»Fahren wir zurück, Genossin.«

Der Taxifahrer wurde ungeduldig. Der Anblick des Wachturms drückte auf sein Herz. Er wollte nicht abwarten, bis eine Streife zu ihnen herkam und sie verhörte.

»Wo ist der Eingang zu dem Atomforschungsinstitut?« fragte Natalja.

»Im Westteil.«

»Können wir dorthin?«

»Ja... aber es nutzt Ihnen nichts. Es ist dort ebenso einsam wie hier. Nur eine breite Betonstraße, doppelt abgesperrt, und ein Wachhaus der Armee. Da kommt man nur mit einem Ausweis hinein, und dann muß man noch zwei Kilometer auf der Straße fahren, bis man die ersten Gebäude sieht.«

»Sie reden, als ob Sie schon dortgewesen sind.«

»Einmal. Durch Zufall. Ich habe am Flughafen gestanden, da kommt ein Funktionär auf mich zu, springt in mein Auto und schreit mich an: ›Los! Fahr mich zum Institut. Ich hab's eilig.‹ Und als ich antworte: ›Genosse, da darf ich nicht hin!‹, brüllt er mich an:

›Mit mir darfst du alles, du Schaf! Fahr los, oder ich spucke dir in den Nacken!‹ Das war noch zur Zeit von Breschnew. Und tatsächlich... wir kommen durch die Wache. Die salutiert sogar! Ich weiß bis heute nicht, wer der hohe Genosse gewesen ist. Aber was war schon zu sehen? Eine Menge ein- oder zweistöckiger Gebäude, herumlaufende Menschen in weißen Kitteln oder Schutzanzügen, ein paar große, runde Schornsteine... nichts Geheimnisvolles. Trotzdem war ich froh, als ich wieder jenseits der Sperre war. Gas geben, dachte ich mir. Drück auf das Pedal. Es war wie eine Flucht.«

Es war neun Uhr abends geworden, als Natalja den Speiseraum des Hotels betrat. Sie hatte Sybin vom Zimmer aus angerufen und ihm berichtet, was sie gesehen und gehört hatte.

»Die Einladung morgen abend bei Kunzew ist ein guter Anfang!« sagte er zufrieden. »Mach dem Alten den Kopf so heiß, daß er Feuer spuckt. Und bremse dich im Bett. Wir brauchen ihn dringend... beschere ihm keinen Herzinfarkt!«

»Ich weiß, was ich zu tun habe!«

»Das meine ich... sprich anständig mit ihm.«

»Ich werde ihn mit Versen von Puschkin unterhalten. Aber seine Tochter stört mich.«

»Du wirst sie ertragen können. Bemühe dich, ihre Freundin zu werden. Töchter haben oft einen großen Einfluß auf ihre Väter. Was machst du nach dem Essen? Heute abend, meine ich.«

»Weiß ich es jetzt schon? Ich lasse mich überraschen.«

Es war, als habe Natalja einen Blick in die nahe Zukunft getan. Im Speisesaal sah sie sich um und ging an einen kleinen Tisch, der an der Wand stand. Die Wand war mit einem gelben Seidenstoff bespannt, gemustert mit roten Vögeln. Es sah sehr chinesisch aus.

Drei Tische vor ihr saß ein Mann, der gerade seine Suppe gegessen hatte. Er putzte sich den Mund mit seiner Serviette ab und lächelte Natalja an. So beginnt ein Flirt. Der Mann war stämmig, hatte eisgraue Haare, trug einen diskreten mittelblauen Anzug und einen blau-rot-gestreiften Schlips. Seine kräftige Hand umspannte das Weinglas, hob es hoch in der deutlichen Absicht, Natalja zuzuprosten.

Natalja wandte den Kopf ab und blickte abweisend in eine andere Richtung. Du alter Hirsch, dachte sie. Willst du abgeschossen werden? Du hast ein gerötetes Gesicht, durch deine Wangen schimmern rote Äderchen – du bist schlaganfallgefährdet. Wie willst du eine Natalja aushalten?

Der Mann ließ sein Weinglas sinken, winkte dem Kellner, bezahlte und verließ das Lokal. Gut so, dachte sie, er gibt auf. Ein vernünftiger Mann.

Draußen in der Hotelhalle ließ er sich seinen Mantel bringen, und Stephan persönlich half ihm in die Ärmel.

»Sie ist da, Herr Oberst«, flüsterte er. »Vor zehn Minuten hat sie den Speisesaal betreten.«

Micharin knöpfte seinen Mantel zu. »Natürlich habe ich sie gesehen, Sie Schwachkopf. Morgen wieder Rosen auf Zimmer vierundvierzig.«

»Ich darf nicht, Herr Oberst.«

»Wer verbietet es?«

»Sie selbst. Sie war empört über die gelben Rosen.«

»Dann schick morgen rote Rosen!«

»Sie wird den Strauß aus dem Fenster werfen.«

»Soll sie! Aber sie hat ihn bekommen... darauf kommt es an.«

»Wie Sie wünschen, Genosse Oberst.«

»Es gibt keine Genossen mehr, Stephan. Wir sind jetzt Staatsbürger.«

Mit festem Schritt verließ Micharin das Hotel. Stephan blickte ihm nach, bis er hinter der Glastür verschwunden war.

»Idiot!« sagte er halblaut. »Auch du wirst eines Tages daran glauben und im Dunkeln verschwinden. Dann trinke ich zweihundert Gramm Wodka ganz allein!«

Es ist erstaunlich, daß Portiers oft mit hellseherischen Fähigkeiten ausgestattet sind.

Am nächsten Abend klingelte Natalja wieder an Kunzews Tür. Er schien schon darauf gewartet zu haben... die Tür wurde sofort geöffnet.

»Welche Freude, Sie zu sehen!« rief Kunzew. »Herein, Natalja Petrowna, herein! Riechen Sie, was meine Tochter Nina im Backofen hat? Täubchen! Schöne, große Täubchen. Und dazu einen fetten Rotkohl und Bratkartoffeln mit Zwiebeln und Pilzen. Eine Spezialität von ihr.«

Natalja betrat das Wohnzimmer und stand der Ärztin Nina Iwanowna gegenüber. Sie hatte eine bunte Schürze umgebunden, das Haar streng nach hinten zusammengefaßt, so gut das bei ihrem kurzen Schnitt möglich war, und in eine breite Spange aus Horn geklemmt. Sie musterte Natalja kurz, und in ihre Augen trat ein merkwürdiger Glanz, dann streckte sie ihre rechte Hand aus und umfaßte Nataljas schmale Finger.

»Seien Sie willkommen bei den Kunzews«, sagte sie. Ihre Stimme hatte einen dunklen, weichen Klang, der so gar nicht zu ihrem strengen Äußeren paßte. »Es freut mich, daß wir uns kennenlernen.«

Kunzew verstand die Welt nicht mehr. Er starrte seine Tochter entgeistert an, als sei ein Gespenst in seine Wohnung geflogen. Er hatte eine starke Ablehnung erwartet, eine kühle, distanzierte Begrüßung, bei der es ihn schauderte... und jetzt das?! Kenne sich einer bei den Weibern aus!

»Nehmen Sie Platz, Natalja Petrowna!« rief er, noch mehr erfreut als vorher, da er ein wenig Angst vor dem Abend gehabt hatte, das gab er zu. »Vorweg einen Kognak? Von der Krim. Das Beste, was ich hier bekommen konnte. Oder trinken Sie einen Mautai? Kennen Sie Mautai? Ein Schnaps aus China. Er feuert die Geister an. Wählen Sie...«

»Lassen wir es langsam angehen, Iwan Semjonowitsch. Der Abend ist noch lang.« Sie blickte Nina in die leuchtenden Augen, eigentlich das Schönste an ihr. »Sie haben sich soviel Mühe gemacht.«

»Für einen lieben Gast ist Mühe ein Vergnügen.«

Kunzew goß einen Kognak ein und brachte das Glas Natalja. »Lassen wir das Leben hochleben!«

»Sie trinken nichts?«

»Keine harten Sachen. Ein Bier, ein Weinchen – das ist erlaubt. Mein Magen ärgert mich seit Jahren. Übrigens – wir erwarten noch einen Gast. Einen lieben Gast.«

»Das ist deine Meinung, Vater.«

»Nina mag ihn nicht. Dabei ist er ein stattlicher Mann, Witwer obendrein, eine gute Partie. Ha! Da ist er schon.«

Die Klingel schrillte. Kunzew lief hinaus zur Tür. »Ich freue mich, dich zu sehen!« hörte man ihn rufen. »Drei Wochen warst du nicht mehr in der Stadt. Drei Wochen sind eine lange Zeit für einen Freund.«

Und dann trat der Gast ins Zimmer, blieb mit einem Ruck stehen und starrte Natalja an. Auch sie war einen Augenblick verblüfft, aber nur einen Wimpernschlag lang. Sie hatte sich gut unter Kontrolle und reagierte schnell.

»Sie?« fragte sie gedehnt.

»Und Sie!« Micharin brauchte etwas länger, bis er sich gefaßt hatte. »Ich beginne, an Wunder zu glauben, an eine Fee, die heimliche Wünsche erfüllt.« Micharin deutete eine stramme Verbeugung an, ganz Offizier, die Hacken zusammengeschlagen. »Mein Name ist Konstantin Petrowitsch Micharin.«

»Oberst des KGB!« ergänzte Nina. So kann man einen Menschen mit Worten anspucken.

Nun war es an Natalja, Haltung zu bewahren. Das also ist Oberst Micharin. Das ist Sybins Feind, den ich unschädlich machen soll. Und er wird mir gereicht wie auf einem Tablett. Wie in der Oper Salome ist es... man bringt mir den Kopf des Micharin. Ist das Schicksal nicht eine Kupplerin? Ich erreiche das Ziel, indem mir das Ziel entgegenläuft.

»Sie kennen sich?« fragte Kunzew erstaunt.

»Wir haben uns gestern beim Abendessen im Hotel gesehen. Wie darf ich Sie anreden?«

»Natalja Petrowna.«

»Wir haben sogar den gleichen Vatersnamen... welch ein schöner Zufall!« Micharin mobilisierte allen Charme, von dem er glaubte, keine Frau könne ihm widerstehen. »Geben Sie mir Ihre Hand. Ich will sie küssen.«

»Wir sind Kommunisten, Oberst, und keine dekadenten Franzosen.«

»Wir verkörpern ein neues Rußland... und Rußland liebte schon immer die französische Kultur. Jede angesehene Familie leistete sich einen französischen Hauslehrer.«

»Das war zur Zeit der Zaren.«

»Herrscht Jelzin nicht wie ein Zar?« Er begrüßte jetzt erst Nina Iwanowna, indem er ihr zunickte. Sie hatte einen starren Gesichtsausdruck bekommen, und in ihrem Blick lag Vernichtung. »Es riecht köstlich aus der Küche...«

»Täubchen, gefüllt mit Rosmarinblättern und zarter Leber«, sagte Kunzew. Er spürte die Peinlichkeit des Augenblicks. »Setzen wir uns doch, liebe Gäste. Konstantin, ich weiß, du trinkst gerne einen Mautai.«

»Ich trinke alles, was mein Blut belebt.« Micharin sah Natalja an und lächelte ihr zu. Und – Micharins Herz begann lauter zu klopfen – sie lächelte verhalten zurück. An diesen Abend wirst du noch lange denken... morgen früh bist du warmes Wachs in meinen Händen.

Es wurde ein gemütlicher Abend, so ganz nach dem Geschmack von Professor Kunzew: gutes Essen, vorzüglicher Wein, Harmonie am Tisch, ein fast jungenhafter Micharin, der Anekdoten aus seiner Jugend und aus dem KGB erzählte, über die sogar Nina lächeln mußte, und oft, sehr oft sah Kunzew zu Natalja hinüber und bewunderte sie im stillen. Dieses Gesicht mit den schrägen, schwarzen Augen und den hohen Wangenknochen, dieser Hals wie bei einem Schwan, diese Schultern und diese Brüste, die durch die dünne Bluse zu ahnen waren, der schlanke Körper und die langen Beine... Nicht nur bei den Blumen kann die Natur zaubern, auch bei den Menschen. Natalja war ein Sonnenkind für ihn.

Sichtlich traurig war er, als Natalja auf ihre Uhr blickte und sagte: »Oje, gleich Mitternacht. Professor Kunzew, so spät sollte es nicht werden.

»Es ist so gemütlich.« Kunzew sah Natalja bittend an. »Abschied ist wie ein Schnitt, der alles durchtrennt.«

»Auch ich muß leider dieses gastliche Haus verlassen«, ließ Micharin wissen. »Ich bin dienstlich hier und habe morgen noch viel zu tun.« Er schob seinen Stuhl zurück und stand auf. Dann ergriff er Nataljas Hand und zog sie hoch. Nina preßte fest die Lippen aufeinander. »Natalja Petrowna, darf ich Sie mit meinem Wagen zum Hotel zurückbringen?«

»Eine gute Idee.« Kunzew war voller Arglosigkeit. Micharin war sein Freund, und was wäre Freundschaft ohne Vertrauen? »Draußen regnet es. Wasser, wie aus Kübeln geschüttet. Ich bin dir sehr dankbar, Konstantin.«

Der Abschied war kurz. Micharin rannte zu seinem Wagen, um für Natalja die Tür zu öffnen, Kunzew suchte nach einem Schirm, und diesen Augenblick nutzte Nina, sich von Natalja zu verabschieden.

»Es war schön, dich kennenzulernen«, sagte sie leise. »Ich möchte, daß wir uns in den nächsten Tagen öfter sehen.« Und dann umarmte sie Natalja, drückte sie an sich und gab ihr einen Kuß. Aber es war kein gewöhnlicher Kuß... ihre Zunge spielte an Nataljas Lippen, schob sie auseinander, stieß in die Mundhöhle vor und zuckte über den Gaumen. Dabei stöhnte sie und rieb ihren Körper an Nataljas Hüften.

Wie versteinert ließ Natalja es über sich ergehen. Du lieber Himmel, dachte sie, sie ist lesbisch. Nina Iwanowna, die angesehene Ärztin, ist eine Lesbe. Verliebt hat sie sich in mich, vom ersten

Augenblick an, als sie mich sah. Und ich habe es nicht bemerkt. Wer denkt denn auch an so etwas?! Wie soll ich mich jetzt verhalten? Und plötzlich wußte sie, daß die Hure Schicksal sie erneut beschenkt hatte: Was Kunzew ihr nicht sagen würde, erfuhr sie von Nina. Sie brauchte nur lieb zu ihr zu sein. Aber kann ich das? Kann ich mit einer Frau im Bett liegen wie mit einem Mann? Kann ich mich Frauenhänden und Frauenlippen hingeben, die meinen Körper in Besitz nehmen? Kann ich einen Frauenkörper ertragen, der über mich kriecht wie eine heiße Schlange?

Sie befreite sich aus Ninas Umarmung und sagte kühl: »Ja, wir werden uns sehen. Wann du willst, wo du willst... und wie du willst.«

»Ich danke dir, Natalja Petrowna.« Nina zog sich zurück. Micharin kam angerannt. Das Wasser tropfte aus seinen Haaren.

»Wo bleiben Sie?« rief er. »Ich bin naß bis auf die Knochen.«

»Ich komme!«

Sie rannte los, warf sich in den Wagen und zog die Tür hinter sich zu. Sie sah noch, wie Kunzew mit einem Schirm an der Haustür erschien. Zu spät, Professor. Aber deine Abwesenheit hat mir einen neuen Weg eröffnet. Jetzt werde ich von drei Leuten das erfahren, was Sybin will. Er wird zufrieden sein.

Micharin fuhr langsam durch den strömenden Regen. Ab und zu blickte er Natalja an, aber er sprach kein Wort.

»Wohnen Sie auch im Hotel, Oberst Micharin?« fragte sie und legte wie zufällig ihre Hand auf seinen Schenkel.

Der Angriff hatte begonnen.

»Nein.« Micharin hielt den Wagen an. Er griff nach Nataljas Hand, hob sie hoch und küßte sie. »Ich habe eine Dienstwohnung.«

»Unter Bewachung?«

»Mich überwacht niemand.« Er umklammerte Nataljas Hand. »Jemand hat Ihnen Rosen geschenkt.«

»Das wissen Sie?«

»Ich weiß alles, was hier geschieht. Das besonders...«

Natalja atmete tief durch.

»*Sie* waren es, Oberst?!«

»Ja.«

Triumph! Triumph! Sie konnte sich die ganze Vorarbeit sparen. Natalja lehnte sich zurück. Ihr Rock rutschte hoch bis zu den Oberschenkeln.

»Warum, Oberst?« fragte sie. Die Überraschte spielte sie gut.

»Ich verehre Sie, Natalja Petrowna. Zum ersten Mal sah ich Sie auf der Straße, ich fuhr an Ihnen vorbei und hatte den verrückten Wunsch, auszusteigen und auf Sie zuzulaufen.«

»Und warum haben Sie es nicht getan?«

»Ich hatte nicht den Mut dazu.«

»Sie und keinen Mut. Gibt es das?«

»Dann trafen wir uns im Hotel beim Abendessen. Ich prostete Ihnen zu... Sie wandten sich brüsk ab.«

»Man kann mir nicht mit einem Glas Wein zuwinken. Zu dieser Sorte Frauen gehöre ich nicht. Ich lasse mich nicht durch Blicke erobern.«

»Auch nicht durch Rosensträuße! Was soll ich tun, Natalja Petrowna. Geben Sie mir einen Rat. Seien Sie gnädig...«

»Wenn Sie ein Mann mit einem starken Willen sind, werden Sie mich jetzt küssen.«

»Ein guter Rat!«

Micharin zog Natalja an sich und küßte sie. Es wurde ein wilder Kuß daraus, ein Umklammern, ein zitterndes Zueinanderdrängen. Und plötzlich saß Natalja auf Micharins Schoß.

»Ich möchte mit dir schlafen –« keuchte sie an seinem Ohr. »Sofort! Sofort! Bei diesem Regen sieht uns keiner.« Sie nestelte an seiner Hose, aber Micharin hielt ihre Hand fest.

»Nicht hier, nicht hier...«, seufzte er.

»Ins Hotel können wir nicht... alle werden uns sehen...« Sie suchte den Reißverschluß seiner Hose, zog ihn herunter. In ihrer tastenden Hand spürte sie seine Erregung, seine starke Männlichkeit. »Ich will mit dir schlafen!« schrie sie ihm ins Gesicht, und dabei dachte sie: Du bist wie alle Männer. Ich hasse dich! Nichts, nichts empfinde ich... meine Seele ist weit weg. »Zieh dich aus!«

»Nicht hier«, wiederholte Micharin. Es klang, als werde er gefoltert. »Fahren wir zu mir...«

Er ließ den Motor an, sie rasten durch den strömenden Regen, bogen auf eine Betonstraße ab – und Natalja stockte fast das Herz.

Ein großes Wachhaus, drei Schlagbäume, Stacheldraht rechts und links, Soldaten, die stramm standen und grüßten, ein riesiger Gebäudekomplex, von Halogenscheinwerfern taghell angestrahlt, klobige Schornsteine.

Natalja lehnte den Kopf an Micharins Schulter und küßte seinen Hals.

Danke, danke. Fast könnte ich dich jetzt lieben, Konstantin Petrowitsch Micharin.

Ich bin im Herzen des Geheimnisses von Rußland!

Ich habe alles, alles erreicht...

Der nächste Morgen war für Micharin eine doppelte Qual.

Zum einen hatte ihn die vergangene Nacht viel Kraft gekostet; in seinem ganzen, mit Frauen gesegneten Leben war ihm noch nie der Atem ausgegangen, wenn ein Vögelchen in seinen Armen gezwitschert hatte. Immer war es so gewesen, daß die Weibchen wie knochenlos auf dem Laken gelegen und zu ihm gesagt hatten: »Welch ein Bär du doch bist!«

Jetzt war es völlig anders. Nataljas Ekstase hatte ihn dermaßen mitgerissen, daß er erst gegen Morgen in einen Schlaf versank, der schon eher wie eine Betäubung war. Und als er geweckt wurde, weil Natalja wieder auf ihm lag, unersättlich und ohne ein Zeichen der Müdigkeit, war es für ihn wirklich anstrengend, hinterher aufzustehen. Sein Kopf glühte, die Muskeln in seinen Beinen zuckten, und er spürte sein Herz, als drücke es jemand zusammen. Im Badezimmer stand Natalja frisch und munter unter der Dusche und sang ein fröhliches Lied von dem Mönch Pimen, der heimlich zu den Weibern schlich.

Das andere, was ihm Sorge machte, war seine Pflichtvergessenheit. Daß er Natalja in das Forschungszentrum mitgenommen hatte, war ein Vergehen, das er nie hätte rechtfertigen können. Er hatte das Unmögliche wahr gemacht: Ein Fremder sah die geheimsten Anlagen der militärischen Atomforschung. Das lastete Micharin schwer auf der Seele, und es war auch keine Entschuldigung, daß ein Mann in bestimmten Situationen nicht mehr mit dem Gehirn denkt, sondern mit dem Unterleib.

Man muß es offiziell machen, flüchtete sich Micharin in die Lüge. Natalja stelle ich vor als eine Abgeordnete einer Kommission, die die Werke inspiziert. Eine hohe Genossin aus Moskau, eine bekannte Physikerin, eine Gelehrte. Nur so könnte er ihre Anwesenheit erklären, und man wird es glauben, denn ab und zu kamen wirklich Kommissionen, um dieses Musterwerk zu besichtigen. Und immer hatte Micharin sie begleitet.

Natalja sah in diesen Tagen mehr, als sie jemals erwartet hatte. Micharin und Professor Kunzew, der stolz war, ihr »sein« Forschungszentrum zu zeigen, führten sie herum. Sie sah die Labors und die Versuchsabteilungen hinter den wandhohen Glasscheiben, sie zog den Strahlenschutzanzug an und den luftdicht schließenden Helm mit dem breiten gläsernen Gesichtsfeld und betrat das Allerheiligste, den Atomreaktor, in dem aus den Uranbrennstäben das Plutonium gewonnen wurde, und Micharin und Kunzew übertrafen sich dabei, ihr alles zu erklären. Der Oberst war sogar so gesprächig, daß er Natalja ins Vertrauen zog... was kann eine Frau wie sie schon damit anfangen, eine Frau, die nur aus Sex besteht.

»Du wirst es nicht glauben«, sagte er voller Nationalstolz, »aber es ist wahr: Wir haben hier so viel Plutonium und Lithium gelagert, daß wir mit einem Schlag die ganze Welt in die Luft sprengen könnten. Und da kommt so ein Rindvieh wie Jelzin und will die Atomproduktion auf ein Mindestmaß zurücknehmen. Dabei sind wir bereits jetzt die stärkste Macht unter allen Staaten. Aber diese kriecherische Politik wird Folgen haben! Jelzin wird es noch spüren! Noch gibt es mutige Männer, die ihn wegjagen werden. Und dann soll die Welt zittern...«

In diesen Tagen erfuhr Natalja alles, was Sybin wissen wollte. Mit Kunzew schlief sie nicht, denn sie hatte Mitleid mit ihm. Wenn er, was alle befürchteten, entlassen werden sollte, wenn er sein Paradeinstitut abgeben mußte, stand der alte Mann vor dem Nichts. Daran zerbrach er bereits jetzt. Und an einem Nachmittag erzählte er Natalja auch von Micharins Plänen, mit Plutoniumschmuggel das ganz große Geld zu verdienen. Es war wie eine Beichte, und Natalja sagte zu ihm:

»Tu es, Iwan Semjonowitsch. Tu es. Nimm Rache an den Undankbaren. Hab keine Skrupel mehr, wo alles nur von der Korruption lebt. Wenn du Plutonium liefern kannst...«

»Ich kann!« Kunzew blickte Natalja mit traurigen Augen an. »Wohin bin ich gekommen! Aber ich will leben, leben, nur noch ein paar Jahre leben. Wenn ich in der Erde liege, kann man mich verfluchen, dann höre ich es nicht mehr.«

Natalja ging mit Micharin jede Nacht ins Bett. Er reagierte wie ein gut dressiertes Pferd und erzählte mehr, als er verantworten konnte. Einmal sagte er sogar:

»Ich liebe dich wirklich, Nadesha. Sollten wir nicht heiraten?«

Und sie hatte lachend geantwortet: »Kannst du dir mich als Ehefrau vorstellen? Du würdest es nicht überleben.«

»In ein paar Tagen fliegst du zurück nach Moskau. Wann sehe

ich dich wieder? Kommst du nach Tomsk? Oder soll ich nach Moskau kommen? Ich muß dich wiedersehen.«

»Die nächsten Wochen werden es zeigen, Oberst.« Sie nannte ihn immer noch Oberst, und Micharin hatte sich daran gewöhnt. Zu einem zärtlichen Kosenamen war Natalja nicht bereit. »Ich... ich hoffe, daß wir uns bald wiedersehen.«

Damit gab sich Micharin zufrieden.

Etwas anderes war die Sache mit Nina Iwanowna Kunzewa, der Ärztin. Nach jedem Besuch bei ihrem Vater drückte sie Natalja an sich, streichelte sie verstohlen, rieb sich an ihr, schob ein Bein zwischen ihre Schenkel und streichelte die Wölbung ihres Gesäßes. Natalja ließ sie gewähren.

An einem Nachmittag stand Nina plötzlich in Nataljas Zimmer im Hotel und stürzte auf sie zu, als sei sie ein angreifendes Raubtier. Sie bedeckte mit wilden Küssen Nataljas Gesicht, Hals und Schultern, zog ihr die Bluse aus und vergrub ihr Gesicht zwischen den großen, nach Rosenwasser duftenden Brüsten. Dann zog sich Nina mit zitternden Händen aus und warf sich nackt auf das Bett. Sie hatte einen schöneren Körper, als Natalja vermutet hatte.

»Komm...«, keuchte Nina. »Ich schreie mir sonst die Seele aus dem Leib...«

Zum ersten Mal gab sich Natalja einer Frau hin. Auch jetzt empfand sie nichts, während Nina in Ekstase zuckte, bebte, sich aufbäumte und im Bett herumwarf. Sie blieb kühl, ließ alles über sich ergehen und wunderte sich nur, daß sie sich nicht ekelte. Dann war auch das vorbei, Nina rauchte eine Zigarette und trank eine ganze Flasche Mineralwasser.

Von da an kam Nina jeden Nachmittag ins Hotel und schrie ihre Lust hinaus. Und dann erzählte sie, erzählte und erzählte, und Natalja erfuhr alles, was sie noch nicht wußte. So nackt, wie Nina neben ihr lag, so enthüllt waren alle Pläne von Kunzew und Micharin. Nataljas Auftrag war beendet.

An einem frühen Morgen flog Natalja zurück nach Moskau. Umsteigen in Alma Ata, der Hauptstadt von Kasachstan. Alle drei – Kunzew, Micharin und Nina – standen auf dem Flugplatz und winkten Natalja zum Abschied zu. Sie winkte zurück, bevor sie den Flieger bestieg. Adieu! *Wir* sehen uns nicht wieder. Was jetzt kommt, ist allein Sybins Sache. Es waren schöne Tage in Semipalatinsk. Ich habe gelernt, wie Lesben lieben können. Das andere, das mit Micharin... Routine.

In Moskau holte Sybin Natalja am Flughafen ab. Er küßte sie dreimal auf die Wangen, sagte zärtlich: »Endlich bist du wieder da, Schweinchen!«, und dann stiegen sie in Sybins Wagen. Es war ein Jaguar, zwölf Zylinder, schwarzmetallic, hellgraue Lederpolster; vor den Rücksitzen ein eingebauter Fernseher und eine aufklappbare Bar.

»Neu!« sagte Natalja und streichelte das Lederpolster.

»Vor drei Tagen angekommen.« Sybin grinste sie stolz an. »Die Geschäfte gehen gut. Was will man mehr?«

Geschäfte... das waren Schutzgelderpressung und Menschenhandel. Junge hübsche Mädchen, die in den Westen geschickt wurden, um die Bordelle zu beleben. Man hatte ihnen gesagt, daß sie als Kindermädchen, Hausgehilfinnen und Krankenschwestern gebraucht würden. Von ihrer Zukunft als Huren hatten sie keine Ahnung.

In Sybins Stadtwohnung – er besaß auch eine Datscha in den Wäldern südlich der berühmten Klosteranlagen von Sagorsk – servierte er Natalja zur Begrüßung eine Flasche Roederer Brut Cristal, ihr Lieblingsgetränk.

»Bist du müde?« fragte er.

»Nein. Ich habe während des Fluges geschlafen.«

»Dann erzähle...«

Natalja nahm einen großen Schluck und öffnete vier Knöpfe ihres Kleides. Es war warm in Moskau. Ein sonniger Maitag, wie damals, als Sybin sie auf der Bank am Moskwa-Ufer ansprach. Zwei Jahre war das nun her...

»Ich weiß alles«, sagte sie.

»Was heißt alles?«

»Sämtliche Pläne von Micharin. Professor Kunzew ist zu allem bereit. Und wenn Micharin will, kann er schon morgen liefern. Plutonium 239, Lithium 6, Uran 235... alles, was verlangt wird. Jede Menge, es liegt alles herum. Nur eines hindert ihn, sofort anzufangen.«

»Er hat noch keine Abnehmer...«

»Du sagst es, Igor Germanowitsch. Aber er tastet sich vor. Nach Libyen, in den Irak, nach Schwarzafrika, nach Mittelamerika. Auch Rebellengruppen könnten Interesse zeigen.«

»Genau unsere Kundschaft!«

»Aber Micharin ist noch nicht soweit.«

»Das heißt: Wir müssen sofort handeln, ehe er einen festen

Kontakt hat.« Sybin versank eine Weile in tiefes Brüten. Stumm trank er zwei Gläser Champagner, spielte mit seinen Ringen und hatte die Augen halb geschlossen. »Es gibt eine Möglichkeit«, sagte er endlich, »ich werde unsere Freunde in Tomsk auf Micharin aufmerksam machen.«

Natalja wußte, was dieser Satz bedeutete. Sie stellte das Sektglas zurück auf den Tisch.

»Laß Micharin leben... bitte.«

»Mit Gefühlen kann man unser Geschäft nicht führen.«

»Ich habe keine Gefühle.«

»Das weiß ich doch, Schweinchen.« Sybin prostete ihr zu, ein satanischer Charmeur. »Ich werde Dr. Sendlinger benachrichtigen. Es kann losgehen. Ich werde jetzt nach Semipalatinsk fliegen und mit Professor Kunzew sprechen.«

»Wichtig ist auch seine Tochter Nina.«

»Er hat eine Tochter? Kein Problem.«

Natalja verzog spöttisch die Lippen. Sybin und Nina im Bett... eher fallen die Sterne vom Himmel.

»Wenn du das schaffst, bist du ein Zauberer, Igor Germanowitsch...«

Und dann erzählte Natalja alles, was sie in diesen Tagen erlebt hatte.

Sie verschwieg nichts. Sybin war ein Mensch, der alles in sich aufnahm wie ein Müllschlucker.

Ende Mai fanden Fischer, die mit ihrem Kahn ihre Netze im Ob hinter sich herzogen, am Ufer eine Gestalt. Sie tuckerten hin und sahen, daß es ein Oberst in seiner Uniform war, auf dem Rücken liegend, als ob er schliefe.

»Hallo!« riefen die Fischer zu ihm hinüber. »Hallo!«

Aber der Oberst rührte sich nicht. Die Fischer wurden nachdenklich, legten am Ufer an und betrachteten den Schlafenden.

»Total besoffen!« sagte der eine Fischer.

»Aber wie kommt er hierher? Und er schläft am Ufer?«

»Weiß ich es?« Der Fischer zeigte hinauf zur Uferstraße. »Dort steht sein Wagen. Er hat's bis hierher geschafft, wollte pinkeln, ist umgefallen und eingeschlafen. So wird's gewesen sein.«

Der zweite Fischer bückte sich über den Offizier und starrte in aufgerissene, leblose Augen. Mit zwei Schritten wich er zurück.

»Gennadi, er ist tot! Verdammt, er ist tot! Toter kann man nicht sein.«

»Er hat sich aus dem Leben gesoffen...« Gennadi kratzte sich den Kopf. »Rufen wir die Miliz... wir können jetzt nicht einfach weglaufen.«

Im Gerichtsmedizinischen Institut der Universität von Tomsk obduzierte man den bekannten Oberst Micharin besonders gründlich. Keine Verletzungen, keine Gewaltanwendung, keine Anzeichen äußerer Einwirkung. Nur das Herz war nicht in Ordnung, einige Kranzarterien waren verkalkt. Das mußte die Ursache des schnellen Todes gewesen sein, auch wenn ein Herz nach einem Infarkt anders aussieht.

Keiner der Pathologen kam auf die Idee, Micharins Blut zu untersuchen. So blieb es ein Geheimnis, daß ihn zwei Männer festgehalten und ihm ein dritter eine Giftspritze gegeben hatte. Sie wirkte innerhalb von drei Minuten. Die Mörder brachten daraufhin den Toten mit seinem eigenen Wagen zum Ob und legten ihn am Ufer nieder.

Oberst Micharin wurde mit allen militärischen Ehren zu Grabe getragen. Auf seinem letzten Gang begleiteten ihn nur Offiziere... es war niemand im Trauerzug, der um ihn weinte. Nur sein Hund Prawda saß später am Grab und wartete, daß sein Herrchen wieder herauskäme.

Aus Moskau rief Sybin Dr. Sendlinger an und sagte vergnügt: »Es geht los, Doktor. Verständigen Sie unsere Kunden. Wir können liefern.«

Am nächsten Morgen flog er nach Semipalatinsk.

Die Einkaufsreise

Er war zufrieden mit seinem Versteck.

Das ziemlich große Zimmer lag im achten Stockwerk eines modernen Hauses, in dem sich mehrere Arztpraxen, eine Immobilienfirma, zwei Steuerberater, eine Arzneimittel-Großhandlung und drei Rechtanwälte niedergelassen hatten. BKA-Oberrat Wallner hatte Freddy Brockler in der Kanzlei von Dr. Fritz Boehmer untergebracht, eine bisher einmalige Entscheidung, die der Präsident des BKA eigenhändig absegnen und verantworten mußte. Wallner hatte ihm vorgetragen, daß bei der Brisanz des Falles und der möglichen Bedrohung durch die Unterwelt – siehe Londricky – ein privates Versteck einer amtlichen Verwahrung vorzuziehen sei. Auf keinen Fall sollte man ein Risiko eingehen... die Informationen, die Brockler angedeutet hatte, waren von größtem Wert und konnten in das Dunkel, in dem die Nukleargeschäfte bisher abgewickelt wurden, vielleicht etwas Licht bringen.

So wurde ein Besprechungsraum der Kanzlei Boehmer in aller Eile in einen Wohnraum umfunktioniert; man stellte eine Schlafcouch hinein, zwei Sessel und einen Couchtisch, und da das WC mit Waschbecken gleich nebenan lag, brauchte man nur diesen hinteren Teil des Büros abzuschließen, um Brockler an der Flucht zu hindern.

Aber Freddy dachte gar nicht an Flucht. Wohin denn flüchten, fragte er sich immer wieder. Untertauchen... wo denn? Für ihn waren die deutschen Grenzen geschlossen, und einen falschen Paß zu besorgen, war für ihn nicht machbar, denn er hatte keinerlei Verbindung zu den Kreisen, die solche Fälschungen herstellten oder verkauften. Er war wirklich ein bisher unbescholtener Fernfahrer, ehrlich – bis auf einige Fälschungen am Fahrtenschreiber seines Lkw, wenn er länger als acht Stunden hinter dem Steuer gesessen hatte, aber das taten viele Fahrer –, und er hatte auch die Absicht gehabt, unbescholten zu bleiben, bis in Moskau die Verlockung in Gestalt eines Majors Pujaschew an ihn herangetreten war. Ein Tag, den er heute verfluchte und am liebsten vergessen würde. Deshalb war er auch bereit, das auszupacken, was er wußte, und das war herzlich wenig.

Am nächsten Morgen erschien Wallner bei ihm im Versteck. Er brachte Kommissar Berger und einen Protokollführer mit, der die Aussagen auf ein Tonband aufnehmen sollte.

Brockler hatte schlecht geschlafen und viel an seine Braut Elfriede denken müssen, die nun allein im Bett lag und nicht wußte, was eigentlich geschehen war. Zehn Minuten nachdem Freddy sie fluchtartig verlassen hatte, waren zwei Kripobeamte in die Wohnung gestürmt und hatten sie quasi auseinandergenommen. Auf Elfriedes Frage, was denn los sei, erhielt sie die barsche Antwort: »Anziehen! Sie kommen mit!« Und dann hatte man sie die ganze Nacht verhört und immer wieder gefragt: »Was wissen Sie von Plutonium?« Und sie hatte in Unkenntnis und naiv geantwortet: »Was ist Plutonium? Ist das ein neues Waschmittel?« Die Polizei hielt diese Antwort für eine provozierende Frechheit. Man nahm Elfriede in Gewahrsam als mögliche »Mitwisserin«.

Das wußte Brockler natürlich nicht, als er während der Nacht an Elfriede dachte. Um neun Uhr morgens erschien Dr. Boehmer selbst im Zimmer und brachte ihm eine Kanne Kaffee und zwei frische, belegte Brötchen, eines mit Schinken und eines mit Edamer Käse. Brockler hatte sich nebenan im WC gewaschen und hockte mißmutig und unausgeschlafen auf der Bettcouch.

Dr. Boehmer setzte sich ihm gegenüber in einen der Sessel und schob ihm eine Schachtel Zigaretten über den Tisch zu. Brockler zog es vor, zuerst eine Tasse Kaffee zu trinken.

»Mein Freund Wallner hat mir gesagt, daß Sie Nuklearmaterial schmuggeln«, begann Dr. Boehmer das Gespräch.

»Das stimmt so nicht ganz.« Brockler griff nach dem Schinkenbrötchen. Es war herrlich frisch und krachte zwischen den Zähnen, als er hineinbiß. »Ich habe das zum ersten Mal getan. Einmal und nie wieder.«

»Dazu werden Sie in den nächsten Jahren auch keine Gelegenheit haben. Was haben Sie sich dabei gedacht?«

»Nichts.«

»Sie haben nicht gedacht, daß Sie damit Tausenden Menschen den Tod bringen können? Daß Sie viele Menschen radioaktiv verstrahlen oder – wenn sie das Plutoniumpulver einatmen – elend an Krebs sterben lassen? So dumm sind Sie doch nicht.«

»Ich habe vor Moskau nicht gewußt, was Plutonium ist.«

»Lesen Sie keine Zeitungen?«

»Doch. Aber zuerst den Sportteil und dann ab und zu vorne, was die da in Bonn für 'ne Politik machen. Dann ärgere ich mich darüber, was die mit unseren Steuerngeldern alles machen. Da fliegen Bundestagsabgeordnete zwei Wochen lang nach Bali, um Bewässerungsanlagen zu studieren. Ja, sind wir denn in Bali?! Es kann auch Arabien gewesen sein... auf jeden Fall waren sie auf Tour... und wir Steuerzahler blechen dafür.«

In diesem Moment betraten Oberrat Wallner, Kommissar Berger und der Protokollführer das Zimmer. Wallner begrüßte Brockler mit Handschlag und brachte ihm sogar ein Stück Kuchen mit, ein wie eine Acht aussehendes Gebäck, in dessen zwei Vertiefungen Vanillepudding eingebacken war. In seiner Jugend hatte Brockler davon fünf Stück essen können.

Dr. Boehmer verließ das Zimmer, der Protokollführer baute sein Tonbandgerät auf.

»Frühstücken Sie in aller Ruhe zu Ende, Herr Brockler«, sagte Wallner freundlich. Seine alte Taktik, Vertrauen und Sympathie zu erwecken. »Wie war die Nacht?«

»Das können Sie sich denken, Herr Oberrat.«

»Fremdes Bett, eingeschlossen...«

»Das war es nicht.« Brockler trank seine Tasse Kaffee aus. »Ich habe mir Vorwürfe gemacht. Ich war ein Rindvieh...«

»Das ist weit untertrieben.«

»Ich weiß. Für Sie bin ich ein Schwerbrecher.«

»So hoch möchte ich Sie nun doch nicht einstufen. Ich nehme an, Sie sind in die ganze Sache hineingeschliddert.«

»Genau.«

»Das sagen sie alle«, warf Kommissar Berger ein. Ein mißbilligender Blick von Wallner traf ihn. Aber Brockler setzte sich ruckartig auf.

»Nun, wir haben etwas Erfahrung mit Atomschmugglern.«

»Aber davon habe ich noch nie etwas gehört oder gelesen.«

»Es ist eine Art von Kriminalität, die wir in der Öffentlichkeit sehr diskret behandeln. Bisherige Verfahren fanden hinter verschlossenen Türen statt.« Wallner lehnte sich zurück und nickte; das war das Zeichen für den Protokollführer, das Tonband laufen zu lassen. »Sie wollten mir etwas von einem KGB-Major Pujaschew, einem Professor Poltschow und über das Atomwerk Tomsk erzählen.«

»Das haben Sie aber gut behalten, Herr Oberrat.«
»Ein Tonband lief mit.« Wallner grinste Brockler an.
»Dürfen Sie das überhaupt, ohne mich vorher zu fragen?«
»In außergewöhnlichen Fällen wie Ihrem setze ich alle Mittel ein. Da hört für mich das Grundgesetz ›Die Würde des Menschen ist unantastbar‹ auf! Jetzt sehen Sie ja das Tonband als Protokollhilfe. Also – wie war das in Rußland?«

Brockler holte tief Luft. Wenn er jetzt an die Tage in Moskau dachte, durchzog ein Prickeln seinen Körper, als habe sein Blut Kohlensäure aufgesogen.

»Ich hatte den Auftrag, Porzellan abzuholen, von der staatlichen Manufaktur in Moskau. Nachbildungen des Zarenporzellans. Das habe ich dreimal geholt, den Weg kannte ich also gut. Auch den russischen Versandleiter. Ein netter Mann, hat vier Kinder und ...«

»Unwichtig!« Wallner winkte ab. »Was geschah in Moskau?«
»Ich muß beobachtet worden sein.«
»Wie kommen Sie auf den Verdacht?«
»Ich wohnte wie immer im Hotel *Kosmos* auf dem Prospekt Mira, ein Riesenkasten mit tausendsiebenhundertsechzig Zimmern. Und eine Hotelhalle ... da kann man sich verirren! Und da sprach mich in der Bar ein Mann an. Er konnte gut deutsch und sah sehr gepflegt aus. Ich meine, er hatte einen guten Anzug an und war glatt rasiert und trug ein weißes Hemd mit einer modernen Krawatte.«

»Professor Poltschow...«, warf Wallner ein.
»Nein, ein Witali Igorowitsch Pujaschew...«
»Der KGB-Major?«
»Ja. Aber das wußte ich damals noch nicht. Woher auch? Er setzte sich neben mich an den Tresen, fragte, woher ich käme, wie ich hieße, ob ich verheiratet sei und so weiter. Erst hinterher wurde mir klar, daß das ein raffiniertes Verhör gewesen war. Und dann sagte er: ›Wieviel verdienen Sie, lieber Freund?‹ Und ich antwortete: ›Das kommt drauf an, wie lange ich auf Achse bin. Bei langen Transporten verdiene ich ganz gut. Komme so auf die vier- bis fünftausend im Monat.‹ Und da fragt dieser Pujaschew: ›Wollen Sie mal fünfzigtausend verdienen?‹ Ich bin fast vom Hocker gefallen!«

»Fünfzigtausend möchte ich auch mal auf einen Schlag verdienen!« sagte Wallner sarkastisch. »Dafür muß ein deutscher Beamter lange arbeiten. Und weiter?«

»Ich sage: ›Herr Pujaschew, da ist doch was faul, gegen das

Gesetz!‹ Und er antwortet: ›Es ist nur ein kleiner Handel, nichts Aufregendes. Natürlich ist er illegal, aber seien Sie ehrlich, lieber Freund, wo kann man heute noch legal das große Geschäft machen? Überall Korruption, Bestechung, Betrug – das ist schon fast die Grundlage, um reich zu werden.‹ Irgendwie hat er recht, habe ich da gedacht. Wenn ich darüber nachdenke, was gerade in unserem Beruf als Fernfahrer alles möglich ist... da holst du Marmorplatten aus Carrara ab, und hinter den Platten stehen die Kisten mit den Antiquitäten. Keiner an der Grenze wird sagen: Räum die Platten weg, und einen Kran dafür holen. Und das ist noch harmlos, wenn man weiß, wie die Dinge laufen, etwa mit ›Frischfleisch‹... aber das gehört nicht hierher.« Brockler sah Wallner mit einem beschwörenden Blick an. »Das war nur so 'ne Bemerkung, Herr Oberrat.«

»Es ist ja auch nicht mein Gebiet.« Wallner lächelte breit. Brockler gefiel ihm. Ein sympathischer Bursche, aber nun steckte er leider tief drin in einem Verbrechen, das man nicht ernst genug nehmen konnte. »Sie haben also in Moskau zugesagt?«

»Nicht sofort. Ich hatte zwei Tage Aufenthalt und habe zu dem Herrn Pujaschew gesagt: ›Ich überleg mir das. Was ist es denn?‹ Und der Mann antwortet: ›Sie sollen nur ein kleines Kästchen mitnehmen... in einer der hinteren Porzellankisten!‹ Hoj, da wußte ich plötzlich, daß das kein zufälliges Zusammentreffen war, sondern daß man mich beobachtet hatte. Die sind ganz gezielt auf mich losgegangen. ›Was für 'n Kasten?‹ habe ich gefragt. ›Etwa Waffen? Ohne mich!‹ Antwort: ›Für Waffen braucht man Kisten. Das hier ist ein kleiner Kasten aus Metall mit einem Bleimantel. Darin sind zwanzig Gramm, mehr nicht. Für diese Probe bekommen Sie zweitausend Mark Transportgeld. Wenn Sie wieder nach Moskau kommen und dann ein Kilo mitnehmen, sind Ihnen die fünfzigtausend Mark sicher! So einfach kann man Geld verdienen.‹«

»Hat es da bei Ihnen nicht geklingelt, Brockler?«

»Nein. Aber ich habe natürlich gefragt, was das für zwanzig Gramm sind. Und der Pujaschew antwortete: ›Das ist wissenschaftliches Material aus einem russischen Labor, das nicht in fremde Hände fallen darf und dessen Export verboten ist. Deshalb der illegale Transport. Seit Gorbatschow hat sich in Rußland vieles geändert. Wir werden Wissenschaft verkaufen, und Sie transportieren sie. Das ist alles.‹ Das war auch wieder etwas, was wahr ist. Jedesmal, wenn ich nach Rußland komme, muß ich staunen. Diese

Luxuswagen vor den Hotels und Restaurants... immer mehr werden es. Da wachsen die Millionäre wie Pilze aus dem Boden. Und mir ist klar: Das sind meistens Halunken! Die stoßen sich jetzt gesund wie unsere Wessis bei den Ossis. Und dann habe ich mir gedacht: Du willst die Elfriede heiraten, du willst 'ne schöne Wohnung haben – da sind fünfzigtausend Mark gerade der richtige Anfang. Keiner weiß davon, keiner wird dich kontrollieren an der Grenze, wenn auf den Papieren steht: Porzellan... da haste einmal im Leben *die* Chance. So denkt doch jeder, Herr Oberrat.«

»Nicht alle, zum Beispiel ich nicht.«

»Von Berufs wegen, Herr Oberrat.« Brockler blickte Wallner treuherzig an. »Aber im Inneren, da wo's keiner sieht und hört, da denken doch alle: Verdammt, einen Haufen Geld verdienen ohne Arbeit – da muß man zugreifen.«

»Wer so denkt, kalkuliert nicht das Risiko ein. Ihre erhofften fünfzigtausend Mark bringen Ihnen jetzt bestimmt drei Jahre Knast ein. Das ist doch ein schlechtes Geschäft.«

»Daran denkt man vorher nicht.«

»Also weiter... dieser Pujaschew übergibt Ihnen also den Kasten mit dem Plutonium...« Wallner wartete, bis sich Brockler eine Zigarette angezündet und den ersten Zug gemacht hatte. »Wo war das?«

»Nein, so schnell lief das nicht ab. Erst zwei Tage später kam Pujaschew wieder ins Hotel *Kosmos* und brachte einen kleinen, dicken Mann mit. Er trug eine Goldbrille, und ich sagte mir: Das ist etwas Höheres, wer sonst kann sich Goldbrillen leisten?! Pujaschew stellte ihn mir vor: Professor Poltschow. Da wußte ich aber schon, wer Pujaschew war. Der Barmixer hatte es mir erzählt. ›Was haben Sie mit dem Major zu tun?‹ hatte er mich gefragt. ›Passen Sie auf, mein Herr... der ist Major des KGB. Es ist zwar alles anders geworden bei uns, man kann jetzt vieles sagen, was früher sofort in die Keller des KGB führte, aber mit Leuten wie Pujaschew möchten wir trotzdem nichts zu tun haben.‹ Ich war also vorsichtig geworden. KGB... was haben die mit einem illegalen Handel zu tun? Was haben die mit mir vor?«

»Da hätten Sie aussteigen müssen«, unterbrach Wallner. »Bei diesen Überlegungen...«

»Fünfzigtausend Mark, Herr Oberrat!« Brockler grinste verlegen. »Die waren stärker als alles andere.« Er holte tief Luft und sog an seiner Zigarette. »Dieser Professor Poltschow sagte, er sei Atomwissenschaftler in einem Forschungsinstitut in Moskau. Er brachte einen kleinen Koffer mit, in dem der Stahlkasten lag. Ein schweres Ding... aber das wissen Sie ja. ›Passen Sie auf, daß das Gefäß nicht geöffnet wird‹, sagte der Professor zu mir. ›Es enthält eine sehr giftige Substanz. Und bloß keinen Unfall auf der Straße... wenn der Kasten beschädigt wird... die Folgen sind nicht abzusehen.‹«

»Und da haben Sie immer noch mitgemacht?«

»Fünfzigtausend Mark, Herr Oberrat...« Brockler wischte sich über die Augen, im nachhinein gab er zu, daß Geldgier seinen Verstand vernebelt hatte. »Ich ging auf Nummer Sicher. Im Beisein des Majors verstaute ich den verdammten Kasten in einer der hinteren Porzellankisten, schön weich gelagert in Holzwolle. Da konnte nichts passieren, selbst wenn der Laster umkippen würde bei einem Unfall. Tja, und dann bin ich los. In Köln haben Sie mich dann erwischt. Wieso eigentlich? Woher wußte die Kripo Köln, daß ich den Kasten bei mir hatte?«

»Mein lieber Brockler, das ist Geheimsache der Polizei.« Wallner blinzelte ihm zu. »Wir sind nicht so dumm, wie die Gesetzesbrecher immer annehmen.« Und dann stellte er die Frage, die alle am meisten interessierte: »Wo sollten Sie das Plutonium abliefern?«

»In Paris...«

»In Paris?!« Wallner hatte jede andere Antwort erwartet, nur die nicht. »Wieso Paris?«

»Da müssen Sie Major Pujaschew fragen. In Paris sollte ich die zweitausend Mark bekommen... ich nehme an, das war so 'ne Art Test, ob ich den Kasten auch wirklich abliefere. Bei der nächsten Sendung waren dann...«

»Die fünfzigtausend fällig für ein Kilo Plutonium. Wissen Sie, was man auf dem Markt für ein Kilo waffenfähiges Plutonium heute zahlt? Zweiundsechzigeinhalb Millionen Dollar.«

Brockler schwieg, sichtlich verwirrt. Diese Zahl war für ihn kaum begreifbar. Für lumpige fünfzigtausend Mark hätte er zweiundsechzigeinhalb Millionen Dollar transportieren sollen? Die haben mich ganz schön aufs Kreuz gelegt, dachte er. Da wären mindestens zweihunderttausend Mark drin gewesen. Oder noch mehr... und Elfriede und ich wären alle Sorgen losgeworden. Sogar eine Eigentumswohnung hätte dabei herausspringen können. Ganz klar, dieser Major wollte mich linken.

»Was ist mit Paris?« fragte Wallner erneut. »Wo sollten Sie den Kasten abliefern?«

»In einem Hotel *Orient*.«

»Sehr sinnig.« Wallner versprühte wieder Ironie. Wenn der Abnehmer aus den islamischen Staaten stammte, war *Orient* geradezu makaber. »War ein Datum vereinbart?«

»Nein. Ich sollte von Paris aus in Köln in meiner Wohnung angerufen werden. Dann sollte ich mich in meinen Privatwagen setzen und nach Paris fahren. Im Hotel würde man mich dann erwarten.«

»Und weiter?«

»Nichts weiter.«

Wallner beendete das Verhör nach kurzer Zeit. Mehr war aus Brockler nicht herauszubringen, er konnte nicht mehr erzählen. Interessant war der Weg über Frankreich, ein eigentlich völliger logischer Weg: Paris als Zwischenstation, dann weiter nach Marseille, dem größten französischen Hafen, von dort über das Mittelmeer zu den islamischen Staaten, zum Beispiel nach Libyen. Oder weiter zu irgendwelchen afrikanischen Diktatoren, die eine Atommacht werden wollten. Verblüffend war nur, daß der Schmuggel über Deutschland lief... darauf hatte man in Bonn, beim BKA und beim BND, noch keine logische Antwort. Warum der lange Umweg?

»Sie werden morgen abgeholt, Brockler«, sagte Wallner. »Sie werden in die Justizvollzugsanstalt Bruchsal eingeliefert als Peter Hellmann. Keiner weiß Ihren wirklichen Namen, außer dem Direktor der Anstalt. Merken Sie es sich: Sie heißen ab morgen Peter Hellmann. Das garantiert Ihre Sicherheit. Einverstanden?«

»Habe ich eine andere Wahl, Herr Oberrat?«

»Nein.« Wallner stemmte sich aus seinem Sessel hoch. Berger und der Protokollführer standen ebenfalls auf. »Vermissen Sie etwas?«

»Ja, 'ne Zeitung und Fernsehen. Der Sportteil... und was es so Neues gibt.«

»Bekommen Sie, Brockler. Sie waren kooperativ... wir sind es auch. Und wir werden in unserem Bericht vermerken, daß Sie uns sehr nützlich waren. Das kann das Gericht später milder stimmen.«

Brockler atmete tief durch. »Ich danke Ihnen, Herr Oberrat«, sagte er leise.

»Ganz meinerseits.«

Und dann war Freddy Brockler wieder allein, hörte, wie sich der Schlüssel im Türschloß drehte, und schüttelte den Kopf. Als ob ich fliehen wollte... ich bin doch froh, daß ich hier in Sicherheit bin. Weiß man, was hinter der ganzen Sache steckt, wer alles seine Finger in diesem Mistspiel hat? Ich bin verschaukelt worden, das ist klar... aber wer steckt dahinter?

Zwei Stunden später brachte eine Sekretärin von Dr. Boehmer einen kleinen Fernseher und zwei Tageszeitungen ins Zimmer. Brockler setzte sich in einen Sessel, legte die Beine auf den Couchtisch, aß sein Puddingteilchen und schlug die Sportseite auf. Ein Bericht vom 1. FC Köln... das war vertraute Lektüre.

Vom BKA aus rief Oberrat Wallner in Paris das Polizeipräsidium an. Man verband ihn weiter, bis sich ein Monsieur Jean Ducoux meldete. Der Chef einer Sonderabteilung der Sûreté. Er sprach deutsch mit dem schönen, charmanten französischen Akzent.

Und er sagte, sehr zur Verblüffung von Wallner:

»Was? Schon wieder? Könnt ihr Deutschen nichts Besseres exportieren?«

Der Reiseplan Sybins war voller Termine.

Mit Hilfe von Kontaktleuten seines »Konzerns«, die er vorausgeschickt hatte, war die Route genau festgelegt, und wo Sybin auch hinkam, waren bereits so gründliche Vorbereitungen getroffen worden, daß nur ein paar Tage genügten, um seinen Besuch als erfolgreich abzuhaken.

Er begann mit Moskau. Hier arbeitete das Kurtschatow-Atominstitut, in dem die besten russischen Atomwissenschaftler vereinigt waren, eine der Zentralnervenbahnen der Atomforschung, völlig abgeschirmt, bewacht und gesichert. Welche Experimente in den Forschungslabors durchgeführt wurden, gehörte zu den größten Geheimnissen der russischen Militärpolitik, von denen nur wenige Eingeweihte wußten. Für Sybin war das der Ort, der ein Schlüssel zu allen anderen Atomwerken sein konnte.

Er begann in seiner üblichen Art: Er ließ die Wissenschaftler und Arbeiter des Institutes beobachten, erfuhr deren Namen und Lebensgewohnheiten und wählte dann zwei Personen aus, die ihm zur »Mitarbeit« geeignet schienen. So holten zwei »Konzernmitarbeiter« eines Abends Professor Lewon Anatolowitsch Gasenkow ab, als er das Institut verließ, um nach Hause zu fahren. Dies geschah im Auftrag des »Zentrums für strategische Sicherheitsforschungen«, dessen Leiter der Physiker Anatolij Stepanowitsch Djakow war.

Natürlich kannte Professor Gasenkow den Dozenten am Moskauer Institut für technische Physik Djakow, und da ihn ein großer schwarzer Wagen abholte, hatte er nicht die geringsten Zweifel, daß man ihn dort sprechen wollte. Er konnte sich sogar denken, worüber man mit ihm sprechen wollte: Im Kurtschakow-Institut lief vieles nicht so, wie es laufen sollte. Da waren zum Beispiel die veralteten Meßtechniken, mit denen das Nuklearmaterial gewogen wird, um festzustellen, wieviel Atommasse im Kontrollbereich des Institutes herumwandert, von Labor zu Labor ... die Kontroll- und Monitorsysteme sollten verhindern, daß auf den Wegen zu den einzelnen Forschungsstellen auch nur ein Gramm verlorenging. Ein Gramm – das genügte bereits, um einen Alarm auszulösen. Die Meßprobleme waren es vor allem, die Professor Gasenkow große Sorgen bereiteten: Ein »Schwund« bedeutete immer eine Gefahr, vor allem für die Mitarbeiter im Kurtschakow-Institut.

Professor Gasenkow wurde erst mißtrauisch, als er bemerkte, daß sie nicht zu Djakow fuhren, denn diesen Weg kannte er genau, sondern hinaus zum Prospekt Kalinina und vor einem der Hochhäuser hielten, die hier in langer Reihe nebeneinander standen. Und er protestierte, als man in eine Tiefgarage einfuhr und vor einer Eisentür hielt.

»Was soll das?« rief er empört. »Sie wollten mich zu Djakow bringen!« Die beiden Männer des »Konzerns« antworteten nicht, sie stiegen aus und öffneten die Autotür. Gasenkow schüttelte den Kopf. »Ich steige nicht aus!« rief er erregt. »Das ist unerhört!«

»Es wäre klüger, den Wagen zu verlassen.« Der Fahrer des Autos winkte ihm energisch zu. »Zwingen Sie uns nicht, Ihnen hinauszuhelfen. Wir sind zu zweit, und Sie sind ein schwächlicher Mensch, wie man sieht. Wir wollen keine Unannehmlichkeiten...«

»Die bekommen Sie! Ich werde eine Beschwerde...«

»Aussteigen!« Der zweite Mann zog Gasenkow am Ärmel. »Seien Sie doch vernünftig!«

Gasenkow gab seinen Widerstand auf. Was blieb ihm anderes übrig? Er war nie ein starker Mann gewesen, der sich wehren konnte; nur eines beherrschte er: seine Arbeit. Seufzend verließ er den Wagen und folgte den beiden Männern zur Eisentür.

Im fünften Stockwerk des Hauses betraten sie eine leere Wohnung. Nur ein Stuhl stand in einem großen, kahlen Raum, der als Wohnzimmer geplant war. Es herrschte eine bedrückende Atmosphäre: die weißverputzten Wände, die gardinenlosen Fenster, die hallende Leere, die Glühbirne, die in einer einfachen Fassung von der Decke baumelte. Gasenkow blieb ruckartig stehen, zog den Kopf zwischen die Schultern und starrte den eleganten Mann an, der zwei Köpfe größer war als er.

»Seien Sie willkommen, Lewon Anatolowitsch«, sagte Sybin höflich, »und verzeihen Sie den kleinen Trick, mit dem ich Sie hierherholen ließ.«

»Ich verzeihe Ihnen gar nichts!« Gasenkow war mutig, aber nur mit Worten. Körperlich war er immer unterlegen. »Wer sind Sie?«

»Ein Freund, der Sie reich machen will.« Sybin nickte seinen beiden Männern zu; sie verließen sofort das kahle Zimmer und schlossen hinter sich die Tür. »Nehmen Sie doch Platz, Professor Gasenkow.«

Gehorsam setzte sich Gasenkow auf den einzigen Stuhl. Er spürte keine Angst, nur das unangenehme Gefühl, bald mit etwas Ungewöhnlichem konfrontiert zu werden.

»Was soll das alles? Was wollen Sie von mir?« fragte er laut.

»Sie haben die richtige Richtung eingeschlagen.« Sybin lächelte. »Ja, ich will etwas von Ihnen. Und dafür bekommen Sie etwas von mir. Sie sind einer der Leiter für waffentechnische Atomforschung, stimmt das?«

Gasenkow zögerte einen Moment, dann antwortete er kurz: »Ja.«

»Ein Gebiet, das mich interessiert. In Ihrem Institut lagern doch Plutonium 239 und Lithium 6.«

»Darüber kann ich nicht sprechen.«

»Sie können, Professor, Sie können. Ich möchte Sie nur darauf aufmerksam machen, daß Sie eine Frau und zwei Töchter haben. Eine gesunde Familie... eine *noch* gesunde Familie.«

Gasenkow sprang von seinem Stuhl auf. »Was soll das heißen?!« rief er mit zitternder Stimme.

»Genau das, woran Sie jetzt denken. Sie lieben Ihre Frau und Ihre Töchter... welcher Ehemann und Vater täte das nicht?! Und jeder Mann ist bestrebt, Unbill von seinen Lieben fernzuhalten.«

Gasenkow setzte sich wieder auf den Stuhl, aber es war mehr ein Zurücksinken. »Was wollen Sie von mir?« fragte er. Seine Stimme klang jetzt rauh, als seien seine Stimmbänder abgeschmirgelt worden. »Soll ich Ihnen Staatsgeheimnisse verraten?«

»Damit kann ich nichts anfangen, wohl aber mit vier Kilogramm Plutonium 239.«

Gasenkow starrte Sybin an, als habe sich dieser plötzlich in ein

Tier verwandelt. Es dauerte ein paar Sekunden, bis er sich wieder gefaßt hatte. »Was sagen Sie da?« fragte er endlich.

»Es kann auch Lithium 6 oder Uran 235 sein«, sagte Sybin mit teuflischer Freundlichkeit.

»Sie sind verrückt!«

»Und Sie sind kurzsichtig, Lewon Anatolowitsch. Wieviel verdienen Sie als Abteilungsleiter im Kurtschatow-Institut? Ich weiß es. Umgerechnet fünfundsiebzig Dollar im Monat. Mit Prämien höchstens hundert Dollar. Ein so kluger Fachmann wie Sie! Ein Atomexperte! Das ist doch beschämend! Das muß doch Ihr Selbstwertgefühl beleidigen!«

»Man gewöhnt sich daran.« Gasenkow schlug die Beine übereinander. »Um Ihnen meine Einstellung zu verdeutlichen: Mir ist von einem anderen Staat ein Monatsgehalt von elftausend Dollar geboten worden, wenn ich auswandere und dort meine Kenntnisse verwerte.«

»Ich weiß. Sie sind nicht der erste, der ein solches Angebot erhalten hat. Es kommt aus dem Iran. Aber auch elftausend Dollar sind nur ein Trinkgeld. Ich biete Ihnen für ein Kilogramm Plutonium 239 – halten Sie sich am Stuhl fest! – zweihunderttausend Dollar. Garantiert auf ein sicheres Schweizer Nummernkonto.«

»Sie sind doch verrückt!«

»Treiben wir es auf die Spitze: dreihunderttausend Dollar. Mein letztes Wort.«

»Nicht für dreihundert Millionen! Ich liebe mein Vaterland! Ich verrate es nicht! Ich bin ein Patriot! Auch wenn jetzt nach der Perestroika und unter Jelzin das Volk ärmer und gewisse Kreise, zu denen Sie bestimmt gehören, reicher als reich werden, ich bleibe bei meiner Treue zu Rußland.«

»Ist sie wichtiger als Ihre Treue zu Frau und Kindern?«

»Sie... Sie wollen sie umbringen, wenn ich mich weigere?«

»Aber nein, Lewon Anatolowitsch! Aber bedenken Sie bitte, daß ein Rasiermesser nicht nur einen Männerbart abschaben, sondern auch ein Mädchengesicht zerschneiden kann. Und ein paar Tropfen Salzsäure in die Augen haben eine fatale Wirkung.«

»Sie... Sie... Teufel...« Gasenkow stöhnte laut auf. Er ballte die Fäuste, aber er blieb sitzen. »Sie sind kein Mensch... nein, Sie können kein Mensch sein.«

»Beleidigungen rinnen an mir ab wie an einem Wachstuch. So kommen wir nicht weiter. Wieviel können Sie liefern?«

»Nichts! Im Institut lagern nur geringe Mengen, zu Forschungszwecken. Damit können Sie gar nichts anfangen, was auch immer Sie vorhaben. Was wir haben, ist mikrofeiner Plutoniumpulverstaub... er liegt in Experimentierschalen, bleigefütterten kleinen Transportbehältern oder einfach – wegen der geringen Strahlungsreichweite – in ehemaligen Handschuhkästen.«

»Das ist doch nicht möglich!« sagte Sybin erschrocken.

»Ich weiß, das ist ein Skandal. Im Institut ist vieles faul... und deshalb muß ich bleiben, um diese Mißstände so gering wie möglich zu halten.«

»Wieviel können Sie von diesem Staub liefern, Gasenkow?«

»Nichts. Auch bei unserem schlechten Meßsystem würde es sofort auffallen...«

»Denken Sie immer an Frau und Kinder! Ständig... das wird Möglichkeiten erschließen.«

»Höchstens zehn Gramm Plutonium 239. Höchstens!« Gasenkow bog den Kopf nach hinten und starrte die getünchte Decke und die nackte Glühbirne an. »Damit können Sie nichts anfangen.«

»Aber Sie kennen Adressen, wo Plutonium in Mengen lagert.«

»Da gibt es viele. In Tomsk, in Krasnojarsk, im Atomwaffenzentrum Arsamas in der Nähe von Nowgorod, in Majak – da soll am meisten liegen – und in Ozjorks. Vorräte gibt es auch in Schewtschenko und Belojarsk, wo noch die schnellen Brüter arbeiten. Und dann Tscheljabinsk-65. Aber da kommen Sie nie ran.«

»Das ist mein Geschäft.« Sybin war zufrieden. Gasenkow bestätigte die Informationen, die er bereits von Professor Kunzew erhalten hatte, der wiederum Natalja dies alles erzählt hatte. Und der im Bett so geschwätzige Oberst Micharin hatte sogar Zahlen genannt... allein in Majak, dem ehemaligen Tscheljabinsk-65, lagerten, nur notdürftig gesichert, in Betonbehältern über dreiundzwanzig Tonnen reines Plutonium. Und Tscheljabinsk war auch das Hauptziel von Sybins Einkaufsreise.

Aus Gasenkow war nicht mehr herauszuholen, das sah Sybin ein. Er glaubte ihm, daß nur wenige Gramm aus dem Kurtschatow-Institut zur Seite geschafft werden konnten. Erst schien ihm das sehr unwahrscheinlich zu sein: Das Moskauer Institut bestand aus über zwanzig Reaktoren, Labors und Lagern, ein fünf Kilometer langer Sicherheitszaun umgab es, gespickt mit Fernsehkameras und Selbstschutzfallen, elektronischen Minenzündern und einem schußfreien Todesstreifen. Und daß hier keine größeren Mengen von Plutonium oder Lithium lagerten, war zu erklären; denn Moskau wäre bei einem Unfall von der totalen Vernichtung bedroht gewesen.

»Meine Freunde werden Sie jetzt nach Hause bringen, Lewon Anatolowitsch. Aber vergessen Sie nie: Ein einziges Wort von Ihnen in der Öffentlichkeit... und Ihre Familie wird Sie verfluchen. Eine kleine Warnung nur für Sie. Ihrer Tochter Marina hat man in dieser Stunde die Haare geschoren. Sie trägt jetzt eine Glatze. Begreifen Sie bitte, daß wir zu allem fähig sind und es keine Hindernisse für uns gibt.«

»Sie Satan! Satan!« schrie Gasenkow. Er sprang auf und rannte in dem leeren Zimmer hin und her. »Aber triumphieren Sie nicht zu früh. Man wird auch Sie finden!«

»Kaum!« Sybin schüttelte den Kopf. Er war sich seiner Sache völlig sicher; zu weit reichten seine Beziehungen in Kreise, die eigentlich die Aufgabe hatten, Männer wie ihn unschädlich zu machen. Aber wem man Geldscheine auf die Augen drückt, der sieht nichts mehr. »Sie sind ein dummer Mensch, Professor«, sagte Sybin, während er zur Tür ging, um zu klopfen. Aufmachen! »Sie könnten Millionär werden. Statt dessen sind sie Patriot! Wo gibt es das noch in Rußland? Wir sind aus den Angeln gehoben worden... sehen Sie das nicht? Was machen Sie, wenn Sie entlassen werden?«

»Mich wird niemand entlassen. Ich weiß zuviel. Ich bin unkündbar.«

»Darauf würde ich kein Gläschen Wodka wetten.« Die Tür sprang auf. Sybin zeigte hinaus. »Leben Sie wohl, Gasenkow... und immer an das Rasiermesser denken...«

Mit schnellen Schritten, es wirkte wie eine Flucht, verließ Gasenkow das leere Zimmer mit dem Stuhl, dessen Sitzfläche feucht war... so hatte er geschwitzt.

Am nächsten Tag flog Sybin nach Tscheljabinsk.

Das war jetzt möglich. Noch vor ein paar Jahren gehörte das ganze Gebiet zu einer Sperrzone, und es gab vor allem in Westsibirien Namen, die auf keiner Landkarte standen, sondern nur in den Akten des Atomministeriums existierten. Orte wie Sneschinsk, Arsamas-16, die U-Boot-Werft Sewmasch südöstlich von Murmansk oder die Atomkraftwerke von Balachowo und Bilibinsk suchte man vergeblich in dem riesigen Rußland... aber Sybin hatte inzwischen erfahren, daß es neunundzwanzig Reaktorblöcke in neun Atomkraftwerken jenseits des Urals gab, und rund fünfzehntausend Atombetriebe und Forschungsinstitute, in denen über eine Million Wissenschaftler und Facharbeiter beschäftigt waren. Eine geradezu unerschöpfliche Geldquelle, wenn man verstand, sie anzuzapfen.

In Tscheljabinsk erwartete ihn bereits ein Kontaktmann des »Konzerns«. Es war ein ehemaliger KGB-Hauptmann mit Namen Bogdan Leonidowitsch Grimaljuk, der den Geheimdienst verlassen hatte, um in die »freie Wirtschaft« zu wechseln. Auch das, früher undenkbar, war jetzt möglich. Er war Angestellter einer großen Immobilienfirma, die erst vor einem Jahr in Tscheljabinsk gegründet worden war und natürlich dem »Konzern« gehörte, auch wenn amtlich eine Gruppe Privatunternehmer eingetragen war.

Grimaljuk erschien am Morgen nach Sybins Ankunft zum Frühstück im Hotel und setzte sich an Sybins Tisch. Er bestellte zwei Spiegeleier mit gebratenem Speck und Sauergurken und eingelegten Zwiebeln, tippte mit dem Messer auf die Eier und sagte:

»Auch die sind verstrahlt. Zwar gering, aber sie sind verstrahlt.«

»Und du ißt sie trotzdem?« Sybin betrachtete seinen Frühstücksteller. Schinken, Wurst, Käse, Schwarzbrot, Butter, Tee... hier in diesem Gebiet lebte man besser als in Moskau, die Bewohner bekamen besondere Vergünstigungen und Privilegien. Neidvoll nannte man deshalb die von vielen kleinen Seen umgebene Gegend die »Schokoladen-Stadt«, aber die meisten der Arbeiter wären gern in andere Städte umgezogen, auch wenn sie als Privilegierte das Doppelte eines russischen Normalbürgers verdienten. Man brauchte sich nur vor das Portal des Hotels *09RF* zu stellen, um zu wissen, was keiner aussprach und was auch nie nach draußen dringen würde: Auf einer Tafel über dem Hoteleingang wurde mit elektronischen Leuchtziffern nicht nur die Temperatur angegeben, sondern auch die tägliche radioaktive Strahlung. Das Hotel lag in Ozjorsk, der geheimen Stadt, in der das Kernkraftwerk und Forschungszentrum Majak errichtet worden war.

»Was soll man machen?« sagte Grimaljuk und stocherte in den Spiegeleiern herum. »Man muß leben, und um zu leben, muß man essen. Es ist doch gleichgültig, was man ißt, alles ist verstrahlt.«

Sybin schob seinen Frühstücksteller zur Seite. Er war eigentlich ein mutiger und skrupelloser Mensch, aber vor Krankheiten hatte er eine höllische Angst. Man las jetzt viel von neuen Viren und Bakterien, nicht nur von Aids, sondern von teuflischen Mikroben, die irgendwo in den Urwäldern Afrikas und Südamerikas entdeckt wurden und gegen die es noch keine Heilmittel gab. Das erzeugte bei Sybin eine Art Hysterie, jeden Monat ließ er sich von einem »Konzern-Arzt« untersuchen, und wenn es an einer Stelle auf seiner Haut juckte, rannte er voller Panik in eine Klinik, die natürlich auch von dem »Konzern« kontrolliert wurde.

Grimaljuk lächelte verhalten, als er Sybins Reaktion sah. »Wie lange wollen Sie bleiben, Igor Germanowitsch?« fragte er.

»So lange, wie es nötig ist.«

»Das kann eine Woche dauern, aber dann sind Sie verhungert.«

»Ich werde mir von auswärts Lebensmittel beschaffen.«

»Die sofort die Strahlung aufnehmen, wenn sie ausgeladen werden. Hier kann man nicht mehr davonlaufen.« Grimaljuk holte ein paar Bogen Papier aus seiner Tasche und entfaltete sie. »Kann ich berichten?«

»Ja. Fang an.« Sybin legte die Hände übereinander auf den Tisch. Kann man die Strahlenbelastung wieder loswerden? fragte er sich. Natürlich muß man das können, sonst wären alle Atomarbeiter rettungslos verloren. Nur keine Panik, Igor, du wirst es überleben… und vergiß nicht: Wer zum Teufel geht, muß die Hitze der Hölle ertragen können.

Grimaljuk räusperte sich, bevor er mit seinem Vortrag begann: »Zuerst die Allgemeinlage. Das Zentrum der Plutoniumfabrik Majak ist das Städtchen Ozjorsk, das einmal Tscheljabinsk-65 hieß. Es steht auf keiner Landkarte, gehörte zum Geheimnisvollsten, was es in Rußland gab, und war für Personen ohne Passierschein unerreichbar. Und es war völlig undenkbar, daß irgendwelche Informationen nach draußen drangen. Majak ist heute die größte und problematischste Plutoniumfabrik der Welt!«

»Das weiß ich«, fiel ihm Sybin grob ins Wort. »Sonst wären wir nicht hier.«

»In Majak sind über vierzehntausend Experten und Arbeiter beschäftigt, die vor allem dafür zuständig sind, den größten Teil der in Rußland anfallenden Brennelemente der Atomkraftwerke von Nowo-Woronesch, Saporoschje, Kalinin, Balaschowo und Belojarsk wiederaufzubereiten. Dabei fällt massenhaft Plutonium ab. Das hat in früheren Jahren zu einer unfaßbaren radioaktiven Verseuchung des Gebietes um Kyschtym–Kamensk–Uralski–Musljumowo geführt, in dessen Mitte das ehemalige Tscheljabinsk-65 liegt, das heute...«

»...Ozjorsk heißt.« Sybin wurde ungeduldig. »Das weiß ich alles. Weiter! Konkrete Dinge...«

»In den früheren Zeiten, als in der Atomfabrik Majak vor allem Plutonium hergestellt wurde, geschahen einige Unfälle, von denen keiner etwas erfuhr. So führte 1948 ein Unfall in der Plutoniumproduktion zu einer großflächigen Verstrahlung des Bodens, der Gewässer und der Arbeiter. Die Todesfälle durch Leukämie stiegen um das Zehnfache. Der Fluß Tetscha ist völlig verseucht, denn er fließt an Majak vorbei. Die Gegend ist heute menschenleer und lebensgefährlich! Der Tetschasee ist praktisch eine Atomkloake. Noch heute bezeichnen Fachleute die Region um Tscheljabinsk als die am meisten verstrahlte Gegend der Welt. Es ist erst jetzt bekannt geworden, daß in den vergangenen Jahren hundertzwanzig Millionen Curie radioaktiver Atomabfälle, sogenannter Atommüll, in den südlich von Majak liegenden Karatschaisee gekippt wurden. Und dort, wo der Müll in die Gewässer eingeleitet wird, hat man eine Strahlenbelastung von fünf Sievert gemessen. Das ist eine absolut tödliche Dosis! Jetzt plant man, den Karatschaisee zuzuschütten und die Abfälle von zweihundert Millionen Curie Strahlung zu verglasen. Das heißt, man schmilzt die Abfälle in Glasblöcke ein und vergräbt sie dann. Ein Tropfen auf dem heißen Stein. Man weiß längst, daß auf dem weitläufigen Gelände um die beiden Seen und dem Tetschafluß bis hinauf nach Kamensk-Uralski noch über eine Milliarde Curie Strahlungen vorhanden sind. Eine Milliarde Curie... das sind umgerechnet hundert Curie auf einen Quadratmeter! Seit das Ausland davon weiß, ist eine großzügige Sanierungshilfe, vor allem aus den USA, angelaufen... nur ist bis heute im Plutoniumkombinat nicht eine Kopeke angekommen!«

»Und was geht das mich an?« fragte Sybin ärgerlich. »Ich will nicht sanieren, ich will Plutonium!«

»Das war der äußere Rahmen, Igor Germanowitsch, jetzt zum inneren.« Grimaljuk blickte auf seine Recherchen. »Majak ist eine der am besten bewachten Forschungsstädte Rußlands. Die gesamten Produktionsstätten werden vom Militär kontrolliert. Da gibt es den ersten Sicherheitsring, in dem die Reaktoren und die Labors liegen. Ein weiträumiger Ring, denn um an die Werke heranzukommen, muß man einen zweiten, mittleren Ring passieren, der von bewaffneten Werkspolizisten bewacht wird. Und dann kommt der letzte, innere Ring eng um die Produktionslabors, wo wiederum Militär alles unter Kontrolle hat. Nach russischer Ansicht kommt da keine Maus durch... aber in Wahrheit ist die Bewachung sehr lückenhaft. Die Militärposten am Eingang der radioaktiv belasteten Zone um Majak sind frustriert, denn sie wissen auch, daß sie den Strahlungen ausgesetzt sind. Sie tragen keine Schutzanzüge, sondern ihre normale Uniform. Welche armen Hunde sie sind, sehen sie daran, daß die Lastwagen, die in Majak herumfahren und das Gebiet verlassen, wie Panzer rundum mit dicken Bleiplatten abgedeckt sind.«

»Was soll das, Bogdan Leonidowitsch?« Sybin hatte Hunger, wagte nicht, das Frühstück anzurühren und war dadurch schlecht gelaunt. »Ich habe nicht den Ehrgeiz, in Majak spazierenzugehen. Ich will von dir wissen, wie weit du mit Kontakten gekommen bist.«

»Die Transportfrage ist gelöst, Igor Germanowitsch.« Grimaljuk blickte Sybin an, als erwarte er das längst fällige Lob. »Ich habe einen Fahrer, der bereit ist, mit seinem Bleiplatten-Lastwagen für uns Material zu transportieren. Das ist ganz einfach: An den drei Sperrzonen wird er nicht kontrolliert, da das Beladen bei den Hallen überwacht wird. Kommt also so ein Bleiwagen zu den Militärsperren, wird er einfach durchgewinkt. Das wäre geregelt. Das Problem ist: Wer besorgt uns das Plutonium, und wie bekommen wir es in den Lastwagen?«

»Und da hast du noch nichts erreicht!«

»Man hat mir einen Tip gegeben. Ein Laborant im Labor III, Kontrolle von Plutonium 239, wäre der richtige Mann.«

»Gott sei Dank mal kein Professor«, sagte Sybin sarkastisch. »Ein Arbeiter ist immer gut. Professoren sind oft Idealisten... ein Arbeiter will essen, trinken und träumt von einer eigenen Datscha.«

»Der Laborant ist kein Arbeiter... er ist ein Experte mit Dreifachgehalt. Mehr als ein Forscher! Aber immer noch ein Flachlieger, trotz aller Privilegien. Ein Taxifahrer in Tscheljabinsk verdient mehr als er. Das ärgert ihn natürlich. Er heiß Lew Andrejewitsch Timski. Zweiunddreißig Jahre alt, verheiratet, ein Kind. Frau und Kind leben in einer Zweizimmerwohnung in Musljumowo am verseuchten Fluß Tetscha.«

»Das könnte der richtige Mann sein. Gute Arbeit, Bogdan Leonidowitsch...«

Das erwartete Lob. Grimaljuk fühlte sich wieder wohler als noch vor einer halben Stunde.

»Ich habe den Fahrer des Lkw gebeten, sich mit Timski in Verbindung zu setzen. Wenn alles klappt, das heißt, wenn Timski bereit ist, mit uns zu sprechen, werden wir ihn heute abend kennenlernen.«

»Es ist also nicht sicher?«

»Ein Roulette ist es, Igor Germanowitsch, alles hier ist ein Glücksspiel: Entweder du bekommst Leukämie, Knochenkrebs, Lungenkrebs, Nierenkrebs – oder du wirst siebzig Jahre alt. Auch das gibt es. Ich hoffe, daß Timski kommt... er wohnt in einem staatlichen Wohnheim und muß sich beim Hausverwalter abmelden, wenn er in die Stadt Ozjorsk will. Seine Frau und sein Kind darf er nur alle vierzehn Tage besuchen. Dafür bekommt er extra einen Passierschein, damit er nach Musljumowo fahren kann. Hier ist eben alles anders.« Grimaljuk zeigte auf Sybins Teller. »Sie sollten etwas essen, Igor Germanowitsch. Denken Sie nicht an die Verstrahlung. Sie ist im allgemeinen so schwach, daß sie keinen großen Schaden anrichten kann.«

»Auch ein kleiner Schaden genügt mir.«

»In den Lebensmitteln ist die Radioaktivität tolerierbar. Nur bei längerem Beschuß wird es kritisch. Aber Sie bleiben ja nur eine Woche.«

»Höchstens! Wenn wir Timski gewinnen können, reise ich sofort ab.« Sybin achtete nicht auf Grimaljuks Grinsen, aber er fügte erklärend hinzu: »Ich habe noch eine lange Reise vor mir. Kreuz und quer durch Sibirien. Und ich muß meine Zeit gut einteilen.«

Am Mittag war Sybins Widerstand gebrochen, der Hunger blieb Sieger. Er aß einen gutgewürzten Krautwickel mit Kümmelsoße und Blinis, trank Bier aus der Flasche, das garantiert strahlenfrei war, und fühlte sich gleich viel wohler. Ein hungernder Mensch verliert sich leicht im Pessimismus.

Gegen vier Uhr nachmittags betrat ein schlanker, blonder Mann das Hotel und blickte sich suchend um. Er hatte eine bläßliche Gesichtsfarbe und etwas bläuliche Lippen.

»Das ist er«, sagte Grimaljuk leise zu Sybin. »Das muß er sein. Timski. Wir haben halb gewonnen, Igor Germanowitsch...«

Er stand auf, ging zu dem Mann, sprach mit ihm und zeigte dann auf Sybin. Der nickte ihm zu und setzte sein charmantestes Lächeln auf, das bisher noch jeden betört und Sympathie hervorgerufen hatte. Timski musterte Sybin und entschloß sich, an den Tisch zu kommen. Sybin erhob sich höflich... da kam ihm eine goldene

Zukunft entgegen und streckte sogar die Hand nach ihm aus. Er nahm sie und drückte sie fest.

»Sie wollten mich sprechen?« fragte Timski etwas steif. »Mein Freund richtete es mir aus. Er sprach von einem Geschäft...«

»Nehmen Sie Platz, Herr Timski.« Sybin zeigte auf den Stuhl neben sich.

»Lew Andrejewitsch...« Timski setzte sich.

»Igor Germanowitsch...« Sybin warf einen prüfenden Blick auf Timskis Hautfarbe. Er ist krank, dachte er, Blutarmut oder so etwas Ähnliches. Die Strahlung zerfrißt ihn mit teuflischer, noch schmerzloser Langsamkeit. Er ist ein Gezeichneter... und keiner sagt ihm das. Schleichen wir nicht um das Thema herum... ein schnelles gutes Wort tut immer eine Wirkung. »Möchten Sie eine Datscha haben in einer nicht verseuchten Landschaft? Vielleicht am Don oder auf der Krim oder bei Sotschi am Schwarzen Meer?«

Timski schien über diese Frage nicht erstaunt zu sein, aber er schwieg. Sybin deutete das als Zögern und fuhr fort:

»Es kann auch ein Bungalow auf Nassau sein oder eine kleine Villa in der Karibik. Ich kenne Ihren Geschmack noch nicht, Lew Andrejewitsch. Aber ich nehme an, daß sich Ihre Frau und Ihr Kind überall auf der Welt wohler fühlen würden als in dem verkommenen Musljumowo.«

»Sie wollen mich bestechen?« fragte Timski, und es klang, als biete er eine Zigarette an. Sybin staunte, und er zog die Augenbrauen hoch, als Timski hinzufügte: »Sie sind nicht der erste, der mich kaufen will.«

»Ich will Sie nicht kaufen, wo denken Sie hin? Es soll ein Geschäft werden.«

»Plutonium, nicht wahr? Oder Uran 235? Oder was wollen Sie noch?«

»Ich bin nicht der erste, sagten Sie? Das klingt, als ob aus Majak bereits Plutonium hinausgeschmuggelt wurde.«

Sybin bestellte für Timski hundert Gramm Wodka und wartete, bis dieser ein halbes Gläschen hinuntergekippt hatte. Timski wischte sich über den Mund.

»Weiß ich, ob Sie ein Spitzel sind, Igor Germanowitsch...?«

»Sehe ich so aus?«

»Spitzel sehen nie so aus, wie man sie uns in den dummen Agentenfilmen zeigt. Aber – ich vertraue Ihnen. Also, das war vor einem Jahr. Da kam ein Deutscher hierher, wohnte wie Sie in

diesem Hotel und kaufte vom Reaktor II genau dreizehn Kilogramm Cäsium 137. Was er damit wollte, was weiß ich? An dem Geschäft waren drei Freunde von mir beteiligt... die gingen einfach zum Lager und holten das Cäsium ab. Niemand hielt sie auf. Ein Lastwagen brachte das Zeug aus dem Sperrgebiet hierher zum Hotel. Der Deutsche hatte darauf bestanden, nur in Rubeln zu zahlen, bar, in kleinen Scheinen, weiß der Teufel, woher er die hatte. Sechsundfünfzig Millionen Rubel bezahlte er für das Cäsium 137... Sie werden es nicht glauben: Es waren zwei Säcke voller Scheine. Zwei Kellner trugen die Säcke zum Wagen, und das Geschäft war gelaufen.«
»Und wie hat der Deutsche das Cäsium weggebracht?«
»Das hat keinen interessiert. Meine Freunde sind mit den sechsundfünfzig Millionen Rubel sofort wieder abgefahren. Ich frage mich, was macht man mit dem Cäsium? Ja, wenn es Plutonium 239 gewesen wäre...«

Jetzt, dachte Sybin, jetzt lassen wir die Katze aus dem Sack. »Ich brauche vorerst keine dreizehn Kilo, sondern vier bis fünf Kilo Plutonium. Waffenfähig. Mindeste Reinheit 84 bis 90. Wie sieht es damit aus, Lew Andrejewitsch?«

Timski senkte den Blick und starrte auf sein Wodkaglas. Sybin hielt unwillkürlich den Atem an; er wußte, daß er jetzt va banque gespielt hatte. Auch Grimaljuk begriff, daß Sybin einen Drahtseilakt begonnen hatte... entweder die Balance gelang, oder er stürzte ab.

»Vier Kilogramm?« Timski blickte wieder hoch. »Das ist viel... aber nicht unmöglich.« Sybin und Grimaljuk atmeten auf. »Es dauert nur eine gewisse Zeit.«

»Wie lange?«

»In drei Monaten könnte man das zusammengescharrt haben. In Pulverform, fein wie Staub. Das läßt sich am besten transportieren. Und vor allem... der Plutoniumstaub wird in meiner Abteilung gewogen und kontrolliert. Er liegt in einem Betonbunker, zweihundert Meter unter der Erde. Wir müssen ihn grammweise herausholen. Das fällt überhaupt nicht auf. Und einfach ist es auch... wegen der geringen Strahlungsweite bringen wir den Plutoniumstaub in Plastikbeuteln aus dem Bunker. In der Hosentasche! Und wenn er erst mal im Bleilaster ist, ist er so harmlos wie Tomaten oder Gurken. Da reagiert kein Kontrollsystem mehr, eine Entdeckung ist unmöglich.« Timski blickte Sybin nachdenklich an. »Aber... wie wollen *Sie* den Stoff von hier wegbringen? Ich nehme an, das Pulver soll sogar ins Ausland.«

»Richtig. Wir haben dafür besondere Behälter konstruiert.« Sybin legte seine Hand auf Timskis Handrücken. »Ehrlichkeit gegen Vertrauen: Wir haben verschiedene Wege, todsichere Transporte. Der eine Weg: Wir werden das Plutonium ganz einfach mit der Eisenbahn befördern. In einem Güterwagen, gefüllt mit Sand oder Steinen, liegen ganz unten unsere strahlensicheren Container. Das kontrolliert niemand, so wie bei Ihren Bleiwagen. In Moskau werden die Container dann zum Militärflughafen Tschkalowskoje gebracht und von dort mit Armeetransportflugzeugen nach Brandis bei Leipzig geflogen. Kein Zoll darf die Militärtransporte kontrollieren, und keine deutsche Polizei darf eine russische Kaserne betreten. Die Piloten aus Moskau bekommen pro Flug fünfhundert Dollar in die Hand gedrückt. Dafür tun sie alles! Und da es ständig Lieferungen für die noch in Ostdeutschland verbliebenen Truppen gibt, haben auch wir keinerlei Transportprobleme.« Sybin blickte Timski sehr ernst an. »Sie wissen nun sehr viel, Lew Andrejewitsch... auch wenn ich Ihnen nur einen Weg verraten habe... Wenn Sie Ihr Wissen weitergeben, werden Sie nicht an der Verstrahlung sterben, es ginge dann schneller.«

Timski ging auf diese Drohung nicht ein, denn er hatte mit einer solchen Entwicklung des Gespräches gerechnet. Wer waffenfähiges Plutonium kaufen will, der ist kein normaler Metallmakler, wie sie jetzt in Majak auftauchten. Mit Genehmigung der Regierung und unter den Augen der russischen Atomaufsichtsbehörde in Moskau erschienen immer mehr ausländische Delegationen in Majak und knüpften Geschäftsbeziehungen. Der Direktor der Plutoniumfabrik Majak, Victor Fetisov, machte kein Geheimnis daraus: Seit zwei Jahren arbeitete er mit einer englischen Firma zusammen, und mit China hatte er zwei Unternehmen gegründet, die aus Majak Material bezogen. Vor allem Brennstäbe, die auch als »Abfallprodukt« zur Produktion von Plutonium dienen können.

Dieser Sybin aber war ein Privatmann, und hinter ihm, das ahnte Timski, stand eine mächtige Organisation mit internationalen Verbindungen. Mit ihr war nicht zu spaßen, man konnte sie nicht betrügen oder verraten... da war es weniger gefährlich, eine nasse Fingerkuppe in das Plutoniumpulver zu tauchen und sie abzulecken.

»Was bieten Sie?« fragte Timski in die Stille hinein.

»Wir arbeiten also zusammen?« Sybin beugte sich zu ihm hinüber.

»Sehen Sie mich an. Ich habe keine lange Lebenserwartung mehr. Ich bin innerlich bereits ein Wrack. Aber meine Frau und mein Kind sollen weiterleben, sorglos, irgendwo, wo es die verdammte Strahlung nicht gibt! Sie sagten es schon: Karibik – ein Traum. Dafür würde ich alles tun, für Frau und Kind. Ich selbst habe keine Zukunft mehr. Ich habe mir alles lange überlegt ... ich sagte ja schon, Sie sind nicht der erste mit einem Angebot. Aber Sie haben das Glück, daß ich gerade jetzt die Schnauze voll habe. Im Kontrollraum habe ich mich unter einen Geigerzähler gestellt ... der Zeiger schlug aus wie ein wütendes Pferd! Was habe ich also noch zu erwarten? Igor Germanowitsch – Ihr Angebot!«

»Als Probe zwei Gramm ... kostenlos. Dann vier oder fünf Kilo Plutonium 239, pro Kilo dreihunderttausend Dollar.«

»Nein!«

»Nein?« Sybin warf einen Blick hinüber zu Grimaljuk. »Timski, ich bin kein Teppichhändler auf dem Markt von Isfahan. Ich habe reelle Preise und zahle prompt!«

»Pro Kilo eine Million Dollar.«

Sybin lachte und zeigte mit dem Daumen auf Timski, während er Grimaljuk ansah. »Er ist verrückt, Bogdan Leonidowitsch! Die Radioaktivität hat schon sein Hirn angefressen.«

»Und was verdienen Sie an einem Kilo Plutonium? Ich will es gar nicht wissen ... aber glauben Sie nicht, daß wir hier in Ozjorsk wie auf dem Mond leben. Wir wissen genau, was außerhalb Rußlands los ist.«

»Timski, ich habe große Unkosten.« Sybin goß sich von dem Wodka einen Schluck in seine Teetasse und trank ihn. Wenn der wüßte, dachte er ... für ein Kilogramm Plutonium 239 mit einer Reinheit von neunzig Prozent bekomme ich sechzig Millionen Dollar. Das hat mir Dr. Sendlinger versprochen, und ich habe mich auch bei Moskauer Maklern erkundigt, die in das Geschäft drängen, aber nicht das nötige Kapital zur Vorfinanzierung haben. Die Zahlen stimmen. Darüber muß ich noch mit Sendlinger sprechen: Wie keimende Kartoffeln haben sie mir Atomsprengköpfe von SS-20-Raketen angeboten ... für siebzigtausend Dollar. Wir wissen keinen, der sie will, hat der Makler gesagt. Dabei könnten wir liefern. Aus der Ukraine. Das könnte das nächste Geschäft werden: Atomsprengköpfe ... die Trägerraketen wären dann das geringste

Problem. »Mein letztes Wort, Timski –« sagte er und gab seiner Stimme einen harten, drohenden Klang. »Ein Kilo – vierhunderttausend Dollar.«

»Halten Sie mich für einen Idioten?«

»Ja, wenn Sie nicht zuschlagen, Lew Andrejewitsch. Bei vier Kilogramm sind das wunderbare eins Komma sechs Millionen Dollar. Steuerfrei!« Sybin lachte über diesen müden Witz. »Und wenn Sie in den nächsten Jahren noch mehr liefern können... Ihre Frau und Ihr Kind werden nie mehr Sorgen haben und Mann und Vater wie einen Heiligen besingen.«

»Ich überlege es mir, Igor Germanowitsch.«

»Keine langen Überlegungen. Kennst du nicht das Sprichwort: Das Heute ist besser als zwei Morgen!?« Sybin verfiel in das Du, es sprach sich leichter. »Wir müssen das jetzt klären.«

»Wir könnten Partner werden bei fünfhunderttausend Dollar pro Kilo.«

»Er ist doch ein Teppichhändler, Grimaljuk!«

»Für eine gute Ware sollte man...«

»Kein Wort mehr!« Sybin fuchtelte mit den Händen herum. »Wir sind uns einig. Wann bringst du die Probe?«

»Wieviel Gramm?«

»Zehn Gramm vorerst. Gratis!«

»Sie sagten vorhin zwei Gramm.«

»Zehn sind besser. Wir können es dann mehreren Interessenten gleichzeitig vorlegen.«

»Ich will sehen, ob ich die Menge bis übermorgen zusammenbekomme.« Timski erhob sich. Ist es richtig, was ich tue, fragte er sich. Bin ich zu einem Verbrecher geworden? Schädige ich mein Vaterland? Aber was tut das Vaterland für uns? Viele Menschen sollen gemäß der Abrüstungspläne entlassen werden, vielleicht auch ich, keiner kennt sein Schicksal... und was kommt dann? Kümmert es Rußland, was aus uns wird? Eine kleine Pension werden wir bekommen, weniger als ein Wachmann an der Straßenschranke nach Ozjorsk, und wenn ich früher oder später verrecke, wer sorgt dann für meine Frau und das Kind? Sollen sie betteln gehen? Sollen sie beide Huren werden? Dem Vaterland ist das gleichgültig – es nagt ja selbst an einem blanken Knochen. Für vier Kilogramm Plutonium zwei Millionen Dollar... Leute, da hören Gewissen und Moral auf, wenn man ein so armseliger Kerl ist wie ich. »Haben Sie einen Bleikasten dabei?« fragte er.

Sybin nickte. »Eine Box aus Stahl, mit Blei ausgekleidet. Zehn mal zehn Zentimeter groß.«

»Das genügt. Aber bei den Kilomengen...«

»Wir haben alles vorbereitet. Unser Freund Grimaljuk wird dir die Gefäße von einem Lastwagenfahrer bringen lassen, du füllst sie auf, und der Bleiwagen bringt sie aus Majak heraus, hierher nach Ozjorsk und weiter nach Tscheljabinsk.«

»Und das Geld?«

»Liegt auf einem Schweizer Nummernkonto.«

»Wer garantiert das?«

»Ich!« Sybin erhob sich. »Vertrauen gegen Vertrauen. Ich vertraue deiner Lieferung, du vertraust meinem Wort.«

»Wem kann man in Rußland heute noch vertrauen?«

»Mir, Lew Andrejewitsch.«

»Eine kleine Anzahlung wäre beruhigender.«

Sybin ignorierte diese versteckte Beleidigung. Timski war zu wertvoll, um ihm jetzt die Faust zu zeigen. »Ich werde großzügig sein. Wenn du übermorgen die Probe bringst, bekommst du tausend Dollar in bar.«

»Meine Frau und mein Kind bedanken sich, Igor Germanowitsch.« Timski deutete eine kleine Verbeugung an, drehte sich um und verließ mit schnellen Schritten das Hotel.

»Was hältst du von ihm?« fragte Sybin und setzte sich wieder. Grimaljuk zuckte die Schultern. »Ist er ein ehrlicher Mensch?«

»Nein...«

Sybin zuckte zusammen. »Nicht?«

»Wäre er ein ehrlicher Mensch, würde er uns kein Plutonium liefern...«

Da mußte Sybin lachen, so laut, daß sich einige Gäste im Restaurant zu ihnen umdrehten. Aber er lachte ungeniert weiter und trank das Fläschchen leer. An diesem Abend leistete er sich eine Bettgenossin, ein schwarzgelocktes Mädchen mit Tungusenblut, stürmisch wie ein sibirischer Wildbach. In der Stadt gab es viele von ihnen... hunderttausend Atomarbeiter suchten Abwechslung und eine Stunde Glück.

Am Vormittag des dritten Tages kam der Lkw-Fahrer ins Hotel und übergab Sybin ein schweres Päckchen. Er war sehr wortkarg und sagte nur: »Ein Gruß von Lew Andrejewitsch... und tausendfünfhundert Dollar.«

»Tausend waren abgemacht!« entgegnete Grimaljuk.

»Fünfhundert sind für den Transport. Nichts im Leben ist umsonst. Nur der Tod... den schenken sie uns hier.«

Er nahm das Geld, das Sybin in ein Kuvert steckte, und verließ sofort grußlos die Hotelhalle. Sybin betrachtete kritisch das Päckchen, das auf einem Tisch lag. »Damit kann man Tausende töten, wenn sie den Staub einatmen.«

»Zehntausende, Igor Germanowitsch. Ich darf jetzt nicht daran denken.«

»Das Denken sollten wir bei diesem Geschäft aufgeben. Bogdan Leonidowitsch, sorg dafür, daß das Zeug nach Moskau kommt. Ich fahre morgen weiter nach Krasnojarsk.«

Krasnojarsk-26. Die Stadt, die zu den zehn geheimsten Städten Rußlands gehörte.

Die Stadt in Westsibirien, die Plutonium für die Atombombe herstellt. In ihrem Arsenal lagert das Material zur Vernichtung der gesamten Welt.

Krasnojarsk-26. Die Hölle der Atomschtschiki.

Nicht nur Sybin war mit großen Hoffnungen und Erwartungen unterwegs, auch Dr. Sendlinger begab sich auf Reisen. Ludwig Waldhaas begleitete ihn; sein Baustoffhandel lief auch ohne ihn. Er beschäftigte mittlerweile drei Geschäftsführer und vierhundertdreißig Arbeiter, die sich bemühten, das Baumaterial für die neuen Großbauten in Berlin, Leipzig, Frankfurt/Oder, Rostock und Stralsund zu liefern. Seit der Wiedervereinigung Deutschlands war die ehemalige DDR eine einzige riesige Baustelle geworden. Überall schossen die Neubauten aus dem Boden, ein Bauboom ohnegleichen überzog die Länder, und vor allem in den Großstädten entstanden modernste Paläste mit Banken, Geschäftsniederlassungen, Büros, Restaurants und Versicherungen und Hotels und Supermärkten, wie man sie bisher noch nie gesehen hatte. Ein Heer von Immobilienhändlern und Baugesellschaften stieß sich hier gesund. Milliarden deutsche Mark rollten von Tasche zu Tasche – es herrschte eine Art Goldgräberstimmung, nur daß man keine kleinen Nuggets oder Körnchen aus der Erde wusch, sondern die Tausendmarkscheine stapelte. Auch Waldhaas ließ in seiner Firma Geld scheffeln... er selbst kümmerte sich um seinen abenteuerlichen Traum, waffenfähiges Atommaterial an Diktatoren und Terroristen zu vermitteln, auch an Wahnsinnige, wenn sie nur zahlen konnten. Ihm waren die Abnehmer gleichgültig.

Dr. Sendlinger selektierte die eingehenden Angebote. Sie trafen in Mengen ein, da er durch einen arabischen Mittelsmann hatte durchsickern lassen, es käme Plutonium 239 auf den Markt. Hier entstand der erste Streit mit Waldhaas.

»Was heißt hier aussortieren!« rief Waldhaas, als Dr. Sendlinger die Liste der Abnehmer vorlegte. »Wer zahlt – bekommt. Das ist doch ganz einfach.«

»Würdest du, wenn er noch lebte, an Idi Amin Atombomben liefern?«

»Warum nicht! Seine Dollar stinken ebensowenig wie die aus Pakistan.«

»Ich will das Plutonium sinnvoll angewendet sehen.«

»Höre ich richtig? Sinnvoll?« Waldhaas lachte kurz und trocken. »Wenn islamische Fundamentalisten damit herumfackeln, ist das sinnvoll? Paul, was wir verkaufen, *ist* der Tod, ganz gleich, in welche Hände das Mistzeug kommt! Ob Idi Amin, Gadhafi oder Pipi Strullemann ... das ist doch kein Unterschied! Wer Plutonium haben will, verwendet es nicht als Gartenerde. Selektieren!«

»Ich möchte nicht, daß deutsche Terroristen mit Plutonium drohen. Denn dann bist auch du unter den Opfern. Was in Afrika oder in Asien passiert, geht mich nichts an. Verstehst du das, Ludwig?«

»Die deutschen Terroristen haben kein Geld, um Plutonium zu kaufen.«

»Nein, keine zig Millionen. Aber wenn sie auch nur hundert Gramm kaufen – und das könnten sie durch Sympathisantenhilfe aufbringen oder mit Unterstützung von interessierten Staaten –, dann Gnade uns Gott! Mit hundert Gramm können sie ganz Westdeutschland verseuchen.«

»Und wenn sie über islamische Aufkäufer doch drankommen?«

»Genau das will ich untersuchen und verhindern.«

Dr. Sendlinger und Ludwig Waldhaas fuhren nach Paris.

Sie stiegen in einem Mittelklassehotel ab, das in der Nähe der Pont d'Alexandre lag; hier hatte Sendlinger schon öfter gewohnt, man kannte ihn, den Monsieur le Docteur aus Allemagne, und hier hatte er auch das Geschäft mit den dreizehn Kilogramm Cäsium 137 vermittelt. Was dann in Ozjorsk geschehen war, mit den beiden Säcken mit sechsundfünfzig Millionen Rubeln in kleinen Scheinen, wußte er nicht. Er hatte nur einen Deutschen kennengelernt, der sich sinnigerweise Schmitz nannte und den er in Paris mit einem orientalischen Aufkäufer zusammenbrachte. Das war alles gewesen. Die beiden Herren zogen sich in ein Zimmer zurück, und als sie wieder herauskamen und der Handel zur Zufriedenheit aller abgeschlossen war, überreichte ihm Herr Schmitz als Vermittlungshonorar einen Scheck über hunderttausend Mark. Die gleiche Summe zahlte der Orientale und bedankte sich damit für die Kontaktvermittlung zu Herrn Schmitz. Leichter konnte man zweihunderttausend Mark nicht verdienen. Dr. Sendlinger zahlte die Schecks bei einer Bank in Luxemburg auf ein Konto ein, das auf den Namen Einstein lautete. Keiner nahm daran Anstoß.

Jetzt, wieder in Paris und in seinem gemütlichen Hotel, war Sendlingers Terminkalender voll.

Dienstag: Herr Mohammed al Sifra, Kairo.
Mittwoch: Herr Jussuf Abbas aus Teheran.
Donnerstag: Vormittag – Herr Anwar Awjilah. Nachmittag – Herr Makar Abha aus Libyen.
Freitag: Herr Pierre Sautin aus Paris und Herr Brian Murphy.
Samstag: Weiterflug nach Wien.

Auf dieser Liste waren Sautin und Murphy Fremdkörper, aber Sendlinger hatte von ihnen telefonisch den Wink bekommen, daß eine Verbindung zu mittelamerikanischen Staaten möglich sei. Das waren neue Gebiete, wo es immer wieder Rebellionen gab – ein guter, aktueller Markt. Und weit weg von Deutschland.

Die Kontakte konnten also geknüpft werden... es lag jetzt nur noch an Sybin, das bestellte Material zu beschaffen. Er hatte gesagt: »Ludwig, es geht los!« Und Sendlinger plagten keine Zweifel, daß dies nur eine unverbindliche Redensart gewesen sein könnte.

Nach dieser ersten Besprechungsrunde in Paris dinierten Sendlinger und Waldhaas im *Maxim's* und stießen mit Dom Pérignon auf den Erfolg an.

»Wir haben die geradezu wahnsinnige Bestellung von insgesamt zwölf Kilogramm Plutonium 239, zwanzig Kilogramm Uran 235, zehn Kilogramm Lithium 6 und zwanzig Atomraketen SS-18, Codenamen *Satan*, und fünfzehn Atomraketen SS-25. Außerdem zehn Sprengköpfe für SS-22. Ludwig, das ist Wahnsinn!«

Waldhaas stellte sein Champagnerglas so hart auf den Tisch zurück, daß Sendlinger sich wunderte, daß es nicht zerbrach. Außerdem war Waldhaas so rot im Gesicht geworden, als habe er Rouge aufgelegt.

»Wahnsinn ist gar kein Ausdruck!« keuchte Waldhaas. »Das können wir doch nie liefern!«

»Nein.«

»Aber du hast jedem versprochen: Das machen wir schon!«

»Mit Versprechungen kann man Preise in die Höhe treiben.«

»Paul, ganz deutlich: Sie werden uns umbringen! Die haben überall ihre Agenten sitzen, ihre Killerkommandos, vor allem die Moslems.«

»Hast du Angst?«

»Ja. Woher nimmst du nur die Kaltschnäuzigkeit?«

»Ich werde die Aufträge an Sybin weitergeben, und wenn der ja zu allem sagt, hat er den Schwarzen Peter in der Hand. *Er* muß liefern, wir sind nur Vermittler, die sich auf Sybin verlassen haben, uns trifft kein Vorwurf, denn wir haben im besten Glauben verhandelt. Wir werden zwar auch geschädigt sein, aber wenn Sybin liefern kann, dann...« Er hob sein Champagnerglas. »Ludwig, addiere mal die Millionen zusammen. Das kannst du ohne Taschenrechner gar nicht. Ein Prost auf die Abrüstung, bei der das Gold auf der Erde liegt.«

In Wien sprachen sie nur mit zwei Käufern. Aber diese waren hochkarätig. Sein Stammhotel *Sacher* benutzte Sendlinger nicht für die Gespräche... er wich ins *Hilton* aus. Auch diesen beiden Unterhändlern versprach er, hochangereichertes Lithium 6 zu vermitteln. Er sagte dieses Mal nicht »besorgen«, sondern »vermitteln«. Das war unverbindlicher. Vermitteln bedeutet nicht liefern.

Auch an diesem Abend feierten Waldhaas und Sendlinger ihren Erfolg, dieses Mal in der roten Bar des Hotels *Sacher,* und sie gönnten sich am nächsten Abend einen Besuch in der Wiener Staatsoper. Placido Domingo sang den Bajazzo. Bei der großen Arie »Hüll dich in Tand nur...« kamen Sendlinger die Tränen, hier zeigte sich sein zartes Gemüt... er weinte oft in der Oper, vor allem beim Pilgerchor im »Tannhäuser« und am Schluß der »Götterdämmerung«.

Wie soll man einen Menschen je begreifen?

Zurück in Berlin, rief Dr. Sendlinger sofort in Moskau die Privatnummer von Sybin an.

Es meldete sich nicht Sybin, sondern Natalja Petrowna.

»Igor Germanowitsch ist nicht hier«, sagte sie in ihrem fröhlich klingenden, russischen Deutsch. »Ich weiß nicht, wann er zurückkommt.«

»Und wann kommen Sie nach Berlin?«
»Sobald es nötig wird.«
»Von mir aus gesehen, ist es bereits sehr nötig, Natalja.«
Ihr helles Lachen sprang in den Hörer. »Ich werde es Igor sagen.«
»Müssen Sie bei allem, was Sie tun, erst Igor fragen?«
»Es hat sich so ergeben.«
»Haben Sie kein eigenes Leben mehr?«
»Ich bin zufrieden mit dem, was ich habe. Und wenn ich mehr will, bekomme ich es!«
»Und die Liebe?«
»Was ist Liebe?«
»Haben Sie noch nie einen Mann geliebt?«
»Ich habe bei vielen Männern im Bett gelegen, aber das war meistens ein Geschäft oder manchmal nur der Drang nach Sex. Wenn dann alles vorbei war, hätte ich die Kerle umbringen können.«
»Wie ein Spinnenweibchen ihren Gefährten. Sie haben nie Sehnsucht nach einem bestimmten Mann gehabt? Herzschmerzen, wenn Sie an ihn dachten? Schlaflose Nächte, wenn sie allein waren und er nicht in Ihrer Nähe war? Träume, in seinen Armen zu liegen und himmlisch glücklich zu sein?«
»Das ist doch reinster Kitsch, Dr. Sendlinger. Ich käme mir lächerlich vor, derartig auf einen Mann zu reagieren. Außerdem ist das kein Kerl wert! Ich habe noch keinen Mann kennengelernt, der meine Seele umarmt – nur meinen Leib...«
»Haben Sie eine Seele, Natalja?«
»Ich weiß es nicht. Es hat sich noch keiner darum gekümmert. Aber ich glaube, es wird niemals einen Mann geben, der mir sagen kann, was Liebe ist.«
Sie plauderten noch eine Weile über dieses Problem, bis Dr. Sendlinger sagte:
»Natalja, beenden wir die Diskussion. Sie kommen also nicht nach Berlin?«
»Ihretwegen? Nein! Ist das ein klares Wort?«
»Absolut deutlich. Sagen Sie Igor, daß ich auf seinen Anruf warte. Sagen Sie ihm, die Tante wartet auf die Blumen... dann weiß er, was ich meine.«
»Ich werde es nicht vergessen.«
Natalja in Moskau legte auf. Das Telefongespräch wirkte, sie setzte sich in einen Sessel und dachte über Sendlingers Worte nach.

Was ist Liebe? Einen Mann zum Mittelpunkt des Lebens zu machen? Sich nach ihm zu sehnen? Sie konnte sich nicht denken, daß so etwas bei ihr jemals möglich sein könnte. Männer waren Objekte für Spiel und Spaß und mußten für die Illusion, geliebt zu werden, bezahlen. Daß sie das nicht merkten, bewies einmal mehr ihre Dummheit. Eine Frau ist immer die Stärkere und Klügere, wenn sie ihren Körper hergibt... dann hält sie die ganze Welt in der Hand und nicht nur ein Zipfelchen Männlichkeit.

Am Abend rief Igor Germanowitsch aus Krasnojarsk an.

»Wie geht es dir, Schweinchen?« rief er fröhlich ins Telefon.

»Du sollst Dr. Sendlinger anrufen. Die Tante wartet auf die Blumen...«

Sybin lachte laut. Er war in bester Stimmung. »Sag ihm: nur ein wenig Geduld. Der Gärtner pflückt gerade die Blumen. Es sind prachtvolle Exemplare. Die Tante wird sich sehr freuen. Und was machst du?«

»Ich lese Puschkin.«

»Bereite dich darauf vor, nach Deutschland zu fliegen.«

Natalja schüttelte den Kopf, aber das sah Sybin nicht. Sie fragte nur: »Muß das sein?«

»Würde ich es sonst sagen? Du sollst der Tante die Blumen bringen...«

Er lachte wieder und beendete das Gespräch. Natalja warf wütend den Hörer auf die Gabel. Was bildet er sich ein? Bin ich sein Geschöpf? Wie einem Hund ruft er mir zu: »Los! Lauf! Fang! Hierher! Kusch! Sitz! Mach bitte, bitte! Leg dich hin!« Und ich soll gehorchen... wie ein dressiertes Tier!

Sie sprang auf, rannte in dem großen Wohnraum hin und her, blieb nach einer Weile stehen und sah sich um. Sie wohnte jetzt in einer schönen, neuen Datscha, die Sybin für sie gebaut hatte. Ringsherum Birkenwald und golden blühender Ginster, ein Blumengarten mit einem kleinen Teich voller rotschimmernder und silbernglänzender Fische, eine aus dicken Bohlen gezimmerte Banja mit Sauna. Und dann das Haus selbst: großzügig in den Ausmaßen, möbliert mit den wertvollsten Möbeln, die Sybin aus Deutschland hatte kommen lassen, Teppiche aus Turkmenien und Persien, alte Kasaks und Seidenbehänge aus Nain, Wandbespannungen aus chinesischer Seide und Brokatkissen aus Thailand... hier spiegelte sich der neue Reichtum wider, den Sybin mit seinem »Konzern« zusammengerafft hatte. Mit Bestechungen, Schutzgelderpressung,

Prostitution, Rauschgift, Nachtbars und Beteiligungen an Immobiliengeschäften, Industriewerken, Exportfirmen und Handelsgesellschaften. Die Krönung des ganzen sollte der Atomschmuggel werden ... dann wollte Sybin auswandern und sich in die Südsee- oder Karibiksonne legen.

Das alles hat er für mich bezahlt, dachte Natalja und ging durch das große Haus. Er hat mich aus der Bar herausgeholt, ich muß nicht mehr nackt tanzen und meine Bärchennummer abziehen ... er hat mich, wie man so sagt, gesellschaftsfähig gemacht. Wo ich mit ihm hinkomme, küßt man mir die Hand und liest mir meine Wünsche von den Augen ab. Muß ich da nicht dankbar sein? Muß ich ihm nicht wie ein gestreichelter Hund zu Füßen liegen? Und kann er mich nicht auch wegjagen wie einen lästigen Hund, wenn er es will? Natalja Petrowna, gehorche! Man hat dich mit Gold überschüttet ... wirf es nicht weg, denn darunter bist du nackt.

Verdammt, ja – ich bin dein Geschöpf Igor Germanowitsch... aber erlaube, daß ich dich hasse!

In Krasnojarsk erwartete – wie immer – ein Angestellter des »Konzerns« seinen Chef Sybin.

Krasnojarsk im südlichen Sibirien ist eine große, lebendige Stadt mit über neunhunderttausend Einwohnern. Es hat eine Universität, Lokomotivfabriken, Schiffswerften und Maschinenbaukombinate, eine der größten Aluminiumhütten Rußlands, ist bekannt für seine Leder-, Holz- und Papierindustrie, die Textilfabriken beliefern ganz Rußland. Es gibt einige chemische Werke und eine blühende Erdölraffinerie. Der Hafen am mächtigen Strom Jenissei ist der Umschlagplatz für alle Güter in Südsibirien, und der Flughafen wird jeden Tag von Moskau aus angeflogen.

Nur eines erwähnt man nicht, und es ist – wie in Tscheljabinsk – auch auf keiner Karte verzeichnet: das Gebiet von Krasnojarsk-26. Dies ist ein mit einem drei Meter hohen Stacheldraht eingezäuntes Areal, überragt von Wachtürmen, auf denen starke Scheinwerfer montiert sind, und bewacht von einer Spezialeinheit von dreitausend Soldaten des Innenministeriums, die man eigens zur Sicherung der Zugänge nach Krasnojarsk abkommandiert hat. Es ist eine »geschlossene Stadt«, nur mit Passierscheinen zu betreten, und die Soldaten dürfen, wenn sie jemanden überraschen, wie er durch eine Lücke im Zaun die Stadt betreten will, ohne Zuruf sofort schießen.

Krasnojarsk-26 ist die geheime Stadt, in der Plutonium 239 produziert wird. Drei Atomreaktoren sorgen für Nachschub; wieviel Plutonium aus den »bebrüteten« Uranbrennstäben gewonnen wird, ist ein absolutes Staatsgeheimnis. Nur das Atomministerium weiß die genaue Menge... wenn überhaupt eine genaue Menge genannt wird! Die Tonnen von Plutonium, die hier lagern, reichen aus, um fünfundzwanzigtausend Nagasakibomben zu bauen oder – als Staub in die Luft geblasen – die Menschheit und die Tierwelt, die ganze Erde, lautlos auszulöschen!

Nikita Victorowitsch Suchanow holte seinen Chef am Flughafen ab und fuhr ihn in die Stadt zum Hotel. Im neuerbauten Hotel *Sibirskaja* war eine Suite reserviert. Vor allem von ausländischen Gästen wurde dieses Hotel bevorzugt, denn seit Glasnost und der Öffnung zu den kapitalistischen Staaten im Westen kamen viele Abordnungen und Manager nach Krasnojarsk, um aus der blühenden Stadt geschäftlichen Nutzen zu ziehen. Vor allem die Holz- und Papierindustrie erwirtschaftete gute Gewinne, da in Mitteleuropa die Papierpreise explodierten. Das lag vor allem an den steigenden Löhnen, und damit hatte Rußland keine Probleme, denn jeder war froh, wenn er überhaupt Arbeit bekam. Wie immer auch der außerrussische Markt sich entwickelte: Rußland konnte konkurrenzlos liefern. Hier drückte keine Gewerkschaft – im Gegensatz zu Deutschland – die Lohnforderungen in wirtschaftsfeindliche Höhen; der Lohn wurde einfach festgelegt, und wer nicht mitzog, wurde entlassen. Das war eine radikale Wandlung im Gegensatz zum Sozialismus, die nötig wurde, um für Rußlands Wirtschaft einen Platz im Weltmarkt zu erobern. Als Vorbild diente dabei die Volksrepublik China, die Deng Xiaopings Idee konsequent durchsetzte: geringer Lohn, aber hohe Leistung; Start frei für ausländische Investoren, die für einen Bruchteil der europäischen Löhne gute Arbeiter beschäftigen konnten. Das Wirtschaftswunder kam dann von allein. Man kann auch mit offener Hand Kommunist sein. Der Beweis dafür war überall zu besichtigen; und die Zeit der politischen Eiferer und Fanatiker war vorbei. Wohlstand ist die beste Garantie für innere Ruhe... man muß Ideologien nur richtig und modern interpretieren.

Sybin bezog seine Suite, war sehr zufrieden, duschte sich und kam dann in einem seiner Maßanzüge wieder hinunter in die Halle. Suchanow schnellte aus seinem Sessel hoch.

»Ich bin zufrieden«, sagte Sybin großzügig. Er wußte: wer einen Russen lobt, gewinnt einen Freund. »Ein schönes Hotel. Wo können wir ungestört sprechen, Nikita Victorowitsch?«

»In einer Ecke der Bar. Sie ist um diese Zeit noch leer.«

Die Bar war mit wertvollen Hölzern getäfelt, hatte einen Marmorboden und eine messingblitzende Theke, an der, so schätzte Sybin, fünfzig Menschen bequem Platz fanden. In einer weit entfernten Ecke setzten sie sich auf die dicken Lederpolster. Hier hörte sie niemand; denn auch die Zeiten, wo solche Plätze von in der Wand eingebauten, hochempfindlichen Mikrofonen, Wanzen genannt, abgehört wurden, waren vorbei.

»Was trinkst du?« fragte Sybin.

»Wodka. Hier können Sie so viel Wodka bekommen, wie Sie wollen. In Krasnojarsk werden ganze Getreideernten heimlich zu Alkohol gebrannt. Was Sie auch wollen – in Krasnojarsk bekommen Sie alles! Hier ist nichts unmöglich.«

»Auch auf unserem Gebiet, Nikita?«

»Da sieht es etwas schwieriger aus, Igor Germanowitsch.« Wie Grimaljuk in Tscheljabinsk holte auch Suchanow ein paar Blätter Papier aus der Tasche und legte sie auf die Marmorplatte des Tisches. »Sie kommen jetzt aus Ozjorsk? Wie war es dort?«

»Erfolgreich!« antwortete Sybin knapp. Er wartete, bis der Kellner – ungerufen – mit einer Flasche Wodka und zwei Gläsern kam. Suchanow schien hier bekannt zu sein. Er übernahm das Einschenken und sagte zu dem Kellner: »Wir wollen nicht gestört werden, Waleri.« Sybin nippte an dem Wodka – er schmeckte vorzüglich. Ein weicher Brand, nicht so ein ordinärer Halskratzer wie viele »private« Brände. Am schlimmsten war der Samogon, davon konnte man verblöden.

»Trinkst du immer eine ganze Flasche?« fragte Sybin tadelnd. »Hundert Gramm wären genug.«

»Oh, sagen Sie so etwas nicht, Igor Germanowitsch!« Suchanow hob beschwörend beide Hände. »Kennen Sie nicht das russische Sprichwort: Hundert Kilometer sind keine Entfernung, hundert Jahre kein Alter und hundert Gramm kein Wodka! Ich liebe Sprichwörter.« Er griff nach den Papieren und zog sie näher zu sich heran. »Fangen wir an. In der hermetisch abgesperrten Atomstadt Krasnojarsk-26 gibt es drei Atomreaktoren, gebaut im Jahre 1964. Also alte Kästen, aber voll funktionsfähig. Nach dem Atomsperrvertrag wollte man alle drei schließen, doch das geht nicht, weil sonst die gesamte Stromversorgung von Krasnojarsk zusammenbricht. Aber die Pläne bestehen noch: Einen Reaktor will man umbauen zu einer Fabrik für Melkmaschinen, den zweiten zu einer Fabrik für Videokassetten! Idiotischer geht es nicht! Es soll also nur noch ein Reaktor in Betrieb bleiben. Sie können sich denken, wie die Atomschtschiki sich fühlen: Als säßen sie selbst auf einer Bombe. Und der Verdienst? Die Zeitung *Rossijkaja* schrieb: ›Schon heute verdienen die Mitarbeiter der Atomindustrie weniger als die Wachleute in einer Ausnüchterungszelle.‹ Und die hat hier fast jeder Großbetrieb.«

»Ich weiß, wie schlecht die Bezahlung ist. Das ist in allen Atomwerken und Labors so.«

»Der Staat hat kein Geld. Es kommt vor, daß die Arbeiter von Krasnojarsk drei Monate auf ihren Lohn warten müssen. Um zu überleben, verkaufen sie alles, was sich verkaufen läßt.«

»Das hört sich vielversprechend an, Nikita. Da können wir mit Dollarscheinen winken, und es gibt ein Wettrennen.«

»Vorsicht, Igor Germanowitsch! Allein in dem abgesperrten Krasnojarsk arbeiten hunderttausend Menschen. Die eigentliche Plutoniumfabrik, wo das Rohplutonium in reines, waffenfähiges Plutonium 239 umgewandelt wird, liegt zweihundert Meter unter der Erde. Dort sind zehntausend Arbeiter und Wissenschaftler beschäftigt. Und hier lagern auch die Tonnen von Plutoniumpulver, so, wie man Zuckersäcke stapelt, zwar hinter dicken Stahltüren, die aber nicht bewacht sind. Wer nimmt schon den Tod mit nach Hause? Das ist die Lage.«

»Und woher hast du diese Informationen?«

»Das werden Sie sehen, wenn wir unseren – Kontaktmann treffen.« Nikita Victorowitsch grinste breit und trank wieder ein hohes Glas Wodka aus. »Ich habe mich für die Firma wirklich aufgeopfert. Das werden Sie mir bestätigen, Igor Germanowitsch.«

»Wann treffen wir diesen Kontaktmann?«

»Heute abend... auf Ihrem Zimmer, wenn das möglich ist.«

»Einverstanden!« Sybin blickte Suchanow verwundert an. Er konnte sich dessen Fröhlichkeit nicht erklären. Zwei Gläser Wodka konnten eine solche Wirkung nicht erzeugen, auch bei einem Säufer nicht. »Weiß dein Kontaktmann, worum es geht?«

»Ich habe es, ganz vorsichtig, im Bett angedeutet...«

»Im...« Sybin zuckte zusammen. »Suchanow, hat dich der Wodka schwul gemacht?«

»Sie werden es sehen, Igor Germanowitsch. Es war eine gute Wahl.«

Suchanow raffte seine Papiere zusammen, steckte die Flasche

Wodka in seine Jackentasche und verließ die Bar. Das Bezahlen überließ er Sybin.

Bis zum Abend grübelte Sybin darüber nach, ob sich Suchanow wirklich mit einem Mann abgegeben hatte, um an einen Atombeschaffer heranzukommen. Ich tue alles für die Firma, hatte er gesagt... aber kann man zu so etwas fähig sein, nur um einen Kontakt herzustellen? Auf jeden Fall war Sybin höllisch gespannt auf den Mann, den ihm Suchanow am Abend präsentieren würde.

Gegen neunzehn Uhr klopfte es an Sybins Tür. Sybin lief in die Diele der Suite und öffnete erwartungsvoll.

Zunächst trat Suchanow ein. Er hielt eine volle Wodkaflasche hoch und zeigte sie seinem Chef.

»Das ist ein Wässerchen!« rief er. »Ein Osobaja, ein besonderer. Und sehen Sie sich die Marke an: Solotoe Kolzo! Der Beste! *Der Goldene Ring*. So etwas haben Sie noch nie getrunken!« Und dann drehte er sich um und rief hinaus auf den Flur: »Komm herein, Liebling! Tritt näher, mein Schatz!«

Sybin spürte einen Druck im Magen. Er nennt einen Mann Liebling und Schatz! Ich werde mich beherrschen müssen, wenn ich diesen Kerl sehe. Und Suchanow werde ich später auf den Kopf schlagen. Alles für die Firma...

Und dann trat Liebling ins Zimmer...

Sybin hielt den Atem an, und seine Augen weiteten sich.

Herein kam eine junge, schlanke Frau mit langen schwarzen Haaren, nicht gerade hübsch, denn ihre Nase war etwas länger als normal, ihr Gesicht breitflächig und ihr Mund schmallippig, aber sie hatte, soweit man das unter ihrer Bluse ahnen konnte, runde, feste Formen und unter dem bis zur Erde reichenden Rock lange Beine. Sie blickte Sybin mit Neugier an und blieb mitten im Zimmer stehen. In dem Licht des kristallenen Kronleuchters sah sie schön aus.

»Das ist Wawra Iwanowna Jublonskaja«, rief Suchanow stolz. »Und das ist mein Chef, Igor Germanowitsch Sybin. Habe ich zuviel versprochen? Ein Juwel ist sie, ein Juwel, sage ich. Und sie arbeitet in der Wiegekontrolle. Durch ihre Hände läuft jedes Gramm Plutonium 239. Kein Körnchen kommt ungewogen an ihr vorbei.«

»Ich freue mich, Sie kennenzulernen, Igor Germanowitsch«, sagte Wawra. Sie hatte eine warme, dunkle Stimme, die jedes Wort zu einem Streicheln zu machen schien. »Nikita Victorowitsch hat mir viel von Ihnen erzählt. Es ist zu gütig von Ihnen, daß Sie ihn zum Direktor befördern wollen...«

Sybin warf einen Blick hinüber zu Suchanow. Halunke! In den Hintern trete ich dich! Direktor! Du wirst für deine Arbeit einen Bonus bekommen, das ist alles... wenn die Arbeit gut war.

»Nikita hat eine Belohnung verdient!« antwortete Sybin. »Er wird sie bald bekommen.«

Verlegen stellte Suchanow die Wodkaflasche auf den Tisch neben den großen Begrüßungsblumenstrauß und zuckte die Schultern. Versteh mich nicht falsch, sollte das heißen. Ich mußte ein wenig übertreiben, um ihr zu imponieren. Direktor hört sich besser an als Abteilungsleiter. So ein Titel erzeugt Vertrauen. Und außerdem ist Wawra eine wählerische Frau, die weiß, wie interessant sie ist. Jetzt hat sie einen langen Rock und eine sittsame, weite Bluse an ... aber man sollte sie mal im Bikini sehen, wenn sie aus den Wellen des Jenissei steigt! Dort, am Ufer des Stroms, habe ich sie kennengelernt und sofort zugegriffen, als sie mir von Krasnojarsk-26 und ihrer Arbeitsstelle erzählte. Das ist ein Glücksfall, Igor Germanowitsch.

»Setzen wir uns«, sagte Sybin und ließ wieder das umwerfende Lächeln um seine Lippen spielen.« Das Essen wird gleich serviert. Ich habe Schtschisuppe bestellt, dann Piroschki, gebackenen Zander nach Moskauer Art, paniertes Hähnchen à la Kiew und zum Nachtisch Moroshenoje, das beste Eis mit heißen, honiggesüßten Multebeeren. Sie können aber auch etwas anderes wählen, Wawra Iwanowna, wenn Ihnen mein Vorschlag nicht gefällt. Bestimmen Sie...«

»Zuerst trinken wir einen *Goldenen Ring*«, rief Suchanow vom Tisch her. »Denken wir immer an die alte Weisheit der Russen: ›Schmeckt der Wodka nicht mehr, dann gehe zum Sargtischler!‹«

»So kenne ich Nikita Victorowitsch gar nicht!« Sybin führte Wawra in das Eßzimmer der Suite. »Sie haben ihn völlig verwandelt! Er ist ein anderer Mensch geworden. Man darf Ihnen gratulieren, Wawra Iwanowna.«

»Er ist ein lieber Mensch«, sagte Wawra schlicht. »Es freut mich, daß Sie soviel von ihm halten und sein Freund sind.«

Suchanow hüstelte verlegen, brachte dann die Wodkagläser und sah Sybin flehend an. Bitte verraten Sie mich nicht. Haben Sie ein Herz mit einem frisch Verliebten. Sehen Sie sich diese Frau an, lohnt es sich nicht, dafür ein wenig zu lügen? Seien Sie nachsichtig mit mir, Igor Germanowitsch.

Sie prosteten sich zu und setzten sich an den großen runden Tisch des Eßzimmers.

»Ich bin mit der Wahl Ihres Abendessens sehr zufrieden«, sagte Wawra. »Bleiben wir dabei.«

»Sie schenken mir wahre Freude.« Sybin hielt sich nicht mit langen Vorreden auf. Ein Einkreisen des Themas war jetzt nicht mehr nötig. »Nikita hat Ihnen erzählt, warum wir hier zusammenkommen?«

»Er deutete es an.«

»Dann werden wir jetzt deutlicher: Ich brauche Plutonium 239. Jede mögliche Menge.«

Wawra war weder erstaunt noch entsetzt – vielmehr veränderte sich ihr Gesicht: Es erstarrte zu einer Maske, Pokerface nennen es die Amerikaner – die Miene eines knallharten Verhandlers.

Sie ist ein eiskalter Typ, dachte Sybin. Ein Marmorklotz, den man behauen muß. Im Bett sind solche Weiber ein Naturereignis, aber mit ihnen Geschäfte zu machen, das ist Schwerstarbeit. Wenn du an ihr kleben bleibst, Nikita, hast du zukünftig nichts mehr zu melden. Sie entmannt dich auf die liebenswürdigste Weise.

»Was wollen Sie mit dem Plutonium?« fragte Wawra.

»Es verkaufen.« Sybin lehnte sich zurück.« Man braucht es außerhalb von Rußland.«

»Ein tödlicher Handel, Igor Germanowitsch.«

»Die Dollars wiegen das Risiko auf. Klar gefragt: Können Sie Plutonium beschaffen?«

»Eine klare Antwort: Ja.« Wawra Iwanownas Blick war kalt und unpersönlich. »Ich bin bereit, mit Ihnen zusammenzuarbeiten. Der Staat hat uns im Stich gelassen. Seit Monaten bekommen wir kein Gehalt, nicht mal eine Teilzahlung. Kann man ohne Geld leben? Da werden einem die Kartoffeln im Garten wichtiger als jeder Reaktor. Immer verspricht man uns, es würde besser werden, aber es bleibt bei den Worten! Jetzt will man sogar zwei Reaktoren stillegen... und was wird dann aus uns? Darüber spricht niemand, weil keiner weiß, wie man uns weiterbeschäftigen kann. Wir qualifizierten Arbeiter werden zum Abfall Rußlands gehören. Nicht nur bei uns ist das so... in allen Atomstädten und Forschungszentren geht das Gespenst der Armut um.«

»Ich weiß das«, sagte Sybin geduldig. Überall die gleichen Klagen... Rußlands Abrüstung war eine der Ursachen des inneren Zusammenbruchs. Wen wundert es, daß sie die Mutter der Kriminalität geworden ist? Wenn der Staat versagt, hat die Illegalität Hochsaison. Wawra legte ihre Hände auf den Tisch. Schöne, langgliedrige Hände, nur die vereinzelten weißen Flecken auf der Haut störten Sybin. Zeichen einer Verstrahlung? Er wußte es nicht. »Was schlagen Sie vor?«

»Ich liefere Ihnen Plutonium. Meine Bedingung: Beteiligung am Gewinn.«

O du Satansweib! So also ist das... du willst Partnerin werden! Du bist nicht zufrieden mit einem zugegeben dicken Handgeld, du willst in den Deal einsteigen. Nikita, das ist kein zärtliches Weibchen, das ist ein gieriges Raubtier.

»Wie stellen Sie sich das vor, Wawra Iwanowna?« fragte Sybin ruhig. Sie kann liefern, also sei freundlich zu ihr. Verärgere sie nicht, man trübt keine Quelle, aus der man trinken will.

»Wir entwerfen einen Vertrag, Igor Germanowitsch.«

»Nichts Schriftliches, auf gar keinen Fall. Das wäre wie eine Selbstanzeige.«

»Ein Vertrag per Handschlag, und Nikita ist Zeuge. Wie bei den sibirischen Bauern, wenn sie Pferde kaufen.«

»Und was soll der Vertrag beinhalten?«

»Sie beteiligen Nikita und mich mit zwanzig Prozent am Gewinn.«

»Ich habe damit nichts zu tun!« rief Suchanow sofort und hob die Arme verzweifelt in die Höhe.

»Halt den Mund, Liebster!« Wawra blickte Sybin kampfbereit an. »Nikita ist ein so gütiger, zurückhaltender Mensch. Zwanzig Prozent, Igor Germanowitsch...«

Sybin rechnete im Kopf schnell nach. Pro Kilogramm fünfundsechzig Millionen Dollar, davon zwanzig Prozent, das sind ungeheure dreizehn Millionen Dollar für Wawra. Wahnsinn! Mit fünfhunderttausend Dollar hat sich Timski in Tscheljabinsk zufriedengegeben, und dieses Satansweib verlangt das Dreiundzwanzigfache!«

»Das ist unrealistisch, Wawra Iwanowna!« sagte Sybin mit knirschenden Zähnen. »Das ist nicht drin.«

»Ich nenne keine Zahlen, ich nenne Prozente. Wieviel Sie auch verdienen, achtzig Prozent gehören immer Ihnen! Ich beteilige mich an dem Risiko. Und – das ist die Grundlage – ich beschaffe Ihnen das Plutonium. Das kann man nicht aus einem Sack abfüllen wie Mehl. Das schwierigste ist, an das unterirdische Lager heranzukommen. Den Verlust wird man kaum merken, denn die Wiegekontrolle ist ja meine Arbeit, und ich schreibe falsche Mengen in das Berichtsbuch. Es ist ganz einfach: Wir wiegen das hochreine Plutonium 239 nicht auf einer elektronischen Präzisionswaage, sondern auf einer normalen Lebensmittelwaage... Modell 1966 mit Bleigewichten...«

»Das gibt es doch nicht!« rief Sybin überwältigt. Plutonium auf einer einfachen Waage wie in einem Dorfladen! Undenkbar. Das übertrifft die Horrorvisionen eines jeden Phantasten!

»Bei uns schon.« Wawras Gesicht blieb unbewegt. »Es gibt noch mehr solcher Unmöglichkeiten in Krasnojarsk-26. Zum Beispiel der Transport hinaus... das geringste Problem. Wer das Gelände betreten will, muß einen Passierschein vorzeigen. Dreimal wird er vom Militär kontrolliert, es gibt drei Sperrkreise. Aber wer hinaus will, hat es einfacher. Niemand verlangt einen Passierschein, keiner untersucht die Taschen, man kann mit einem Rucksack das Gelände verlassen, niemand fragt danach. Und die Lastwagen und Autos werden an den Kontrollstellen einfach durchgewinkt wie an der Grenze von Rußland nach Kasachstan. Keinen interessiert, was in den Lastwagen transportiert wird.«

»Dann ist die Abriegelung der Stadt ja ein Witz!« rief Sybin fassungslos.

»Es stimmt. Die ›geschlossene Stadt‹ zerfällt. Früher war das anders, da war die Atomreaktorstadt eine Festung, ein uneinnehmbarer Kreml... heute sind die dreitausend Soldaten froh, wenn man sie bei der Patrouille nicht stört. Wen wollen sie festhalten? Ihre eigenen Offiziere? Das sind die größten Gauner. Sie transportieren auf Lastwagen die riesigen, im Durchmesser drei Meter großen Metallröhren, die einmal der Mantel der SS-18-Raketen waren, ungehindert ins Freie, um sie als Garagen zu verkaufen. Und auf den Schrottplätzen liegt alles herum, was man zu Geld machen kann: Silber, Gold, Platin und Buntmetalle aller Art. Damit überleben sie, denn auch sie erhalten nur unregelmäßig ihren Sold, manchmal drei Monate lang keine Kopeke! So sieht es bei uns aus. Der Transport ist keine Frage mehr... nur wie man an das Plutonium herankommt. Ich kann es nicht von der Waage einfach wegnehmen und zur Seite stellen. Und das, Igor Germanowitsch, muß bezahlt werden.« Wawra atmete tief durch. »Sehen Sie das ein, Igor Germanowitsch?«

Sybin war über diese Enthüllungen einer sterbenden Atomstadt so betroffen, daß er zunächst keine Worte fand. Aber ganz klar sah er die einmalig günstige Situation: Wenn jemand Plutonium 239 in großen Mengen beschaffen konnte, dann war es Wawra Iwanowna, dann war es Krasnojarsk-26, das größte Plutoniumlager Rußlands. War das dreizehn Millionen Dollar pro Kilogramm wert?

Ja – das war es! Das Satansweib hatte gewonnen, Sybin mußte es zugeben, auch wenn es an seinem Stolz nagte.

»Geben Sie mir Ihre Hand, Wawra Iwanowna«, sagte er und erhob sich. Suchanow starrte ihn ungläubig an. Er erwürgt sie nicht – er reicht ihr die Hand. Er macht uns zu Dollarmillionären! Das ist, wie wenn ein Märchen Wahrheit wird. Sybin, ich möchte Ihre Schuhspitzen küssen wie früher die Kulaken die ihres Gutsherrn.

Auch Wawra erhob sich und streckte Sybin ihre Hand hin. Sie griffen fest zu und sahen sich tief in die Augen.

»Ich freue mich!« sagte Sybin schweren Herzens. »Wann können Sie liefern?«

»Das weiß ich nicht.«

Sybin zog sofort seine Hand zurück. »Ein Vertrag muß erfüllt werden! Meine Kunden warten!«

»Ein technisches Problem ist es, Igor Germanowitsch.« Wawra setzte sich wieder. »Die Herstellung des Plutonium 239, so rein, wie Sie es wollen... das braucht seine Zeit. In dem Reaktor wird das Uran zwei Monate lang einer ›Bebrütung‹ ausgesetzt, bis es sich zersetzt und Plutonium abfällt. Das ist die erste Stufe. Nach der Abspaltung – Plutonium ist ja ein Abfallprodukt – muß das unreine Gemisch ein halbes Jahr abstehen, um dann in komplizierten radiochemischen Verfahren getrennt und gereinigt zu werden. Dann erst haben wir das reine Plutonium 239 gewonnen, das man für Atombomben braucht. Es wird als mehlfeines Pulver, als Staub, abgefüllt und eingelagert. Erst dann kommt es zu mir, um gewogen und in kleinen Stahlbehältern abgefüllt zu werden, und dann verschwindet es in dem zweihundert Meter tiefen Erdlager.«

»Das heißt, Sie können beim Wiegen nur grammweise Plutoniumpulver abzweigen. An die Vorräte im Bunker kommen Sie nicht heran? Wawra... ich brauche keine Teebeutelchen, sondern Kilogramm!«

»Die bekommen Sie in so kurzer Zeit in keiner Reaktorstadt. Ich bin – so glaube ich – die einzige, die Ihnen größere Mengen liefern kann, weil unser Betrieb so viele Löcher hat wie ein Hartkäse.«

Wawra blickte Suchanow an. Der beeilte sich, ihr noch ein Gläschen *Goldener Ring* einzuschenken. Sie trank das Glas in einem Zug aus. Kein Russe trinkt Wodka in kleinen Schlückchen – an den Mund, hopp und ex, so schmeckt das Wässerchen am besten. Da freut sich der Magen, und die Hirnnerven beginnen zu tanzen.

»Kennen Sie die Atomfabrik und das Forschungszentrum Arsamas? Auch dort ist eine Atomwaffenzentrale.«

»Arsamas steht auf meiner Liste.« Sybin nickte. »Es liegt in der Nähe von Nowgorod.«

»Wir tauschen ab und zu Erfahrungen aus. Arsamas ist besonders durch die Atomwaffenverträge gefährdet. Das hat dazu geführt, daß einige hochqualifizierte Kernforscher ausländischen Verlockungen erlegen sind. Flup... weg waren sie, verstreut in alle Welt, auch in den Iran. In Arsamas könnten Sie auch Erfolg haben. Dort herrscht Weltuntergangsstimmung. Und wenn Sie nach Tomsk kommen oder nach Surowaticha, nach Sewmasch oder Sewerodwinsk, Sneschinsk oder Belojarsk... überall können Sie Plutonium auftreiben, aber nur grammweise, nie ein Kilo auf einmal. Doch wenn Sie alle Mengen miteinander mischen, könnten Sie einige Kilo zusammenbekommen.« Wawra hob den Kopf. »Wobei zu sagen ist: Das beste und reinste Plutonium gibt es nur in Krasnojarsk-26.«

»Das glaube ich Ihnen sogar, Wawra Iwanowna. Ich werde mich darum kümmern.« Sybin schwieg. Zwei Kellner rollten einen großen Serviertisch in die Suite und begannen, den Tisch zu decken. Die Schtschisuppe dampfte in einer Terrine aus wertvollem Porzellan. Eine köstlich duftende Kreation des Chefkochs aus Kohl, Tomaten, Zwiebeln, Kartoffeln, Sellerie, Petersilie und starker Rinderbrühe. Es gibt keinen Russen, der diese Gemüsesuppe nicht in sein vaterländisches Herz geschlossen hat.

Es wurde ein opulentes Abendessen, zu dem Sybin einen Zinandali – einen georgischen Wein – servieren ließ und zum Abschluß Sowjetskoje Schampanskoje sucheje – den berühmten trockenen russischen Sekt – spendierte. Als Nachtisch entschied er sich für die süßen Blinschtschiki, garniert mit gemischtem Fruchteis. Kenner behaupten, das russische Eis sei das beste der Welt.

Sehr spät verließen Wawra und Nikita die Suite. Die Jublonskaja mußte ihren Suchanow unter den Arm nehmen und fast tragen; er lallte, hatte den *Goldenen Ring* zu drei Vierteln allein getrunken und glotzte Sybin dämlich an.

»Igor Germanowitsch«, lallte er mit ungelenker Zunge, »das vergesse ich dir nie! Du bist der beste Chef unter der Sonne... Schlafe ohne Träume...«

Sybin schloß hinter ihnen die Tür ab und trank den Rest des Sektes. Er hatte mit Schwierigkeiten gerechnet, aber daß es so schwierig wurde, vier bis fünf Kilogramm reines Plutonium zusammenzukratzen, hatte er nicht erwartet. Es muß sich alles erst einspielen, dachte er. Kein Baum schießt wie ein Pilz aus dem Boden, aber wenn er seinen Stamm gebildet hat, wirft ihn kein Steppenwind mehr um. Und außerdem arbeitet die Zeit für uns... die Situation wird nicht besser werden, sondern nur noch schlechter. Und je miserabler es Rußlands Wirtschaft geht, um so sicherer ist unser Geschäft. Man muß nur die richtige Nase haben, um Gold zu riechen.

Ich habe diese Nase!

Drei Tage blieb Sybin in Krasnojarsk, nahm eine Probe von fünf Gramm Plutoniumpulver mit, die Wawra ins Hotel brachte, in einem der kleinen Stahlgefäße, in die sie das Plutonium abfüllte und wog.

Sybin fuhr noch zwei Wochen herum, von Atomstadt zu Forschungszentren, von Sibirien bis Wladiwostok, von Murmansk bis Tomsk, wo er Oberst Micharin hatte liquidieren lassen. Von Tomsk aus schickte er über Natalja Petrowna auch wieder ein Lebenszeichen an Dr. Sendlinger in Berlin. Natalja rief Sendlinger in Berlin an.

»Es kommt ein Kurier zu Ihnen«, sagte sie, ohne ihren Namen zu nennen. Aber Dr. Sendlinger erkannte sie sofort an der Stimme. »Er ist schon unterwegs. Er bringt Ihnen kleine Blumen für die Tante.«

Kleine Blumen... das waren Proben von Plutonium, die Dr. Sendlinger seinen Kunden vorlegen wollte, um ihnen zu beweisen, daß er an den tödlichen Staub herankommen konnte. Sybin hatte es also endlich geschafft.

»Eine gute Nachricht. Tante Ida wird sich freuen. Wann kommen die Blumen?«

»Ich habe gesagt: Sie sind unterwegs.« Nataljas Stimme klang distanziert, geradezu unfreundlich. »Onkel läßt grüßen.«

»Gruß zurück, wenn Sie ihn sprechen.« Dr. Sendlinger schloß die Augen und sah Natalja vor sich. Er unterdrückte ein Seufzen und bemühte sich, seiner Stimme einen geschäftlichen Klang zu geben. »Ich habe vor, in Kürze nach Moskau zu kommen.«

»Warten Sie Onkels Nachricht ab. Ich werde nicht in Moskau sein.«

»Natalja Petrowna, bitte...«

Sie legte auf. Er widerte sie an. Ein winselnder Hund, der auf ihren Schoß hüpfen wollte. Selbst wenn Sybin ihr befahl, mit ihm zu schlafen... sie würde sich zum ersten Mal weigern. Sie hatte keine Erklärung dafür, aber sie ekelte sich vor ihm.

Sie ging zu der aus Edelhölzern und Spiegeln gebauten Hausbar und goß sich einen armenischen Kognak ein. Der gallige Geschmack in ihrem Mund verflog. Immer öfter griff sie in letzter Zeit zur Flasche und fühlte sich hinterher freier.

Natalja warf sich auf die mit indischem Damast bezogene Couch und hörte der Musik zu: Borodin, Steppenskizze aus Mittelasien. Die unendliche Weite, das Vorbeiziehen der Kamelkarawane, der warme Wind, der die weißen Wolkengebilde unter dem grenzenlosen Himmel dahintreibt... welche Sehnsucht in der Musik.

Einmal so frei sein wie diese Wolken, dachte sie. Einmal so glücklich in das Blau schweben wie ein Adler. Einmal ohne Fesseln über die Erde galoppieren wie eine Herde Wildpferde. Wie herrlich könnte das sein... und was ist aus mir geworden? Sybins Geschöpf... eine Geschäftshure.

Natalja Petrowna, du bist ein Vogel mit gebrochenen Flügeln...

Vier Tage nach Nataljas Anruf bei Dr. Sendlinger traf Sybins Bote in Berlin ein: ein kleiner, dicker Mann mit lichtem Haar, aber einem gewaltigen Schnauzbart und stechendem Blick. Er kam zu Dr. Sendlinger in die Kanzlei, am späten Abend, als kein Mandant mehr wartete. Sendlinger arbeitete noch eine Akte durch, ein Prozeß, der morgen begann; eine Klage wegen eines ärztlichen »Kunstfehlers«. Bei einer harmlosen Blinddarmoperation hatte der Chirurg einen Mulltupfer im Bauchraum vergessen. Eine unangenehme Sache. Die Versicherung des Arztes verweigerte eine Entschädigung und Schmerzensgeld. Es würde zu einem Gutachterstreit kommen, obwohl die Sachlage klar war. Versicherungen kassieren gern Prämien, aber sie zahlen nur ungern Entschädigungen. In den USA würde daraus, anders als in Deutschland, eine Millionenklage werden.

Dr. Sendlinger öffnete selbst die Tür und ließ den kleinen Dicken eintreten.

»Eigentlich ist die Kanzlei schon geschlossen«, sagte er. »Aber kommen Sie herein. Worum handelt es sich?«

»Ich bin Nilin, Burjan Alexandrowitsch Nilin. Pelzhändler aus Hamburg.«

Er sprach ein gutes Deutsch, fast akzentfrei. Dr. Sendlinger blickte auf den Kleinen hinunter. Pelzhändler, schon wieder ein Schadensfall. Aus Hamburg. Was will er bei mir in Berlin?

Er zeigte auf einen Lederstuhl, aber Nilin blieb stehen.

»Mein Freund Sybin schickt mich«, sagte er.

Dr. Sendlinger spürte in sich so etwas wie einen elektrischen Schlag. Das ist er, das ist der Bote mit den Plutoniumproben! Da steht so ein kleiner, dicker, schnauzbärtiger Mann herum und hat Millionen in der Tasche.

»Aber setzen Sie sich doch, Herr Nilin!« rief Dr. Sendlinger. »Ich habe Sie erwartet. Das heißt, ich wußte nicht, wer kommen würde, nur *daß* jemand kommt.«

»Ich möchte nur etwas abliefern.« Nilin öffnete seine dicke Aktentasche. Dr. Sendlinger spürte ein Kribbeln auf seiner Kopfhaut. In einer Aktentasche schleppt er Plutonium herum, als wolle er Fellproben vorführen. Einfach so, in einer Aktentasche, einer ganz normalen Aktentasche. Diese Russen...

Nilin packte aus und legte alles auf Dr. Sendlingers Schreibtisch. Sieben kleine Päckchen, umhüllt mit Lappen aus Karakulfell. Dr. Sendlinger trat unwillkürlich zwei Schritte von seinem Schreibtisch zurück.

»Das haben Sie so transportiert?« fragte er heiser.

Nilin sah ihn an, als suche er nach dem Sinn dieser Worte.

»Ja«, antwortete er ein wenig verwirrt, »dies war der sicherste Weg. In Moskau kennt mich der Zoll, ich importiere viele Pelze nach Deutschland, vor allem von den Pelzauktionen in Petersburg. Alles läuft bei mir über Moskau, dort habe ich gute Freunde, deshalb werden meine Kartons nicht kontrolliert... die Frauen der Zöllner tragen alle Mäntel aus meiner Kollektion. Es war einfach, die Kästchen hier zwischen den Fellen zu verstecken und ins Flugzeug zu bringen.«

»Mein Gott! Und wenn das Flugzeug abgestürzt wäre? Wenn die Behälter bei dem Aufprall geplatzt wären? Können Sie sich diese weltweite Katastrophe vorstellen?«

»Ich bin mit der deutschen Lufthansa geflogen.« Nilin lächelte Dr. Sendlinger an. »Ein Lufthansa-Flugzeug stürzt selten ab. Ich vertraue der deutschen Gründlichkeit bei der Wartung der Maschinen. Ich fliege nur mit Lufthansa.«

Dr. Sendlinger starrte auf die sieben Päckchen. Sie waren ihm, trotz seiner Erfahrung mit radioaktiven Stoffen, unheimlich. Das erste reine, waffenfähige Plutonium, das er in Händen hatte: der millionenfache Tod auf seinem Schreibtisch.

»Hatten Sie Auslagen, Herr Nilin?« fragte er mit schwerer Zunge.

»Nein. Alles ist bereits von Igor Germanowitsch bezahlt worden. Ich habe daran mehr verdient als mit hundert Pelzmänteln. Außerdem hat er für Natalja Petrowna einen Kronenzobelmantel gekauft. Das Teuerste, was es gibt! Keine Zuchtzobel, sondern in den sibirischen Wäldern gefangene Tiere.« Nilin strahlte über das ganze Gesicht, sein gewaltiger Schnauzbart zitterte vor Freude. »Sybin hat mich gebeten, weiter für ihn tätig zu sein. Ich fahre öfter hin und her... Moskau–Hamburg–Moskau. Da kann ich allerlei mitnehmen.«

»Gratuliere.« Dr. Sendlinger ging zu seinem geschnitzten Schrank, dem Prunkstück seines Büros, und schloß ihn auf. »Was kann ich Ihnen anbieten, Herr Nilin? Kognak, Whisky, Aquavit, Doppelkorn, Wodka... oder einen Wein aus der Rheinpfalz? Sie können auch einen trockenen Wein von der Loire bekommen. Wählen Sie.«

»Ich bedanke mich.« Nilin machte eine höfliche Verbeugung. »Ich möchte nichts trinken. Ich will das letzte Flugzeug nach Hamburg nehmen. Ich habe alles abgeliefert, und bestimmt sehen wir uns wieder.«

»Bestimmt!«

Dr. Sendlinger begleitete Nilin bis ins Treppenhaus und ging dann zurück in seine Kanzlei. In einiger Entfernung von seinem Schreibtisch blieb er stehen und starrte auf die sieben in Karakulfell eingeschlagenen Päckchen. Es kam ihm so vor, obgleich das unmöglich war, als träfe ihn die Strahlung des tödlichen Staubs. Mit zitternden Händen wischte er sich über das Gesicht und bemerkte, daß er schwitzte. Kalter Schweiß.

Unmöglich, dachte er, völlig unmöglich, daß mir Sybin das Plutonium kiloweise auf den Tisch legt! Es muß andere Wege geben, das Teufelszeug zu den Kunden zu schaffen. Dieser Nilin bringt es fertig, mir den Stoff für eine Plutoniumbombe wie eine Pralinenschachtel in die Hand zu drücken. Sybin, du Saukerl... ich handle zwar mit radioaktivem Material, aber ich möchte es nicht in meiner Nähe haben! Ich weiß, was du sagen wirst: Das ist deine Sache, Freundchen. Ich liefere, du verteilst. Jeder hat hier seinen ganz persönlichen Aufgabenbereich. Mein Gott, ich kann doch hier in der Kanzlei nicht Plutonium 239 lagern. Auch nicht im Keller, auch nicht bei Waldhaas in seinen Baustoff-Lagerhallen, auch nicht im Keller von Hässlers Lokal *Zum dicken Adolf*. An alles habe ich gedacht, nur nicht an die geradezu wahnsinnige Vorstellung, Sybin könnte mir den Tod der ganzen Welt in Kartoffelsäcken vor die Tür stellen!

Er ging in das Zimmer seines Bürovorstehers, um zu telefonieren. Sein eigenes Telefon stand unmittelbar hinter den sieben Päckchen, und denen wollte Sendlinger nicht zu nahe kommen.

Waldhaas war zu Hause, wie Sendlinger zufrieden feststellte. Aber im Hintergrund hörte er Stimmengewirr.

»Du bist nicht allein?« fragte er. »Bei dir klingt es wie in einer Kneipe.«

»Wir feiern einen großen Auftrag. Ich liefere das Material für einen Riesenbau in der Friedrichstraße. Büro- und Wohnhaus, unten Luxusläden, eine Architektur zum Niederknien. Hypermodern. Aufsehenerregend.«

»Gratuliere, Ludwig. Die Wiedervereinigung war doch gut, was? Als Stasi-Major wärst du ein armes Schwein geblieben.«

»Was willst du?« fragte Waldhaas ärgerlich. Er hatte es nicht gern, immer wieder an diese Zeit erinnert zu werden. Er hatte sich verändert und in die neue Zeit eingegliedert. Immer diese alten Lutschbonbons... es muß doch mal Schluß sein mit der Vergangenheit. Man hat nur seine Pflicht erfüllt... man klagt ja auch nicht den Kellner im Grandhotel an, weil er Honecker beim Abendessen bedient hat. Vergessen können – das sollte man üben! »Mach schnell. Ich muß zu meinen Gästen.«

»Die Proben aus Rußland sind da. Sieben Päckchen.«

Schweigen. Waldhaas schien sich sammeln zu müssen. Die Mitteilung schuf eine neue Lage: Das Millionengeschäft mit dem Tod lief an.

»Und weiter?« fragte er.

»Ich werde die Proben abholen und von unserem Nuklearchemiker Hans Dürnstein untersuchen lassen. Sind sie okay, fahre ich nächste Woche nach Paris und Wien. Vielleicht auch nach Damaskus. Dort treffe ich mich mit Mohammed al Sifra. Der Handelsattaché der iranischen Botschaft in Paris, Anwar Awjilah, wird das Treffen organisieren. Und Makar Abha wartet in Libyen.«

»Und was ist mit den versprochenen Atomsprengköpfen der Raketen?«

»Abwarten, das ist der zweite Akt. Eine Oper fängt immer mit dem ersten Akt an. Jetzt sind wir bei der Ouvertüre.«

»Und was erwartest du von mir, Paul?«

»Du wirst den Stoff bei dir lagern.«

»Unmöglich!«

»Du hast Lagerhallen genug.«

»Aber nicht für Plutonium! Unmöglich, Paul. Soll ich meine Arbeiter, mich selbst und ganz Berlin verstrahlen?«

»Red nicht solch einen Unsinn!« sagte Sendlinger unwirsch. »Wovor hast du Angst? Die Proben liegen bei mir hier auf dem Schreibtisch. Eingewickelt in Karakulfelle.«

»Du bist verrückt!« stotterte Waldhaas. »Bei dir auf dem Schreibtisch?!«

»Die Russen transportieren das Plutonium in einem Plastikbeutel aus den Fabriken.«

»Ich besitze nicht den Fatalismus der Russen!« Waldhaas' Stimme zitterte vor Erregung. »In meine Lager kommt kein Gramm Plutonium. Denk dir was anderes aus!«

»Wir reden noch darüber, Ludwig.«

»Da gibt es nichts mehr zu reden.«

»Außerdem wirst du nach Karatschi fliegen müssen. Ich kann nicht überall sein. Die Pakistanis warten auf eine Probe. Tu etwas für dein Geld! Bisher hatten wir nur Ausgaben. Aber die Welt sieht sofort anders aus, wenn du zurückkommst und die Zusage für zweihundertdreißig Millionen Dollar in der Tasche hast.«

»Warten wir es ab. Wann ist der Flug nach Pakistan geplant?«

»Sobald ich die Analyse von den Proben habe.«

Dr. Sendlinger beendete das Gespräch, ohne Waldhaas' Erwiderung abzuwarten.

Zwei Tage später erschien ein Bote mit einem Bleikoffer bei Dr. Sendlinger und holte die sieben Proben ab. Mit einem schönen Gruß von Professor Dr. Hans Dürnstein vom Institut für Nuklearforschung.

Und dann wartete Sendlinger voller Ungeduld auf die Ergebnisse. Er wartete fünf Tage, war unruhig und gereizt, war mit nichts zufrieden, schnauzte seine Sekretärinnen an, zerriß Briefe, weil sie einen Tippfehler hatten, und war sogar seinen Mandanten gegenüber ungeduldig. Endlich, am Abend des fünften Tages, rief Dr. Dürnstein an. Er war, wie Sendlinger, Alter Herr der Studentenverbindung *Saxonia* und Mitglied des Stammtisches im Verbindungshaus. Wenn es ans Kneipen ging, war er einer der Emsigsten und Witzigsten.

»Morgen bekommst du dein Teufelszeug zurück, Paul!« sagte er. »Ich will nicht wissen, woher du das hast, es geht mich nichts an. Besser, ich weiß nichts. Junge, auf was läßt du dich da ein?«

»Wie ist die Analyse ausgefallen?« fragte Sendlinger, ohne auf Dürnsteins Lamentieren einzugehen.

»Sechs Proben sind angereichertes Waffenplutonium mit einem Reinheitsgrad von 85,6 bis 90,3. Wahrer Teufelsdreck!«

»Und Nummer sieben?«

»Da hat man dich elegant beschissen. Nummer sieben ist bestrahlter Puderzucker. Geradezu genial! Wer die Strahlung mißt, käme nie auf den Gedanken, daß er Zucker vor sich hat.«

»Woher kommt die Probe?« Dr. Sendlinger kniff die Lippen zusammen. Undenkbar, was passiert wäre, wenn er den bestrahlten Puderzucker in Libyen vorgezeigt hätte. So ein Betrug sprach sich sofort herum... und dann hätte man ihn irgendwo mit durchschnittener Kehle gefunden. Er holte tief Luft. »Woher?« fragte er noch einmal.

»Laß mich nachsehen.« Sendlinger hörte Papierrascheln, und dann sagte Dürnstein: »Auf dem Metallbehälter steht kurz: K-26. Kannst du damit etwas anfangen?«

»Nein. Aber ich danke dir, Hans. Ich werde mich erkundigen.« Sendlinger nagte an der Unterlippe. »Wann sehen wir uns?«

»Bei der nächsten Kneipe. Gute Nacht, schlaf gut.«

»Du auch.«

Sendlinger trank zur Beruhigung einen Whisky pur und blickte dann auf die Uhr. Knapp nach einundzwanzig Uhr... das war die Zeit, in der Sybin in irgendeinem Nachtlokal herumhing auf der Jagd nach einer jungen Bettgefährtin. Allerdings, mehr als eine Nacht konnte er ein solches Mädchen nicht ertragen. Wenn er morgens aufwachte, zog er ihr die Bettdecke weg, befahl: »Hau ab!« und schmiß sie aus seiner Penthousewohnung. Die feudale Datscha, in der Natalja wohnte, hatte noch nie eine andere Frau betreten.

Trotzdem wählte Dr. Sendlinger die Nummer. Vielleicht habe ich

Glück, dachte er. Sybin muß sofort von dem Betrug wissen... es wäre eine Katastrophe, wenn wir ein Kilo Zucker für fünfundsechzig Millionen Dollar anbieten.

Sendlinger hatte Glück... nach einigem Klingeln kam Sybin an den Apparat. Wie immer sprach Sendlinger englisch mit ihm.

»Hier ist Paul...«

»Paul! Wie schön, deine Stimme zu hören! So spät noch. Sind Tantes Blumen angekommen?«

»Ja. Deshalb rufe ich an, Igor Germanowitsch. Sieben Proben.«

»Stimmt.« Sybin schien sehr zufrieden zu sein. »Nilin ist ein guter Mann. Treu und ehrlich.«

»Die Sache hat nur einen Haken.«

»Was heißt Haken?«

»Sechs Proben waren bestes Plutonium... die siebte war bestrahlter Puderzucker.«

In Moskau schwieg Sybin und starrte an die schwere Seidentapete seines Arbeitszimmers. Ein fast endloses Schweigen, bis er fragte:

»Ist das sicher?«

»Ganz sicher.«

»Nilin...«

»Nein, der hat damit nichts zu tun. Es war eine Originalprobe. Auf dem Bleibehälter steht das Zeichen K-26. Sagt dir das etwas?«

Wieder Schweigen. Dann Sybins Stimme, jetzt mit einem harten Unterton.

»Ja, es sagt mir etwas. K bedeutet Krasnojarsk. Dieses verfluchte Aas!«

»Was meinst du?«

»Wawra Iwanowna Jublonskaja. Aber die Geschichte erzähle ich dir ein anderes Mal. Es war richtig, Paul, daß du mich sofort angerufen hast. Ich bringe das in Ordnung. Es wird nicht wieder vorkommen. Und nun eine gute Nachricht: Ich kann eineinhalb Kilogramm reines Plutonium liefern. Sofort.«

»Ich werde übermorgen nach Paris und Wien fliegen.«

Ein Knacken in der Leitung – Sybin hatte aufgelegt. Sendlinger trank noch einen Whisky und überlegte, wie er den aufregenden Abend beenden wollte. Was wird Sybin tun, fragte er sich. Man hat ihn betrogen, und das ist das Schlimmste, was man ihm antun kann. Einen Sybin betrügt man nicht, ohne dafür zu bezahlen. Mit dem Leben. Es herrschen rauhe Sitten bei den Syndikaten.

Und wer war diese Wawra?

Dr. Sendlinger entschloß sich, *Zum dicken Adolf* zu fahren und in dem neuen In-Restaurant Adolf Hässlers ein Kalbsmedaillon mit Spargel zu essen.

Am frühen Morgen schreckte Nikita Victorowitsch Suchanow auf. Das Telefon klingelte neben seinem Bett. Er warf einen Blick auf den Wecker, sah, daß es kurz nach sieben Uhr war, und griff wütend nach dem Hörer.

»Hier ist das Leichenschauhaus!« rief er. »Wen soll ich abholen?«

»Dich selbst, du Trottel!«

»Chef!« Suchanow setzte sich kerzengerade im Bett auf. Sybins Stimme erkannte er sofort, außerdem war es niemandem erlaubt, ihn einen Idioten zu nennen. »Ist etwas passiert?«

»Das kann man wohl sagen.« Sybin sprach mit einem drohenden Ton in der Stimme. »Liegt Wawra neben dir?«

»Nein! Sie hat heute Nachtdienst. Aber sie wird gegen acht Uhr kommen. Haben Sie eine Nachricht für sie?«

»Für sie nicht, aber für dich! Einen Auftrag.«

»Ich höre, Igor Germanowitsch.«

»Die Pu-Probe, die Wawra dir gegeben hat, ist Zucker! Bestrahlter Puderzucker!« schrie Sybin ins Telefon. Die Ungeheuerlichkeit dieses Betruges ließ seine Schläfenadern schwellen. Die ganze Nacht hatte er wachgelegen und überlegt, wie man eine solche Schmach bestrafen könnte. Noch nie in seiner Laufbahn als Vorsitzender der Gruppe II hatte es jemand gewagt, ihn zu hintergehen. Doch ja, einmal, vor zwei Jahren... da hatte ein Abteilungsleiter der Schutzgeldkassierer monatelang falsch abgerechnet und einige tausend Rubel in die eigene Tasche gesteckt. Nur durch Zufall hatte Sybin davon erfahren, als sich der Untreue einen deutschen Audi liefern ließ, denn mit seinem Gehalt war ein solcher Kauf nicht zu finanzieren. Sybin hatte damals nicht getobt, sondern er rief in seiner Sonderabteilung an. Zwei Tage später trieb ein Kahn die Moskwa hinab, anscheinend leer, aber als die Flußmiliz ihn an den Haken nahm, fanden sie auf dem Boden des Bootes einen nackten Mann, um dessen Hals eine Drahtschlinge festgezurrt war.

Die Polizei war ratlos, der Ermordete konnte nie identifiziert werden und wurde als »unbekannt« auf einem Friedhof verscharrt... in Einzelteilen, denn vorher hatte man ihn in der Pathologie der medizinischen Akademie als Studienobjekt benutzt. An ihm lernten die Studenten, wie man Gliedmaßen amputiert.

Es war Sybins Warnung an alle Mitglieder des »Konzerns«... und man verstand ihn. Einen Sybin betrügt man nicht.

Suchanow konnte in diesem Augenblick nichts sagen. Er saß im Bett, starrte auf seine Füße und begann trotz der Morgensonne zu frieren. Das kann nicht sein, dachte er nur. Das kann nicht sein... das kann nicht... mehr ließ sein Entsetzen nicht zu. Das kann, das *darf* nicht sein!

»Puderzucker?« Sybin hörte deutlich, wie Suchanow nach Luft rang. »Unmöglich.«

»Willst du damit sagen, daß ich lüge?« donnerte Sybin.

»Towarischtsch Direktor, dann ist es ein Irrtum.«

»Ich irre mich nie!«

»Natürlich, kein Irrtum... aber ich kann mir nicht denken...« Suchanow begann plötzlich zu schwitzen. O Himmel, dachte er, o Himmel! Fall nicht auf mich herunter.

»Du sollst nicht denken, sondern handeln! Wawra hat uns betrogen. Du weißt, was du zu tun hast.«

Suchanow zog den Kopf tief zwischen die Schultern. Ein Zittern durchlief seinen Körper, aber gleichzeitig fühlte er sich wie gelähmt. Er konnte sich nicht bewegen und hatte Mühe, den Telefonhörer in der Hand zu halten.

Du weißt, was du zu tun hast... Ja, er wußte es. Er wußte es ganz genau.

»Igor Germanowitsch«, flehte er.

»Du mußt es tun!«

»Igor Germanowitsch...«

»Sie hat unsere Ehre mit Füßen getreten!«

»Ich flehe Sie an, Igor Germanowitsch.«

»Verdammt, bring sie um!« schrie Sybin.

»Das... das kann ich nicht.«

»Du kannst, und du *mußt*!«

»Ich liebe sie!« Jetzt wurde aus Suchanows Stimme fast ein Heulen, ein Greinen wie bei einem Säugling. »Ich liege auf den Knien vor Ihnen, Igor Germanowitsch.«

»Sie wird uns immer wieder betrügen, Nikita Victorowitsch.«

»Nein! Nein! Ich schwöre es Ihnen... nein!« Jetzt begann Suchanow zu weinen. Sybin hörte sein Schluchzen, aber Mitleid ist ein Wort, das es bei seinen Geschäften nicht gab. Mitleid ist Schwäche, und nur der Starke kommt voran. Mitleid frißt die Tatkraft – das war Sybins Lebensweisheit.

»Garantiere nicht, was du nicht einhalten kannst!« sagte Sybin gnadenlos. »Was Wawra getan hat, kann man nicht wegwischen wie einen Fleck. Heule nicht, es rührt mich nicht. Tu es!«

»Sie vernichten auch mein Leben, Igor Germanowitsch«, weinte Suchanow. Er hatte die Augen geschlossen, und die Tränen rannen über seine Wangen. »Ich war immer ein folgsamer, treuer Mensch, das wissen Sie. Geben Sie Wawra die Gelegenheit, alles wieder gutzumachen.«

»Nein!« Sybin hatte es satt, weiter mit dem wimmernden Suchanow zu diskutieren. Disziplin ist das Fundament aller Arbeit. Ohne Disziplin ist der Mensch ein Stück Weltuntergang. »Ich erwarte morgen deinen Anruf, Nikita... und ich will nur hören: Es ist alles geklärt.«

Sybin legte auf. In Krasnojarsk warf Suchanow den Hörer von sich, als verbrenne er seine Hand daran. Dann sank er in das Kissen zurück, vergrub das Gesicht in den Federn und heulte wie ein getretener Hund.

Kurz nach acht Uhr betrat Wawra Iwanowna die Wohnung, zog sich aus, duschte sich und sprang nackt zu Suchanow ins Bett. Sie schmiegte sich an ihn und streichelte ihn mit hingebungsvoller Zärtlichkeit.

»Schläfst du noch, mein Liebling?« flüsterte sie an seinem Ohr. »Wie warm du bist. Schlaf weiter...«

Sie küßte seinen Hals und seine Schultern, legte ihren Kopf in seine Armbeuge und gab sich ganz dem wohligen Gefühl hin.

Suchanow hätte schreien können. Geh, geh... lauf weg, ganz weit weg, verstecke dich, wo keiner dich findet... lauf... lauf... Aber er schlang den anderen Arm um sie, drückte sie an sich und atmete den Duft ihrer Haut ein.

Er wollte etwas sagen, irgend etwas Zärtliches, doch dann sah er, daß sie bereits schlief.

Ihr Gesicht sah glücklich aus, wie bei einem in den Schlaf gesungenen Kind...

Es war ganz natürlich, daß Suchanow nicht weiterschlafen konnte. Erstens reizte ihn Wawras warmer, glatter, duftender Körper, und er mußte sich zur Beherrschung zwingen, und zweitens lähmte ihn das Wissen, daß noch an diesem Tag Wawra kalt und bleich vor ihm liegen würde, auf Sybins Befehl hin bestraft, mit der einzigen Konsequenz, die er kannte. Es gab keine Flucht mehr in die Ausrede, sie nicht gesehen zu haben, weil sie verreist sei, ganz plötzlich, ihre ältere Schwester sei schwer erkrankt, in Bratsk wohne sie, am großen Stausee der Angara, so etwas wie Krebs habe sie, es gehe ihr jedenfalls sehr schlecht, und Wawra sei sofort zu ihr geflogen... Sybin würde schallend lachen und dann eisig sagen: »Und wenn sie bis Kamtschatka geflogen ist... hole sie dir!«

Es gab keinen Ausweg.

Vorsichtig, damit Wawra nicht erwachte, glitt Suchanow aus dem Bett und zog sich an. Dann kam er leise zurück ins Schlafzimmer und betrachtete die im Schlaf tief atmende Wawra. Für ihn war sie die schönste Frau; die Stunden mit ihr waren ein Flug in den Himmel. Man könnte sie jetzt erstechen, dachte er. Auf dem Rücken lag sie, halb entblößt, mit freiem Oberkörper, es war ein Leichtes, ihr das Messer genau in das Herz zu stoßen. Sie würde nichts spüren, so schnell würde der Tod über sie kommen. Oder man könnte sie mit dem anderen Kissen ersticken... ein kurzer, verzweifelter Kampf würde es werden, ein Aufbäumen und Umsichschlagen, bis der Widerstand erschlaffte. Auch ein Erdrosseln war möglich... ihr Hals lag bloß, man brauchte nur mit beiden Daumen den Kehlkopf fest hinunterzudrücken und den Knorpel zu zerquetschen. Aber alles mußte er mit seinen Händen tun, mit diesen Händen, die Wawra gestreichelt hatten.

Suchanow starrte auf seine Hände und legte sie dann hinter seinen Rücken. Nein! schrie er innerlich. Nein! Du kannst es nicht. Du kannst sie nicht mit deinen Händen umbringen. Du würdest deine Hände nie mehr ansehen können, du müßtest sie hinterher abhacken und auf den Müll werfen. Wawra, mein Seelchen, was soll ich tun?

Er verließ das Schlafzimmer und wanderte im Wohnraum hin und her. Wie könnte sie sterben, ohne daß ich meine Hände benutze, fragte er sich immer wieder. Eine Kahnfahrt auf dem Jenissei, das Boot kippt um, und sie ertrinkt. Aber sicher kann Wawra schwimmen. Ich habe sie am Fluß kennengelernt, als sie aus dem Wasser stieg. Sie schwimmt wie ein Fisch. Oder wie wäre es, wenn wir eine Radpartie machten? Ich fahre hinter ihr, kann an einem Abhang nicht mehr bremsen, ramme sie, sie fällt vom Rad und bricht sich das Genick. Auch das ist unsicher, es müßte schon ein steiler Felsen sein, den sie hinunterstürzt. Aber um Krasnojarsk herum gibt es keine steilen Felsen. Nur Hügel, und die rollt man unverletzt hinab. Man kann es auch mit Gift versuchen... das ist qualvoll, aber sicher. Es muß nur das richtige Gift sein.

Suchanow blieb mit einem Ruck stehen. Gift! Das ist es, das ist die Lösung. Gift! Und plötzlich wußte er auch, welches Gift er nehmen konnte und wo man es bekam. Ein sicherer Tod, wenn man ein wenig Geduld hatte. Sybin würde das verstehen. Und er würde seine Hände nicht beschmutzen.

Wawra, von der Nachtschicht erschöpft, schlief bis zum Nachmittag. Dann erschien sie fröhlich und ausgeschlafen im Wohnzimmer, küßte Suchanow auf den Nacken, und da sie nur BH und Höschen trug, mußte Nikita seufzen. Wawra verstand das falsch und sagte, wobei ihre Augen blitzten:

»Du hättest das vorhin machen können. Jetzt habe ich Hunger.«

»Sybin hat angerufen.« Suchanow bemühte sich, sie nicht anzusehen. Er blickte zum Fenster hinaus.

»Ein warmherziger Mensch.« Wawra blieb an der Küchentür stehen. »Willst du Fisch oder Fleisch? Oder eine Kascha mit gebratenen Pilzen? Oder einen Salat Stolitschnyj, aus Kartoffeln, Hühnerfleisch, Gurken und Mayonnaise?«

»Mach, was dir schmeckt.«

»Ich will, daß mein Liebling sich freut.«

Suchanow seufzte wieder, aber leise. Wie kann man eine solche Frau umbringen? Man sollte sie immerfort küssen, aber nicht ihr die Luft abdrehen. Igor Germanowitsch, was verlangst du da von mir...

»Sybin hat angerufen...«, sagte er noch einmal, völlig hilflos.

»Ich weiß. Was wollte er?«

»Er braucht noch ein Gramm Plutonium 239. Superrein.«

»Ich will sehen, ob ich es als Wiegeschwund abzweigen kann. Wozu braucht er das Gramm?«

»Wer weiß das? Nur er allein. Sybin braucht es schnell.«

»Ein Gramm wird kaum vermißt. Ich bringe es morgen.«

»Du bist eine wundervolle Frau.« Suchanow breitete die Arme aus. »Komm, küß mich...«

Sie lief zu ihm, fiel in seine Arme, und sie küßten sich, als wollte jeder mit dem anderen verschmelzen. Aber als Suchanow sie Schrittchen für Schrittchen zur Schlafzimmertür schob, befreite sie sich aus seiner Umarmung.

»Jetzt nicht!« sagte sie und kicherte wie ein Schulmädchen. »Mein Magen knurrt, und das sind nicht die richtige Töne...«

Am Abend verließ Wawra die Wohnung, um für den nächsten Tag einzukaufen. Und als ob Sybin auch Augen in Krasnojarsk hätte, rief er genau in diesen Minuten an. Suchanows Herz klopfte bis zum Hals. Wie würde Sybin auf seinen Vorschlag reagieren?

»Ist es vorbei?« fragte Sybin eisig.

»Es fängt an, Igor Germanowitsch«, stotterte Suchanow.

»Was soll das heißen? Sie läuft also noch herum?«

»Ja, aber nicht mehr lange.«

»Ist es so schwer, ein Huhn zu schlachten?!«

»Morgen wird es beginnen.« Suchanows Atem pfiff. »Bei meiner Ehre... morgen bestimmt.«

»Warum nicht heute?«

»Ich will einen guten Plan ausführen, Igor Germanowitsch.«

»Ich will keinen dämlichen Plan, ich will Wawra in einer Grube sehen!«

»Hören Sie mir zu, bitte.« Suchanow blickte auf seine Hände, als wolle er sie zum Gebet falten. Aber das ging nicht, denn mit einer mußte er den Hörer halten. »Ich habe Wawra gesagt, Sie brauchen noch ein Gramm Pu.«

»Puderzucker!« sagte Sybin schneidend.

»Von mir aus auch Puderzucker. Wenn er bestrahlt ist, erfüllt er seinen Zweck.«

»Welchen Zweck?«

»Ich werde morgen ein paar Pulverkörnchen Plutonium – oder bestrahlten Puderzucker – in Wawras Tee mischen. Sie wird es nicht merken, so wenig ist es. Aber wenn ein Millionstel Gramm genügt, um einen Menschen zu töten, dann kann man auf Wawras Zusammenbruch warten. Im Tee wird die zehnfache Menge sein, und keiner wird erkennen, woran sie eingegangen ist.«

Suchanow schwieg. Auch Sybin sagte nichts. Als er dann wieder sprach, zuckte Suchanow zusammen.

»Das ist eine sehr gute Idee, Nikita Victorowitsch. Ich muß dich loben. Sie hat uns mit Puderzucker betrogen, und durch Puderzucker wird sie sterben. Ein genialer Plan. Ich genehmige ihn.«

»Danke, Igor Germanowitsch, danke.« Suchanow atmete auf. Der gewaltige innere Druck löste sich. »So ist es die beste Lösung.«

Nach einer Stunde kam Wawra vom Einkauf zurück. Sie trug Tüten mit Gemüse und Milch, Gurken und Zwiebeln, Gewürzen und Wein und einen großen Laib Brot. Ohne Brot gibt es für einen Russen keine Mahlzeit. Brot und Salz... das sind die Symbole russischer Gastfreundschaft. Wer Brot und Salz mit ihnen teilt, ist ein Freund.

An diesem Abend öffnete Suchanow eine Flasche Achmeta, einen armenischen Wein. Der letzte gemeinsame Wein, Wawra, mein Schatz. Ich trinke auf den Frieden deiner Seele. Wenn du an Gott glaubst – er nehme dich gnädig auf. Wir werden uns in der Ewigkeit nicht wiedersehen, denn mich wird die Hölle verschlingen.

In dieser Nacht nahm er Abschied von ihr. Er liebte sie wie noch nie, mit einer Ausdauer, die die Verzweiflung ermöglichte. »Was ist mit dir los, du wilder Bär?« fragte Wawra einmal, als er wieder nach ihr griff und sie auf sich zog. »Du tötest mich noch...«

Und er liebte und liebte und liebte sie und hätte heulen können wie ein verwundeter Wolf.

Am nächsten Abend brachte Wawra Iwanowna in einem kleinen, runden, aufschraubbaren Bleibehälter das Plutonium mit. »Genau ein Gramm!« sagte sie und ließ den Behälter über den Tisch rollen, als wäre er eine Murmel. »Du kannst sie Sybin als Päckchen mit der Post schicken, es kann nichts passieren.«

Natürlich nicht. Es ist ja Puderzucker! O Wawra, warum belügst du mich?

Er ließ es sich nicht nehmen, den Tee selbst aufzubrühen. Er ließ das heiße Wasser aus dem Samowar in den Teesud fließen und tauchte die Spitze eines kleinen Küchenmessers in die aufgeschraubte Kugel. Zehn Zentimeter weit reicht die Strahlung, sie war keine Gefahr für ihn, aber im Körper eines Menschen zerfrißt sie die inneren Organe – wenn es wirklich Plutonium war. War es allerdings nur bestrahlter Puderzucker, konnten die vier Sekunden, die er zum Eintauchen der Messerspitze in den Tee benötigte, ihm auch nicht gefährlich werden.

An der Messerspitze klebte eine silbrig schimmernde Schicht. Ein Hauch von Staub, aber er genügte, um Tausende von Menschen zu töten. Schnell tunkte Suchanow das Messer in die Teetasse, wusch es dann unter heißem Wasser sauber und trug den Tod hinüber zu Wawra in den Wohnraum.

»Es ist kasachischer Karawanentee«, sagte er. »Geräuchert. Er schmeckt ein wenig bitter, aber er ist gesund...«

»Ich kenne ihn.« Wawra griff zur Tasse. »In den Jurten der Nomaden wird er geröstet.«

»Ich mag ihn.« Suchanows Kehle war wie zugeschnürt. »Er ist etwas Besonderes.«

Er sah zu, wie Wawra die Tasse an die Lippen führte, verkrampfte seine Finger ineinander und zwang sich, nicht hinzuspringen und ihr die Tasse aus der Hand zu schlagen. Mit unerträglichen Schmerzen in seinem Herzen sah er zu, wie sie genußvoll den heißen Tee schlürfte und ihm mit ihren dunklen Augen zublinzelte.

»Das ist ein gutes Getränk!« sagte sie, als sie die Tasse wieder absetzte. »Es gibt drei unersetzliche Dinge auf der Welt: die Liebe, das Bett und den Tee. Nimm Platz, Liebling, laß uns essen...«

Suchanow bekam keinen Bissen hinunter. Immer wieder starrte er Wawra an. Aber wenn er geglaubt hatte, sie fiele gleich vom Stuhl, hatte er sich geirrt. Auch Plutoniumstaub in einem menschlichen Körper benötigt eine gewisse Zeit, die inneren Organe zu zerstören. Er ist kein Blitztöter... er schleicht durch Blut und Zellen. Das ist das Teuflische daran: das lautlose Sterben.

Nach dem Abendessen war Wawra müde. Wie immer duschte sie sich und legte sich nackt ins Bett. Suchanow blieb im Wohnzimmer und biß sich in die Fäuste.

»Kommst du, Schatz?« rief sie. Ihre Worte klangen heiter. »Ich kann nicht einschlafen ohne deine Nähe...«

»Ich komme gleich.« Suchanow stellte den Fernseher an. »Nur noch die Nachrichten, Wawjuscha. Ein paar Minuten noch.«

Suchanow war nie ein gläubiger Mensch gewesen, aber jetzt faltete er die Hände und betete gepreßt: »Gott, mein Gott, laß sie schnell sterben. Heute noch, heute! Ich flehe dich an...«

Die Stimme des Nachrichtensprechers übertönte seine Worte. Suchanow sank in den Sessel zurück und schlug beide Hände vor das Gesicht...

Aber am Morgen lebte Wawra noch immer.

Sie hatte gut geschlafen, sogar ohne Träume.

Und Suchanow verfluchte Gott...

Der »Rote Salon«

Sooft Dr. Sendlinger schon in Paris gewesen war, er war immer wieder fasziniert von dieser Stadt. Nicht weil Paris die Stadt der Liebe ist, wie es heißt – das sind andere Städte auch –, sondern weil das Flair dieser Metropole an der Seine mit ihren schönen Brücken und Uferpromenaden, den Straßenmalern am Montmartre, den lebensfrohen oder verträumten Plätzen, den Cafés und Bistros, den eleganten Boulevards und den Champs-Élysées, ihn dies alles immer wieder in eine heitere Stimmung versetzte. Er konnte stundenlang über den Friedhof Père Lachaise wandern und die Gräber der großen Franzosen besuchen, Namen, die einst die Kunstgeschichte Frankreichs geformt hatten und deren Werke zur Weltkultur gehörten. Dann saß er auf einer Bank, umgeben von den letzten Ruhestätten der Genies und Abenteurer, und versetzte sich zurück in ihre Zeit, die heute verklärt und idealisiert wird und doch eine Zeit voller Kriege, Verwüstungen, Menschenverachtung, Revolutionen, absolutistischer Herrschaft und Wahn gewesen ist.

Was hat sich eigentlich geändert, fragte er sich in solchen stillen Stunden manchmal. Nur die Dimensionen sind anders geworden, gewaltiger, schrecklicher, vernichtender. Der Mensch kann zum Mond fliegen, er schießt Satelliten ins All, kann ganze Körperteile auswechseln, schickt Sonden bis zum Mars und Jupiter und hat die Atome gezähmt und sich zunutze gemacht. Das Teuflischste von allem aber ist das Plutonium, da es unseren Planeten vernichten kann. Ob siebzehntes Jahrhundert – man könnte auch jedes andere Jahrhundert nennen – oder das zwanzigste Jahrhundert, es hat sich nichts verändert, nur die Positionen haben sich verschoben. Und am wenigsten geändert hat sich der Mensch. Der Vernichtungsgedanke, dieser Urtrieb seines Lebens, ist geblieben.

Am Ende dieser Überlegungen waren alle Skrupel verschwunden, die Dr. Sendlinger beim Handel mit dem Tod je gehabt hatte. Er verscheuchte seine Gewissensbisse, ging in ein Bistro, trank einen Pastis, aß ein halbes Dutzend Austern aus der Normandie und fühlte sich wie befreit. Wenn nicht ich, dann machen andere das große Geschäft ... Gewissen ist die Bremse des Erfolges, wenigstens auf meinem Gebiet.

Aber diese Stunden des Nachdenkens auf dem Père Lachaise waren selten geworden. Jetzt, auf seiner neuerlichen Reise nach Paris, hatte er keine Zeit mehr zum Nachdenken. Es ging um Hunderte von Millionen Dollar, um die Vorherrschaft auf dem Markt des Schreckens und der Vernichtung. Zusammen mit Sybin, der die Ware heranschaffte, sah er die Macht des Monopols.

Dieses Mal wohnte Sendlinger nicht in dem verträumten Mittelklassehotel, sondern er mietete sich im Luxushotel *George V.* ein, wo echte Impressionisten an die Wände geschraubt waren und der sagenhafte, superreiche Gulbenkian, der Mister Fünfprozent, sein frugales Essen eingenommen und gewärmte Milch getrunken hatte. Ein Händler des Todes muß standesgemäß residieren.

Anwar Awjilah, der Attaché der iranischen Botschaft, war der erste Besucher, den Dr. Sendlinger empfing. Da Awjilah Moslem war und keinen Alkohol trank, ließ Sendlinger einen köstlichen Fruchtcocktail servieren, dazu süßes Gebäck und Havannazigarren, die Anwar besonders gern rauchte.

»Kommen wir sofort zur Sache«, sagte Sendlinger ohne Einleitung. »Ich kann Ihnen ein Kilogramm reines Plutonium 239 anbieten. Eine Probe habe ich mitgebracht, sie beweist die Qualität. Der Preis für das Kilogramm beträgt fünfundsechzig Millionen Dollar.«

Awjilah starrte auf das Päckchen, das Sendlinger zwischen ihnen auf den Tisch gelegt hatte. Awjilah war ein höflicher Mann, der mit einer leisen Stimme sprach und die Eleganz der Franzosen angenommen hatte. Er nickte kurz und neigte den Kopf ein wenig zur Seite.

»Fünfundsechzig Millionen Dollar? Der Marktwert sinkt, Herr Dr. Sendlinger«, sagte er in einem einwandfreien Deutsch.

»Wollen wir handeln? Im Bazar von Teheran gibt es kein Plutonium.«

»Für eine Bombe brauchen wir vier bis fünf Kilogramm.«

»Das weiß ich. Mein Angebot ist ja nur der Anfang. Ich weiß, daß Sie einige der besten Atomwissenschaftler und Konstrukteure in Ihr Land geholt haben, unter anderem aus dem Atombombenzentrum von Arsamas.«

»Da wissen Sie mehr als ich«, erwiderte Awjilah verschlossen.

»Ich weiß noch mehr.« Dr. Sendlinger lächelte verhalten. »Sie haben alle Voraussetzungen, um die Präzisionsmechanismen einer

Bombenzündung nachzubauen. Was Ihnen noch fehlt, ist der Grundstoff: das Plutonium. Die CIA weiß, wie weit in Ihren geheimen Werken die Konstruktionen gediehen sind.«

»Die Amerikaner!« Awjilah machte eine wegwerfende Handbewegung. »Sie sind hysterisch! Überall sehen sie Bedrohungen. Dabei sind sie die größte Atommacht der Welt, größer als die Russen! Sie sagen, daß Sie viel wissen! Dann müssen Sie auch wissen, daß Israel auf dem besten Weg ist, eine Atommacht zu werden. Das ist für mein Land unerträglich. *Wir* sind bedroht, nicht die übrige Welt! *Wir* müssen uns wehren gegen Israel! Das ist die aktuelle Situation. Sie in Deutschland haben es gut. Sie sind umgeben von den Atommächten England, Frankreich und Amerika, die Sie schützen. Wer schützt uns? Von der einen Seite Israel, von der anderen Seite die Atommacht China, im Rücken der Atomgigant Rußland... und keiner hilft uns! Wenn das nicht dazu berechtigt, auch ein Atomstaat zu werden, verliere ich den Glauben an die Gerechtigkeit. Dies zu unseren Sorgen, und nun zu Ihnen, Dr. Sendlinger. Fünfundsechzig Millionen Dollar für ein Kilogramm Plutonium ist viel zu viel. Unrealistisch.«

»Ich habe Staaten auf meiner Liste, die das gerne zahlen.«

»Bitte, lassen Sie uns nicht pokern, das ist unwürdig. Wenn andere Staaten mehr bieten, warum sitzen wir dann zusammen? Der Preis regelt die Geschäfte. Nimmt Libyen Ihr Angebot an?«

»Libyen steht nicht zur Diskussion.« Dr. Sendlinger verschloß sich wie eine Auster. Mein lieber Awjilah, bei mir ist es sinnlos, auf den Busch zu klopfen. Du kannst jetzt alle in Frage kommenden Namen herunterbeten, ich gebe keine Kommentare ab. Und wen ich in den nächsten Tagen in Wien treffen werde, wirst du auch nicht erfahren. Es gibt zwischen uns nur eines: ja oder nein.

Awjilah schien Sendlingers Gedanken zu erraten. Er zeigte auf das Päckchen zwischen ihnen.

»Betrachten Sie es nicht als Mißtrauen«, sagte er in aller Höflichkeit. »Aber bevor wir in konkrete Verhandlungen eintreten, möchten wir erst die Probe analysieren lassen.«

»Das ist selbstverständlich.«

»Wir sind zu oft von anderen Anbietern enttäuscht worden. Minderwertige Stoffe, keine waffenfähigen Mischungen.«

»Bestrahlter Puderzucker...«

»Das haben wir noch nicht gehabt.« Awjilah blickte Sendlinger verwundert an. »Gibt es das?«

»Es sollte auf den Markt kommen, aber wir haben es verhindert. Wenn wir liefern, dann nur allerbeste Ware. Dafür garantieren wir.«

»Das haben wir von Ihnen auch erwartet.«

»Und deshalb der durchaus angemessene Preis.«

»Darüber wird noch zu sprechen sein.« Awjilah lächelte. Für ihn war diese Verhandlung abgeschlossen, bis aus Teheran grünes Licht gemeldet wurde. »Kennen Sie schon Madame Louise de Marchandais?«

»Nein. Muß man sie kennen?«

»In ihrem ›Roten Salon‹ trifft sich tout Paris, alles, was Rang und Namen hat. Von der Großindustrie bis zur Regierung. Machtmenschen und Minister, Künstler und Diplomaten. Eine ausgewählte Gesellschaft aus Intellekt und Kommerz. Im ›Roten Salon‹ sind alle Brüder und Schwestern. Sie sollten mal hingehen, Doktor.«

»Recht gern. Und wie komme ich in diesen illustren Kreis hinein?«

»Ich lade Sie ein.«

»Das ist fast wie ein Geschenk.«

»Sagen wir – übermorgen abend?«

»Mit Freuden angenommen.«

»Sie werden nicht enttäuscht sein.«

Eine Stunde nach Awjilahs Besuch empfing Dr. Sendlinger einen Abgesandten eines afrikanischen Staates, dessen diktatorischer Präsident davon träumte, mittels einer Atombombe im Konzert der Großen mitspielen zu können. Jetzt ließ Sendlinger eine Flasche Wodka kommen; er wußte, daß Bahuba Ngolala außer blonden Frauen auch Wodka liebte.

Die Unterredung war kurz. Sendlinger legte die Probe auf den Tisch, nannte den Preis und prostete Ngolala zu. Der Afrikaner trank zwei Gläschen hintereinander und sagte dann auf Englisch:

»Wir sind daran interessiert, Sir. Nur der Preis...«

»Kein Feilschen, bitte.« Sendlinger hob die Hand. »Der Preis war vorher bekannt.«

»Wir sind kein reiches Land... noch nicht.« Ngolalas dunkles Gesicht verzog sich zu einem verlegenen Grinsen. »Wann können Sie liefern?«

»Sofort, wenn Ihr Präsident es will.«

»Das könnte noch ein paar Monate dauern.«

»Warum?«

»Wir erwarten Zahlungen von verschiedenen Ländern, die uns eine Beihilfe zum Aufbau unserer Wirtschaft versprochen haben. Auch Ihr Land – Deutschland – wird uns Entwicklungshilfe zahlen. Aus diesem Fonds könnten wir dann diesen Betrag abzweigen. Mehr als das Plutonium allerdings interessiert uns eine Lieferung von Atomsprengköpfen, die voll funktionsfähig sind. Wir denken da an Sprengköpfe von russischen SS-18- und SS-22-Raketen ... die Treibsätze können wir woanders beziehen. Seit Rußland abrüstet, liegt viel Material in den Verschrottungslagern herum ... nur an die Sprengköpfe kommen wir nicht heran. An diese verdammt komplizierten Zünder.«

»Wir werden auch diese beschaffen können. Das dauert allerdings länger als bei Plutonium.«

»Und noch etwas wäre von Interesse: B- und C-Bomben. Die Zukunft liegt in den biologischen Kampfmitteln. Mit einer normalen Bombe, die durch einen Zeitzünder in der Luft explodiert, kann man giftige Mikroorganismen über ganze Landstriche verteilen. Kein Land der Erde hat eine Abwehrmöglichkeit dagegen. Können Sie Bakterien und Toxine liefern?«

Sendlinger sah, wie stolz Ngolala war, dieses Wissen anzubringen. Und er hatte sogar recht: Nicht sichtbare Bakterienwolken, vom Wind getrieben und verteilt, konnten riesige Gebiete verseuchen und Millionen von Menschen töten, die ahnungslos mit der Luft ihren Tod einatmeten.

»Noch nicht«, beantwortete Sendlinger die Frage. »Wir haben uns bis jetzt nur mit Atomen beschäftigt.«

»Das wird schnell veraltet sein.« Ngolala trank noch ein Gläschen Wodka. »Atombomben machen Krach ... B-Bomben sind lautlos. Man braucht sogar keine Bombe mehr ... von einem Hubschrauber aus kann man die Toxine streuen. Sir, erkennen Sie die Zukunft. Fünfundsechzig Millionen für ein Kilogramm Plutonium ist ein Wahnsinn, wenn man ein Kilo Botulinus-Toxin für ein paar tausend Dollar bekommen kann!«

»Aber Sie bekommen es nicht. Keiner liefert Ihnen dieses Teufelszeug.«

»Warten wir es ab.« Ngolala lehnte sich in den mit Damast bezogenen Sessel zurück. Sein dunkles Gesicht glänzte. »Syrien, der Iran und Pakistan sind dabei, die Produktion biologischer Waffen aufzubauen. An erster Stelle steht der Iran ... seit den achtziger

Jahren läuft die Forschung für B-Waffen auf vollen Touren. Man flüstert in eingeweihten Kreisen, daß bereits eine nicht bekannte Menge von B-Vernichtungskampfstoffen vorhanden ist. Und Syrien... In Damaskus arbeitet das ›Centre des Études et de Recherche Scientifique‹ – kurz CERS genannt – an der Erforschung von B-Waffen. Schwerpunkt der Forschungen sind Bakterien und Toxine. Besonders interessieren Kampfstoffe auf der Basis von Botulinus-Toxin und *Bacillus anthracis*.«

»Das haben Sie fabelhaft auswendig gelernt!« sagte Dr. Sendlinger spöttisch.

Ngolala schluckte den Spott, nur sein Gesichtsausdruck wurde verschlossener. Diese arroganten weißen Säue, dachte er. Noch immer sind wir Dreck für sie, nur weil wir eine schwarze Haut haben. Der Spott wird euch vergehen, wenn wir euch zeigen, was wir können und welche Macht bald in unseren Händen liegt.

»Botulin, das Toxin des Bakteriums *Clostridium botulinum*, ist die giftigste Substanz, die die Natur in seiner Jahrmilliardenevolution hervorgebracht hat. Ein Gramm reicht aus, um eine Million Menschen zu töten!«

»Das schafft auch der Plutoniumstaub mit hundert Gramm.«

»Nur kostet es keine siebzigtausend Dollar pro Gramm!« Ngolala griff wieder zur Wodkaflasche. Man sah ihm seinen Triumph an... er wußte mehr als der Weiße! Er hatte ihn in die Enge getrieben. Es gab keine Argumente mehr für den Vorteil einer Atombombe. Nur noch ein paar Jahre, und der Schrecken von Plutonium- und Wasserstoffbomben wird zu einem Kindermärchen. Der unsichtbare, geruchlose Staub von hochgiftigen Bakterien, etwa dem Milzbranderreger oder dem unbesiegbaren Botulin, sicherte die Macht auf der Welt. Wer über diese Waffe verfügte, war unangreifbar und konnte die Menschheit nach seinem Diktat leben lassen... oder ganze Erdteile vernichten.

»Sie wollen also kein Plutonium 239?« fragte Dr. Sendlinger.

»Ich liefere Ihnen das waffenfähige Pulver mit einem Anreicherungsgrad von neunundneunzigeinhalb Prozent! Das bekommen Sie nirgendwo.«

»Und wo bekommen Sie es her?«

»Mr. Ngolala... sagen Sie mir, wo Ihre Mikroorganismen lagern?«

»Wir sind mit den Staaten, die an den B-Waffen forschen, befreundet...«

»Und von Freunden bekomme auch ich das Plutonium.« Sendlinger lächelte breit. »Ein guter Freund bereichert das Leben.«

Ngolala nickte und kippte seinen fünften Wodka. Du arroganter Hund, dachte er dabei. Du stinkende Hyäne! Wie schlau kommst du dir vor?! Es gibt auch andere Köpfe, die denken können ... und stell dir vor, sie sind sogar schwarz! Es wird nicht lange dauern, und du wirst angekrochen kommen wie früher die Sklaven zu den Plantagenherren und betteln: »Gib mir ein Säckchen Botulin. Wie viele Anthraxampullen läßt du mich kaufen? Gib mir ein paar Gramm Tetanustoxin.« Und ich werde auf deinen Nacken blicken und antworten: »Was willst du mit ein paar Gramm? Ein Gramm genügt, um vier Millionen Menschen umzubringen. Ich gebe doch nicht die Macht über die Welt aus der Hand!« So wird es in ein paar Jahren aussehen. Plutoniumbombe ... koch dein Teewasser damit ...

»Sie hören wieder von uns, Sir!« sagte Ngolala und erhob sich. Die Wodkas zeigten keine Wirkung, im Gegenteil, sie machten ihn munter. »Und denken Sie an die Zukunft. Der menschliche Erfindungsgeist zeigt seine Stärke vor allem in der Potenzierung des Grauens. Und da stehen uns noch große Überraschungen bevor.«

Dr. Sendlinger hatte es nötig: Als Ngolala das Zimmer verlassen hatte, kippte er erst mal zwei Wodka hintereinander, um seine flimmernden Nerven zu beruhigen. Was Ngolala erzählt hatte, konnte man nicht einfach als phantasievolle Zukunftsmusik abtun ... es *war* die greifbare Zukunft. Die Entwicklung der Vernichtungswaffen ging über die Atombombe hinweg, ließ sie zu einem rostenden Fossil werden. Dieser Urknall, diese pilzförmig in den Himmel steigende Explosionswolke ... überaltertes Feuerwerk, spektakuläre Show, weiter nichts! Ein einziges kleines Flugzeug, das aus großer Höhe Botulinstaub als Aerosolwolken ausstößt, so wie man heute Insektengift über Felder sprüht, Wolken, die der Wind über weite Strecken treibt, können ein Land wie Japan oder England, wie Frankreich oder Italien zu einem riesigen Friedhof machen. Nach zwei oder drei Tagen hätte die Milzbrandepidemie Millionen von Menschen erfaßt, und in vier bis fünf Tagen wären diese Millionen tot, weil kein Gesundheitssystem eine solche Anzahl infizierter Menschen versorgen kann. Ein einziges Flugzeug kann die Erde leerfegen, die Menschheit ausrotten, lautlos und unsichtbar. Was sind dagegen zehn oder zwanzig Plutonium- oder Wasserstoffbomben?

Am Abend konnte Dr. Sendlinger seine eigenen Gedanken nicht mehr ertragen. Er rief in Moskau an. Sybin war noch in seiner Stadtwohnung, dem Penthouse mit Blick auf Kreml und Universität, Moskwa und Gorkipark, aber er hatte bereits einen seiner Maßanzüge an und war auf dem Sprung, feudal zu Abend zu essen. Er hatte sich heute das drehbare Fernsehturmrestaurant *Sedmoje Njebo* ausgesucht, was »siebter Himmel« heißt... knapp dreihundert Meter über der Erde, in dem Turm von fünfhundertsiebenunddreißig Metern. Der höchste Fernsehturm der Welt im Stadtteil Ostankino im Norden Moskaus. Und im *Siebten Himmel* gibt es eine Speisekarte, die ebenfalls himmlisch ist.

Sybin, der sich ziemlich unwirsch meldete, wurde sofort freundlicher, als er Sendlingers Stimme hörte.

»Wenn du wieder so spät anrufst, kann es nur eine freudige Mitteilung sein«, sagte er. »Wo bist du?«

»In Paris.«

»Paris! Und da hast du nichts Besseres zu tun, als mich anzurufen? In Paris pflückt man Mädchen wie Blumen, heißt es bei uns. Und du bist doch kein impotenter Gärtner!« Sybin lachte. »Was soll ich hören?«

»Die Verhandlungen laufen an. Wie erwartet, will jeder den Preis drücken.«

»Keinen Dollar weniger! Aber ich habe eine gute Nachricht für dich. Wawra Iwanowna, das Aas mit ihrem bestrahlten Puderzucker, hat ihre Strafe bekommen.«

»Du... du hast sie...« Sendlinger sprach das Wort töten nicht aus.

»Nikita Victorowitsch Suchanow hatte eine geniale Idee! Eine Schußwunde sieht nach Mord aus, eine durchschnittene Kehle auch, und auch Erwürgen hinterläßt Spuren. Aber wenn jemand Tee trinkt, in dem man ein bißchen Plutoniumstaub verrührt hat, der stirbt an einer rätselhaften Krankheit. Kein Arzt kommt auf die Idee, einen Toten mit dem Geigerzähler zu untersuchen.«

»Das ist wirklich genial.« Dr. Sendlinger hatte plötzlich einen Kloß im Hals. Der wievielte Tote war das nun schon, seit er mit Sybin zusammenarbeitete? Und Sybin lachte sogar dabei und schien voller Freude. »Ich muß dich sprechen, Igor Germanowitsch. In Berlin.«

»Unmöglich. Ich kann hier nicht weg.«

»Nächste Woche Donnerstag.«

»Es geht nicht, mein Freund.«

»Es ist dringend! Es duldet keinen Aufschub.«

»Was ist passiert?« Sybins frohe Stimmung nahm deutlich ab. »Schwierigkeiten?«

»So kann man es nicht nennen.«

»Was ist es?«

»Das kann ich am Telefon nicht sagen. Wir müssen darüber reden. So schnell wie möglich. Nur soviel: Ein neuer Markt tut sich auf...«

»Andere Anbieter?!« Sybin schnaufte. »Das ist lösbar. Ich brauche nur einige Hinweise. Bisher hat noch niemand meine Geschäfte gestört; wer es wagte, der hatte eine Predigt des Popen nötig.«

»Keine Ware von uns. Nur soviel: Wir verkaufen Blümchen, und neben uns ernten andere dicke Kohlköpfe. Die sind billiger – und machen satt!«

»Ein Kohlkopf! Roh oder gesäuert? Paul, bist du besoffen?«

»Ich weiß, daß du mich nicht verstehen kannst. Deshalb komm am Donnerstag nach Berlin. Wir müssen uns beeilen, sonst sind wir draußen.«

»Komm du nach Moskau. Natalja hat jetzt eine eigene Datscha, du wirst staunen. Wie eine tatarische Prinzessin lebt sie. Du kannst bei ihr schlafen – bei ihr, nicht mit ihr. In Moskau ist es leichter für mich und auch für dich. Du kannst ungehindert einreisen... wenn ich ausreise, weiß es bald halb Moskau. Und dann eure verdammte Presse! Einmal, vor zwei Jahren, war ich eine Woche in Cannes. In allen Illustrierten prangten meine Fotos als Beispiel für die neuen russischen Millionäre! Ein Mist war das! Wo ich auch einkaufte... überall Fotografen. Als wäre ich ein Pavian mit einem roten Hintern. Komm nach Moskau, Paul.«

»Ich will sehen, wie ich das mit meinen Terminen vereinbaren kann. Schließlich habe ich auch noch einen Beruf, ich bin Rechtsanwalt. Meine Mandanten laufen mir sonst weg.«

»Laß sie laufen. In einem Jahr läßt du die Beine ins karibische Meer baumeln, eine junge Inselschönheit neben dir, und wirst denken: War ich ein Idiot, einen ehrbaren Beruf zu ergreifen! Und jetzt gehe ich, um im *Siebten Himmel* meinen Magen zu verwöhnen.«

»Bereite dich darauf vor, daß wir in absehbarer Zeit keine Blümchen mehr pflücken.«

»Und Kohl anpflanzen!« Sybin lachte schallend, es dröhnte im Telefon. »Der Markt der Zukunft!«

»Das ist es! Wir brauchen nur eine Schwelle zu überschreiten – und wir sind drin. Guten Appetit.«

Dr. Sendlinger legte auf. Er nahm Sybin seinen Spott nicht übel. Wie konnte er auch aus Andeutungen die Fakten herauslesen?

Bakterien statt Plutonium.

Toxine anstelle von Atomraketen.

Staub – tödlicher als alles, was unsere Welt kennt, was sie zu fürchten hat, was leicht zu beschaffen ist, was zum Transport keine Bleibehälter benötigt, was man in der Tasche herumtragen kann. Jeder von uns! Jeder ein potentieller Vernichter!

Das Ende unserer Erde?

Soll man da mitmachen? Soll man in dieses Satansgeschäft miteinsteigen?

Paul, frage dich nicht. Wenn nicht du, dann tun es andere.

Und das zu denken, ist unerträglich.

Mein Gott, wozu ein Mensch fähig ist...

Das Haus der Madame de Marchandais lag an einer verträumten Straße am Rande des Bois-de-Boulogne. Es glich mehr einem kleinen Schloß im pseudoklassischen Stil als einer Villa, und auch der Park hinter der überdachten, mit dorischen Säulen verzierten Terrasse empfing den Besucher mit dem Zauber südländischer Gartenarchitektur. Ein Springbrunnen schickte Wasserkaskaden in den Himmel, hohe, schlanke Zypressen bildeten eine Allee zu einem Gartenpavillon, Buchsbaumhecken, zu kunstvollen Figuren geschnitten, schufen intime Räume mit Bänken aus weißem Gußeisen, umstanden von Blumenbeeten und zierlichen Marmorstatuen. Das alles wäre von vollkommener Schönheit gewesen, wenn nicht die Marmorputten und die Figuren rund um den Marmortempel am Ende der Zypressenallee recht individuell gestaltet gewesen wären: Sie stellten kopulierende Paare dar. Sie waren die steingewordene Visitenkarte der Madame de Marchandais: Das kleine Palais war der edelste Puff von Paris. Ein Bordell der Superlative, in das man nur auf Empfehlung Zutritt bekam. Auch die zur »Konversation« bereiten Damen waren keine ausgewählten Schönheiten, sondern sie gehörten der oberen Pariser Gesellschaftsschicht an, die ihre Langeweile mit dem Abenteuer der Verruchtheit vertrieben. Man flüsterte, daß sogar – natürlich unter falschem Namen – die junge Frau eines Ministers Mitglied dieses exklusiven Zirkels war und daß die Gattinnen einiger Diplomaten den Partnerwechsel als eine Art Sport betrachteten. Erklärter Mittelpunkt war eine hinreißende Mulattin aus einem mittelamerikanischen Staat, von der man behauptete, sie sei die Nichte des dortigen Präsidenten.

Der »Rote Salon« hatte seinen Namen wegen der roten Seide bekommen, mit der die Wände bespannt waren. Madame Louise selbst war eine reife Schönheit von fast fünfzig Jahren und hatte ihr Vermögen durch drei Heiraten erworben. Als auch der dritte Ehemann bei einem Jagdunfall tragisch ums Leben kam – ein Jagdgast verwechselte ihn mit einer Wildsau und schoß ihm in den Rücken –, verzichtete Madame auf eine weitere Hochzeit und öffnete ihre Villa für Gesellschaftstreffen, die sie poetisch »Zirkel für Kunst und Literatur« nannte. Nur: Es wurde wenig über modernes Schrifttum gesprochen; was blieb, war die Kunst der körperlichen Vereinigung. Das war das Fundament von Madame Louises Berühmtheit.

Anwar Awjilah holte Dr. Sendlinger vom Hotel *George V.* ab und fuhr ihn hinaus in den Bois-de-Boulogne. Bei der Eingangskontrolle gab es keine Schwierigkeiten. Awjilah war bestens bekannt, und derjenige, den er mitbrachte, hatte natürlich die Ehre, sich im »Roten Salon« wohlzufühlen. Schon beim Abgeben seines Mantels an der Garderobe bekam Dr. Sendlinger einen Vorgeschmack auf den »literarischen Abend«: Das Mädchen in der Garderobe war barbusig und trug nur einen knappen Tanga an ihrem wohlgeformten Körper.

Dr. Sendlinger nahm Awjilah zur Seite, bevor sie die Räumlichkeiten betraten. Hinter der großen Flügeltür hörte er ein vielfältiges Stimmengewirr.

»Warum haben Sie das nicht gleich gesagt?« fragte er. Awjilah sah ihn erstaunt an. Welche Frage!

»Was?«

»Sie bringen mich in ein Edelbordell.«

»Das ist eine unschöne Bezeichnung. Wir sind ein Kreis gleichgesinnter Kunstfreunde. Sie werden es erleben, Doktor. Man trifft hier wichtige Leute, hört die neuesten Informationen, man ist ›in‹, wie es heute heißt. Es gibt nichts, worüber hier nicht diskutiert wird. Man tauscht Erfahrungen aus... man ist unter sich. Hier erfährt man Dinge, die nie an die Öffentlichkeit kommen. Wenn man sich dann mit einer Dame in eines der Zimmer zurückzieht, ist das lediglich eine individuelle Fortsetzung der Konversation.«

Awjilah faßte Dr. Sendlinger am Ellenbogen. »Kommen Sie... Madame wird entzückt sein, Sie kennenzulernen.«

Louise de Marchandais war eine Persönlichkeit, der man uneingeschränkte Bewunderung zollen konnte. Ihre Schönheit, wenn auch durch ein geschicktes Make-up hervorgehoben, strahlte jedem entgegen, der ihr die Hand küßte und zur Begrüßung einen Blumenstrauß überreichte. Sie sprach mit einer angenehmen Mezzosopranstimme und verbreitete jene Würde, die – das war ihr etwas schief geratenes Vorbild – in den Salons des neunzehnten Jahrhunderts, vor allem in dem der Madame Staël, die großen Künstler und Intellektuellen von Paris angelockt hatte.

Louise de Marchandais zeigte echte Freude, den Gast aus Deutschland begrüßen zu können, und sagte: »Monsieur, fühlen Sie sich wohl bei mir. Monsieur Awjilah wird Sie mit den anderen Gästen bekannt machen.«

Eine Dienerin, ebenfalls barbusig, bot ihm ein Glas Champagner an, blickte ihm kokett in die Augen und sagte, als er das Glas von dem silbernen Tablett nahm: »Zimmer sechs.«

»Ich werde es mir merken«, antwortete er und wußte sicher, daß er das Zimmer sechs nicht betreten würde. Er sah sich um und mußte Awjilah recht geben. Die Gesellschaft war erlesen, die Damen von umwerfender Eleganz, das lange Buffet an der rückwärtigen Wand des »Roten Salons« vom Feinsten, was kulinarische Verlockungen anbetraf. Ob Champagner, Weine oder Cognac, Liköre oder harte Getränke... es war alles vorhanden und gratis. Die Mitglieder des Zirkels mußten einen horrenden Monatsbeitrag zahlen, dachte Sendlinger, um diesen Luxus zu finanzieren.

In den nächsten Minuten hatte Sendlinger damit zu tun, all die Hände der Leute zu drücken oder zu küssen, die Awjilah ihm vorstellte. Bei einem ergrauten, sehr freundlichen Herrn blieb Sendlinger hängen, da dieser ihm einen Platz an seinem Tisch anbot. Noch ein anderer Gast saß dort, ein schwarzgelockter, eleganter Mann mit einem Adlergesicht, der zu seinem grauen Anzug graue Lackschuhe trug.

»Mein Name ist Jean Ducoux« stellte sich der freundliche Herr vor. »Und hier sehen Sie einen der besten Physiker Frankreichs: Monsieur Jerôme Pataneau...«

»Na, na –« wehrte Pataneau ab. »Glauben Sie ihm kein Wort... auch wenn er von der Sûreté ist... gerade deshalb nicht.«

Dr. Sendlinger setzte sich. Sûreté! Das war ein Reizwort. Sûreté... die Geheimpolizei Frankreichs. Was war nicht alles über diese Organisation geschrieben worden: über ihre Schlagkraft, ihre Erfolge, ihre V-Männer und ihre Intelligenz. Man sprach soviel von der amerikanischen CIA und dem deutschen BND, man nannte den israelischen MOSSAD den besten Geheimdienst der Welt... die Sûreté blieb immer im Hintergrund, aber wenn sie zuschlug, war es stets ein Spektakel.

»Sie sind Deutscher?« fragte Ducoux und sog an einer dicken Zigarre. »Monsieur le Docteur, das trifft sich gut. Was sagt man in Deutschland zu dem immer größer werdenden Atomschmuggel?«

Sendlinger spürte wieder das Kribbeln unter der Kopfhaut. Es war ein Thema, mit dem er hier bei Madame Louise nicht gerechnet hatte. Was veranlaßte Ducoux, ausgerechnet über Atomschmuggel zu sprechen?

»Ich weiß es nicht«, antwortete Sendlinger vorsichtig. »Ich bin viel im Ausland.«

»Die Gazetten sind voll davon. Haben Sie nicht gelesen, daß man in Köln einen solchen Halunken geschnappt hat? Mit zwanzig Gramm reinem Plutonium 239?«

»Nein. In Köln? Das ist ja furchtbar!«

Sendlinger spürte sein Herz klopfen. In Köln. Zwanzig Gramm Pu! Woher kamen diese Plutoniumproben? Wer drängte sich da in das Geschäft, das Sybin allein zu beherrschen glaubte?

In Sendlinger klingelten alle Alarmglocken! Woher kam das Plutonium? Wer hatte Zugang zu dem tödlichen Staub? Welchen Preis verlangte er? War Ngolala deshalb so zurückhaltend gewesen, weil er bessere Angebote erhalten hatte?

Fragen, die Sybins Existenz bedrohten.

Ducoux deutete Sendlingers Entsetzen als echte Betroffenheit. »Sie ahnen gar nicht, wie umfangreich der Nuklearschmuggel ist. In Deutschland, Wien, Prag, an der britischen Küste, in Budapest und bei Gibraltar hat man Anbieter gestellt und verhaftet, und wir glauben fest, daß dies nur eine winzige Spitze eines grandiosen Eisberges ist. Da liegen über vier Fünftel im dunkeln. Auch hier in Paris haben wir Fälle von Atomanbietern verfolgt. Sie haben alle etwas gemeinsam: Keiner nennt einen Abnehmer! Sie schweigen. Mit Straferleichterung kann man sie nicht locken. Was zwingt sie zum Schweigen? Angst? Wovor Angst? Wir tappen durch einen lichtlosen Tunnel.«

»Auch in Paris?«

»Wen wundert das? Paris ist eine gute Umschlagbasis. Über Marseille nach Afrika – das ist ein idealer Weg. Der festgenommene deutsche Täter sollte seine zwanzig Gramm Plutonium auch in Paris abliefern. Mehr war aus ihm nicht herauszukriegen. Angeblich weiß er von nichts, außer, daß man ihn in seinem Hotel anrufen wollte, um den Platz der Übergabe bekannt zu geben. Die Hintermänner? Achselzucken.«

»Woher wissen Sie das alles, Monsieur Ducoux?« fragte Dr. Sendlinger. Je mehr Ducoux erzählte, um so klarer wurde ihm, daß das Nukleargeschäft in Gefahr war, aus dem Ruder zu laufen. Woher der Stoff kam, war für ihn keine Frage. Aus den USA bestimmt nicht; es gab nur einen Lieferanten, bei dem durch Verschrottung von Atomsprengkörpern sowie Stillegung von Reaktoren und militärischer Atomforschung genug tödliche Substanzen herumlagen, erbärmlich schlecht geschützt und bewacht, ein Supermarkt der Vernichtung, in dem man sich bedienen konnte: die GUS-Staaten, Kasachstan, die Ukraine – Sybins Gebiet.

Ducoux hatte keine Hemmungen, Sendlingers Frage zu beantworten. Man war ja unter Freunden. Im »Roten Salon« war Vertrauen selbstverständlich, das gemeinsame Erleben von Madame Louises exklusiver Lebensfreude verband die Gäste miteinander.

»Es ist meine Arbeit«, sagte Ducoux. »Ich leite diese Fahndungen. Ich bin Chef der Abteilung V, eine Sondereinheit zur Ermittlung von Bandenverbrechen.«

»Das ist interessant.« Dr. Sendlinger blickte hinüber zu dem agilen Awjilah, der sich mit einer schönen Frau beschäftigte und auf sie einredete. Weißt du das? Natürlich weißt du das. Dies war auch der Grund, warum du mich mit diesen Leuten bekannt gemacht hast. Eine gute Idee, Awjilah – ich werde sie nutzen. Ich weiß jetzt, wer mein Gegner ist, wenn Lieferungen über Paris abgewickelt werden sollen. Ich werde ausweichen nach Wien. »Und alles Plutonium 239?«

»Nein.« Plataneau, der berühmte Physiker, wie ihn Ducoux vorgestellt hatte, mischte sich in das Gespräch ein. »Wenig, sehr wenig Plutonium. Und meistens auch nicht waffenfähige Ware. Die Hauptmenge des Nuklearschmuggels besteht aus Uran, gewonnen aus abgebrannten Uranbrennstäben in Reaktoren. Pro Stab fallen etwa zwanzig Prozent Uran 235 an, allerdings ungereinigt und deshalb für Bomben kaum geeignet. Plutonium als Abfall der Brennstäbe ist ein sehr geringer Anteil und muß auch erst in komplizierten Verfahren aufbereitet werden. Reines Plutonium haben wir noch nicht entdeckt.« Pataneau lehnte sich in dem roten Damastsessel zurück, winkte einer der halbentblößten Bedienungen zu und ließ sich ein Glas Champagner, vermischt mit frischem Kiwisaft, bringen. Ein Spezialgetränk von Madame, die daran glaubte, dieser Cocktail stärke die Potenz. »Ich weiß das ganz genau, denn Freund Ducoux beauftragt mich immer mit den Analysen. Nun heißt es aber, der Anbieter bei Ihnen in Köln hätte zu neunundneunzigeinhalb Prozent reines Plutonium angeboten. Das wäre eine Sensation!«

»Wirklich! Das ist eine absolute Gefahr.« Sendlinger spürte einen Kloß im Hals. Ein reineres Plutonium gibt es nicht... und es kommt nicht von Sybin! Wo sitzt der Lieferant? »Kennt man den Namen des Mannes?«

»Das ist das einzige, was man kennt. Das Bundeskriminalamt hat uns die bisherigen Ermittlungen zugestellt. Die Unterlagen gingen an die gesamte Interpol. Der Mann aus Köln heißt Bochert oder Glockler oder so. Ich weiß ihn nicht auswendig. Nur der für einen Deutschen ungewöhnliche Vorname blieb mir im Gedächtnis: Freddy.« Ducoux legte seine fast zu Ende gerauchte Zigarre in eine Silberschale. »Was führt Sie nach Paris, Monsieur le Docteur?«

»Ich vertrete einen Mandanten in einem Exportgeschäft. Ich bin Wirtschaftsanwalt mit Sitz in Berlin.«

»Ein interessanter Beruf.«

»Ihrer, Monsieur Ducoux, ist interessanter. Juristerei kann eine sehr trockene Sache sein.«

»Überbewerten Sie meinen Beruf nicht, mein Lieber. Wir sind nicht die Superhelden, wie man sie im Kino und im Fernsehen vorführt. Immer auf der Pirsch, die Pistole schußbereit in der Hand, Verfolgungsjagden, explodierende Autos, Sprünge über Hausdächer, Spezialwagen, die Raketen abschießen und Straßen einnebeln und sogar als Amphibienfahrzeuge schwimmen können... so stellt sich der kleine Maurice einen Kriminalbeamten vor, ähnlich dem berühmten James Bond 007. Es ist alles anders... der größte Teil der Arbeit findet am Schreibtisch statt. Ich selbst habe zum Beispiel noch nie auf einen Täter geschossen, und ich habe immerhin zweiundzwanzig Jahre Dienst hinter mir. Sie studieren Akten, ich studiere Akten... und wenn ich mal draußen bin und einen Täter stellen muß, dann hebt er nur die Arme hoch. Sie wissen doch, daß unsere Polizei, die Flics, nur einen Gummiknüppel tragen, keine andere Waffe, genauso wie ein Bobby in London. Sollte es mal zu einer Auseinandersetzung kommen, etwa bei Banküberfällen oder Geiselnahmen... haben wir dafür unsere Spezialtrupps. So gesehen, ist Paris eine brave Stadt, wenn man sie mit New York, Mexico City, Tokio oder gar Rio de Janeiro vergleicht. Aber es scheint so, als marschiere jetzt Moskau an die Spitze. Was sich da in Rußland tut... unglaublich. Die Mafiahochburg Palermo ist ein Kindergarten dagegen. Und warten Sie mal ab, wie sich China entwickelt. Wirtschaftswunder und Kriminalität gehen Hand in Hand, sie sind Brüder. Auch bei Ihnen in Deutschland sieht die Verbrechensstatistik mies aus. Wenn jetzt auch noch der Atomschmuggel dazukommt... na, danke!«

»Und wie ist es auf dem Sektor der B-Waffen?« fragte Sendlinger vorsichtig. »Davon habe ich gelesen.«

»Der Bakterienmarkt als Lieferant für Terroraktionen? Um Himmels willen, reden wir dies nicht herbei. Das wäre eine nicht kontrollierbare Bedrohung der Menschheit.« Ducoux sog erneut an seiner Zigarre und blies den Rauch gegen die Stuckdecke. »Zum Glück kann nicht jeder diese Mikroorganismen züchten! Um Toxine wie Botulin auszubrüten, müßte schon ein großes Labor mit allen Sicherheitsvorkehrungen beschäftigt werden. Nicht wahr, Pataneau?«

»Unwahrscheinlich.« Der Physiker schüttelte heftig den Kopf. »Es gab Versuche in Libyen und im Irak. Nach dem Golfkrieg haben Expertenkommissionen der Vereinten Nationen festgestellt, daß der Irak gerade eine Produktion von biologischen Waffen begonnen hatte. Das hatte man schon früher aufgrund von Luftaufnahmen vermutet, ebenso wie man Produktionsstätten für Waffengift in Libyen aus der Luft fotografierte. Man hat die Gefahr schon früh erkannt, noch bevor es zu Einsätzen kam. Es gab ein internationales Abkommen, das in dem Genfer Protokoll 1925 festgelegt wurde, und später die B-Waffen-Konvention von 1972. Aber was gelten Verträge, wenn Diktatoren und Terroristen ausrasten? Und überhaupt – diese internationalen Verträge sind ein Witz! Die Entwicklung, Produktion und Lagerung von biologischen Waffen sind zwar verboten, aber die Forschung an diesem sicheren Tod ist erlaubt! Ein in der Konvention von 1972 festgelegter Informationsaustausch ist lächerlich, was das amerikanische ›Büro für Technikfolgenabschätzung‹ so formuliert: ›Es kann praktisch nicht unterschieden werden, ob es sich um eine Angriffs- oder Verteidigungsforschung handelt.‹ Natürlich kann es das nicht!«

»Aber man kann an Botulin herankommen?«
»Kaum. Ebensowenig wie an reines Plutonium 239!«
»Und doch geistert jetzt Plutonium in der Welt herum.«
»Weil genug davon herumliegt und der Diebstahl bei den schlaffen Kontrollen möglich geworden ist. Man schätzt, daß in Rußland jetzt tausendfünfhundert Tonnen hochangereichertes Uran und zweihundert Tonnen Plutonium 239 gebunkert sind und bewacht werden, als handele es sich um einen Schrottplatz von Buntmetall. Mit den biologischen Stoffen ist das anders. Davon sollten nur Experimentmengen vorhanden sein – sollten, sage ich. Auch da gibt es eine Dunkelziffer, aber die ist im Vergleich zu dem Atommüll ungleich niedriger.«

»Aber es gibt undichte Stellen?« Dr. Sendlinger, mit Aussicht auf einen neuen Markt, blieb hartnäckig. »Kann man ausschließen, daß ein Pfund Botulin in falsche Hände gerät?«

»Ziemlich sicher, denn auch der Lieferant will leben. Bei einer Atombombe hat man noch eine geringe Chance zu überleben, das haben Hiroshima und Nagasaki gezeigt. Bei einem Botulinangriff, den keiner merkt, weil er lautlos erfolgt, überlebt niemand. Nach spätestens einer Woche ist die Erde ein Leichenfeld.«

Es stimmt also doch, was Ngolala gesagt hat, dachte Sendlinger. Ich habe es nicht geglaubt, aber wenn ein Experte wie Pataneau das bestätigt, ist es die grauenhafteste Vernichtung der Menschheit, die man sich denken kann. Und niemand spricht darüber... nicht in der Öffentlichkeit, nicht zu den Menschen, die alle Opfer werden können.

Pataneau trank seinen Champagnercocktail aus. Sendlingers Interesse erfreute ihn. Endlich war da ein Mann, der nicht, wie alle anderen hier im »Roten Saal«, abwinkte, wenn er von seinen Kenntnissen erzählen wollte. Er kam sich manchmal sehr isoliert vor und hatte das Gefühl, man hielte ihn für einen langweiligen Schwätzer. Dr. Sendlinger war ein lang ersehnter Gesprächspartner.

»Was nur wir Wissenschaftler wissen«, sagte er mitteilungsfreudig, »ist ein Weg, an Bakterienkulturen heranzukommen.«

»Also doch!« Sendlinger beugte sich zu ihm vor. Jetzt würde er hören, worauf man ein Geschäft aufbauen konnte. »Es gibt keine vollständige Abschottung?«

Pataneau blickte hinüber zu Ducoux. Er sah, wie sich der Chef der Sonderabteilung V der Sûreté langweilte, wie immer, wenn er zu dozieren begann.

»Um an Material für zivile Forschungszwecke zu kommen, gibt es sogenannte Kollaborationszentren der Weltgesundheitsorganisationen. Ihnen ist die Verpflichtung auferlegt, ihren Mitgliedsstaaten auf Antrag jeden Krankheitserreger in der benötigten Menge zur Verfügung zu stellen. Nach der Absicht, was damit geschehen soll, wird nicht gefragt. Die Mitgliedschaft genügt. Anders gesagt: Es gibt keine ernsthaft kontrollierende Maßnahme, die Verbreitung der Bakterien, Viren – und was auch immer – zu verhindern. Aber, und das ist unser Schutz, in diese Gemeinschaft kommt keiner rein!«

»Und wenn einer der Wissenschaftler bestochen wird?«

»Unwahrscheinlich! Wir alle wissen, was auf dem Spiel steht. Und es gibt keinen unter uns, der für ein paar Silberlinge den Massentod verkauft. Wir sind ein Berufsstand mit Ethos... bei uns gibt es keinen Judas.«

Dr. Sendlinger blickte Pataneau nachdenklich an. Solch ein Genie – und so naiv. Aber das fand man öfter, er hatte es in seiner Kanzlei selbst erlebt: Männer von Rang, die Tausenden Menschen Arbeit gaben und regelmäßig in den Klatschspalten der Boulevardpresse standen, Namen mit internationaler Reputation... und wenn sie vor ihm saßen und ihm ihr Leid klagten und nach einem Ausweg suchten, war ihre Naivität dem Leben außerhalb ihres Wirkungskreises gegenüber geradezu unbegreiflich. Vor allem bei Ehescheidungen mußte man sie wie ein verirrtes Kind an die Hand nehmen und auf den richtigen Weg führen.

Dr. Sendlinger blieb bis gegen Mitternacht im »Roten Salon« der Madame de Marchandais. Awjilah war längst mit einer Dame in einem der oberen Zimmer verschwunden, auch einige andere Männer, die er nicht kannte, hatten das Buffet mit dem Bett vertauscht, der Salon war leer bis auf sechs Herren, die anscheinend den Wein mehr liebten als einen parfümbesprühten Frauenkörper. Pataneau und Ducoux gehörten dazu... Sendlinger verabschiedete sich von ihnen, ließ sich von dem halbnackten Garderobenmädchen ein Taxi rufen, schob ihr fünfhundert Francs zu und fuhr zurück zum Hotel *George V*.

Nicht Pu, sondern Bo ist das Geschäft der Zukunft, dachte Sendlinger, als er in seiner Suite die Schuhe abstreifte. Kein Plutonium... Botulin und seine Abkömmlinge in den Retorten werden die Herrschaft übernehmen. Wer sie besitzt, kann die Welt beherrschen, denn es gibt keine Gegenwehr.

Dr. Sendlinger schlief schlecht in dieser Nacht. In seinem Hirn brodelte es; es war ein Kampf nach drei Seiten – das Gewissen ermahnte ihn, die Geldgier trieb ihn an, und ein neuer Gedanke bekämpfte Gewissen und Gier: Mit einer biologischen Waffe in der Hand konnte man sogar die Macht über diesen Planeten erhalten.

Man konnte befehlen: Ändert die Steuergesetze, oder es regnet Milzbrand vom Himmel.

Schafft die Atombomben ab, sofort, ohne Zögern, oder ihr saugt mit jedem Atemzug die Pest in euch ein.

Alle Staaten der Welt, setzt euch an einen Tisch und werdet Brüder... oder ihr werdet verseucht, werdet Blut spucken, werdet innerlich zerfressen werden, werdet euch auflösen zu Schleim, so wie eine Schnecke, auf die man Salz streut.

Achtet die Menschenrechte, gebt den Menschen ihre Würde zurück... oder die Menschheit wird vernichtet.

Ändert gemeinsam diese Welt, auf daß sie ein irdisches Paradies werde... oder die Welt wird wieder ein unbewohnter und unbewohnbarer Planet.

Welch eine Macht!

Am nächsten Tag empfing er wieder Ngolala. Es war ein distanziertes Zusammentreffen.

»Das Plutonium ist auf dem Weg in mein Land«, sagte Ngolala. »Wir geben Ihnen Nachricht. Fünfundsechzig Millionen Dollar werden akzeptiert... wenn Sie uns die nötige Zündvorrichtung mitliefern. Mehr jedoch sind wir an einer PSLV-Rakete interessiert, wie sie Indien haben soll. Reichweite achttausend Kilometer.« Und dann grinste er breit, denn es tat ihm gut, den Satz zu sagen: »Damit können wir von unserem Land aus ganz Europa erreichen, bis zum Nordpol.«

Dr. Sendlinger war froh, als Ngolala seine Suite verließ.

Am Abend noch flog er nach Wien und stieg im fürstlichen *Imperial* ab. Sein geliebtes *Hotel Sacher* wollte er nicht mit dem Plutoniumschmuggel belasten. Hier bekam er Skrupel, die ihm sonst fremd waren. Das *Sacher* war für ihn wie eine Oase, in der der Mensch Sendlinger lebte und nicht der Händler des Todes.

Schon immer war Wien für Sendlinger eine der schönsten Städte gewesen, man könnte sagen, er war in sie verliebt, nicht nur wegen der Staatsoper oder dem Burgtheater, den Philharmonikern oder der Spanischen Hofreitschule oder Schloß Schönbrunn, für Sendlinger war Wien der Schlüssel zur europäischen Kultur, auch wenn viele behaupteten, dies sei unbestreitbar Paris. Nur eine Stadt gab es, die außer Wien sein Herz wärmte. Hier ließ er sich bei jedem Besuch vom Fiaker herumkutschieren, lauschte den so oft gehörten Erklärungen des Kutschers. Es war eine Stadt, in der für ihn aus jedem Mauerstein Musik erklang, die ihn beschwingte und den Alltag mit Blumen verschönte: Salzburg. Hier konnte er im Mirabellgarten in der Sonne sitzen und die Zeit an sich vorbeifließen lassen. Hier holte seine Seele Atem. Nirgendwo sonst hatte er dieses befreiende und lebensfrohe Gefühl gespürt, und wenn er im Großen Festspielhaus die neunte Sinfonie von Mahler hörte, dirigiert von Karajan, versank er in sich selbst und konnte weinen. Dann war er nicht mehr der eiskalte Dr. Sendlinger, der mit Plutoniumstaub handelte und dem es völlig gleichgültig war, daß eine Plutoniumbombe Hunderttausende von Menschen auslöschen konnte. Es war, als sei er ein geteilter Mensch... die rechte Hälfte verkaufte den Tod, die linke Hälfte faltete die Hände bei Mozart und Beethoven.

Im Hotel *Imperial* empfing Sendlinger drei Besucher und gab ihnen die Plutoniumproben mit. Vorsichtig erkundigte er sich auch bei ihnen, welche Meinung sie über die B-Waffen hatten. Die Antworten deckten sich mit seinen eigenen Überlegungen:

»Effektiver als eine Atombombe, aber nicht kontrollierbar.«

»Stellen Sie sich vor, der Wind dreht! Dann wehen die Bakterien zu uns.«

»Eine A-Bombe hat ein festes Ziel... eine B-Bombe kann ganze Länder verseuchen. Das ist nicht der Sinn des Einsatzes.«

Und ein anderer Käufer aus einem asiatischen Land erzählte Sendlinger, was man beobachtet hatte:

»Seit dem Ersten Weltkrieg, in dem die Deutschen zum ersten Mal Giftgas als Kampfstoff einsetzten – damals war es Chlorgas, Phosgen und Senfgas und kostete siebzigtausend Amerikanern das Leben, über ein Viertel aller amerikanischen Verluste im Ersten Weltkrieg! –, forschten vor allem die Amerikaner nach neuen chemischen Waffen. In Fort Detrick, im Bundesstaat Maryland gelegen und eine der geheimen Forschungsstätten für B-Waffen, führte man bereits 1941 umfangreiche Versuche durch, weil man befürchtete, daß die Deutschen Bomben und Granaten, gefüllt mit dem Botulinustoxin, zum Einsatz bringen würden.«

»Aber sie haben es nicht getan.«

»Nein! Und das hatte einen für die damalige Zeit unverständlichen Grund: Hitler verbot strikt den Einsatz von biologischen Waffen. Warum? Hitler selbst war im Ersten Weltkrieg durch einen Giftgasangriff vorübergehend blind geworden. In der Endoffensive hatten auch die Alliierten massiv Senfgas eingesetzt. Dieses persönliche Erlebnis hielt Hitler davon ab, nun seinerseits Gas oder Bakterien einzusetzen. Es mutet wie ein Wunder an, dabei gibt es eine ganz einfache Erklärung für Hitlers Befehl: die Gefährdung der eigenen Truppe. Hätte man die Mikroorganismen unter Kontrolle bringen können... Hitler hätte keinen Augenblick gezögert. Und da liegt auch heute noch das Problem: Es kann den Gegner treffen, aber ebensogut auch einen selbst. Deshalb sind wir sehr vorsichtig bei dem Gedanken an B-Waffen.«

Das war für Sendlinger völlig neu. War Plutonium doch das sichere Geschäft? War die Angst vor den Mikroben so groß, daß jeder davor zurückschreckte?

»Sie erwähnten Experimente«, sagte er. »Wissen Sie, was sie ergeben haben?«

»Wir haben uns eingehend damit beschäftigt.« Sendlingers Besucher schloß einen Moment die Augen, um sich zu erinnern und zu konzentrieren. »Mir sind drei Experimente noch im Gedächtnis«, fuhr er fort, »die aber länger zurückliegen. Experiment Nummer eins fand schon 1941 statt, aus Angst vor den Deutschen. Damals schütteten die Engländer die gefährlichen Milzbranderreger aus, die über die Atemwege in den Körper gelangen. Es war auf einer kleinen, einsamen, schottischen Insel. Nur Schafherden lebten dort, sie waren die einzigen Inselbewohner. Das Ergebnis des Versuches: Alle Schafe, ohne Ausnahme, starben... und die Insel blieb fünfundvierzig Jahre lang verseucht und konnte nur mit Schutzanzügen betreten werden. Das muß man sich einprägen: fünfundvierzig Jahre unbewohnbar. Das schafft keine Atombombe!«

»Beeindruckend!« sagte Dr. Sendlinger. Es klang nicht entsetzt, sondern interessiert.

»Experiment Nummer zwei führten die Amerikaner durch. Sie gingen aber vorsichtiger vor: Entlang einer wilden, unbewohnten Küste versprühte ein Schiff unter Kontrolle von Wissenschaftlern und Militärs fünfhundert Liter einer ungefährlichen, schwachen Bakterienlösung. Die Witterungsbedingungen waren optimal für den Versuch – man nennt so etwas schlechtes Wetter. Die Bakterien mußten an den Felsen kleben bleiben. Und was geschah wirklich?

Die Bakterienwolke verteilte sich über eine Landfläche von hundertfünfzigtausend Quadratkilometern... das ist viermal so groß wie die Schweiz! Eine niederschmetternde Erkenntnis: Man kann Bakterien nicht beherrschen, sobald sie frei geworden sind.«

»Das leuchtet mir ein«, sagte Sendlinger trocken. »Und Nummer drei?«

»Da war Rußland dran. Am 2. April 1979 kam es im damaligen Swerdlowsk, heute wieder Jekaterinburg genannt, zu einem Unfall in der geheimen Forschungszentrale der Sowjets für B-Waffen. Irgendwo in der Produktionsanlage gab es plötzlich ein Leck, Milzbrandsporen wurden frei, bildeten eine tödliche Wolke und hüllten sechsundneunzig Menschen, die in der Abteilung arbeiteten, ein. Trotz aller sofort anlaufenden Gegenmaßnahmen starben von den sechsundneunzig Infizierten sechsundsechzig qualvoll. Geheimhalten konnten die Russen diesen Vorfall nicht, aber sie beschönigten ihn mit dem Satz: ›Es hatte eine natürliche Ursache‹. Was das bedeutete, fragte keiner, und ob die Milzbrandsporen auch nach draußen gelangt waren und über das Land wehten, verschwieg man natürlich eisern. Erst nach zehn Jahren, unter Gorbatschow, fanden russische und amerikanische Untersuchungskommissionen die volle Wahrheit heraus. Man war sich einig: Wer die Atombombe ächten will, muß auch den Einsatz von B-Waffen ächten! Sie sind um ein Vielfaches grauenvoller.«

»Aber man forscht heimlich weiter...« unterbrach Sendlinger seinen Besucher.

»Ja! In amerikanischen Militärlabors experimentiert man auch heute noch mit Viren von Ebola, Lassa, Marburg – neue biologische Gifte – und mit den alten Botulinbakterien.«

»Und es ist wirklich wahr, daß ein Gramm dieser Bakterien ausreicht, um eine Million Menschen zu töten?«

»Das schätzt man.« Der Besucher aus Asien lachte kurz auf. »Man hat's noch nicht probiert. Aber möglich ist es.«

An diesem Abend schmeckte Dr. Sendlinger das Essen nicht. Bei jedem Bissen dachte er: Irgendwo hat ein Terrorist in einem Plastikbeutelchen vier Ampullen Anthrax in der Jackentasche. Auf dem Kärntner Ring, auf dem Opernring, auf der Kärntner Straße und vor dem Palais Schwarzenberg läßt er je eine Ampulle auf das Pflaster fallen... lautlos, niemand hört das leise Zersplittern des Glases. Niemand sieht die unsichtbare Wolke, die sich bildet, niemand riecht sie, niemand bemerkt den Tod, der in jede Ritze kriecht. Der Mann geht mit schnellen Schritten davon, setzt sich in seinen Wagen und flüchtet ins Burgenland. Und die Viren werden von Tausenden Menschen eingeatmet, verteilen sich mit dem Wind über ganz Wien, schleichen in jedes Haus, auch in die Küche des *Imperial* und vergiften Geräte und Speisen...

Dr. Sendlinger schob den Teller mit dem Kalbsfilet auf Pilzen zur Seite, unterschrieb die Rechnung und verließ den Speiseraum. An der Tür blickte er sich noch einmal um. Ihr alle, die ihr hier sitzt und mit Genuß eßt, ihr alle seid in vier Tagen tot. Keiner kann euch retten! Wien wird eine leere Häuserwüste sein. Ein einzelner Mann mit vier Ampullen hat das geschafft.

Am nächsten Morgen verließ er Wien und flog direkt nach Moskau.

Ihn quälte nicht mehr der Gedanke, ein anderer könnte ihm zuvorkommen und dieses Vernichtungsgeschäft aufbauen... ihn trieb allein die Angst, selbst ein Opfer der nicht mehr kontrollierbaren Bakterien zu werden.

Sybin war mehr als erstaunt, als Dr. Sendlinger plötzlich vor seinem Penthouse stand.

Es war um die Mittagszeit, und wie so oft hatte Sybin auf das Mittagessen verzichtet, um einen Stapel Berichte seiner »Direktoren« durchzuarbeiten. Auch hatten sich die anderen elf Mitglieder des »Konzernvorstandes« gemeldet und angefragt, ob es wahr sei, daß Sybin ins Atomgeschäft einsteigen wolle. Das war unangenehm, denn alle Gewinne flossen stets in den Konzern und nicht in die Taschen eines einzelnen. Zweimal im Jahr kamen die zwölf Mitglieder der »Geschäftsleitung« zusammen und verteilten die Überschüsse untereinander. Ein akzeptables Geschäftsgebaren, bei dem es bisher nie Streit gegeben hatte. Sybin, als Chef der größten Abteilung und mit dem höchsten Umsatz, erhielt sowieso immer einen höheren Betrag als seine Kollegen.

Und nun diese verdammte Anfrage! Wer in seinem »Konzern« hatte nicht dichtgehalten? Wo saß der Maulwurf, der Sybins Erde aufwühlte? Es würde im Kreis der Zwölf eine erregte Diskussion geben, dessen war sich Sybin sicher. Und teilen mußte er – das griff ihm am meisten ans Herz.

Zunächst nahmen die beiden Leibwächter, die in dem Vorraum saßen, wo der Lift ankam, Dr. Sendlinger in Empfang. Sie kannten ihn zwar, aber sie hielten ihn dennoch fest, denn so einfach ohne

Anmeldung kam man an Sybin nicht heran. Es waren zwei breitschultrige, muskelbepackte Boxertypen, schwer bewaffnet mit Kalaschnikowmaschinenpistolen und 9-mm-Pistolen, die aber eigentlich überflüssig waren, denn wenn Sybin allein und ohne Leibwächter in Bars oder in die von ihm bevorzugten Speiselokale fuhr, wäre es einfacher gewesen, ihn bei diesen Ausflügen umzubringen. Hier oben im Penthouse würde niemand auf den Gedanken kommen, Sybins Festung zu stürmen. Aber Bodyguards gehörten nun einmal zur Grundausstattung eines »Konzernchefs« – die Mafiapaten hatten sie, die Statthalter der Triaden ebenfalls, die Kokainbosse in Kolumbien und im Goldenen Dreieck, und es war ja nicht so, daß ein Sybin sich nicht eine eigene Leibwache leisten konnte. Das sollte man sehen.

Die beiden Muskelmänner stellten Sendlinger erst mal gegen die Wand, Arme hoch, Beine breit, und tasteten ihn nach Waffen ab. Protestieren war sinnlos, denn Sendlinger beherrschte von der russischen Sprache nur ein paar Worte. Auf einen kurzen Anruf hin kam Sybin in den Vorraum gestürmt. Er umarmte Sendlinger, küßte ihn dreimal auf die Wangen, wie es sich bei einem Freund gehörte, und führte ihn in das Allerheiligste, den riesigen Raum mit dem Panoramablick über Moskau.

»Welche Freude!« rief Sybin. »So unverhofft! Wie war es in Paris und Wien? Gehen die Pariserinnen noch immer ohne Höschen spazieren?«

»Das ist ein Märchen für Stammtischbrüder!« antwortete Sendlinger unwillig. »Ich bin so schnell gekommen...«

»Erst einen Wodka, Brüderchen! Dann reden wir! Erst nach einem Wodka ist ein Russe aufnahmefähig für Probleme.«

»Es sind Probleme, Igor Germanowitsch.«

»Dachte ich mir.« Sybin schwenkte eine Flasche Sibirskaja, einen der stärksten Wodkas, die es gibt. Dr. Sendlinger winkte ab. Drei Gläser, und ich liege lallend auf dem Sofa. Wir müssen einen klaren Kopf behalten, es geht um existentielle Fragen. Er wartete, bis Sybin sein Glas halb geleert und sein Wohlwollen mit einem Rülpser kundgetan hatte. »Du geisterst immer noch in den Gefilden der biologischen Waffen herum?«

»Das ist das zweite Thema.« Sendlinger setzte sich in einen der breiten, tiefen Sessel aus Büffelleder, die Sybin von einem Einrichtungshaus in Dresden hatte kommen lassen. Einer seiner »Reisenden« hatte einen Möbelprospekt mitgebracht, und Sybin war von dem Angebot so begeistert gewesen, daß er einen ganzen Lastwagen voll Möbel nach Moskau hatte kommen lassen. Das war jetzt möglich... gelobt sei Gorbatschow und Jelzin dazu. »Thema eins: In Westeuropa mehren sich die Atomschmuggler. Bei der Polizei herrscht absolutes Stillschweigen. Nichts dringt nach draußen. Bisher sind fast zweihundert Fälle bekannt, wo Plutonium, Uran, Lithium und Cäsium angeboten wurden. Dein Traum, auf diesem Markt beherrschend zu sein, bleibt ein Traum. Ich weiß...«

»Woher weißt du das?« Sybin starrte ihn zweifelnd an.

»Ich habe in Paris, im ›Roten Salon‹ der Madame de Marchandais, den Leiter der französischen Sonderkommission V getroffen.«

»Du triffst dich mit einem Kripochef in einem Puff?!« Sybin lachte schallend. »Das ist Paris! So habe ich mir das vorgestellt.«

»Madame de Marchandais hat einen exklusiven Zirkel am Bois-de-Boulogne. Ein Treffpunkt der Kultur und der Intelligenz. Ein iranischer Diplomat hat mich dort eingeführt.«

»Sonst hast du nichts eingeführt?«

»Bitte, Igor Germanowitsch, vergiß für einen Moment deine Sauereien. Im ›Roten Salon‹ habe ich auch erfahren, daß bei uns in Köln ein Dealer verhaftet worden ist mit zwanzig Gramm hochreinem Plutonium 239! Eine Probe! Er ist ein Fernfahrer und hat den Stoff aus Moskau mitgebracht. Geliefert hat das Plutonium ein Wissenschaftler aus dem Atomwerk Tomsk-7!«

»Unmöglich!« Sybin wurde ernst und stellte sein Wodkaglas ab. »Ich war in Tosmk-7 und habe dort einen Lieferanten verpflichtet.«

»Vielleicht denselben, der auch die anderen beliefert.«

»Gregor Simferowitsch Kulnjak?«

»Ducoux – das ist der Polizeichef – hat diesen Namen nicht genannt. Auch an den Boten kann er sich nicht erinnern, er wußte nur noch, daß der Mann Fernfahrer ist. Details stehen in den Akten.«

»Dann muß man die Akte bekommen.«

»Völlig unmöglich.«

»Mein Freund, bei Sybin ist nichts unmöglich... das sollte für alle wie ein Bibelspruch sein, auch für dich. Und die anderen hundertneunundneunzig Fälle?«

»Alle Ermittlungen liegen bei der Sûreté und bei Interpol. Geheimstufe eins. Denk an den Fall des Polen Londricky an der deutsch-polnischen Grenze bei Guben. Das war der erste uns bekannte Fall... damals hatte Adolf Hässler seinen Einsatz.«

»Ein Fehler! Er hätte ihn nicht umbringen, sondern mitnehmen und ausquetschen sollen. Erst reden... dann schweigen!«

»Londricky hätte nichts gesagt.«

»Weil euer Humanismus euren Verstand blockiert. Wir hätten ihn zum Sprechen gebracht. Es gibt da fabelhafte Verhörmethoden aus Vietnam und China, denen widersteht keiner!« Sybin winkte ab. »Aber vorbei ist vorbei. Aus Fehlern lernt sogar der Dumme. Wir müssen die französischen Akten bekommen. Minifotos davon.«

»Willst du eine Wanze in den Panzerschrank setzen? Wanzen können nicht fotografieren, und größere Wesen kommen da nicht dran.«

»Du bist ein nüchtern denkender Rechtsanwalt, Paul. Dir fehlt die Phantasie. Du weißt, wie man einen Mandanten beschwatzt, der, auch wenn du seinen Prozeß verlierst, sich auch noch bei dir bedankt. Aber Phantasie ist, wenn der Mandant glaubt, den verlorenen Prozeß gewonnen zu haben, weil ein Gewinn ihn mehr belastet hätte als eine Niederlage. Und ich habe Phantasie.«

»Dann laß mal hören!« Dr. Sendlinger ärgerte sich über Sybins überheblichen Tonfall. Moskau ist nicht Paris... einen Ducoux kann man nicht kaufen wie einen Polizeichef oder Staatsanwalt von hier. Dort leben keine hungrigen Russen, sondern satte Franzosen, Igor Germanowitsch.

»Ich werde mich um Tomsk-7 selbst kümmern«, sagte Sybin, während Sendlinger grollend aus dem Fenster über Moskau blickte. »Ich werde den Wissenschaftler Gregor Simferowitsch Kulnjak so in die Zange nehmen, daß seine grauen Haare weiß werden! Es gibt da eine Methode, bei der jeder Mann, selbst der furchtloseste und charakterfesteste, schwach wird: Man halte ihm nur ein scharfes Messer an den Sack.« Sybin griff wieder nach seinem Wodkaglas und trank. »Du siehst, kein Grund, um in Panik auszubrechen.«

»Ich habe keine Panik, Igor Germanowitsch.« Sendlinger riß sich von Moskaus Panorama los. »Wir müssen nur damit rechnen, daß die Preise fallen. Die anderen Anbieter könnten billiger verkaufen.«

»Dann wären es Idioten!«

»Nicht, wenn sie damit den Markt für sich sichern. Mit Dumpingpreisen hat schon mancher das große Geschäft gemacht: Rokkefeller, Woolworth... Wenn man im Geschäft einmal drin ist, kann man die Preise wieder anheben, und dabei zieht der Kunde mit. Aber wir sind draußen.«

»Wir liefern reinstes Plutonium!«

»Die zwanzig Gramm aus Köln hatten einen Reinheitsgrad von neunundneunzig Komma fünf! Reiner geht es nicht.«

»Und deshalb muß ich an die Akten ran! Ich muß Namen wissen...«

»Wir drehen uns im Kreis: Du kommst nicht an den Tresor!«

»Was wollen wir wetten?« Sybin blieb vor Sendlinger stehen und sah ihn angriffslustig an. »Setzen wir eine Frist fest: In drei Monaten weiß ich, woher dein Kölner das Plutonium bekommen hat.«

»Jetzt bist du verrückt!« Sendlinger schüttelte den Kopf. »Um was wetten wir?«

»Nicht um Geld. Davon habe ich genug. Wetten wir um ein Leben.«

»Willst du mich umbringen lassen? Soll ich dich umbringen?«

»Wie heißt der Mann, der Londricky ermordet hat?«

»Hässler. Adolf Hässler.«

»Wetten wir um Hässlers Leben! Er hat einen großen Fehler gemacht. Wenn du verlierst, wirst du ihn liquidieren.«

»Sybin!« Sendlinger schnellte aus seinem Sessel hoch. »Das ist doch Wahnsinn! Und wenn du verlierst?!«

»Dann schenke ich Hässler sein Leben...«

»Du bist ein Teufel!« Sendlinger atmete hastig durch. »Ich bin entsetzt, was ich alles an dir entdecke!«

»Hast du geglaubt, du kennst mich?« Sybins breites Lächeln ließ einen Schauer über Sendlingers Rücken laufen. »Wer kennt mich schon? Niemand kennt mich! Ich bin eine Chimäre: vorn Löwe, in der Mitte Ziege, hinten Drache. Was bin ich wirklich?«

»Und darauf bist du stolz?!«

»Ist das kein Grund, stolz zu sein? Du kannst die Ziege vernichten, den Löwen töten... ich bin immer noch der Drache!«

»Es kann aber auch anders kommen... und die Ziege bleibt übrig.«

»An diese abstruse Möglichkeit denke ich nicht.« Sybin setzte sich Sendlinger gegenüber, als dieser wieder in seinen Sessel zurücksank. »Gilt die Wette?«

»Nein!«

»Schade. Es wäre interessant gewesen, zuzusehen, wie du Hässler tötest. Du bist ein großer Taktiker, mein Freund, aber an der Front ein Feigling.« Er wechselte abrupt das Thema und beugte sich zu Sendlinger vor. »Was ist mit den biologischen Waffen?«

»Sie bringen eine völlig neue Dimension ins Spiel. Das wichtigste: Wir wissen nun, daß waffenfähiges Atommaterial in der Welt herumgeistert, und wir haben Konkurrenz. B-Waffen dagegen werden nicht angeboten... da wären wir allein und damit führend! Ich weiß nicht, warum so viele Staaten scharf sind auf Plutonium und Uran, warum sie heimlich große Produktionstätten bauen oder bauen wollen, warum sie anstehen nach Atomsprengköpfen und Interkontinentalraketen, warum sie einen höllischen Lärm mit ihren Bomben in Kauf nehmen... wenn sie alles viel einfacher, viel wirksamer und vor allem geräuschlos machen können mit ein paar Tütchen voll Botulintoxinen!«

»Man kann auch den tödlichen Staub von Plutonium 239 geräuschlos über die Landschaft streuen. Paul, das ist doch die Grundlage unseres Geschäftes!«

»Es wird die Zeit kommen, wo Atombomben, die bislang durch ihr Vorhandensein abschreckend wirken und den Frieden garantieren, ihren Schrecken verlieren. Spätestens dann, wenn viele Staaten sie besitzen. Jeder weiß: Werfe ich die erste Bombe, trifft die zweite mich, denn jede Bombe hat einen Absender.«

»Bei Bakterien nicht?«

»Nein! Es genügen zehn harmlos aussehende Männer, die an zehn verschiedenen Ecken ihre Büchse der Pandora öffnen... und es gibt kein Frankreich mehr oder kein England oder kein Israel oder kein Indien. Für Sri Lanka bräuchten die Rebellen nur fünf Mann, und das ganze Land wäre für über fünfundvierzig Jahre unbewohnbar.«

»Wer will schon ein Land erobern, das er fünfundvierzig Jahre lang nicht betreten kann!«

»Nicht erobern. Hier geht es nur um die Vernichtung!«

»Du hast mich vorhin einen Teufel genannt... du bist der Vater aller Teufel!«

»Es war nur ein Beispiel. *Wir* könnten die Welt beherrschen, Igor Germanowitsch. Eine kleine Warnung, irgendwo eine Stadt, in der alle Menschen durch Milzbrandbakterien sterben. Und danach der Appell an alle Staaten: Setzt euch zusammen und beendet die regionalen Kriege, reicht euch alle die Hand... sonst zieht der tödliche Staub über euch hinweg. Seht auf diese Stadt... ihr könnt nichts anderes tun, als sterben. Es gibt keine Abwehr, keine Gegenmittel, kein Staat kann Millionen von Menschen auf einmal medizinisch versorgen! *Das*, Igor Germanowitsch, wäre der wirkliche, immerwährende Frieden! Hier gibt es wirklich keine Sieger mehr ... nur Besiegte. Und jeder wird das einsehen. Was ist dagegen schon eine Atombombe?!«

»Und die lieben Bakterien verschonen von allen Menschen ausgerechnet dich und mich.« Sybin schüttelte den Kopf. »Wenn du das Phantasie nennst ... nein, es ist Phantasterei! Das ist ekstatischer Selbstmord! Ich will leben, aber mir nicht die Milz zerfressen lassen! Vergiß es, Paul! Ich mache alles mit, wenn es einen Sinn hat ... aber das niemals!« Sybin erhob sich. »Komm, wir fahren hinaus zu Nataljas Datscha. Das mußt du sehen ... was man aus einem Haus, das aussieht wie eine Blockhütte, alles machen kann. Du wirst staunen!«

»Muß das sein?« fragte Sendlinger enttäuscht. Er hatte von Sybin eine andere Reaktion erwartet.

»Hast du Angst vor Natalja?«

»Nicht im geringsten. Aber sie mag mich nicht.«

»Sie wird dich noch weniger mögen, wenn sie erfährt, daß du sie mit Milzbrand verseuchen willst.« Sybin lachte schallend. »So eine Schnapsidee! Freue dich lieber auf ein tolles Abendessen. Natalja hat eine Köchin auf der Datscha, die macht aus einem Spiegelei eine Hymne auf das Huhn.« Er griff zum Telefon, rief Natalja an und blinzelte dann Sendlinger zu. »Es gibt Prager Schinken mit Rosenkohl und Blinis. Auf, auf zu Natalja ...«

Die Datscha beeindruckte Sendlinger tatsächlich – sie mußte Millionen gekostet haben. Weniger erfreut war er über Nataljas eisige Begrüßung, obwohl sie ihre Hausfrauenpflichten vollendet erfüllte. Was sie dachte, sagte sie Sybin, als er in der Küche in die Kochtöpfe gucken wollte.

»Warum bringst du ihn mit? Er ist von einer ekelhaften Arroganz.«

»Das muß man ertragen können.« Sybin tätschelte Nataljas Hintern. »Du wirst in Kürze in anderer Gesellschaft sein. Du wirst verreisen.«

»Mit dir nach Hawaii?«

»Nein, mein Schweinchen ... allein nach Paris. Du wirst eine Madame de Marchandais besuchen und in ihrem ›Roten Salon‹ die Männer ins Bettchen zerren.«

»Ein Edelbordell?«

»Ein Kulturzirkel, das klingt geistvoller. Ich werde dir morgen erklären, was du dort alles tun wirst und wie wichtig deine Aufgabe ist. Es ist der größte Auftrag, den du bisher bekommen hast.« Er tätschelte sie erneut und küßte ihren Nacken. »Als Geschenk von mir kannst du dir bei Bulgari, einem der besten Juweliere der Welt, aussuchen, was dir gefällt. Ist das ein Angebot, Herzchen?«

Natalja Petrowna schwieg und dachte: Wieder muß ich eine Hure sein!

Aber Sybin wußte, daß sie den »Roten Salon« im Sturm erobern würde...

Sibirische Dunkelheit

Es war unfaßbar: Wawra Iwanowna Jublonskaja lebte noch immer.

Sie war zwar etwas blasser geworden, die Haut hatte einen gelblichen Ton bekommen, und ab und zu blieben nach dem Kämmen dünne Haarsträhnen in den Borsten der Bürste zurück, aber das schob Wawra auf ihre Tätigkeit im Wiegelabor. Viele Arbeiter im Atomwerk zeigten diese Krankheitssymptome; sie machten sich keine großen Gedanken darüber, verstrahlt waren sie alle, wenn auch nur leicht und nicht akut lebensgefährlich, aber die Lebenserwartung sank natürlich gegenüber einem Bauern, der in frischer Luft seine Felder bestellte. Doch auch das war eine Fehleinschätzung: Über dem gesamten Gebiet von Krasnojarsk-26 lag radioaktive Strahlung. In jedem Baum, jedem Strauch, jeder Blume hing sie, drang in den Boden ein, verseuchte Getreide, Gemüse, Kartoffeln, Pilze und das Vieh. Wer hier lebte, war automatisch belastet... vor der »großen Erkenntnis« hatte sich darum niemand gekümmert. Die Mitarbeiter der Plutoniumproduktionsstätten bekamen ein doppeltes Gehalt, also hundert Prozent über der Norm, und damit war alles abgegolten. Das änderte sich erst nach Gorbatschows Reformen, aber da waren die Landstriche um Krasnojarsk bereits verseuchtes Gebiet.

Nikita Victorowitsch beobachtete Wawra mit Staunen und steigender Ungeduld. Er begriff einfach nicht, wieso der ins Essen oder in den Tee gemischte Plutoniumstaub bei ihr keine Wirkung zeigte. War es etwa auch nur Puderzucker, vielleicht sogar unbestrahlt, was Wawra mitgebracht hatte? Er hütete sich, das nachzuprüfen, aber er zitterte bei dem Gedanken an Sybins Reaktion, wenn er ihm melden würde, daß sie immer noch lebte! Den dann folgenden Befehl kannte er im voraus. Sybin würde sagen: »Erwürge oder ertränke sie, oder schneid ihr den Hals durch... gleichgültig, was du tust, nur tu es!«

»Wie fühlst du dich, Schatz?« fragte Nikita in diesen Tagen öfter. »Blaß siehst du aus.«

»Müde bin ich, Nikita, so müde. Ich weiß nicht, woher die Müdigkeit kommt. Ich könnte dauernd schlafen.«
»Hast du Schmerzen? Tut dir etwas weh? Sag es mir.«
»Nein, keine Schmerzen... nur manchmal fühle ich mich, als hätte ich keine Knochen mehr. Ich bin so schlapp.« Sie versuchte ein Lächeln und blinzelte ihm dabei zu. »Vielleicht ist es deine Schuld?«
»Meine... wieso, mein Schatz?«
»Du strengst mich zu sehr an.« Sie lachte kokett. »Ich bin es nicht gewöhnt, daß ein Mann mich jede Nacht... beschäftigt. Und auch noch am Tag!« Dann war sie zu ihm gekommen, hatte ihn geküßt und in sein Ohr gehaucht: »Aber mach weiter so, mein Liebling... ich brauche es.«

In solchen Situationen kam sich Nikita Victorowitsch gemein und verachtenswert vor. Und jedesmal, wenn Wawra mit ihm schlief und ihr Steppenblut aufwallte, kam ihm der Gedanke, mit ihr aus Krasnojarsk zu fliehen, irgendwohin. Sibirien war unendlich groß, und man konnte überall leben, wenn man in die Hände spuckte und arbeitete und wenn die Liebe dem Menschen die Kraft schenkt, aus der Not ein neues Leben zu zaubern. Aber das war nur ein Gedanke, geboren in der Wärme von Wawras Körper... Suchanow hatte in Wahrheit Angst, daß – wohin sie auch fliehen würden – Sybins Jäger ihn entdeckten. Er hatte sein Netz über alle GUS-Staaten gespannt, ob in Norilsk oder Wladiwostok, ob an der Grenze zu Polen oder an der Grenze zu China – ihm entging nichts. Und mit Wawra in der Tiefe der Taiga zu leben, in völliger Einsamkeit zusammen mit Bären, Luchsen, Bibern und Rentieren, war gleichbedeutend mit einem verzögerten Selbstmord, denn für schwere körperliche Arbeit war Nikita nicht geschaffen. Er konnte sich nicht vorstellen, Bäume zu fällen und aus den Stämmen eine Blockhütte zu bauen oder aus Flußsteinen einen großen Ofen, auf dem man im Winter schlafen würde.

Das Telefon klingelte, und Suchanow zuckte zusammen, als Sybins Stimme aus dem Hörer tönte.
»Wann hast du Wawra begraben?« fragte er ohne Einleitung.
Auf Suchanows Stirn perlte plötzlich der Schweiß.
»Sie lebt noch...«, stotterte er. »Igor Germanowitsch, ich...«
»Sie lebt?« dröhnte Sybins Stimme. »Ich denke, sie schluckt Plutoniumpulver?«
»Ständig. Vor allem im Tee!«
»Das gibt es nicht. Ein Millionstel Gramm genügt, um einen

Menschen umzubringen!« Sybins Stimme wurde drohend. »Was machst du wirklich, Nikita Victorowitsch?!«

»Nach dem, was sie geschluckt hat, müßte sie schon zehnmal tot sein! Das würde für hundert Menschen reichen. Ich begreife es nicht.«

»Ich auch nicht!«

»Vielleicht ist sie immun gegen Plutonium?«

»Das gibt es nicht! Dagegen gibt es keine Immunität! Nikita, sie betrügt auch dich! Sie hat dir Puderzucker mitgebracht.«

»Daran habe ich auch schon gedacht.«

»Prüf es nach!«

»Wie?«

»Bist du ein Idiot?« Suchanow hörte Sybin erregt atmen. »Hast du keine Nachbarn, die eine Katze halten oder einen Hund?«

»In meinem Haus wohnt eine Witwe, die einen grauen Kater hat.«

»Und den streichelst du und gibst ihm ein Schälchen Milch, was?«

»Es ist ein liebes Tier und das Herzblatt der Witwe.«

»Dann wirst du dem Kater ein bißchen Plutoniumstaub in die Milch rühren. Fällt er nicht um, haben wir den Beweis, daß dieses Aas von Wawra wieder Puderzucker mitgebracht hat. Dann häng sie auf!«

»Ich will es versuchen, Igor Germanowitsch. Und wenn die Katze stirbt...?«

»Dann ist Wawra ein Rätsel, mit dem ich mich selbst beschäftigen werde! Es gibt keinen Menschen, der Plutoniumstaub überlebt! Das ist bewiesen.«

»Ich berichte weiter.« Suchanow machte am Telefon eine Verbeugung. »Wann kommen Sie?«

»Das wird dir noch mitgeteilt.« Damit war das Gespräch beendet.

Suchanow atmete auf. Sybin hatte keinen eindeutigen Tötungsbefehl erteilt. Häng sie auf... das bewertete er als eine im Gespräch herausgerutschte Redewendung. Er hatte nicht klar gesagt: Du bringst sie heute noch um! Suchanow hätte nicht gewußt, was er dann getan hätte. Aber die Sache mit der Katze war eine gute Idee, die Wawras Tod um einige Tage hinauszögerte, falls das Plutonium nicht doch noch Wirkung zeigte.

Am Abend lockte Nikita den zutraulichen Kater mit einem

Stückchen Wurst und einem Schälchen Milch in den Keller. In die Milch hatte er die feuchte Messerspitze getaucht, an der nur wenig Plutoniumstaub haftete, allerdings genug, um nach den Berechnungen der Experten tausend Menschen innerhalb von drei bis vier Tagen zu töten. Auch wenn man sagt, Katzen seien zäh... innerhalb von drei Tagen würde auch sie Blut spucken und ihr Inneres zersetzt sein.

»Mein Katerchen«, lockte Suchanow, als sich die Katze liebevoll schnurrend an seinen Hosenbeinen rieb, »verzeih mir. Aber es geht um Wawra, und Wawra steht meinem Herzen näher als du, mein liebes Tierchen, das mußt du einsehen, mein grauer Schnurrer. Ein Mensch ist nun mal wertvoller als eine Katze, und außerdem dienst du der Wissenschaft. Denk an die tapfere Hündin Laika, die mit dem ersten Satelliten 1957 ins Weltall geschossen wurde. Du wirst nicht so berühmt werden wie Laika, aber ich werde immer an dich denken.«

Er streichelte den Kopf des Katers, ließ die Wurstscheibe in die verseuchte Milch fallen und stellte die Schale auf den Kellerboden. Dann ging er schnell weg; er wollte und konnte nicht mitansehen, wie die Katze die Milch schleckte und die Wurst fraß.

Zum Glück hatte Wawra heute wieder Nachtdienst, und Suchanow war allein. Er blickte auf die Uhr, setzte sich vor den Fernseher, sah sich einen Film über Iwan den Schrecklichen an und dachte: Nicht anders ist Sybin, nur moderner. Er tötet nicht selbst wie Iwan, er nagelt keine Hüte auf dem Kopf fest, wenn man sie nicht schnell genug zieht... er läßt töten.

Als der Film zu Ende war, blickte Suchanow auf seine Uhr. Fast zwei Stunden waren vergangen. Er stand auf und ging in den Keller. Irgend etwas mußte geschehen sein... wer den Tod von tausend Menschen gefressen hat, kann nicht mehr herumspringen.

Die Milchschale war leer, die Wurst gegessen, der Kater verschwunden.

Suchanow begann, alle Kellerräume zu durchsuchen. Man sagt, daß Tiere sich zum Sterben in eine Ecke zurückziehen, sich verkriechen, die Einsamkeit suchen... aber der Keller war kein Sterbelager geworden. Die Katze war weg!

Er nahm die Schale an sich, ging wieder hinauf in seine Wohnung, spülte die Schale in kochendem Wasser aus und stellte sie in den Küchenschrank zurück. Er ahnte nicht, daß kochendes Wasser die Strahlung von Plutonium nicht auflöst.

Am nächsten Morgen – Wawra schlief noch – klopfte es an der Tür von Suchanows Wohnung. Er öffnete und blickte in das tränennasse Gesicht seiner Nachbarin, der zweiundsiebzigjährigen Witwe.

Sie stürzte in die Wohnung, streckte beide Arme in die Höhe und schrie mit heiserer Greisenstimme: »Er ist tot! Er rührt sich nicht! Blut ist aus seinem Schnäuzchen geflossen. Vor meinem Bett liegt er, als habe er um Hilfe gefleht. Aber ich habe geschlafen. Nikita Victorowitsch, er lebt nicht mehr. Mein Glück, meine Liebe, mein einziger Freund – alles ist dahin! Warum lebe ich noch?«

»Ihre Katze ist tot?« fragte Suchanow scheinheilig. Er hatte große Mühe, seiner Stimme einen traurigen Klang zu geben, denn ihm war zum Jubeln zumute. »Wie kann so etwas passieren?«

»Ich weiß es nicht. Gestern sprang er noch herum, lag auf meinem Schoß, leckte mir die Hand. Und heute nacht...« Sie heulte wieder, lehnte sich an die Wand, und Suchanow holte schnell einen Stuhl aus dem Zimmer, damit sie nicht umfiel. Sie setzte sich, drückte ihre Schürze an die Augen und brach in ein wimmerndes Weinen aus. »Er muß sich irgendwo verletzt haben. Das Blut im Maul... wo kommt es her? Hat ihn ein Auto gestreift? Oh, wie ich Autos hasse! Neun Jahre hat er gelebt, mein Kleiner.«

»Bringen Sie ihn zu einem Tierarzt, Eftimia Olegowna«, schlug Suchanow vor. »Nur er kann sagen, woran Ihr Liebling gestorben ist.«

»Kann er ihn mir wieder zum Leben erwecken? Nein! Heimlich werde ich ihn am Rande des Friedhofs vergraben... er war treuer als ein Mensch! O Gott, o Gott, was tust du mir an?«

»Wo liegt er jetzt?« fragte Suchanow. »Ich helfe Ihnen beim Begraben.«

»Er ruht auf einem Handtuch in meinem Bett. Wie oft hat er an meinen Füßen geschlafen. Vor allem im Winter, da wärmte er mich.« Sie holte tief Luft und rief: »Ich habe ihn noch einmal geküßt, mein Katerchen.«

Suchanow schloß für einen Moment die Augen. Sie braucht sich nicht mehr das Leben zu nehmen – sie hat es schon getan! Sie hat einen mit Plutonium verseuchten Leichnam geküßt! Eftimia Olegowna, jetzt kann dir niemand mehr helfen.

Aber Wawra lebte noch... wie kann man dieses Wunder erklären?

Das laute Schreien der Witwe hatte nun auch Wawra geweckt. In einem dünnen Morgenmantel, der sich um ihren nackten Körper schmiegte, kam sie in den Flur gestürzt.

»Was ist hier los?« rief sie und schrak zusammen, als die Witwe bei ihrem Anblick erneut in kreischendes Heulen ausbrach. »Nikita, was...«

»Der Kater ist tot!« unterbrach sie Suchanow. »Ganz plötzlich. Blutet aus dem Maul...«

»O Gott!« rief nun auch Wawra, und echtes Entsetzen klang in ihrem Aufschrei. »Wo war die Katze?«

»Wer weiß das?« kam Nikita der Witwe zuvor. »Der Kater lief immer frei herum. Ich glaube, man hat ihn angefahren, und er konnte sich noch bis nach Hause schleppen und starb dann vor Eftimias Bett. Tragisch.«

»Komm einmal mit, Nikita.« Wawra ging zurück ins Schlafzimmer, und Suchanow folgte ihr. Sie setzte sich auf die Bettkante und zog den Morgenmantel enger um ihren Körper, als fröre sie. Ihr blasses Gesicht war noch bleicher geworden.

»Es war kein Autounfall«, sagte Wawra leise. »Nikita, ich habe schon einige Katzen auf ähnliche Art sterben sehen. Verwilderte Katzen, die sich auf dem Forschungsgelände herumgetrieben und Abfälle gefressen hatten. Die Wissenschaftler haben sie seziert, Ergebnis: Sie waren hochgradig verstrahlt. Ihre Radioaktivität war sensationell. Eftimias Kater muß verseuchte Abfälle gefressen haben. Er muß so schnell wie möglich verbrannt werden!«

»Dagegen wird sich Eftimia wehren wie eine Löwin, der man ihr Junges wegnehmen will. Wir wollen die Katze heute noch vergraben, am Rande des Friedhofs.«

»Verbrennen ist sicherer.«

»Wenn es stimmt, was du sagst. Atomverstrahlt... ich kann's nicht glauben. Dann wäret ihr ja alle bei eurer Arbeit gefährdet.«

»Das weiß ich.« Und jetzt löste Wawra das Rätsel, das ihn und Sybin so unerklärbar bedrängte. »Jeden Tag lasse ich mich nach der Arbeit kontrollieren. Und wenn der Geigerzähler nur ein wenig ausschlägt, gehe ich durch die Entgiftungsschleuse. Da wird alles weggespült.«

»Jeden Tag gehst du da durch?« fragte Suchanow.

»Nur wenn ich radioaktiv bin. In den letzten Tagen ist die Strahlung stärker geworden. Keiner weiß, wodurch. Irgendwo ist eine undichte Stelle... wir suchen sie verzweifelt, aber wir haben sie noch nicht gefunden. Merkwürdig ist, daß ich die einzige bin, die solch hohe Werte hat. Aber mein Arbeitsplatz an der Waage ist in Ordnung.«

»Hilft die Entseuchungsanlage auch, wenn du Plutoniumstaub eingeatmet hast?«

»Wo sollte ich Staub einatmen?«

»Ist das nicht möglich?«

»Ausgeschlossen. Beim Wiegen und Abfüllen ist alles luftdicht abgeschlossen. Da dringt nichts nach draußen.« Wawra schüttelte den Kopf. »Außerdem tragen wir Atemschutzmasken.«

»Aber Eftimias Kater...«

»Schatz, wir essen keine Abfälle.« Sie erhob sich von der Bettkante, küßte ihn auf die Stirn und verließ das Schlafzimmer. Suchanow blieb in großer Verwirrung zurück, Als er sich beruhigt hatte, ging er wieder hinaus in den Flur. Die Witwe hockte noch immer weinend auf ihrem Stuhl und schien kein Wort von dem zu verstehen, was Wawra ihr sagte. Hilflos drehte sich Wawra zu Nikita herum.

»Sie begreift es nicht«, sagte sie.

»Wie kann eine alte Frau das auch begreifen? Der Kater ist tot, nur das versteht sie. Laß sie in Ruhe, Wawra. Bring sie in ihre Wohnung. Nein, bleib hier ... sie hat ihren toten Liebling in ihr Bett gelegt ...«

»Was hat sie?« Wawra zuckte hoch, ihre Augen weiteten sich voller Entsetzen. »Das Bett, Eftimia, die ganze Wohnung muß entseucht werden. Ich rufe die Rettungswache des Atomkraftwerkes an!«

»Tu es, Wawra...«

Keine zwanzig Minuten später rasten zwei Seuchenwagen durch die Stadt, hielten vor dem Haus, und vier Männer in Schutzanzügen stürmten die Treppe hinauf. Sie sahen wie Mondmenschen aus, ergriffen die schreiende und sich wehrende Eftimia und schleppten sie weg. Auch Suchanow und Wawra mußten das Haus verlassen und kamen in eine Zelle des großen Spezialwagens. Zwei Männer schoben den toten Kater in einen Plastiksack und trugen ihn hinaus. Das Haus wurde weiträumig abgesperrt. Keiner durfte die Straße benutzen, sogar der Verkehr wurde umgeleitet. Wie ausgestorben war alles, als lägen in jedem Haus verstrahlte Leichen.

Welch ein Aufwand!

Suchanow, der in der Isolierzelle Wawra gegenübersaß, starrte sie fasziniert an.

Und sie lebte noch immer!

Doch eines war jetzt bewiesen: Sie hatte keinen Puderzucker geliefert.

Igor Germanowitsch Sybin... dieses Rätsel wird uns noch zu schaffen machen:

Wo kommt der Puderzucker her?

Natalja Petrowna flog nach Paris.

Um standesgemäß auftreten zu können, bezog sie eine Juniorsuite im Hotel *Ritz*, die Sybin per Fax bestellt hatte, gleichzeitig mit dem Auftrag an eine Schweizer Bank, die Miete für vier Wochen an das *Ritz* zu überweisen. In der Tasche hatte Natalja einige tausend Dollar mitgenommen und eine goldene Kreditkarte.

»Kauf dir, was dir gefällt«, hatte Sybin noch einmal zu ihr gesagt. »Kleider, Schuhe, Schmuck... wir machen nicht Konkurs dadurch.« Er hatte schallend gelacht und Natalja an sich gedrückt. »Aber ich verlange von dir eine Gegenleistung.«

»Und die wäre?«

»Komm mir nicht zurück ohne Mikrofotos von den Akten des Sonderkommandos der Sûreté. Das ist deine einzige Aufgabe! Und denk immer daran, mein Schweinchen, wenn du mit den Männern in die Kissen steigst: Nie ohne Schutz! Importiere kein Aids oder sonstige Krankheiten aus Frankreich!«

»Ich werde dich, wenn ich zurückkomme, mit allem infizieren, was möglich ist!« antwortete sie wütend. »Für was hältst du mich eigentlich?«

»Müssen wir darüber noch diskutieren?« Sybin grinste breit und beleidigend.

»Und wenn ich in Paris bleibe? Wenn ich mich dort verliebe?«

»Du kannst nicht lieben, du kannst nur vögeln.«

»Vielleicht entdecke ich mein Herz für einen Mann!« schrie sie Sybin an. »Was dann?«

»Dann stell neben dein Brautbett einen Sarg.« Sybin sagte es völlig ruhig, nur seine Augen waren hart und gnadenlos. Und Natalja wußte, daß diese Drohung Wahrheit werden würde.

»Du wirst mich nicht finden!«

»Ich finde dich. Das weißt du.«

»Bin ich denn dein Eigentum?« schrie sie. Sybin nickte.

»Ja. Keiner kann dich mir wegnehmen. Solange ich lebe, gehörst du zu mir.«

»Nur, weil du mich ernährst, weil du mir diese Datscha schenkst, mich mit Kleidern und Schmuck behängst?«

»Es ist etwas anderes. Denk darüber nach.«

»Ich liebe dich nicht, Igor Germanowitsch. Ich werde dich niemals lieben!«

»Man sollte das Wort ›niemals‹ aus der Sprache streichen. Es gibt kein ›niemals‹. Dagegen ist ›Geduld‹ ein gutes Wort.«

Im *Ritz* fiel sofort ihre aparte Schönheit auf, als Natalja Petrowna die Halle betrat und an die Rezeption ging. Der Taxifahrer schleppte sechs große Koffer einer bekannten Luxusmarke herein, und zwei Pagen rannten sofort zu ihm hin.

Der Chefportier des *Ritz* warf einen kurzen Blick auf die Reservierung und wußte sofort, wer in das Hotel hereingeschwebt war. Eine der neuen russischen Millionärinnen, die jetzt Paris und die Côte d'Azur als Statussymbol entdeckt hatten und mit Geld um sich warfen, als sei Rußland eine einzige Goldgrube. Das hatte man zu Anfang des Jahrhunderts schon einmal erlebt, als russische Fürsten und Großfürsten in der Spielbank von Monte Carlo Summen verspielten, von denen ein normales Dorf in der Normandie einen Monat lang hätte leben können. Die neuen GUS-Millionäre spielten zwar nicht – das war ihnen noch zu dekadent –, aber sie kauften Schmuck und Modellkleider, bewohnten die teuersten Suiten der Hotels und holten beim Bezahlen dicke Dollarbündel aus der Jackentasche. Was kostet die Welt, Genossen? Und wie ihre verhaßten Vorgänger, die Großfürsten, bestellten nun auch sie die Juweliere und Modeschöpfer in ihre Suiten und wählten nur das Beste aus. Wie man als Kommunist an soviel Geld kommt? Man muß clever sein, die richtige Fährte aufnehmen und die nötigen Verbindungen knüpfen und pflegen und bei der Privatisierung der Betriebe und Geschäfte der erste sein ... dann regnet es Goldstücke vom Himmel wie im deutschen Märchen von der Goldmarie. Wir machen Märchen wahr ... und bitte keinen Neid, Genossen! Lenin ist schon lange tot, und Marx war ein Theoretiker. Von Theorie aber kann man nicht leben ... die Zeiten ändern sich.

Natalja Petrowna bezog eine der schönsten Suiten des *Ritz*. Ein großer Blumenstrauß stand auf dem Tisch im Wohnzimmer, daneben ein silberner Champagnerkübel mit einer Flasche Dom Pérignon, ein großer Früchtekorb, zwei Gedecke und zwei Sektgläser.

Zwei? Glaubte man in Paris, daß eine alleinreisende Frau sehr bald ein zweites Gedeck brauchte? Sind Hotelmanager Hellseher?

Natalja lachte, zog sich aus, duschte und legte sich – wie üblich nackt – in das breite Bett, über dem aus rosafarbener Seide ein Himmel gespannt war. Müde von dem Flug schlief sie sehr schnell ein und träumte: Sie lag in den Armen eines Mannes, dessen Gesicht sie nicht sah, und sagte: »Ich liebe dich!« Es war merkwürdig – solche Träume hatte sie öfter. Nur im Traum konnte sie einen Mann lieben und in seiner Umarmung glücklich sein. Nur im Traum...

Am Abend, noch im Bett liegend, griff sie zum Telefon und rief Madame de Marchandais an. Eine Mädchenstimme meldete sich.

»Madame, s'il vous plaît«, sagte Natalja. Sie hatte den Satz aus einem französischen Sprachführer gelernt. Es knackte ein paarmal in der Leitung, dann ertönte die Stimme von Madame de Marchandais. Was sie fragte, verstand Natalja nicht, und so antwortete sie wiederum mit einer Frage:

»Sprechen Sie Deutsch, Madame?«

»Ja, ein wenig...«

»Ich bin Natalja Petrowna Victorowa aus Moskau. Ich bin eben in Paris angekommen und soll Ihnen Grüße von Herrn Dr. Sendlinger übermitteln.«

»Oh, Dr. Sendlinger. Sie kennen Monsieur Sendlinger?«

»Er ist ein guter Freund. Er sagte mir: Wenn du in Paris bist, besuche unbedingt den ›Roten Salon‹ von Madame de Marchandais. Mit herzlichen Grüßen von mir. Und seine Freunde Anwar Awjilah und Jean Ducoux soll ich auch grüßen.«

Diese drei Namen genügten. Madame stellte keine Fragen, sondern sagte mit großer Freundlichkeit: »Ich erwarte Sie, Madame... Wie war doch Ihr Name?«

»Natalja Petrowna.«

»Ihr Russen habt schöne, wohlklingende Namen.«

»Nicht so voller Musik wie die der Franzosen.«

»Wann werden Sie kommen?«

»Wenn es Ihnen recht ist – morgen abend?«

»Sie sind jederzeit willkommen, Natalja Petrowna.«

Das hätten wir, dachte Natalja und fuhr mit dem Lift hinunter in den prunkvollen Speiseraum. Dort wies der Chef de Restaurant ihr einen Tisch zu, von dem aus sie den ganzen Raum überblicken konnte und auch von allen Gästen, die eintraten, gesehen wurde. Die meisten Männer reagierten auf sie... Nataljas Schönheit in dem engen, auf Figur gearbeiteten, rot-weiß-gemusterten Kostüm von Laroche ließ die Augen der Männer aufleuchten. Und Natalja bemerkte dies natürlich. Ihr Kerle seid alle gleich, dachte sie wütend. Ein exotisches Gesicht, ein hoher Busen und lange Beine, das zuckt euch durchs Herz. Sie trug eine abwehrende Miene zur Schau und widmete sich ihrem Essen: gebratenem Täubchen mit Rosmarinschaum und Artischockenböden und Prinzessinnenkartoffeln. Als Nachtisch einen Cassiseisbecher mit Schokoladenstreusel und Sahne. Zum Abschluß gönnte sie sich einen Cointreau.

Paris bei Nacht.

Was hatte sie nicht alles darüber gehört und gelesen! Die Basilika Sacré-Cœur, das Panthéon, Notre-Dame, die Oper, der Arc de Triomphe, der Eiffelturm, der Louvre, das Quartier Latin, die Nachtlokale auf dem Montmartre, die Place de la Concorde – all das muß man gesehen haben, um zu verstehen, warum Paris die Herzen öffnet.

Natalja bestellte ein Taxi und ließ sich durch die Stadt fahren. Der Chefportier, der fließend deutsch sprach, übersetzte Nataljas Wunsch.

»Rundherum!« sagte er zu dem Taxifahrer.

Es regnete. Die Lichtreklamen spiegelten sich in dem glänzenden Asphalt wider, die Boulevards waren fast menschenleer, die Pracht der Stadt verschwamm hinter dem Vorhang aus Regen. Über zwei Stunden kutschierte das Taxi Natalja durch die Regennacht... wohl glänzten alle Sehenswürdigkeiten im Licht der Lampen und Scheinwerfer, aber Paris im Regen ist trotz aller Schönheit deprimierend wie jede andere Großstadt auch.

Natalja war enttäuscht, als sie wieder zum Hotel *Ritz* zurückkehrte. Auch Paris kann das Gefühl von Einsamkeit wecken, wenn der Himmel weint. Paris muß man im Sonnenschein erleben – dann spricht jeder Stein zu dir und erzählt dir von der Liebe.

Sie ging nicht in die Bar, sondern fuhr hinauf in ihre Suite und öffnete die Flasche Dom Pérignon. Der Champagner war noch gut gekühlt, schmeckte vorzüglich.

Morgen abend bei Madame de Marchandais.

Wie sieht dieser Ducoux aus? Wird er auf ihre Verführungskünste hereinfallen und ihr so hörig werden, daß er die Geheimakten für sie fotografiert?

Natalja trank die halbe Flasche leer, blickte auf die Barockuhr, die auf einem Marmorpaneel stand, und entschloß sich trotz der späten Stunde, doch noch Sybin anzurufen. Vielleicht störe ich ihn gerade bei einem Sextänzchen im Bett, dachte sie boshaft. Wer ihn dabei unterbricht, den überschüttet er mit gemeinen Worten.

Aber Sybin war – das wunderte sie – allein und war sogar erfreut, ihre Stimme zu hören.

»Endlich rufst du an!« sagte er. »Ich habe mir schon Sorgen gemacht. Ich dachte, du meldest dich sofort nach deiner Ankunft in Paris.«

»Ich habe mir Paris angesehen.«

»Eine wunderschöne Stadt, nicht wahr?«

»Es regnet, als seien Wolken zerborsten, da ist nichts mehr schön. Morgen abend bin ich bei Madame de Marchandais.«

»Gratulation!«

»Die Namen, die du mir gegeben hast, haben alle Türen geöffnet.«

»Und jetzt öffne dich, mein Schweinchen«, sagte Sybin fröhlich.

»Das weiß ich noch nicht.« Natalja sog vor Wut scharf die Luft ein. »Du verkaufst mich, wo du willst! Was bin ich eigentlich?«

»Das, was du bist! Wir sind ein Team... ich bin das Gehirn, du bist der Körper. Damit ist der Erfolg vorprogrammiert. Enttäusche mich nicht.«

Wütend legte Natalja auf.

Wie ich ihn hasse, dachte sie, und trotzdem muß ich ihm dankbar sein. Was wäre ich heute ohne ihn? Eine tanzende Hure auf der Bühne einer Stripteasebar. Von dort hat er mich rausgeholt, und er hat meinen Eltern eine große Wohnung besorgt und meinem Vater eine Stelle in einer seiner Firmen – als Elektriker. Jetzt haben sie keine Sorgen mehr, und Mamutschka braucht nicht mehr auf dem schwarzen Markt zu stehen und Gegenstände zu verkaufen, die andere auf den Müll geworfen haben. In den schweren Zeiten war Väterchen jeden Morgen in aller Frühe zu den Müllhalden gegangen und hatte die neuen Abfallberge nach etwas Brauchbarem durchwühlt. Das sollte man nicht vergessen. Ihren Hurenlohn hatte er nur mit Mißfallen angenommen... Petr Victorow hatte nie seinen Stolz verloren und grämte sich, wenn Natalja ihm die Scheinchen auf den Tisch legte. Sybin war der Retter, und dafür gebührte ihm Dank.

Am nächsten Abend ließ sich Natalja zu Madame de Marchandais am Bois-de-Boulogne bringen. Die imposante Villa mit den Säulen beeindruckte sie. Und als sie die Eingangshalle betrat und das halbnackte Garderobenmädchen sah, wußte sie plötzlich, daß ihr ein großes Abenteuer bevorstand.

Madame de Marchandais empfing sie mit einem Wangenkuß an der Tür zum »Roten Salon«. Sie starrte Natalja begeistert an und musterte sie, als sei sie ein Modell.

»Wie wunderbar schön und jung Sie sind, Natalja«, sagte sie. »Sie werden eine Bereicherung meines Zirkels sein. Die Herren werden Sie umschwärmen. Wie lange bleiben Sie in Paris?«

»Das weiß ich noch nicht.« Madame weckte Nataljas Interesse. Sie war eine imposante Persönlichkeit. Niemand außerhalb der Villa hätte geglaubt, daß sie die Herrin des exklusivsten Edelbordells von Paris war. »Ich lebe zeitlos.«

»Wer kann sich das noch leisten?! Kommen Sie, Sie werden einige der wichtigsten Männer von Paris, ja von Frankreich kennenlernen.«

Im »Roten Salon« war um diese Zeit das gesellschaftliche Leben bereits in vollem Gange. Die Damen und Herren tranken ihren Champagner, die barbusigen Mädchen servierten Gebäck oder Wein, an dem langen Buffet füllte man die Teller mit auserlesenen Köstlichkeiten, von Hummerpastete und Kaviar bis zu Fasanenbrust und Loup de Mer in Aspik.

Madame führte Natalja an einen Tisch, an dem Ducoux und Awjilah gerade über den Terrorismus debattierten und der Iraner in diesem Moment sagte, Terrorismus sei menschenverachtend und man müßte eine internationale Antiterrortruppe zusammenstellen. Beide Herren schnellten sofort von ihren Sesseln hoch, als sie Natalja sahen. Ihre Blicke fraßen sich in Nataljas Körper.

»Darf ich euch Madame Natalja Petrowna vorstellen?« sagte Madame de Marchandais. »Gestern aus Moskau gekommen. Sie spricht nur deutsch.« Dann nannte sie Namen, die Natalja bereits kannte, man küßte ihr die Hand, ein Mädchen brachte Champagner, und Natalja bat um eine Mischung mit Orangensaft, sehr brav und mit einem unschuldigen Lächeln.

»Ich soll Sie von Herrn Dr. Sendlinger aus Berlin grüßen«, sagte sie und setzte sich. Dabei verschob sich der Rock ihres Cocktailkleides und gab ihre langen, schlanken Beine frei – ein Anblick, der jeden Widerstand sinnlos machte.

»Oh, Monsieur le Docteur Sendlinger!« rief Ducoux begeistert. »Er hat uns nicht vergessen! Er schickt uns die schönste Blume Rußlands!« Sein Deutsch war holprig, aber gut verständlich, und Natalja sprach es auch nicht besser. »Sie kennen Dr. Sendlinger gut?«

»Er ist ein Freund meines Freundes.« Nataljas Antwort war wohlüberlegt... sie gab damit zu verstehen, daß sie nicht verheiratet war.

Awjilah schlug die Beine übereinander. Er sprach noch schlechter deutsch, aber seine Augen sprachen um so deutlicher. Wer ist sie, fragte er sich. Natalja, schön und gut, aber was führt sie nach Paris? Eine aus der Clique der neureichen Russen, aber jeder dieser Typen ist mit Vorsicht zu genießen. Wir wissen, wie sie ihren Reichtum zusammengescharrt haben. Gerade ich als iranischer Handelsattaché kenne ihre Methoden. Wir haben ihre Skrupellosigkeit oft genug zu spüren bekommen und schlucken müssen. Die neuen Herren Rußlands tauchen aus der Dunkelheit auf und entfachen Brände, an denen sie sich wärmen. Gehört dieses Zauberwesen auch dazu? Ist sie die Vorhut einer russischen Invasion? Werde ich von ihr erfahren, was ihre Genossen in Frankreich planen? Aber was hat Dr. Sendlinger damit zu tun?

Diese letzte Frage löste bei ihm einen Gedankenblitz aus.

Atomschmuggel. Beschaffung von Plutonium 239. Das Material kann nur aus Rußland stammen, nur aus Rußland! Sendlinger hatte so etwas angedeutet, und wir Iraner wissen davon, seit der sowjetische Staat zusammengebrochen ist. In Sibirien lagern hundertzwanzig Tonnen hochbrisantes Uran und Plutonium. Soll diese Natalja Petrowna Kontakte aufbauen? Meine geheimnisvolle Schöne, an Anwar kommst du nicht vorbei. In Paris bin nur ich deine Bezugsperson. Nur ich!

Er schwieg und wartete ab, daß die Wölfin sich ihm näherte.

Ducoux dagegen, ahnungslos über die Zusammenhänge, die Awjilah durchschaute, bemühte sich, Natalja sein schlechtes Deutsch zu erklären.

»Mein Vater hat mich gezwungen, Deutsch zu lernen«, hörte er Ducoux sagen. »Er selbst hat es mir beigebracht. Von 1940 bis 1945 war er Kriegsgefangener der Deutschen gewesen und hatte in einer Kohlengrube im Ruhrgebiet gearbeitet. Fünf Jahre schuften für den Feind, für seine Rüstungsindustrie. Welch eine Entehrung für einen Franzosen! Und als er zurückkehrte und ich in die Schule ging, hat er zu mir gesagt: ›Jetzt bringe ich dir Deutsch bei, damit du lernst, jedem Deutschen zu mißtrauen.‹ Diesen Satz aus meiner Kindheit habe ich behalten. Aber alles hat sich ja verändert, in Frankreich wie auch bei Ihnen in Rußland. Die Welt hat ein anderes Gesicht bekommen, wie nach einer kosmetischen Operation... nur frage ich mich oft: Ist es ein schöneres Gesicht geworden? Warten wir es ab. Die Prioritäten haben sich nur verlagert... Europa wird sich einigen, aber dafür wächst die Gefahr in den Drittweltstaaten.« Er blickte zu Awjilah. »Anwar, verzeih mir, aber eure islamischen Fundamentalisten und Fanatiker sind eine Bedrohung. Wir werden das noch zu spüren kriegen.«

»Mag sein...«, erwiderte Awjilah und lächelte leicht ironisch. »Nationale und religiöse Veränderungen hat es schon immer gegeben. Und es gibt immer wieder wirtschaftliche Verbindungen, die uns helfen.« Dabei sah er Natalja an, aber sie wich seinem Blick aus und trank einen Schluck Champagner. Eines der halbnackten Mädchen servierte Sandwiches. Natalja nahm eines mit Lachs und Kaviargarnitur.

»Der Atomhandel ist eine Teufelei!« rief Ducoux und geriet langsam in Fahrt. »Aber wir werden ihn in den Griff bekommen! Die Zusammenarbeit mit den anderen Polizeidienststellen in ganz Europa wird immer mehr ausgebaut, und unsere V-Männer sickern immer mehr in die russische Mafia ein. Der internationale Zusammenschluß ist die beste Waffe gegen die Dealer.«

Awjilah nickte wortlos. Wenn du wüßtest, dachte er. Wenn du eine Ahnung hättest, was alles über Marseille in die dritte Welt geliefert wird. Keine spektakulären Aktionen, sondern ein ameisenartiger Transport läuft hin und her. Aus Grammen werden Kilo, aus Kilo eine Bombe. Und diese Ameisen seht ihr nicht. Auch Dr. Sendlingers Lieferungen werden nicht als große Masse kommen, sondern in einem unauffälligen Bleihütchen. Wer ein Kilo Plutonium en bloc verschickt, muß ein Idiot sein! Mein lieber Ducoux, sonne dich in deinem Irrglauben... vor dir sitzt die schönste Frau, die ich je gesehen habe, aber was man nicht sieht, sind die Kilo von Plutonium hinter ihrem Rücken. Quatsch nur weiter so... ich würde jetzt nur zu gerne wissen, was die herrliche Natalja Petrowna denkt.

Während Ducoux mit Awjilah – jetzt auf französisch – über eine internationale Polizeikooperation stritt, blickte sich Natalja im »Roten Salon« um. Sie beobachtete zwei Herren, die mit zwei Damen über die breite, mit rotem Teppich ausgelegte Freitreppe in die obere Etage hinaufgingen und sich fröhlich unterhielten – bestimmt zwei Ehepaare beim Bäumchen-wechsle-dich-Spiel. In wenigen Minuten würden Maßanzüge und Cocktailkleider auf dem Boden liegen. Die alte Masche: Eine andere Frau war immer interessanter als die eigene.

Madame de Marchandais, die sah, daß Natalja im Augenblick einer politischen Diskussion weichen mußte, winkte ihr zu. Natalja erhob sich und ging zu ihr hinüber.

»Kommen Sie«, sagte Madame und faßte Natalja unter, »ich möchte mit Ihnen allein sprechen.«

Sie gingen in ein Nebenzimmer, in dem ein Roulettetisch stand, der heute nicht besetzt war. Madame zeigte auf eine kleine Sesselgruppe an der seidenbespannten Wand und nahm Platz. Natalja setzte sich ihr gegenüber hin.

»Mein Kind«, begann Madame das Gespräch, »ich darf Sie so nennen, denn ich könnte Ihre Mutter sein. Wir wollen allein miteinander sprechen.«

»Bitte —« antwortete Natalja verblüfft.

»Sofort, als Sie eintraten, wußte ich, wo ich Sie einordnen konnte. Sie haben viel Geld, ein reicher Mann hält Sie aus, und Ihre steile Karriere verdanken Sie Ihren Fähigkeiten im Bett...«

»Madame!« Natalja spielte die Empörte. Sie hat eine verdammt gute Menschenkenntnis, dachte sie, sie hat mich sofort durchschaut. Wie konnte sie das? Haben wir Nutten einen besonderen Geruch? »Wenn ich gewußt hätte, wie Sie über mich denken, wäre ich nicht zu Ihnen gekommen!«

»Sie wären, Natalja. Bitte, machen wir uns doch nichts vor. Ich habe einen Blick für Damen — und sonstige Frauen.«

»Sind die Damen, die jetzt oben in den Zimmern liegen, keine Huren? Man mag das ein geselliges Zusammensein nennen, ein Gesellschaftsspielchen... aber es ist doch nichts anderes als Sexturnen.«

»Es freut mich, daß ich so mit Ihnen reden kann und Ihre Worte so deutlich sind. Haben Sie einen Termin, wann Sie nach Moskau zurückfliegen werden?«

»Nein. Ich bin in Paris, um mich zu amüsieren.«

»Und da hat Ihnen Dr. Sendlinger unseren Zirkel empfohlen? Sind Sie Sendlingers Geliebte?«

»Nein.«

»Waren Sie es?«

»Ich kann ihn nicht ausstehen.«

»Warum? Er ist ein charmanter Mann. Und sehr klug!« Madame winkte ab. »Aber das ist Geschmackssache. Sie wollen sich amüsieren... dann sind Sie in meinem Haus ein gerngesehener Gast. Nur eines ist zu beachten: In unserem Zirkel bezahlt man nicht. Man kommt zusammen, um sich zu vergnügen. Nur wenn einer der Herren eines meiner Mädchen engagiert, ist das nicht gratis.«

»Ich verstehe.« Natalja zeigte noch immer, daß sie beleidigt war. Sie verhielt sich sehr reserviert. »Ich bin nicht zum Geldverdienen in Paris.«

»Wo wohnen Sie, Natalja?«

»Im *Ritz*.«

»Viel zu teuer! Sparen Sie Ihr Geld. Ich mache Ihnen einen Vorschlag: Wohnen Sie bei mir. Ich habe oben ein prächtiges Zimmer, das Sie beziehen können. Was halten Sie davon?«

»Was muß ich dafür tun?«

»Kindchen, Sie mißverstehen mich!«

»Sie laden mich nicht aus purer Uneigennützigkeit ein, Madame.«

»Aber so ist es, Natalja. Ich mag Sie...«

»Ich bin nicht lesbisch.«

Du auch? wunderte sich Natalja. Das exklusivste Bordell von Paris, geleitet von einer Lesbe? Man lernt nie aus. Madame de Marchandais schüttelte den Kopf.

»Es ist gut, daß du eine so freie Art zu sprechen hast, Natalja«, sagte sie und duzte sie jetzt. »Ich habe die Männer geliebt wie ein Sammler, der Münzen sammelt. Aber im Alter wird man weiser. Du bist noch so jung, und ich sage dir: Genieße das Leben! Du hast niemanden zu fragen, du bist frei...«

»Ich bin nicht frei. Ich bin eine Sklavin.«

»Ein Mann sorgt für dich, ist es so? Er hat das Geld, und du mußt gehorchen.«

»So kann man es nennen, Madame. Igor Germanowitsch bestimmt mein Leben.«

»Ich weiß nicht, wer dieser Igor ist... aber mach dich frei von ihm. Bleibe in Paris, hier bei mir als meine junge Freundin. Wirf die Vergangenheit auf den Müll. Sei eine Frau, die ihr Leben selbst bestimmt. Liebe das Leben, und wenn einmal der richtige Mann kommt...«

»Es wird ihn nie geben, Madame. Mein Körper ist nicht meine Seele... ich hasse die Männer.«

»Weil du für sie nur Körper bist. Das wird sich ändern.«

»Nie! Ich habe in meiner Jugend zuviel erlebt, um an Wunder zu glauben.«

»Die Liebe *ist* ein Wunder. Und du wirst es einmal erleben.«

»Lassen Sie uns nicht weiter darüber reden, Madame«, sagte Natalja. Ihre Stimme klang abweisend. »Ich weiß, daß man mich nicht mehr ändern kann.«

Sie gingen zurück in den »Roten Salon«, und Madame hatte den Arm um Nataljas Schultern gelegt, als sei sie ein Kind, das geführt und getröstet werden mußte. Um einen keuschen, sittsamen Eindruck zu machen, ließ sich Natalja frühzeitig zurück zum *Ritz* bringen, genau zu dem Zeitpunkt, als die angeheiterten Herren unter den Damen ihre Nachtunterhaltung auswählten.

Am nächsten Tag zog Natalja in die Villa von Madame de Marchandais um. Sie bekam ein prunkvolles Zimmer in der ersten Etage, ausgelegt mit dicken Perserteppichen, Gobelins, Brokatsesseln und einem riesigen Bett mit einem reichverzierten goldenen Baldachin und ringsherum Spitzengardinen... eine kleine Insel der Lust. Nebenan befand sich ein Badezimmer aus rosafarbenem Marmor.

»Es gefällt mir«, sagte Natalja, als sei sie in Schlössern aufgewachsen. »Was soll ich tun?«

»Das, wozu Sie nach Paris gekommen sind.« Madame schüttelte abwehrend den Kopf. »Sie verstehen mich noch immer falsch, Natalja. Sie sollen im ›Roten Salon‹ der strahlendste Brillant sein. Wehren Sie sich gegen den Mann in Moskau, der über Sie befiehlt. Werden Sie frei... dann finden Sie auch Ihr Herz.«

Am Nachmittag ließ sich Natalja von Madames Chauffeur mit einem Cadillac in die Innenstadt fahren. Da sie nicht wußte, ob das Telefon abgehört wurde, setzte sie sich in ein Café auf den Champs und telefonierte von hier aus nach Moskau. Sybin war nicht in seinem Penthouse, aber der Bodyguard wußte, wo er zu erreichen war. Er verband sie weiter.

»Mein Liebling!« hörte sie Sybins Stimme. »Ich bin in der Datscha. Wie war es im ›Roten Salon‹?«

»Das gefällt mir gar nicht!« antwortete sie.

»Was gefällt dir nicht?«

»Daß du deine Stundenweiber mit in meine Datscha nimmst!«

»Ich bin allein! Ich sehne mich nach der Waldluft. Ich schwöre es dir...«

»Wer glaubt dir deinen Schwur? Ich nicht!«

»Ich vermisse dich, Schweinchen...«

»Verdammt! Nenn mich anders. Ich habe das satt, satt, satt! Ich nenne dich ja auch nicht Drecksau!«

»Warum rufst du an?« Sybin ging auf diese Beleidigung nicht ein. »Hast du Probleme?«

»Ich wohne ab heute bei Madame de Marchandais. Sie hat mich eingeladen.«

»Fabelhaft.« Natalja hörte, wie Sybin begeistert in die Hände klatschte. »Jetzt sitzt du mitten im Honigtopf! Hast du Ducoux kennengelernt?«

»Natürlich. Schon gestern abend.«

»Was ist er für ein Mensch?«

»Ein sehr kluger, höflicher, von seiner Aufgabe begeisterter Mann, der schon allerlei mit Kriminellen erlebt hat und die nötige Erfahrung besitzt, die internationale Kriminalität und das Bandenverbrechen zu bekämpfen. Durch die enge Zusammenarbeit mit Interpol und der Polizei und den Geheimdiensten der anderen Staaten weiß er mehr über die Zusammenhänge, als die Mafia ahnt.«

»Finde heraus, was er im Detail weiß!«

»Das braucht seine Zeit, Igor Germanowitsch.«

»Begeistere ihn mit deinen Titten!«

»Du brauchst mir nicht zu sagen, was ich zu tun habe!« sagte sie angeekelt. »Ich führe deinen Auftrag aus.«

»Braves Schätzchen. Und wie ist es mit Awjilah? Hast du ihn auch getroffen?«

»Ja. Er ist schwierig. Mißtrauisch, ironisch, immer auf der Lauer, frißt mich mit den Augen auf, ist aber zurückhaltend.«

»Ändere das und zieh deine goldfarbenen Schlüpfer an.«

»Gib mir keine Ratschläge, verdammt!« schrie sie ins Telefon und schlug mit der Faust gegen die holzvertäfelte Wand der Telefonzelle. »Ich rufe dich wieder an, wenn es nötig ist. Mich kannst du nicht anrufen... alle Anrufe gehen zu Madame.«

»Ich kann dich nicht erreichen?«

»Nein.«

»Das gefällt mir gar nicht.«

»Aber mir! Du selbst hast es so gewollt.«

Sie ging zurück zu ihrem Tisch unter der großen Markise. Nach dem Regen tags zuvor, schien jetzt eine warme Sonne und hüllte das herrliche Paris in einen Goldschleier ein. Der Regen hatte allen Schmutz weggespült, die Stadt sah so sauber aus, als hätte ein Heer von Putzleuten die Fassaden und Fenster und Dächer abgeschrubbt. Aus den Blumenkästen strömte der süße Duft der Blüten. Das war das Paris, wie man es sich vorstellt – die Stadt der Lebensfreude, der Verliebten, der Kunst, der Schönheit und des Stolzes.

Natalja blätterte in einem Modemagazin und war so fasziniert von den neuen Kreationen, daß sie aufschrak, als vor ihr auf der Straße ein schwerer, schwarzer Wagen kreischend bremste und ein Mann heraussprang. Dann fuhr der Wagen weiter.

Anwar Awjilah kam auf Natalja zugelaufen. Seine Augen funkelten vor Freude.

»Ist es möglich?« rief er und küßte Natalja die Hand. »Ich fahre zur Botschaft, und zufällig sehe ich Sie im Café sitzen. Da konnte ich nicht vorbeifahren. Also stopp und raus!« Er hielt Nataljas Hand fest und strahlte sie an. »Sie sehen hinreißend aus! Darf ich mich zu Ihnen setzen?«

»Wenn Sie nichts Besseres vorhaben – bitte.«

Das klang zwar nicht sehr begeistert, aber auch nicht ablehnend, und so sollte es auch sein... Awjilahs Selbstbewußtsein, der schönste Mann im Pariser diplomatischen Korps zu sein, mußte gestutzt werden.

»Es gibt nichts in Paris, was mich davon abhalten könnte, mit Ihnen, Madame Natalja Petrowna, eine Tasse Kaffee oder einen Cocktail zu trinken.«

»Sie haben meine Vornamen gut behalten... aber ich heiße Victorowa.«

Awjilah setzte sich an den kleinen runden Tisch mit der Marmorplatte, die typisch sind für die Pariser Boulevardcafés. »Erlauben Sie mir, Sie Natalja Petrowna zu nennen. Sie können dann Anwar zu mir sagen.«

»Wenn ich will!«

»Ich bitte Sie darum.«

Er hält sich tatsächlich für unwiderstehlich! Natalja bemühte sich, nicht zu lächeln. Das wird dir zum Verhängnis werden, Anwar. Ich weiß, daß du mit mir spielst, und ich werde mit dir spielen – und wer von uns beiden gewinnen wird, das dürfte schon jetzt keine Frage mehr sein. Die goldfarbenen Höschen – sie werden nicht nötig sein. Es wird nicht schwierig werden, von dir zu erfahren, wer außer Dr. Sendlinger noch Plutonium angeboten hat. Was Ducoux nicht weiß, das weißt du. Warum gehst du in den »Roten Salon«? Wegen der willigen Damen? Nein, Anwar... um Ducoux zu beobachten und ihn auszuhorchen, um wachsam zu sein und neue Wege zu erkunden. Sybin ist über alles orientiert, auch über eure heimliche nukleare Aufrüstung. Er weiß auch, daß russische Wissenschaftler in euren geheimen Werken arbeiten für ein Monatsgehalt, das sie früher nicht einmal für ein ganzes Jahr Arbeit bekommen haben.

Sie nahm es hin, daß Awjilah für sich und sie einen Spezialcocktail bestellte und einen Rosenverkäufer – es war ein Algerier – heranwinkte und knapp sagte: »Alles!« Dann lag ein kleiner Rosenberg vor ihr, große, dunkelrote Rosen, und der Kellner rannte los und kam mit einer dickbauchigen Vase zurück, stellte den Strauß ins Wasser und auf einen Extratisch, den er heranschob. Natalja tat, als sei Awjilahs Geschenk völlig alltäglich.

»Danke!« sagte sie etwas blasiert. »Sehr schöne Rosen. Aber in drei Tagen lassen sie die Köpfe hängen, in fünf Tagen sind sie welk. Gestorben. Tot! Ich mag keine Leichen in meinem Zimmer. Man hat den Blumen ihr Leben abgeschnitten. Auch Blumen sind Wesen.«

»Ich habe das so noch nie gesehen!« Awjilah versuchte, zerknirscht dreinzuschauen. »Aber ich werde darüber nachdenken.«

Die Cocktails wurden gebracht, sie prosteten sich zu und blickten dann auf das Menschengewimmel auf den Champs. Die Sonne lockte die Menschen ins Freie und zauberte Zufriedenheit auf ihre Gesichter.

»Haben Sie Pläne für diesen Nachmittag?« fragte Awjilah.

»Ja. Ich werde einkaufen: Kleider, Schuhe, Blusen, Schmuck – was mir gefällt.«

»Darf ich Sie begleiten?«

»Nein!«

Ein klares, hartes Nein. Awjilah sah sie betroffen an. »Ich verstehe etwas von Schmuck«, versuchte er einen erneuten Vorstoß. »Die meisten Preise sind überzogen, gerade hier in Paris. Warum? Eben weil es Paris ist. Die gleichen Schmuckstücke bekommen Sie in Teheran, Istanbul oder Dubai wesentlich billiger.«

»Mag sein. Auch in Rußland ist es billiger. Rußland verfügt über große Vorräte an Diamanten aus eigenen Minen in Sibirien. Wenn wir unsere Diamanten auf den Weltmarkt werfen würden, könnten die Brillanten so billig werden wie heute die Kopien. Der Preis wird ja nur künstlich hochgehalten. Man verknappt sie bewußt – aber die Tresore sind randvoll damit.«

»Wie mit den Atomen.« Awjilah sagte es wie eine beiläufige Bemerkung, als käme ihm kein anderer Vergleich in den Sinn.

»Atome? Wieso?« Natalja gab sich ahnungslos und unwissend, aber innerlich wurde sie hellwach und – vor allem – vorsichtig. Anwar winkte ab.

»Ach! Es ist mir nur so eingefallen. Ich rede dummes Zeug. Ist das ein Wunder? Wenn ich Sie ansehe, Natalja, verwirrt sich mein Geist.«

»Dann sollten sich unsere Wege schnell trennen, Anwar.«
»Danke...«
»Wofür?«
»Sie haben mich gerade Anwar genannt.«

Natalja erhob sich und schob den Stuhl zurück. Der Chauffeur von Madame, der sie keine Minute aus den Augen gelassen hatte, verließ den in der Nähe parkenden Cadillac und ging auf sie zu.

»Sie fahren jetzt zu Ihrer Botschaft, Monsieur Awjilah ... und ich lasse mich in die Rue Faubourg du Saint-Honoré bringen.«

»Zu den berühmten Modehäusern.«

»Richtig.« Sie gab ihm nicht die Hand, und Awjilah verbeugte sich vor ihr.

»Sehe ich Sie im ›Roten Salon‹ wieder?« fragte er.
»Vielleicht.«

Sie wandte sich um, aber Awjilahs Stimme hielt sie zurück.
»Ihre Blumen, Natalja Petrowna.«
»Danke. Denken Sie an die Leichen im Zimmer...«

Sie ließ ihn stehen, ging dem Chauffeur entgegen und ließ sich zu dem Cadillac begleiten. Anwar sah ihr mit zusammengekniffenen Augen nach.

»Du Aas!« sagte er leise. »Mich täuschst du nicht. Ich werde erfahren, warum du in Paris aufgetaucht bist. Von dir selbst werde ich es erfahren!«

Er warf ein paar Geldscheine neben den riesigen Rosenstrauß und ging. Ein Kellner war nicht zu sehen, aber der Algerier, der die Blumen verkauft hatte, war noch in der Nähe. Er zuckte die Schultern, schlenderte zum Café, nahm den Strauß aus der Vase und entfernte sich dann schnell. Heute war sein Glückstag.

Bei keinem der großen Couturiers kaufte Natalja ein. Sie bummelte durch die Rue Faubourg, blieb vor den Auslagen stehen, bewunderte die Kühnheit der Modellkleider, die natürlich kein Preisschild trugen, denn wer solch einen Laden betrat, hatte es nicht nötig, das Geld in seinem Portemonnaie zu zählen. Lust, ein solches Geschäft zu betreten und sich die Roben von den hauseigenen

Models vorführen zu lassen, hatte sie nicht. Das hat Zeit, dachte sie. Für ein Kleid zehntausend oder mehr Dollar auszugeben, dazu bin ich zu geizig. Trotz Sybins Großzügigkeit. Ich habe gelernt, was ein Rubel, ja eine Kopeke wert sind, ich werfe nicht mit Geld um mich. Zehntausend Dollar für einen Seidenfummel... was könnte Väterchen mit zehntausend Dollar alles anfangen! Dafür bekäme er jetzt eine Datscha in den Wäldern bei Abramzewo. So ist es nun mal – die arme Natalja Petrowna ist nicht vergessen, sie atmet noch in mir.

Am Abend fuhr sie zurück zu der weißen Villa am Bois-de-Boulogne.

Sie duschte, besprühte ihren nackten Körper mit einem auffallenden Parfüm, das wie Sommerblüten duftete, und zog ein hautenges, schwarzes Cocktailkleid an. Tief ausgeschnitten, bis zu den Ansätzen ihrer vollen Brüste, ohne Schmuck um den Hals... nur die weiße Haut in dem schwarzen Futteral sollte wirken.

Als sie auf der Treppe erschien und hinunter in den Salon schritt, sah sie – innerlich triumphierend –, daß die Blicke aller Männer an ihr hingen, als sei sie ein Magnet, der alles auf sich zog. Auch Ducoux und Awjilah waren wieder im »Roten Salon« und sprangen bei Nataljas Erscheinen auf. Sie lächelte so voller Unschuld, daß man meinte, das lautlose Aufseufzen der Herren hören zu können.

Der Sturm auf Ducoux und Awjilah hatte begonnen.

Ihre Festungen waren bereits jetzt bröcklig geworden...

Und Wawra Iwanowna Jublonskaja lebte noch immer!

Sie schien unsterblich.

Nikita hatte mit der langsamen Vergiftung aufgehört – er war von Wawras Unschuld überzeugt. Der Tod der Katze war für ihn der Beweis, daß der von Wawra mitgebrachte Plutoniumstaub wirklich gutes Plutonium war. Es kam zwar nicht zu einer tierärztlichen Untersuchung, wie es Nikita der Witwe vorgeschlagen hatte, denn der Entseuchungstrupp vergrub den Kadaver sofort tief in der Erde innerhalb des abgesperrten Geländes der Plutoniumfabrik, denn erste Anzeichen, vor allem die gemessene Verstrahlung, überzeugte den Leiter der Seuchenabteilung, daß der Kater radioaktiven Abfall gefressen hatte. Er war eines der vielen Tieropfer, die man in Krasnojarsk fand.

Die Witwe Eftimia schrie, sie könne nicht mehr lange leben ohne ihren Kater, und außerdem hatte man alle ihre Möbel samt dem Bett mitgenommen und ebenfalls verbrannt. Nun wohnte sie bei gütigen Nachbarn, bis sie ein neues Bett kaufen konnte, das ein Dreifaches ihrer Pension kostete. Sie verfluchte die gesamte Atomindustrie, aber auch das war nichts Neues. In Krasnojarsk fluchten alle, aber sie lebten vom Werk 26. Hunderttausend Menschen verdienten dort ihre Kascha und ihre Pelmeni und zitterten davor, daß man die Krasnojarsker Atomreaktoren bis auf ein Minimum zurückfahren würde. Dann lieber die Fäuste in den Taschen ballen und innerlich fluchen... die Angst vor der Arbeitslosigkeit war stärker als die Furcht vor der Verstrahlung.

So sehr Nikita Victorowitsch Suchanow von Wawras Unschuld überzeugt war – Sybin war es nicht. Er hörte sich den Bericht über die Katze an, ließ Nikita ausreden, und als dieser nichts mehr zu sagen hatte, brüllte er ihn an.

»Der verdammte Kater ist tot. Gut! Es war reines Plutonium? Ist anzunehmen. Warum aber lebt Wawra noch, wenn du ihr regelmäßig das Pulver in das Essen getan hast? Das habe ich dich immer wieder gefragt! Was Wawra geschluckt hat – falls du mich nicht belügst! –, reicht aus, Hunderte von Menschen zu töten! Erklär mir das!«

»Sie sagt, sie läßt sich jeden Tag nach Arbeitsschluß entgiften.«

»Äußerlich, du Idiot! Aber nicht innerlich, da zersetzen sich die Organe – es gibt keine Rettung! Aber Wawra lebt!«

»Ich habe keine Erklärung dafür, Igor Germanowitsch«, stotterte Nikita. Er war dem Weinen nahe.

»Weil sie dich betrügt, das sage ich dir immer wieder, und du begreifst es nicht! Es ist Puderzucker, was du ihr in den Tee rührst.«

»Die Katze hat dasselbe Pulver...«

»Schluß mit dem Kater! Ich *will*, daß Wawra endlich stirbt!«

»Sie ist unschuldig! Sie ist rehabilitiert! Sie hat uns nicht betrogen. Sie ist die ehrlichste Frau, die es gibt.«

»Kein Wort mehr! Bring sie um!«

»Ich habe Beweise, daß...«

»Nichts hast du! Ich aber habe den Beweis, daß du ein Arschloch bist!«

»Ohne Wawra gibt es für mich kein Leben mehr. Ohne sie ist um mich sibirische Dunkelheit. Wenn sie sterben muß, gehe ich mit ihr.«

»Das wäre für niemanden ein Verlust. Nikita, ich erwarte deine Vollzugsmeldung. Zum letzten Mal: Ich will...«

»Igor Germanowitsch!« brüllte Nikita dazwischen. Er war schweißüberströmt und zitterte am ganzen Körper. »Wenn Wawra tot ist, wer soll dann das Plutonium liefern?«

»In Moskau bekomme ich Puderzucker billiger.«

Sybin beendete das Gespräch, indem er auf den Hörer spuckte. Nikita weinte, legte sich auf das Sofa und dachte heftig zitternd nach, wie er Wawra und sich selbst am schmerzlosesten umbringen könnte. Er war fest entschlossen, seinem Leben ein Ende zu machen, wenn er Sybins Befehl ausführte. Ohne Wawra zu leben, immer mit der Schuld herumzulaufen, sie getötet zu haben – das würde er nicht aushalten. Er war ein williger »Regionalgeschäftsführer des Konzerns«, aber kein eiskalter Mörder. Er schlug sich nicht mit Skrupeln herum, wenn es galt, andere Menschen zu betrügen oder ihnen zu drohen... die Ausführung der Drohung überließ er dann den »Spezialisten«, die aus Moskau oder Irkutsk anreisten und nach der Ausführung ebenso schnell wieder verschwanden. Spurlos. Nicht einmal ihre Vornamen kannte Nikita.

Wen wundert es, daß in Rußland nur zögernd Statistiken über das Anwachsen der Kriminalität seit Glasnost und Perestroika veröffentlicht werden? Und wenn man Zahlen hört, sind sie geschönt, und sie erfassen auch nur die Verurteilungen, nicht die Straftaten, die bekannt werden. Zuletzt sprach man von zweiundzwanzigtausend Morden, zweihundertsiebzigtausend Diebstählen, über neuntausend Fällen von Schwarzbrennerei, wobei der höllische Samogon hergestellt wurde, bei denen die Täter wegen Verbrechen gegen die Volksgesundheit zum Tode verurteilt wurden, und von zweiunddreißigtausend Rauschgiftdealern. Aber alle diese offiziellen Zahlen stimmen nicht. Man weiß, daß im neuen Rußland über hunderttausend Rauschgifthändler unterwegs sind, daß jährlich über tausendzweihundert Todesurteile ausgesprochen werden, vor allem gegen Mörder, Drogenhändler und Mitglieder der organisierten Kriminalität, die sich, wie die italienische Mafia, zu Familien zusammenschließen. Die russische Polizei hat mittlerweile über zweihundert »Familien« ermittelt, die über eigene, gutausgebildete Schutztruppen verfügen, vor allem aber über Killerkommandos, gegen deren Grausamkeit die italienischen Mafiosi geradezu bescheiden wirken.

Das größte Problem aber ist in Rußland der Alkohol. Registriert sein sollen knapp fünf Millionen suchtkranke Alkoholiker, aber die Wahrheit ist weit schrecklicher: Nach Schätzungen soll es im heutigen Rußland über fünfundfünfzig Millionen chronische Säufer geben, die alles in sich hineinschütten, seit Gorbatschow seinen Krieg gegen den Alkohol ausgerufen hat: vom Selbstgebrannten, dem teuflischen Samogon, bis zu alkoholhaltigen Parfüms und Polituren. Die Fälle von schweren Vergiftungen mit Todesfolge steigen von Monat zu Monat. Und über zweihunderttausend Schwarzbrenner sorgen ständig für Nachschub. Gorbatschows Anti-Alkohol-Kampagne zeigte wenig Wirkung. In einem Jahr wurden über zweieinhalb Millionen Liter schwarzgebrannter Wodka von der Polizei beschlagnahmt, und hier jubelten die Statistiker, die ebenfalls unter dem Alkoholverbot litten wie alle Russen, denn dem russischen Staat gingen an Steuern pro Jahr hundertzwanzig Milliarden Mark verloren! Wer kann das verkraften? Auch die Arbeit litt darunter, denn ein altes russisches Sprichwort besagt: »Ohne Wodka findet man sich nicht zurecht!«

Das ist es, dachte auch Nikita Victorowitsch über seinen Entschluß, zusammen mit Wawra zu sterben. Nicht warten, bis Sybin sein Killerkommando nach Krasnojarsk schickte, sondern sich vorher zu Tode saufen. Das wäre ein anständiger Tod für einen aufrechten Russen, denn schon Wladimir der Heilige sagte 988: »Trinken ist Rußlands Freude – wir können nicht ohne es sein.«

Nikita begann noch am selben Tag, Wodka zu sammeln. Er kannte eine Reihe von Schwarzbrennern in Krasnojarsk, die alle unter der Kontrolle des »Konzerns Nr. II« standen und an ihn ihre Abgaben leisteten. Sie empfingen Nikita mit Ehrfurcht... auch wenn er nicht zu Nr. II gehörte, so war er doch ein angesehenes Mitglied der »Zwölfergruppe«, also einer der Statthalter, die man lieben und fürchten mußte. Es war für ihn nicht schwierig, im Handumdrehen zwanzig Flaschen Samogon zu bekommen, die zwei Elefanten hätten vergiften können. Er bekam sie sogar geschenkt. Wie kann man einem Herrn Suchanow Rubel abnehmen für ein paar Fläschchen russisches Wässerchen? Es ist doch eine Ehre, daß er die Brennerei überhaupt betritt.

Mit seiner Beute – es waren fünfundzwanzig Flaschen Samogon – kehrte Nikita in seine Wohnung zurück und wartete auf Wawras Rückkehr von der Arbeit. Um sich einzustimmen, trank er vorweg zwei Gläschen und rang nach Luft, als der hochprozentige Wodka durch seine Kehle rann. Dann betrachtete er die Batterie von Flaschen, die er auf dem Deckel einer alten, geschnitzten Truhe aufgereiht hatte.

Das also ist das Ende, dachte er. Sich gegen Sybin zu wehren, ist sinnlos. Noch idiotischer wäre es, vor seinem »Sonderkommando« davonzulaufen. Die Killer kämen völlig unerwartet, würden in die Wohnung eindringen und ihn und Wawra im Bett mit Kugeln durchlöchern. Das ginge zwar schnell und war nur einen Augenblick lang schmerzhaft, aber es wäre für Nikita kein ehrenvoller Tod. Sich im Wodka zu ertränken, das war ein angemessener Abgang.

Und so wartete nun Nikita Victorowitsch auf Wawras Rückkehr aus der Atomfabrik Krasnojarsk-26. Um seine Todesangst – wer hätte sie nicht, auch wenn er sich mit Wodka umbringen will? – etwas zu dämpfen, trank Nikita noch zwei Gläschen und legte eine Schallplatte auf den Plattenspieler: Tschaikowskys »1812«, gespielt vom Moskauer Sinfonieorchester unter der Leitung von Kyrill Kondraschin. Die gewaltige vaterländische Musik vom Sieg des Zaren über Napoleon und den Untergang der Grande Armée und der Befreiung Moskaus beruhigte seine angespannten Nerven. Es fiel ihm jetzt leichter, zu sterben, und er überlegte, ob er diese Platte nicht auch während seines Wodkatodes spielen sollte.

Spätabends, viel später als üblich, kam Wawra Iwanowna nach Hause. Sie wirkte fröhlich und umarmte und küßte Nikita und zwang ihn, sich ein paarmal mit ihr im Kreise zu drehen, als tanze man miteinander. Sie warf sich auf das Sofa und breitete die Arme weit aus.

»Sieh mich an, mein Liebling!« rief sie. »Sieh mich an! Was siehst du?«

»Eine wunderschöne Frau, die sehr spät kommt!« antwortete Nikita mit schwerer Zunge. Das Tänzchen hatte den Alkohol in seinem Blut verteilt.

»Du hast schon vorweg getrunken, Nikita! Und du hast allen Grund, das zu tun. Feiern werden wir, richtig feiern...«

»Ja, ich habe einen Grund.« Nikita setzte sich neben sie auf das Sofa. »Wir werden feiern bis zum Umfallen!«

»Mein Schatz, das werden wir!« Sie legte den Arm um seine Schultern und küßte ihn wieder. »Sie haben Lewon Leonidowitsch Kamenjow verhaftet!«

»Wer ist Lewon Leonidowitsch Kamenjow?«

»Der Abteilungsleiter für das Uran- und Plutoniumlager und Chef der Bunkerüberwachung. Man hat entdeckt, daß er mit einer Gruppe von Händlern aus Pakistan Verbindung aufgenommen hat.«

»Auch das noch!« knirschte Nikita. »O Scheiße...«

»Das Geschäft ist geplatzt, Nikita.« Wawra drückte ihn an sich. Ihre Augen glänzten wie in hohem Fieber. »Ich habe heute mittag drei Unterhändler verhaften lassen.«

»Du? Wieso du?«

»Hör zu, mein Liebling. Hast du Champagner im Haus?«

»Nur Wodka...«

»Oh, wie werden wir feiern. Läßt mich der Genosse Direktor rufen und sagt zu mir: ›Meine liebe Wawra Iwanowna...‹ *Meine*, sagt er, wirklich, *meine* liebe Wawra... Ich habe mich vor Staunen auf einen Stuhl setzen müssen. Und er redet weiter: ›Sie haben gehört, daß man Kamenjow verhaftet hat. Vor einer Stunde! Ein Lump ist er, ein Parasit des Volkes, ein übler Verbrecher, ihm ist die Todesstrafe sicher! Wollte radioaktives Material nach Pakistan verkaufen, damit sie dort eine Atombombe bauen können! Mir bleibt die Luft weg vor Empörung und Entsetzen! Ja, und da dachte ich: Eine der treuesten, besten und vertrauenswürdigsten Mitarbeiterinnen unseres Werkes, ohne Tadel und eine große Patriotin, das ist Wawra Iwanowna! Bei ihr passieren solche Schweinereien nicht. Sie ist unbestechlich! Und so habe ich beschlossen, Sie, meine liebe Wawra, zur Nachfolgerin des Lumpen Kamenjow zu ernennen. Sie sind ab sofort Leiterin der Atomlager. Heben Sie die Hand und schwören Sie: Ich werde nie das Geheimnis meiner Aufgabe verraten! – So, und jetzt übernehmen Sie den Posten. Mein Vertrauen in Sie ist unerschütterlich. Sie bewachen Rußlands größtes Geheimnis.‹ Das hat er gesagt, Nikita! Und ich habe die Bunker übernommen, habe die Pakistanis, die Kamenjow bestellt hatte, sofort verhaften lassen und zwei Bleibehälter mit je einem Kilogramm reinem, waffenfähigem Plutonium 239, Reinheit achtundneunzig Komma fünf, zur Seite gebracht. Man wird es Kamenjow anlasten, und was er auch sagen wird, man wird ihm kein Wort glauben.« Sie fiel Nikita um den Hals und übersäte sein Gesicht mit Küssen. »Ich werde so viel Plutonium beschaffen können, wie Sybin braucht... Ich allein führe die Bestandslisten und kontrolliere sie. Und Sybin wird dich zum Direktor machen!«

Einen Augenblick saß Suchanow wie versteinert auf dem Sofa, starrte auf die Wodkabatterie, die zum gemeinsamen Tod führen sollte, und schloß dann erschüttert die Augen.

»Du hast...«, stotterte er.

»Zwei Kilo reines Plutonium...«

»Du bist...«

»Ja, ich bin es! Die Lager unterstehen mir. Und keiner kontrolliert mich, nur ich mich selbst!«

»Himmel!« seufzte Nikita. »O Himmel! Es fallen doch noch Wunder aus den Wolken! Wir sind gerettet, Wawruschka! Wir werden weiterleben! Wir werden...« Er sprang auf, riß sie vom Sofa hoch, tanzte mit ihr durch das Zimmer und lachte und weinte zugleich und küßte sie und drückte sie an sich, so fest, daß sie nach Luft rang und sich mit den Fäusten gegen seine Brust stemmte. Nur einen Tag später, dachte er, und wir hätten hier gelegen, unrettbar mit Alkohol vergiftet. Nur einen Tag später... Laß dich umarmen, unbekannter Kamenjow... gerade heute mußte deine Schweinerei auffallen, und du machst Platz für uns. Nennt man das nicht Schicksal?

Wawra löste sich aus seiner Umklammerung, nahm die geöffnete Flasche Wodka und trank aus Nikitas Glas einen langen Schluck. Auch sie hustete nach dem scharfen Gesöff und ließ sich zurück auf das Sofa fallen. »Ruf Sybin an!« sagte sie außer Atem. »Ruf ihn sofort an. Sage ihm, daß er zwei Kilo Plutonium haben kann, und wenn er mehr will – ich komme jetzt an jede gewünschte Menge heran. Die Kontrollbücher fülle ich allein aus. Niemand wird merken, daß ein paar Kilogramm fehlen, wenn ich den Lagerbestand unterzeichne. So einfach ist das jetzt!«

»Und das alles tust du für mich?«

»Ja... damit du Direktor wirst... und weil ich dich liebe wie nichts auf dieser Welt.«

Und ich habe sie systematisch vergiftet, schrie es in Nikita. Ich habe ihr Plutoniumpulver in den Tee gerührt. Sie lebt noch, aber wie lange? Wann hat die Strahlung sie innerlich zerfressen? Ich bin ihr Mörder, und sie liebt mich bis zur Selbstaufgabe. Nikita, welch ein Saukerl bist du doch! Welch ein elender Feigling, der vor Sybins Füßen kriecht wie ein blinder Erdwurm. Aber er wird es mir büßen, er wird es schrecklich büßen, wenn Wawra sterben sollte. Igor Germanowitsch, ich habe dann nichts mehr zu verlieren als mein unwertes Leben... und ich ziehe dich mit in die Hölle. Das verspreche ich dir hiermit feierlich!

Zur Beruhigung trank er noch ein Glas des fürchterlichen Samogon und setzte sich dann an das Telefon. Es war kurz vor acht Uhr abends; Sybin mußte noch in seinem Penthouse sein. Sein Leben, so unruhig es sonst auch war, verlief in Moskau nach einem nur selten unterbrochenen Rhythmus: Um einundzwanzig Uhr verließ er seine Festung, um sich in die besten Lokale der Stadt fahren zu lassen. Um Mitternacht erschien er in den Nacht- und Tanzbars, bei den Animiermädchen und den Nackttänzerinnen. Spätestens um zwei Uhr lag er mit einer von ihnen im Bett und warf sie um acht Uhr morgens hinaus. Seine Gesundheit und Potenz waren bewundernswert.

Sybin war wirklich noch zu Hause, als das Telefon klingelte. Er nahm sofort ab, weil er glaubte, Natalja rufe aus Paris an, aber als er Suchanows Stimme hörte, änderte sich sofort seine gute Laune.

»Was ist?« bellte er. »Meldet du Wawras Tod? Wenn nicht, leg sofort auf!«

»Igor Germanowitsch...« Nikita holte tief Atem. Wir werden leben, Sybin, wir bringen uns nicht um. Im Gegenteil: Jetzt wirst du höflich werden müssen, um Wawra und mich nicht zu beleidigen. Wir haben die Macht in den Händen, die du ausüben wirst. Ohne uns wirst du Schwierigkeiten haben – da helfen dir auch Tomsk, Tscheljabinsk und Semipalatinsk nicht. *Wir* können liefern, jede Menge, bei den anderen mußt du warten. Gramm um Gramm. Sei also höflich, das rate ich dir. »Ich habe eine gute Nachricht für Sie.«

»Es ist also erledigt?!«

»Nein!«

»Leg auf!«

»Halt, Igor Germanowitsch. Halt! Hören Sie zu. Wawra hat es geschafft... sie hat zwei Kilogramm Plutonium, Reinheit achtneunzigeinhalb, zur Seite geschafft...«

Stille. Es schien, als müsse Sybin diese Nachricht erst verdauen. Zwei Kilogramm waffenfähiges Plutonium, das ist eine halbe Atombombe, so einfach zur Seite geschafft... das muß man erst begreifen und dann verkraften. Endlich, Sybins Schweigen kam Nikita wie eine kleine Ewigkeit vor, reagierte er.

»Was sagst du da, Nikita Victorowitsch?« Das klang schon freundlicher. »Ist das ein Witz? Soll ich das glauben? Willst du Wawra damit retten? Zwei Kilogramm...«

»Fürs erste.«

»Was heißt das?«

»Sie können soviel haben, wie Sie wünschen.«

Wieder Schweigen. Sybin setzte sich in einen Sessel, seine Knie wurden weich. Was er da aus Krasnojarsk hörte, war geradezu unbegreiflich. Soviel, wie ich wünsche? Das gibt es nicht. Das ist geradezu unmöglich.

»Nikita!« sagte Sybin und konnte seine Erregung nicht verbergen. Man hörte sogar noch im fernen Krasnojarsk sein stoßweises Atmen. »Bist du besoffen?«

»Ja, Igor Germanowitsch... vor Freude und Glück. Wann brauchen Sie die zwei Kilogramm?«

»Wann ich sie brauche?« Sybin mußte die Frage wiederholen, so ungeheuerlich war sie. »Wenn ich nun sage: sofort?«

»Geht in Ordnung!« Suchanow hielt den Hörer zu und nickte hinüber zu Wawra. »Kannst du sofort liefern?« fragte er leise.

Sie erwiderte sein Nicken und warf ihm mit gespitzten Lippen einen Kuß zu. »Ja!« sagte sie. »Aber wie kommen die beiden Behälter nach Moskau? Dafür muß Sybin sorgen.«

»Wawra sagt: keine Schwierigkeiten. Aber für den Transport von Krasnojarsk bis Moskau müssen Sie sorgen.«

»Es ist also wirklich wahr?«

»Habe ich es je gewagt, Sie zu belügen, Igor Germanowitsch?«

»Darüber möchte ich mich mit dir jetzt nicht streiten. Ich will auch nicht wissen, wie oft du mich beschissen hast! Zwei Kilogramm?«

»In Lagercontainern. Strahlensicher verpackt.«

»Er glaubt es nicht, ist es so?« rief Wawra und trat zu Suchanow. »Laß mich mit ihm reden. Sie nahm ihm den Hörer aus der Hand und meldete sich. »Hier ist Wawra Iwanowna. Herr Sybin, es stimmt, was Nikita Ihnen sagt. Ich habe das Plutonium und kann jederzeit mehr beschaffen. Seit heute unterstehen mir die Lager. Was ich in die Bestandsbücher eintrage, wird geglaubt. Ich habe darauf einen Schwur geleistet. Aber für Nikita tue ich alles.«

Sie gab den Hörer an Suchanow zurück, und der hörte die Antwort Sybins.

»Ich könnte Sie umarmen, Wawra Iwanowna...«

»Umarmen Sie mich, ich bin wieder am Apparat. Und denken Sie daran, was Sie mir befohlen haben.«

»Wer konnte das ahnen, Nikita Victorowitsch! Dein Schätzchen ist wirklich ein Schatz. Hast du daran gedacht, daß sie dich heute zum Dollarmillionär gemacht hat, bei den zehn Prozent Provision?«

»Und wenn sie doch... Sie wissen, was ich meine.«

»Unmöglich!« Sybin zuckte zusammen. Suchanow hat sie mit Plutonium verstrahlt, er hat ihr das Gift in den Tee gerührt, sie wird natürlich sterben, schon sehr bald, und dann sind alle Türen wieder zu. Du lieber Himmel, sie *darf* nicht sterben! Ein zweites Wunder gibt es nicht, nicht an der selben Stelle. Nikita, rette sie! Wie, das weiß ich nicht, aber rette sie... wenn es noch Rettung gibt! »Sie muß leben!« schrie Sybin ins Telefon.

»Es war Ihr Befehl... und ich habe ihn ausgeführt.«

»Man kann sich doch irren!«

»Das aber war ein tödlicher Irrtum!« Suchanow konnte jetzt so frei sprechen, da Wawra in die Küche gegangen war, um das Abendessen aufzuwärmen. Sie hatte es gestern vorgekocht: ein Kaninchen in Salbeisoße mit eingelegten Waldpilzen. Dazu gab es Pellkartoffeln, die sie jetzt aufsetzte. »Wawra sieht sehr schlecht aus.«

»Bringen Sie Wawra in das beste Krankenhaus, zu dem besten Arzt. In Krasnojarsk soll es die kompetentesten Ärzte für Strahlenschäden geben! Es ist ihr tägliches Brot. Nikita, deine Idee mit dem Plutoniumpulver war idiotisch!«

»Sie waren davon begeistert, Igor Germanowitsch.«

»Wollen wir uns jetzt, in dieser historischen Stunde, streiten?«

»Hätte ich Wawra, wie Sie wollten, erschossen oder erwürgt oder ertränkt, gäbe es diese ›historische Stunde‹ nicht, hätte sie nie gegeben! Ich habe immer an Wawras Ehrlichkeit geglaubt. Ich habe in ihre Augen gesehen und gewußt, daß sie mich nicht belügt. Sie kann gar nicht lügen, ohne daß ihre Augen sie verraten.«

»Und woher kommt die Probe mit dem verstrahlten Puderzukker?«

»Auch das werden wir noch herausfinden. Es kann sein, daß Kamenjow sie schon nach dem Wiegen bei Wawra vertauscht hat, um einwandfreie Proben für seine Interessenten vorzulegen.«

»Interessenten?« Sybin zuckte wieder zusaammen. »Wovon redest du, Nikita?«

»Kamenjow hatte Kontakte zu pakistanischen Aufkäufern.«

»Und das sagst du so nebenher«, schrie Sybin, »als handele es sich um einen Kartoffelverkauf? Wir müssen sofort...«

»Ist schon geschehen, Igor Germanowitsch.« Suchanow genoß seinen zweiten Triumph, als schlürfe er einen schweren, armenischen Wein. »Wawras erste Handlung war, heute nachmittag die pakistanische Delegation verhaften zu lassen. Das wird Kamenjow den Kopf kosten.«

»Und was hast du dann getan?«

»Ich habe es ja eben erst erfahren! Ich werde versuchen, morgen oder übermorgen an die Pakistanis heranzukommen und uns als neuen Lieferanten empfehlen. Sie konnten nicht festgehalten werden... sie genießen die diplomatische Immunität. Man wird sie ausweisen, aber nicht vor übermorgen. Bis dahin habe ich mit ihnen gesprochen.«

»Zwei gute Meldungen, Nikita Victorowitsch.« Sybins Zufriedenheit war sogar am Telefon zu hören. »Aber daran verdienst du dir ja eine goldene Nase. Ich begrüße dich im Millionärsclub! Mit Wawra hast du die goldene Gans gewonnen.«

»Wie lange noch?« wiederholte Suchanow. »Sie haben sie geschlachtet!«

»Sie muß gerettet werden! Wenn sie bis jetzt überlebt hat, glaube ich, daß sie auch weiterleben wird.« Und dann sagte Sybin in seiner Verzweiflung etwas ganz Dummes, und er glaubte sogar daran: »Gib ihr Milch. Gib ihr viel, viel Milch zu trinken. Das habe ich von meiner Großmutter gelernt. Alle inneren Schmerzen hat sie mit Milch geheilt. Nach den Krankheiten hat sie gar nicht gefragt. Trink Milch, literweise, hat sie immer zu ihren Kindern und auch zu mir gesagt. In der Milch ist die Kraft des Lebens, die Milch vertreibt die Gifte aus dem Körper! Nikita Victorowitsch, warum soll sie nicht bei innerer Verstrahlung helfen?«

»Das hätten die Wissenschaftler schon längst gemerkt.«

»Eben nicht! Wer denkt schon an Milch! Sie experimentieren mit komplizierten chemischen Mitteln, aber über Milch hat noch keiner nachgedacht. Versuche es, Nikita! Verlier nicht den Kopf, gib nicht auf!« Sybin redete sich in eine verzweifelte Hoffnung hinein. »Fahr aufs Land hinaus, hole die beste, reinste Milch direkt von den Bauern, nicht die sterilisierte Jauche, die euch die staatliche Molkerei liefert! Milch direkt von der Kuh, ungefiltert, so wie's aus dem Euter läuft...«

»Ich werde es tun, Igor Germanowitsch. Schaden kann es ja nicht, aber auch nicht helfen. Das weiß ich.«

Suchanow brach das Gespräch ab, denn Wawra kam aus der Küche zurück. Sie brachte die Vorspeise mit, eine Mjasnaja Soljanka, eine würzige Fleischsuppe, und stellte die Terrine auf den Tisch. Aus der Küche zog der Duft des gebratenen Kaninchens in das Zimmer. Es war wie an einem Feiertag, und für Wawra und Nikita war heute wirklich ein besonderer Tag.

»Wann lassen Sie die beiden Container abholen?« fragte Suchanow.

»Ich gebe Nachricht.«

»Wir müssen es zwei Tage vorher wissen, damit Wawra die Container aus der Fabrik herausbringen kann.«

»Und wie will sie das schaffen?«

»Das ist unsere Aufgabe, Igor Germanowitsch.« Suchanows Stimme klang bestimmt und energisch. »Die Hauptsache ist, daß Ihre Leute zuverlässig sind.«

Das war ein guter Satz, dachte Nikita. Jetzt wird er begreifen, daß ohne uns gar nichts geht und daß er auf unsere Arbeit angewiesen ist. Daß er ohne uns draußen steht wie ein Bettler vor einem Restaurant, der darauf wartet, daß die reichen Gäste das Lokal verlassen und ihm ein Rubelchen in die Hand drücken. So kann sich manches sehr schnell ändern, mein lieber großer Sybin. Die Welt ist ein Ball, der hin und her geworfen wird. Einmal wird einer sie fallen lassen, und keiner fängt sie mehr auf. Hoffen wir, daß wir es nicht mehr erleben.

»Noch einen fröhlichen Abend!« sagte Suchanow. »Wir werden diesen Tag feiern... feiern Sie in Gedanken mit uns.«

»Das werde ich, Nikita Victorowitsch.« Sybin meinte es wirklich ehrlich. »Das erste Glas Champagner an diesem Abend trinke ich auf dein und Wawras Wohl.«

Nikita wollte auflegen, aber Wawra winkte ihm zu. Noch nicht, noch nicht.

»Frag ihn, ob er dich nun zum Direktor macht!« rief sie. »Er hat's dir doch versprochen...«

»Was sagt sie?« fragte Sybin. Er hatte Wawras Stimme im Hintergrund gehört. Suchanow fühlte sich wie mit Triumph gemästet.

»Wawra fragt, wann Sie mich zum Direktor machen...«, antwortete er.

»Warum willst du Schwachkopf Direktor werden, wenn du Millionär wirst?«

»Da haben Sie recht. Gute Nacht, Herr Sybin.«

Nikita ließ den Hörer auf die Gabel fallen.

»Was hat er gesagt?« fragte Wawra.

»Einen Millionär macht man nicht zum Direktor, sondern zum Freund.«

»Wieso Millionär?«

»Wawra, Schatz. Hast du nicht daran gedacht?«

»Woran?« fragte sie erstaunt.

»Zwei Kilogramm Plutonium 239 wird Sybin für hundertzwanzig Millionen Dollar verkaufen. Davon bekommst du zehn Prozent... das sind zwölf Millionen Dollar! Du wirst die reichste Frau Rußlands sein!«

»Mein Gott, das hatte ich ganz vergessen.« Wawra sank auf einen Stuhl und legte beide Hände auf die Brust. »Ich habe nur an dich und unsere Liebe gedacht. Zwölf Millionen Dollar... sie gehören bereits uns... Nikita, das muß ich erst begreifen. Im Augenblick ist das noch unfaßbar. O mein Liebling, wie wird jetzt alles werden?«

Es wurde eine wirklich schöne Feier, aber sie dauerte nicht lange.

Nach vier Gläsern Wodka sank Wawra Iwanowna in sich zusammen. Nikita trug sie ins Bett, zog sie aus und setzte sich neben sie auf die Bettkante. Er streichelte ihren Körper, küßte ihn von der Halsbeuge bis zu den Zehen und preßte dann sein Gesicht zwischen ihre Brüste.

Sie kann nichts mehr vertragen, dachte er mit einem Schaudern. Ihr Körper kapituliert schon nach vier Gläschen Wodka. Er leistet keinen Widerstand mehr. Er ist zerstört, so betörend er auch aussieht. Und ich, Nikita Victorowitsch Suchanow, habe sie auf dem Gewissen. Ich bin ihr Mörder, ihr heimtückischer Mörder, der ihr Inneres zerfressen läßt.

Wawra, Wawra, sollen wir nicht doch zusammen sterben? Jetzt, in dieser Stunde? Du wirst es nicht spüren, wenn ich dich würge. Es ist schnell vorbei, wenn ich dir den Kehlkopf zerdrücke. Ein kaum hörbares Knacken, und es ist vorüber. Wawra... Wawra...

Er kniete vor dem Bett, drückte seinen Kopf zwischen ihre Schenkel und atmete ihren herben Duft ein.

»Bleib bei mir...«, murmelte er. »Wawra, bleib bei mir. Ich flehe dich an. Und wenn du stirbst, das schwöre ich, dann komme ich dir nach, ich komme zu dir, aber vorher werde ich Sybin töten. Ich kann es, ich kann es, denn er vertraut mir. Wawra... bleib bei mir... bitte... bitte...«

So schlief er ein, vor dem Bett kniend, den Kopf zwischen ihren leicht gespreizten Schenkeln, und er träumte, daß er unter Palmen an einem weißen Korallenstrand lag, Wawra neben sich, und der warme Wind strich über sie und streichelte sie, und der Himmel über ihnen war wolkenlos, unendlich und von einem sonnenpolierten Glanz, wie der Himmel über der sommerlichen Taiga. Es gab keine sibirische Dunkelheit mehr, nur noch Wärme und das Rauschen des Meeres und das unbeschreibliche Glück, zu leben.

Dieses Bild blieb in ihm, als er im Laufe der Nacht von Wawras Schenkeln glitt und auf den Holzboden fiel. Dort schlief er weiter, und auf seinem Gesicht lag ein glückliches Lächeln...

Das Labyrinth

Wenn man weiß, was eine Sackgasse ist, dann ist es einem bewußt, wann man nicht mehr weiterkommt. Genauso erging es den Beamten des Bundeskriminalamts in Wiesbaden: Sie standen wie vor einer Mauer. Kriminaloberrat Wallner berichtete dem Präsidenten des BKA, daß es keine neuen Erkenntnisse gebe.

»Wieso?« kam prompt die Rückfrage, und das ärgerte Wallner am meisten. Wenn man vor sich eine Wüste hat, kann man nicht fragen: Warum wächst hier kein Baum? Er ließ sich beim Präsidenten des BKA anmelden und erstattete Bericht, kurz und präzise wie immer.

»Herr Brockler hat alles gesagt, was er wußte. Er hat Namen und Orte genannt – sie stehen im Bericht –, aber damit können wir nichts anfangen. Nach seinen Aussagen stammt das Plutonium aus Rußland, es wurde ihm in Moskau ausgehändigt. Der Empfänger der Probesendung ist nicht zu ermitteln, unsere französischen Kollegen tappen ebenso im dunkeln wie wir; der Übergabeort Paris besagt gar nichts, denn Brockler sollte ja in seinem Hotel angerufen werden, was nun hinfällig ist. Das ist der aktuelle Stand der Dinge. Der Chef der Sondereinheit V der Sûreté, ein Kriminaldirektor Ducoux, hat mir versichert, daß man in Marseille zwei Atomschmuggler verhaften konnte, aber sie haben mit dem Fall Brockler nichts zu tun. Es sind zwei Algerier, die minderwertiges Uran anboten, das man überall, wo Reaktoren stehen, beschaffen kann. Keine russische Ware. Das absolut reine Plutonium, wie es Brockler transportiert hat, ist in Frankreich bis jetzt noch nicht aufgetaucht. Herr Ducoux ist betroffen und alarmiert, und wir haben alle Unterlagen an ihn geschickt. Ich bin fest davon überzeugt, daß Herr Brockler nicht mehr weiß, als er gesagt hat. Man hat seine Ahnungslosigkeit und Gutmütigkeit ausgenutzt, was schon aus der lächerlich geringen Entlohnung für seine Kurierdienste hervorgeht.«

»Aber er wußte doch, was er transportierte!« fiel der Präsident Wallner ins Wort.

»Ja und nein.«

»Was soll das heißen?«

»Als man ihm für den zweiten Kurierdienst fünfzigtausend Mark anbot, hätte er hellhörig werden müssen. Daß etwas Kriminelles im Spiel war, ahnte er natürlich... aber nicht, was er nach Paris bringen sollte. Ich habe ihm auf den Zahn gefühlt, bis unters Zahnfleisch: Er weiß noch nicht einmal, was Plutonium ist. Uran kennt er... mehr aber nicht. Lithium, Cäsium und andere radioaktive Stoffe... keine Ahnung. Als ich ihm sagte, daß die Bombe von Nagasaki eine Plutoniumbombe gewesen sei, ist er fast vom Stuhl gefallen. Er ist ein biederer, ehrlicher Mensch.«

»Ehrlich? Na, na!« Der Präsident sah seinen Oberrat irritiert an. »Unser Rechtssystem sieht das anders. Immerhin hat er eine Straftat begangen.«

»Die bei seiner Ahnungslosigkeit geringfügig ist. Er ist nicht vorbestraft, jedes Gericht wird eine Bewährungsstrafe aussprechen. Und er hat uns geholfen, soweit sein Wissen reicht.«

»Aber es geistert Plutonium herum.« Der Präsident des BKA wischte sich über die Stirn. »Jetzt muß der BND helfen, so ungern ich mit denen zusammenarbeite...«

»Und was sollte der BND tun?«

»Über seine V-Männer herausfinden, woher das Plutonium stammt und wer hinter dem Handel steckt. Wir wissen, daß es aus Tomsk-7 kommen kann. Kann! Muß aber nicht. Von Moskau aus wird es weitergegeben. Auf welchem Wege gelangt das Plutonium von Sibirien nach Moskau? Zwanzig Gramm, das ist leicht zu transportieren, aber ein Kilogramm, das ist mit dem Bleicontainer ein schwerer Brocken! Das kann man nicht in der Hosentasche herumtragen, auch nicht in einem Rucksack.« Der Präsident wurde sarkastisch, was bei ihm selten passierte. »Das alles könnte der BND durch seine V-Männer eruieren lassen – wir haben dazu keinerlei Möglichkeiten. Wozu sonst ist er da... die Bedrohung durch Atomhandel wird zunehmen, das ist uns bewußt. Man braucht kein Prophet zu sein, um das vorauszusehen!«

»Noch tappen wir völlig im dunklen.« Wallner zog die vorgelegte Akte wieder zu sich heran. »Was nutzen uns alle Festnahmen von Kurieren, wenn wir die Abnehmer nicht kennen. Wir können nur vermuten, wer daran interessiert ist, aber beweisen können wir nichts! Auch die CIA lebt in punkto Plutonium von Theorien. Es ist noch niemandem gelungen, eine Übergabe von Plutonium zu beobachten. Wir wissen nur – wie Sie richtig sagten –, daß Uran, Plutonium und Lithium im Umlauf sind.«

»Ich rufe beim BND an.« Der Präsident des BKA zog eine saure Miene. »Ich möchte auch erfahren, wie umfangreich deren Erkenntnisse sind. Hier darf es keine Geheimniskrämerei mehr geben! Wir sollten eng zusammenarbeiten.«

Wallner kehrte in sein Dienstzimmer zurück. Kommissar Berger wartete dort bereits auf ihn.

»Was sagt der Alte?« fragte er respektlos.

»Er schaltet den BND ein.«

»Die sind doch längst mittendrin!«

»Aber sie kochen ihre eigene Suppe. Das regt ihn auf.«

»Geheimdienste sind dazu da, geheim zu sein.« Berger grinste breit. »Ich bin gespannt, was dabei herauskommt.«

»Ich auch!« Wallner warf die Akte auf den Tisch. »Eines ist mir klar: Die in Pullach wissen mehr als wir.«

Trotz des Versteckes, das ihm das BKA besorgt hatte, fühlte sich Freddy Brockler weiterhin bedroht. Er wohnte in einem Zimmer in Bruchsal, nicht weit von der Justizvollzugsanstalt entfernt. Das war der neue Name, früher hieß es Zuchthaus. Das Zimmer lag in einer Siedlung, er hatte den Namen Gustav Heiner bekommen und konnte sich frei bewegen, da keine Flucht- oder Verdunklungsgefahr bestand, aber er verließ nur sehr selten sein Versteck, um einzukaufen oder sich an der Eckkneipe mit Flaschenbier zu versorgen.

Ab und zu besuchte ihn ein Beamter des BKA oder des Landeskriminalamtes, aber das war eher Routine, denn zu Verhören gab es keinen Anlaß mehr. Daß man Brockler – Heiner – weiterhin verbarg, hatte allerdings einen realen Grund: Seine Braut Elfriede war von der Polizei entlassen worden, nachdem feststand, daß sie keine Mitwisserin war und keine Ahnung von Brocklers Schmuggel hatte. Sie war in die gemeinsame Wohnung zurückgekehrt und hatte sich bemüht, mit ihrem Freddy Kontakt aufzunehmen, aber hier wehrte Wallner ab und ließ sie wissen, daß Herr Brockler zur Zeit nicht zu sprechen sei. Auch Elfriedes Weinen und Schluchzen konnte ihn nicht erweichen, der Mord an Karel Londricky war eine deutliche Warnung gewesen, zumal man den Täter bisher nicht hatte ermitteln können. Die Polizei vermutete einen Berufskiller, der im Auftrag einer Organisation gehandelt hatte. Die russische Mafia? Auch hier überall Dunkelheit.

Es blieb Elfriede nichts anderes übrig, als zu warten, bis Brockler sich von selbst meldete. Und dann geschah das, was Wallners Herzschlag schmerzhaft beschleunigte.

An einem Abend klingelte es an Brocklers Tür, und als Elfriede öffnete, sah sie sich zwei Männern gegenüber, die sie freundlich anlächelten und mit einem Fausthieb gegen die Brust begrüßten. Der Schlag warf sie zurück, die beiden Männer stürzten in die Wohnung und verriegelten hinter sich die Tür. Bevor Elfriede begriff, was geschehen war, und um Hilfe schreien konnte, erhielt sie noch mal einen Schlag auf den Mund, der ihren Schrei erstickte. Die Unterlippe war aufgeplatzt und begann zu bluten, und als sie stammelte: »Was wollen Sie? Wer sind Sie? Bitte, nicht mehr schlagen!«, zerrten die beiden Männer sie ins Schlafzimmer und warfen sie auf das Bett.

Am ganzen Körper zitternd, schloß Elfriede die Augen. Sie wollen mich vergewaltigen, das war das einzige, woran sie denken konnte. Wehre dich nicht, sie sind stärker als du und zu zweit. Wenn du dich wehrst, bringen sie dich um. Was sie auch tun, ertrage es. Irgendwann ist es vorbei ... aber du lebst. Sie blieb ganz still liegen und spannte ihre Muskeln an.

Aber die beiden Männer fielen nicht über sie her, rissen ihr nicht die Kleider vom Leib und mißbrauchten sie auch nicht. Sie setzten sich neben Elfriede auf die Bettkante, und einer von ihnen gab ihr eine Ohrfeige. Nicht so brutal wie vorher, sondern eher so, als wolle man sie aus einer Ohnmacht aufwecken.

»Mach die Augen auf!« sagte einer der Männer. Er hatte lange, auf die Schulter fallende Haare von einem Blond, das an reifen Weizen erinnerte. »Spiel nicht die Ohnmächtige! Wir haben einige Fragen an dich, und wenn du sie brav beantwortest, geschieht dir nichts. Bist du stur, schlitze ich dir mit einem Rasiermesser dein hübsches Puppengesicht auf ...«

Elfriede öffnete die Augen. Der blonde Mann hielt ihr ein aufgeklapptes Rasiermesser vor das Gesicht und grinste sie an.

»Wo ist Freddy Brockler?« fragte der andere Mann. Er hatte braune, gelockte Haare, die über der Stirn schon etwas dünn wurden. Er war älter als der Blonde und höflicher.

»Ich weiß es nicht«, stammelte Elfriede. Plötzlich wußte sie, daß diese Männer Jagd auf Freddy machten, wegen des verdammten Plutoniums. Und ich weiß doch wirklich nicht, was das alles zu bedeuten hat.

Der Blonde hob das Rasiermesser. »Mäuschen«, sagte er und lächelte. »Der erste Schnitt geht quer über deine rechte Wange...«

»Glauben Sie mir: Ich habe keine Ahnung!« Elfriede sah den älteren Mann bittend an. »Die Polizei hat ihn mitgenommen. Er wollte fliehen, aber sie haben ihn erwischt.«

»Wohin wollte er fliehen?«

»Auch das weiß ich nicht.«

»Was weißt du überhaupt?«

»Nichts. Glauben Sie mir...«

»Freddy hat nie mit dir über seinen Auftrag gesprochen?«

»Wann denn? Er kehrte aus Moskau zurück, wollte duschen und dann schlafen, bekam einen Anruf, und weg war er. Wir hatten doch überhaupt keine Zeit, miteinander zu sprechen. Wann denn? Und das mit dem Plutonium habe ich erst von der Polizei erfahren. Keine Ahnung hatte ich.«

»Und weiter?«

»Was weiter? Man hat mir auf der Polizei gesagt, daß sie ihn weggebracht haben. Wohin? Keine Ahnung. Die Polizei gibt keine Auskunft. Nur soviel: Ich solle in Wiesbaden beim Bundeskriminalamt anrufen. Das habe ich getan.«

»Und?«

»Nichts! Nur Ausreden. Ich weiß wirklich nicht, wo Freddy ist.«

»Ich glaube ihr.« Der ältere Mann nickte dem Blonden zu. »Steck dein Messer ein. Das BKA hält ihn unter Verschluß.«

Der langhaarige Blonde warf einen prüfenden Blick auf Elfriede. »Sie ist ganz hübsch«, sagte er und grinste. »Und so allein. Ganz ohne Mann. Wie hält sie das wohl aus? Soll ich ihr zeigen, was ein ordentlicher Fick ist?«

Also doch! Elfriedes Körper verkrampfte sich wieder. Aber der Ältere schüttelte den Kopf.

»Laß das!« Er stand von der Bettkante auf. »Los! Gehen wir.«

»Schade.« Der Blonde erhob sich ebenfalls und klappte das Rasiermesser zu. »Sieh dir nur ihre Titten an! Die soll man so einfach liegenlassen? Geh raus... in zehn Minuten komme ich nach...«

»Geh'n wir!« Die Stimme des Älteren wurde scharf, befehlend. »Los!«

Sie verließen die Wohnung. Elfriede rannte ans Fenster und blickte auf die Straße. Sie sah, wie die beiden in ein Auto stiegen und davonfuhren. Ein dunkelblauer Audi... vom Nummernschild konnte sie sich in der Aufregung nur das B merken, die anderen Zeichen nicht. Es ging alles so schnell, und außerdem schmerzte die geplatzte Unterlippe zu sehr, um sich zu konzentrieren.

Elfriede atmete auf. Es war vorbei, und sie lebte noch. Aber Freddy war in Gefahr, das wußte sie jetzt. Mit bebender Stimme rief sie das zuständige Polizeirevier an, und siehe da: Der Beamte am Telefon reagierte sofort, ohne viel zu fragen. Name, Adresse, schildern Sie genau den Vorgang... Nichts von alledem. Innerhalb von zehn Minuten waren zwei Polizisten bei Elfriede und brachten sie zum Revier. Dies bewies, daß sie polizeibekannt war, wie es im Amtsdeutsch so schön heißt.

Nach einem kurzen Anruf beim BKA sagte der Revierleiter: »Sie werden sofort nach Wiesbaden gebracht. Was Sie erlebt haben, ist von großer Wichtigkeit.«

So lernte Elfriede Wiesbaden kennen, ohne Unkosten zu haben, und sie wurde von einem unauffälligen Privatwagen der Kölner Polizei hingefahren. Ein Oberwachtmeister saß neben ihr und unterhielt sie mit Kölschen Witzen.

Oberrat Wallner hatte auf sie gewartet und kam ihr auf dem Flur entgegen, nachdem der Portier sie angemeldet hatte. Er stellte sich vor und führte Elfriede in ein großes Zimmer, in dem er morgens immer seine Lagebesprechung abhielt.

»Nehmen Sie Platz, Frau Gremmling«, sagte er. »Vom Telefon her kennen wir uns ja schon. Haben Sie etwas dagegen, wenn ich das Tonband mitlaufen lasse?«

»Nein...« Elfriede setzte sich zaghaft. Sie faltete die Hände im Schoß und wirkte wie ein Schulmädchen, das zum Schuldirektor bestellt wurde, um einen dummen Streich zu gestehen. Wann lernt man schon einen Kriminaloberrat kennen? Und dann noch einen von der obersten Polizeibehörde der Bundesrepublik, wie man ihr auf dem Weg nach Wiesbaden erzählt hatte. »Wo ist Freddy?« fragte sie und nahm allen Mut zusammen.

»Das kann ich Ihnen nicht sagen, Frau Gremmling.«

»Sie wissen es nicht?«

»Ich darf es nicht.«

»Warum? Ich bin seine Verlobte...«

»Genau darum.«

»Das verstehe ich nicht.«

»Denken Sie daran, was Sie heute abend erlebt haben.«

»Es war furchtbar. Ich hatte Todesangst.« Sie senkte den Kopf und schloß die Augen, ihr Körper begann wieder zu zittern. Die Erinnerung an diese Stunde nahm ihr den Atem. »Wenn sie mich jetzt vergewaltigen, habe ich gedacht, dann...«

»Haben sie es getan?«

»Nein, nein! Sie haben nur Fragen gestellt... aber vorher haben sie mich geschlagen...«

»Ich sehe Ihre aufgeplatzte Unterlippe.« Wallner nickte Elfriede aufmunternd zu. »Können Sie die Männer beschreiben?«

»Ich weiß nicht... der eine war jung, hatte hellblonde Haare, bis über die Schultern, mittelgroß, und der hatte auch das Rasiermesser... und der andere war älter, braune Haare, größer, und der hatte das Wort und hat verhindert, daß der Blonde mich... Sie wissen, was ich meine...«

»Und was haben sie gefragt?«

»Wo Freddy ist.«

»Sehen Sie, und deshalb kann ich Ihnen nicht sagen, wo Herr Brockler jetzt untergebracht ist.« Wallner legte seine Hand auf Elfriedes zitternde, gefaltete Hände. »Und was haben Sie geantwortet?«

»Daß ich nichts weiß.«

»Das haben sie Ihnen geglaubt?«

»Es ist ja die Wahrheit. Ich weiß bis jetzt noch nicht, was wirklich mit Freddy los ist.«

»Erstaunlich, daß man Sie leben ließ.« Wallner schüttelte den Kopf. Ein Killerkommando hinterläßt keine Zeugen, erst recht nicht, wenn man ihre Gesichter gesehen hat und sie später identifizieren kann. »Ich weiß nicht, wieso, aber Sie haben ein unglaubliches Glück gehabt. Ist Ihnen etwas Besonderes aufgefallen?«

»Besonderes? Nein! Ich war so aufgeregt und hatte solche Angst... ich habe immer nur das Rasiermesser gesehen, das der Blonde mir vor das Gesicht hielt... können Sie sich vorstellen, was das für ein Gefühl ist... Wie soll mir da etwas Besonderes auffallen?«

»Kleidung.«

»Beide hatten gute Anzüge an. Hemden mit Krawatte. Doch ja...« Elfriedes Kopf zuckte hoch. Das hatte sie sich gemerkt, trotz aller Angst. »Beide sprachen Berliner Dialekt...«

»Das ist ein guter Hinweis.« Wallner sparte nicht mit Lob, um Elfriede Mut zu machen. »Es waren Berliner?«

»Ich weiß nicht, aber sie sagten ›ick‹ statt ich, und: ›Nu komm,

Kleene. Sag wat. Ick zerschneid dir die Fresse!‹ Ja, so war es. Und später...«

»Was war später?«

»Als sie weg waren, bin ich zum Fenster gelaufen. Sie stiegen in einen dunklen Audi... und auf dem Nummernschild stand ein B... die anderen Buchstaben habe ich nicht behalten. Meine Lippe tat so weh... Aber B... das weiß ich genau.«

»Ganz klar Berlin!« Wallner kratzte sich den Haaransatz. Berlin... das war ein wichtiger Hinweis. Sie sind extra aus Berlin gekommen, um Brockler zu suchen. Das bewies, in welch großer Gefahr er sich befand. Und noch etwas Alarmierendes interpretierte Wallner aus diesen Fakten: Stand hinter den Killern eine Organisation? Es handelte sich bei dem Atomtransport nicht um irgendwelche Einzeltäter, sondern um eine funktionierende Organisation! Und wenn eine Atommafia – eine russische? – in das Geschäft eingestiegen war, dann war der Fall Brockler ein ganz kleiner Fisch, denn dann wurde Plutonium in großen Mengen nach Mitteleuropa eingeschleust, und dann wurde es zu einer Bedrohung der gesamten freien Welt! Man hatte nie gewagt, diesen Teufel an die Wand zu malen, aber nun war er da, lebte mitten unter uns, brachte die Vernichtung über die Grenzen! Mein Gott, wie sah die Zukunft der Welt aus?

Hier muß wirklich der Bundesnachrichtendienst ran, dachte Wallner. Für uns ist das zwei Nummern zu groß. Wir können nur verhaften, wenn wir die Täter kennen – und das ist immer ein Glücksfall –, aber der BND hat die Möglichkeit, über seine V-Männer Informationen zu sammeln und an uns weiterzugeben. Wissen die in Pullach jetzt schon mehr als wir?

»Ich lasse Sie in ein Hotel bringen«, sagte Wallner zu Elfriede. »Zur Rückfahrt nach Köln ist es schon zu spät. Selbstverständlich übernehmen wir die Kosten. Ihre Aussagen haben uns sehr geholfen, Frau Gremmling.« Wallner erhob sich. Auch Elfriede stand auf, sie zitterte noch immer. Die aufgeplatzte Unterlippe, die man auf dem Revier in Köln mit etwas Jod behandelt hatte, brannte und war um das Doppelte angeschwollen. Jetzt, nachdem alles vorbei war, nachdem sie dem Oberrat alles erzählt hatte, überfiel sie eine große Müdigkeit und Schwäche. Sie hatte das Gefühl, in den Knien einzuknicken, und hielt sich an der Tischkante fest. Ein unbekanntes Kribbeln durchzog ihren Körper, als schwämme in ihrem Blut eine Ameisenherde mit.

»Ich ... ich kann nicht mehr ...«, stammelte sie. »Ich falle gleich um ...«

Wallner brachte sie aus dem Zimmer. Draußen übernahm sie ein Beamter und fuhr sie sofort in ein kleines Hotel außerhalb des Stadtkerns von Wiesbaden. In ihrem Zimmer fiel Elfriede auf das Bett und hatte nicht einmal mehr die Kraft, sich auszuziehen. Aber bevor sie in einen gnädigen Schlaf fiel, dachte sie noch: Was haben sie mit Freddy gemacht? Wo ist er? Wollten die beiden Männer ihn wirklich umbringen? Warum denn ... er weiß doch auch nichts. Man hat seine Gutmütigkeit mißbraucht, er ist unschuldig, und von diesem verdammten Plutonium hat er auch keine Ahnung! Warum will man ihn töten?

Ihre Angst steigerte sich bis zur Panik ... aber ihr Körper verlangte nach Ruhe. Und Elfriede glitt in einen tiefen, traumlosen Schlaf.

In einem abhörsicheren, kleinen Raum saßen zwei Tage später drei Männer und eine Frau zusammen um einen runden Tisch, tranken Fruchtsaft und hörten mit angespannter Miene zu, was einer der Männer vortrug.

Der Raum befand sich im Hauptquartier der CIA in Washington und konnte nur mit einer Chipkarte geöffnet werden. Hier wurden besonders heikle und geheime Probleme besprochen, von denen außerhalb dieses Zimmers keiner etwas wußte, außer der kleinen Gruppe der Betroffenen, die sich damit zu befassen hatten.

An diesem Vormittag saßen um den runden Tisch: der Leiter der Sonderabteilung II/10 zur Bekämpfung der Nuklearkriminalität auf militärischem Gebiet, Colonel John Curley, die Spezialagentin Victoria Miranda, im Range eines Lieutenant, Captain Bill Houseman und Spezialagent Captain Dick Fontana. Als einziger trug Curley eine Uniform, verziert mit etlichen Orden. Im Vietnamkrieg hatte er als Captain eine Sondereinheit befehligt und galt als Kriegsheld, obwohl niemand darüber sprach, welche Einsätze er erfolgreich durchgeführt hatte, aber nach der Zahl seiner Orden zu urteilen, mußten sie von großer Bedeutung gewesen sein. Er war jetzt siebenundfünfzig Jahre alt, ergraut und im Privatleben ziemlich wortkarg. Seine Ehe war vor sieben Jahren gescheitert. Gloria, seine Frau, hatte beim Scheidungsrichter angegeben, Curley sei ein Mann geworden, mit dem keine Unterhaltung mehr möglich wäre, der nur vor dem Fernsehapparat sitzt, Whisky trinkt und in seiner fernsehfreien Zeit Schallplatten anhört, am liebsten Musik von Wagner und davon am allerliebsten den Walkürenritt aus der Oper »Die Walküre«. Sonst lief nichts mehr... keine Zärtlichkeit, kein Sex, nicht mal ein Kuß. Die Ehe wurde wegen seelischer Grausamkeit geschieden.

Im Dienst aber war er ein gesprächiger Mann... seine Vorträge zur Lage waren präzise und von großer Sachkenntnis. Auch heute, am runden Tisch in dem kleinen Zimmer, faszinierte er seine Zuhörer.

»Wir haben seit Jahren davon Kenntnis«, sagte er, »daß es Schmuggelaktivitäten mit radioaktivem Material gibt. Ob Lithium, Uran oder Plutonium, alles ist auf dem Markt. Wir kennen die Länder, die an einer Atombombe basteln, um damit einen Machtfaktor in die Hand zu bekommen. Vor allem seit der Neuordnung der ehemaligen Sowjetunion ist die Gefahr aktuell, daß aus den bisher geheimen Produktionsstätten für waffenfähiges Nuklearmaterial kleinere oder auch größere Mengen, vor allem von Plutonium, in die interessierten Länder fließen. Wir kennen diese geheimen Atomwerke, aber uns ist auch bekannt, daß es in Rußland noch – bisher von uns nicht entdeckte – Forschungsstätten gibt. Bekannt ist auch, daß russische Wissenschaftler abgewandert sind und jetzt in verschiedenen Staaten der arabischen und der sogenannten dritten Welt tätig sind. Das schließt nicht aus, daß auch bei uns oder im europäischen Raum Plutonium verschwindet und in den Handel kommt. Trotz aller scharfen Sicherungseinrichtungen kann, ich sage: kann, Atommaterial auch bei uns verschwinden. Alles ist möglich. Unleugbar ist dagegen, daß aus Rußland Plutonium herausgeschmuggelt wird – die GUS-Staaten, Kasachstan und die Ukraine sind die Hauptlieferanten. Der Atomhandel ist nach unserem Wissen gut durchorganisiert, was darauf hinweist, daß eine große Organisation dahinter steht. Ob es die russische Mafia ist, wissen wir noch nicht, aber wir vermuten es. Nach unseren Informationen ist die amerikanische Mafia nur geringfügig an dem Geschäft beteiligt, aber das kann sich noch ändern. Ich allerdings glaube nicht daran, denn wenn die russische Mafia den Atomhandel in der Hand hat, dürfte es für unsere Jungs keine Chance geben, in das Geschäft einzusteigen und mitzumischen. Wir sind von unserer Mafia seit Jahrzehnten allerhand gewöhnt, aber gegen die russische Mafia ist sie ein geradezu biederes Unternehmen. Wie die Russen vorgehen, ist nur noch vergleichbar mit den chinesischen Triaden, aber auch die sind trotz aller Brutalität nur die Nummer zwei. Fassen wir unsere Erkenntnisse zusammen: Der Transport von radioaktivem, waffenfähigem Material ist zu einer echten Bedrohung geworden. Es geht hier nicht allein um den Bau von Atombomben, sondern vor allem auch um die tödliche Gefahr, daß Terroristen oder religiöse Fanatiker Plutoniumstaub über eine Stadt wie New York ausschütten können, was bedeutet, daß New York innerhalb von vier Tagen eine tote Stadt wäre! Ein Gegenmittel zur Plutoniumstaubvergiftung gibt es nicht! Zum Glück haben offizielle Verlautbarungen immer nur von einer Atombombe gesprochen... vom Staubtod ist nie die Rede gewesen. Er ist so fürchterlich, daß man sich in allen Regierungen einig ist, diese Variante zu verschweigen. Eine seltene Einigkeit! Aber es wird nicht lange dauern, bis die Medien auch darüber berichten, und – auch das ist zum Glück eine Eigenheit des menschlichen Charakters – man wird diese Bedrohung nicht ernst nehmen. Man liest darüber und blättert weiter. Daß es jeden treffen kann, daran denkt keiner. Es ist einfach zu unglaublich! Die breite Masse erkennt nicht die Tatsache, daß wir alle gefährdet sind, denn Irre gibt es genug auf der Welt. Wenn ihnen Plutonium in die Hände fällt, haben sie keine Hemmungen, es auch anzuwenden.« Curley atmete nach dieser langen Rede tief durch. »Das ist die Lage.«

Die Zuhörer am runden Tisch schwiegen. Betroffenheit lag auf ihren Gesichtern. Von Bomben hatten sie genug gehört, aber diese Sache mit dem Atomstaub war bis heute jenseits ihres Vorstellungsvermögens gewesen.

»Wir sitzen jetzt zusammen«, fuhr Curley fort, »um in den Atomhandel einzugreifen. Unsere Kollegen von den Geheimdiensten in Europa und Israel versuchen seit langem, Agenten in den Atomhandel einzuschleusen. Bisher mit mäßigem Erfolg. Unsere CIA hat sich vornehmlich mit dem Schutz der USA befaßt, mit militärischen Infiltrationen, mit Spionageabwehr und militärischkriminellen Delikten. Das ändert sich jetzt. Wir werden in die internationale Bekämpfung der Atomkriminalität einsteigen. Die neue Abteilung II/10, zu der Sie abkommandiert wurden, hat diese Aufgabe übernommen. Der Plutoniumhandel muß dort bekämpft werden, wo die Köpfe dieser Bedrohung sitzen: in Rußland! Was nutzt es, wenn man hin und wieder einen der Kuriere schnappt... sie wissen von nichts. Sie haben ihr Päckchen bekommen und transportieren es. Das ist alles, was man aus ihnen herausquetschen kann. Die Hintermänner kennt niemand. Aber an die müssen wir heran! Und dazu hat man Sie auserwählt.«

Captain Fontana meldete sich zu Wort. »Das heißt, die CIA schickt uns nach Rußland?« fragte er.

Dick Fontana war ein Typ, wie man sich aus Film und im Fernsehen einen Spezialagenten vorstellt. Groß, breitschultrig, durchtrainierter, sportlicher Körper, kurze braune Haare, Muskeln, wo sie hingehören, Sonderausbildung im Gebrauch aller Waffen und im Kung-Fu, ein markantes Gesicht mit schmalen Lippen und ausgeprägtem Kinn, aber erstaunlich zartgliedrige Hände und lange, sensible Finger wie bei einem Pianisten – und das war er auch. Er spielte vorzüglich Klavier, brillierte mit chopinschen Läufen und Beethovenscher Wucht und konnte die Tasten streicheln, wenn er Mozart spielte. Undenkbar, daß diese Hände mit einer Kraft zuschlagen konnten, die einen von den Beinen riß, vom chinesischen Kung-Fu ganz zu schweigen. Er war eben genau der Typ, den sich jeder Filmregisseur für einen Agententhriller wünschte.

»Nein, Sie nicht, Captain Fontana«, sagte Curley. »Nach Rußland, nach Moskau, wird Lieutenant Miranda gehen.«

Victoria Miranda zuckte unmerklich zusammen und straffte sich. Sie hatte ein enges, hellblaues Schlauchkleid an, das die aufregenden Formen ihrer Figur umhüllte, als sei es auf die Haut gemalt. Ihr blondes Haar trug sie offen, und wer sie ansah oder ihr irgendwo begegnete, würde sie für ein hübsches College-Girl halten. Auch bei der CIA war sie eine Glanznummer. Häufig wurde unter Kollegen gewettet, wer sie zuerst ins Bett bekäme, und alle hatten bisher die Wette verloren, sogar Dick Fontana, der anerkannte Frauenaufreißer. Es ließ sich auch nicht feststellen, ob sie irgendwo in Washington einen heimlichen Geliebten hatte. In den Bars sah man sie nie, in den Cafés saß sie immer allein, selten besuchte sie ein Restaurant und wenn, dann auch solo. Aber sie spielte hervorragend Golf, Handicap 21, und sie saß bei den großen Baseballspielen auf der Tribüne und feuerte ihre Mannschaft mit spitzen Schreien an. Aber immer allein!

»Ich soll nach Moskau, Sir?« fragte Victoria. »Ich kann doch gar kein Russisch.«

»Das ist auch nicht nötig. Sie werden der Kulturabteilung der Botschaft zugeteilt.« Curley winkte ab. »Alles andere später.«

»Und was ist meine Aufgabe?« fragte Fontana.

»Sie kommen dorthin, wo Sie am besten hinpassen: nach Paris.«
»Du Glücklicher!« entfuhr es Bill Houseman. »Übe schon mal auf deinem Klavier: Ein Amerikaner in Paris.«
»Spiele ich bereits mit großer Freude.«
Curley sah Houseman ernst an. »Sie, Captain Houseman, werden sich in Libyen niederlassen. Sie sprechen ja perfekt Arabisch.«
Bill Houseman war das genaue Gegenteil von Fontana. Mittelgroß, etwas dicklich, ein Allerweltsgesicht, der, wenn er sich einen Stoppelbart wachsen ließe, auch als Araber durchgehen würde. Mit Kopfbedeckung und in weißer Djellabah würde ihn niemand für einen Amerikaner halten. Er war ein großer Feinschmecker, verfraß sein halbes Gehalt in Gourmettempeln und hatte trotz seines Bäuchleins beneidenswerte Chancen bei den Frauen.
Aber man täusche sich nicht in Bill Houseman. Obwohl er so gar nicht dem Bild eines CIA-Agenten entsprach, war er der Beste beim Schießen und entwickelte auch sonst eine bei ihm unerwartete Behendigkeit, gleich einem Gummiball, der beim Aufprall immer wieder in die Luft hüpft. Kollegen nannten ihn »Mr. Hophop«.
»Libyen?« Houseman starrte seinen Chef Curley an. »In die Höhle des Löwen?«
»Das ist doch Ihr Spezialgebiet, Captain.« Colonel Curley legte die Hände auf den Tisch übereinander. »Ihre Aufgabenbereiche sind verschieden und ähneln sich trotzdem. Lieutenant Miranda, Sie werden in Moskau Kontakt zu der dortigen Mafia aufnehmen. Es wird Ihnen bei Ihrem Aussehen leichtfallen, in den internationalen Lokalen Bekanntschaften zu knüpfen. Die großen Bosse bevorzugen bestimmte Restaurants und Bars, in denen eine Frau wie Sie auffallen wird. Wie Sie vorgehen, wird Ihnen überlassen.«
»Das heißt, ich soll mit den Mafiabossen ins Bett gehen?« Victoria hatte keine Hemmungen, so zu reden. Seit einem Jahr war sie bei der CIA und hatte mit ihren vierundzwanzig Jahren schon viel erlebt, gehört und mitgemacht, allerdings hatte sie noch nie Sex eingesetzt. »Ist das bei meinem miesen Gehalt nicht ein bißchen viel verlangt?«
»Ich sagte: Ihr Vorgehen bestimmen Sie selbst. Ich würde Ihnen nie befehlen: Sammeln Sie Informationen auf der Matratze.«
»Obwohl das der richtige Weg wäre.« Houseman lachte grunzend. »Wer rammelt, der sammelt...«
»Du bist ein mieser Bock!« Miranda schüttelte ihre langen,

blonden Haare über die Schultern. Wütend und mit blitzenden Augen war sie noch verführerischer. »Ist das alles, Colonel?«

»Genügt das nicht? Bringen Sie den Beweis, daß sich die russische Mafia um das Atomgeschäft kümmert... dann können wir unsere Kollegen vom russischen Sicherheitsdienst verständigen und die Organisation zerschlagen.«

»Und warum macht das der Russe nicht selbst? Ist er blind? Kann er keine V-Männer in die verdächtigen Kreise einschleusen. Es ist doch anzunehmen, daß man die Bosse längst kennt!« Fontana blickte zu Victoria hinüber. »Muß da erst eine Frau aus den USA kommen, um das Schweigen zu durchbrechen? Das muß doch für die russischen Kollegen beschämend sein, oder mischen die etwa beim Atomdeal mit?«

»Unwahrscheinlich.« Curley spielte mit seinen Fingern. »Es dringt nichts durch bis zu den Sicherheitsbehörden, und die wiederum werden daran gehindert, effektiv zu ermitteln. Wir wissen zum Beispiel, daß einige Generäle mit von der Partie sind, daß sie auf der Gehaltsliste der Mafia stehen, daß sie – nicht mit Nuklearmaterial, aber mit Waffen und Ausrüstungen – Millionengeschäfte machen, übrigens mit Billigung der Mafia, die sie deckt, damit aber auch zu abhängigen Werkzeugen macht. Aber wenn wir konkrete Beweise haben, wenn wir Namen nennen können, wird von Washington politischer Druck ausgeübt werden, dem sich Jelzin nicht entziehen kann. Auch wenn er – aus nationalem Stolz – zunächst alle Verwürfe abstreiten und als Propaganda der alten ›kalten Krieger‹ hinstellen wird. Aber damit kommt er nicht durch, die Hoover-Zeiten sind vorbei. Er muß reagieren... und damit haben wir ein Loch in die Mafiamauer gesprengt.« Er sah Victoria an. »Deshalb, Lieutenant Miranda: Informationen sammeln: Namen, Standorte, Transportwege, Lieferanten, Empfänger, Hintergründe, Kontaktpersonen und die Plutoniummengen, die frei herumgeistern. Dies ist ein weites, für uns noch brachliegendes Feld. Wir haben uns bisher nur mit dem Aufspüren geheimer Produktionsstätten befaßt, und das mit Erfolg. Jetzt müssen wir die Hintermänner des Atomhandels finden. Und dabei ist – so frivol das klingen mag – eine schöne Frau wie Sie der beste Spürhund.«

»Ich werde mein Bestes tun, Colonel.« Victoria Miranda lächelte Curley an, obgleich sich in ihrem Inneren ein beklemmendes Gefühl ausbreitete. Die Aufgabe, die man ihr zugeteilt hatte, war eine der gefährlichsten, die man sich denken konnte, und dafür kannte sie

Beispiele: Bis jetzt, solange sie bei der CIA arbeitete, hatte es fünf Verluste gegeben, vor allem im Iran, dem Irak und in Syrien. Aber darüber sprach man nicht. Ihr Auftrag war vergleichbar mit dem Eindringen in das Drogenkartell der Heroinbosse von Kolumbien.

»Danke«, sagte sie kurz.

»Wenn Sie in Moskau so lächeln wie jetzt, hebeln Sie jeden russischen Mafioso aus den Schuhen!« sagte Curley.

»Und aus der Hose!« fiel Houseman ein.

Curley blickte Houseman strafend an. »Zu Ihnen, Captain. Sie werden in Tripolis als Teilhaber einer Ölexportfirma auftreten. Nicht Erdöl, sondern Salatöl! Der heutige Alleininhaber arbeitet bereits für uns, aber er hat Angst. Sie erhalten einen arabischen Namen, einen Originalpaß und eine typisch arabische Vita.«

»Auch fünf Frauen? Der Koran erlaubt das.« Houseman gluckste.

»Das überlasse ich Ihrer Potenz, Captain. Aber ich rate Ihnen, Ihre privaten Ambitionen unter Kontrolle zu halten. Zehn Frauenaugen sind gefährlich, schon zwei genügen. Ich weiß, ich weiß, Sie sind kein Bettplauderer... aber eine Frau hat einen schärferen Blick für die Wirklichkeit als ein Mann. Sie durchschauen einen Mann schneller, als dieser es glaubt. Sie haben doch bei uns gelernt: Die größte Gefahr für einen Agenten ist das Weib! Darüber ist schon mancher gestolpert.«

»Mit Todesfolge«, ergänzte Fontana. Ihm waren einige dieser Fälle bekannt.

»Sie sagen es, Captain Fontana.« Curley wandte sich ihm zu und lächelte nun ebenfalls. »Sie besitzen die Intelligenz und die Selbstbeherrschung, in Paris nicht in der Umklammerung schlanker Beine zu ersticken. Vorweg: Mein französischer Kollege vom Sonderdezernat V der Sûreté, Monsieur Jean Ducoux, hat uns einen Bericht über die aktuelle Lage der Atomschmuggelbekämpfung in Mitteleuropa geschickt. Darin sind auch die Erkenntnisse des deutschen BKA – das heißt Bundeskriminalamt – enthalten. Man hat einige schöne Erfolge vorzuweisen, aber immer nur diese unwissenden Kuriere von Probesendungen von Plutonium 239 erwischt. Ausfuhrland: Rußland. Hintermänner: Fehlanzeige. Empfänger: unbekannt. Genügend Vermutungen, aber keine Beweise. Theorie: Es kommen noch viele Sendungen auf den verschiedensten Wegen nach Europa. Aber auf welchen Wegen. Es ist ein Ameisentransport... aber viele kleine Mengen ergeben am Ende vier Kilogramm

Plutonium... und das ist die Atombombe! Vier Kilo Plutoniumstaub, über Frankreich ausgestreut, bedeuten Millionen Tote!«

»Unvorstellbar!« sagte Fontana.

»Unser Atomphysiker Dr. Rodney Donelly wird Ihnen noch Unterricht in Atomphysik geben, damit Sie wissen, um was es sich handelt. Wir haben für diesen Informationsunterricht zwei Wochen vorgesehen, und dann schwirren Sie ab nach Moskau, Tripolis und Paris. Sie, Captain Fontana, melden sich bei Monsieur Ducoux... offiziell sind Sie Repräsentant eines amerikanischen Getränkeherstellers, der mit einer neuen Fertigcocktailmarke den europäischen Markt erobern soll. Das Gesöff heißt *Ladykiller*... dafür sind Sie der richtige Mann! Wenn man jemandem die Wirkung dieses Cocktails glaubt, dann Ihnen!«

»Gibt es das Gebräu vielleicht?« fragte Fontana belustigt. »Habe ich Probeflaschen im Gepäck? Ohne Muster keine Kunden, Sir.«

»Natürlich haben Sie einige Kisten *Ladykiller* im Gepäck!«

»Und wie schmeckt das Zeug?«

»Das werden Sie noch testen, Captain. Es soll aus Wodka, Kiwiextrakt und Kokossaft bestehen. Leicht, exotisch und erotisch.«

»Ich werde die Wirkung bei Victoria testen...«

»Täusch dich nicht.« Victoria hob den Zeigefinger. »Immer wenn ich zucke, wird's ein Tritt in den Unterleib. Zieh einen stählernen Eierwärmer an.«

Alle lachten, und als Houseman noch etwas dazu sagen wollte, rief Fontana warnend: »Halt's Maul, Bill! Es genügt!«

Colonel Curley erhob sich. »Morgen um acht beginnt der Unterricht bei Dr. Donelly. Nächste Woche lernen Sie Ihre Spezialausrüstung kennen. Dann folgen drei Tage Auffrischung Ihrer Kondition, ein ärztlicher Check-up und neue Informationen. Ich danke Ihnen.«

Die drei standen stramm, Curley ging zur Tür, steckte seinen Chip in das Schloß und öffnete die Tür. Er war sichtlich zufrieden. Er hatte die besten Agenten ausgewählt, die die CIA für diese Aufgaben zur Verfügung hatte. Ob sie es schaffen, die Geheimnisse der russischen Mafia zu knacken?

Später, in der Kantine der CIA, saßen Houseman, Fontana und Victoria zusammen und tranken Espresso. Curleys Worte klangen in ihnen noch nach, und sie waren sich ihrer wichtigen Aufgabe bewußt.

»Ich komme mir vor wie 007, der in jedem Film die Welt retten muß«, sagte Fontana. »Ich hätte nie gedacht, daß so etwas Wirklichkeit werden kann. Vicky, du hast von uns allen die schwierigste Arbeit bekommen.«

»Ich schaff das schon.« Victoria starrte aus dem Fenster auf ein Stück Garten mit blühenden Blumenbeeten. »Und wenn nicht... Schicksal.«

»Und du, Bill, steckst mit deinem dicken Kopf immer in der Schlinge.«

»Ich werde mich bemühen, ein Musteraraber zu sein. Das habe ich in Saudi-Arabien gelernt. Da saß ich in der Kasbah von Medina und hämmerte als Silberschmied auf silbernen Schalen herum. Es müßte schon mit dem Teufel zugehen, wenn sie mich in Tripolis outen würden.« Er nahm einen Schluck Espresso und schlug dann Fontana auf den Unterarm. »Am besten hat es dich erwischt, Dick! Paris! Place Pigalle. Schöne Weiber. Champagner. Chambre séparée.«

»Ich werde mir Mühe geben.« Fontana steckte die Hände in die Tasche und lehnte sich zurück, als säße er schon jetzt auf einer Bank an der Seine. »Kann sein, daß es ein schöner, bezahlter Urlaub wird...«

Aber da täuschte er sich gewaltig.

Seit Natalja Petrowna das Glanzstück im »Roten Salon« von Madame de Marchandais war, hatte sich die Anzahl der Besucher verdoppelt.

In den gehobenen Kreisen von Paris hatte es sich schnell herumgesprochen, daß eine Russin bei Madame wohnte, ein Wunder von Frau, eine Schönheit, die selbst der begabteste Maler nicht auf die Leinwand bannen könnte, ein schwarzer Engel mit dem Körper einer Venus... nein, selbst die Venus, die Schaumgeborene, verblaßte gegen das, was Natalja jeden Abend in immer anderer Verhüllung zeigte oder ahnen ließ.

Vor allem zwei Männer wären am liebsten vor ihr niedergekniet: Ducoux und Awjilah. Wie immer mit großer Höflichkeit, bekämpften sie sich jetzt und buhlten um die Gunst, bei Natalja am Tisch sitzen zu dürfen. Sie strapazierten ihre deutschen Sprachkenntnisse bis zur Lächerlichkeit, aber keiner von ihnen wagte es, Natalja näherzukommen oder gar deutlicher seine Wünsche auszusprechen. Nur ihre Blicke waren beredt und fraßen sich in diesen Wunderkörper hinein, den nur einmal zu besitzen ein halbes Leben wert war. Natalja nahm natürlich diese Blicke wahr, aber sie hielt sich zurück, vor allem bei Ducoux, den sie sinnlich anlächelte, aber auf Distanz hielt. Weichkochen, nennt man das, knochenlos machen, das Gehirn paralysieren. Und im richtigen Augenblick nachgeben, sich öffnen und den verliebten Idioten mit Haut und Haaren fressen. Die Vernunft heraussaugen, und übrig blieb ein Häufchen Mensch, das kein Ich mehr hatte.

Natalja Petrowna hatte schon am dritten Tag entdeckt, daß sie neben ihrer Tanzbegabung auch singen konnte. Sie hütete sich, ihre Künste aus dem Moskauer Club *Tropical* aufzufrischen, nackt vor Madames Gästen zu tanzen und ihre geile Bärchennummer abzuziehen, die Ducoux völlig um den Verstand gebracht hätte. Sie tanzte züchtig mit den verschiedenen Männern, Konsuln, Senatoren, Millionären, Konzernchefs und Diplomaten, auch ein berühmter Schriftsteller war darunter, der Bücher voller Moralpredigten schrieb, aber wöchentlich dreimal im »Roten Salon« erschien und eines von Madames barbusigen Mädchen nach oben aufs Zimmer begleitete. Den größten Erfolg hatte Natalja, als sie ihre bisher unbekannte Begabung entdeckte.

Ihr erster Auftritt war eine Sensation. Sie kam an diesem Abend in einem russischen Kostüm in den »Roten Salon«, einem Kostüm, das an die Kosaken erinnerte, nur trug sie keine Hosen und Stiefel, sondern einen superkurzen, engen Rock, der mehr als die Hälfte ihrer schlanken Oberschenkel unbedeckt ließ. Bei einigen Bewegungen konnte man sehen, daß sie ein blutrotes Höschen trug.

»Meine Lieben«, begann sie mit ihrer klingenden Stimme, »ich möchte Ihnen heute einige Lieder aus meiner Heimat vorsingen. Warum? Haben Sie schon mal einen Russen gesehen, der in der Fremde kein Heimweh hat? Ich träume jede Nacht von meinem schönen Land, von seinen Birkenwäldern, den Sonnenblumenfeldern, der unendlichen schweigenden Taiga, den großen Strömen, dem grenzenlosen Himmel über den Steppen, den blauen Seen, den bemalten Holzhäusern und den wogenden Weizenfeldern, die unter der Sonne golden leuchten. Ich habe Sehnsucht nach meinem Rußland, sonst wäre ich keine Russin. Und deshalb möchte ich heute von dieser Liebe zu Mütterchen singen und mein Herz auf meiner Zunge tragen.«

Sie hatte eine Balalaika mitgebracht, die sie sich am Nachmittag gekauft hatte, zupfte ein paar Takte und begann dann zu singen. Sie saß auf der Treppe, auf dem roten Teppich, und es war fast das gleiche Rot wie der Slip, der zwischen ihren Schenkeln hervorschimmerte.

Was sie sang, verstand niemand, aber was sind Worte, wenn sie eingebettet sind in diese schwermütige Musik, in der die Weite des Landes widerklang und das Rauschen der Taiga hörbar wurde.

Im »Roten Salon« war es so still, das jeder glaubte, seinen eigenen Herzschlag zu hören. Einige Damen begannen sogar, lautlos zu weinen ... wie alle anderen im Salon spürten sie das Heimweh, das in Nataljas Gesang mitschwang. Sie erzählte das Märchen vom eisigen Ritter, von der Not der Wolgaschlepper, von einer Nacht am Lagerfeuer in der Steppe am Ussuri und von einem Erntedankfest auf den Kornfeldern Kasachstans, und sie sang von der traurigen Liebe eines Mädchens am Baikalsee, das auf ihren Liebsten wartete, der vom Fischfang nicht mehr zurückkam, und von dem Fluß, der das Gebet eines Mädchens nach Wasser erhörte und seinen Lauf änderte ... Lieder, die mit ihrer Melodie in ein Land entführten, das grenzenlos war wie die Wunschträume seiner Menschen.

Auch nachdem Natalja geendet hatte, blieb es still im Raum. Niemand applaudierte, niemand wagte es, zu klatschen – man griff schweigend zu seinem Champagnerglas, und als ein Gast, ein Generalkonsul, in ein Brötchen biß und es leise knirschte, trafen ihn strafende Blicke.

Madame de Marchandais umarmte Natalja und drückte sie an sich. »Fabelhaft, mein Kind«, flüsterte sie ihr ins Ohr. »Das war eine blendende Idee. Du singst jetzt jeden Abend, ja? Tu mir den Gefallen. Das wird sich in Paris schnell herumsprechen und meinen Zirkel erweitern. Du bist ein Goldstück, Natalja! Auch ich konnte die Tränen nicht zurückhalten.«

»Ich habe wirklich Heimweh, Madame.«

»Man hat es gehört, und jeder hat es gefühlt. Wo hast du so schön singen gelernt?«

»Ich habe es vorgestern erst entdeckt.« Natalja lächelte schwach. »Es ist zwar ein uralter Witz, aber hier stimmte er: Ich habe in der Badewanne gesungen und war erstaunt, wie gut es klang.«

»Und da kam dir die Goldidee!«

»Genau.«

»Und sie hat eingeschlagen. Kindchen, sing weiter ... Morgen abend wieder.«

»Ich werde es mir überlegen, Madame.«

»Bitte ... und sag Louise zu mir.«

Sie drückte Natalja noch enger an sich und küßte sie. Das löste den Bann... wilder Applaus erfüllte den »Roten Salon«, und Ducoux stürzte auf Natalja zu. Ein neuerlicher Sieg für Frankreich, denn er war schneller als Awjilah. Begeistert küßte er Natalja die Hand, und dabei spürte sie sein Zittern.

»Ich habe Rußland gesehen!« rief Ducoux enthusiastisch. »Ich habe die Augen geschlossen und alles verstanden! Natalja, Sie sind eine ganz große Künstlerin! Das haben Sie uns bis heute vorenthalten. Alle anderen Sängerinnen sind Spatzen gegen Ihre Nachtigallenstimme! Gestehen Sie, Sie gehören zu den großen Sängerinnen Rußlands!«

»Ein kleines Geheimnis muß jede Frau haben.« Natalja sagte es so kokett, daß Ducoux' Herz einen Satz machte. »Ihre Seele gehört nur ihr allein. Es gibt ein böses, aber wahres russisches Sprichwort: Meinen Körper kannst du besitzen, nicht meine Seele.«

»Nach diesem Körper sehne ich mich«, sagte Ducoux mutig. »Natalja, Sie sind wundervoll.«

Nun war auch Awjilah näher getreten. Da Ducoux bereits ihre Hand geküßt hatte, verzichtete er darauf und begnügte sich damit, erneut zu applaudieren. Nicht laut, sondern diskret, leise.

»Sie überraschen uns immer wieder, Madame Natalja«, sagte Awjilah mit dem Charme des Orientalen. »Welche verborgenen Talente besitzen Sie sonst noch?«

»Da sie verborgen sind, erwarten Sie doch wohl keine Antwort?« Nataljas Blick enthielt ein aufreizendes Flimmern. »Vielleicht – ich sage vielleicht! – erfahren Sie noch mehr von meinen Begabungen... später... irgendwann...«

»Ich warte.« Awjilahs Lächeln irritierte Natalja. Ein hintergründiges Lächeln, das ihr schon öfter bei ihm aufgefallen war. »Wir haben in unserem Land einen anderen Zeitbegriff als in Europa. Wir sagen: Bis aus einem Samen eine Blume entsteht, gehen viele Monde dahin... warum sollte sich ein Wunsch schneller erfüllen?«

»Ein guter Spruch, Anwar. Bei uns in Rußland sagen wir einfach: ›Skoro budet‹.«

»Und was heißt das?«

»Es wird bald... oder: Irgendwann einmal...«

»Ich werde es mir merken, Natalja Petrowna. Skoro budet...« Awjilah verbeugte sich leicht. »Ich werde Sie in Zukunft immer so begrüßen: Skoro budet...«

»Ich mag ihn nicht«, sagte Ducoux zähneknirschend, als Awjilah sich entfernt hatte und am Buffet eine Hirschpastete holte. »Wir sind Freunde, gewiß, aber irgendwie ist eine gläserne Wand zwischen uns. Ich kann es nicht erklären. Oder doch? Er ist mir zu glatt. Außerdem ist er Iraner... und wir wissen, daß der Iran alles daran setzt, die Atombombe zu bauen. Ich habe den Verdacht, daß über Awjilah eine Schiene des Atomhandels läuft, nur beweisen kann ich es nicht.«

»Möglich wäre es.« Natalja spürte ihren Herzschlag. Der erste Schritt zu konkreten Informationen war getan. Ducoux, bereits in Nataljas Fängen, begann, ihr gegenüber seinem Herzen Luft zu machen. Es war die typisch männliche Eigenart, einer geliebten Frau seine geheimen Sorgen zu erzählen. Warum das so ist, ist schwer zu erklären. Freud würde sagen: Es ist der in jedem Mann schlummernde Mutterkomplex... in der Frau, die er liebt, sieht er auch seine Mutter, der er alles anvertrauen kann.

»Mögen Sie Anwar, Natalja?« fragte Ducoux unvermittelt.

»Er ist ein sehr interessanter Mann. Und mögen... das ist ein dehnbarer Begriff. Ich mag sie alle hier... den Generalkonsul, den Chef der Remier-Werke, den Architekten Jappeau, den Politiker Amandé, den Abgeordneten Frujère, den Ladenkettenbesitzer Warbourg, Sie, Monsieur Ducoux...«

»Ich möchte, daß Sie mich mehr als nur mögen!«

»Das sollte man nicht fordern, sondern spüren.«

Ducoux gab sich mit dieser Antwort zufrieden. Sie wich zwar aus, aber sie wies ihn auch nicht zurück, und Ducoux sah darin eine Chance. Er nahm zwei Gläser Champagner vom Silbertablett eines barbusigen Mädchens und trank auf sein heimliches Glück. Er stieß mit Natalja an und trank das Glas in einem Zug aus.

Wenig später stellte sich der Dichter Pierre Carbouche auf die Treppe und begann, aus einem seiner Werke vorzulesen. Er rezitierte mit dramatischer Stimme, und da es französisch war, was Natalja nicht verstand, ging sie hinüber zu Madame de Marchandais und lehnte sich an die seidenbespannte Wand.

»Er liebt dich, Kindchen«, sagte Madame leise.

»Wer?« Natalja sah sie erstaunt an. Gut gespielt, denn sie wußte genau, wen Madame meinte.

»Ducoux.«

»Aber nein...«

»Doch. Ich beobachte seine Blicke. Ich sehe, wie er dir bei jedem Schritt, den du tust, nachstarrt. Er frißt dich mit Blicken auf.«

»Das tun die anderen auch, Louise.« Natalja lachte leise. »Männer! Ein schöner Busen und schlanke Beine, und schon rollen sie mit den Augen. Das kommt bei mir nicht an.«

»Ducoux ist keiner, der den Frauen nachjagt.«

»Er sieht auch nicht wie ein Jäger aus...«

»Seit drei Jahren ist er Mitglied des Zirkels... aber er hat noch keines meiner Mädchen aufs Zimmer mitgenommen. Und die anderen Damen, diese gelangweilten Ehefrauen, die ihre Vernachlässigung hier vergessen wollen, die haben ihn nie interessiert.«

»Und warum ist er dann im ›Roten Salon‹?«

»Er flüchtet.«

»Flüchtet? Wovor?«

»Vor seiner Frau. Ducoux ist seit zweiundzwanzig Jahren verheiratet. Ein fataler Irrtum von ihm. Er hat es mir mal gebeichtet: Er war damals ein kleiner Beamter gewesen, ein Kriminalassistent. Verdiente so viel, daß er sich ab und zu an der Place Pigalle in ein Café setzen und sich einen Pastis gönnen konnte. Bei einem Opernbesuch, man spielte ausgerechnet den ›Liebestrank‹ von Donizetti, lernte er in der Pause Beatrice kennen, als er sich am Buffet ein Wurstbrötchen und ein Glas Landwein holte. Weiß der Teufel, welchen Narren Beatrice Monnier, genannt Bébé, an dem kleinen Beamten gefressen hat... von da an trafen sie sich öfter. Du mußt wissen, die Monniers sind Millionäre. Ein Schloß an der Loire, eine ganze Etage am Boulevard Haussmann, ein Landhaus bei Saint-Tropez... Monnier ist der Federnkönig von Frankreich. Von der kleinsten Uhrfeder bis zur gewaltigen Eisenbahnfeder. Monnier stellt alles her, was federt. Sein Reichtum ist sagenhaft. Und seine Tochter Bébé krallt sich ausgerechnet den kleinen Ducoux. Sie heiraten, der Vater kauft ihnen eine ganze Etage im schönsten Arrondissement... und dann ging es los. Bébé befahl: Du bindest diese Krawatte um, du ziehst diesen Anzug an, du nimmst dieses Hemd, hier sind deine Schuhe, kämm deine Haare aus der Stirn, Sonntag fahren wir in die Normandie, nimm die Hummerschere richtig in die Hand, kratz nicht auf dem Teller herum, wisch dir den Mund ab, sitz gerade am Tisch, faß das Weinglas am Stiel an, paß auf, daß deine Krawatte nicht in die Suppe hängt, scharre nicht immer mit den Füßen, dusch dich, bevor du ins Bett kommst, was, du bist schon fertig, ich noch nicht, ein Egoist bist du, hast dein Vergnügen und denkst nicht an mich, wir fliegen morgen an die Riviera, melde dich für vier Tage krank, wer bist du denn, ein beamteter Hinternlecker, was du bist,

bist du nur durch mich, hör endlich auf mit dem Polizeikram... So ging das jahrelang. Wie Ducoux das alles geschluckt und ausgehalten hat, ist ein Wunder an Selbstbeherrschung. Hätte er Beatrice umgebracht, jeder Richter hätte ihn freigesprochen! Aber Ducoux erwürgte seine Bébé nicht... er suchte sein Glück in der Flucht. Zuerst floh er in seine Dienststelle, wo er ein Bett aufschlug, später nahm er einen Posten als Oberkommissar in Lyon an, wohin ihm Beatrice natürlich nicht folgte... das wurden seine glücklichsten und fröhlichsten Jahre. Aber dann ernannte man ihn zum Chef der Sonderabteilung V der Sûreté, und er mußte zurück nach Paris. Bébé triumphierte. Das alte Spiel begann von neuem, und es half nichts, daß Ducoux entdeckte, daß sich Beatrice während seiner Lyoner Zeit mit jungen Männer vergnügt hatte, mit Italienern und Algeriern. Aber Scheidung! Nein! ›Eine Monnier läßt sich nicht scheiden!‹ brüllte ihn der Schwiegervater an. ›Auch wenn du jetzt ein hohes Tier bei der Geheimpolizei bist... für mich bist du immer noch ein kleiner Hosenscheißer!‹ Und so sah Ducoux keinen anderen Ausweg, als zu mir zu kommen. Im ›Roten Salon‹ fühlte er sich endlich wohl, saß in einer auserwählten Gesellschaft, konnte anspruchsvolle Gespräche führen und ist nun dabei, sich in dich zu verlieben! Natalja, genaugenommen ist Ducoux ein armer, herumirrender Hund, der Liebe und Geborgenheit sucht.«

»Ich kann ihm beides nicht geben, Louise.« Natalja blickte hinüber zu Ducoux, der sich mit einem Literaturprofessor unterhielt. Schriftsteller Carbouche zitierte noch immer aus eigenen Werken, obgleich ihm keiner zuhörte. Er berauschte sich an seinen eigenen Worten, als habe er Haschisch geraucht.

»Wegen deines russischen Freundes?«

»Auch...«

»Aber du liebst ihn doch nicht!«

»Ich könnte auch Ducoux nicht lieben. Nie! Nie! Ich liebe niemanden.«

»Das weiß ich.« Madame de Marchandais legte den Arm um Nataljas Taille. »Mach ihm eine Freude.«

»Ich soll mit Ducoux auf ein Zimmer gehen?«

»Und wenn es nur einmal ist. Es würde ihn glücklich machen... er hat es verdient.«

»Bin ich eine Hure?«

»Du bist kein Engel. Ich habe einen Blick dafür. Du bist dein Körper. Er ist eine Hülle, ein Einkaufsbeutel, in den man etwas hineinsteckt. Verändert sich dadurch der Beutel? Man wäscht ihn, und er ist wieder sauber.«

Natalja ließ Madame stehen, ging in die Eingangshalle und auf die Toilette. Dort überdachte sie nüchtern ihre Lage.

Ducoux mußte ertragen werden, das war ihr klar. Ohne sich hinzugeben und damit Ducoux sein letztes bißchen Verstand zu rauben, kam sie an die Dokumente nicht heran, die Sybin brauchte. Aber jetzt, da sie Ducoux' Lebensgeschichte kannte, hatte sie Mitleid mit ihm. Das war für sie ein neues, fremdes Gefühl. Mitleid. Selbst als man ihren Vater aus der Fabrik hinauswarf und ihre Mutter auf dem Schwarzmarkt alles verkaufte, was sie entbehren konnten, hatte sie kein Mitleid empfunden, sondern Wut. Blanke Wut. Und sie hatte sich gesagt: Ich werde diese Männergesellschaft ausnutzen, ich werde die Männer vor mir kriechen lassen, ich werde meine Stiefel auf ihren Nacken setzen, ich werde sie zum Wahnsinn treiben, ich werde sie aussaugen und sie zerstören.

Der weitere Hergang ist bekannt: Offiziersliebchen, Direktorenhure, Nacktänzerin, Sexakrobatin, Geliebte eines der mächtigsten Männer Rußlands... eine Mafiakönigin. Ein Körper als Geschäftseinlage. Ein Körper als Beteiligungskapital. Das Ziel ist erreicht. warum sollte sie jetzt den armen, gequälten, nach Liebe suchenden Ducoux vernichten? Das hatte er nicht verdient.

Ist das Mitleid, fragte sie sich, oder ein Hauch von Skrupel? Ein Anflug von Menschlichkeit?

Jemand rüttelte an der Toilettentüre..

»Ich komme gleich!« rief Natalja.

»Nun mach schon!« Eine helle Frauenstimme. »Ich warte schon seit Minuten...«

»Nur noch einen kleinen Augenblick.«

»Mein Gott, soviel kann man doch nicht im Darm haben!«

»Jeder scheißt auf seine eigene Art!« schrie Natalja.

Dann riß sie die Tür auf. Ihre Augen funkelten.

»Oh, Sie sind es«, sagte die wartende Dame beschämt. »Pardon, das habe ich nicht gewußt.«

Sie war wirklich eine Dame. Die Gattin eines Staranwalts. Sie bevorzugte Männer mit Glatze, was sie mehrmals pro Woche im »Roten Salon« kundtat.

Natalja kehrte in den Salon zurück. Madame stand an der Tür, als habe sie auf Natalja gewartet.

»Ich gehe zu Bett«, sagte Natalja. »Ich bin müde.«

»Jetzt schon? Aber der Abend hat doch gerade erst begonnen. Es kommt noch eine Delegation von schwedischen Fabrikanten.«

»Meine Fabrik ist geschlossen!« Das klang frivol, aber dennoch endgültig. »Ich sehe genug einsatzbereite Maschinen.«

»Kindchen, ich wollte dich nicht beleidigen...« Madame war ehrlich betroffen.

»Das kann man nicht. Ich habe einen Körper aus Wachs, davon tropft alles ab.«

In ihrem Zimmer war sich Natalja nicht klar darüber, ob sie Sybin noch anrufen sollte. Was sollte sie ihm sagen? Daß der Attaché Awjilah ein Verbindungsmann zu Plutoniumanbietern war? Das nutzte Sybin wenig... er wollte Namen haben. Namen, um die Konkurrenz zu liquidieren. Von Awjilah hatte er schon durch Dr. Sendlinger gehört und ihn auf seine Liste gesetzt. Aber Sendlinger hatte interveniert.

»Ich werde diesen Iraner auf unsere Seite holen«, hatte er gesagt. »Ihm ist es egal, wer liefert. Die Hauptsache ist: Es *wird* geliefert. Vielleicht kann Natalja diesbezüglich etwas vorfühlen.«

Natalja, immer wieder Natalja. Wie die Arie des Figaro. Natalja hier, Natalja dort, Natalja oben, Natalja unten...

Sie beschloß, nicht anzurufen.

Sie legte sich auf das breite Bett, starrte an den seidenen Betthimmel und dachte an Ducoux.

Ich kann ihn nicht zerbrechen, ich bringe es nicht fertig... aber wie komme ich an die Geheimakten heran, ohne seinen Verstand außer Kraft zu setzen? Und wenn ich sie habe, was wird er dann tun? Er ist Offizier, er lebt mit der heiligen Ehre eines Franzosen und Patrioten... er wird nur eine einzige Konsequenz kennen, die Schande seines Verrates zu tilgen und seine Ehre wiederherzustellen: Er wird den Lauf seiner Pistole an seine Schläfe setzen. Er wird wegen mir sterben...

Wer hilft mir, wenn ich schreie: Was soll ich tun...?

Da sich Natalja so früh zurückgezogen hatte, entging ihr, daß Ducoux einen Anruf erhielt und, ohne sich von den anderen Gästen zu verabschieden, aus dem »Roten Salon« stürmte. Nur Madame erwischte ihn noch in der Garderobe.

»Was haben Sie, Jean?« fragte sie überrascht. »Es ist doch nicht wegen Natalja Petrowna...?«

»Ich muß sofort weg! Dienstlich.«

»Jetzt?«

»Wir sind immer bereit, Louise. Es ist etwas geschehen.«

»Ein Mord...?«

»Damit haben wir nichts zu tun.« Ducoux zögerte. »Versprechen Sie völliges Stillschweigen?«

»Ich schwöre es sogar!«

»Im Flughafen Charles de Gaulle ist eine Verhaftung erfolgt. Das heißt, sie ist verpatzt worden! Die Gepäckkontrolle hat...« Er winkte ab. »Ich erzähle es Ihnen morgen. Ich muß sofort hin.«

Im Flughafen erwartete man Ducoux in einem Raum der Zollpolizei. Draußen vor der Tür hielten drei Flics Wache, im Zimmer standen mindestens zehn Beamte rundherum an der Wand, und mitten im Raum stand ein Hartschalenkoffer. Siebzig mal vierzig mal zwanzig Zentimeter, hellblau mit grauen Streifen. Sogar ein Arzt der Airportklinik Charles de Gaulle war gekommen und drückte sich wie die anderen an die Wand.

Ducoux schüttelte den Kopf. »Meine Herren«, sagte er voll Sarkasmus, »Ihr Abstand vom Objekt könnte im Ernstfall Ihr Leben nicht retten.« Er ging auf den Koffer zu, nahm ihn am Henkel und hatte Mühe, ihn hochzuhalten. Er ließ ihn vorsichtig wieder auf den Betonboden zurücksinken. »Ich bitte um Ihren Bericht!«

»Bei der Kofferkontrolle fiel uns auf, daß de Passagier schwer an ihm zu schleppen hatte, als wenn er Blei transportierte.«

»Da haben Sie ganz richtig gedacht. Da ist Blei drin, eine Menge Blei.«

»Wir haben den Mann also kontrolliert, haben ihn aufgefordert, den Koffer zu öffnen, aber er tat es nicht. Seine Antwort: Das geht nicht. Ich habe dafür keinen Schlüssel. Ich frage: Wieso keinen Schlüssel? Sie haben den Koffer doch gepackt! Der Mann antwortet nicht, stößt meinen Kollegen Brunell zur Seite und flüchtet. Hinaus aus der Zollkontrolle in die große Halle. Dort ist er im Gewühl der Passagiere untergetaucht. Die Polizei hat sofort alles abgesperrt, aber der Mann war verschwunden. Auf ihn muß draußen ein Auto gewartet haben.«

»Oder er saß gemütlich im WC! Ein alter Trick!« Ducoux betrachtete den hellblauen Schalenkoffer und ahnte, was er enthielt. Er wußte in diesem Augenblick aber auch, daß mit diesem Fund eine Lawine losgetreten wurde, die internationales Entsetzen auslöste. Der Koffer wurde zwar sofort zur Geheimsache erklärt, aber bei irgendeiner Dienststelle gab es immer ein Loch, durch das

Informationen hinaussickerten. Er kannte Zeitungen und Magazine, die Riesensummen für solche Informationen zahlten. Der Skandal war vorprogrammiert.«

»Ich lasse den Koffer gleich abholen«, sagte Ducoux. »In spätestens einer Stunde wissen wir, was transportiert wurde.«

Knapp eine Stunde später, wie erwartet, lag der Bericht des Leiters des Instituts für Atomphysik, Professor Dr. Jerôme Pataneau, auf Ducoux' Tisch. Inhalt des Koffers: In einem gut gesicherten Bleicontainer waren zweihundert Gramm reines, waffenfähiges Plutoniumgranulat mit einer Reinheit von achtundneunzig Prozent. Herkunftsland vermutlich Rußland.

»Da haben wir den Mist nun im eigenen Haus!« sagte Ducoux zu den Beamten seiner Sonderkommission, die um ihn versammelt waren. »Merde! Zweihundert Gramm... das reicht aus, um ganz Paris zu vergiften. Meine Herren, dort, wo diese zweihundert Gramm herkommen, ist noch mehr unterwegs. Dieses Mal nicht über Deutschland – jetzt sind wir dran! Der Koffer kommt aus Moskau, das steht auf dem Kofferanhänger, und ich habe hier die Passagierliste der Maschine vor mir liegen: hundertneunundachtzig Namen, neun Nationen. Aber es ist kein russischer Name dabei! Alles, was wir wissen, ist: Hier ist ein Koffer aus Moskau mit waffenfähigem Plutonium gelandet. Der Kurier ist flüchtig... und das ist eine Blamage für die französischen Sicherheitsbehörden! Ein Skandal! Hätten wir den Mann, hätten wir auch eine Spur. So irren wir wieder wie in einem Labyrinth herum, ohne Hoffnung, den Ausgang zu finden. Ich sage noch einmal: Merde!«

Die Meldung, die in den nächsten Stunden in alle Welt flog, zu allen befreundeten Geheimdiensten, löste bei den Dienststellen die unterschiedlichsten Reaktionen aus.

Die amerikanische CIA teilte mit, daß ein hochqualifizierter Mitarbeiter nach Paris unterwegs sei.

Der israelische Geheimdienst MOSSAD drückte seine tiefe Sorge aus, daß der Plutoniumhandel nur einen Zweck habe, nämlich die Vernichtung Israels durch die islamischen Gegner. Er sparte auch nicht mit Vorwürfen und bezeichnete die europäischen Sicherheitsbehörden als zu sorglos und nicht schlagkräftig genug.

Der britische Geheimdienst teilte nüchtern mit, im Königreich habe man keine Erkenntnisse, daß Atomschmuggel auf englischem Gebiet stattfinde. England sei dafür auch völlig ungeeignet – es läge außerhalb der Schmuggelstraßen.

Der deutsche Bundesnachrichtendienst – BND – mauerte. Er bestätigte den Eingang des Berichtes aus Paris, weiter nichts. Kein Kommentar, keine Hinweise, keinen Erfahrungsaustausch.

Italien und Spanien reagierten impulsiv. Sie schickten Listen mit Namen von Mafiamitgliedern und Untergrundorganisationen, wie Nordspaniens Seperatistenorganisation ETA, und informierten über einige Funde von Uran- und Plutoniumproben, die man entdeckt hatte. Die verhafteten Personen – sogar eine Frau war darunter – schwiegen, wie nicht anders erwartet. Aber es hatte sich immer nur um wenige Gramm radioaktives Material gehandelt. Zweifellos Proben, um ins Geschäft zu kommen.

Am freundschaftlichsten antwortete des BKA. Oberrat Wallner teilte Ducoux alles mit, was er bisher in Erfahrung gebracht hatte. Er listete alle Funde auf, gab den Stand der Ermittlungen bekannt, die Protokolle der Verhöre und erläuterte die Zusammenarbeit mit dem BND. Wallner zog daraus den Schluß, daß es sich hier um einen großen und internationalen Atomschmuggel handeln müsse, bei dem Material für Atombomben geliefert wurde. Ein Milliardendeal. Obwohl man fast mit absoluter Sicherheit wisse, daß das Plutonium aus Rußland abfloß, könne man das noch nicht publizieren. Auch die Abnehmer seien bis heute nur vermutet. Reale Tatsache aber ist: Von den fünf offiziellen Nuklearmächten ist Rußland das einzige Land, das waffenfähiges Plutonium produziert und lagert.

Ducoux gab seinem Kollegen Wallner recht. Er hatte die gleichen Gedanken und erkannte, wenn er vor der großen Europakarte stand, auch den Weg der tödlichen Bedrohung: von Rußland über Deutschland, Polen oder Tschechien nach Frankreich und weiter von Marseille hinüber zu den arabischen Ländern und in die dritte Welt. Weg Nummer zwei: Rußland, Tschechien, Österreich, Italien, von dort per Schiff nach Nordafrika, Jemen, Syrien, Irak und Iran. Ein riesiger Umweg... aber ein sicherer. Je mehr man eine Ware hin und her verschiebt, um so besser kann man die Spuren verwischen. Weg Nummer drei: Rußland, Polen, Deutschland, Frankreich, Spanien und dann per Schiff weiter. Es gab in Marseille und in anderen Hafenstädten Kapitäne, die für den Transport eines Koffers einen guten Nebenverdienst kassierten und nicht fragten, was der Koffer enthielt. Vor allem Kapitäne, die mit eigenen Schiffen auf eigene Rechnung fuhren, widerstanden oft nicht der Versuchung, ein paar tausend Dollar nebenbei und ohne Buchführung in die Tasche zu stecken.

Ducoux mußte sich damit abfinden, daß Frankreich – neben Deutschland – die Hauptdrehscheibe für Nuklearschmuggel geworden war. Was in Deutschland nicht entdeckt wurde, wurde nach Frankreich gebracht. Und – auch darüber war sich Ducoux im klaren – es war ein ununterbrochener Transport, immer kleine Mengen... ein Ameisentransport, und am Ende stand die Atombombe, die Bedrohung der ganzen Welt.

Als letzter meldete sich das österreichische Sicherheitsbüro in Wien. Dort hatte man – wie in Deutschland – einschlägige Erfahrungen mit Atomschmuggel gemacht. Auch hier waren es immer nur kleine Mengen gewesen, aber erstaunlicherweise zum größten Teil minderwertige Ware, nicht vergleichbar mit den hochwertigen Funden in Deutschland und Frankreich. Diese Funde wurden nicht veröffentlicht, um die Bevölkerung nicht zu beunruhigen. Über die Herkunft der Ware ist nichts bekannt. Die festgenommenen Straftäter sind zwei Ungarn, drei Tschechen, ein Pole und zwei Kroaten. Alle aus dem ehemaligen »Ostblock«, was vermuten läßt, daß das Nuklearmaterial auch aus dem Osten stammt. Wahrscheinlich aus Rußland, dies ist aber unbewiesen. Die Straftäter schweigen.

Ducoux las noch einmal die Stellungnahme der CIA durch. Was ihm gar nicht gefiel, war die Mitteilung, daß ein Spezialist unterwegs nach Paris war. Was wollte er hier? War er klüger als die Sûreté? Brachte er Röntgenaugen mit?

Bei der nächsten Besprechung der Sonderabteilung drückte es Ducoux so aus:

»Washington schickt uns einen CIA-Mann rüber. Mir ist schleierhaft, was seine Aufgabe hier ist. Soll er uns zeigen, wie man mit verdeckten Ermittlern arbeitet? Hält man uns für unfähig? Es ist die typische amerikanische Überheblichkeit, die da exportiert wird. Frankreich kann sich allein helfen! Ich sehe nur Komplikationen auf uns zukommen.«

Ducoux' Nationalstolz war beleidigt worden, auch die anderen Beamten der Sûreté teilten seine Meinung: Wir brauchen keine Amerikaner, um Frankreichs Sicherheit zu garantieren, und nicht nur die Frankreichs, sondern auch die Sicherheit der übrigen Welt, die sich durch eine neue Atommacht bedroht fühlen könnte – vor allem Israel.

Es war vorauszusehen, daß der Spezialist der CIA in Paris einen schweren Stand haben würde. Am besten wäre es, ihn in den »Roten Salon« abzuschieben, sinnierte Ducoux. Dort ist er gut aufgehoben, kann nach Herzenslust vögeln und fällt uns nicht auf die Nerven. Genauso machen wir es: Madame de Marchandais soll sich um ihn kümmern. Er soll Paris genießen und uns in Ruhe lassen.

Kein guter Anfang für Dick Fontana, der zu diesem Zeitpunkt in einer Maschine nach Paris saß.

Es bereitete Sybin großes Unbehagben, daß ihm Natalja Petrowna keine Nachricht aus Paris schickte. Seit vier Tagen hatte sie nicht mehr angerufen. Im Hotel *Ritz* sagte man ihm, daß Madame Victorowa vor zwei Tagen abgereist sei. Nein, ein Ziel habe sie nicht angegeben. Es sei auch unüblich für ein Haus wie das *Ritz*, danach zu fragen. Daraus schloß Sybin, daß Natalja zu dieser mondänen Puffmutter in den »Roten Salon« gezogen war, aber sie hatte ihm weder die Anschrift noch die Telefonnummer durchgegeben. Er konnte sich dieses Schweigen nicht erklären.

Am fünften Tag ohne Nachricht rief er Dr. Sendlinger in Berlin an. Er wählte den späten Nachmittag, denn vormittags hatte Sendlinger meistens Verhandlungstermine an den verschiedenen Gerichten, am frühen Nachmittag empfing er besondere Mandanten, an deren Prozessen er besonders gut verdiente, aber so gegen siebzehn oder achtzehn Uhr ließ er keinen mehr in seine Kanzlei. Das war die Zeit, in der er einen starken Kaffee und einen alten französischen Cognac trank, die Zeitungen und Nachrichtenmagazine las oder mit den Mittelsmännern der Atomaufkäufer telefonierte. Er konnte das gefahrlos tun, da sein Telefon nicht abgehört wurde. Dr. Sendlinger hatte zur Berliner Staatsanwaltschaft beste Beziehungen, ein Oberstaatsanwalt war zudem ein Kommilitone aus der Studentenzeit und gehörte zum Stammtisch, der im *Dicken Adolf* von Adolf Hässler regelmäßig tagte. Wie konnte da ein Verdacht auf Sendlinger fallen? Eine weißere Weste als die von Sendlinger konnte es gar nicht geben.

Sybin versuchte, seine innere Erregung nicht durch seine Stimme zu verraten, und begrüßte Sendlinger mit einem: »Hallo! Hier ist die Stimme Moskaus! Wir melden: Wodka und Weiber bereit zum Verbrauch!«

»Igor Germanowitsch!« Sendlinger lachte. »Wieviel Gramm ›Grüner Teufel‹ hast du schon getrunken? Gibt es was zu feiern?«

»Ich bin nüchtern wie eine Holzsandale!« Sybin räusperte sich. Wie formuliert man die Fragen am besten, ohne daß Sendlinger sich wundert. Nataljas Schweigen ging ihn nichts an. »Es ist merkwürdig... aber seit deiner Erzählung muß ich immer öfter an den ›Blauen Salon‹ in Paris denken.« Er sagte bewußt »blau«.

»›Roter Salon‹, Igor.«

»Rot! Natürlich. Lohnt es sich, nach Paris zu fliegen?«

»Wegen Madames Zirkel?« Sendlinger schüttelte den Kopf. »Nein! In Moskau gibt es schönere Mädchen als im ›Roten Salon‹, vor allem jüngere. Die Damen, die dort Bäumchen-wechsle-dich spielen, sind über das Mittelalter hinaus. Die meisten jedenfalls. Attraktiv und elegant, solange sie geschminkt sind.«

»Was ist das eigentlich für ein Laden?«

»Ein Edelbordell, das habe ich dir doch erzählt. Nur sitzen da keine käuflichen Huren herum, sondern Damen der feinen Gesellschaft von Paris. Ehefrauen, deren Männer einen bekannten Namen haben und die außerhalb des Salons unnahbar und unantastbar wirken. Geschmückte Engel der Moral. Aber wehe, wenn sie bei Madame sind – da entdecken sie, daß ein Bett nicht nur zum Schlafen erfunden wurde. Aber deswegen nach Paris zu fliegen, wäre sinnlose Verschwendung. So etwas kannst du in Moskau billiger und vor allem besser haben. Eure Frauen haben den besten Ruf!« Sendlinger hielt inne und wußte plötzlich, warum sich Sybin nach dem »Roten Salon« erkundigte. »Ist Natalja in Paris?«

»Ja. Warum?« Das klang abwehrend, aber einen Sendlinger schüttelt man nicht ab.

»Sie wollte doch den ›Roten Salon‹ besuchen.«

»Hat sie.«

»Und?«

»Sie hat Ducoux und Awjilah kennengelernt.«

»Bravo! Wer ist der Bessere im Bett?«

»Natalja hat noch mit keinem geschlafen! Sie gibt sich hochgeschlossen wie früher eine russische Großfürstin.«

»Dann muß sie sich gewaltig verändert haben.« Sendlinger lachte wieder. »Natalja bei Madame – das müßte doch eine Sensation sein! Was erzählt sie dir?«

»Wenig.« Sybin ballte die Faust. Es hatte keinen Sinn, Sendlinger zu täuschen, dazu war er zu intelligent. »Sagen wir eher, nichts.«

»Und das regt dich auf? Igor Germanowitsch, das ist ein Beweis, daß es ihr gutgeht. Sie ist voll mit deinem Auftrag beschäftigt. O Gott, bist du plötzlich eifersüchtig? Willst du deshalb nach Paris?

Sybin, die Grundregel in unserem Geschäft ist: keine persönlichen Gefühle! Kein Seelenschmalz! Gefühle vernebeln das Gehirn, und im Nebel zu fahren ist immer gefährlich!« Sendlingers Stimme wurde ernst und von großer Eindringlichkeit. »Igor, wenn du jetzt in Paris auftauchst, ist alles umsonst gewesen. Das Geschäft ist kaputt! Ein neureicher Russe drückt Ducoux die Hand. Er ahnt doch sofort, woher dein Geld stammt. Vom Proletarier zum Millionär... den Aufstieg wittert doch ein blinder Hund. Bleib bloß in Moskau!«

»Ich bin unruhig, Paul.«

»Du lieber Himmel... du liebst Natalja wirklich?«

»Ja, ich liebe sie.«

»Obwohl du weißt, wie und was sie ist?«

»Ich weiß auch, wie und was ich bin! Natalja und ich gehören zusammen. Jetzt, da sie nicht bei mir ist, vermisse ich sie. Sie fehlt mir überall. Ich kann hundert Frauen haben, wenn ich will... aber ohne Natalja werde ich immer einsam sein. Ich brauche sie wie ein Vogel den Himmel, wie ein Wolf die Taiga, wie ein Kosak sein Pferd. Du verstehst das nicht...«

»Nein. Natalja ist zur Liebe nicht fähig.«

»Das weiß ich... aber sie ist um mich, ich kann sie ansehen, ich kann sie bewundern, ich besitze sie...«

»Ihren Körper...«

»Sie ist ein Teil meines Lebens geworden!«

»Nur solange du sie bezahlst, ihr eine Datscha schenkst, sie in Gold und Perlen und Edelsteine packst. Sie ist kalt und verkauft sich an dich.«

»Aber sie gehört mir! Ich werde Natalja nie wieder wegschicken. Nie mehr!«

»Du bist ihr hörig! Sie hat dich mit Haut und Haaren verschlungen.«

»Nenn es, wie du willst! Ich bin der glücklichste Mensch der Welt, wenn sie bei mir ist.«

»Trotzdem fährst du nicht nach Paris! Hörst du, Igor Germanowitsch: Du fährst nicht zu ihr! Sie wird ihren Auftrag erfüllen und dann nach Moskau zurückkehren, zu dir. Dann kannst du sie von mir aus wieder festhalten... aber erst muß sie die Informationen bringen. Igor, wecke deine Vernunft wieder auf! Du bist einer der mächtigsten und reichsten Männer der GUS-Staaten, du hast mehr Einfluß als Jelzin, du regierst mit deinem ›Konzern‹ das Land, nicht die Männer im Kreml. Und wenn wir das Nukleargeschäft kontrollieren, sind wir die Herrscher der ganzen Welt.«

Und den Markt der biologischen Waffen, dies ist die Zukunft, aber das sprach er nicht aus.

»Und wenn sie in den nächsten Tagen nicht anruft?« Die Stimme klang so kläglich, daß Sendlinger so etwas wie Mitleid verspürte.

»Dann schlucke es, Igor!« sagte er hart. »Sie wird ihre Gründe haben... und sie können nur gut für uns sein. Warte es ab. Ihr Russen seid doch Weltmeister im Warten und Dulden.«

Und damit beendete Dr. Sendlinger das Gespräch und ließ einen traurigen Sybin zurück.

Und Wawra Iwanowna lebte immer noch.

Für Nikita Victorowitsch war das ein Wunder. Wäre er gläubig gewesen, hätte er gebetet und den nächsten Popen um einen Segen gebeten, so aber versuchte er verzweifelt, Sybins Rat zu befolgen und Wawra mit Milch vollzupumpen. Allem Anschein nach half es, Wawra fühlte sich wieder stärker, ihre Hautfarbe verlor den gelblichen Ton, ihr Haarausfall kam zum Stillstand, und die Haare wuchsen wieder nach. Gehorsam trank sie am Tag soviel Milch, wie sie nur konnte... Nikita hatte allen Wein versteckt, den selbstgebrannten Wodka verschenkt, die Liköre weggeschüttet, und auch Wasser bekam Wawra nicht zu trinken, nur Milch... Milch... Milch. Das weiße Wundermittel besorgte Nikita direkt von den Bauern in der Umgebung von Krasnojarsk; jeden Tag fuhr er mit seinem kleinen Wolgawagen in den Dörfern herum und bezahlte einige Rubel mehr für die Liter, als die Bauern auf dem freien Markt erhalten würden. Es war eine gute, fette, nur gesiebte Milch, die nicht abgerahmt wurde, sondern von der Kuh direkt in die Kannen von Nikita floß.

Nur eines bedachte Nikita in seinem Enthusiasmus nicht: Auch die Kühe waren geringfügig verstrahlt, das Gras, das sie fraßen, war belastet, das Heu verseucht... die ganze Gegend um Krasnojarsk-26 atmete den unsichtbaren, schleichenden Tod. Die Sterblichkeit an Leukämie war siebenmal höher als in anderen Städten, und die Anzahl der Geburten von mißgebildeten Babys häuften sich ebenfalls. Trotzdem schien die Milch das einzige Mittel zu sein, das Wawra noch retten konnte, auch wenn Nikita es nicht verstand. Für ihn blieb es eben ein Wunder.

»Ein Kilogramm Plutonium 239 habe ich schon zur Seite gebracht«, sagte Wawra eines Tages. »Es war ganz leicht. Ich habe die Fässer in meiner neuen Eigenschaft als Leiterin der Atomdeponie gezählt und ein Faß weggerollt in einen anderen, unterirdischen Keller. Keiner hat es gemerkt ... aber ich habe das Fehlen des Kilogramms sofort gemeldet und die Schuld meinem Vorgänger zugeschoben. Er wird es schwer haben, seine Unschuld zu beweisen, da er doch mit Abnehmern verhandelt hat.«

»Du bist ein gefährliches Weib!« sagte Nikita und umarmte sie. »Ein raffiniertes Luder ... ich bin stolz auf dich. Zählt denn keiner nach?«

»Nein. Die Direktion vertraut mir. Was ich melde, gilt als Tatsache, da kümmert sich keiner darum. Nicht einmal eine Wache steht vor den Bunkern. Wozu auch? Das Reaktorgebiet und die Trennanlagen und Labors sind die sichersten aller Atomfabriken in Rußland. Das hat neulich sogar eine Kommission des Atomministeriums in Moskau festgestellt, und man hat uns Belobigungen ausgesprochen.«

»Ich werde es sofort an Sybin durchgeben.«

»Er weiß doch, daß ich vier Kilo besorgen kann.«

»Das war ein Versprechen ... jetzt haben wir ein Kilo wirklich in den Händen. Wawra, du bist reich! Millionärin.«

»*Wir* sind reich, mein Schatz. Ich tue es doch nur für dich...«

Sybin nahm die Nachricht mit großer Freude auf. Als Suchanow am Telefon sagte: »Ich habe auf Großmütterchens Grab einen großen Kranz gelegt!« antwortete Sybin: »Sie hat es verdient. Nikita Victorowitsch, du bist ein guter Kamerad. Meinen Dank wirst du noch bekommen.«

An diesem Abend mußte Wawra keine Milch trinken... sie leerten eine Flasche Krimsekt und liebten sich bis zum Morgengrauen. Auch darin war Wawra ein raffiniertes Luder; sie beschäftigte Nikita so lange, bis er Arme und Beine von sich streckte und fast weinerlich sagte: »Ich kann nicht mehr!«

Und sie antwortete, auf ihm liegend wie eine warme Schlange: »Warum gibst du mir auch soviel Milch? Sie macht mich stark wie eine Wölfin...«

Wenn ein Amerikaner nach Paris kommt, ist das für ihn ein besonderes Erlebnis. Gewohnt, zwischen Hochhäusern und in Straßenschluchten zu leben und die abgasgeschwängerte Luft der Großstädte einzuatmen, wirkt auf ihn Paris mit seinen breiten Boulevards, den verträumten Plätzen, den Stadtpalästen, den Bistros und Cafés, wo sich das Leben an den Tischen und Stühlen auf der Straße abspielt, den wundervollen Brücken über die Seine, dem Künstlerviertel von Saint-Germain-des-Prés, wo auch Hemingway seine Hungerjahre verbracht hatte, den Alleen und der verführerischen Eleganz der Frauen wie eine eigene Welt.

Natürlich gab es auch in Washington und New York Plätze, die die Herzen öffneten. Der Central Park, die Auen am Potomac, der Hudson, das romantische New Jersey, das Capitol, der Ehrenfriedhof von Arlington, das Memorialdenkmal mit der Riesenfigur von Lincoln, die Freiheitsstatue... aber alles war gigantisch, irgendwie erdrückend und vor allem im Sinne der Historie eine Hymne auf die Neuzeit. In Paris dagegen atmeten die Jahrhunderte... hier erstrahlten Geist und Kultur schon zu einer Zeit, in der Washington noch eine elende Siedlung war und Manhattan ein unbewohnbares Sumpfgelände. Solch ein Spaziergang durch die Geschichte und Kultur der Alten Welt faszinierte jeden Amerikaner – ob er vor Notre-Dame stand oder vor dem Kölner Dom, vor Michelangelos Pietà, vor Leonardo da Vincis Abendmahl oder der Mona Lisa, dem Tower oder dem Hradschin in Prag, jeder war ergriffen von der ewig lebenden und ständig gegenwärtigen Historie.

Dick Fontana war einer der wenigen Amerikaner, die ein solches Gefühl nicht zuließen. Er war nicht wegen der Schönheit von Paris gekommen, sondern um einzutauchen in das organisierte Verbrechen, das sich der tödlichsten Bedrohung der Welt zugewandt hatte: dem Plutonium.

Bei seiner Verabschiedung in Washington hatte Colonel Curley gesagt:

»Captain Fontana, was Ihnen in Paris auch begegnet, vergessen Sie nie: Es geht um den Weltfrieden und um den internationalen Terrorismus. Auf die russischen Quellen haben wir keinen Einfluß, auch wenn wir uns auf diplomatischem Wege um eine enge Zusammenarbeit bemühen, aber wir wissen auch, daß in Rußland Korruption bis in die höchsten Kader reicht und es unmöglich ist, einen General zur Bekämpfung des Nuklearschmuggels zu aktivieren, selbst wenn er von der Mafia besser bezahlt wurde denn als General. Es bleibt also nur eine Möglichkeit, den Transport von Plutonium und Uran zu behindern, indem wir in die Organisation eindringen. Ich sage: behindern! Verhindern ist völlig unmöglich, solange die Kontrollen in den russischen Reaktorwerken weiterhin so oberflächlich sind. Und das wird so bleiben, das wissen wir alle. Aber die Transporte empfindlich zu stören, das wäre schon ein Erfolg. Vor allem die Namen der Hintermänner sind der Schlüssel zu allen Aktionen. Das ist Ihre vordringlichste Aufgabe, Captain Fontana: Namen! Keine Aktionen gegen den Schmuggel... das übernehmen wir. Enttarnen Sie die Hintermänner, dann rollen auch die Köpfe. Lieutenant Miranda und Captain Houseman werden das in Moskau und Tripolis auch versuchen.« Curley sah seinen Spezialagenten mit kalten Augen an. »Ist alles klar, Captain?«

»Alles klar, Sir.«

»Unsere Botschaft in Paris hält für Sie eine Spezialausrüstung bereit. Sie ist Ihnen gestern per Diplomatengepäck vorausgeflogen. Es sind Neuentwicklungen unserer Waffentechniker. Speziell für solche Einsätze wie diesen.« Curley gab Fontana die Hand. Ein fester Händedruck. »Ich wünsche Ihnen alles Gute.«

»Danke, Sir.«

»Wenn Sie in Paris ankommen, gehen Sie sofort zur Botschaft, die hat auch Ihr Quartier besorgt.«

»Jawohl, Sir.«

»Und seien Sie vorsichtig, Captain. Nicht 007 – James Bond – spielen.«

»Ich werde mich bemühen, Sir.« Fontana sah Curley in die Augen. Kalt wie Blaustahl, dachte er. Im Vietnamkrieg muß er ein scharfer Hund gewesen sein. »Und wenn ich angegriffen werde?«

»Dann zeigen Sie, daß Sie zu einer Elitetruppe gehören.«

Das war klar ausgedrückt. »Danke, Sir!« sagte Fontana. »Ich werde das zu keiner Zeit vergessen.«

»Hoffentlich –« antwortete Curley, aber da hatte Fontana das Zimmer bereits verlassen und hörte es nicht mehr.

Nun war Fontana in Paris gelandet und ließ sich vom Airport sofort zur amerikanischen Botschaft fahren. Die Schönheit der Stadt flog an ihm vorbei, zu schnell, um einzelne Bauten genauer zu betrachten. Aber schon dieser erste, flüchtige Eindruck ließ ihn ahnen, daß er sich in Paris wohl fühlen würde. Diese Stadt war so völlig anders als Washington oder New York, keine Wolkenkratzer, das höchste Bauwerk war der Eiffelturm, und die historischen Bauten mit ihren schönen Fassaden strahlten Geborgenheit aus, im Gegensatz zu den seelenlosen Beton- und Glashochhäusern amerikanischer Großstädte, Riesenklötze, in denen Tausende arbeiteten, die nach Büroschluß fast fluchtartig die modernen Burgen verließen.

In der amerikanischen Botschaft mußte er erst drei Kontrollen durchlaufen, ehe er nach einem Anruf der Anmeldung von einem Botschaftssekretär empfangen wurde. Er führte Fontana in den zweiten Stock und ging wieder. In dem großen Zimmer, das Fontana betrat, warteten drei Männer auf ihn. Sie erhoben sich aus ihren Sesseln und sahen Fontana mit deutlicher Spannung und Neugier an.

»Sie also sind der Wunderknabe!« sagte einer der Männer. Er stellte sich als Botschaftsrat vor, zuständig für den militärischen Bereich. In den Akten im Pentagon wurde er als General Allan Burgner geführt, in Paris hieß er William Hudson. Nicht gerade einfallsreich, aber unauffällig. Zu seinem Aufgabengebiet gehörte auch die Betreuung von Geheimdienstagenten; obwohl man mit Frankreich befreundet und Nato-Partner war, hatten die USA ihre V-Männer an allen wichtigen Stellen sitzen. Freundschaft hebt Beobachtung nicht auf, und Mißtrauen verhindert unliebsame Überraschungen.

»Wir freuen uns«, sagte Hudson und schüttelte Fontana die Hand, »daß Sie nach Paris gekommen sind. Eine scheußliche Sache, das mit dem Plutonium. Zweihundert Gramm auf einmal – das ist die größte, uns bekannte Menge, die bisher in Umlauf war. Die Sûreté ist entsetzt, vor allem, weil der Kurier flüchten konnte. Wir alle vermuten, daß diese Sendung nicht isoliert zu betrachten ist ... da geistert sicherlich noch mehr durch Europa. Die Franzosen wissen nur eines: Der Mann, der flüchten konnte, sprach Französisch mit einem östlichen Akzent. Er war gut gekleidet, ungefähr dreißig Jahre alt, Haarfarbe unbekannt, und er trug eine Sportmütze. Was kann man damit anfangen?«

»Nichts!« Fontana begrüßte die beiden anderen Herren, von denen sich ein kleiner, dicker Mann als Waffeningenieur vorstellte, der Konstrukteur geheimer Agentenausrüstung.

»Was wohl am wichtigsten ist: Sie wohnen im Hotel *Monique*. Kein Luxuskasten, den kann sich die CIA nicht leisten. Ein gutes Mittelklassehotel mit sauberem Zimmer, Dusche, WC und einem reichhaltigen Frühstück, in der Nähe von Place Pigalle, also mitten im legendären, aber etwas überbewerteten Vergnügungsviertel von Paris. Da ist in Hamburg oder Rom mehr los. Wissen Sie, wo es die schärfsten Weiber in Europa gibt?«

»Nein.«

»Man sollte es nicht glauben: in Kopenhagen! Doch das nur nebenbei. James Bulver wird Ihnen Ihr Handwerkszeug zeigen.«

Der kleine dicke Bulver ging zu einem Tisch und zog ein Tuch weg, das die Gegenstände bedeckt hatte, die sauber ausgerichtet – wie bei einer Parade – nebeneinanderlagen. Fontana trat an den Tisch heran. Die anderen beiden Herren standen hinter ihm. Der dritte Mann hatte sich Fontana noch nicht vorgestellt, sondern ihm nur die Hand gedrückt. Dick nahm es mit Erstaunen, aber kommentarlos hin.

»Was Sie hier sehen, Dick –«, sagte Bulver und zeigte auf einen dicken Drehbleistift mit Clip, »ist zum Schreiben und zur Selbstbefreiung da. Wenn man sie eingesperrt hat oder wenn Sie keinen Ausweg mehr sehen, also in aussichtsloser Lage sind, wie man so nett sagt, dann nehmen Sie den Drehbleistift, drehen ihn um neunzig Grad nach rechts herum, der Bleistift rutscht nach unten weg, es bleibt eine Öffnung. Im Inneren der Hülse liegt eine Minirakete mit einer ungeheuren Durchschlagskraft. Der Clip ist dann gleichzeitig der Abzugshebel.«

»Also doch James Bond...«, sagte Fontana spöttisch.

»Wir haben uns durch die Phantasie der Filmleute anregen lassen, ich gebe es zu. Was sie uns als Trick vorspielen, kann man sogar real konstruieren. Das ist das Verblüffende. Im Film zeigte man einen Agenten, der mit einer Schirmspitze tötete. In der Spitze war ein schnell wirkendes Gift. Später wurde bekannt, daß KGB-Agenten auf die gleiche Weise unliebsame Zeitgenossen liquidierten: mit einer Schirmspitze! Auch der Füllfederhalter als Waffe ist nicht neu... bisher konnte man mit ihm Minipatronen abschießen oder vergiftete Stahlfeile... neu ist nur, daß es uns gelungen ist, eine Minirakete einzubauen mit einer enormen Sprengkraft. Wenn sie zum Beispiel einen menschlichen Körper trifft, bleibt nur noch Gulasch zurück.«

Bulver lachte über seinen Vergleich, aber er war der einzige, der darüber lachen konnte.

»Wir werden nachher im Garten mit diesem ›Drehbleistift‹ eine Betonscheibe zertrümmern.« Bulver zeigte auf eine, der Natur täuschend ähnlich nachgebildeten Plastiknelke, gelbrot gesprenkelt mit beweglichen Blütenblättern. »Auch das ist eine Weiterentwicklung: eine Knopfkamera, im Knopfschlitz des Anzugsrevers zu tragen. Normalstellung Weitwinkel, durch das Wegschieben des oberen Blütenblattes nach links wird sie zur Telekamera. Das ist neu!« Bulver zeigte auf ein Hemd mit einem gestärkten Kragen. »Sie haben Kragenweite dreiundvierzig, Dick... das Hemd paßt Ihnen also. In den Kragen eingenäht, wie in einem Futteral, ist eine dünne, reißfeste Schnur aus einem Spezialstahl... man kann damit blitzschnell einen Menschen erwürgen. Außerdem wirkt der dünne Stahl wie ein Messer, damit kann man also auch den Hals durchschneiden! Eine völlig lautlose Angelegenheit.«

»Sind alle Agenten damit ausgerüstet?« fragte Fontana und befühlte den Kragen. Der Stahldraht war kaum tastbar.

»Nur die Spezialagenten, Dick.«

»Victoria Miranda und Bill Houseman auch?«

»Natürlich.« Bulver grinste breit. Man sah ihm an, wie stolz er auf seine Konstruktionen war. »Für Lieutenant Miranda haben wir eine ganz spezielle Selbstverteidigungswaffe entwickelt: eine Vaginalgiftnadel.«

»Wie bitte?« Fontana erstarrte. Was er da hörte, war ungeheuerlich.

»Das Instrument wird – wenn nötig – in die Vagina eingeführt wie ein Pessar. Wenn beim Geschlechtsverkehr der Mann dagegenstößt, löst er einen Mechanismus aus, der eine winzige Giftnadel in den Penis schießt. Der Mann stirbt innerhalb von drei Minuten. Für die Frau ist das ungefährlich, denn die Giftnadel, besser gesagt der Giftpfeil, bleibt im Penis stecken, und die Frau kommt mit dem Gift überhaupt nicht in Berührung. Wir haben gedacht, daß Victoria so etwas gebrauchen kann, im Falle einer Vergewaltigung, oder wenn das Objekt aus Sicherheitsgründen getötet werden muß. Für den Mann ist es ein absoluter Freudentod... ein kleiner Stich, und dann tritt auch schon die Atemlähmung ein.«

»Eine teuflische Waffe.« Hudson hüstelte und mußte sich die Nase putzen. »Gnade uns Männern, wenn so was in die Serienfertigung ginge...«

Sie lachten alle, aber es war ein etwas gequältes Lachen. Bulver zeigte noch einige andere Neuentwicklungen, die das Töten vereinfachten, aber er hatte auch einen Schlüssel erfunden, mit dem man jedes Schloß öffnen konnte. Eine geniale Konstruktion, die jedem Einbrecher alle Türen öffnen würde.

»Damit, Dick, sind Sie für alle Fälle gerüstet«, sagte Bulver. »Mehr kann man auf so kleinem Raum nicht tun. Ich wünsche Ihnen nur, daß Sie die Dinger nie gebrauchen werden.«

Nach der Schießübung mit dem »Drehbleistift« im Garten der Botschaft fuhr Fontana mit einem Taxi zu seinem Hotel *Monique* nahe der Place Pigalle. Es war wirklich ein sauberes Hotel, die Concierge gab ihm seinen Zimmerschlüssel, verzichtete auf eine Eintragung im Gästebuch und fragte nur: »Wie lange bleiben Sie, Monsieur?«

»Ich weiß es nicht, Madame.«

»Bezahlt ist für einen Monat.«

»Ich werde sicherlich verlängern.«

»Frühstück von sieben bis zehn.«

»Ich werde es nicht vergessen. Ich bin ein großer Frühstückesser, Madame.«

»Wurst und Eier?«

»Beides.«

»Tee oder Kaffee?«

»Kaffee bitte.«

»Kommen Sie spät ins Hotel zurück? Es ist ab dreiundzwanzig Uhr geschlossen. Ich gebe Ihnen einen Schlüssel.«

»Das ist sehr freundlich, Madame.«

»Sie sprechen gut französisch, Monsieur.«

»Meine Mutter war Französin, mein Vater Ire. Mein Großvater ist nach Amerika ausgewandert. Er fand in Irland keine Arbeit.«

Die Concierge, Madame Juilette Bandu, eine biedere, grauhaarige, mollige Frau, deren Lebenserfahrung sich in den Falten ihres Gesichtes spiegelte, schloß Fontana sofort in ihr Herz. Für sie war er eines der armen Schweine, wie sie hier auf dem Montmartre zu Tausenden herumliefen, keiner dieser verwöhnten Söhne reicher Eltern, die sich am Pigalle austobten, bevor sie die Töchter anderer reicher Väter heiraten mußten, um die Vermögen zusammenzulegen. Ein Auswanderersohn aus Irland, der sich in Paris mit dem Vertrieb eines neuen Getränkes herumschlagen mußte, ein ganz mieses Geschäft, denn gerade in Frankreich war der Markt gesättigt. Außerdem trinkt ein anständiger Franzose nicht so ein Gesöff wie einen süßen Cocktail, sondern Wein, vor allem roten, oder Pastis, Cognac, Champagner und Pernod. Schon Whisky oder Gin sind eine Ausnahme, und ehe man einen »Ladykiller«, wie der neue Cocktail heißen sollte, trinkt, greift ein Franzose lieber zum Cointreau, wenn es schon süß sein soll.

Madame Bandu hatte diese Informationen von dem Herrn bekommen, der für Fontana das Zimmer im Hotel *Monique* gemietet hatte. Er meldete ihn als einen Robert (Bob) Fulton an... der offizielle Name Fontanas in Paris. Nur die Botschaft und in Kürze Jean Ducoux wußten seinen richtigen Namen.

»Monsieur Fulton«, sagte Madame Bandu voll mütterlicher Fürsorge, »wenn Sie einen Wunsch haben, sagen Sie ihn mir. Ich bin immer für Sie da.«

»Das ist sehr lieb von Ihnen, Madame. Aber im Augenblick habe ich keine Wünsche. Doch ja, einen habe ich: Ich möchte schlafen. Der Flug von Washington nach Paris, die Zeitverschiebung, das merkt man doch. Ich lege mich sofort hin... und bin für niemanden zu sprechen.«

»Ich werde dafür sorgen, daß Sie nicht gestört werden, Monsieur. Schlafen Sie gut.« Sie blinzelte ihm wie eine alte Verschwörerin zu und zierte sich doch, weiter zu sprechen. Doch dann fragte sie mutig: »Monsieur, haben Sie eine Probe Ihres ›Ladykiller‹ bei sich?«

»Morgen kommt per Luftfracht eine große Kiste an.« Fontana lachte und klopfte Juilette Bandu auf die Schulter. »Sie bekommen natürlich eine Originalflasche.«

»O danke, Monsieur.«

»Aber das ist doch selbstverständlich.«

Fontana ging auf sein Zimmer, zog sich aus, duschte und sprang nackt ins Bett. Es dauerte keine fünf Minuten, und er lag in tiefem Schlaf.

Wie vereinbart wurde Victoria Miranda von einem Wagen der amerikanischen Botschaft am Moskauer Flughafen Scheremetjewo II abgeholt.

Das Flughafengebäude, das 1980 zur Olympiade fertiggestellt wurde und eine Kopie des Flughafens von Hannover-Langenhagen darstellt, war für den sich rasant entwickelnden Flugverkehr nach dem Zusammenbruch der Sowjetunion viel zu klein geworden. Damals hatte man nicht mit einem solch großen Ansturm westlicher Besucher gerechnet, denn wer zu jener Zeit nach Moskau reiste, wurde sofort in die Kontrollmechanismen eingebunden. Ob Zollkontrolle, Taxifahrt, Hotel oder Stadtbummel... es wurde alles überwacht und registriert. Wer damals nach Moskau flog, mußte wirklich einen guten Grund haben. Urlaubs- oder Vergnügungsreisen nach Rußland bildeten die Ausnahme, sie waren abenteuerlich und verlangten von dem Touristen eine Elefantenhaut. Dementsprechend wurden diese Mutigen auch bewundert.

Auf der Fahrt von Scheremetjewo zur dreißig Kilometer entfernten Innenstadt von Moskau erhielt Victoria die ersten, speziellen Informationen. Der Botschaftsrat, der sie abgeholt hatte, ein Mr. Kevin Reed, leitete das Handelsdezernat der Botschaft, war aber in Wirklichkeit der Kopf der CIA in Rußland. Über ihn liefen alle Berichte der V-Männer und Agenten, der russischen Sympathisanten und der Vielzahl russischer »Augen«. Für den Chef der neuen russischen Spionageabwehr, Sergeij Stepachin, wäre ein Einblick in den Panzerschrank Reeds zur größten Beglückung seines Lebens geworden und hätte den Tod von Hunderten von CIA-Informanten bedeutet.

»Ich weiß zwar nicht, was sie in Moskau noch tun sollen, was wir nicht schon längst tun«, sagte Reed bewußt unhöflich, »aber mit den Chefs in Washington ist kein vernünftiges Gespräch mehr möglich. Sind denn dort alle von Hysterie ergriffen worden, seit man in Paris diese zweihundert Gramm Plutonium gefunden hat?«

»Ich habe ein genau umrissenes Programm, Kevin«, antwortete Victoria kühl, »und ich hoffe, daß Sie mich dabei unterstützen.«

»Da werden Sie eine Menge durcharbeiten müssen, Victoria. Allein die Tätigkeit der Mafia zu überwachen, ist ein Full-Time-Job. Sie hat die Finger überall drin, es gibt im neuen Rußland nichts, aber auch gar nichts, bei dem die Mafia oder sogar hohe Militärs und Parteifunktionäre nicht mitmischen. Das ist ein einziger Klumpen aus Korruption, Bestechung und brutalster Machtdemonstration. Ich weiß wirklich nicht, was Sie in dieser Privathölle machen sollen.«

»Kontakte suchen und knüpfen.«

»Mehr nicht?« Reed lachte sarkastisch. »Sie – oder Washington – glauben wirklich, nur weil Sie eine attraktive Frau sind, könnten Sie sich in die Nuklearszene einschleichen? Welche Naivität! So etwas kann nur jemand ausknobeln, der keine Ahnung von der Wirklichkeit hat, einer am grünen Tisch, der nie an der vordersten Front gewesen ist.«

»Und was hat die vorderste Front bisher erobert?« Auch Miranda konnte zynisch werden. Reed starrte sie böse an. »Was haben Ihre Informanten erreicht?«

»Wir kennen sämtliche, ehemals geheimen Stätten, in denen Nuklearforschung und Plutoniumherstellung betrieben wurden oder werden. Zwar sind viele Betriebe geschlossen worden, aber wir wissen, daß ungefähr neunhundert Tonnen Plutonium in Rußland gelagert sind. Die größte Menge auf der Welt.«

»Aber Sie wissen nicht, wer gestohlenes Uran, Lithium und Plutonium über Deutschland, Frankreich und Italien an die Abnehmer liefert, und wie.«

»Das ist eine gut funktionierende Organisation, und es sind Privatanbieter, Einzelpersonen, die mit Unterstützung korrupter Militärkreise arbeiten.«

»Namen bitte!«

»Nur Vermutungen. Wir können nichts beweisen.«

»Warum nicht?«

»Welche Frage!« Reed wurde sichtbar ärgerlich. »Beweisen Sie, daß der Teufel einen haarigen Schwanz hat!«

»Das kann man, wenn man dem Teufel die Hand reicht.«

»Und das wollen Sie versuchen!«

»Ja.«

»Und was macht Sie so sicher?«

»Weil ich eine Frau bin!« Victoria lehnte sich in das Polster zurück. Der Wagen näherte sich den Vororten von Moskau. »Ganz einfach.«

»Die Strategie der Weiber!« sagte Reed mit größter Bosheit. »Besteht die CIA nur noch aus Idioten?! Als ob die neuen Mächtigen in Rußland eine amerikanische Puppe nötig hätten! Ausgerechnet eine Barbie aus den USA!«

»Ihr Charme ist umwerfend, Kevin.« Victoria blickte aus dem Fenster. Sie fuhren gerade durch ein Stückchen Kiefernwald. Warum Reed so unhöflich zu ihr war, konnte sie sich nicht erklären. Anstatt erfreut über eine gute Zusammenarbeit zu sein, machte er von Beginn an klar, daß sie nicht mit seiner Unterstützung rechnen könnte. Die Botschaft duldete sie in Moskau, mehr aber auch nicht. »Wo werde ich wohnen?« fragte sie.

»Vorerst in der Botschaft. Wir haben genug Platz.«

»Das ist gegen die Planung! Colonel Curley sagte mir, daß eine Wohnung in der Stadt gemietet wird.«

»Eine Wohnung in der Stadt! So etwas kann auch nur einer versprechen, der Moskau vom Stadtplan oder vom Fernsehen her kennt. In Moskau herrscht permanente Wohnungsnot. Noch immer müssen vier Personen in zwei Zimmern leben und sich Badewanne und Scheißhaus teilen. Oft haben zwei Familien sogar nur eine gemeinsame Küche! Aber der Herr Colonel Curley will eine eigene Wohnung mieten! Und dann noch innerhalb von drei Wochen!«

»In der Botschaft zu wohnen, ist Unsinn!« Victorias Stimme wurde zum ersten Mal schneidend. Reed starrte sie entgeistert an. »Ich muß völlig selbständig handeln können, allein und unabhängig. Wenn ich Sie jemals brauchen sollte, was ich bezweifle, rufe ich Sie. Major Reed, ich habe eine Menge Sondervollmachten in meiner Tasche, die ich nicht gegen Sie verwenden möchte.«

»Ich kann bei dieser Wohnungssituation keine Wohnung herbeizaubern!«

»Diplomaten haben auch in Rußland einen Ausnahmestatus! Außerdem gibt es jetzt genug private Anbieter und Wohnbaugenossenschaften, die frei über ihre Wohnungen verfügen können.«

»Das sind alles Gangster. Der Immobilienmarkt ist fest in Mafiahand.«

»Das ist ja wunderbar. Das ist genau das, was ich suche: eine Mafiawohnung, besser kann es gar nicht kommen! Da bin ich als Mieter schon einen Schritt weiter.«

»Die Kerle verlangen irre Mieten!«

»Bezahlen Sie das oder die CIA?«

Reed spielte den Beleidigten. Sein männlicher Stolz hinderte ihn daran, Victoria anzuerkennen und nachzugeben. Die CIA in Moskau war er, Reed, nicht eine herübergeschickte Puppe, die glaubte, mit langen Beinen den Moskauer Untergrund zu erobern. Curleys Idee oder wer auch immer sie geboren hatte, war ein Blödsinn, ein Überbleibsel aus dem Chicago der zwanziger und dreißiger Jahre, wo man einen Gangsterboß im Bett überführen konnte. Die Zeiten hatten sich geändert, und außerdem war man hier in Rußland, und hier liefen die Dinge völlig anders, verglichen mit den Gesetzen der Mafia in Italien oder Übersee. Hier funktionierten die Geschäfte ähnlich denen der chinesischen Triaden: Verräter, Spitzel, Überläufer, Ungehorsame, Verdächtige oder diejenigen, die zuviel wußten, wurden ganz einfach erschossen ... entweder an abgelegenen Orten oder auch auf offener Straße. Ein Menschenleben ist in diesen Kreisen absolut wertlos.

Ein solches Schicksal sollte Victoria Miranda nicht ereilen, damit hing Reeds Ärger zusammen, es war nicht nur seine Ablehnung gegenüber Spezialagentinnen. Er wollte Victoria ersparen, in den Lauf einer Kalaschnikow zu blicken. Von Curley war es unverantwortlich, eine Frau wie sie nach Moskau zu schicken. Bei seinem nächsten Urlaub in den USA wollte Reed ihm das ins Gesicht sagen.

In der Botschaft empfing der Botschafter selbst seinen neuen

Gast. Er begrüßte die noch immer wütende Victoria mit einem Handschlag, wünschte ihr viel Glück und ließ sie auf ihr Zimmer führen.

Es war ein schönes, großes, helles und sogar luxuriös eingerichtetes Zimmer, aber für Mirandas Zwecke völlig ungeeignet. Wie Fontana in Paris zog sie sich aus, stellte sich unter die Dusche und wickelte sich dann in ein großes Badetuch ein, legte sich auf das Bett und schlief sofort ein. Im Schlaf strampelte sie sich frei – es war ein warmer Tag in Moskau – und lag in herrlicher Nacktheit in dem gedämpften Licht, das durch die zugezogene Gardine schimmerte.

So fand Reed sie vor, als er ins Zimmer kam, um Victoria die Einladung des Botschafters zum Abendessen zu überbringen. Sie hatte vergessen, das Zimmer abzuschließen.

Reed blieb eine Weile an der Tür stehen und betrachtete sie. Plötzlich stellte er sich vor, wie dieser makellos schöne Körper aussehen würde, wenn Victoria in die Hände der Mafia fiel, entlarvt als Spitzel der CIA. Eine Vorstellung, die einen kalten Schauer über Reeds Rücken jagte.

Ich werde mit Curley Verbindung aufnehmen, sagte er sich. Ich werde ihn zusammenscheißen, auch wenn er Colonel ist und ich nur Major bin. Was er sich da ausgedacht hatte, war kein vaterländischer Einsatz, sondern ein Mordkommando. Jawohl, ein Mord an Victoria.

Er verließ leise das Zimmer, ging hinunter in sein Büro und grübelte darüber nach, wie man Victoria daran hindern könnte, sich so sinnlos zu opfern, denn Reed war davon überzeugt, daß sie keinerlei Chancen gegenüber der Mafia hatte. Man würde ihre Absichten sofort durchschauen, ihr eine Falle stellen und sie dann liquidieren. Und sie würde für immer verschwunden sein, ihre Leiche würde nie gefunden werden, aber ihr Name würde auf der Ehrentafel der CIA stehen, und keiner würde fragen oder erfahren, daß ihr Einsatz idiotisch gewesen war.

Reed sah sich plötzlich einer Aufgabe gegenüber, die zu einer Herzensangelegenheit wurde...

Djamil Houssein, wie Houseman jetzt hieß, landete mit einem tunesischen, einwandfreien Paß, dessen Bild einen stoppelbärtigen, typischen Araber zeigte, in Tripolis mit einem Passagierschiff, das *Leonardo* hieß. Es kam aus Genua und hatte dreihundertsiebzig Personen an Bord, die eine Mittelmeerkreuzfahrt gebucht hatten.

Von New York war Houseman nach Rom geflogen, von Rom nach Genua, hatte sich dort in einem kleinen Hotel am Hafen umgezogen und verließ es als Djamil Houssein. Er trug Kopftuch und Djellabah, sprach ein kehliges Englisch und pflegte seinen Stoppelbart wie Jassir Arafat. Er sah sogar fast so aus wie Arafat, und auf dem Schiff wurde er ehrfurchtsvoll angestarrt, bis sich herumgesprochen hatte, daß er nicht Arafat war.

Für Houseman war das der Beweis, daß seine Tarnung perfekt war. Selbst der Kapitän der *Leonardo* war bei Housemans Einschiffung unsicher geworden, auch als er in der Passagierliste Djamil Houssein las. »Das kann ein Deckname sein«, sagte er zu seinem Ersten Offizier, bis er sich davon überzeugen ließ, daß Arafat nicht mit einem Schiff von Genua nach Tripolis fährt, sondern fliegen würde.

An der Pier im Hafen von Tripolis erwartete ihn bereits sein Kompagnon, der libysche Ölmühlenbesitzer und Großhändler Abdul Daraj. Obwohl sie sich noch nie gesehen hatten, breitete Daraj beide Arme aus und drückte Houseman an sich und küßte ihm die Stirn.

»Willkommen, Bruder!« rief er so laut, daß alle Umstehenden ihn hörten. »Wie lange habe ich auf dich warten müssen! Endlich hat Allah meine Gebete erhört.«

Und Houseman-Houssein rief ebenso laut: »Welche Freude, die geliebte Heimat wiederzusehen. Mein Bruder, das Heimweh hat mich zerrissen! Wo ist es schöner als in Libyen? Laß mich den Heimatboden küssen.«

Er fiel auf die Erde, berührte den schmutzigen Betonboden mit den Lippen und erhob sich wieder. Die Umstehenden waren gerührt. Das ist ein Mensch, der die Erde seiner Vorfahren liebt...

Daraj fuhr einen silbernen Mercedes, was bewies, daß seine Ölmühle eine Goldgrube sein mußte. Houseman wunderte sich, wie ein so wohlhabender Araber, der offensichtlich nichts entbehrt, ein V-Mann der CIA sein kann? Was trieb ihn dazu, sein Land zu bespitzeln? Die Dollars, die er von der CIA bekam, könnte er leicht aus der Portokasse seiner Unternehmen holen. An Geld konnte es also nicht liegen, es mußte andere, tiefere Gründe haben. Houseman nahm sich vor Daraj noch heute danach zu fragen.

Der Autoverkehr im modernen Tripolis glich fast dem in Manhattan. Daraj hupte sich den Weg frei, er fuhr so forsch durch das Gewühl von Autos, Lastwagen und Motorrädern, daß Houseman jeden Moment mit einem Zusammenstoß rechnete. Erst außerhalb der Stadt, wo die Viertel der Wohlhabenderen lagen und erst recht in dem Villenviertel mit seinen großen, bewässerten Gärten, den Palmenhainen und blühenden Sträuchern, ließ der Verkehr merklich nach, um zwischen den Privatparks fast gänzlich aufzuhören. Ihr Mercedes war auf den letzten Metern der einzige Wagen auf der Straße.

Daraj hielt vor einer typischen arabischen Villa: kein Fenster, nur eine dicke geschnitzte Tür in der Hauswand, flaches Dach, das als Terrasse diente und mit Zwergpalmen in großen Kübeln die Blicke Fremder abwehrte, dafür aber ein üppig blühender Vorgarten, ein gepflegter Rasen und ein gebogenes Eingangstor an der Straße. Ein breiter Weg, mit Marmorplatten belegt, führte zu einer Vierfachgarage.

Wie von Zauberhand öffnete sich das hohe, schmiedeeiserne Tor. Aus dem Inneren des Hauses schien der Eingang überwacht zu werden.

»Über Mangel an Luxus kannst du dich nicht beklagen«, sagte Houssein beeindruckt. »Das erinnert mich an unsere Ölmillionäre, nur holen sie das Öl aus der Erde.«

»Ich auch, mein Bruder Djamil. Ich auch. Meine Ölbäume wachsen auch auf der Erde. Allah segne den fruchtbaren Boden.«

Die schwere Haustür öffnete sich. Ein Diener in weißer Livrée erschien und verbeugte sich vor Houseman. An der Ausbuchtung der linken Rockseite erkannte er mit geübtem Blick, daß der Diener eine Waffe trug, eine großkalibrige Pistole. Aha, so friedlich, wie das hier alles aussieht, ist es also nicht!

»Das ist Ramunabat«, sagte Daraj. »Eine treue Seele, ein Inder. Ich habe ihn halbverhungert von einer Straße in Bengasi aufgelesen. Er ließe sich für mich in Stücke schneiden.«

»Noch mehr Überraschungen, Abdul?«

»Mein Innengarten. Aber sieh selbst.«

»Und deine Frau?«

»Ich habe keine Frau. Die letzte habe ich vor vier Jahren weggejagt. Sie war schön und geil, aber sie schnüffelte mir nach. Als sie mein Funkgerät entdeckte, war es vorbei.«

»Verdammt – sie hätte dich verraten können!«

»Sie konnte es nicht... Ramunabat hat sich ihrer angenommen.«

Houseman verstand. Er fragte nicht weiter, sondern ließ sich von dem überraschen, was er noch hören und sehen würde.

Der Innengarten war ein Wunderwerk arabischer Gartenkunst. Ein Springbrunnen schoß eine Wasserfontäne in die Sonne, die aus dem weitgeöffneten Maul eines großen Löwen spritzte. Von mit weißem Marmorkies bedeckten Wegen durchzogen, wiegten sich Blumenrabatte und Palmen im leichten, warmen Wind, rankten sich Rosen an Spalierwänden empor, zog ein Duft vielfältiger Blüten über den englisch kurzgehaltenen Rasen. Unter einer goldfarbenen Markise standen weiße Gartenmöbel ... ein Tisch, vier Sessel, eine Liege und eine fahrbare Bar.

»Wenn das Allah sieht!« sagte Houseman, der von dem Haus begeistert war. So etwas hatte er bisher nur in Filmen gesehen, die in Miami, Florida oder Kalifornien spielten. Märchenvillen für einen armen Captain der CIA. Abdul Daraj hob abwehrend beide Hände.

»Die Bar ist nur für Gäste bestimmt, Djamil. Und – so hat es Mohammed bestimmt – als Medizin, wenn sie Leiden lindern kann. Ich bin ein kranker Mensch, mein Magen macht mir Sorgen.«

Während der Diener Ramunabat Housemans Gepäck in das Gastzimmer trug, ein kleiner Palastraum für sich mit einem großen Marmorbad und vergoldeten Armaturen, setzten sich Daraj und Houseman in den Garten. Die Sitzauflagen der Sessel waren mit besten, weißen Gänsedaunen gefüllt. Im Gegensatz zu Fontana und Victoria war Houseman munter und fröhlich, denn er hatte keinen anstrengenden Flug hinter sich, keine Zeitverschiebung – die hatte er schon in Genua überwunden –, sondern er war gemütlich in einer Kabine der *Leonardo* quer über das Mittelmeer gefahren worden. Fast eine kleine Urlaubsreise auf Kosten der CIA.

Um direkt auf das Thema zu kommen und keine langen Umwege zu machen, sagte Houseman zu Beginn des Gespräches:

»Abdul, du bist ein reicher Mann...«

»Das ist relativ.«

»Wer sich so ein Haus wie dieses und einen großen Mercedes leisten kann, gehört nicht gerade zu den Armen.«

»Das hast du bereits gesagt.«

»Und ich wiederhole es, ich bin beeindruckt. Kann man mit Salatöl soviel Geld verdienen?«

»Nein.« Das war eine ehrliche Antwort. Abdul goß sich und Houseman ein großes Glas Fruchtsaft ein. »Für dich mit Wodka gemischt?«

»Gern. Du schwimmst im Geld. Warum arbeitest du dann für die CIA?«

»Eine gute Frage, Djamil.«
»Auf keinen Fall wegen des miesen Geldes, das du dafür bekommst.«
»Da hast du recht.«
»Weshalb also, Abdul?«

Houssein trank einen Schluck, lehnte sich in den Polstern zurück und faltete die Hände über dem Bauch. Er trug einen knöchellangen, schneeweißen Haikh aus einem Baumwoll-Seiden-Gemisch, der seine untersetzte Figur verbarg. Houseman hätte gewettet, daß er einen dickeren Bauch hatte als er. Sein hellbraunes Gesicht durchzogen einige Falten, als seien es Narben, und diese hatte er auch: Pockennarben, Erinnerungen an eine Krankheit in Kinderjahren. Er war kein schöner Mann, bestimmt nicht, aber ein interessanter Kopf, den das Leben zwischen Wüste und Meer geprägt hatte.

»Weshalb?« wiederholte Daraj gedehnt. »Das hat nichts mit Geschäften zu tun, nichts mit der Politik... es ist etwas Privates. Libyen hat Schulden bei mir, moralische Schulden, und da es diese nicht anerkennt oder abzahlt, muß ich mir meine Genugtuung auf andere Weise holen.«

»Das mußt du mir erklären, Abdul. Übrigens: Ich bin erstaunt über deinen Reichtum. Colonel Curley erzählte, daß du kurz vor dem Konkurs stündest, und ich – die offizielle Version – als dein Partner in den Betrieb eintrete und dich saniere.«

»Genauso habe ich den Behörden gegenüber argumentiert. Das ist glaubhaft... es gibt genug Geschäftsleute, die eine große Villa bewohnen, aber in ihrem Geschäft laufen die Ratten herum. Wen kümmert das? Die wahre Kunst zu leben, ist eine Erfindung des Orients. Du kommst als Partner und rettest mich, das verschafft dir hohes Ansehen.«

»Damit ist noch nicht beantwortet, warum du für die CIA arbeitest.«

»Im Jahre 1969 stürzte Muammar al Gadhafi das Königshaus von Libyen und ernannte sich selbst zum Staatschef. Alle, die dem König gedient hatten, wurden grausam verfolgt und für ihre Treue bestraft. Sie wurden ausgepeitscht, kamen in Straflager oder wurden erschossen. Man nannte sie Schädlinge des Volkes, Blutsauger oder korrupte Banden. Mein Vater war einer von ihnen... in den Augen der neuen Regierung. Er war Abteilungsleiter im Wirtschaftsministerium. Gadhafi ließ meinen Vater so lange auspeitschen, bis er unter den Schlägen der Peitsche aus Nilpferdhaut starb. Meine Mutter wurde in ein Lager verschleppt – ich habe nie wieder etwas von ihr gehört. Meine jüngere Schwester wurde vergewaltigt, von zehn Männern nacheinander. Sie war noch unberührt... aber als man sie danach fand, war ihr ganzer Unterleib aufgerissen. Kein Arzt behandelte sie aus Angst, als Verräter zu gelten... sie starb an inneren Blutungen und einer Infektion. Mein Bruder wurde erschossen, als er meiner Schwester zu Hilfe kam. Es gab keine Familie Daraj mehr.«

»Und du?«

»Ich war so feige, mich zu verkriechen – in einem unterirdischen Gang, den man in den Felsen geschlagen hatte. Die Revolutionäre fanden zum Glück den Einstieg nicht – so habe ich überlebt. Ich bin dann weitergeflüchtet nach Bengasi und wohnte bei einer Schwester meiner Mutter im Ziegenstall: zwei Jahre lang. Dann hatte sich die Lage beruhigt, Gadhafi war alleiniger Herrscher, gestützt auf die Macht des Militärs, und seine Widersacher waren vernichtet. Das Volk jubelte ihm zu, er versprach, Libyen zu einer Weltmacht zu machen. So ist es immer bei Revolutionen: Es fließt viel unschuldiges Blut, aber die Masse des Volks vergiß es schnell. Ich habe die Vernichtung meiner Familie nicht vergessen! Ich bin zurück nach Tripolis und habe die Ölfabrik meines Onkels übernommen, der gerade im Sterben lag, und ich habe eine Exportfirma gegründet. Da erschien eines Tages ein Mann, der zwar einen arabischen Namen trug wie du, Djamil, aber ein Amerikaner war. Er wußte – woher, blieb ein Rätsel – vom Schicksal meiner Familie und erinnerte mich in langen Gesprächen daran, daß es zur Ehre eines Moslems gehöre, Unrecht zu rächen. Der Mann war von der CIA, das gestand er später, und er schlug mir vor, aus dem Untergrund Gadhafi zu bekämpfen. Zwei Dinge wären interessant, eine Gefahr für den Frieden und müßten bekämpft werden: der Terrorismus und die Herstellung von Atombomben und Bakterienwaffen. Beides gehörte zu Gadhafis Machtplänen. Neben dem Nordjemen war Libyen eine Fluchtburg und Ausbildungsstätte für Terroristen gewesen. Es lieferte Waffen und unterstützte Aktionen, wo immer sie stattfanden. Vor allem Attentate in Israel und Deutschland waren beliebt. Das Problem Bombe war die zweite aktuelle Bedrohung der freien Welt: Gadhafi baute in der Wüste geheime Labors und Produktionswerke für B-Waffen, also für biologische Vernichtungsbomben, die mit Viren oder Bakterien ganze Länder verseuchen konnten. Sein großer Traum ist eine Plutonium- oder Wasserstoffbombe. Hier arbeiten Wissenschaftler – darunter einige russische Experten – an neuen Konstruktionen. Raketen besitzt Libyen schon genug... mit Reichweiten von über achttausend Kilometern, damit haben sie ganz Europa im Griff! Aber die Atomsprengköpfe für die absolute Atombombe fehlen, und auch das Plutonium, Uran und Lithium! Doch jetzt, nach dem Zusammenbruch der UdSSR und der Abrüstungspolitik des neuen Rußlands, der katastrophalen Lage der Atomzentren mit ihren Massenentlassungen und Schließungen, hat sich dies schlagartig geändert. Jetzt wird Atommaterial überallhin geschmuggelt, für alle, die daran interessiert sind. Es gibt nicht nur eine Atommafia, sondern bis in die höchsten Regierungsstellen und Militärverwaltungen führen die Spuren der Lieferanten oder Vermittler. Jeder will die Hand aufhalten und sie sich vergolden lassen. Plutonium geistert durch die Welt – wieviel, das weiß niemand!«

»Und was ist dabei deine Aufgabe?« fragte Houseman.

»Ich beobachte und nenne Namen. Durch mich hat Amerika von den geheimen Produktionsstätten in der Wüste erfahren. Durch mich sind bisher dreiundzwanzig Terroristen in Israel, Deutschland, Frankreich und Spanien verhaftet worden... ich habe überall meine Ohren, und ich sehe mehr als andere. Außerdem habe ich Verbindungen bis in Gadhafis Nähe aufgebaut.«

Abdul Daraj sagte es nicht ohne Stolz, und er konnte wirklich stolz sein, denn seine Erfolge beeindruckten sogar die oberen Spitzen der CIA. Er war einer der besten ausländischen »Residenten«, den die CIA zur Zeit hatte. Was er meldete, war immer eine Tatsache, nie ein schwer nachweisbares Gerücht. Deshalb hatte Abdul jetzt auch eine Frage an Houseman.

»Ich habe mich seit Tagen gefragt, warum man dich nach Tripolis geschickt hat, Djamil.«

»Um dir beizustehen, Abdul.«

»Ich habe alles im Griff. Mehr Informationen, als ich bekomme, kann niemand anderer herbeischaffen.«

»Es geht speziell um Plutoniumaufkäufe.«

»Auch das erfahre ich.«

»Danach und nur, wenn der Deal okay ist.« Houseman trank sein Glas Orangensaft aus. Ramunabat war nirgends zu sehen, aber er wußte, daß er immer in der Nähe war und ihn beobachtete. Abdul war ein vorsichtiger Mann; auch ein CIA-Agent kann auf zwei Schultern tragen. Bei dem geringsten Zweifel würde Ramunabat seine »Pflicht« tun. »Wir müssen es vorher wissen!« sagte Houseman.

»Das ist fast unmöglich.«

»Nicht bei unserem Vorhaben.«

»Du versetzt mich in Spannung.«

Houseman sah sich mehrmals um, aber er bemerkte nichts Verdächtiges. »Hört uns keiner zu?«

»Nein. Wir sind allein.«

»Ramunabat?«

»Ist im Haus.«

Houseman atmete tief durch. Jetzt ließ er die Katze aus dem Sack... würde sie Mäuse fangen? »Unsere Idee ist es, selbst als Käufer aufzutreten...«

Abdul schwieg. Er goß sich neuen Fruchtsaft ein, und Houseman sah, daß seine Hand dabei leicht zitterte. Natürlich, dachte er. Bei dieser Idee kann man zu zittern anfangen. Ihm geht es jetzt wie mir, als Curley mir diesen Plan mitteilte. Auch ich hatte das Gefühl, jemand zupfe an meinen Nerven.

»Wir?« ließ sich Abdul endlich vernehmen. »Wir?!«

»Ja. So lernen wir die Hintermänner kennen... und wieviel Plutonium angeboten wird.«

»Wir werden nur Kontakt mit den Kurieren bekommen, und die kennen keine Hintermänner.«

»Wenn man bedenkt, welche Verhörmethoden im Orient üblich sind...« Houseman schob die Unterlippe vor. »Jede Loyalität hat Grenzen.«

»Eine reine Theorie.« Abdul schüttelte in paarmal den Kopf. »Nehmen wir an, uns gelingt es, einen Verkäufer zu interessieren. Nehmen wir weiter an, er liefert uns Plutonium... was kostet das überhaupt?«

»Das Kilo so um die sechzig bis achtzig Millionen Dollar, je nach Reinheit.«

»Wahnsinn!« Abdul riß die Augen auf. Die Summe schlug ihm auf den Magen, er hüstelte. »Das kann doch keiner bezahlen!«

»Ich werde das Geld beschaffen, das ist zweitrangig. Für die Sicherheit der Welt ist das ein geringer Betrag.«

»Gut, wir bekommen das Plutonium. Und was machen wir damit?«

»Wir bieten es über einen Mittelsmann in Libyen an.«

»Verrückt! Und lebensgefährlich.«

»Ohne Risiko kein großes Geschäft.« Houseman faltete die Hände über seinen Bauch. Er strahlte Überzeugung aus, daß der Plan der CIA ins Schwarze träfe. »Die libysche Regierung wird auf das Angebot anspringen, hoffen wir. Dann haben wir zweierlei erreicht: Erstens haben wir Kontakt mit den maßgeblichen Regierungsstellen, und zweitens haben wir den Beweis, daß Libyen noch immer heimlich an einer Atombombe bastelt. Das wird dann große politische Auswirkungen haben. Abdul, das wäre doch ganz auf der Linie deiner privaten Rache!«

Wieder schwieg Abdul Daraj. Was Houseman-Houssein da erzählte, hörte sich zwar verlockend an, war aber ein reines Todeskommando. Genausogut hätte man sagen können: Geh zu Gadhafi in sein Haus oder zu seinem Zelt und schieß ihn nieder. Das war unmöglich, sonst wäre es in den vergangenen dreiundzwanzig Jahren längst geschehen.

»Es geht nicht«, sagte Abdul nach langem Überlegen. »Es ist unmöglich. Wir bekommen die Sicherheitspolizei an den Hals. Bevor man sich die Blöße gibt, von einem Unbekannten Bombenmaterial zu kaufen...«

»Jeder Anbieter ist ein Unbekannter. Die Basis solcher Geschäfte ist die Anonymität. Das respektiert jeder Interessierte. Vor allem, wenn man ihm vier Kilo verspricht... Vier Kilo ist die kritische Menge zur Herstellung einer Plutoniumbombe der Größenordnung, wie sie auf Nagasaki gefallen ist.«

»Und wer soll den Vermittler spielen?«

»Der Deal wird über Paris und Marseille abgewickelt werden. Verhandlungspartner wird ein Monsieur René Duval sein. In Wirklichkeit heißt er Dick Fontana, Captain der CIA, und ist gerade in Paris eingetroffen, wo er sich Robert Fulton nennt. Repräsentant einer Likörfabrik.«

»Ziemlich kompliziert das alles«, versuchte Abdul, sarkastisch zu sein.

»Fontana spricht perfekt französisch, auch wenn er in Paris als Amerikaner radebrechen muß. Wenn Libyen mit ihm in Verbindung tritt, in Frankreich natürlich, sind wir außer Sichtweite deines Geheimdienstes.«

»Warum dann der Umweg über uns? Dieser Duval kann doch auch mit der anderen Seite – den Lieferanten – in Kontakt kommen.«

»Das könnte zu Schwierigkeiten führen. Eine Anfrage direkt aus Libyen ist glaubwürdiger als ein Franzose, der nur Zwischenhändler sein kann. Und wenn, wie wir vermuten, das Plutonium aus Rußland kommt, greift in Moskau unsere süße Victoria Miranda ein. Sie ist als neuer Kulturattaché schon in der Botschaft in Moskau eingetroffen. Mit anderen Worten: Wir werden einen Ring um den Nuklearschmuggel bilden, einen Kreis, aus dem es kein Ausbrechen mehr gibt! Und wenn wir dann einen eindeutigen Beweis haben, daß höchste Kreise in Rußland an dem Deal beteiligt sind, wird man auch Rußland zur größerer Wachsamkeit und effizienteren Sicherheitsvorkehrungen auffordern, auch wenn man dort alles leugnen wird – und das ist zu erwarten!«

»Ein Plan, bei dem sich mir der Magen rumdreht...«

»Angst, Abdul?«

»Ja. Ganz ehrlich: ja! Du kennst Libyen nicht. Wir sind keine naiven Wüstensöhne mehr... wir sind ein ganz und gar modernes Volk, das viel gelernt hat und im Chor der Weltmächte mitsingt! Unser Öl – nicht das Salatöl, sondern das Erdöl – hat uns mächtig gemacht. Was wäre die europäische Industrie ohne libysches Erdöl?« Abdul wischte sich mit beiden Händen über das Gesicht. Er schwitzte, und das geschah selten. »Unsere Geheimpolizei ist hervorragend, das kann ich wohl behaupten. Ich habe genügend Erfahrungen mit ihr.«

»Du machst also nicht mit, Abdul?«

»Ich muß wohl... aber ich steige sofort aus, wenn der Verdacht auf meine Firma fällt. Den Kopf mußt du hinhalten, Djamil Houssein... ich werde als der Betrogene dastehen, als der Getäuschte, und nicht verhindern, daß man dich jagt!«

»Welch eine Kameradschaft!« Houseman stand von seinem Gartensessel auf. »Okay, ich übernehme allein das Risiko. Unser Dreierbund – Fontana, Miranda und ich – werden das Kind schon schaukeln. Nur eines noch«, Housemans Stimme wurde sehr ernst, auch seine sonst eher fröhlichen Augen blickten kalt auf Abdul, »wenn du einen Fehler machst, wenn irgendwas durch deine Schuld schiefgeht, habe ich keine Hemmungen, dich umzulegen. Und deinen Ramunabat dazu! Alles ist wichtiger als dein fetter Arsch.«

Er ließ Abdul allein und ging in sein prächtiges Zimmer. Unter der Dusche stellte er fest, daß parfümiertes Wasser aus dem Brausekopf sprühte.

Daraj blieb sitzen und starrte vor sich hin.
Wie schnell sich ein Leben ändern kann...

Es dauerte eine Stunde, bis man Fontana bei Jean Ducoux vorließ.
Er hatte sich zwar telefonisch angemeldet und einen Termin genannt bekommen, aber als er im Hauptquartier der Sûreté empfangen wurde, sagte ihm ein Beamter. Ducoux sei im Augenblick in einer wichtigen Konferenz.

Das war die Unwahrheit. In Wirklichkeit saß Ducoux ins einem Büro, trank einen Pernod und rauchte eine Zigarre. Er hing düsteren Gedanken nach, düster deshalb, weil es um die Ehre Frankreichs ging.

Er war also da, der Amerikaner von der CIA. Mit aller Hochnäsigkeit würde er gleich ins Zimmer kommen und kundtun, daß die USA ihn geschickt hätten, um den Nuklearschmuggel effektiver zu bekämpfen. Damit wäre dann ausgedrückt – mit höflichen Worten –, daß die Sûreté ein Gartenzwergverein sei und er, Ducoux, eine Flasche, die man vergessen hatte, wegzuräumen. Diese persönliche Beleidigung vermochte Ducoux noch zu schlucken, aber daß man mit einer solchen Meinung Frankreich beleidigte, war nicht mehr zu akzeptieren.

Ducoux wandte eine uralte, aber immer wieder wirksame Taktik an: Er ließ den Besucher erst einmal schmoren, mitgebrachte Aggressionen verdampfen dabei. Vor allem aber zeigt man damit, daß man angestrengt arbeitet und auch bei einem CIA-Offizier keine Ausnahme macht. Ein Franzose ist zu stolz, um sich kritisieren zu lassen, und schon gar nicht von einem Amerikaner.

Ducoux genoß in aller Ruhe seine Zigarre und einen zweiten Pernod, ehe er einen Knopf auf seinem Schreibtisch drückte.

Der Vorzimmerbeamte nickte Fontana zu, der in einem Journal blätterte. »Sie können hinein. Der Chef ist da.«

Bereits beim Eintritt wußte Fontana, daß man ihn verschaukeln wollte. Im Zimmer hing dick der Zigarrenqualm, und es gab keinen zweiten Ausgang, den Ducoux hätte benutzen können – die Konferenz hatte er also mit sich selbst abgehalten. Er hatte Fontana bewußt eine Stunde warten lassen.

Mit einem breiten Lächeln ging Fontana auf Ducoux zu, der sich hinter seinem großen Schreibtisch erhoben hatte. Klein und dicklich wirkte er wie ein biederer Pensionär, dessen Lebensaufgabe es geworden war, Zierfische zu züchten.

»Ich heiße Sie in Paris willkommen, Mr. Fontana«, sagte Ducoux in einem halbwegs guten Englisch. Und er zuckte zusammen, als Fontana ihn sofort verbesserte:

»Ich heiße Robert Fulton, Sir, Fontana ist ein Name, den nur wir zwei in diesen Diensträumen kennen.«

Der erste Tritt! Ducoux spürte ihn fast körperlich wie einen Schmerz am Schienbein. Du arroganter Pinkel, dachte er. Aber warte: Ich trete zurück.

»Davon weiß ich nichts! Man hat mir keinen Robert Fulton avisiert, nur einen Dick Fontana.«

»Wer hat das gesagt?«

»Ihre Botschaft und Ihr CIA-Hauptquartier.«

Fontana-Fulton winkte lässig ab. »Typisch«, sagte er und grinste breit. »Wenn man ihnen zwei Dinge sagt, haben sie nach einer Stunde eines vergessen. Einigen wir uns darauf, daß man mich hier Fulton nennt. Bob Fulton.«

»Mir ist es egal, wie Sie heißen, also Fulton. Bitte, setzen Sie sich, Herr Fulton.«

Sie gaben sich kurz die Hand, und Fontana setzte sich, Ducoux blieb stehen. Auch ein uralter Trick: Wer steht, ist dem gegenüber, der sitzt, im Vorteil. Der Sitzende kommt sich kleiner vor, weil er nach oben blicken muß.

»Hat man Ihnen meinen Beruf genannt, wegen dem ich nach Frankreich gekommen bin?«

»Natürlich nicht.«

»Ich bin Repräsentant einer Likörfabrik in den USA, der mit einer neuen Kreation den Markt in Frankreich sondieren soll. Ein Spezialcocktail mit dem flotten Namen *Ladykiller*.«

»Sehr sinnig.« Ducoux verzog die Mundwinkel zu einem schwachen Lächeln. »Wenn das Ihr wahrer Beruf wäre, hätten Sie wenig Chancen, den französischen Markt zu erobern. Wir haben genug eigene Liköre und Cocktails.«

»Meinen Auftrag kennen Sie, Sir.« Fontana war nicht bereit, über Liköre zu diskutieren. »Die CIA ist der Ansicht, daß über Frankreich, vor allem über Marseille, Nuklearmaterial an gewisse moslemische Staaten verschoben wird.«

»Das wird vermutet! Bewiesen ist gar nichts.«

»Nach Ihren Berichten haben Sie einige Atomschmuggler festgenommen.«

»Nur mit Proben. Die größte Menge waren zweihundert Gramm

Plutonium, aber wegen seiner Unreinheit nur bedingt waffenfähig.«

»Zweihundert Gramm sind alarmierend viel. Wo zweihundert Gramm sind, da gibt es auch noch mehr. Davon sind wir überzeugt.«

»Das waren auch unsere Überlegungen.« Nun setzte sich Ducoux Fontana gegenüber hin. Aber das war ein Fehler, denn was Fontana jetzt antwortete, war ein Grund, sofort wieder aus dem Sessel hochzuschießen.

»Dann war es – verzeihen Sie das offene Wort unter Kollegen – ein Fehler, den Dealer festzunehmen.«

Ducoux erstarrte innerlich. Diese Rotzjungen von der CIA! Werfen mir einen Fehler vor. *Mir!* Ich habe schon als Kriminalbeamter ermittelt, als dieser Fontana noch in die Windeln schiß!

»Was hätten Sie getan?« fragte er.

»Ich hätte so getan, als sei nichts bemerkt worden, und dann den Burschen Tag und Nacht beschattet, bis zur Übergabe seiner zweihundert Gramm an den Käufer – und dann zugegriffen. So hätte man doppelt zugegriffen: den Kurier und den Interessenten, und wir hätten andere Erkenntnisse gehabt als jetzt.«

»Es ging uns um die Sicherstellung des Plutoniums. Stellen Sie sich vor, wir hätten den Dealer aus den Augen verloren.«

»An so was soll man nicht einmal denken. Nun haben Sie das Plutonium, aber der Dealer konnte flüchten, alle Spuren sind verwischt. Die Herkunft des Nuklearmaterials ist nicht bekannt...«

»Unsere Laboratorien haben den Verdacht, daß es aus Rußland stammt.«

»Beweise?«

»Nein.«

»Also nur Vermutungen, damit kann man nichts anfangen. Es kann auch Plutonium aus Deutschland oder Frankreich selbst sein. Wo Atomreaktoren arbeiten, kann Plutonium gestohlen werden – also in ganz Europa. So werden die Russen argumentieren, wenn man ihnen den Atomschmuggel in die Schuhe schieben will.«

»Wir schieben keinem etwas in die Schuhe!« sagte Ducoux mit harter Stimme. Er war zutiefst beleidigt. »Wir alle wissen doch, daß in den GUS-Staaten, in Kasachstan, der Ukraine und anderen jetzt selbständigen, russischen Staaten die Bewachung von Plutoniumbeständen...«

Fontana winkte ab. Mit gerötetem Gesicht schwieg Ducoux.

»Das wissen wir alles. Aber es fehlt der Beweis, daß russische Organisationen den Nuklearschmuggel aufgezogen haben. Wir haben nichts in der Hand außer chemische Analysen. Aber das ist zu wenig.«

»Und das wollen Sie nun ändern?« Ducoux' Stimme wurde schrill. »Sie wollen Beweise sammeln! Hier in Frankreich. Warum nicht in Deutschland? Dort hat man bis heute über hundert Fälle von Atomschmuggel aufgedeckt. Deutschland ist die Hauptstraße für den Ameisentransport. Und BKA und BND sind davon überzeugt, daß der Stoff aus russischen Atomwerken stammt. Der Weg über Polen und Tschechien weist eindeutig darauf hin.«

»Aber auch die deutschen Behörden werden sich hüten, zu sagen: Das kommt alles aus Sibirien oder aus der Ukraine! Dazu sind die politischen Auswirkungen zu wenig einschätzbar!«

»Der Bundesnachrichtendienst in Pullach weiß mehr, als er sagt.«

»Das bezweifle ich. In allen Papieren spricht man von Erkenntnissen... die CIA hält engen Kontakt mit dem BND. Wir wissen genau, was man dort weiß.«

»Falls man Ihnen die Wahrheit sagt, und das bezweifle ich. Die Kollegen in Pullach sind ausgefuchste Burschen! Die kochen auf geheimen Feuerstellen ihr eigenes Süppchen. Ich bin überhaupt der Ansicht, daß die Kommunikation der Geheimdienste untereinander mit nationalen Interessen belastet ist.«

»Das trifft dann auch für Sie zu.«

»Ab und zu...«

Ducoux schlug die Beine übereinander und umfaßte mit beiden Händen sein linkes Knie. »Sagt die CIA ihren Partnern alles?« fragte er.

»Nein. Inneramerikanische Probleme lösen wir selbst. Bei internationalen Problemen allerdings sind wir offen. Und Nuklearschmuggel geht die ganze Welt an! Ich glaube nicht, daß der deutsche BND uns Erkenntnisse vorenthält.«

Oh, ihr Amerikaner! Ducoux blickte an die Zimmerdecke. Ihr seid die größte Industrienation, ihr schießt Astronauten zum Mond, ihr bringt Spionagesatelliten in die Umlaufbahn der Erde, ihr seid die mächtigste Militärmacht der Welt, bei euch gibt es kaum ein Unmöglich... aber im Grunde seid ihr große Kinder geblieben. Glaubt nur weiterhin an eine Brüderlichkeit, die es unter den Völkern nie geben wird.

»Ich wünsche Ihnen bei Ihren Aufgaben viel Glück, Mr. Fulton«, sagte Ducoux und sah Fontana wieder an. »An uns soll es nicht liegen – wir unterstützen Sie, wo wir können.«
»Das höre ich gern, Mr. Ducoux.«
»Was haben Sie heute abend vor?«
»Nichts.«
»Wo wohnen Sie?«
»Im Hotel *Monique*.«
»Das ist auf dem Montmartre.«
»Ja. Ein sehr ruhiges und familiäres, kleines Hotel.«
»Aber in gefährlicher Umgebung! Da wimmelt es von hübschen und willigen Mädchen.« Ducoux gluckste. Sein Plan, Fontana von seinen Vorhaben weitgehend abzulenken, begann, Gestalt anzunehmen. »Ich weiß etwas Besseres. Ein Salon, ein Zirkel von Kulturliebhabern, ein Treffpunkt der besten Gesellschaft von Paris. Ein Tempel des Geistes und der Schönheit. Intern nennt man ihn den ›Roten Salon‹. Die Villa am Bois-de-Boulogne gehört einer Madame de Marchandais, eine Säule der Pariser Gesellschaft. In diesen kleinen, exklusiven Kreis kommt man nur durch Empfehlung.« Ducoux räusperte sich. »Hätten Sie Interesse daran, daß ich Sie in diesen Zirkel einführe? Sie werden wichtige Leute kennenlernen.«
»Das klingt verlockend.« Fontana nickte mehrmals. »Wenn ich in diesen Kreis hineinpasse...«
»Aber ich bitte Sie: ein Likörfabrikant aus den USA!« Ducoux lachte kurz auf. »Der fehlt uns noch in unserer Runde. Und Sie bringen frisches Blut in die Gemeinschaft! Möglich, daß Sie mit Ihrem *Ladykiller* Furore machen. Die Damen sind für alles Neue sehr aufgeschlossen.« Ducoux beugte sich vor und klopfte Fontana auf den Oberschenkel. »Lassen Sie sich überraschen! Ich hole Sie gegen einundzwanzig Uhr ab. Okay?«
»Okay.« Fontana gab ihm die Hand.
Es klappt, triumphierte Ducoux innerlich. Tannhäuser zieht in den Venusberg ein! Und ist er erst einmal in die Fänge von Madame und ihren Mädchen geraten, hat er mit der Gattin des Bankdirektors geschlafen oder eine wilde Nacht mit Jeanette, der Frau des Marmeladefabrikanten Verdante, hinter sich, wird ihn das mehr beschäftigen als die Jagd nach unbekannten Atomdealern. Er wird für uns keine Belastung mehr sein.
Das Leben ist ein Labyrinth, Mr. Dick Fontana.

Der Kibbuz

Wer sich auf der *Monte Christo II* rund um das Mittelmeer schippern läßt, gehört nicht gerade zu den armen Leuten, die jede Mark dreimal umdrehen, ehe sie sie ausgeben. Immerhin kostete die billigste Innenkabine für vierzehn Tage Seefahrt glatte siebentausend Mark pro Person, ohne Getränke, ohne Ausflüge an Land und andere Sonderausgaben. Da das Schiff nur zehn Innenkabinen hatte, aber über sechshundert Gäste mitnehmen konnte, war der wirkliche Preis wesentlich höher.

Die *Monte Christo II* war ein Kreuzfahrtschiff, einer jener Luxusliner, ein schwimmendes Grandhotel, das vor allem von Amerikanern geliebt wurde, für die eine Kreuzfahrt im Mittelmeer zum Kulturereignis wurde. Man kam in Berührung mit den großen Kulturen, die Weltgeschichte gemacht hatten... mit Römern und Griechen, mit Ägypten und Troja, mit den alten islamischen Reichen, den Mauren und Kreuzrittern, mit Pompeji und Palästina.

An Bord herrschte die ungezwungene Fröhlichkeit, für die Amerikaner auf Europatrip bekannt sind. Es wirkte sich auch nicht aus, daß die Passagiere ein Durchschnittsalter von etwa sechsundsechzig Jahren hatten und jugendliche Touristen in der Minderzahl waren. Im Gegenteil – die rüstigen Alten und die noch rüstigeren Witwen, die ihr Erbe lebenslustig in der Welt verteilten und den Verblichenen nur noch in kurzen Worten gedachten, lebten auf dem Schiff in einem Taumel später Jugendlichkeit. Vor allem die Tanzabende, Bordball genannt, forderten dazu auf, sich selbst noch einmal zu bestätigen, daß das Gefühl von Jugend nicht vom Alter abhängig war. Es gab auf der *Monte Christo II* genug Damen, die sich bei solchen Veranstaltungen wehmütig an frühere Eskapaden erinnerten und noch einmal von einer heißen Umarmung träumten. Nur fehlte es hier an forschen Männern. Die Herren an Bord – von einigen Ausnahmen abgesehen – bemühten sich zwar, für zwei Stunden Gicht und Durchblutungsstörungen, Herzschrittmacher und Parkinson zu verdrängen, aber für Abenteuer nach dem Bordball reichte es kaum noch.

So war es nicht verwunderlich, daß ein Passagier das Interesse der rüstigen Witwen auf sich zog, weil er nicht nur jung war, sondern groß, attraktiv, muskulös und auch sonst gut gebaut war, was man vor allem an Deck und im Swimmingpool erkennen konnte, wenn er in knapper Badehose herumspazierte oder an der Bordbar stand. Sein Gesicht bezeichneten die Damen als markant... eine Hakennase, ein breites kräftiges Kinn, eine hohe Stirn, naturblonde, kurze Haare und ein deutlich hervorstehender Adamsapfel. Vor allem der reizte die Damen ungemein, heißt es doch, ein großer Adamsapfel sei der Ausdruck ungewöhnlicher Potenz.

Von diesem heimlich oder auch offen angeschwärmten Passagier wußte man nur, daß er ein Russe war, zugestiegen in Istanbul. Er benahm sich sehr zurückhaltend, lag meistens allein an Deck in einer Ecke neben den Aufbauten, saß allein an einem runden Tisch im Restaurant, tanzte nicht, verzichtete auf jeden Kontakt, auch mit den Männern. Nur eines konnte man beobachten: Er soff. Ob bei den Mahlzeiten, nachmittags an der Bar, abends im Ballsaal oder um Mitternacht in der Nachtbar – er schüttete in sich hinein, was nur ging. Aber – o Wunder – noch nie hatte man ihn wanken sehen. Von Trunkenheit war überhaupt keine Rede.

»Man muß ein Russe sein, um so saufen zu können«, sagte einer der Herren anerkennend. »Ich habe nie den Whisky verschmäht, ich habe immer gern einen hinter die Binde gekippt... aber was der da in sich reinschüttet... einfach phänomenal! Seine Leber muß wie ein Schwamm sein.«

Die Männer beneideten ihn... die Frauen bewunderten ihn.

So sehr sich Wladimir Leonidowitsch Anassimow auch bemühte, zurückhaltend, aber höflich zu sein – seine Augen hatten während seiner fünftägigen Fahrt von Istanbul bis kurz vor Haifa, das sie jetzt ansteuerten, ein weibliches Wesen erspäht, das ihn allein durch ihren Anblick daran erinnerte, daß er sich vor genau vier Wochen zum letzten Mal um das biologische Gleichgewicht von Jelena gekümmert hatte. Das war für einen potenten Mann wie Wladimir eine lange Zeit. Dazu kam die aufreizende, jodhaltige Meerluft, die bekanntlich Schuld daran hat, daß auf Kreuzfahrtschiffen ein reges Leben in den Kabinen stattfindet.

Die Dame mochte die jüngste der Witwen sein, Wladimir schätzte sie auf vierzig. Im Bikini, den sie bei ihrer guten Figur ohne Scheu tragen konnte, wirkte sie sogar noch jünger. Sie trug das schwarze Haar offen, ließ es im Fahrtwind wehen wie eine Piratenflagge, und abends, beim Tanz, trug sie enge Cocktailkleider mit einem tiefen Ausschnitt, in dem eine große, mit Brillanten gefaßte Perle baumelte.

Sie schien gern zu tanzen, aber sie tat es nicht oft. Die Herren, die sie zu Walzer, Tango oder Foxtrott aufforderten, kapitulierten schon nach zwei Durchgängen und wankten schwitzend zu ihren Tischen zurück. Mit einem hohen Blutdruck geht das nicht mehr so flott.

Das alles beobachtete Wladimir, ohne hilfreich einzugreifen. Was ihn abhielt, die schöne Witwe mit seiner Gegenwart zu beglükken, war die erstaunliche, ja rätselhafte Haltung der Dame. Während ihn sonst die Blicke aller Frauen verfolgten und an den Sonnentagen an Deck deutlich auf seine Badehose starrten, lag sie gelangweilt auf ihrer Liege und beachtete ihn auch nicht, wenn er ein paarmal an ihr vorbeispazierte oder sich neben ihr an die Reling lehnte, um das Meer zu beobachten.

Das kränkte Wladimir, denn es war bereits der fünfte Tag der Kreuzfahrt; er stellte sich an die Bar am Swimmingpool und soff. Der Barkeeper war daran gewöhnt, aber er staunte doch darüber, daß der Russe heute so rhythmisch trank: ein Wodka, ein Bier, ein Wodka, ein Bier... als würde er nach einer inneren Melodie saufen.

Zum ersten Mal zeigte bei Wladimir diese Wodka-Bier-Oper Wirkung. Er rülpste, was die anderen Herren hämisch grinsend zur Kenntnis nahmen, unterschrieb die Rechnung und schwankte unter Deck in seine Kabine. Tatsächlich – er schwankte.

»Auch eine russische Leber sagt einmal Amen!« fiel einem Herren ein, man lachte zufrieden und vergaß den beneidenswerten Säufer.

In seiner Kabine hatte sich Wladimir in einen Sessel geworfen und trank weiter. Der Kabinensteward hatte immer eine Flasche Wodka in einem Eiskübel bereitgestellt und wechselte sie jeden Morgen aus.

Auf das Abendessen verzichtete Wladimir. Er sah sich im Fernsehen die neuesten Nachrichten an, dann ein Interview mit einem an Bord befindlichen, prominenten Amerikaner, der eine Supermarktkette besaß und über die Japaner schimpfte, obwohl er mit ihnen gar nichts zu tun hatte, und zum Schluß die Wettermeldungen für morgen. Wie immer – schönes Wetter, Sonnenschein, wolkenloser Himmel, Tagestemperaturen: Luft sechsundzwanzig Grad, Wasser dreiundzwanzig Grad, Windstärke zwei, ruhige See. Dann folgte ein amerikanischer Krimi, in dem ein Maskierter zwei Männer und vier Frauen ermordete. Warum, wußte keiner.

Im Ballsall fand heute kein Tanz statt... ein Pianist gab ein Konzert mit Stücken von Beethoven, Chopin, Tschaikowsky und Mussorgski. Ein klassischer Abend, und es war anzunehmen, daß der Saal nur zur Hälfte gefüllt war. Auch die schöne Witwe würde in ihrer Kabine bleiben. Wladimir F. Anassimow hatte unter Opferung von hundert Dollar von seinem Kabinensteward erfahren, daß sie Loretta Dunkun hieß und in Kabine 017 wohnte, auf dem Sonnendeck – nobel, nobel.

Als er glaubte, sie müsse jetzt in 017 auch vor dem Fernseher sitzen, stand Wladimir schwerfällig auf, taumelte mit umnebeltem Gehirn ein paarmal hin und her und verließ dann seine Kabine. Im Lift, auf dem Weg zum Sonnendeck, rülpste er noch einmal kräftig, stieg dann aus und suchte die Kabine 017.

Vor der Tür blieb er stehen, hob die Hand und klopfte mit dem Knöchel des rechten Mittelfingers schicklich an.

Loretta, im Glauben, es sei ein Steward, öffnete. Mit großen Augen voller ungläubigen Staunens, starrte sie ihn an. Er lächelte breit und schob sein markantes Kinn vor.

»Ich bin Wladimir!« sagte er mit schwerer Zunge.

»Sie sind ja betrunken!«

»Ich habe ein Anliegen, Loretta.«

Sie schüttelte den Kopf, als habe sie nichts verstanden, denn sein Englisch war grauenhaft.

»Was wollen Sie?« rief sie empört.

»Ich möchte mit Ihnen schlafen...«

»Sie versoffener Idiot!«

Sie wollte die Tür zuknallen, aber Wladimir war schneller. Er drückte sie auf, stieß Loretta ins Zimmer und schloß hinter sich die Tür ab.

»Ich schreie um Hilfe!« rief sie. »Verlassen Sie sofort...«

»Schon gut.« Er griff nach ihr, riß sie an sich und hielt ihr den Mund zu. Seine Hand umfaßte fast ihr schmales Gesicht. »Warum denn schreien?«

Er hob sie wie eine Puppe hoch und warf sie aufs Bett.

Wladimir war ein starker Mann. Loretta wollte nach ihm treten, aber er packte ihre Beine, zog sie auseinander und fiel über sie her.

Im Fernsehkrimi geschah gerade der vierte Mord...

Kapitän Ricardo Santraldo befuhr seit zwanzig Jahren alle Meere. Ihn durch irgend etwas aus der Ruhe zu bringen, schien unmöglich. Er hatte Taifune in der Südsee und gefährliches Treibeis im Nordmeer erlebt, aber was er jetzt erlebte, schien auch für ihn einmalig zu sein.

Der wachhabende Zweite Offizier holte ihn mit einem diskreten Wink aus dem Ballsaal, wo Santaldo dem mäßig besuchten Klavierkonzert andächtig lauschte. Klassische Musik auf einem Kreuzfahrtschiff gehört zum kulturellen Programm, man kann nicht immer Shows oder Szenen aus bekannten Musicals bringen, und die Zuhörer für Chopin sind nun einmal eine Minderzahl. Als Kapitän muß man da mit gutem Beispiel vorangehen und in Sonaten versinken, obwohl Santaldo lieber in seiner großen Kapitänssuite gesessen und ein Buch über die Fahrten seines großen Kollegen Kolumbus gelesen hätte.

Mit einer gemurmelten Entschuldigung zu den Gästen an seinem Tisch stand er auf und ging zu dem Zweiten Offizier, der an der Tür wartete.

»Was ist?« fragte Santaldo. »Ist's so wichtig?«

»Das kann ich nicht beurteilen, Herr Kapitän.« Der Zweite Offizier grinste verhalten. »Mrs. Dunkun möchte Sie dringend sprechen.«

»Ist das ein Grund, mich aus dem Konzert zu rufen?« Santaldos Stimme wurde hart. Natürlich kannte er Mrs. Dunkun... eine besonders schöne Frau an Bord sticht auch einem Kapitän ins Auge.

»Ich glaube doch, Herr Kapitän.« Das Grinsen des Zweiten Offiziers verstärkte sich. »Sie will eine Anzeige erstatten.«

»Eine Anzeige? Sie soll sich an den Oberzahlmeister wenden!«

»Der ist in diesem Fall nicht zuständig. Mrs. Dunkun ist vergewaltigt worden.«

»Was ist sie?« fragte Santaldo, als habe er sich verhört.

»Vergewaltigt, Herr Kapitän.« Jetzt überzog das Grinsen das ganze Gesicht des Zweiten Offiziers. »Der Täter liegt noch im Bett...«

Santaldo zog den Kopf zwischen die Schultern. »Stellen Sie das dämliche Grinsen ein, Tomasa!« sagte er streng. »Auf meinem Schiff wird eine Frau... Unerhört! Wenn sich das herumspricht... Völliges Stillschweigen! Wie viele wissen davon?«

»Der Kabinensteward, Sie, Herr Kapitän, und ich.«

»Und so bleibt es auch! Kein anderer erfährt davon...«

»Wenn es Ihnen gelingt, Mrs. Dunkun zu beruhigen. Sie will unbedingt unseren Schiffsarzt sprechen!«

»Nur, wenn es dringend notwendig ist! Kommen Sie!«

Sie fuhren mit dem Lift hinauf zum Sonnendeck und stürmten in die Kabine 017. Das Bild, das sich ihm bot, würde Santaldo nie vergessen: Die schöne Witwe Loretta saß ziemlich zerzaust in einem Sessel, nur notdürftig mit ihrem Bademantel bekleidet. Die schwarzen Haare standen vom Kopf ab, als seien sie elektrisch geladen. Ihr gegenüber lehnte der Kabinensteward an der Wand, ein Glas Champagner in der Hand, das er der Entehrten ab und zu reichte, wenn ihre Augen zu flattern begannen. So, wie man einem Baby ein Schlückchen Milch gibt, wenn es zu greinen anfängt.

Der Höhepunkt der Szene allerdings war der Täter: Er lag auf dem Rücken im Bett, nackt mit aller männlichen, beneidenswerten Stärke, und schlief mit lautem Schnarchen. Loretta hatte ihn mit ihrem Bademantelgürtel an den Füßen und mit zwei Strümpfen an den Händen gefesselt, aber er merkte es nicht... volltrunken schwebte er mit dröhnenden Lauten in einer fernen Welt.

Bei Santaldos Eintreffen zuckte Loretta zusammen.

»Ich bin entsetzt!« sagte Santaldo, als sich Lorettas Lippen lautlos bewegten. »Ein einmaliger Vorfall!«

Jetzt endlich fand Loretta ihre Sprache wieder. Ihre Stimme klang piepsig wie bei einem kleinen Kind.

»Ich wundere mich, daß ich noch lebe...«, sagte sie und raffte den Bademantel zusammen. »Sehen Sie sich dieses Tier an, Kapitän.«

Santaldo brauchte nicht hinzusehen, er hatte es bereits beim Eintritt in die Kabine wahrgenommen und wußte, was Loretta meinte.

»Sind Sie verletzt, Mrs. Dunkun?« fragte er teilnahmsvoll.

»Ich weiß es nicht. Ich fühle mich wie zerrissen. Ich will, daß mich der Arzt untersucht.«

»Sofort!« Santaldo verstand der Wunsch Lorettas bei einem schnellen Seitenblick auf den Schnarchenden. »Der Zweite Offizier wird Sie zum Lazarett begleiten.«

»Und was passiert mit dem Untier?«

»Ich nehme ihn in Haft und übergebe ihn den Behörden in Haifa.«

»Und dann?«

»Die Polizei in Haifa wird alles zu Protokoll nehmen.« Santaldo kratzte sich die Nase. Er wußte auch nicht, wie dort die Rechtslage war. Konnte die israelische Polizei den Täter festhalten? Die Tat war auf einem italienischen Schiff, also auf italienischem Hoheitsgebiet geschehen und fiel deshalb unter italienisches Recht. »Kennen Sie den Mann, Mrs. Dunkun.«

»Flüchtig, wie man einen Passagier eben kennt. Er ist Russe.«

»Auch das noch! Das kompliziert alles!« Santaldo fühlte sich wirklich elend, dies einzugestehen. »Ich kann Ihnen gar nichts sagen... Ich weiß nur, daß ich ihn in Haifa an Land setze. Wenn Sie offiziell eine Anzeige erstatten...«

»Das tue ich!« Loretta sah Santaldo empört an. »Sie glauben doch wohl nicht, daß ich dieses Verbrechen verschweige. Er soll verurteilt werden!«

»Wie ich sehe, ist der Mann sinnlos betrunken. Man könnte ihn für nicht zurechnungsfähig halten.«

»Als er mich mißbrauchte, wußte er genau, was er tat! Sie hätten hören sollen, was er alles zu mir gesagt hat, während er... O Gott! Ich will sofort zum Arzt...«

Während im Ballsaal Beethovens Mondscheinsonate erklang, brachte der Zweite Offizier die schwankende Loretta zum Schiffsarzt, drei Stewards trugen den noch immer gefesselten Anassimow in eine leere Mannschaftskabine, befreiten ihn von den Fesseln und schlossen ihn ein. Er wälzte sich auf dem Bett zur Seite, schnaufte kurz und schlief weiter.

Santaldo stieg hinauf zur Funkstation und benachrichtigte die Hafenbehörde von Haifa. Er wurde weitervermittelt zur Polizei. Dort war man nicht gerade erfreut, mit einem solchen Fall belästigt zu werden. »Wir holen ihn von Bord«, sagte der Polizeichef von Haifa. »Wie heißt er?«

»Laut Passagierliste Wladimir Leonidowitsch Anassimow. Wohnhaft in Moskau.«

»Auch noch ein Russe! Das wird kompliziert.«

»So sehe ich das auch.« Santaldo starrte auf das Funkgerät. Der Erste Funkoffizier nickte ihm bestätigend zu. »Aber ich kann ihn nicht an Bord gefangenhalten. Wir werden erst in neun Tagen wieder Genua anlaufen. Die Russen würden das als Freiheitsberaubung ansehen. Sie, als Polizei, haben da mehr Rechte.«

Nach dem Funkgespräch kehrte Santaldo in den Ballsaal zurück. Der Pianist spielte gerade Tschaikowsky. Santaldo lehnte sich in seinem Polstersitz zurück und schloß die Augen, als konzentriere er sich auf die Musik. In Wahrheit dachte er: So ein Mist! Ein Skandal liegt in der Luft. Ein Besoffener vergreift sich an einer schönen Frau... verdammt, kann man das nicht niederschlagen? Man müßte Mrs. Dunkun aufklären, daß sie bei der Polizei alles erzählen muß, in allen Einzelheiten, vielleicht besteht sie dann nicht mehr auf einer Bestrafung. Es ist ja immerhin peinlich, alles zu Protokoll zu geben, was Anassimow mit ihr getrieben hat.

Santaldo beschloß, noch einmal mit Loretta Dunkun zu sprechen.

In Haifa kamen sofort, nachdem die *Monte Christo II* an der Pier festgemacht hatte, vier israelische Polizisten und ein Polizeileutnant an Bord. Kapitän Santaldo drückte dem Offizier die Hand und atmete auf.

»Schaffen Sie diesen Russen so schnell wie möglich von Bord!« sagte er. »Zwei Tage tobt es nun schon herum, hat die gesamte Kabineneinrichtung zerschlagen, wenn wir ihm sein Essen bringen, müssen immer vier Mann mit, sonst überrennt er sie... wenn Sie ihn abführen, müssen Sie ihn fesseln. Haben Sie Fesseln bei sich?«

»Das würde bei Ihren Passagieren Aufsehen erregen.«

»Die meisten Passagiere gehen zu einem Ausflug an Land. Um fünfzehn Uhr ist das Schiff fast leer.«

»Jetzt ist es kurz vor zwölf.«

»Ich lade Sie und die anderen Herren zum Essen ein.« Kapitän Santaldo war die Gastfreundschaft in Person. Bis auf die Stewards, die Anassimow in die Kabine getragen hatten, den Zweiten Offizier und den Schiffsarzt, der Loretta Dunkun untersucht hatte und ein Attest ausstellte, daß eine Vergewaltigung vorlag, aber keine Verletzungen festzustellen waren, hatte niemand an Bord gemerkt, was geschehen war. Nur einigen Damen fiel auf, daß der schöne Russe nicht mehr in knapper Badehose am Pool spazierenging oder dekorativ in seinem Liegestuhl in der Sonne lag. Für die Männer an der Poolbar war das Rätsel erklärbar.

»Jetzt hat's ihn doch gepackt«, war die einhellige Meinung. »Er hat sich krank gesoffen! Vierzehn Tage nur an der Flasche, wer hält das aus?« Dennoch schwang etwas wie Ehrfurcht in den Stimmen mit.

Die israelischen Polizisten hatten keine Mühe, Anassimow von Bord zu bringen. Als der Zweite Offizier die Kabinentür aufschloß, saß Wladimir Leonidowitsch zwischen den Trümmern der Einrichtung auf einem Stuhl, der nur noch drei Beine hatte, an der Wand und leistete keinen Widerstand, als der Polizeioffizier auf englisch sagte:

»Kommen Sie mit, Sie sind verhaftet.«

»Und warum?« fragte Anassimow, erstaunlich friedlich.

»Man wirft Ihnen die Vergewaltigung von Mrs. Loretta Dunkun vor.«

»Ich habe keine Frau vergewaltigt!« Anassimow erhob sich von seinem dreibeinigen Stuhl. »Wer behauptet das?«

»Mrs. Dunkun.«

»So ein Blödsinn. Na ja, zu Anfang hat sie sich ein bißchen gewehrt, es kam ihr wohl zu plötzlich, aber danach hat sie mitgemacht... und wie!«

»Sicherlich aus Angst!« unterbrach ihn der Zweite Offizier barsch.

»Angst? Da muß ich lachen! Was Loretta – freiwillig – alles hingelegt hat, etwa zwei Stunden lang, hat mich umgehauen. Und das will was heißen.« Anassimow richtete sich auf und warf sich in die Brust. »Ich verlange einen Anwalt und ein Gespräch mit dem russischen Botschafter! Man hat mich ohne Anhörung eingesperrt. Ein Skandal ist das!«

»Wir werden das alles genau untersuchen, Sir«, sagte der Leutnant höflich. »Kommen Sie mit?«

»Und wenn nicht?«

»Dann muß ich Sie abführen lassen, in Handschellen. Das wäre dann wirklich ein Skandal.«

Anassimow nickte. »Ich weiche der Gewalt. Aber das wird Folgen haben. Unangenehme Folgen.«

Von da ab sprach er kein Wort mehr. Er stieg in den an der Pier wartenden Polizeiwagen, drückte sich ins Polster und blickte stur geradeaus. Sein markantes Gesicht mit der Adlernase war wie versteinert. Er hätte nicht so regungslos dagesessen, wenn er gewußt hätte, daß zwei Polizisten seinen Kabinenschrank leerräumten und seine beiden Koffer packten. Einer von ihnen war besonders schwer. Ein Metallkasten lag in ihm, eingewickelt in zwei Unterhosen.

Die israelischen Beamten waren sehr höflich. Sie führten Anassimow in ein Zimmer mit einer Ledercouch und baten ihn, zu warten. Sogar der stellvertretende Polizeipräsident begrüßte ihn, als sei er ein Gast. Nur daß man die Tür hinter ihm wieder abschloß, mißfiel Anassimow.

Auch als man nach einer knappen Stunde wieder zu ihm kam, war man sehr höflich zu ihm. Ein höherer Polizeioffizier – Anassimow kannte die Dienstgrade nicht – drückte ihm die Hand und sagte:

»Wir fliegen nach Tel Aviv, Mr. Anassimow. Bitte, kommen Sie mit.«

Anassimow zögerte. »Fliegen?« fragte er. »Wieso? Und warum Tel Aviv? Ich verpasse die Abfahrt meines Schiffes!«

»Falls das der Fall sein sollte, bringen wir Sie zum nächsten Hafen, den die *Monte Christo II* anläuft. Sie wollten doch einen Anwalt haben und mit Ihrem Botschafter sprechen, und der residiert in Tel Aviv. Darf ich bitten...«

Der Flug im Hubschrauber war für Anassimow ein Erlebnis. Unter ihm zog sich die Küste hin, Dörfer, Felder, herrliche Sandstrände, Fabriken und Hotelpaläste, aber dann drehte der Pilot plötzlich ab, flog eine scharfe Kurve Richtung Landesinnere. Anassimow sah Wüstenregionen, menschenleere Gebiete, Oasen und neugebaute Dörfer. Kibbuze, Gemeinschaftssiedlungen zur Erschließung des Brachlandes.

Erstaunt wandte er sich an den neben ihm sitzenden Polizeioffizier, der darauf schon lange gewartet zu haben schien und ihn anlächelte.

»Wo fliegen wir denn hin?« Anassimow zeigte mit dem Daumen nach unten. »Da geht es doch nicht nach Tel Aviv.«

»Nein.«

»Wir fliegen ins Landesinnere!«

»Ja.«

»Warum denn das?«

»Wir mußten umdisponieren, Mr. Anassimow. Wir werden im Kibbuz ›Neuer Tag‹ landen.«

»Kibbuz?« fragte Anassimow. »Was ist das?«

»In Rußland nannte man das früher Kolchose, Sowchose oder Kombinat. Es ist eine neugegründete Dorfgemeinschaft, in der sich Freiwillige zusammengeschlossen haben, um aus totem Land eine blühende Oase zu machen, die Obst und Gemüse und Getreide hervorbringt zum Wohle der Unabhängigkeit Israels.«

»Und was soll *ich* dort?!«

»Wir werden dort erwartet.«

»Von meinem Botschafter?«

»Sie haben Humor, wirklich.« Der Offizier lachte wie über einen Witz. »Lassen Sie sich überraschen.«

Der Hubschrauber landete mitten auf dem Platz des Kibbuz' in einer dicken Staubwolke. Schon beim Anflug erkannte Anassimow eine Ansammlung von fünf dunklen Limousinen, die rund um den Platz verteilt waren. Welch ein Aufwand für eine Vergewaltigung, die keine gewesen war. Dieser übereifrigen Polizei werde ich mal erzählen, wie's wirklich gewesen ist. Sie werden mit der Zunge schnalzen, wenn ich Lorettas Aktivitäten schildere. Was hat sie bloß veranlaßt, mich anzuzeigen! Und außerdem, meine Herren, ich war besoffen, und man hat mich im Schlaf überwältigt, das ist eine Frechheit, und dann zwei Tage eingesperrt, das ist Freiheitsberaubung!

Der Hubschrauber setzte auf, der Staub verzog sich, die fünf schwarzen Wagen glitten von allen Seiten auf sie zu.

»Da wären wir«, sagte der Offizier. Er öffnete die Kanzeltür. »Steigen Sie aus.«

»Ich protestiere!« rief Anassimow empört.

»Protest zur Kenntnis genommen.« Und dann, sehr scharf: »Aussteigen!«

Anassimow kletterte die drei Klappstufen hinunter und sah sich vier korrekt gekleideten Herren gegenüber. Trotz der großen Hitze trugen sie Anzüge, weiße Hemden und Krawatten. Einer von ihnen trat auf Anassimow zu und sprach ihn auf Russisch an.

»Ich heiße Alfred Hausmann und habe lange in Kiew gelebt. Sie sind verhaftet.«

»Das habe ich schon mal gehört!« schrie Anassimow, nun auch in seiner Muttersprache. »Das ist doch idiotisch! Ist das so ein schreckliches Verbrechen, eine schöne Frau zu lieben?! Ich war volltrunken...«

»Das können Sie nachher alles erzählen. Steigen Sie dort in diesen Wagen.«

Alfred Hausmann, als Sohn einer ausgewanderten jüdischen Familie in Bologoje geboren und in Kiew aufgewachsen, ging voraus und ließ Anassimow in den Wagen einsteigen. Er setzte sich neben ihn und zog die Tür zu. Sofort brauste die Limousine mit großer Geschwindigkeit vom Landeplatz weg.

»Wo wollten Sie das Schiff verlassen?« fragte Hausmann leichthin während der Fahrt.

»In Alexandria. Ägypten.«

»Und dann über Kairo mit dem Flugzeug zurück nach Moskau.«

»Genau. Ich habe mir mal sechzehn Tage Urlaub gegönnt.«

»Es war bestimmt eine schöne Fahrt.«

»Ja. Bis heute.«

Sie hielten vor einem zweistöckigen, weißgestrichenen, großen Steinhaus am Rande des Kibbuz', das sich schon von der Größe her deutlich von den anderen Bauten unterschied. Hausmann öffnete die Tür.

»Wir sind da. Bitte folgen Sie mir.«

Hausmann führte Anassimow in ein karg eingerichtetes Zimmer. Nur zwei Stühle und ein viereckiger Tisch standen darin, und auf dem Tisch befand sich ein Tonbandgerät. Das aber war es nicht, was Anassimow einen Schock versetzte – neben dem Tisch standen seine zwei Koffer. Er blieb im Zimmer stehen, starrte sie an und atmete plötzlich heftiger.

»Sie ... Sie haben meine Koffer von Bord geholt!« rief er empört.

»Wir haben gedacht, daß Sie Ihre Unterwäsche oder sonstwas brauchen.«

»Dazu haben Sie kein Recht!«

»Wir sehen das anders.« Ein braungebrannter Mann mittleren Alters hatte das Zimmer betreten und zeigte während der Bemerkung auf den einen Stuhl. »Wollen Sie sich setzen?« Auch er sprach russisch, und höflich stellte er sich vor. »Mein Name ist Zvi Silberstein.«

»Auch in Rußland geboren?«

»So ist es.« Zvi Silberstein machte eine alles umfassende Handbewegung. »Wissen Sie, wo Sie hier sind?«

»In einem Kibbuz.«

»Ja und nein. Sie befinden sich in einer Dienststelle des MOSSAD. Ist MOSSAD Ihnen ein Begriff?«

Und ob, dachte Anassimow und setzte sich. MOSSAD, der Geheimdienst Israels, von dem man sagt, er sei der beste der Welt. Besser als KGB und CIA. Ein Geheimdienst, der einfach alles wußte und überall operierte, der nicht nur Erkenntnisse sammelte, sondern auch gesuchte Verbrecher, die früher und heute Israel Schaden zufügten – vor allem alte Naziverbrecher – und aus ihren Verstekken entführten. Von dem »Fall Eichmann« hatte er gehört und von dem Nazijäger Wiesenthal, der die Gesuchten aufspürte und dann eine Informationen an den MOSSAD weitergab. Ein Geheimdienst, gefürchtet von allen Feinden Israels, vor allem von den Terrorgruppen, die immer wieder mit Überfällen und Bombenattentaten den Frieden im Heiligen Land erschütterten.

Zvi Silverstein lehnte sich Anassimow gegenüber an den Tisch und schaltete das Tonbandgerät an.

»Sie wissen, warum Sie jetzt bei uns sind?« fragte er.

»Nein!« Anassimows Stimme klang etwas heiser. »Mrs. Dunkun ist keine Jüdin. Und wenn – ich habe es nicht gewußt.«

»Es geht nicht um diese dubiose Vergewaltigung, Wladimir Leonidowitsch.«

»Das ist schon mal ein Fortschritt.«

»Es geht um zweihundert Gramm Plutoniumpulver in Ihrem Koffer.«

Schweigen. Anassimow spürte, wie sein Herz hämmerte. Immer und immer wieder hatte er sich vorgestellt, was passieren würde, wenn man ihn durch irgendeinen Zufall enttarnte. Nun war es geschehen, und der Zufall hieß Loretta Dunkun. So simpel war das, so absurd, daß er nur den Kopf schütteln konnte. Aber sein Gehirn gab die lange einstudierten Antworten auf alle bevorstehenden Fragen frei.

»Plutoniumpulver? Was ist das?«

»Mit Plutonium kann man eine Atombombe bauen.« Zvi Silverstein war ein Mensch mit großer Geduld. »Als wir Ihre Koffer untersuchten, fanden wir den kleinen verschweißten Metallkasten zwischen Ihrer Unterwäsche. Wir haben ihn sofort in ein Labor gebracht. In einer Bleiröhre steckte reines Plutonium – das ist das erste Ergebnis einer schnellen Analyse.«

»Plutonium? Atombombe? Was habe ich damit zu tun! Das ist doch lächerlich.« Anassimow schnellte von seinem Stuhl hoch. »Ich verlange, meinen Botschafter zu sprechen!«

»Das wird nicht möglich sein. Nuklearschmuggel ist ein internationales Verbrechen, das von den jeweiligen Erkenntnisstaaten verfolgt wird. In diesem Falle ist es Israel.«

»Ich habe keinen Metallkasten in meinem Koffer gehabt!« schrie Anassimow.

Zvi Silberstein zeigte auf das Gepäck. »Das sind doch Ihre Koffer.«

»Natürlich! Aber ich habe nicht... das ist ja lächerlich!«

»Und wie kommt das Plutonium in Ihren Koffer?«

»Weiß ich es? Man muß mir diesen Mistkasten untergeschoben haben.«

»Wladimir Leonidowitsch, verzichten wir doch auf das Spielchen mit dem großen Unbekannten!«

»Ich protestiere!« Anassimow bebte vor Wut. Er spielte vorzüglich und glaubhaft. »Ich war zwei Tage lang eingesperrt. Jeder konnte in dieser Zeit meine Kabine betreten und das Plutonium in meinen Koffer stecken! Überlegen Sie doch mal: Was soll ich mit dem Mist? Ich mache eine Urlaubsreise, ich will mich erholen und amüsieren... nimmt man da Bombenstoff mit? Das ist doch irrsinnig.«

»Sie sind in Istanbul zugestiegen, von Moskau kommend.«

»Ja! Und bei der Gepäckkontrolle in Istanbul hätte man sofort bemerkt...«

»Nein, eben nicht. Wir wissen, daß das Schiffsgepäck beim Einschiffen nicht kontrolliert wird. Auch nicht bei der Einreise in Istanbul, denn es ist Transfergepäck. Die erste und letzte Kontrolle war auf dem Flughafen in Moskau. Und da gibt es für einen Russen viele Möglichkeiten, einen solch brisanten Koffer durchzuschleusen. Das wissen wir, darin haben wir Erfahrung.« Silbersteins Stimme wurde hart, die joviale Art wich einem peitschenden Verhörton. »Sie wollten in Alexandria aussteigen. Angeblich, um zurückzufliegen, aber das hatten Sie nicht vor. Wohin sollten Sie das Plutonium bringen?«

»Ich weigere mich, auf diese idiotische Frage zu antworten!« schrie Anassimow.

»Wir können auch anders.« Der Polizeioffizier, der Anassimow im Hubschrauber begleitet hatte, ging um ihn herum und stellte sich neben Silberstein. »Sie genießen keinen staatlichen Schutz mehr. Wir betrachten Sie als Terrorist, der Israel schädigen wollte, der unseren Feinden Plutonium liefern wollte, um uns zu vernichten. Sie wissen, was das nach israelischem Recht bedeutet, und Sie wissen auch, daß uns keiner die Verhörmethoden vorschreiben kann. Nur die Wahrheit kann Sie retten.«

»Was heißt retten? Ist das eine Drohung?!«

»Nur eine Ankündigung, Anassimow. Sie haben zweihundert Gramm waffenfähiges Plutonium im Koffer... das betrachten wir als eine tödliche Bedrohung für Israel.«

»Wohin sollten Sie das Plutonium bringen?« fragte Silberstein, als der Offizier schwieg. »Nach Libyen? Nach Algerien! Über Kairo nach Teheran? Oder in den Irak? Auch Syrien käme in Betracht. Reden Sie, Wladimir Leonidowitsch!«

»Ich sage nichts. Gar nichts! Ich kann nur immer wieder betonen, daß ich von dem dämlichen Stahlkasten keine Ahnung habe, das ist alles. Die ganze Sache ist so verrückt, daß mir weitere Worte fehlen. Ich habe in Moskau einen Textilhandel und bin ein ehrlicher Kaufmann. Sie können sich in Moskau erkundigen. Ich gebe Ihnen alle Adressen. Man hat mich heimlich für diesen Plutoniumtransport mißbraucht. Ich bin kein Täter, ich bin das Opfer! Sehen Sie das doch endlich ein. Und mehr kann ich dazu nicht sagen.«

Damit war auch das erste Verhör beendet. Zwei Beamte des MOSSAD brachten Anassimow in eine Zelle, einem heißen, stickigen Raum ohne Klimaanlage oder Ventilator. Hier standen nur ein Bett, ein Stuhl und ein Tisch und in der hinteren Ecke ein Fäkalieneimer mit einem Holzsitz.

Seufzend ließ sich Anassimow auf das Bett sinken, drehte sich auf den Rücken, verschränkte die Arme hinter seinem Nacken und starrte an die weißgetünchte Decke.

Was wird nun? dachte er. Nehmen Sie mir die Geschichte mit dem Unbekannten ab? Logisch gesehen müssen sie es... sie haben keinerlei Beweise, daß ich das Plutonium aus Moskau mitgebracht habe. Und alles hatte so perfekt geklappt... die lockere Kontrolle auf dem Moskauer Flughafen Scheremetjewo II, für die der große Sybin gesorgt hatte, der Transport vom Flughafen Istanbul zum Schiff, alles war so einfach gewesen. So völlig normal. Und dann muß man auf einer Frau wie Loretta hängen bleiben, und alles ist zu Ende. Wenn Sybin das erfährt, gibt es nur eine Konsequenz: die Heimat Rußland vergessen und irgendwo auf der Welt untertauchen, und sei es in Feuerland oder in Alaska – nur weiterleben. Das war jetzt sein einziges Ziel. Es war deprimierend, zu erkennen, daß sich das ganze Leben durch eine einzige hormonelle Explosion verändert hatte. Was kann man dazu nur sagen? Scheiße!

Der MOSSAD hielt Anassimow zehn Tage lang gefangen.

Immer und immer wieder wurde er verhört, immer mit den gleichen Fragen traktiert, Tag und Nacht, mal morgens um fünf, dann abends um dreiundzwanzig Uhr, im Licht starker Scheinwerfer, die auf ihn gerichtet waren, die ihn blendeten und schwitzen ließen.

»Wo sollten Sie das Plutonium abliefern?«

»Ich wiederhole: Ich wußte nichts von dem Stahlkasten.«

»Wer ist Ihr Auftraggeber?«

»Ich habe keinen, verdammt noch mal. Ich war auf Urlaubsreise, wollte das Mittelmeer kennenlernen.«

»Woher stammt das Plutonium?«

»Wie soll ich das wissen? Ich habe nichts damit zu tun.«

Nach diesen zehn Tagen flog man Anassimow nach Tel Aviv. »Es hat keinen Zweck«, sagte Zvi Silberstein zu seinen Geheimdienstkollegen. »Wir drehen uns im Kreis, und Anassimow ist ein harter Bursche. Wir bekommen nichts von dem heraus, was er weiß. Bringen wir ihn zur Zentrale.«

In Tel Aviv wurde Anassimow noch einmal drei Tage lang verhört – natürlich ohne Erfolg. Fragen und Antworten glichen denen im Kibbuz. Sogar der Chef des MOSSAD sah ein, daß alle weiteren Worte sinnlos waren.

»So werden wir nie erfahren, wer hinter diesem Plutoniumschmuggel steckt. Und wir können Anassimow nicht einmal widerlegen, daß er von dem Stahlkasten in seinem Koffer nichts wußte. Diese zwei Tage Gefangenschaft auf dem Schiff sind sein bestes Alibi. Natürlich kann ein Unbekannter ihm das Plutonium in den Koffer gesteckt haben. Was dann in Alexandria passiert wäre, können wir nur ahnen, aber nicht beweisen. Wir müssen einfach seine Version glauben. Natürlich ist er der Nuklearschmuggler, ohne Zweifel, und das Plutonium 239, diese zweihundert Gramm, waren eine Qualitätsprobe, die den Abnehmer überzeugen sollte. Wir wissen jetzt durch die Laborbefunde, daß es fast neunzigeinhalb Prozent reines Plutonium ist. Wenn davon noch mehr auf dem Markt ist, wenn es sogar einige Kilogramm auf Abruf sind, dann Gnade uns Gott! Aber: Wie es beweisen?«

»Und was schlagen Sie vor?« fragte der konsternierte Verteidigungsminister, den man zu der abschließenden Besprechung gebeten hatte.

»Wir lassen Anassimow frei und entschuldigen uns bei ihm.«

»Unmöglich!«

»Er soll glauben, daß wir ihm sein Märchen abnehmen. Aber er wird keinen Schritt unbeobachtet tun! Nathan Rishon wird ihn nicht aus den Augen lassen. Er ist ein Meister in der Observation. Und wir werden Anassimow mit Jermila zusammenbringen.«

»Wer ist Jermila?« fragte der Minister, erregt von dem Gedanken, daß sich Israel bei einem Atomschmuggler entschuldigen würde.

»Eine der schönsten Frauen, die ich bisher gesehen habe. Sie besitzt eine Modeboutique in Tel Aviv, die wir eröffnet haben. Eine gute Tarnung... für eine unserer Agentinnen. Jermila Dorot – natürlich heißt sie anders – gehört zu unseren Spitzenleuten. Wenn Anassimow sie kennenlernt, wird er seine Geheimnisse preisgeben. Anassimow ist ein gerissener Kerl, aber in gewissen Situationen denkt er nur mit dem Unterleib. Das ist unsere einzige Chance.«

»Und diese... diese Jermila wäre bereit, so etwas zu tun?«

»Sie ist eine Patriotin«, antwortete der MOSSAD-Chef schlicht.

»Wenn Sie meinen...«

»Es ist ein Versuch, Herr Minister. Wir müssen Anassimow das Gefühl der Sicherheit geben, den Triumph, uns aufs Kreuz gelegt zu haben, und in dieser Gewißheit wird er irgendwann einmal einen falschen Schritt tun. Und dann haben wir ihn! Im Bett schmelzen alle Geheimnisse.«

Und so geschah es, daß Anassimow zum Chef des MOSSAD gebeten wurde – gebeten, nicht hingebracht – und voller Staunen erfuhr, daß er ein freier Mann sei. Ab sofort.

»Israel muß sich bei Ihnen entschuldigen«, sagte der Chef und reichte Anassimow die Hand. »Wir müssen uns geirrt haben.«

»Endlich sehen Sie das ein!« Anassimow blieb zurückhaltend und vorsichtig. Welch ein Trick steckt wohl dahinter? Woher die plötzliche Freundlichkeit? »Sie entlassen mich also?«

»Notgedrungen. Wir können Ihnen nicht beweisen, daß Sie die Unwahrheit sagen. Im Zweifelsfalle für den Angeklagten – das ist internationales Recht. Und Israel ist ein Rechtsstaat, gerade weil wir soviel Unrecht haben erdulden müssen. Wir haben nur eine Bitte an Sie.«

»Ich höre.«

»Wir möchten, daß Sie noch einige Tage in Tel Aviv bleiben. Auf Kosten des Staates erhalten Sie dann ein Flugticket nach Libyen. Sie fliegen mit einer britischen Maschine. Wir können ja nicht dorthin fliegen.«

Anassimow spürte ein heftiges Mißtrauen in sich aufsteigen.

»Warum gerade Libyen? Was soll ich dort?«

»Sie können von dort aus fliegen, wohin Sie wollen.«

»Das kann ich doch auch von Tel Aviv aus.«

»Ja. Aber das Ministerium, das den Flug finanziert, hat Libyen genannt. Warum, das weiß ich nicht.«

»Und wie lange muß ich noch in Israel bleiben? Ich sage es

ehrlich: Diese Gastfreundlichkeit ist nicht nach meinem Geschmack.«

»Wir verstehen das nach dem, was alles vorgefallen ist. Es war wohl ein Irrtum. Doch irren ist menschlich, und verzeihen eine große menschliche Tat.«

»Ich kann also alles mitnehmen? Meine Koffer, meinen Paß, die Dollar... alles?« fragte Anassimow zweifelnd.

»Alles... außer den zweihundert Gramm Plutonium.« Der MOSSAD-Chef lachte wie über einen guten Witz. »Mr. Anassimow, Sie sind ein freier Mann! Unser Staat hat sich erlaubt, für Sie ein Zimmer im Hotel *König David* zu reservieren.«

»Danke. Und wie lange muß ich noch hierbleiben?«

»Nur ein paar Tage.« Der Chef lächelte ihn an wie einen guten Freund, der ein Geschenk mitgebracht hat. »Sie werden sehen, Tel Aviv ist eine schöne Stadt. Man kann sich gut amüsieren. Das Schönste aber sind die Mädchen.«

»Danke, ich habe die Nase voll von solchen Abenteuern. Ich will nach Hause! Wann kann ich gehen?«

»Sofort. Ein Privatwagen wird Sie zum *König David* bringen.«

Anassimow verabschiedete sich mit Handschlag. Ein Beamter brachte ihn vor das Haus. Dort wartete ein schwarzer Mercedes auf ihn. Perfekt! Wirklich perfekt diese Organisation. Man erlebt selten, daß Beamte einen Fehler eingestehen, denn ihr Berufsethos verträgt keine Entschuldigungen. Ein Beamtenfehler ist allenfalls eine Fehlinterpretation.

Mit dem merkwürdigen Gefühl, in eine gefährliche Freiheit entlassen worden zu sein, ließ sich Anassimow zum Hotel *König David* fahren, einem absoluten Luxusbau von orientalischer Pracht. An der Rezeption erwartete man ihn bereits. Das Timing des MOSSAD war vollkommen.

»Wir begrüßen Sie in unserem Hotel, Mr. Anassimow«, sagte der Empfangschef mit einstudierter Höflichkeit. »Wir hoffen, daß Sie sich bei uns wohl fühlen. Wir haben für Sie Appartement Nummer dreihundert reserviert.«

Anassimow nahm den Schlüssel in Empfang, ein Boy trug die Koffer, und sie fuhren mit dem Lift hinauf in das dritte Stockwerk.

Aus einem Sessel in der großen Hotelhalle erhob sich ein Herr und trat an den langen Empfangstresen.

»Ist alles in Ordnung?« fragte er.

»Wie man es gewünscht hat, Herr Rishon.«

»Dann lassen Sie das Tonband einschalten. Von jetzt ab läuft es Tag und Nacht. Ich komme jeden Morgen, die Bänder abzuholen.«

Aber die »Wanzenüberwachung« brachte nichts. Anassimow führte kein Telefongespräch, hielt sich, bis auf ein paar Spaziergänge, vornehmlich in seinem Appartement auf, hörte im Radio mit Vorliebe Opernmusik oder saß vor dem Fernseher und genoß amerikanische Krimis. Am meisten aber hielt er sich in der Hotelbar auf und soff wieder wie ein Elefant. An zwei Abenden torkelte er in sein Appartement und fiel aufs Bett.

Am dritten Tag begegnete er Jermila Dorot.

Sie hatte sich auf einen Barhocker gesetzt und sah hinreißend aus.

Moskau ist eine herrliche Stadt, wenn die Sonne scheint. Dann blühen die vergangenen Jahrhunderte wieder auf, und die Schönheit der Kirchen, Paläste und Klöster, die Gigantomanie der Sowjetbauten und die Parks am Ufer der Moskwa werden zu einem ganz persönlichen Erlebnis.

Moskau im Regen – wie alle Städte im Regen – häßlich und abstoßend. Man fühlt sich irgendwie einsam und verloren in diesem Gebirge aus Stein und Beton, und man sieht plötzlich die Narben der Vergangenheit und die Gebrechen der Gegenwart.

So jedenfalls empfand es Victoria Miranda. Seit ihrem Eintreffen in Moskau war wenig geschehen, genau genommen, gar nichts. Sie lebte in der amerikanischen Botschaft, nahm ihre Mahlzeiten mit den anderen Botschaftsangehörigen ein, abends manchmal mit dem Botschafter selbst, und hatte tagsüber viel Zeit, sich mit der Stadt zu beschäftigen. Sie lernte Leute kennen, Gäste des Botschafters, hohe russische Militärs, Schriftsteller, neue Wirtschaftsbosse und sogar zwei Minister, aber an ihre wirkliche Aufgabe kam sie nicht heran.

Kevin Reed, der Botschaftsrat, dem sie formell unterstellt war, behandelte sie so, wie er sie empfangen hatte. Er hielt sie für nutzlos. Ihren Plan, sich in die Moskauer Unterwelt einzuschleusen und die Atommafia aufzuspüren, nannte er schlicht »absoluten Wahnsinn«. Auch bezweifelte er, daß es diese Atommafia überhaupt gab. Es gab keine Beweise dafür, nur Vermutungen, und Vermutungen in der Politik führen meistens zu einer Blamage oder gar Niederlage. Politik ist wie eine Gummiwand... je gründlicher man dagegen rennt, um so heftiger wird man zurückgeworfen.

»Wenn die CIA keinen greifbaren Gegner hat, erfindet es einen!« sagte Reed einmal im Kreis von Vertrauten. »Das ist typisch: Man muß beweisen, wofür man die Millionen von Dollar kassiert.«

Sechs Tage erduldete Victoria diese Atmosphäre... am siebten Tag zeigte sie Kevin Reed, daß sie aus dem Stall von Oberst Curley stammte. Ein Kind der Abteilung II/10, das alle Sonderrechte ausnutzen durfte.

»Ich weiß, wie Sie über mich denken, Kevin«, sagte sie. Ihre Stimme klang ruhig, aber bestimmt. »Aber das ist mir egal! Ich habe nun sechs Tage lang die Ferien in Moskau genossen und habe auch die Schonfrist erduldet. Damit ist nun Schluß! Nur weil ich ein geduldiger Mensch sein kann, habe ich bisher keine Beschwerde nach Washington geschickt.«

Botschaftsrat Reed schwieg und sah Victoria mit seinen wasserhellen Augen an. Er bereitete sich innerlich auf eine Auseinandersetzung mit ihr vor, ja, er hatte geradezu darauf gewartet, daß es zu einem Ausbruch kommen würde.

»Ich möchte umgehend eine eigene Wohnung, das ist meine Forderung Nummer eins.«

»Sagen wir Forderung Null! Ich habe Ihnen schon erklärt, daß in Moskau Wohnungsnot herrscht. Wohnungen werden nicht vermietet, sondern zugeteilt. Oder durch Korruption und Bestechung vermittelt.«

»Dann bestechen Sie!«

»Das ist eine typische CIA-Antwort.« Reed lächelte mokant. »Wir werden unsere Verbindungen spielen lassen. Was ist Forderung Nummer zwei?«

»Ich möchte eine Liste aller Lokale, Hotels und Kulturstätten haben, in denen man die neuen Wirtschaftsbosse Rußlands treffen könnte. Vor allem die mit einer befleckten Weste.«

»Da gibt es eine Menge, Lieutenant Miranda.« Reed genoß es, das Wort Lieutenant auf der Zunge zergehen zu lassen.

»Bitte. Ein paar Namen als Anfang.«

»Ein Lokal, in dem es bei vollem Licht durch die Anwesenheit einer Menge Dunkelmänner immer dunkel ist, ist die Bar *Tropical*. Eine Mischung von Saufpalast, sexuellem Varieté und Puff. Hier vergnügen sich die neuen Millionäre. Grob geschätzt, sitzen da pro Abend einige hundert Jahre Knast herum.«

»Das weiß man und tut nichts?«

»Wer sollte etwas tun? Die Polizei? Die ist korrumpiert. Hohe Polizeifunktionäre stehen auf den Gehaltslisten der ehrenwerten Bosse. Der KGB?« Reed lachte. »Die sitzen selbst an den Tischen oder huren in den Hinterzimmern. In Rußland hat sich viel verändert. Die Russen haben Perestroika und Glasnost falsch verstanden. Sie verwechseln Freizügigkeit mit Anarchie.«

»Dann wollen wir beim *Tropical* anfangen.« Victoria lehnte sich zurück. Reed zuckte mit den Schultern. Das Mädchen hat einen Stich! Sie will ins *Tropical*, einfach so, als wenn man in den Cafégarten des New Yorker Hotels *Plaza* geht.

»Haben Sie vor, in das *Tropical* zu gehen?« fragte er, um sich zu vergewissern.

»Ja.«

»Allein?« Reed winkte ab. »Unmöglich. Eine so attraktive Frau wie Sie allein unter besoffenen russischen Millionären... undenkbar! Wenn Sie die Bar besuchen, stelle ich zu Ihrer Begleitung zwei Mann ab.«

»Allein, Kevin!«

»Feilschen wir wie auf einem orientalischen Markt: einen Mann.«

»Nein! Ich gehe allein. Ich habe keine Angst, daß ich belästigt werde.«

»Der Central Park in New York bei Nacht ist jetzt sicherer als eine Moskauer Nacht. In New York kümmert sich die Polizei wenigstens, wenn auch ohne Erfolg, darum – in Moskau zucken die Milizionäre nur die Schultern und sagen: ›Wenn man so dumm ist, nachts durch Moskauer Parks zu gehen...‹ Aber gut, akzeptiert... Sie wollen allein ins *Tropical*. Aber Sie werden dennoch nicht allein sein – zwei unserer V-Männer werden schon in der Bar sitzen, bevor Sie hereinkommen.«

»Ich möchte in keiner Weise behindert werden!«

»Versprochen. Wir greifen nur ein, wenn man Sie abschleppen sollte.« Reed faltete die Hände über seinem Bauchansatz. »Noch etwas, Victoria?«

»Vorerst nicht. Am wichtigsten ist die Wohnung.«

»Natürlich. Sie ist eine Art sturmfreie Bude.« Das war im höchsten Maße anzüglich, aber Victoria nahm es ohne Regung hin und antwortete:

»Unter anderem... wenn es nötig ist...«

»Wann wollen Sie Ihre Tour beginnen?«
»Heute abend.«
»Ich besorge Ihnen die Liste. In zwei Stunden ist sie bei Ihnen. Und einen neun Millimeter Smith & Wesson bekommen Sie auch.«
»Ich brauche keine Pistole. Ich beherrsche Kung-Fu.«
»Das können die meisten Bodyguards der Bosse auch. Ich würde mich darauf nicht einlassen. Eine Kugel ist allemal schneller.«
»Sie sprechen ja so, als ginge ich geradewegs in die Hölle.«
»Hölle ist eine biblische Erfindung. Wenn Sie dort ankommen, sind Sie bereits tot. Hier aber leben Sie, und das ist ungleich schmerzhafter.«

Das Gespräch war damit zu Ende. Reed verabschiedete sich und organisierte Victorias »Ganovenausflug«, wie er es bezeichnete. Er stellte zwei V-Männer zur Verfügung, ließ eine Liste aller In-Lokale anfertigen und unterrichtete den Botschafter von den geplanten Aktivitäten des Lieutenants Miranda.

»Leider können wir sie nicht daran hindern«, sagte der Botschafter. »Sie gehört nicht zum Botschaftspersonal. Sie untersteht nur der CIA! Wir können sie nur beschützen. Aber da ist sie ja bei Ihnen in den besten Händen, Kevin.«

Reed bezweifelte das, aber er sprach nicht darüber.

Am Abend streifte Victoria ein enges Cocktailkleid über ihre makellose Figur, legte ein diskretes Make-up auf und band die blonden Haare im Nacken mit einer roten Schleife zusammen. Jetzt sah sie aus wie ein achtzehnjähriges Schulmädchen, das die Abwesenheit ihrer Eltern ausnutzte, um sich einen Abend lang zu amüsieren. Oder wie eine raffinierte Nutte, die auf Kindfrau machte. Je nachdem, wie man sie sehen wollte...

Ein Taxi brachte sie zum *Tropical*. Da sie eine Ausländerin war und zudem eine Nutte, als die sie der Taxifahrer nach einem kurzen Blick einschätzte, verlangte er einen enorm überhöhten Fahrpreis, und Victoria zahlte ohne Zögern.

Auf der Bühne des *Tropical* lief die erste Sexshow. Mit geübtem Blick erkannte der Türsteher sofort die Ausländerin; ein aalglatter Geschäftsführer wies ihr einen Tisch in der ersten Reihe zu.

Victorias Erscheinen in der Bar löste gespannte Aufmerksamkeit aus. Ein paar Herren mittleren Alters, in Maßanzügen, aber mit offenen Hemdkragen, erkundigten sich beim Geschäftsführer, wer der »Neuzugang« sei.

»Ich weiß es nicht«, antwortete er. »Eine Ausländerin, das ist sicher. Vielleicht eine Amerikanerin... der Sprache nach. Sie ist zum ersten Mal hier. Meine Herren, halten Sie sich zurück, sie könnte verabredet sein.«

Das Programm auf der Bühne fand Victoria ekelhaft. Die Mädchen waren hübsch, zugegeben, aber was sie mit ihren schönen Körpern vollführten, war übelste Pornographie. Ein Kellner fragte sie auf englisch, was er bringen dürfe, und sie antwortete ohne Zögern:

»Champagner.«

»Russischer oder französischer?«

»Französischer.«

Auch das wurde von den Herren registriert: Sie hatte also Geld. Man tippte auf die Tochter eines amerikanischen Millionärs, die eine Reise durch Rußland unternahm und der man an der Hotelrezeption gesagt hatte, sie müsse unbedingt in das *Tropical*, wenn sie etwas erleben möchte.

Victoria hatte gerade ihr erstes Glas Champagner getrunken, als sie an den Nebentischen eine merkwürdige Unruhe bemerkte. Der Geschäftsführer stand plötzlich vor ihr und spielte den Verlegenen.

»Darf ein Gast bei Ihnen Platz nehmen?« fragte er. »Ihr Tisch ist der einzige, an dem noch ein Platz frei ist.«

Bevor sie antworten konnte, wurde der Geschäftsführer mit einer Armbewegung zur Seite geschoben. Ein eleganter Mann mit einem schmalen Lippenbärtchen, schwarzen anliegenden Haaren und lebendigen dunklen Augen beugte sich zu ihr hinunter.

»Natürlich hat die Lady nichts dagegen, daß ich den freien Platz belege«, sagte der. »Oder irre ich mich da?«

Victoria musterte den Mann kurz. Typ Hollywood der dreißiger Jahre. Pomadisierte Haare, Menjoubärtchen, übertriebene Eleganz. Sie sah auch die Finger mit den großen Edelsteinringen, protzig, ja fast lächerlich, und sie bemerkte, daß ihm an der linken Hand ein Finger fehlte.

»Bitte!« sagte sie reserviert und zeigte auf den freien Stuhl. »Er gehört Ihnen.«

Sybin setzte sich. In der Bar ertönte ein leises Raunen, das von der Musik auf der Bühne verschluckt wurde. Natürlich Sybin, wer sonst! Laß uns alle Hoffnungen begraben... gegen Sybin kommt niemand an. Außerdem ist das Leben viel zu kurz, um es aufs Spiel zu setzen.

Unaufgefordert brachte der Kellner für Sybin Champagner und

eine silberne Schale mit frischem Obst. Ein Stammgast, stellte Victoria fest. Ein interessanter bunter Vogel, der da an ihren Tisch geflattert war. Das wurde noch bestätigt, als eines der Mädchen auf der Bühne ihren Slip abstreifte und ihn ihm zuwarf. Victoria fing ihn auf und legte ihn Sybin neben das Champagnerglas. Irgend jemand im Hintergrund klatschte, aber da niemand in den Beifall einfiel, verebbte er schnell wieder.

»Fangen Sie immer Slips auf?« fragte Sybin, um ein Gespräch zu beginnen.

»Nur, wenn sie mir entgegenfliegen. Ist das die russische Art? Gehört das zum Volkstum? Von an die Wand geworfenen Wodkagläsern habe ich schon gehört.«

»In diesem Lokal ist alles möglich.« Sybin gab seiner Stimme einen tieferen, sinnlichen Klang. Interessiert glitt sein Blick über Victorias Halsausschnitt, über die Wölbungen ihrer Brüste und über ihr weißblondes Haar – sie war ein sehr schöner Anblick. Vor allem die blonden Haare regten ihn ungemein an. »Darf ich mich Ihnen vorstellen? Mein Name ist Igor Germanowitsch Sybin...«, sagte er.

»Victoria Miranda.«

»Ein Name wie Musik von Puccini.«

»Sie kennen seine Opern?«

»Ich liebe Puccini. Sie sind Italienerin?«

»Amerikanerin.«

»Aber der Name Miranda...«

»Mein Vater war Mexikaner, meine Mutter lebt in Montana und ist in Phönix geboren.«

»Sie bereisen Rußland privat?«

»Ja und nein. Ich habe Kunstgeschichte studiert und will mir jetzt die Stätten der russischen Kunst ansehen. Also halb Ferien, halb Arbeit. Ich möchte morgen das Andrej-Rubjow-Museum für altrussische Kunst im Andronikowkloster besichtigen. Dort soll es die schönsten Ikonen geben.«

»Sie haben sich viel vorgenommen, Miß Miranda. Das schafft man ohne kundige Begleitung nie. Darf ich mich als Führer empfehlen?«

»Sie verstehen auch etwas von Kunst?«

»Ich verstehe von allem etwas.« Das klang nicht überheblich, sondern überzeugend. »Meine Interessen sind vielfältig.« Sybin lächelte nach diesem Satz – so kann man es elegant ausdrücken.

Die Darbietungen auf der Bühne waren zu Ende, der Vorhang fiel. Ein Balalaikaorchester übernahm die Unterhaltung. Sie spielten Jazz und Country-Music auf den alten Instrumenten, eine nicht alltägliche Musik. Victoria gefiel sie.
Der Abend verlief harmonisch. Sybin spielte auf der Klaviatur seines Charmes und stellte fest, daß Miß Miranda offensichtlich Interesse für ihn zeigte. Aber er hütete sich, das zu testen. Die Konversation bewegte sich zwischen Kunst und Musik, Sport und russischer Geschichte, und Victoria wunderte sich, wie so ein Parvenü mit mindestens zweihunderttausend Dollar an den Fingern wirklich über alles plaudern konnte, ohne langweilig zu werden.
Gegen zwei Uhr morgens beendete Victoria das kleine Abenteuer. Sie zahlte, obgleich Sybin die Rechnung übernehmen wollte, und sie lehnte es auch ab, daß er sie mit seinem Jaguar zum Hotel bringen wollte. Sie nahm ein Taxi, und Sybin winkte ihr von der Tür des *Tropical* aus nach.
In ihrem Zimmer in der Botschaft setzte sie sich auf die Bettkante und ließ den Abend noch einmal an sich vorbeiziehen.
Igor Germanowitsch Sybin... was war das für ein Mann? Ein eitler Fatzke mit Manieren. Ein Emporkömmling mit Bildung. Was verbirgt sich hinter seiner Hollywoodfassade?
Morgen, im Rubjow-Museum, wollte sie mehr über ihn erfahren...
Sybins Stimme dröhnte in dem Hörer, als Dr. Sendlinger das Telefon abhob. Zunächst verstand er kein Wort, so schrie Sybin herum, und so fragte er, als Sybin Atem holen mußte:
»Was ist denn los?«
»Soll ich das alles wiederholen?« brüllte Sybin.
»Ich habe kein Wort verstanden. Ist ein Reaktor in die Luft geflogen?«
»Für Witze habe ich jetzt keinen Nerv! Anassimow ist verschwunden! Genügt das nicht?«
Dr. Sendlinger kniff die Augen zusammen und griff nach einem Zigarillo. Erst als er den ersten Zug getan hatte, fragte er:
»Was heißt verschwunden?«
»Soll ich dir das buchstabieren? V-e-r...«
»Ich begreife das nicht«, unterbrach ihn Dr. Sendlinger.
»Wer kann das begreifen? Seit zehn Tagen höre ich nichts von ihm! Planmäßig ist er in Istanbul auf das Schiff gegangen, aber nicht in Ägypten, in Alexandria, angekommen. Ich habe mir die Passa-

gierliste der Reederei kommen lassen... Anassimow steht drauf! In Alexandria muß er – so die Reederei – mit vierzig anderen Passagieren das Schiff verlassen haben. Aber unser Mann in Ägypten hat vergeblich gewartet. Anassimow kam nicht an. Auch in Libyen ist er nicht aufgetaucht... unser Kunde ist sehr verärgert.«

»Das heißt, dein sogenannter bester Mann ist mit zweihundert Gramm reinem Plutonium zu Luft geworden!«

»Anassimow hatte mein vollstes Vertrauen! Er arbeitete schon sieben Jahre für mich. Immer Sonderaufträge, die er gewissenhaft erfüllte.«

»Ich kann dazu nur sagen: Igor, den Preis für diese zweihundert Gramm mußt du tragen.« Dr. Sendlinger sah dem Qualm seines Zigarillos nach. »Nehmen wir an, er ist aufgefallen und verhaftet worden.«

»Von wem denn? Er war ja die ganze Zeit auf dem Schiff.«

»Wie würde sich dieser Anassimow bei einem Verhör verhalten?«

»Wie ein Fisch: glotzen und schweigen.«

»Auch bei ›harter‹ Befragung?«

»Auch dann.«

»Und wenn er sich selbständig gemacht hat und die zweihundert Gramm auf eigene Rechnung anbietet? Immerhin ist das ein Millionenbetrag, da ist die Versuchung groß.«

»Er kennt keine Namen und keine Adressen. Nur Codeworte für die Übergabe. Und er hat das Schiff nicht verlassen können.«

»Es gab auf dieser Reise viele Stationen. Rhodos, Zypern, Beirut, Haifa...«

»Mit einem Kasten Plutonium zu den Israelis! Das ist doch idiotisch!« schrie Sybin. Weniger der Verlust der zweihundert Gramm erregte ihn so, sondern der Vertrauensbruch seines alten Mitarbeiters. Konnte man sich auf keinen mehr verlassen? »Außerdem hat er von Beirut aus noch angerufen. Alles planmäßig. Bedankt hat er sich sogar für diese fröhliche Urlaubsreise. Ich stehe vor einem Rätsel.«

»Was können wir tun, Igor?« Dr. Sendlinger zerdrückte den Rest seines Zigarillos in einem aus Ebenholz geschnitzten Aschenbecher. Andenken an eine Reise nach Zaire, wo er im Auftrag einer pharmazeutischen Fabrik wegen der Lieferung von Medikamenten verhandelt hatte, die letztendlich die deutsche Entwicklungshilfe bezahlte. »Wir können gar nichts tun – nur warten, ob, wo und wann dein lieber Anassimow auftaucht oder die zweihundert Gramm Plutonium.«

»Ich habe jetzt drei Kilo zusammen.«

»Wann kommen sie an?«

»Nächste Woche.«

Sie konnten jetzt frei miteinander sprechen: Dr. Sendlinger und Sybin hatten getestet, ob ihre Gespräche abgehört werden. Sybin hatte in einem Telefonat verkündet: »In Kürze läuft die Aktion gegen Jelzin an!« Keine Reaktion des russischen Geheimdienstes. Wäre man bei ihm erschienen, hätte er lachend gesagt: »Liebe Freunde... es geht um den Geburtstag von Jelzin! Wir wollen ihn mit einem Fackelzug überraschen.« Und Dr. Sendlinger hatte am Telefon gesagt: »Das Attentat auf Kohl ist gesichert.« Auch er hätte beim Eintreffen des Berliner LKA verwundert geantwortet: »Meine Herren, wir wollten lediglich dem Bundeskanzler einen großen Korb voller Rosen schicken, als Anerkennung seiner Europapolitik. Wir haben diese Aktion scherzeshalber Attentat genannt!« Aber man hätte dann gewußt, daß ihre Telefone angezapft waren.

Das war nicht der Fall. Warum auch? Dr. Sendlinger war ein renommierter Anwalt, Freund des Oberstaatsanwalts und einer Gruppe einflußreicher Politiker, und Sybin war ebenfalls über alle Zweifel erhaben. Seinen Namen kannte jeder maßgebende Mann in Moskau... vom Minister bis zum KGB-Chef, vom Generalstab bis zum Milizkommando. Einige der angesehenen Herren konnten sich aufgrund ihrer Freundschaft mit Sybin sogar eine Datscha in den Wäldern rund um Moskau leisten.

»Gratuliere.«

»Du siehst, meine Leute arbeiten präzise. Wawra Iwanowna in Krasnojarsk hat zwei Kilo herausgebracht, wie mir Suchanow meldet, und in Majak hat Lew Andrejewitsch Timski bisher ein Kilo gesammelt, das hat mir Grimaljuk mitgeteilt. Beide Sendungen kommen mit Frachtzügen nach Polen und von dort mit einem Transport polnischer Tiefkühlgänse nach Berlin. Da die Zollabfertigung in Frankfurt/Oder stattfindet, wird sich der Berliner Zoll nicht mehr darum kümmern. Der Lastwagen wird in Frankfurt verplombt, das ist der einfachste und sicherste Weg. Einen Kühltransporter räumt man zur Kontrolle nicht aus, die Kühlkette darf nicht unterbrochen werden. Und polnische Gänse sind eine beliebte Handelsware. Zweihundertvier Millionen Dollar sind unterwegs.«

»Ich werde persönlich die Ware über Paris zu dem Besteller

bringen. Wenn wir nur wüßten, was mit Anassimow geschehen ist! Er könnte uns Schwierigkeiten bereiten. Auch wenn er die Probe nur verkauft und später nicht liefern kann, hat er dreizehneinhalb Millionen Dollar kassiert und die Abnehmer mißtrauisch gestimmt. Wer einmal betrogen worden ist, verhandelt nur noch mit geschlossenem Visier. Anassimow weiß wirklich keine Namen?«

»Ich garantiere: Nein!« Sybin versuchte, Dr. Sendlinger in Bedrängnis zu bringen. »Was ist eigentlich aus deinem Boten, diesem Kraftfahrer aus Köln, geworden?«

»Freddy Brockler? Man hat ihn zu einem Jahr mit Bewährung verurteilt. Hier hat das Gericht erstaunlich schnell gearbeitet. Es hat sich von seiner Harmlosigkeit überzeugt. Freddy läuft frei herum. Waldhaas hat darauf verzichtet, den ›Londricky-Effekt‹ anzuwenden. Brockler hatte wirklich keine Ahnung, was man ihm an den Motor geklemmt hatte.« Dr. Sendlinger hatte schnell begriffen, warum Sybin zu Brockler ablenkte. Nicht mit mir, Igor, dachte er. Hier klappt das alte Spiel nicht: Schlägst du meinen Esel, schlage ich deinen Esel. »Anassimow singt da einige Töne höher. Er weiß zuviel.«

»Er weiß nur, daß ihn in Alexandria ein Mann erwartet, der sich mit einem Codewort vorstellt. Mehr nicht. Keinen Namen.«

»Aber er kennt dich, Igor. Das genügt ja wohl, um unsere ganze Aktion zu Fall zu bringen.«

Sybin schwieg. Seine Gedanken waren die gleichen wie die von Dr. Sendlinger: Würde Anassimow wirklich schweigen, wenn er in die Hände eines Geheimdienstes gefallen war? Besaß er die Stärke, auch qualvolle Verhöre durchzustehen? Wenn Anassimow enttarnt worden war, dann kam auf seiner Reisestrecke nur der MOSSAD in Frage, denn ab Beirut hatte er nichts mehr von sich hören lassen. Und der MOSSAD ist nicht zimperlich... der Erfolg der Israelis sprach für sich. Der beste Geheimdienst der Welt könnte auch einen eisernen Anassimow knacken.

»Ich werde meine Beziehungen in Ägypten, Libyen, Irak und Iran spielen lassen«, sagte Dr. Sendlinger, weil Sybin schwieg. »Irgendwo wird er auftauchen müssen, um seine zweihundert Gramm loszuwerden. Dann ist es deine Aufgabe, sofort zu handeln.«

»Anassimow wird seinen Verrat bereuen.« Sybins Stimme war dumpf geworden. »Auf meiner Liste ist sein Name bereits durchgestrichen...«

Noch aber lebte Wladimir Leonidowitsch sehr fröhlich im Hotel *König David* auf Kosten der israelischen Regierung. Er war überzeugt, seine Unschuld bewiesen zu haben. Der Metallkasten in seinem Koffer war von Experten des MOSSAD analysiert worden. Das Gehäuse war eine japanische Konstruktion, das Bleirohr stammte aus Vietnam, das Plutoniumpulver einwandfrei aus Rußland. Ein solch reines Plutonium 239 gab es nur in den ehemaligen geheimen Reaktorwerken von Majak oder Krasnojarsk. Damit stand für die israelischen Experten fest, daß nur Rußland der Lieferant sein konnte und daß Anassimow mehr wußte, als er zugab. Daß jemand heimlich den Kasten in seinem Koffer versteckt hätte, daran glaubte niemand. Warum sollte ein Unbekannter ausgerechnet einem Russen Plutonium aus Kranosjarsk ins Gepäck legen?

Jermila Dorot hatte an der Bar einen alkoholfreien Cocktail bestellt und wartete auf Anassimow. Zwei Barhocker weiter saß Nathan Rishon, trank ein Bier und blinzelte ihr zu, als Anassimow die Bar betrat und sich nach einem freien Platz umsah.

Er ist da. Mach deine Sache gut, Mädchen.

Jermila straffte sich, und wie sie da auf dem Hocker saß, ein Bein angezogen, eines herabhängend, konnte niemand übersehen, daß sie schlanke Schenkel hatte und einen kleinen, aber wohlgeformten Po. Eine verlockend schöne Frau, die mit gespitzten Lippen ihren Cocktail mit einem Strohhalm trank. Ein ungemein erotischer Anblick.

Genau das stellte auch Anassimow fest. Er war jetzt vierzehn Tage lang ruhiggestellt gewesen, was für einen Kraftmenschen wie ihn eine Qual war, um so mehr, wenn er angetrunken war, und das war er bereits, als er jetzt die Hotelbar betrat. Er hatte in seinem Appartement schon drei Fläschchen Wodka und Kognak getrunken, nur so zur Einstimmung, denn er war fest entschlossen, seine wiedergewonnene Freiheit nicht nur an der Bartheke, sondern auch im Bett mit einer der vielgerühmten schönen Frauen Israels zu feiern.

Nun sah er Jermila allein und attraktiv an der Bar sitzen und ihren Cocktail schlürfen, und sofort lösten seine Hormone Alarm aus. Ohne Zögern durchschritt er den Raum und setzte sich neben Jermila an den Tresen. Der Barkeeper, der ihn seit drei Tagen kannte, nickte ihm freundlich zu.

»Das gleiche wie immer, Sir?«

»Nein! Dieses Mal das, was die Dame neben mir trinkt.« Anassimow grinste Jermila unbefangen an. »Ist das gut?« fragte er.

Der Barkeeper begann einen Cocktail zu mischen, der farblich dem von Jermila ähnlich sah, aber aus einem Gemisch hochprozentigen Alkohols bestand. Schon beim ersten Schluck erstarrte Anassimow in Ehrfurcht vor der Trinkfestigkeit der Dame.

»Sie sind Stammgast?« Jermila begann das Gespräch, um ihre Kontaktfreudigkeit zu signalisieren.

»Wieso?« fragte Anassimow etwas dümmlich.

»Der Barkeeper kennt Ihre Wünsche, ohne vorher zu fragen.«

»Man hat so seine Gewohnheiten. Jeder Mensch ist im Grunde konservativ, wer immer nur Bier trinkt, wird nicht plötzlich Limonade trinken.« Das Gespräch fand auf englisch statt, und Anassimow schämte sich wegen seiner miserablen Aussprache.

Der Barkeeper servierte den Cocktail, Anassimow kippte den ersten Schluck und bekam plötzlich einen roten Kopf. Er bemühte sich, nicht zu husten, und atmete tief durch, da der Schluck im Magen noch weiter brannte. Entgeistert starrte er erst das Glas von Jermila, dann sie an.

»Alle Achtung!« sagte er. »Das schlürfen Sie so einfach durch den Strohhalm?«

»Ich trinke Cocktails immer mit Strohhalm. Es ist genußvoller.«

»So ein höllisches Gesöff?«

»Ich finde es hervorragend. Botha ist der beste Barmixer, den ich kenne. Seine Kreationen sind umwerfend.«

»Das kann man wohl sagen.« Anassimow setzte sich in Positur. Seine Wirkung auf Frauen kannte er, und wenn eine Frau so ein Teufelszeug ohne Wimpernflattern trank, hatte er keine Zweifel daran, daß man sich im Laufe des Abends näherkommen würde. »Sie wohnen auch im Hotel?«

»Nein. Ich habe eine Freundin besucht. Wir haben ein Konzert gehört: die zweite Sinfonie von Schumann in der Philharmonie, unter Mehta. Wundervoll...«

Anassimow hütete sich, das Thema aufzugreifen. Wer ist dieser verdammte Schumann, dachte er. Nie gehört. Aber man kann ja nicht alles kennen, man ist ja kein lebendes Lexikon.

»Ich liebe Beethoven mehr«, wich er aus. »Oder Semjaluk...«

»Wer ist Semjaluk?« fragte Jermila wirklich erstaunt.

Anassimow lächelte sie an und dachte: Kenne ich auch nicht, der Name ist mir eben eingefallen. Klingt gut, was? Semjaluk... Und laut sagte er: »Er ist ein russischer Komponist, so um 1845 herum. Die wenigsten kennen ihn. Er verarbeitete Volkslieder zu Sinfonien, die aber selten gespielt werden. Ich behaupte: Er hätte das Zeug, ein

Tschaikowsky zu sein. Aber es werden ja so viele Künstler verkannt, und Semjaluk ist einer von ihnen.«

Anassimow nahm einen neuen Schluck des Cocktails, ganz vorsichtig und zuckte unwillkürlich zusammen, als Jermila zu Botha hinüberrief:

»Noch einen Spezial, Botha!«

»Sofort, Mrs. Dorot.«

Anassimow warf einen Blick auf Jermilas Figur und bezwang seine Unruhe. »Sie heißen Dorot?« fragte er.

»Jermila Dorot.«

»Ich bin Wladimir Leonidowitsch Anassimow.«

»Mein Gott, wer soll so einen Namen behalten!« Sie lachte und trank durch den Strohhalm einen kräftigen Schluck aus dem eben servierten Cocktailglas. Anassimow sah sie fasziniert an: Sie trinkt es wie Himbeerwasser! Als Säufer kann man diese Leistung wertschätzen. Welch eine Frau! Wenn sie im Bett genauso scharf ist wie ihre Cocktails, dann war Loretta Dunkun in Kabine 017 nur fade Limonade.

»Kürzen wir ihn ab, Mrs. Dorot.« Anassimow machte auf dem Barhocker eine kleine Verbeugung. »Nennen Sie mich so, wie mich meine Freunde rufen: Wladi...«

»Das klingt, als ob man einen Hund lockt...«

Jetzt! Anassimow griff zu seinem Glas und kippte den Rest in einem Zug hinunter. Wieder wurde sein Gesicht rot, und er hatte das Gefühl, Feuer geschluckt zu haben. Jetzt!

»Ich wünschte, ich wäre ein Hund...«

»Aber nein!«

»Ein Schoßhund bei Ihnen... Sagen Sie Wladi zu mir, und ich wedele mit dem Schwanz...«

»Darauf möchte ich es nicht ankommen lassen!« Jermila blinzelte ihn an. »Was führt Sie nach Israel?«

»Ein Zufall. Ich wollte mit dem Schiff nach Alexandria. In Haifa steige ich aus, sehe mir die Stadt an, trinke etwas zuviel... und verpasse das Schiff. Eine einfache Geschichte.«

»Das kann man wohl sagen!« Jermila lachte herzhaft. »Und nun?«

»Ich habe beschlossen, noch ein paar Tage in Tel Aviv zu bleiben und dann zurückzufliegen.«

»Nach Rußland?«

»Ja. Nach Moskau.«

»Und dort warten Frau und Kinder.«

»Ich bin nicht verheiratet.« Anassimow winkte zu Botha hinüber. Noch ein Glas Höllensaft! »Und Sie?«

»Ich habe eine Modeboutique in Tel Aviv. Ich entwerfe meine Kollektion selbst. Aber ich wohne außerhalb der Stadt in einem schönen, kleinen Haus. Ich liebe die Stille, den Wind, die treibenden Wolken, den Blick in die Unendlichkeit...«

»Wie ich! Wie ich!« Anassimow ergriff plötzlich ihre Hand und küßte sie. »Verzeihen Sie mir meinen Ausbruch, bitte! Ich habe einen Onkel in Sibirien... und immer, wenn ich ihn besuche – er hat eine Datscha in der Taiga –, liege ich im Gras und starre hinauf in den weiten Himmel, und ich winke den Wolken zu, höre das Atmen der Natur in jedem Vogelgezwitscher und sauge die Luft ein wie ein betäubendes Gas...«

»Sie sind ja ein Lyriker, Wladi...«

»Danke.«

»Wofür?«

»Sie haben mich zum ersten Mal Wladi genannt.«

»Oh! Habe ich das? Das war unbewußt.«

»Bleiben Sie dabei, Jermila? Darf ich Jermila sagen?«

»Ich habe nichts dagegen.«

»Und noch eine Frage: Darf ich Ihr kleines Paradies sehen? Ihre Taiga...«

»Eigentlich nicht.«

»Eigentlich läßt Hoffnung aufkeimen.«

»Ich habe selten Besuch, sehr selten. Ich bin gern allein.«

»Machen Sie eine Ausnahme und einem kleinen Russen ein Geschenk. Bitte. Sie lieben den Wind, der die Wolken am Himmel vorantreibt... ich liebe den Wind, wenn er in den Wäldern singt. Ich verspreche Ihnen, Ihre geliebte Stille nicht zu stören.«

Sie saßen zwei Stunden lang an der Bar und tranken noch zwei Cocktails. Jermila überstand sie, ohne Wirkung zu zeigen, Anassimow dagegen sah die Zeit gekommen, in sein Appartement zu wanken. Er hatte Angst vor dem fünften Höllentrank und wollte nicht vor Jermila vom Barhocker fallen.

»Sehen wir uns morgen wieder?« fragte er mit schwerer Zunge.

»Ich habe es mir überlegt.« Jermila strich ihm über das Gesicht. »Wir fahren morgen zu meinem Haus.«

»Sie sind eine wundervolle Frau, Jermila. Wladi wird morgen auf Sie warten.«

»Um zehn Uhr hole ich Sie ab.«

»Das Hündchen wird ganz zahm sein.«

Er beugte sich über ihre Hand, küßte sie, rutschte dann vom Hocker und verließ, schwankend wie ein Seemann bei rauher See, die Bar.

Nathan Rishon kam zu Jermila hinüber. Er hatte die ganze Zeit an der Theke gesessen und fünf Bier getrunken.

»Alles in Ordnung?« fragte er.

»Wir fahren morgen in mein Haus. Für Sie war es langweilig, nicht wahr?«

»Ich habe jetzt einen Bierbauch!« Rishon zog die Brauen zusammen. »Ich werde Silberstein erklären, daß es eine Frechheit ist, mir an der Bar nur Bier zu genehmigen. *So* arm ist unser Staat nicht! Also morgen. Ich fahre voraus. Wenn es kritisch wird, schlagen Sie eine Scheibe ein. Ich bin dann sofort bei Ihnen. Bis morgen also.«

Er verließ die Bar. Jermila unterschrieb die Rechnung, die Botha ihr vorlegte. Dann verließ auch sie das Hotel *König David,* ging zu einem japanischen Wagen und fuhr davon. Natürlich hatte sie eine Wohnung in Tel Aviv und auch einen Hund, der auf sie wartete.

Nur hieß er nicht Wladi – so kann man Dackel nennen –, sondern Bobo und war ein eleganter Afghane.

Pünktlich um zehn Uhr am nächsten Vormittag betrat Jermila die Hotelhalle. Sie trug ein schlichtes, weißes Kleid, das elegant hätte sein können, wenn es nicht extrem kurz gewesen wäre. Man sah ihre langen schlanken Beine, die durch die hochhackigen Schuhe noch länger wirkten – ein anregender Anblick.

Anassimow wartete in der Halle. Sein Gesicht war etwas aufgedunsen, denn die höllischen Cocktails kreisten noch in ihm. Um so mehr wunderte er sich über Jermila. Wie macht sie das bloß, dachte er, als er sie in die Halle hereintrippeln sah. Sie sieht aus wie die ewige Jugend, wie einem Verjüngungsbad entstiegen, so taufrisch und fröhlich, daß es schon eine Provokation ist. Ich alter Säufer wirke dagegen wie ein zerknitterter Sack. Verdammt, wie kann eine Frau soviel schlucken, ohne eine Reaktion zu zeigen!

Er ging ihr entgegen, versuchte ein kurzes Bellen und sagte:

»Wladi begrüßt Frauchen...«

Jermila lachte. Sie hatte Bobos Leine mitgebracht und hielt sie jetzt hoch. Anassimow zuckte zusammen. Er streckte den Kopf vor und sagte:

»Wenn Sie Wladi anbinden wollen ... er ist bereit. Er ist für alles bereit.«

»Die Leine ist für unartige Hunde. Ich zeige sie Ihnen nur zur Sicherheit.«

»Ich gehorche Ihnen aufs Wort.«

»Kommen Sie.«

Sie gingen zu Jermilas Auto, stiegen ein und sahen sich an. Anassimow atmete schwerer.

»Wie lange fahren wir?« fragte er.

»Drei Stunden.«

»So lange?«

»Mein Haus liegt in einer Wüstenoase...«

»Wüste...?«

»Ja. In einem Kibbuz. Er heißt ›Shalom‹.«

Kibbuz. Anassimow kaute an seiner Unterlippe. Für ihn war das Wort Kibbuz zu einem Reizwort geworden. Die Tage im Haus des MOSSAD hingen ihm noch in den Knochen. Die pausenlosen Verhöre, Tag und Nacht die gleichen Fragen, das heiße, karg eingerichtete Zimmer ... er hatte sich vorgenommen, das Wort Kibbuz zu hassen. Und nun wohnte diese wundervolle Frau ausgerechnet in einem Kibbuz! Das Schicksal kann wirklich pervers sein.

»Wie kommen Sie dazu, ausgerechnet in einem Kibbuz zu wohnen?« fragte er.

»Die Stille ... die Wüste ... der Frieden. Darum heißt der Kibbuz auch ›Shalom‹. Das ist der Boden unserer Ahnen, das Land Abrahams. Aber das verstehen Sie als Russe nicht. Ich nehme an, Sie wurden gottlos erzogen. Fahren wir...«

Als sie Tel Aviv verlassen hatten und von dem blühenden Küstenstreifen weg ins Landesinnere fuhren und die Sandwüste erreichten, hatte Anassimow bereits seine linke Hand auf Jermilas Oberschenkel liegen. Daß sie ihn nicht abwehrte, deutete er dahingehend, daß es ihr nicht unangenehm war, von ihm berührt zu werden. Innerlich schwelgte er bereits bei dem Gedanken, ihren schlanken Körper in seinen Armen zu halten und ihr lustvolles Stöhnen zu hören und von ihren langen Beinen umklammert zu werden. Der Gedanke nahm so fest von ihm Besitz, daß er versucht war, sie aus dem Wagen zu zerren und gleich neben dem Auto in den heißen Wüstensand zu drücken. Das wäre etwas Neues für ihn gewesen – er hatte mit Frauen schon viele Situationen erlebt, aber im Wüstenstand hatte er es noch nicht getan.

Während der Fahrt durch die heiße Landschaft sprachen sie nur wenig miteinander. Anassimow linke Hand streichelte ab und zu Jermilas Oberschenkel, glitt höher und verhielt am Rand ihres Slips, weiter wagte er sich nicht. Er dachte an Loretta Dunkun und an ihre gemeine Reaktion, als alles vorbei gewesen war. Damit hatte ja alles angefangen, und niemals hätte irgend jemand das Plutonium entdeckt, wenn der Ausflug ins Bett der Kabine 017 nicht stattgefundenh hätte. Bis zu dieser Stunde wußte Anassimow noch nicht, wie er Sybin das alles erklären sollte, wenn es überhaupt möglich war, den Verlust von zweihundert Gramm Plutonium als Unfall darzustellen. Würde ihn Sybin überhaupt anhören oder ihn gleich liquidieren? Was zählen da die Jahre der treuen Zusammenarbeit?! Er kannte die Gesetze des »Konzerns« zu gut, er war selbst daran beteiligt gewesen, als man vier Verräter aus den eigenen Reihen bestrafen mußte und ihre Leichen in Säure auflöste.

Angst kroch in Anassimow hoch. Flüchten? Wohin? Mit den wenigen Dollars in der Tasche ein neues Leben anfangen? Wie kann man das? Wäre es möglich, für immer bei Jermila zu bleiben, wenn ihr erstes Zusammensein sie süchtig nach ihm werden ließ? Oder war es besser, dem MOSSAD alles zu sagen und sein Wissen zu verkaufen? Israel würde es sich etwas kosten lassen, die Hintergründe des Atomschmuggels zu erfahren... schließlich richtete sich der Bau einer islamischen Atombombe ausschließlich gegen Israel. Es war der am meisten gefährdete Staat. Oder war Amerika besser? Die CIA würde ihn mit offenen Armen aufnehmen und nicht versuchen, mit harten Verhörmethoden die Wahrheit aus ihm herauszupressen.

»Woran denken Sie?« fragte Jermila. Sie durchquerten gerade einen neuen Kibbuz. Eine Reihe von Häusern war noch nicht fertiggestellt. Die künftigen Bewohner, vor allem junge Leute, wohnten noch in Zelten.

»An die Zukunft«, antwortete Anassimow und streichelte wieder ihren Schenkel.

»Sie müssen doch ein Lebensziel haben, Wladi.«

»Ich hatte eines. Aber plötzlich sieht alles anders aus.«

»Erklären Sie mir das. Sie haben doch einen Beruf.«

»Ich habe Schlosser gelernt und besitze eine kleine Werkzeugfabrik.« Die Lüge ging ihm flott von den Lippen. »Aber sie steht vor der Pleite. Wir werden von den großen Konzernen gefressen. Ich befürchte, daß diese Reise meine letzte war. Am liebsten möchte ich hierbleiben.«

»Ausgerechnet in Israel?«

»Es heißt, hier hätte jeder eine Zukunft, wenn er fleißig ist, und man braucht Fachleute. Ich bin ein Fachmann, und ich kann arbeiten wie ein Elefant.«

»Aber Sie haben doch schon Ihr Ticket nach Moskau.«

»Papier! Das kann man zerreißen.« Anassimow seufzte. »Wenn ich sehe, welch ein glückliches, schönes, friedvolles Leben Sie führen, Jermila, sorglos und erfolgreich. Ein schönes Haus in einer Oase...«

Jermila warf einen kurzen Blick zur Seite. Du Heuchler, jetzt kommt die Mitleidstour. Jetzt hoffst du auf die Mutterinstinkte der Frauen. Und transportierst Plutonium zur Vernichtung meiner Heimat!

»Wissen Sie, daß noch nie ein Mann mein Haus betreten hat?«

»Wirklich?«

»Sie sind de erste.«

»Ausgerechnet ich? Jermila, Sie machen mich glücklich.«

»Männer bringen Unruhe ins Haus. Ich aber will in der Stille leben.«

»Mit dem Wind und den Wolken.«

»So ist es.«

»Und ich bringe keine Unruhe in Ihr Haus?«

»Nein.« Sie lachte plötzlich laut auf. »Sie sind Wladi, der Hund!«

Nach drei Stunden Fahrt durch Wüste und staubige Hitze erreichten Sie den Kibbuz »Shalom«. Es war ein großes Dorf, umgeben von Feldern und Anpflanzungen, fruchtbarer Boden, der Wüste durch künstliche Bewässerung abgerungen, und die weißen Häuser wirkten gepflegt mit ihren Obst- und Gemüsegärten. Sie fuhren an dem eigenen Elektrowerk vorbei, an drei Pumpstationen und einer Kaserne, vor der ein Posten Wache hielt. Das gefiel Anassimow weniger gut.

»Soldaten!« sagte er und schüttelte den Kopf. »Ich dachte, Sie wollten hier in Frieden leben?«

»Hier herrscht Frieden... aber der Frieden muß gesichert werden. Immer wieder überfallen islamische Terrorgruppen die Kibbuze oder die Zufahrtsstraßen. Das Fürchterlichste aber wäre, wenn diese Fanatiker in den Besitz von Atomwaffen gelangten. Finden Sie nicht auch?«

Sie sah ihn dabei direkt an und suchte in seinem Gesicht nach einer Reaktion. Anassimow nickte mehrmals. »Das wäre eine Sauerei!«

»Immer wieder hört man von Atomschmugglern. Warum wollen sie den Tod für Israel verkaufen?«

»Das Geld, Jermila. Das verfluchte Geld! Das allein ist es. Millionen von Dollar hängen daran.«

»Und an die Millionen Menschen, die dabei sterben können, denkt keiner?«

»Nein. Für diese Saukerle ist es ein Geschäft wie jedes andere. Wenn ich Leder oder Felle verkaufe, müssen vorher erst die Rinder und Schafe dran glauben... verkaufe ich Atomwaffen, kümmere ich mich nicht darum, was man damit macht.«

»Ich möchte einmal einen solchen Schmuggler sehen.« Jermila hielt vor einem kleinen Haus, dessen Mauern bunt bemalt waren. Es war ein kubischer Bau, wie ein großer Würfel, den ein Riese in die Wüste geworfen hatte. An den Außenwänden kein Fenster, nur eine blaugestrichene, hölzerne, dicke Tür. Das Leben fand im Innenhof statt, einem Atrium mit einem kleinen Brunnen... der Gipfel des Luxus in der Wüste. »Ich würde ihm ins Gesicht schlagen!«

»Ich nicht!« Anassimow tätschelte erneut ihren Oberschenkel. »Ich würde ihn ohne Zögern erschießen...«

Jermila stieg schnell aus. Ekel erfaßte sie und eine grenzenlose Wut. Ihr Schenkel, den seine Hand gestreichelt hatte, schien zu brennen. Du elender Schuft, dachte sie. Mit zweihundert Gramm bestem Plutonium reist du herum und würdest jeden Schmuggler erschießen. Ich möchte es tun, hörst du, hier auf der Stelle, aber ich darf nicht. Ich muß mich vor dir ausziehen, dich im Bett auf meinem Körper dulden, um aus dir herauszuholen, was du weißt. Ich muß eine Hure sein, um meinem Vaterland zu dienen. Wißt ihr, was ihr da von mir verlangt? Mit diesem Mann zu schlafen, verätzt meinen Körper. Das kann man nicht mehr unter der Dusche abspülen, das bleibt in die Haut eingebrannt. Ich werde nicht mehr der Mensch sein, der ich vorher war.

Warum erlaubt ihr mir nur nicht, ihn zu töten...

»Wir sind da«, sagte sie, da Anassimow im Wagen sitzen blieb.

»Ein lustiges Haus.« Er stieg aus und bewunderte die Wandmalereien. »Verrückt, aber schön.«

»Ich habe es selbst bemalt..«

»Wirklich? Dann will ich es ein Kunstwerk nennen.«

Sie ging zu der blauen Tür, schloß sie auf und winkte. Anassimow beeilte sich, ihr zu folgen. Sie betraten einen fast leeren Vorraum, an dessen Wand als einziger Schmuck ein großes Gemälde des alten Jerusalem hing. Aber die hintere Wand bestand aus einer hohen Glastür, die den Blick freigab auf einen säulengestützten Bogengang und den Innenhof, ausgestattet mit blühenden Büschen, kleinen Palmen und dem kleinen, plätschernden Brunnen.

»Bezaubernd!« rief Anassimow. »Ich komme aus dem Staunen nicht heraus. Sie sind eine glückliche Frau, Jermila. So wie Sie leben... davon träume ich. Verdammt, ich möchte hierbleiben! Ich möchte nicht wieder zurück nach Moskau.«

Das glaube ich, dachte sie. In Moskau wirst du nicht mehr lange leben. Die zweihundert Gramm Plutonium, die du verloren hast, sind dein Todesurteil. Wer auch immer hinter dem Schmuggel steckt – er wird keine Gnade kennen. Wer in diesem Geschäft Millionen von Dollar in den Sand setzt, hat die Berechtigung zu leben verloren.

Sie gingen unter dem Bogengang zu einem Zimmer, dessen Glaswand Jermila zur Seite schob: der Wohnraum. Rattanmöbel mit bunten Chintzbezügen, ein großer gläserner Tisch, zwei Bauernschränke aus rötlichem Holz, auf dem Kachelboden ein hellgrüner Wollteppich, wie die Nomaden ihn knüpfen. Und in der Ecke eine Bar mit Gläsern und einer Flaschenbatterie.

Anassimows Augen begannen zu glänzen. »Hier fühle ich mich wohl!« rief er und ging sofort zur Bar. »Sogar einen Wodka haben Sie! Jermila, ich habe gesehen, daß Sie gern trinken und eine Menge vertragen können. Das macht sie mir doppelt sympathisch.«

Er hätte anders reagiert, wenn er gewußt hätte, daß eine Stunde vorher Nathan Rishon all diese Flaschen aus Tel Aviv hierhergebracht und stilvoll aufgebaut hatte. Auch für die Kühlung hatte er gesorgt und dabei einen Fehler begangen: Er hatte einen Kübel mit Eiswürfeln bereitgestellt. Wie kommen Eiswürfel in ein tagelang nicht bewohntes Haus? Aber Anassimow merkte es nicht... er sah die Flaschen, dachte an die bevorstehenden Stunden und verlor seine Vorsicht in der Vorfreude. Es war wie bei vielen Männern in einer solchen Situation: Der Verstand schien sich automatisch abzuschalten.

Als Anassimow zu der Wodkaflasche griff, hielt Jermila seine Hand fest.

»Darf ich das übernehmen? Ich bin die Gastgeberin. Wodka? Bei der Hitze. Wäre da ein Longdrink nicht besser?«

»Ich trinke alles, was auch Sie trinken.« Anassimow ging zu einem der Rattansessel und ließ sich hineinfallen. Er streckte die Beine weit von sich und fühlte sich so wohl wie schon lange nicht mehr. Er sah Jermila zu, wie sie den Drink mixte, ohne wahrzunehmen, was sie da zusammenbraute und daß es zwei verschiedene Gläser waren. Die Fahrt hatte ihn etwas ermüdet, dazu kam, daß er noch unter den Nachwirkungen der höllischen Cocktails litt. Und wieder bewunderte er Jermila, die so frisch und fröhlich aussah, als habe sie im Morgentau gebadet.

»Zum Wohle und darauf, daß Sie der erste Mann in diesen Mauern sind!« sagte sie und reichte Anassimow sein Glas.

Er nahm es, hob es hoch und schrie:

»Na sdorowje! Das ist russisch und heißt ›Auf die Gesundheit‹. Wie sagt man bei uns: Schmeckt dir der Wodka nicht mehr, dann gehe zum Sargtischler! Mir schmeckt er immer. Jermila, es ist eine alte Weisheit: Der Trunkene kennt keine Gefahr! Machen Sie es uns Russen nach ... verachten Sie die Gefahr!«

Sie stießen miteinander an, und während Jermila ihr Glas leerte, rollte Anassimow mit den Augen, trank sein Glas ebenfalls leer und seufzte dann laut auf.

»Der hat es in sich!« sagte er und hauchte in die Luft. »Dabei bleiben wir.«

Jermila stellte ihr Glas ab und blickte auf Anassimow hinunter.

»Ich gehe...«

»Gehen? Wohin?«

»Ins Bad, unter die Dusche. Wenn ich fertig bin, können Sie sich duschen. Wir sind beide voller Staub.«

»Ein genialer Gedanke.«

Anassimow blickte ihr nach, als sie das Zimmer verließ. Sie duscht sich, und wenn sie wieder herauskommt, ich wette, alter Junge, dann hat sie nur einen Bademantel an und nichts darunter. Genauso werde ich es auch machen. Was dann folgt, ist so sicher, wie eins plus eins zwei ist. Wladimir, stärke dich für die Schlacht.

Er ging zur Bar, griff nach der Wodkaflasche und trank ein paar große Schlucke, ohne sich zu wundern, daß die Flasche eisgekühlt war. Er genoß das angenehme Gefühl der Leichtigkeit, das in ihm wuchs, dieses Gefühl, auf Wolken zu schweben, das ihn immer überfiel, wenn er eine gewisse Menge Wodka getrunken hatte. Die

Welt um ihn herum wurde schwerelos. Hinzu kam ein ihm fremdes Gefühl – er fühlte sich euphorisch, er hätte alles, was er sah, küssen können: die Flaschen, die Sessel, die Schränke, den gläsernen Tisch, einfach alles. Er begann, alle Gegenstände zu lieben, als seien sie Leiber, Arme, Beine, Köpfe... es mußte Jermilas Longdrink sein, der die Wirklichkeit so verzauberte.

Anassimow starrte Jermila aus flackernden Augen an, als sie aus dem Bad kam. Wie er gedacht hatte, so war es: Sie hatte einen weißen Bademantel an und nichts darunter.

»Jetzt sind Sie dran, Anassimow!« hörte er ihre Stimme.

»Ich komme! Ich fliege! O Jermila, Sie sind ein Wunder...«

Auch unter der Dusche verlor sich nicht das Gefühl, alles warte auf seine Umarmung. Im Gegenteil, unter den warmen und dann kalten Strahlen der Dusche fühlte sich Anassimow wie eine griechische Sagengestalt, die durch die Welt zog, um alles und jeden zu beglücken.

»Hier geb ich dir ein Fläschchen mit«, hatte Nathan Rishon zu Jermila gesagt, bevor er ihr vorausgefahren war. »Der Inhalt ist farb- und geschmacklos. Misch ihm das in die Getränke... es verändert seinen Charakter. Es ist eine Art Wahrheitsdroge; wir haben es im Labor getestet und das Ergebnis war sensationell. Samuel Bier hat es selbst an sich erprobt. Bier ist der Leiter des Labors. Ein mutiger Mann... denn nach Einnahme von zehn Tropfen der neuen Droge hat er gestanden, im letzten Jahr zwei Geliebte gehabt zu haben, darunter die Frau eines Mitarbeiters. Gab das einen Aufstand! Die Droge enthemmt einen Menschen total. Wenn Anassimow das schluckt, würde er alles erzählen, was er weiß. Aber Vorsicht, zuviel von dem Zeug, und ein Mensch kann zum reißenden Tier werden! Fang vorsichtig mit zehn Tropfen an.«

Anassimow kam aus dem Bad zurück. Den an einem Haken hängenden Bademantel ignorierte er. Nackt rannte er ins Wohnzimmer und sah Jermila auf der Couch liegen. Sie schrak hoch, ihr Bademantel verrutschte und gab ihre Brüste frei. Sie starrte Anassimow an und spürte, wie sich ihr der Hals zuzog. Noch nie hatte sie eine so ausgeprägte und starke Männlichkeit wie bei ihm gesehen... doch es war ein Anblick, der keinerlei Lust erzeugte, sondern nur Schrecken und Angst. Wie ein Stier rannte Anassimow auf sie zu und blieb vor ihr stehen.

»Jermila...« Es war ein heiseres Keuchen, das von seinen Lippen kam. »Ich bin verrückt geworden.« Dann sank er vor ihr auf die Knie und drückte sein Gesicht zwischen ihre Schenkel. Jermila erstarrte.

Fünfzehn Tropfen waren doch zuviel gewesen – zehn hätten genügt. So, wie es Rishon ihr geraten hatte.

Aber Jermilas Angst erwies sich als unnötig: Später, nach ausgiebigem Streicheln und vielen Küssen, lagen sie zusammen auf dem dicken Wollteppich vor der Couch, und Anassimow hatte die Augen geschlossen, umklammerte ihre Brüste und war glücklich.

»Ich habe dich belogen...«, sagte er mit einer Stimme, die so schwebte, wie er sich fühlte. »Ich bin kein Schlosser. Ich bin ein Freund...«

»Von wem?« Jermila preßte die Lippen zusammen, als er den Druck seiner Hände auf ihren Brüsten verstärkte.

»Von einem der mächtigsten Männer Rußlands.«

»Erzähle...«

Sein umnebeltes Gehirn machte einen Sprung. »Der MOSSAD besteht nur aus Idioten!«

»Ist das wahr?«

»Der beste Geheimdienst der Welt. Zum Lachen! Ich habe sie hereingelegt. Ich habe sie getäuscht. Sie haben mir alles geglaubt, was ich gesagt habe. Alles nur Idioten!«

»Wer ist dein bester Freund?« fragte Jermila. »Nenn mir seinen Namen.«

»Seinen Namen nennt man nicht, und wenn, dann nur mit Ehrfurcht. Er ist dabei, einen Großhandel mit atomarem Material aufzubauen. Überall sitzen seine Mitarbeiter, in allen Nuklearstädten Rußlands, in allen Reaktorbetrieben, in allen Atomforschungsinstituten. Wenn jemand sagt: Ich brauche zwei Kilo Uran oder zwei Kilo Plutonium... er liefert es. Er kann alles besorgen. Und die höchsten Herren sind seine Freunde, so kann ihn keiner angreifen... alle beschützen ihn, denn alle verdienen an ihm. Ein heimlicher Herrscher. Und ich bin auch sein Freund...«

»Wie heißt er? Lebt er in Moskau?«

»Ja, in Moskau... und überall.« Anassimow legte seinen Kopf auf Jermilas Bauch. Er küßte ihren Nabel, glitt dann tiefer. »Er könnte mit seinen Atomen die Welt beherrschen.«

»Sein Name, Wladi!«

Ein letzter Widerstand in seinem Hirn hinderte Anassimow daran, den Namen auszusprechen. »Ein guter und gefährlicher

Freund. Elegant wie aus einem Modeblatt. Und die Finger voller Ringe. An jedem ein Ring. Schade, daß er nur neun Finger hat.«

»Neun Finger?«

»An der linken Hand fehlt ihm ein Finger. Ein Geburtsfehler. Wer seine linke Hand länger als drei Sekunden ansieht, kann Prügel bekommen. Aber das hat noch keiner getan. Jeder blickt daran vorbei. So mächtig ist er...«

»Und er ist der Kopf der Plutoniummafia?«

»Ohne ihn läuft nichts. Nur er kommt an Plutonium heran. Vielleicht noch einige Generäle im Norden Rußlands oder in der Ukraine, in Wladiwostok oder Murmansk, wo die Atom-U-Boote verschrottet werden, aber auch sie bekommt er in seine Hand. Er kann sie alle kaufen. Geld spielt keine Rolle.«

»Sein Name, Wladi. Sein Name!« Jermila schob seinen Kopf von ihrer Scham weg. Anassimow atmete schwer, als bekomme er kaum noch Luft. Wie ein Fisch auf dem Trockenen schnappte er nach Sauerstoff.

»Igor Germanowitsch...«

»Und weiter?«

Anassimow verdrehte plötzlich die Augen, umklammerte Jermilas Leib, begann zu zittern und fiel dann zur Seite. Er lag auf dem Rücken, völlig erschlafft, hinweggetragen aus dieser Welt, als habe er Morphium genommen.

Diese verdammten fünfzehn Tropfen... fünf zuviel.

Jermila erhob sich, stellte das kleine Tonband ab, das hinter einem Couchfuß lag, und ging zum Fenster. Sie winkte kurz hinaus. Alles in Ordnung. Zufrieden entfernte sich Nathan Rishon. In dem kurzen Moment ihres Winkens sah er, daß Jermila nackt war, und das tat ihm körperlich weh. Jetzt sollte man ihn umbringen. Jetzt, wo er alles gesagt hat.

Nachdem sich Jermila überzeugt hatte, daß Anassimow wie narkotisiert schlief, zog sie sich an und verließ das Haus. Rishon erwartete sie in einem Siedlungshaus, nahm das Tonband an sich und fuhr sofort nach Tel Aviv zurück. Bevor er abfuhr, fragte er noch:

»War's schlimm?«

»Nein. Zum letzten ist es nicht gekommen. Ich müßte sonst genäht werden.«

»Solch ein Bulle?«

»Unvorstellbar.«

»Das Glück ist bei den Tapferen.« Rishon grinste. »Du glaubst nicht, wie mich das beruhigt. Paß weiter auf dich auf.«

»Er wird bis morgen durchschlafen... und dann ist alles vorbei.«

Noch in der Nacht wurde das Tonband ausgewertet. Bei allen Geheimdiensten in England, Frankreich, Deutschland, Italien, Österreich und in der Schweiz, bei der Nato und in Spanien, den skandinavischen Staaten und der CIA tickten die Fernschreiber.

Höchste Gemeinstufe. Neue Erkenntnisse:

a) Alle frei verkäufliche Nuklearware stammt aus den GUS-Staaten und anderen ehemaligen Sowjetstaaten.

b) Der Nuklearhandel wird von einem Syndikat in Rußland geleitet.

c) Der Kopf des Syndikats hat die Vornamen Igor Germanowitsch, Nachname noch nicht bekannt.

d) Betreffender Person fehlt an der linken Hand ein Finger (!).

e) Das Syndikat kann jede Menge Plutonium 239 oder Uran 235 beschaffen.

f) Höchste Kreise, u. a. Generäle und Leiter von Instituten, sind an dem Handel beteiligt.

g) Hauptabnehmer sind islamische Staaten.

h) Verbindungen zu privaten Terrorgruppen unwahrscheinlich, da Material zu teuer. Aber Gefahr bei staatlich unterstützten Fanatikergruppen.

Im Hauptquartier der CIA hieb Colonel Curley mit der Faust auf das Faxgerät. »Der MOSSAD! Verdammt noch mal, Jungs... warum ist er besser als wir? Wir sind doch keine blinden Maulwürfe! Aber das verspreche ich euch: Ich werde eure fetten Ärsche in Schwung bringen!«

In Wiesbaden sagte am nächsten Morgen Oberrat Wallner bei der Morgenbesprechung:

»Was uns der MOSSAD da faxt, ist zu neunzig Prozent ein alter Hut. Der BND hat uns das mitgeteilt. Interessant ist nur die Information von dem Mann mit den neun Fingern. Igor Germanowitsch. Ausgerechnet Germanowitsch. German... das ist wieder was für die britische Boulevardpresse. Und er soll der Kopf der Atommafia sein! So einen Burschen muß doch der KGB im Handumdrehen finden. Jetzt wäre es an der Zeit, daß der BND mit seinen russischen Kollegen einmal Tacheles redet.«

»Was kommt dabei heraus?« Kommissar Berger schüttelte den Kopf. »Solange der Russe bestreitet, daß auch nur ein Gramm

Plutonium aus seinen Werken stammt, ist der Vorhang zu. Wir werden mit dem Atomschmuggel leben müssen... heute, morgen und in den nächsten Jahren.«

»So Gott will. Amen.« Wallner wedelte mit dem Fax. »Wer fängt den Mann, dem ein Finger fehlt...?«

Anassimow wirkte elend und unglücklich, als man ihm in Tel Aviv die Flugtickets aushändigte.

Am Morgen nach dem Tag im Kibbuz war er wie willenlos gewesen und hatte die Rückfahrt wie im Halbschlaf erlebt. Ich kann nichts mehr vertragen! Das war eine für ihn alarmierende Feststellung. Ein paar Wodkas hauen mich um, lähmen mein Gehirn, liegen wie Bleiplatten in meinem Kopf. Ich weiß nicht mehr, was alles geschehen ist, ob ich mit Jermila geschlafen habe, und fragen will ich sie nicht, das wäre eine Blamage. Ist das das Schicksal eines alten Säufers: das Aussetzen der Erinnerung? Wladimir Leonidowitsch, machen dich jetzt schon ein paar Wodkas zum Wrack?

Jermila war, wie immer, frisch und voller Lebenslust. Sie trällerte beim Frühstück ein Liedchen, lief in engen Shorts und einem knappen Baumwollhemd herum, auf das ein bunter Papagei gedruckt war. Sie sah hinreißend schön aus und brachte Anassimow in arge Bedrängnis. Hab ich oder nicht... Immer die gleiche Frage. Jermila jedenfalls tat so, als seien sie jetzt gut bekannt.

Nach einer heißen Fahrt setzte sie Anassimow vor dem Hotel *König David* ab. »Alles Gute für die Zukunft«, sagte sie. Die Hand gab sie ihm nicht.

»Sehen wir uns wieder, Jermila?« Anassimows Stimme klang sehr dünn.

»Warum?«

»Ich liebe dich...« Seine Blicke flehten sie an. »Und du?«

»Solche Fragen mag ich nicht. Steig bitte aus.«

»Warum hast du mich dann in den Kibbuz gebracht? In dein Haus?«

»Eine dumme Laune, nimm es nicht zu ernst.«

»Habe ich mich danebenbenommen?«

»Nein, du hast dich völlig korrekt benommen. Steig jetzt bitte aus.«

Er öffnete die Tür, blieb aber daneben stehen, obwohl Jermila wieder den Motor anließ. »Ich muß dich wiedersehen. Daß ich in

Israel bleiben möchte ... das war keine dumme Rede, kein besoffener Spruch. Ich will es wirklich.«

»Darüber reden wir noch.« Jermila sagte es, um endlich von ihm fortzukommen. Sie wußte, daß er in zwei Stunden seine Flugtickets überreicht bekam und den Befehl der Polizei, endgültig und für immer Israel zu verlassen.

Sie zog die Tür zu, winkte ihm kurz und fuhr schnell davon. Anassimow starrte dem Wagen nach. Darüber reden wir noch ... das heißt, wir sehen uns wieder. Danke, Jermila.

In seinem Appartement warf er sich auf das Bett und versuchte, sich an die vergangene Nacht zu erinnern. Er kam bis zu dem Punkt, als Jermila mit dem weißen Bademantel vom Duschen kam ... dann hörte die Erinnerung auf. Was weiter geschehen war, blieb im dunkeln. Ein völliger Erinnerungsverlust. Für Anassimow eine niederdrückende Erkenntnis.

Er schrak auf, als ohne anzuklopfen zwei Männer eintraten. Einen von ihnen kannte er. Zvi Silberstein, der Kerl, der ihn im Verhör zermalmen wollte, aber sich schließlich sogar entschuldigt hatte. Einer der MOSSAD-Idioten, wie Anassimow sie nannte.

Er blieb auf dem Bett liegen und zog nur die Beine an.

»Was wollen Sie denn hier?« fragte er angriffslustig.

»Haben Sie vergessen, daß Sie noch die Tickets bekommen? Hier sind sie.«

Silberstein warf ihm die Flugscheine zu. Sie landeten auf Anassimows Brust.

»Ich will nicht fliegen«, sagte er.

»Sie haben hier gar nichts zu wollen.«

»Ich bleibe in Israel.«

»Das bestimmen wir. Sie fliegen.«

»Und wenn nicht?«

»Dann wechseln Sie von einem Hotelzimmer in eine Zelle, bis Sie vernünftig geworden sind.«

»Ich werde nach Israel zurückkehren.«

»Sie werden kein Visum bekommen.«

»Dann reise ich illegal ein.«

»Und landen wieder in der Zelle.« Silberstein blickte Anassimow mit kalten Augen an. »Neben mir, das ist Herr Samuel Kozkow. Er wird Sie zum Flieger begleiten. Sie fliegen zuerst nach Alexandria und von dort nach Tripolis.«

»Was soll ich in Libyen?«

»So ist uns befohlen worden.«

»Ihnen ... aber nicht mir. Ich kann von Alexandria aus fliegen, wohin ich will. Zuerst nach Kairo, dann nach Europa, vielleicht nach Rom, und von Rom zurück nach Tel Aviv.«

»Das haben wir verhindert. In Alexandria nimmt Sie einer unserer Männer in Empfang und setzt Sie in die Maschine nach Tripolis.«

»Und wenn ich am Flughafen schreie: ›Das ist einer vom MOSSAD! Nehmt ihn fest. Er ist ein Spion! Er ist ein Spion!‹ Ihr Mann hat keine Chance.«

»Sie auch nicht! Ihr erstes Wort würde auch Ihr letztes sein. Aber Sie wollen doch weiterleben.«

»Wann fliege ich von Tel Aviv ab?«

»Morgen um neun Uhr fünfzehn.«

»Dann bestellen Sie einen Träger. Ich werde stockbesoffen und nicht transportfähig sein.«

Silberstein verzog den Mund. Es sah aus, als wolle er Anassimow anspucken.

»Glauben Sie mir: Wir bekommen Sie in den Flieger. Darin haben wir Erfahrung.« Er zögerte, aber dann sagte er doch noch zum Abschied: »Ich wünsche Ihnen kein weiteres gutes Leben. Sie sind für mich ein Massenmörder, ein skrupelloser Vernichter, der tausendfachen Tod verkauft. Ich sollte Sie töten!«

»Aber Sie dürfen es nicht.« Anassimow lachte Silberstein in das versteinerte Gesicht. »Ich bin ein harmloser Schiffspassagier, bei dem Plutonium gefunden wurde, von dem er nicht weiß, wie es in seinen Koffer gelangt ist, und das regt Sie auf. Ich habe Verständnis dafür ... der große, berühmte MOSSAD muß Erfolge vorweisen. Irrtümer kratzen am Image. Es tut mir leid, Ihnen als Opfer nicht dienen zu können.«

»Lachen Sie nur, Anassimow. Wir lachen später ... und lauter.«

Silberstein und Kozkow verließen das Appartement und warfen hinter sich die Tür zu.

»Wenn er wüßte, was wir wissen«, sagte Silberstein auf dem Flur, als sie auf den Lift warteten. »Er würde sich in die Hose machen.«

»Oder sich selbst umbringen.«

»Dazu ist er zu feige. Sich selbst die Pistole an die Schläfe zu setzen, dazu gehört Mut oder Verzweiflung. Beides kennt er nicht.«

Um neun Uhr fünfzehn am nächsten Morgen war Anassimow wirklich volltrunken, als Kozkow ihn abholte. Mit Hilfe des Chauffeurs schleppten sie ihn in den Wagen und am Flughafen in das Flugzeug. Der Flugkapitän war bereits unterrichtet und verstaute Anassimow auf den hintersten Sitzen. Die Maschine war halb leer, so hatte Anassimow genügend Platz, um sich auf drei Sitzen auszustrecken.

»Nur kotzen darf er nicht«, sagte der Flugkapitän zu Kozkow. »Dann sperre ich ihn in der Toilette ein.«

Dies war aber nicht nötig. Kurz vor Alexandria wachte Anassimow auf und wusch sich auf der Toilette das Gesicht. Brav setzte er sich auf einen Sitz und nickte der Stewardeß zu.

»Ein Bier!« sagte er. »Mir brennt der Hals.«

Und auch die zweite Station klappte: Ein unscheinbarer Mann in einem Leinenanzug nahm ihn in Alexandria in Empfang und ging mit ihm in das Flughafenrestaurant. Er stellte sich als Jabal Mubarraz vor und sah auch aus wie ein Araber.

»Sie sind also ein Agent!« sagte Anassimow zu ihm. »Eine Made im Speck, eine Laus im Haar.«

»Ich diene meinem Vaterland«, antwortete Mubarraz, ohne beleidigt zu sein. »Und was sind Sie?« Er rümpfte die Nase, als ströme Anassimow einen elenden Gestank aus. »Sie sind der größte Mistkerl unter der Sonne.«

Am Abend vorher teilte der MOSSAD in einem zweiten Fax – aber nur der CIA – mit, daß der Plutoniumschmuggler Anassimow am nächsten Morgen nach Libyen abgeschoben würde. Eine genaue Beschreibung und ein Funkbild folgten. Colonel Curley pfiff durch die Zähne und reagierte sofort. Sein Telefonanruf holte Captain Houseman, der jetzt Djamil Houssein hieß, aus dem Bett.

»Bill, Sie bekommen Arbeit!« sagte Curley. »Morgen trifft mit einer Maschine aus Alexandria ein russischer Atomkurier in Tripolis ein. Wladimir Leonidowitsch Anassimow. Groß, breit, markantes Gesicht mit Hakennase. Ist nicht zu übersehen. Kümmern Sie sich um ihn. Er ist ein Offizier der russischen Mafia und kennt alle maßgebenden Leute des Syndikats, vor allem den ›Paten von Moskau‹ ... ein Mann, dem an der linken Hand ein Finger fehlt. Dessen Namen kennen wir noch nicht. Bill, es ist Ihre Aufgabe, Anassimow zum Sprechen zu bringen. Vielleicht kann Ihnen Abdul Daraj dabei helfen; ich glaube, er hat weniger Skrupel als Sie.«

Das war deutlich genug. Anassimows Schicksal war nun vorherbestimmt.

In Alexandria brachte Mubarraz mit einem gefälschten Sonderausweis Anassimow bis an das Flugzeug und war erst zufrieden, als sich die Maschine in die Luft erhob. Er blickte ihr nach und hob wie zum Abschied die Hand. Er ahnte, daß Anassimow Rußland nie wiedersehen würde.

»Da ist er!« sagte Houseman zu Daraj, als sie die unverwechselbare Gestalt Anassimows in der Reihe vor der Paßkontrolle entdeckten. »Es wäre schlecht für ihn, wenn er Widerstand leistet.«

Anassimow passierte die Paßkontrolle ohne Schwierigkeiten. Er hatte ein Dreitagevisum, natürlich gefälscht, und als Russe gehörte er zu den Freunden Libyens. Es gab für ihn keine lange Formalitäten.

In der Flughafenhalle sah er sich um und suchte ein Informationsbüro, das ihm ein Hotelzimmer vermitteln konnte. Die Reise nach Libyen war ein Witz und der MOSSAD wirklich ein Idiotenverein... mit dem nächstmöglichen Flugzeug wollte er Tripolis wieder verlassen. Aber wohin fliegen? Auf keinen Fall nach Moskau, in die Arme von Sybin oder seiner Henker. Denn daß der Verlust von zweihundert Gramm Plutonium sein Todesurteil bedeutete, hatte Anassimow begriffen. Es gab dafür keinerlei Entschuldigung, und daß es ausgerechnet in israelische Hände gelangt war, potenzierte nur noch seine Schuld. Die Welt ist groß und schön... aber ohne Geld war sie ein Sumpf, der jeden vogelfreien Menschen verschluckte.

Während des Fluges hatte Anassimow über einen Ausweg nachgedacht: Wie wäre es, wenn ich mein Wissen verkaufe? Genügend Dollar für ein neues Leben... das könnte eine Information, wie ich sie anzubieten habe, wert sein. Aber wer wird sie mir abnehmen! Deutschland, die USA, Frankreich? Am meisten betroffen war Deutschland, das wußte er von Sybin. Durch Deutschland lief der wichtigste Transportweg, in Berlin lebten die Kontaktleute zu den Abnehmern, die auch die Millionensummen über Schweizer Banken kassierten. Das waren wichtige Hinweise... aber von Deutschland würde er nie die Summe bekommen, die er für ein neues Leben brauchte. Auf eine solche Erpressung ließ sich keine deutsche Behörde ein.

Wohin, verflucht noch mal, sollte er fliegen?

In die USA? Amerika war am ehesten bereit, auf diesen Handel einzugehen.

Anassimow beschloß, in Tripolis in aller Ruhe darüber nachzudenken. Drei Tage hatte er noch Zeit, dann mußte seine Entscheidung gefallen sein.

Er wollte gerade einen Flughafenangestellten anhalten, um ihn zu fragen, wo die Hotelvermittlung sei, als ihn eine Hand am Rücken berührte. Anassimow fuhr herum und blickte in das Gesicht von zwei Orientalen in der typischen arabischen Landestracht. Houseman-Houssein und Abdul Daraj lächelten ihn freundlich an.

»Sie sind Herr Anassimow?« fragte Houssein.

»Ja!« Anassimow starrte sie verwundert an. »Woher kennen Sie mich?«

»Es freut uns, daß Sie wohlbehalten in Tripolis gelandet sind.«

»Dafür haben Sie ja gesorgt...«

»Wir?«

»Sie sind doch vom MOSSAD!«

»Da müssen Sie uns verwechseln.« Daraj schüttelte seinen Kopf. »Wer ist MOSSAD?«

»Woher kennen Sie meinen Namen? Woher wissen Sie, daß ich heute in Tripolos lande?« Anassimow spürte ein alarmierendes Mißtrauen. »Wer sind Sie?«

»Zwei Freunde von Ihnen.«

»Zum Teufel, ich habe Sie noch nie gesehen! Lassen Sie mich in Ruhe!«

»Bitte, beruhigen Sie sich, Wladimir Leonidowitsch. Die Leute werden schon aufmerksam.« Houssein trat näher an ihn hean. »Wir möchten Sie einladen, mit uns zu kommen.«

»Nein!« Anassimow fühlte, wie ein Schauder seinen Körper ergriff. Der KGB! Sie sind vom KGB. Die Genossen sind überall, warum nicht auch in Libyen? Sybin hatte es durch seine Beziehungen erreicht, die Verfolgung aufzunehmen. Aber woher wußte er überhaußt, daß ich in Tripolis lande? Ich habe die Israelis unterschätzt... sie haben mich abgeschoben in die Hände des russischen Geheimdienstes. »Ich komme nicht mit! Erst sagen Sie mir, wer Sie sind.«

»Ich bin Djamil Houssein«, sagte Houseman, »und das hier ist Abdul Daraj. Sind Sie jetzt klüger?«

Anassimow traf der Spott wie ein Faustschlag. Er blickte sich verzweifelt um, sah zwei Polizisten mit Maschinenpistolen durch die Halle patrouillieren, und atmete auf.

»Verschwinden Sie!« sagte er grob.. »Dort ist Polizei. Ich werde um Hilfe rufen.«

»Versuchen Sie es.« Daraj grinste verhalten. »Sehen Sie mich mal genau an, Anassimow. Nein, nicht das Gesicht... tiefer... tiefer...«

Anassimows Blick glitt an Darajs Djellabah entlang, und plötzlich erkannte er, daß sich der Lauf einer Waffe auf ihn richtete, genau auf seinen Magen. Unter dem Stoff war die Zielrichtung genau zu erkennen.

»Wenn Sie mich erschießen, wird die Polizei auch Sie töten!« sagte er heiser vor Angst.

»Das möchte ich bezweifeln. Ich warte hier auf einen guten Bekannten, da rempelt mich jemand von hinten an und will mir meine Handtasche entreißen. Es war Notwehr – es wird eine Untersuchung geben. Mehr nicht. Einem Libyer glaubt man mehr als einem toten Russen... das sehen Sie doch ein!«

Dieses Argument überzeugte Anassimow. »Was will der KGB von mir?«

»Was ist KGB?«

»Sie können mich nicht täuschen. Ich kenne Ihre Methoden zu gut. Sie haben den Befehl, mich zu liquidieren. Tun Sie es hier vor aller Augen. Ich rühre mich nicht von der Stelle!«

Das klang mutig, aber für Anassimow war es die letzte Möglichkeit, sein Leben zu retten.

»Ich habe mich getäuscht –« sagte Houssein. »Ich habe Ihnen etwas mehr Intelligenz zugetraut, aber Sie sind ein dummer Mensch. Was faseln Sie da von einem KGB? Wer will Sie liquidieren, wie Sie es ausdrücken? Im Gegenteil, wir sind froh, daß Sie leben. Wir warten schon lange auf Sie. Aber wir wußten nicht, daß Sie einen Umweg über Alexandria nehmen, und dann auch noch mit einem Flugzeug. Es hieß immer, Sie kommen mit einem Schiff. Erst heute haben wir erfahren, daß Sie umdisponiert haben.«

Anassimow wurde unsicher. »Wer hat Sie informiert? Wer sind Sie wirklich?«

»Erlauben Sie, daß wir lächeln. Sie haben doch eine Probe bei sich. Zweihundert Gramm Plutonium. In Alexandria sollten sie das Kästchen abliefern. Statt dessen landen Sie in Tripolis. Warum?«

Anassimow fiel es schwer, zu begreifen, was die beiden Männer andeuteten. »Sie... Sie sollten mich in Alexandria erwarten?«

»Endlich begreifen Sie!«

»Sie sind die Kontaktpersonen?«

»Ihre Gedanken ordnen sich wieder...«

»Und warum bedroht mich dann Ihr Freund mit einer Waffe?«

»Ein natürliches Mißtrauen, Herr Anassimow. Bei unserem Geschäft kann man nicht vorsichtig genug sein.« Houssein zeigte hinüber zum Kofferband, auf dem jetzt das Gepäck anrollte. »Kommen Sie, ich helfe Ihnen, Ihre Koffer zu holen, und dann fahren wir zu mir, um alles Weitere zu regeln. Zu Ihrer endgültigen Beruhigung: Wir haben den vereinbarten Betrag in Dollars besorgt. Er liegt bei mir...«

Anassimow spürte ein Kribbeln unter der Kopfhaut. »Sie haben die fünfzehn Millionen Dollar in bar bei sich im Haus.«

»Achtzehneinhalb Millionen Dollar waren vereinbart.«

»Aber sie sollten doch auf ein Schweizer Bankkonto überwiesen werden.«

Aha! Houssein warf einen kurzen Blick zu Daraj. Das war ein wichtiger Hinweis. Reaktionsschnell antwortete er:

»Das hat man uns nicht gesagt, nur die Summe genannt. Selbstverständlich überweisen wir den Betrag auf das Schweizer Konto. Wir brauchen von Ihnen nur die Kontonummer und den Namen der Bank.«

Am Kofferband holten sie Anassimows zwei Koffer ab, und Daraj klopfte liebevoll gegen einen von ihnen. »Mein Goldschatz«, sagte er und lachte Anassimow an. »Endlich bist du bei mir angekommen. Es ist doch dieser Koffer?«

»Ja. Dazu muß ich etwas erklären.«

»Später, bei mir zu Hause. Jetzt fahren wir erst in eine freundlichere Gegend. So eine Flughafenhalle deprimiert mich; sie sind dazu geschaffen, daß man sie schnell verläßt. Ich habe immer das Gefühl, Teil einer Hammelherde zu sein.«

Anassimow sah keinen Anlaß mehr, den beiden Männern zu mißtrauen. Vor dem Flughafen wartete ein großer Wagen, dessen Hersteller er nicht kannte, aber dieses Auto vertrieb seine letzten Zweifel, als er hinter dem Steuer einen livrierten Chauffeur sitzen sah. Wer sich solch einen Luxus leisten konnte, brauchte keine Visitenkarte mehr. Er war, gerade in diesem Geschäft, über jeden Zweifel erhaben.

Ramunabat stieg aus, öffnete die Hintertüren, machte vor Anassimow eine Verbeugung und fuhr dann in forschem Tempo in die Stadt hinein.

Auch Anassimow war begeistert von der weißen Villa. Daraj führte ihn herum, zeigte ihm das Zimmer, in dem Anassimow wohnen sollte. Es war ein Luxus, der ihn überzeugte, an der richtige Stelle zu sein. Wer so residierte, zählt kein Geld mehr.

Nur die zweihundert Gramm Plutonium fehlten!

Wie würde sich die Stimmung ändern, wenn er den Verlust zu erklären versuchte?

Zunächst aber duschte sich Anassimow ausgiebig, und danach fühlte er sich kräftig, mutig und geistig klar und schlenderte in den riesigen Wohnbereich mit den geschnitzten Säulen und der vergoldeten Decke. Houssein und Daraj saßen in tiefen, mit bestickter Seide bezogenen Polstern und rauchten Zigarren.

»Jetzt bin ich wieder voll da!« rief Anassimow und klatschte in die Hände. »War ein bißchen zuviel gestern abend. Mein Befinden würde noch besser werden, wenn ich jetzt ein Gläschen Wodka bekommen könnte.«

»Wladimir Leonidowitsch, Sie befinden sich in einem islamischen Haus... da gibt es keinen Alkohol. Allah hat es verboten. Aber wenn Sie einen Fruchtsaft mögen...«

»Nur im Notfall.«

»Dies ist ein Nofall.« Houssein wartete auf eine Reaktion, aber Anassimow verstand die Anspielung nicht.

Ramunabat brachte auf einem silbernen Tablett ein Glas Orangensaft, Anassimow griff nach dem Glas und trank es, ohne abzusetzen, leer. »Ha! Hatte ich einen Durst!« stöhnte er. »Kennen Sie das auch, daß Sie glauben, Feuer in der Kehle zu haben?«

Houssein antwortete mit einer Gegenfrage. »Haben Sie schon mal achtzehneinhalb Millionen Dollar auf einem Haufen gesehen? Zu je fünfzigtausend Dollar gebündelt. Sie glauben nicht, was das für ein Haufen Papier ist.«

»Ich habe noch nicht einmal tausend Dollar gesehen. Es muß ein geradezu erotischer Anblick sein. Achtzehneinhalb Millionen Dollar!«

»Kommen Sie mit. Sie liegen in einem Keller, geschützt durch ein Meter dicke Mauern.«

Houssein und Daraj erhoben sich aus ihren Sesseln. Houssein ging voraus, Daraj hinterher. Sie hatten Anassimow in die Mitte genommen wie einen Gefangenen, aber er merkte es nicht; er dachte auf dem Weg in den Keller nur daran, wie man den Verlust von zweihundert Gramm Plutonium – ohne schuldhaftes Verhalten einzugestehen – erklären sollte. Noch suchte Anassimow nach einer Geschichte, die glaubhaft klang.

Der Keller war wirklich wie ein bombensicherer Bunker. Die Luft war stickig, die Felswände grauweiß und die Decke aus dicken Balken. Hier unten war es geisterhaft still ... es war unmöglich, daß ein Laut von draußen herein- oder hinausdrang.

An der Kellertür erwartete sie Ramunabat. Er ließ Houssein eintreten ... und dann geschah alles blitzschnell. Ein Baseballschläger traf Anassimow mitten auf den Schädel, er glotzte Ramunabat an, dann fiel er um und wurde von Daraj und seinem Diener aufgefangen. Sie schleiften ihn in den Keller, banden seine Arme an dicke Hanfstricke, die über eine Rolle zu einer Kurbel führten. Mit ihr zog Ramunabat den aus einer Kopfwunde blutenden Anassimow an der Wand hoch, bis er zehn Zentimeter über dem Boden hing.

»Das erinnert mich an mittelalterliche Folterkammern«, sagte Houssein und gab Ramunabat ein Zeichen. Der »Mann für alles«, wie Daraj ihn nannte, zog Anassimow die Hose aus, riß ihm die Jacke und das Hemd vom Körper, zog ihm Strümpfe und Schuhe aus und zog den nackten Körper noch ein paar Zentimeter hoch.

»Vor allem der Name ist wichtig«, sagte Houssein, klopfte Daraj auf die Schulter und verließ den Keller. Ramunabat hob einen Eimer mit Wasser hoch und übergoß damit den nackten Körper.

Das erste, was Anassimow von sich gab, als er aus seiner Ohnmacht erwachte, war ein Brüllen. Dann zog er die Beine an, trat nach vorn, aber Daraj stand außer Reichweite vor ihm und wartete, bis der erste, sinnlose Widerstand abebbte. Anassimow starrte ihn aus weitaufgerissenen Augen an. Das Blut aus der Kopfwunde rann über sein Gesicht und verklebte die Wimpern.

»Ich glaube, ich bin dir eine Erklärung schuldig«, sagte Daraj freundlich. »Wenn wir uns austauschen – dein Wissen gegen meine Befragungsmethode –, könnten wir uns einig werden.«

»Was wollt ihr von mir?« schrie Anassimow und stieß sich von der Wand ab. »Ja, ich habe das Plutonium verloren, die Israelis haben es! Ich kann das alles erklären.«

»Was geht mich dein Scheißplutonium an? Mich interessieren andere Dinge. Hör zu: Für jede falsche Antwort wird die Ramunabat mit dem Baseballschläger einen Schlag auf deine Knochen geben und auch auf deinen Bullenschwanz. Das wird verdammt weh tun. Also rede und spiel nicht den Helden. Ramunabat schlägt dich in Stücke.«

»Was wollt ihr von mir?« brüllte Anassimow. Der Schweiß brach ihm aus und ließ seinen nackten Körper glänzen. Als er zur Seite blickte, sah er Ramunabat vor einer Schüssel mit glühender Holzkohle stehen, in die er eine große Heckenschere gesteckt hatte, damit die Stahlklingen glühten. In maßlosem Entsetzen bäumte sich Anassimow auf und erstarrte dann.

»Frage eins: Wie heißt der Mann mit den neun Fingern?«

»Ich kenne keinen solchen Mann!« schrie Anassimow.

Mit regungslosem Gesicht schlug Ramunabat zu. Der Baseballschläger krachte gegen den rechten Beckenknochen. Anassimow schrie hell auf und strampelte mit den Beinen.

»Frage zwei.« Daraj schüttelte den Kopf, als wolle er sagen: Welch ein dummer Mensch bist du doch, Wladimir Leonidowitsch! Läßt dich quälen und weißt genau, daß du für immer verloren hast. Du kannst dein Schicksal abkürzen, ihm aber nicht entfliehen. Sieh es doch ein... »Welche Bank in der Schweiz und welche Kontonummer?«

»Ich weiß es nicht!«

Der Baseballschläger... dieses Mal auf die rechte Schulter. Anassimow war es, als spalte sich seine Schulter. Wie ein Feuer zog der Schmerz durch seinen Körper.

»Ich weiß es wirklich nicht!« schrie er. »Ich bin nur ein Kurier! Ein kleiner, unbedeutender Laufbursche! Glaubt mir doch... Bankennamen, Kontonummern, Herkunft des Plutoniums, die Preise, alles wissen nur ein paar Manager des Syndikats. Bei uns heißt es Konzern.«

»Wie ist der Name des Bosses?«

»Igor Germanowitsch...«

»Das wissen wir bereits. Der Nachname...«

»Ich kenne nur seine Vornamen.«

Der Baseballschläger. Dieses Mal auf das rechte Knie. Anassimow wurde es schwarz vor den Augen. Er konnte sein rechtes Bein nicht mehr bewegen, es hing leblos herunter.

»Wladimir, du bist das größte Rindvieh, das je herumgelaufen ist!« Daraj gab ihm einen Tritt gegen das gebrochene Knie. Anassimow heulte auf. Tränen liefen über sein blutverschmiertes Gesicht und vermischten sich mit dem Schweiß, der aus allen Poren quoll.

»Für wen willst du den Märtyrer spielen? Wer dankt dir das jemals? Für deine Mafia bist du bereits ein toter Mann! Hier kannst du am Leben bleiben, wenn du die richtige Antwort gibst. Also: Wer ist der Boß?«

»Ich weiß es nicht!«

Wieder der Baseballschläger. Dieses Mal zerschmetterte er die linke Hüfte. Anassimow spuckte Blut, streckte sich und fiel in Ohnmacht. Daraj nickte Ramunabat zu. Ein neuer Eimer voll Wasser holte Anassimow aus seiner gnädigen Bewußtlosigkeit zurück.

Er starrte vor sich hin, und es war zu erkennen, daß er kaum noch etwas wahrnahm, daß es für ihn nur noch unerträglichen Schmerzen gab. Daraj war sich nicht sicher, ob er überhaupt noch etwas hören konnte. Aber mit dem Gleichmut eines Orientalen fragte er weiter.

»Reduzieren wir alle Probleme auf eines: Nenn mir den Namen des Neunfingermannes, dann bist du erlöst. Nur den Namen noch, weiter nichts.« Keine Antwort. Daraj sah den geschundenen Körper kopfschüttelnd an und winkte dann Ramunabat zu.

Der Inder ging mit starrer Miene zu dem glimmenden Holzkohlenfeuer und zog an den Isoliergriffen die große Heckenschere aus der Glut. Die langen Metallschneiden schimmerten rot: glühender Stahl. Die Schere von sich haltend, ging er wie eine mechanische Puppe mit ruckartigen Schritten auf Anassimow zu.

»Zum letzten Mal –« sagte Daraj und trat nahe an den zerschundenen Körper heran. Er sah Anassimow in die Augen, aber in dessen Augenhöhlen lagen die Augäpfel wie blutig gefärbte Kugeln, ohne Ausdruck, ohne das geringste Erkennen, nur die Lider, blutverklebt, zuckten bei jedem Atemzug, die wie das Klappern einer Kinderrassel klangen.

»Hörst du mich?«

Keine Regung. Anassimow schien nur noch ein Stück aufgehängtes Fleisch zu sein.

»Nenn den Namen ... dann wird Ramunabat darauf verzichten, dir dein Monogramm auf den Bauch zu brennen. W-L-A ... das sind verdammt viele Buchstaben! Überleg es dir.«

Anassimow reagierte nicht mehr. Er hörte nichts mehr, er löste sich in Schmerzen auf, seine Augen sahen nichts mehr, aber – merkwürdig und unerklärbar –, er nahm noch Gerüche wahr. Und er roch jetzt den glühenden Stahl, den Ramunabat an seinen Leib hielt. Er erinnerte sich an das Kohlenfeuer und an die Heckenschere in der Glut und wußte, was ihm bevorstand. Und plötzlich war er wie vom Schmerz befreit, wie von einem kühlenden Wind umweht, er hing nicht mehr mit zerschmetterten Knochen an der Wand, sondern er fühlte sich losgelöst, war sogar in einer freudigen Stimmung, ein warmes Licht streichelte seinen Körper, er versuchte, die Augen zu öffnen, er wollte dieses herrliche Licht sehen und ihm entgegenfliegen ... und dann war Dunkelheit um ihn, als wenn man einen Lichtschalter ausgeschaltet hätte.

»Halt!« Daraj hob die Hand. Ramunabat ließ die glühende Heckenschere sinken. »Er spürt nichts mehr. Er hat sich davongemacht. Bind ihn los und schaff ihn weg. Aber so, daß ihn keiner mehr findet.«

Nachdem Daraj den Keller verlassen hatte, fand er Houseman-Houssein in der riesigen Wohnhalle, die einem der Säle in der Alhambra, dem Sultanspalast bei Granada, glich. Natürlich besaß auch Daraj eine Bar, nur sah sie keiner, weil sie in eine Wand eingebaut war, die sich um eine Achse drehen ließ. Dort prangte ein riesiger, geschliffener Spiegel in einem üppigen, mit Gold belegten, geschnitzten Rahmen. Houssein hatte die Wand herumgedreht und lehnte nun an der Bartheke.. Er hatte Whisky in sich hineingeschüttet und starrte Daraj aus starren Augen an.

»Was ist?« fragte er und umklammerte sein Whiskyglas.

»Es ist vorbei.«

»Hast du den Namen?«

»Nein. Sein Herz setzte plötzlich aus.«

»Scheiße!« Houssein nahm einen kräftigen Schluck. »Nichts? Keine Andeutung?«

»Nichts. Er war ein verdammt zäher Bursche. Das hätte ich ihm nie zugetraut.«

Houssein atmete tief durch und soff weiter. Er mußte sich irgendwie betäuben ... dem Gedanken, daß ein Mensch zu Tode gefoltert worden war und er diese Grausamkeit auch noch geduldet hatte, war nur im Nebel des Alkohols zu entkommen. Sogar bei der CIA galt die Menschenwürde als unantastbar, wenn auch hin und wieder an der Grenze des Vertretbaren gearbeitet werden mußte. Aber auch die »harte Befragung« gipfelte nie in einer Folterung ... es war undenkbar, eine solche Methode anzuwenden. Nun war es geschehen, und Houssein wurde wieder zu dem wohlerzogenen Captain Bill Houseman, der keinen anderen Ausweg sah, als das Grauen mit Whisky zu betäuben.

Ganz anders reagierte Daraj. Er ärgerte sich maßlos und bezichtigte sich selbst, versagt zu haben, und verfluchte Anassimow, der sich so schnell aus seinem Körper gelöst hatte. Die glühende Hekkenschere hätte ihn zum Sprechen gebracht, dessen war sich Daraj sicher. Statt dessen flüchtete er sich in den Tod. Den Triumph des Stärkeren hatte Anassimow ihm nicht gegönnt.

Daraj flüchtete nicht in den Alkohol. Aber irgend etwas mußte er tun, um seine Enttäuschung, seine Wut, seine Niederlage erträglich zu machen. Er riß einen arabischen Krummsäbel, eine Nachbildung des heiligen Schwertes des Kalifen, von der Wand, stürzte hinaus in den Garten und begann, mit wuchtigen Schlägen die Blumen zu köpfen. Wäre ihm jetzt jemand über den Weg gelaufen, hätte er ihn auch getötet. Erst als die Büsche vor der Terrasse jegliche Form verloren hatten, beruhigte er sich und setzte sich in einen der herumstehenden Korbsessel. Das Krummschwert fiel klirrend auf die Marmorplatten. Aus der Halle kam Houssein ins Freie geschwankt, er konnte sich kaum noch auf den Beinen halten.

»Wenn... wenn ich jetzt eine Pistole hätte«, lallte er, »wüßte ich, was ich tun würde. Du Mörder...«

»Du heuchlerischer Hund!« In Daraj brach trotz guter Erziehung der Haß eines Moslems gegen Andersgläubige hervor. »Du großschnäuziger Christ! Wirst du wieder beten: Herr, vergib mir. Ich bereue! Und dann bist du von aller Schuld befreit? Wer hat befohlen, daß ich Anassimow fragen soll?«

»Fragen, nicht töten!«

»Das hast du nicht gesagt!«

»Du hast es nicht verstanden!«

»Der Schuldige soll jetzt ich sein? Warum bist du nicht mitgekommen in den Keller? Weil du ein Feigling bist, ein elender Feigling! Der Gentleman, der sich auf der Straße die Schuhe putzen läßt, weil Blut daran klebt.«

Houssein-Houseman antwortete nicht. Er bog den Kopf in den Nacken, bedeckte sein Gesicht mit beiden Händen und rutschte in dem Sessel nach vorn. So blieb er, halb liegend, sitzen und rührte sich nicht mehr.

Daraj sah ihn an, beugte sich zur Seite und spuckte ihm auf die Hände.

Und er beherrschte sich, nicht nach dem Krummschwert zu greifen und Houssein den Kopf abzuschlagen...

Nitschewo

Auch ein so qualifizierter Mann wie Colonel Curley machte einmal einen Fehler. So etwas durfte bei der CIA nicht vorkommen, aber in der Geschichte dieses Geheimdienstes waren Fehlschläge und Niederlagen schon Historie geworden. Bei Curleys Fehler schrieb man allerdings keine Weltgeschichte... oder doch?

Während die CIA alle anderen westlichen Geheimdienste über die gewonnenen Erkenntnisse informierte, vergaß Curley – unerklärlicherweise – ein wichtiges Detail, das dem Geschehen eine völlig andere Wendung gegeben hätte: Er gab die sensationelle Information, daß der Kopf des russischen Nuklearschmuggels, der Boß der russischen Bosse, ein Mann war, dem an der linken Hand ein Finger fehlte, nicht weiter. Der BND, der französische Geheimdienst, der britische, der spanische, der österreichische, der italienische – alle wußten von diesem geheimnisvollen Mann in Moskau... nur Dick Fontana in Paris und Victoria Miranda in Moskau wurden nicht unterrichtet. Warum? Curley hatte es schlichtweg vergessen.

In Paris sah Jean Ducoux, der Chef der Sondereinheit V der Sûreté, keinen Anlaß, sein Wissen an Dick Fontana weiterzugeben. Er hielt die Anwesenheit eines CIA-Agenten sowieso für sinnlos, für eine Beleidigung Frankreichs, dem man anscheinend nicht zutraute, den Atomschmuggel unter Kontrolle zu bringen. Seine nationale Seele war verletzt, und patriotisch, wie ein Franzose sein soll, empfand er Fontanas Anwesenheit als eine Provokation. So etwas bestraft man diplomatisch mit Mißachtung oder privater Ablenkung.

Bei Ducoux war es der geschickte Schachzug, Fontana, der in Paris als Likörvertreter Robert Fulton auftrat, in den »Roten Salon« von Madame de Marchandais zu locken. Er rechnete sich einen vollen Erfolg aus: Fontana, der Frauenliebling und Frauengenießer, würde den Reizen der Damen im Salon kaum widerstehen können. Er würde voll beschäftigt sein, seinen Hormonspiegel zu regulieren, und dies würde sein Wirken in Paris auf ein Objekt beschränken: das Bett.

So war es für Ducoux eine fast vaterländische Aufgabe, Fontana bei Madame de Marchandais einzuführen. Es geschah an einem Abend, an dem von Süden her ein warmer Wind über Paris wehte, der die Produktion der Hormone aktivierte.

Fontana-Fulton und Ducoux trafen sich in der prunkvollen Halle des Hotels *Grillon* an der Place de la Concorde.

»Jetzt werden Sie gleich die Crème der Pariser Gesellschaft erleben«, sagte Ducoux voller Enthusiasmus. »Sie werden begeistert sein.«

»Ich bin gespannt wie eine Armbrust.«

»Ein guter Vergleich! Mit Brust werden Sie viel zu tun haben!« Ducoux lachte fröhlich. »Für Sie als Frauenkenner wird es eine Augenweide sein.«

»Sie übertreiben, mein lieber Ducoux.«

»Für so etwas habe ich einen Blick. So, wie Sie aussehen... wenn ich eine Frau wäre, würde mein Herz wie wild Purzelbäume schlagen.«

In fröhlichster Stimmung fuhren sie eine Stunde später zum Bois-de-Boulogne. Der Säuleneingang der weißen Villa war hell erleuchtet. Gegenüber parkten die Wagen der Gäste: Rolls-Royce, Citroën, Jaguar, Mercedes, sogar ein Ferrari in leuchtendem Rot. Daneben sah der Alfa Romeo geradezu mickrig aus, aber ausgerechnet er gehörte einem der reichsten Männer von Paris, einem bekannten Parlamentsabgeordneten.

»Die Automarken verraten schon einiges«, sagte Fontana-Fulton, als sie aus Ducoux' Peugeot ausstiegen.

»Irrtum! Bei Ihnen in New York oder in Hamburg oder in Italien mögen die Zuhälter auffällige Wagen fahren, bei uns in Paris gehört dies zur besseren Gesellschaft. Aha! Prévin ist auch da.«

»Wer ist Prévin?«

»Der Vizewirtschaftsminister. Es scheint, als habe Madame heute ein besonderes Schauspiel geplant. Lassen wir uns überraschen.«

Schon das Mädchen, das die Tür öffnete, war eine Augenweide. Zwar war sie nicht wie die Bedienung »oben ohne«, aber das am Körper anliegende, kurze Kleid und der tiefe Ausschnitt ließen der Phantasie freien Lauf. Sie strahlte Fontana so hinreißend an, daß Ducoux sich die Bemerkung nicht verkniff: »Nummer eins haben Sie schon erobert, Dick.«

»Hier bin ich Bob Fulton.«

»Pardon, natürlich. Von jetzt ab also Bob...«

Madame, wie immer in einem pompösen Abendkleid aus thailändischer Brokatseide, kam ihnen im Foyer entgegen. Ducoux hatte sie am Telefon neugierig gemacht, als er Fultons Besuch ankündigte. »Er ist jung, männlich schön und ein Frauenheld!« hatte er ihn vorgestellt. Und sie hatte geantwortet: »Er ist der Richtige für Rosalie ... oder für Madame Lapouche, wenn sie heute kommt.« Madame Lapouche war die Gattin des Starachitekten René Lapouche und dreiundzwanzig Jahre jünger als dieser. Eine wilde Hummel, könnte man respektlos sagen.

Nun streckte Madame de Marchandais beide Hände aus und begrüßte Fulton wie einen alten Freund.

»Willkommen bei mir!« sagte sie mit ihrer warmen Altstimme. Auch sie war vom ersten Augtenblick an von Fontana begeistert. Zwanzig Jahre jünger müßte man sein, dachte sie mit leiser Wehmut, dann läge er noch heute abend in meinen Armen. »Sie werden eine Bereicherung meines kulturellen Salons sein, Monsieur ...«

»Fulton. Robert Fulton. Freunde nennen mich Bob.«

»Dann darf ich Bob zu Ihnen sagen?«

»Ich bitte darum.«

Madame spielte die Unwissende perfekt. Sie hakte sich bei Fulton ein und führte ihn durch die breite Flügeltür in den »Roten Salon«. Ein Mädchen mit nackter Brust servierte ihm sofort ein Glas Champagner.

Fulton warf einen schnellen Blick in den Salon. Was er geahnt hatte, bewahrheitete sich: elegante, schmuckbehangene Frauen, schon etwas alkoholisierte Ehemänner oder Einzelgänger mit Jägerblick. Die attraktive Bedienung, das Buffet, der schwere Duft der verschiedenen Parfüms, die leise Hintergrundmusik aus versteckten Boxen – es war das Geigenorchester von Mantovani – und vor allem die breite, rote Teppichtreppe zu den oberen Räumen, die gerade ein Pärchen Hand in Hand hinaufschritt, dies alles ließ bei Fulton keinen Zweifel aufkommen: Das hier war ein Edelpuff, vermutlich der exklusivste von Paris.

Hinter ihm räusperte sich Ducoux und flüsterte ihm über die Schulter zu:

»Habe ich zuviel versprochen, Bob?«

»Ich bin überwältigt.« Madame hatte sie unterdessen allein gelassen und kümmete sich um einen Gast, der sogar einen Smoking trug. Es war der Vizeminister Prévin, der offiziell und seiner Gattin gegenüber, eigentlich in der Oper sein sollte, um »Siegfried« von

Wagner zu hören. Aber lieber als den Drachentöter betrachtete er Madames Dienerinnen. »Eine Frage: Wie kommen Sie in diese Gesellschaft?«

»Fünfzig Prozent aus dienstlichen Gründen, Sie ahnen nicht, was man hier alles erfährt... und zu fünfzig Prozent, um dem grauen Beamtenalltag zu entfliehen. Ich mag nun mal schöne Frauen.«

»Ist das für einen Mann in Ihrer Position nicht gefährlich? Ich denke da an Erpressung.«

»Ein völlig falscher Gedanke!« Ducoux lachte. »Hier erpreßt keiner. Jeder weiß von jedem genug... das ist der beste Schutzschild.«

»Und wenn – nur angenommen – einer von diesen ehrenwerten Herrschaften dick im Nukleargeschäft steckt?«

»Dann wird er hochgenommen. Es wird nie jemand erfahren, wer den Tip gegeben hat.«

»Jean, Sie leben verdammt gefährlich.«

»Sie etwa nicht? Das bringt unser Beruf so mit sich...«

Ducoux blickte hinüber zu seinem Stammtisch. Natürlich, sie waren alle da: Jerôme Patanneau, der Physiker, Anwar Awjilah, Raffael Lumette, der Sekretär im französischen Außenministerium, und mitten unter ihnen Natalja Petrowna Victorowa in einem silberdurchwirkten Chiffonkleid. Sie trug die Haare hochgesteckt, was ihre hohen Wangenknochen noch betonte.

Ducoux ärgerte sich sofort. Er sah Awjilah, wie er gestenreich auf Natalja einredete, und schob die Unterlippe vor. Alles Lügen, was er da von sich gibt. Alles Lügen. Märchen aus tausendundzwei Nächten!

Fulton faßte Ducoux kurz am Ärmel der Clubjacke. Auch er hatte Natalja bemerkt. Ihre faszinierende Schönheit, die ihn an ein Abenteuer vor vier Jahren erinnerte, sprang ihm geradezu ins Auge.

»Wer ist denn das? Dort, am runden Tisch vor dem großen Spiegel.«

»Das ist Natalja Petrowna. Eine Russin. Eine Freundin von Madame.«

»Eine Russin? Interessant.«

»Neben ihr sitzt Anwar Awjilah, Attaché der iranischen Botschaft.«

In Fontana-Fulton schlug eine Alarmglocke an. Der Iran und Rußland an einem Tisch in einem Edelbordell? War das purer Zufall, oder war es eine geschickte Tarnung? Ducoux, du bist ein

Blinder! Um diese beiden würde ich mich an deiner Stelle mehr kümmern, als um die sexbesessenen Damen, die mit dickem Make-up ihre Jugend zurückholen wollen. »Noch interessanter«, sagte er.

»Rechts neben ihr sitzt Professor Pataneau, einer unserer berühmtesten Physiker.«

»Hochinteressant. Atomwissenschaftler?«

»Seine Spezialität.«

»Und der Mann mit dem Rücken zum Spiegel?«

»Lumette. Sekretär des Außenministers.«

»Eine verdammt heiße Mischung.« Die Alarmklingel in Fulton wurde lauter. Ducoux sah ihn verwundert an. »Wie meinen Sie das?«

»Ich wollte sagen: eine illustre Gesellschaft.«

»Alles gute Freunde von mir.«

»Dann gehen wir mal hinüber, Jean, und Sie stellen mich dieser Ludmila...«

»...Natalja...«

»...vor.«

»Kommen Sie mir nicht ins Gehege, Bob! Es gibt hier genug schöne und willige Frauen.«

»Ach, so ist das?« Fulton konnte sich ein Grinsen nicht verkneifen. Du und diese umwerfende Russin? Ducoux, denk mit dem Gehirn und nicht mit dem Schwanz.

»Ja, so ist es!« sagte Ducoux sehr ernst. »Hände weg von ihr. Wir wollen doch gute Kameraden sein.«

»So ist es, Jean. Natalja gehört Ihnen. Aber machen Sie mich trotzdem mit ihr bekannt.«

Sie gingen hinüber an den runden Tisch. Die Herren erhoben sich, als sie den neuen Gast im »Roten Salon« sahen.

Ducoux stellte jeden vor und sagte dann: »Und das ist Monsieur Robert Fulton aus den USA: Er hat die Wahnsinnsidee, Frankreich mit einem neuen Likör zu beglücken.«

Die Herren gaben einander die Hand. Natalja sah Fulton aus großen, dunklen, strahlenden Augen an, und als er ihre Hand küßte, durchfuhr es sie wie ein elektrischer Schlag. Obwohl seine Lippen die Handfläche nicht berührten, spürte sie eine Hitzewelle durch ihren ganzen Arm ziehen. Es war ein anderer Handkuß als die üblichen... Fulton zog nicht ihre Fingerspitzen an seinen Mund, sondern er ergriff ihre Hand, hielt sie fest und ließ sie auch nicht los, als er sich wieder aufrichtete. Erst als sie ihm die Hand entzog, gab er sie frei. Keiner der Anwesenden hatte etwas bemerkt, es hatte sich in Sekundenschnelle abgespielt.

Eine der Bedienungen brachte sofort ein Tablett mit frischem Champagner. Fulton hob sein Glas Natalja entgegen und sprach aber alle an.

»Ich freue mich, daß Sie mich in Ihren Kreis aufnehmen. Wenn Sie ab jetzt alle meinen Cocktail *Ladykiller* trinken würden, wäre ich wirklich glücklich.«

Alle lachten und sanken dann wieder in ihre Sessel zurück. Fulton nahm Natalja gegenüber Platz und streichelte mit seinen Blicken ihre langen, schlanken Beine, die das Kleid nur zur Hälfte bedeckte. Ihre russisch-asiatische Schönheit, dieses Lächeln in den Mundwinkeln, das Interesse, das aus ihren Augen sprühte, und die Haltung ihres Körpers begannen Fulton gefangen zu nehmen. Dabei vergaß er aber nicht, die seltsame Konstellation dieses Tisches zu beachten: ein Iraner, ein Ministerialsekretär, ein Physikprofessor mit Nuklearfachwissen, ein Abteilungschef der Geheimpolizei und im Hintergrund, mit Madame ins Gespräch vertieft, ein Vizeminister... welch eine brisante Mischung!

Und wo gibt es mehr Kumpanei und Kontaktfreude als in einem »Roten Salon«, der der »Kultur« dient?

Fulton unterbrach seine Überlegungen, als Natalja ihn fragte:

»Wieso nennen Sie Ihren Cocktail *Ladykiller*?«

»Weil er unwiderstehlich ist, wenn man nur einen Schluck getrunken hat. Man will immer mehr davon trinken. Man kann süchtig nach ihm werden... wie so vieles im täglichen Leben zur Sucht werden kann.«

»Und Sie haben keine Probe mitgebracht?«

»Ich wußte nicht, was mich hier erwartet. Verzeihung. Das nächste Mal bringe ich einen ganzen Karton mit.«

»Ich möchte ihn gern probieren.« Natalja spitzte die Lippen, als schmecke sie bereits die neue Kreation. »Ich halte viel von einer Kostprobe.«

Kaum hatte sie es gesagt, war sie über sich selbst entsetzt. Was rede ich da? Wie komme ich dazu, in diesem Fremden, in diesem Amerikaner, in diesem Schnapsfabrikanten etwas Besonderes zu sehen?! Er sieht gut aus, zu gut, könnte man sagen, aber seine Blicke sind indiskret, entblößend und wie kleine Flämmchen auf der Haut. Er ist ein Mann wie alle anderen, nur noch eingebildeter, weil er gut aussieht. Bemühen Sie sich nicht, Mr. Fulton. Es hat keinen Sinn... ich verachte solche Kerle, die nur an das Bett denken!

Aber dann hörte sie sich sprechen, als hätten ihre Gedanken keine Macht mehr über sie. »Erzählen Sie mir von Ihrem Leben, Mr. Fulton.«

»Da gibt es nicht viel zu erzählen.« Fulton riß seine Blicke von ihren Rundungen los. »Geboren in einem kleinen Nest in Nebraska, Schule, High-School, Universität... das übliche.«

»Was haben Sie studiert?«

»Literatur...«

»Und verkaufen jetzt *Ladykiller*-Cocktails?«

»Wie das Leben so spielt. Zum Schriftsteller tauge ich nicht, da fehlt mir die Phantasie und ein eigenes Stilgefühl, als Lehrer in einer Schule bin ich zu ungeduldig, bei irgendeiner Kulturbehörde bin ich fehl am Platze, weil ich mich nicht unterordnen kann – was bleibt also übrig? Cocktails zu verkaufen, das ist ein freier Job. Wenn man gut arbeitet, hat man Geld, wenn man faul ist, steht man vor der Küche der Heilsarmee an. In meinem Falle muß ich sagen: Es geht mir gut! Der Beweis: Ich bin in Paris.«

»Sie sind also außergewöhnlich fleißig?«

»Bei allem, was mich interessiert...«

Dies war eine Antwort, die Natalja unter die Haut ging. Fultons braun-grüne Augen lächelten ihr zu. Noch nie hatte sie das Gefühl gehabt, unsicher zu sein. Ein Mann war für sie nur ein Objekt, über das man eine Karriere aufbauen konnte, das sie heraushob aus den muffigen Plattenwohnungen im Moskauer Arbeiterviertel, das ihr die Möglichkeit gab, ihren deprimierten Vater zu ernähren und ihre duldsame Mutter zu erfreuen. Dies hatte sie erreicht durch ihre Hingabe an Sybin, dem großen Konzernherrn. Sie war reich geworden, besaß eine eigene Datscha in den Wäldern bei Moskau, und sie zeigte ihm ihre Dankbarkeit, indem sie seine Umarmungen duldete und tat, was er wollte. Die Seligkeit einer Liebe hatte sie nie erfahren, nur das Erdulden männlicher Triebhaftigkeit... es war ihr ein Rätsel, was Liebe bedeutete. Und plötzlich saß ihr ein Mann gegenüber, gegen den sie sich innerlich wehrte, aber dessen Stimme und Blicke sie erheblich irritierten.

Sie wurde aus ihren Gedanken gerissen, als sich Awjilah in das Gespräch einschaltete. Während Ducoux sich eine seiner dicken Zigarren ansteckte, Plataneau sich mit Lumette über die neue Forschung in der Lasertechnik unterhielt, sagte er:

»Waren Sie schon mal in meiner Heimat? Im Iran?«

»Nein. Dort trinkt man doch keinen Alkohol.«

»Ich suche in meinen Erinnerungen, Mr. Fulton. Irgendwo habe ich Sie schon einmal gesehen.«

Vorsicht, Dick! Das kam unerwartet.

»Das kann sein.« Fulton trank einen Schluck Champagner, hielt sein leeres Glas einer der Bedienungen hin und erhielt sofort ein neues Glas und einen verheißungsvollen Blick. »Unsere Firma macht viel Reklame. In Zeitschriften, im TV, in Magazinen. Manchmal trete ich als ein Kunde auf, der sagt: ›Einmal *Ladykiller,* immer *Ladykiller.* Fragen Sie meine Frau!‹ Dämlicher geht es nicht..., aber es hatte Erfolg.«

»Das wird es sein!« Awjilah lachte, aber der Ausdruck seiner Augen blieb nachdenklich, forschend und gefährlich.

Iran, dachte Fulton. Teheran. Die Fotos von den Labors, in denen man die Zündung einer Atombombe simulierte. Der Bau eines Reaktors, dessen Vollendung sich hinauszögerte, weil Rußland keine Technik mehr schickte. Die Liste russischer Nuklearexperten, die arbeitslos geworden waren und in den Iran wechselten. Vor zwei Jahren war das alles passiert. Niemand hatte ihn damals enttarnt. Wieso konnte sich Awjilah an sein Gesicht erinnern?

»Ich möchte gern mal Ihre Heimat kennenlernen«, sagte er, »aber wir Amerikaner sind bei Ihnen nicht sehr beliebt.«

»Sie kennen die Gründe. Die Politik...«

»Sie verdirbt den Menschen. Gott sei Dank bin ich ein völlig unpolitischer Mensch. Wie lange sind Sie schon hier an der Botschaft?«

»Vier Jahre.«

Er kann mich also gar nicht von Teheran her kennen. Das beruhigte Fulton ein wenig. Natalja Petrowna war aufgestanden und ging die große Freitreppe hinauf. Fulton sah ihr nach und konnte sich nicht vorstellen, daß oben in einem der Zimmer ein Liebhaber auf sie wartete.

Madame de Marchandais trat in die Mitte des »Roten Salons« und hob eine kleine silberne Glocke. Ihr heller Klang ließ alle Gespräche verstummen.

»Meine Lieben«, sagte sie. »Es hat mich einige Mühe gekostet, aber es war von Erfolg gekrönt. Unser hochverehrter Gast Natalja Petrowna Victorowa hat sich überreden lassen, heute abend noch einmal Lieder aus ihrer russischen Heimat zu singen.«

Die Herren klatschten begeistert, die Damen reagierten weniger euphorisch. Seit diese Russin bei Madame wohnte, hatte sich das Klima im »Roten Salon« verändert. Die Männer stellten Vergleiche an. Beim Bäumchen-wechsle-dich-Spiel war das nicht gerade angenehm für die schon etwas reiferen Damen, der einzige Trost war, daß es noch niemandem gelungen war, Natalja in die oberen Zimmer zu entführen. Sie war von einer unantastbaren Schönheit, so wie man eine wertvolle Porzellanpuppe in einem Glaskasten vor jeder Berührung abschirmt. Die Bedienungen der Madame waren dagegen keine Konkurrenz. Sie waren käuflich... eine Dame dagegen war ein persönliches Geschenk.

Oben auf der Treppe erschien jetzt Natalja. Sie hatte sich umgezogen und trug nun einen einfachen weiten Rock, eine rote Bluse, und in das Haar hatte sie künstliche Sommerblumen gesteckt, die so echt aussahen, daß man nur beim Anfassen bemerkte, daß sie aus Seide gefertigt waren. Als sie ihre Gitarre hob, sagte Ducoux leise zu Fulton:

»Jetzt erleben Sie einen Kunstgenuß, der nur uns geboten wird. Diese Stimme werden Sie für immer im Ohr behalten. Callas hin, Tebaldi her... so süß wie Natalja kann keine andere singen.«

Der erste Akkord schien die Zuhörer bereits zu verzaubern. Nach einem kurzen Vorspiel begann Natalja zu singen, ein altes Liebeslied aus Nowgorod von einem Mädchen, das träumte, ein Prinz hole sie aus der Armut in sein Schloß. Niemand verstand die russische Sprache, aber jeder spürte die Sehnsucht in der Stimme und begriff, daß die Weite des Landes den Menschen demütig und gleichzeitig sehnsüchtig machte.

Fulton starrte sie mit angehaltenem Atem an, und als ihre Blicke sich trafen, war es, als träfen zwei Blitze aufeinander und zerplatzten in der Luft, aber ihre Hitze durchdrang ihre Körper.

Fast eine halbe Stunde lang sang Natalja von der Steppe und den Seen Sibiriens, von den unendlichen Wäldern und den großen Strömen, von Wind und Sonne und von den Menschen, die das Glück berührten, wenn sie Rußlands Erde in den Händen hielten. Den Schluß bildete ein Ostergesang, so wie er seit Jahrhunderten ertönte, wenn der Pope das Osterbrot segnete. Christos woskresse... Christus ist auferstanden.

Nach diesem letzten Lied wagte keiner zu klatschen, nur Fulton unterbrach die Stille, indem er »Bravo!« rief. Ducoux sah ihn ärgerlich von der Seite an.

Typisch amerikanisch. Kein Gefühl für die Heiligkeit der Kunst. Ihre Götter sind Coca-Cola und Hot dogs und Hamburger in einem matschigen Bötchen. Bob, du bist ein Banause.

Nach diesem Zuruf schienen alle aus einer Art Erstarrung zu erwachen und bedachten Natalja mit stürmischem Beifall. Sie dankte mit einem tiefen Knicks und eilte dann die Treppe hinauf. Niemand sah, daß sie Tränen in den Augen hatte, nicht weil Fulton »Bravo« gerufen hatte, sondern weil bei jedem Lied ihr Heimweh wuchs, stärker und stärker wurde... ein Russe in der Fremde ist immer einsam und voller Sehnsucht. Rußland, das ist die Mutter allen Lebens.

»So etwas hören Sie nie wieder«, sagte Ducoux zu Fulton.

»Ich stimme Ihnen zu. Es war einmalig. Ist Natalja eine bekannte Sängerin?«

»Nein. Es ist eine Naturbegabung, das macht sie unverwechselbar. Denken Sie an die Piaf. Auch sie konnte von keiner anderen Sängerin überboten werden... sie sang mit ihrem ganzen Herzen und hatte sich selbst ausgebildet in den Hinterhöfen von Saint-Germain-de-Près.«

»Natalja könnte mit dieser Stimme eine Weltkarriere machen. Irgendein Impresario sollte sie managen.«

»Um Gottes willen – nein! Dann wird sie eine Singmaschine und in Massenveranstaltungen verheizt. Es gibt genügend Beispiele dafür, daß große Stimmen zerbrachen, weil sie nicht sorgsam gehütet wurden.«

»Ich bin erstaunt, Jean.«

»Worüber?«

»Sie sind nicht nur ein guter Polizist, sondern auch ein großer Musikliebhaber. Was möchten Sie lieber sein?«

»Das, was ich bin. Darf ich Ihnen etwas sagen... unter Freunden?«

»Ich höre.«

»Ihr Bravoruf hat mich gestört. Es war eine Frechheit.«

»Ich konnte nicht anders, Jean.« Fulton legte ihm die Hand auf den Arm. »Ich war einfach hingerissen. Verzeihen Sie mir. Da bricht mein italienisches Blut durch: Wenn wir begeistert sind, dann brüllen wir los. Besuchen Sie mal eine Oper in der Arena von Verona...«

Auf der Treppe erschien Natalja. Sie trug jetzt wieder ihr hautenges Silberkleid und schritt die Stufen unter dem Beifall der Gäste hinunter. Madame lief ihr entgegen, umarmte sie, drückte sie an sich und küßte sie auf beide Wangen.

»Du hast geweint«, sagte sie. »Ich habe es gesehen und in deiner Stimme gehört.«

Natalja schüttelte den Kopf, aber sie tat es zu heftig und bestätigte damit Madames Beobachtung. »Es war bestimmt nur wegen des traurigen Liedes vom einsamen Jäger... das klingt, als wenn jemand weint.«

»Jeder würde dir das glauben, nur ich nicht.« Madame zog Natalja zur Seite in eine Ecke, wo sie ungestört sprechen konnte. »Hast du Heimweh?«

»Auch das.« Natalja senkte den Kopf. Ist es Heimweh, fragte sie sich, oder ist es das Leben, das ich führe? Was bin ich denn? Die Geliebte eines reichen Mannes, der jeder Wunsch erfüllt wird und die mit ihrem Körper bezahlt, eines Mannes, der auch noch der Chef einer Verbrecherbande ist, die immer mehr zum wirklichen Herrscher über Rußland wird. Ist das ein Leben, dem man nachweinen sollte? Nein! Ich bin noch jung, ich habe eine Zukunft... aber wie wird sie aussehen? Was wird in zehn, zwanzig Jahren sein? Eine weggeworfene Geliebte in einer einsamen Datscha, die mit ansehen muß, wie der große Sybin seine jungen Gespielinnen verwöhnt und sie dann mit einem Tritt aus seinem Bett befördert. Eine Zukunft in Samt und Seide, aber im Herzen einsam wie die schweigende Tundra. Ist das kein Grund, zu weinen?

»Gefällt es dir nicht mehr in Paris bei mir?« fragte Madame.

»O nein, ich bin gerne in Paris.«

»Fehlt dir dein russischer Liebhaber?«

»Ich brauche keinen Mann!«

»Warum lügst du? Jede Frau sehnt sich nach einem Mann. Sonst wäre sie keine Frau.«

Natalja warf einen schnellen, verstohlenen Blick hinüber zu Fulton. Er diskutierte mit Ducoux, aber sein Blick wanderte suchend herum.

Er hielt nach Natalja Ausschau. Als er sie in der Salonecke mit Madame entdeckt hatte, nickte er ihr kaum merklich zu. Sie aber nahm dieses Zeichen wahr und wurde unsicher.

»Ich frage mich in letzter Zeit nach dem Sinn des Lebens«, sagte sie zu Madame.

»Das sollte man nie tun! Du bist reich, was willst du mehr vom Leben?«

»Geld ist nicht alles, Louise.«
»Es *ist* alles. Glaube einer erfahrenen Frau. Man kann sich jeden Wunsch erfüllen.«
»Man kann etwas kaufen, ja... aber was ist mit den Gefühlen? Ich bin in Gold eingegossen, eine Statue. Aber ich will leben... leben... leben...«
»Dann tu es doch. Liebe ist atemloses Leben. Liebe...«
»Ich kann nicht lieben.«
»Mein Gott! Hast du kein Herz?«
»Bei mir ist es eine Pumpe. Ein rhythmisch zuckender Muskel.«
»Wer hat dich bloß so zerstört?«
»Das Leben. Du weißt nichts von mir, gar nichts! Du bist nicht in einem Moskauer Armenviertel aufgewachsen, du hast es nie nötig gehabt, mit deinem Körper dafür zu bezahlen, daß du nicht verhungerst. Jetzt bin ich reich, ja, auch durch meinen Körper... aber ich habe dabei gelernt, jede Männerhand zu hassen, die meinen Körper berührt. Ich hatte eine andere Vorstellung vom Leben, aber die blieb Illusion.«
»Du bist noch so jung... es kann sich vieles ändern.«
»Nicht mehr. Ich bin meine eigene Gefangene.«
Sie schüttelte den Kopf und deutete damit an, daß es keine Hoffnung gab, an die sie sich klammern konnte. Mit einem traurigen Lächeln wandte sie sich ab und ging hinüber zu dem runden Tisch am anderen Ende des »Roten Salons«.
Die Herren sprangen sofort auf. Ducoux rückte ihr einen Sessel zurecht, Awjilah winkte nach einem Glas Champagner; Patameau und Lumette begannen, gleichzeitig zu reden und sagten: »Ihr Gesang war grandios!«, nur Fulton verhielt sich zurückhaltend. Er sah Natalja an, schweigend, aber mit beredten Blicken. Sie verstand ihn, wandte sich ab und hob ihr Glas.
»Wenn ein Russe sein Glas hebt«, rief sie, »muß er einen Spruch sagen: Das Heute ist besser als zwei Morgen!«
»Ein guter Spruch!« Ducoux stieß mit ihr an. »Ein wahrer Spruch. Laßt uns das Heute genießen! Wo Sie auch sind, Natalja, wir sind Ihre Nachbarn.«
»Auch dafür haben wir Russen einen Spruch: Liebe deinen Nachbarn, aber bau dir eine Mauer...«
»Mauern kann man einreißen.« Fulton sagte es leichthin im Plauderton. Sie ging darauf nicht ein, bemühte sich, Fulton nicht anzusehen, und spürte dennoch in sich eine unerklärbare Unruhe.

Es wurde ein schöner Abend. Ein paar Paare verschwanden oben in den Zimmern, auch Lumette zog mit einer der Damen ab, Ducoux trank zuviel und wurde schläfrig, nur Awjilah und Fulton widerstanden allen Angeboten. Der erste, der sich verabschiedete, war Plataneau, ihm folgte kurz darauf Ducoux. Und auch Awjilah verließ kurz nach zwei Uhr morgens den »Roten Salon«. Fulton blieb allein zurück, saß bequem zurückgelehnt in seinem Sessel und sah Natalja mit seinem unverschämten Blick an.

»Warum starren Sie mich so an?« fragte sie ganz bewußt, um das Gespräch persönlich werden zu lassen. Es reizte sie plötzlich, die Gedanken dieses Mannes nicht nur zu ahnen, sondern auch gesagt zu bekommen. Das Spiel mit den Männern kannte sie gut genug... jetzt war es Neugier.

Fulton zuckte die Schultern, veränderte dabei allerdings seine lässige Haltung nicht. Es fehlte nur noch, daß er seine Beine auf den Marmortisch legte und sich so benahm, wie man es von Amerikanern erwartet: Kaugummi kauend und die Füße auf dem Tisch...

Fultons Antwort kam leicht und lässig:

»Soll man an einer schönen Frau vorbeisehen? Das wäre wider die Natur des Mannes und... Sie sind einmalig.«

»Was sollte einmalig an mir sein?« erwiderte Natalja.

»Welche Frage. Sie haben die Ausstrahlung einer zweiten Sonne.«

»O Himmel, Sie werden ja lyrisch.«

»Ich mache nur eine nüchterne Feststellung. Eine Frage: Was hat Sie hierher in den »Roten Salon« geführt?«

»Die Empfehlung eines Freundes.«

»Dieser Ort ist unter Ihrer Würde.«

»Ich bin ein Gast von Madame und fühle mich wohl, solange mich niemand anfaßt. Und das hat noch keiner versucht, Mr. Fulton.«

»Wie kommen Sie nach Paris?«

»Mit dem Flugzeug...«

Fulton nickte. »Recht so. Auf dumme Fragen dumme Antworten!«

»Ich mache Urlaub, das wollten Sie doch hören?«

»Und was machen Sie in Moskau?«

»Ist das ein Verhör?«

»Mich interessiert Ihr Alltag. Der ›Rote Salon‹ paßt einfach nicht zu Ihnen.«

»Sie könnten sich irren, Mr. Fulton.«
»Sie sind allem Anschein nach eine reiche Russin...«
»Ich habe einen reichen Freund. Genügt das?«
»Es genügt, um daran zu glauben. Aber Sie sind nicht glücklich.«
»Ich bin sehr glücklich.«
»Und warum haben Sie dann beim Singen geweint?«

Er hat es bemerkt, er hat außer Madame als einziger meine Tränen gesehen. Er hat mein innerliches Weinen gehört. Bob Fulton, du bist ein gefährlicher Mann.

»Ein Russe ist immer traurig, wenn er fern der Heimat von seiner Heimat singt. Das ist unsere Natur. Wir können im Heimweh schwelgen. Sie, als Amerikaner, kennen dieses Gefühl nicht. Habe ich recht?«

»Wir lieben unser Land ebenfalls, aber wir können auf der ganzen Welt zu Hause sein. Das kann ein Vorteil sein.« Fulton streckte sich und griff nach einem Sandwich. Es war mit feinstem Lachs und Kaviar belegt. Unbekümmert biß er davon ab und kaute mit vollem Mund. Natalja sah ihm zu. Ist das nun eine Frechheit oder einfach seine unkomplizierte Lebensart? Sie wußte es nicht.

»Hat's geschmeckt?« fragte sie, als Fulton das Sandwich gegessen hatte. Fulton nickte.

»Sehr gut. Wollen Sie auch eines?«
»Danke.«
»Wo wohnen Sie, Natalja Petrowna?«
»Hier, bei Madame. Warum? Wollen Sie mich besuchen?«

Eine gefährliche Frage, aber Natalja bereute sie nicht. Sie spürte selbst, wie sie sich veränderte, wenn sie in seine Augen sah. Aber sie wehrte sich nicht dagegen.,

»Nicht bei Madame de Marchandais. Können wir uns nicht woanders sehen? Paris hat so viele schöne Cafés und verschwiegene Plätze.«

»Sie wollen mich wiedersehen?«

»Auf jeden Fall! Aber außerhalb des roten Plüsches und ohne die schwülstige Atmosphäre. Ich möchte mit Ihnen sprechen... an der Seine, in den Gärten der Tuilerien, auf einer Bank vor Notre-Dame, auf dem Montmartre, wo wir den Malern zusehen können, oder auf dem Père-Lachaise... Man kann auf einem Friedhof wunderbar miteinander reden. Man kann dort vieles sagen, was woanders nicht möglich ist.«

»Mr. Fulton, sind Sie ein verkappter Romantiker?«

»Im Gegenteil, ich kann knallhart sein.«

»Das glaube ich Ihnen. Und wie sind Sie wirklich?«

»Das sollen Sie herausfinden, wenn wir uns treffen.« Fulton beugte sich zu ihr vor. Diese Augen, dieser Blick! Natalja wollte sich von ihm losreißen, aber sie konnte es nicht. Dieser Blick fesselte sie und machte sie reaktionsunfähig. »Natalja... haben Sie morgen für mich Zeit?«

»Wo?« fragte sie gegen ihren Willen.

»Wir treffen uns im Café de l'Opéra, um fünfzehn Uhr?«

»Ich kann nichts versprechen...«

»Schon, daß Sie nicht nein sagen, ist eine Hoffnung wert.« Fulton erhob sich, nahm ihre Hand und küßte sie, und ihren Körper durchzuckte ein heißes Beben. »Ich sehe, ich bin fast der letzte Gast. Schlafen Sie gut, Natalja... und bis morgen...«

Sie blickte ihm nach, wie er sich von Madame de Marchandais verabschiedete, und rang mit sich um ein »Nein, ich komme nicht!«. Als er den »Roten Salon« verlassen hatte und im Vorraum auf ein Taxi wartete, kam Madame zu ihr.

»Ein faszinierender Mann, nicht wahr?« fragte sie.

»Wer?«

»Fulton. Ich habe euch beobachtet.«

»Er will mich treffen. Morgen, im Café de l'Opéra... aber ich gehe nicht hin.«

»Natürlich gehst du hin. Leugne nicht, denn in deinen Augen liegt ein gewisser Glanz. Du kannst eine erfahrene Frau nicht belügen! Du bist wie eine Prinzessin im Märchen, die durch ein Wunder aus einem tiefen Schlaf erwacht und eine neue Welt sieht. Du kannst nicht mehr fliehen.«

»Ich kann es! Ich hasse jede Männerhand, die mich berührt!«

Am nächsten Tag, pünktlich um fünfzehn Uhr, saß Fulton draußen vor dem Café unter der Markise. Es war ein sonniger Tag, warm und sonnendurchflutet, und Paris blühte in Heiterkeit und Lebenslust auf. Er brauchte nur zehn Minuten zu warten, dann sah er, wie Natalja aus einem Taxi stieg. Sie trug ein schlichtes, geblümtes Kleid mit einem Glockenrock, und sie sah jung und unschuldig aus, völlig anders als die Frau im engen silbernen Cocktailkleid, wie Fulton sie kennengelernt hatte. Sie hatte sich kaum geschminkt, nur die Lippen nachgezogen, und der Zauber ihres exotischen Gesichts wurde durch nichts verdeckt.

»Ich kann nur eine halbe Stunde bleiben«, sagte sie gleich bei der

Begrüßung. »Ich bin nur schnell vorbeigekommen, um nicht wortbrüchig zu werden.«

Sie blieben drei Stunden lang zusammen, spazierten durch die Straßen von Paris, und in der Nähe der Place de la Concorde hakte sie sich sogar bei Fulton ein. Was sie miteinander sprachen, ist völlig unwichtig... sie fühlten sich, als streichelten sie sich mit ihren Blicken, und zum ersten Mal empfand Natalja so etwas wie Glück. Sie ließ sich treiben und einhüllen von Fultons Stimme.

Ohne irgendwelche Annäherungsversuche brachte Fulton sie später zu einem Taxi, und sie fuhr zurück zu Madame und wußte, daß sie ein anderer Mensch geworden war.

Am nächsten Tag trafen sie sich wieder vor Notre-Dame.

Am dritten Tag wanderten sie durch das Quartier Latin.

Am fünften Tag saßen sie auf einer Bank an der Seine.

Am sechsten Tag küßten sie sich in einem Saal des Louvre. Es war ein langer, befreiender Kuß, und ihr Körper drängte sich an ihn.

Am siebten Tag sprach Fulton mit Juliette Bandu, der Concierge des Hotels *Monique* an der Place Pigalle. Er bemühte sich nicht um Umschreibungen, sondern fragte:

»Haben Sie etwas dagegen, Madame Bandu, wenn ich heute einen Besuch mitbringe?«

Das faltenreiche Gesicht unter den grauweißen Haaren verzog sich zu einem Lächeln.

»Eine Frau...«

»So ist es, Madame.«

»Endlich.«

Fulton sah sie erstaunt an. »Wieso endlich?!«

»Darauf habe ich gewartet. Ein Mann wie Sie und kommt immer allein nach Hause. Da gerät man auf schiefe Gedanken.«

»Sie haben geglaubt, ich sei vom anderen Ufer?«

»Muß man das nicht? Wer in Paris lebt und immer allein ist, der ist doch nicht normal.« Sie beugte sich über die Portiertheke vor und blinzelte ihn vertraut an. »Ist sie hübsch?«

»Wie eine Göttin!«

»Oh! So verliebt sind Sie, Monsieur?«

»Nein, Madame... ich liebe sie. Ich möchte sie eines Tages mit nach Amerika nehmen. Sobald meine Tätigkeit hier beendet ist.«

»Eine Französin?«

»Eine Russin.«

»Gratuliere, Monsieur. Sie gelten als die besten Ehefrauen. Für sie ist der Mann der Mittelpunkt ihres Lebens. Und so soll es auch sein. Mein Mann, Gott habe ihn lieb, war auch so, und das als Franzose. Was ich sagte und tat, es war immer richtig.«

»Daran zweifle ich keinen Augenblick.« Fulton grinste. Er konnte sich gut vorstellen, daß der selige Monsieur Bandu es nie gewagt hatte, seiner resoluten Frau zu widersprechen. Auch jetzt noch, trotz ihres Alters, war sie eine Respektsperson. Deshalb hatte er auch gefragt, um zu verhindern, daß Madame Bandu mit moralischer Entrüstung Natalja das Betreten des Hotels verbot, aber genau das Gegenteil war geschehen: Sie hatte sich über seine bisherige Sittlichkeit Gedanken gemacht.

»Soll ich etwas besorgen?« fragte sie. »Frisches Obst? Champagner? Einen Kuchen mit Sahne? Oder einen Eiersalat – den mach ich selbst. Mein Mann war von ihm begeistert.«

»Das bin ich bestimmt auch, Madame Bandu. Obst, Eiersalat und einen guten Rotwein. Wenn Sie das bereitstellen würden...«

»Wann werden Sie kommen?«

»Mittags gegen fünfzehn Uhr...«

»Oh, Sie mögen es am Tag?«

Sie sagte das ohne Zögern, es war für sie selbstverständlich, so etwas zu bemerken, und unter Freunden sowieso.

»Ich weiß nicht, ob sie länger bleiben kann«, antwortete er ebenso unbefangen.

»Ist sie verheiratet?«

»Nein. Sie braucht nicht um eine bestimmte Zeit zurückzusein.«

»Dann werde ich Ihnen eine kräftige Abendsuppe kochen.« Madame Bandu klopfte Fulton auf den Arm. Ihre Lebenserfahrung überzeugte ihn. »Ist sie erst mal oben auf dem Zimmer, wird sie auch bleiben. Da möchte ich mit Ihnen wetten, Monsieur.«

An diesem siebten Tag dachte Natalja nicht mehr an Widerstand, als Fulton zu ihr sagte:

»Ich zeige dir jetzt, wie ich wohne. Mitten im fröhlichsten Viertel von Paris. Kein Luxus, keine Champagnerbar... ein kleines, gemütliches Hotel.«

Sie nickte schweigend und lehnte ihren Kopf gegen seine Schulter. Sie wußte genau, wie der Tag enden würde, aber es war kein Widerwille mehr in ihr wie bei anderen Männern, kein Ekel, kein Haß, kein Schmutz. Nur ein kaum wahrnehmbares Zittern und Flimmern zog durch ihren Körper. Alles in ihr drängte zu ihm... es war das erste Mal in ihrem Leben, daß sie bei dem

Wunsch erbebte, in den Armen eines Mannes zu liegen und wegzugleiten in einen Himmel, der bisher nur in ihren kühnsten Träumen existiert hatte.

Sie blieben bis um sieben Uhr früh auf dem Zimmer. Sie verschmolzen miteinander, als habe es nie zwei Körper gegeben. Es war ein Geben und Nehmen von so elementarer Kraft, daß sie glaubten, in diesem Feuer zu verglühen.

Das Leben der Natalja Petrowna Victorowa hatte einen Sinn bekommen, und sie war frei geworden... frei wie ein Habicht am Himmel von Sibirien...

Für Sybin war es absolut rätselhaft, warum er von Natalja nichts mehr hörte.

Der letzte Anruf aus Paris war vor drei Wochen erfolgt... und seitdem nur noch Schweigen. Drei Wochen, in denen Sybin immer wieder bei Dr. Sendlinger das Telefon klingeln ließ und immer die gleiche Frage stellte:

»Natalja ist stumm! Was kann das bedeuten? Ich mache mir Sorgen um sie. Du hast mir den ›Roten Salon‹ empfohlen... ist sie dort wirklich gut aufgehoben?«

»Nur bei Madame de Marchandais kann sie die Leute kennenlernen, die für uns wichtig sind. Wenn es eine Organisation von Atomschmugglern gibt, dann sitzt deren Oberhaupt unter Garantie an der Bar von Madame! Ich denke da vor allem an Anwar Awjilah – ein gerissener Bursche, den man im Auge behalten muß!«

»Aber warum schweigt sie? Ich bin unruhig, Paul.«

»Dazu gibt es keinen Grund. Sobald Natalja etwas erfahren hat, wird sie bestimmt anrufen.«

Aber Sendlinger besänftigende Worte trösteten Sybin nicht. In den letzten Tagen hatten sich die schlechten Nachrichten gehäuft, und die schlimmste war aus Krasnojarsk gekommen.

Wawra Iwanowna Jublonskaja war gestorben.

Ganz plötzlich... am Abend war ihre Haut gelb geworden, sie fühlte sich müde und kraftlos, ging früh zu Bett und fiel sofort in einen tiefen Schlaf. Als Suchanow am nächsten Morgen erwachte und sie, wie immer, mit einem Kuß wecken wollte, war sie tot. Kalt und steif. Suchanow stieß einen Schrei aus, der nicht mehr menschlich klang, warf sich über sie, rief immer wieder ihren Namen, küßte ihr starres, zusammengefallenes Gesicht und bettelte, ihren schmalen Körper an sich drückend: »Das darfst du nicht, Wawra.

Bleib bei mir, Komm zurück! Wawra, verzeih mir, verzeih mir...
Du kannst mich doch nicht allein lassen...«

Der Arzt, den Suchanow später rief, stellte nüchtern fest: Tod durch Herzversagen. Das reichte... schließlich ist jeder Tod ein Herzversagen. Über die Hintergründe informierte er sich nicht... ihm genügte, daß die Tote im Kernkraftwerk Krasnojarsk-26 gearbeitet hatte. Die Diagnose »Strahlentod« war verboten, es gab offiziell in Krasnojarsk keine Reaktortoten, also blieb nur noch Herzversagen übrig.

An diesem Tag wagte es Suchanow, seinen hohen Chef Sybin einen Mörder zu nennen. Am Telefon schrie er ihn an und verlor alle Angst vor dem »Konzern«.

»Du hast sie ermordet!« brüllte er ins Telefon. »Du hast sie umgebracht! Du hast mir befohlen, sie mit Plutonium zu vergiften! Du Mörder! Mörder!«

»Nikita Victorowitsch, beruhige dich.« Sybin hatte die Nachricht zutiefst erschreckt. Nicht, daß Wawra gestorben war, erschütterte ihn... vielmehr traf ihn die Erkenntnis, daß mit ihrem Tod die beste und sicherste Quelle versiegt war: Es gab aus Krasnojarsk kein Plutonium mehr. Nicht mehr das fast absolut reine, waffenfähige Plutonium, mit dem man auf dem Markt Phantasiepreise erzielen konnte. Was die anderen Lieferanten beschaffen konnten, vor allem Timski in Majak, war in seinem Reinheitsgrad um einige Prozente niedriger einzustufen. Das große Geschäft von Sybins Atommafia begann zu wanken. Zwar hatte er noch nicht die Ressourcen im Norden Rußlands angezapft, die U-Boot-Basis von Wladiwostok und Murmansk, eine am Japanischen Meer, die andere hoch im Norden an der Barentsee, wo die ausrangierten Atom-U-Boote abgewrackt wurden und fast unbewacht vor sich hindümpelten, in ihrem Innern immer noch mit Brennstäben bestückt und die Magazine voller Atomraketen.

Es war Sybin bekannt, daß gerade in Murmansk der Atomdiebstahl von höheren Offizieren organisiert wurde. Der Fall des Oberstleutnants Alexej Tichomirow war sogar veröffentlicht worden und enthüllte, wie einfach es war, sich Atomwaffen anzueignen.

Tichomirow spazierte eines Abends zu einem der unbewachten Lagerhäuser der Marinebasis Murmansk, hebelte mit einem einfachen Brecheisen die Tür des Depots auf und stand vor einem Stapel von Metallbehältern. Er brach einen der Kästen auf und fand eine

Anzahl von ausgebauten Atombrennstäben. Ein Selbstbedienungsladen! Tichomirow griff zu. Er holte drei Brennstäbe aus der Kiste, steckte sie in einen Rucksack und verschwand in der Nacht. Was er mitschleppte, war hochbrisant: Die Brennstäbe stammten aus den Reaktoren der abgewrackten Atom-U-Boote und enthielten zwanzig Prozent Uran 235. Mit vier Kilogramm hochangereichertem Uran erreichte Tichomirow unbehelligt seine Wohnung... den Tod im Rucksack.

Nur durch Zufall wurde der Diebstahl entdeckt: Tichomirows Bruder Dmitrij, voll des Wodkas, faselte im vertrauten Kreis bei Freunden darüber, daß in seiner Garage eine Menge Uran versteckt sei, Handelswert auf dem Schwarzmarkt sechshunderttausend Dollar. Doch der vertraute Freundeskreis schwieg nicht: Oberstleutnant Tichomirow wurde verhaftet und zu drei Jahren Arbeitslager in Sibirien verurteilt.

Aber die Quelle Murmansk sprudelte weiter. Da es den Marinebehörden und auch den anderen Nuklearzentren nicht gelang, genaue Inventarlisten aufzustellen, schätzt man jetzt, daß Hunderte von Tonnen spaltbaren Materials in den Depots fehlen. Die russischen Kontrollbehörden leugnen dies allerdings standhaft... sie wissen einfach nicht, wo es geblieben ist. Und ein Loch in den russischen Atomarsenalen zuzugeben, war glattweg unmöglich.

Bisher hatte sich Sybin für diesen Bereich des Atomschmuggels nicht interessiert. Auch hochangereichertes Uran 235 bringt auf dem Markt nicht die Irrsinnssummen, die interessierte Staaten für Plutonium 239 bezahlen. Nun aber, seit durch Wawras Tod die Quelle Krasnojarsk versiegt war, wurden für Sybin auch Murmansk und Wladiwostok interessant. Ein großes Ziel entstand vor ihm: die Kontrolle des gesamten Nuklearschmuggels. Ein Atomkartell unter Leitung des »Konzerns«. Dazu würde man viele Helfer brauchen, und – auch das wurde ihm klar – es würde ein blutiger Kleinkrieg werden gegen Händler, die auf eigene Rechnung weiterarbeiten wollten.

Sybin hörte am Telefon, wie Suchanow ihn immer noch mit den wüstesten Worten beschimpfte. Er unterbrach ihn und sagte in einem väterlichen Tonfall:

»Nikita Victorowitsch, laß das Schimpfen... komm nach Moskau.«

»Ich will dich nie wiedersehen, du Mörder!« schrie Suchanow.

»Du machst einen Fehler, mein Freund.«

»Willst du mich auch umbringen? Du wirst nie wieder etwas von mir hören.«

»Du bist ein guter Mann. Ich habe andere Aufgaben für dich.«

»Nicht eine einzige! Ich will deinen Namen nicht mehr hören. Ich streiche ihn aus meinem Leben. Ich habe dich nie gekannt. Ich verfluche dich!«

»Das kannst du alles tun ... nur sei vernünftig. Auf dich warten sechsunddreißig Millionen Dollar, Provision für gelieferte vier Kilo Plutonium.«

»Nicht mit hundert Millionen Dollar ist Wawra bezahlbar. Nicht mit allem Geld der Welt. Du kannst sie nicht unter Geldscheinen begraben.«

»Komm nach Moskau und hol dir deinen Anteil ab.«

»Nein!«

»Als Millionär kannst du hundert Wawras bekommen.«

»So etwas kannst nur du sagen. Ich hasse dich, Igor Germanowitsch. Nach Moskau soll ich kommen? Wie wird das sein? Du gibst mir den Scheck über sechsunddreißig Millionen ... und wenn ich dein Zimmer, dein verdammtes Haus, verlasse, stehen draußen im Flur zwei deiner Leibwächter und erwürgen mich! Oh, ich kenne dich zu genau ...«

Er kennt mich wirklich. Sybin lächelte vor sich hin ... genauso hatte er sich das gedacht. Nicht wegen der sechsunddreißig Millionen, das war kein Thema ... aber Suchanow wußte zuviel, und Wawras Tod machte ihn gefährlich. Ein paar Worte von ihm zum KGB, und es gab Schwierigkeiten. Sie waren zwar zu überwinden, und es würde alles im Sande verlaufen, dazu hatte man seine Verbindungen, aber unangenehm war es doch. Nur ein toter Zeuge ist ein guter Zeuge ... diese Grundregel der Mafia gehörte zur Basis aller Geschäfte. Sybin hatte sie für seinen »Konzern« übernommen. Wenn Suchanow wirklich nicht nach Moskau kam, mußte man zu ihm kommen. Er dachte dabei an Georgi Andrejewitsch Gasenkow, den verläßlichen »Sonderbeauftragten«, der schon siebzehn Aufträge ruhig und diskret erfüllt hatte. Noch bevor sich Suchanow aus Kranojarsk absetzen konnte, würde Gasenkow bei ihm sein.

»Überleg es dir«, sagte Sybin freundlich. »Kein Mensch wirft sechsunddreißig Millionen Dollar aus dem Fenster.«

Er legte auf und blickte nachdenklich aus dem großen Fenster. Moskau lag vor ihm, die untergehende Sonne vergoldete die Dächer und ließ jedes Haus zu einem Palast werden. Meine Stadt, dachte er, mein Reich. Ich bin der Herrscher, nicht die Puppen im Kreml. Sie kann ich tanzen lassen, wie ich will. Ich werde dieses Land regieren, weil ich überall bin: im Militär, in der Wirtschaft, in den Ministerien, im Geheimdienst, in der Struktur des gesamten Rußlands. In meinen Händen laufen alle Fäden zusammen wie bei einem Marionettenspieler. Und niemand kann mich von dieser Macht wegdrängen, weil alle die Hand aufhalten. Nur das Geld regierte die Welt, aber keiner will es wahrhaben.

Jetzt aber, bei dem Gespräch mit Dr. Sendlinger, hatte Sybin andere Sorgen.

Nataljas Schweigen verunsicherte ihn völlig. Er hörte deshalb auch nur die Hälfte dessen, was Sendlinger ihm am Telefon mitteilte.

»Die fünf Kilo sind angekommen. Sie liegen jetzt im Keller des Restaurants *Zum dicken Adolf*. Hat das einen Streit gegeben! Hässler wehrte sich wie ein eingekreister Bär. Aber schließlich gab er doch nach. Aus unserem Geschäft steigt man nicht einfach aus, das hat auch Hässler eingesehen.«

»Wird er zum Risiko?« fragte Sybin.

»Ich glaube nicht.«

»Wäre es nicht sicherer, diesen Hässler abzuschieben?«

Abschieben... ein harmloses Wort für einen Schuß in den Nacken. Dr. Sendlinger überlegte kurz. »Diese Art Trennung liegt mir nicht, Igor.«

»Und wie war das mit dem Polen Londricky?«

»Das hatte Waldhaas übernommen.«

»Dann sprich mit Waldhaas. Wir können keine Risiken mehr eingehen. Die fünf Kilo bei dir in Berlin sind die größte Menge Plutonium, die zur Zeit angeboten werden kann. Was jetzt zu beschaffen ist, sind kleine Mengen unterschiedlichster Reinheit, die man mischen muß, um einen guten Reinheitsgrad zu bekommen. Kranojarsk fällt vorläufig aus... Wawra ist tot.«

»Mein Gott!« Dr. Sendlinger war echt entsetzt. »Man hat sie erwischt? Sie ist erschossen worden?!«

»Sie ist im Bett gestorben... durch Strahlenschäden.« Mehr sagte Sybin nicht darüber, die Hintergründe gingen Sendlinger nichts an. Ein Mann, der den Ast, auf dem er sitzt, selbst absägt, wird immer sagen, er sei abgebrochen. Und Sybins Plan, in alle Nuklearbetriebe Vertrauensleute zu setzen, von Murmansk bis Ostkamenogorsk, von der Ukraine bis nach Kasachstan, von der chinesischen Grenze bis Leningrad, das nun wieder St. Petersburg hieß, dieser Plan war eine Aufbauarbeit, die Zeit forderte. Man kann ein Imperium nicht zusammenhalten wie einen Sandhaufen. Dazu braucht man Überblick, die richtigen Leute und keine Skrupel, Unwillige oder gar Gegner in das Abseits zu schicken. Bis zu dem Tag, an dem Sybin zum Synonym für Macht geworden war, mußte man sich mit einem Kleinhandel von Nuklearmaterial begnügen. Es würde zunächst vor allem zu einem Angebot von Uran 235 kommen... von diesem stand genügend zur Verfügung. Fünfundzwanzig Kilogramm Uran 235 ergibt auch eine Atombombe, und es ist billiger als das reiche Plutonium. »Uns bleiben jetzt noch vier Zulieferer. Aber die können nur kleine Mengen heranschaffen. Der wichtigste Mann ist jetzt Lew Andrejewitsch Timski in Majak. Er ist einer der wenigen, die an waffenfähiges Plutonium herankommen.«

»Und der Nachfolger von dieser Wawra?«

»Da ist im Augenblick nicht heranzukommen. Krasnojarsk müssen wir eine Zeitlang vergessen.« Sybin wich wieder aus. Ob Suchanow überlebte oder liquidiert wurde – er fiel für diesen Job aus. Was ist mit Professor Iwan Semjonowitsch Kunzew und seiner Tochter Nina, der lesbischen Ärztin? Aus Semipalatinsk hatte er seit Monaten nichts mehr gehört. In den geheimen Labors, die Kunzew leitete, operierte man auch mit reinem Plutonium, aber von dort war, wenn Kunzew wirklich mitspielen sollte, auch nur eine grammweise Lieferung möglich. Aber in seinem Forschungszentrum experimentierte man auch mit der Neuentdeckung Californium, einem Nuklearmetall, das bei einer Spaltung die Sprengkraft einer Neutronenbombe noch übertreffen sollte. Die Californiumforschung gehörte zu den geheimsten Projekten Rußlands. Selbst Sybin war sie unbekannt gewesen, bis Dr. Sendlinger ihn darauf hingewiesen hatte. Ein Gramm Californium kostete auf dem Schwarzmarkt zwei Millionen Dollar! Ein astronomischer Preis! Und Kunzew spielte damit in seinem Institut herum. Da gab es nur eine Entscheidung: Natalja muß wieder nach Semipalatansk fliegen.

Natalja!

Sybin beendete das Gespräch mit Dr. Sendlinger abrupt. »Was ist mit dem Käufer der Kilo?« fragte er.

»Ich fliege in drei Tagen nach Wien und treffe ihn dort. Kann er nicht zahlen, fliege ich weiter nach Paris.«

»Zu dieser Madame mit dem ›Roten Salon‹?«
»Den werde ich natürlich auch besuchen. Soll ich Natalja etwas ausrichten?«
»Nein. Ich fliege mit.«
»Igor Germanowitsch, das ist Unsinn!«
»Es ist kein Unsinn, Natalja zu besuchen!«
»Deine Anwesenheit könnte viel verderben.«
»Ich bin ein reisender Russe, ist das so ungewöhnlich?«
»In den ›Roten Salon‹ kommt man nur auf Empfehlung von einem Bürgen rein. Ich kann dich nicht hineinbringen. Ich bin selbst nur Gast und kann nicht bürgen.«
»Dann warte ich vor der Tür, und du schickst Natalja heraus.«
»Das ist völlig unmöglich, Igor, Paris ist nicht Moskau, wo man zu einer Frau sagen kann: Geh hinaus, draußen wartet einer auf dich!«
»Ich werde Natalja sprechen! Sie ist doch nicht eingemauert! Ich fliege mit. Morgen bin ich in Berlin.«
»Igor, bleib in Moskau und warte ab. Ich werde mit Natalja sprechen.«
»Nein! Ich fliege mit dir nach Paris.«
Damit brach Sybin das Gespräch ab und warf den Hörer auf die Gabel. Nur einen Moment dachte er an die aparte Amerikanerin Victoria Miranda und an seine Verabredung, ihr das Andrej-Rubljow-Museum mit seiner einmaligen Ikonensammlung zu zeigen, aber seine Sorge um Natalja und seine wachsende Eifersucht überwogen. Eifersucht... das war es im Grunde, was ihn am Denken hinderte. Wenn eine Frau, die man bis zur Selbstaufgabe liebt und die das weiß, sich über drei Wochen in Schweigen hüllte, mußte das einen anderen Grund haben als einen Mangel an Mitteilungsbedürfnis.

Sybin erließ an seine verschiedenen »Direktoren« noch neue Instruktionen, holte genügend Dollars von der Bank, um in Frankreich fürstlich leben und Natalja Schmuck kaufen zu können... natürlich bei den berühmtesten Juwelieren von Paris. Wie alle neureichen Russen bezahlte er bar, und dies waren die beliebtesten Kunden an der Côte d'Azur und in Paris.

Am nächsten Morgen flog er nach Berlin. Er nahm sich eine Suite im Grandhotel *Maritim* in der Friedrichstraße und rief Dr. Sendlinger an.

»Ich bin da!« sagte er. »Wann fliegen wir nach Paris?«

»Übermorgen. Wo bist du jetzt?«

»Im *Maritim.* Komm zu mir.«

Dr. Sendlinger sah Waldhaas an, der vor ihm in einem Ledersessel der Kanzlei saß.

»Er ist da!« sagte er. »Er kommt einfach von diesem Weib nicht los! Der reichste Privatmann Rußlands hängt am Rockzipfel einer Edelnutte! Kann man das verstehen?«

»Sie wird ihre Qualitäten haben«, antwortete Waldhaas. Genüßlich trank er den fünfundzwanzig Jahre alten Whisky, den ihm Sendlinger angeboten hatte.

»Auch andere Frauen haben Pfeffer im Hintern!«

»Pfeffer ist nicht gleich Pfeffer, da gibt es Unterschiede! Diese Natalja muß voll Wahnsinnspfeffer sein.«

»Noch nicht einmal. Sie wirkt wie ein Mensch, dessen Blut nur fünfundzwanzig Grad warm ist.«

»Das sind die schlimmsten.« Waldhaas lachte. »Ich will nichts aus dem Nähkästchen hören, Paul, aber ich wette um meine Potenz, daß du versucht hast, bei ihr zu landen, und daß dein Maschinchen elend abgestürzt ist...«

»Du wirst sie kennenlernen.«

»Ich? Wie denn?«

»Du fliegst mit nach Paris.«

»Das ist mir neu.« Waldhaas stellte sein Whiskyglas auf den Tisch. Er war in den vergangenen Jahren etwas dicklich geworden. Niemand traute ihm mehr zu, daß er in SED-Zeiten ein guter Sportler gewesen war und als Major der Stasi sogar zweimal den ersten Preis der »Offiziersolympiade« gewonnen hatte. Jetzt, als größter Baustoffhändler Berlins, schwamm er keine dreitausend Meter mehr, sondern paddelte in den Geldscheinen des Baubooms. So etwas macht bequem.

»Jetzt hast du es gehört«, sagte Sendlinger.

»So einfach geht das nicht. Ich habe Termine, Besprechungen, Baustellenbesichtigungen, muß zum Bausenator... ich kann nicht einfach weg wie du. Du hängst ein Schild an deine Tür: Vorübergehend keine Sprechstunden. Ich kann das nicht.«

»In diesem Falle kannst du es. Du mußt Sybin überwachen.«

»Was Besseres fällt dir wohl nicht ein?«

»Ich kann mich um ihn nicht kümmern. Ich muß die fünf Kilo Plutonium verkaufen. Außerdem habe ich durch eine Verbindung zu einem russischen General vier SS-25-Raketen und sechs SS-20 zu verkaufen. Sie liegen transportbereit im Hafen von Odessa. Dabei stört Sybin nur. Du mußt Sybin beschäftigen, Ludwig.«

»Soll ich mit ihm von Puff zu Puff ziehen? Dafür hat er doch seine Natalja.«

»Es kann sein, daß sie einen Heidenkrach miteinander bekommen. Dann dreht Sybin durch – und das mußt du verhindern. Laß ihn nie aus den Augen!«

»Soll ich unters Bett kriechen, wenn sie bumsen?« Waldhaas schüttelte energisch den Kopf. »Das mach ich nicht mit. Sybin ist unberechenbar. Er würde mich ohne Zögern umbringen. Um es klar zu sagen: Mein Leben ist mir zu wertvoll.«

»Es geht um rund vierhundert Millionen Dollar, du Rindvieh! Wir haben eine gemeinsame Firma. Dein Anteil beträgt, nach Abzug aller Kosten, rund siebzig Millionen Dollar. Dafür kann man wohl für ein paar Tage einen Sybin überwachen! Das war doch deine Spezialität bei der Stasi: Überwachung von Dissidenten.«

Waldhaas verzog das Gesicht. Er wollte nicht mehr an die Vergangenheit erinnert werden. Das war eine Zeit, die er verdrängt hatte. Dr. Sendlinger ahnte seine Gedanken und sagte hart:

»Und vergiß nicht, wer dich von allen Verdachtsmomenten befreit hat, und wer dir die weiße Weste angezogen hat. Was wärest du jetzt ohne mich?«

»Schon gut, Paul.« Waldhaas winkte ab. Laß die Vergangenheit ruhen. In vielen Bezirken ist es wieder wie früher ... überall sitzen auf den wichtigen Stühlen alte Bekannte, jetzt mit einem strahlenden Demokratiebewußtsein. Vor allem in den ländlichen Gebieten sind die alten Genossen die fanatischsten Wiederaufbauer geworden. Millionen aus dem Topf der Solidaritätsabgabe rinnen durch ihre einnahmegeübten Hände. »Ich fliege mit!«

Später besuchten sie Sybin im Grandhotel *Maritim*. Sie fuhren zu seiner Suite hoch und trafen einen Mann an, der vor Nervosität hin und her lief. Ab und zu blieb er stehen, goß sich ein Wasserglas voll Wodka ein und trank es, als sei es kaltes Wasser. So kann nur ein Russe saufen, dachte Dr. Sendlinger. Nach zwei Wassergläsern voll Wodka läge ich in der Ecke.

»Ich brauche noch drei Kilo Plutonium, Igor Germanowitsch«, sagte er eindringlich. »Und ich habe auch Lithium 6, Cäsium 137 und Uranoxid U 305 angeboten. Ich warte auf die Proben und auf die Aufstellung der Liefermenge.«

Sybin blieb ruckartig stehen und starrte Sendlinger an. Nur in seinen Augen erkannte man, wie sehr er unter Alkoholeinfluß stand.

»Das interessiert mich im Moment einen Dreck!« schrie er Sendlinger an.

»Ein Dreck, der Millionen Dollar wert ist.«

»Das Geschäft läuft uns nicht weg... aber Natalja ist weg!«

»Wer sagt das?«

»Ich fühle es! Dieses Schweigen hat einen Grund!«

»Es kann viele Gründe haben«, schlug Waldhaas vor. »Zum Beispiel: Man könnte Verdacht geschöpft haben, und sie wird überwacht.«

»Sie hat ein Zimmer in der Villa und ein eigenes Telefon.«

»Das mühelos angezapft werden kann.«

»Wäre sie doch im *Ritz* geblieben, da kann sie keiner überwachen. Warum mußte sie in den ›Roten Salon‹ umziehen? Es war deine verrückte Idee!«

»Sie war die beste! Bei Madame de Marchandais trifft Natalja alle, die sich in unser Geschäft einklinken könnten. An erster Stelle ist das Anwar Awjilah und als gefährlicher Gegner Jean Ducoux, der Chef der Sondereinheit V der Sûreté. Er jagt uns. So jovial er aussieht, so raffiniert ist er. Ich habe ihn ja zum Freund gewonnen.« Dr. Sendlinger nahm Sybin den Wodka aus der Hand. Entgeistert starrte dieser ihn an. Das hatte bisher noch niemand gewagt. »Laß das Saufen, Igor. Reiß dich zusammen. Es steht mehr auf dem Spiel als diese Natalja.«

»*Meine* Natalja!« schrie Sybin. »Keiner weiß, was sie für mich bedeutet! Ihr Atem ist auch mein Atem! Ihr Lachen ist auch mein Lachen. Ihre Traurigkeit ist auch meine Traurigkeit.«

»Ich habe immer geglaubt, Natalja kann gar nicht lieben. Sie ist nur Körper, nie Seele.«

»Aber ich liebe sie! Das wirst du nicht verstehen!«

»Nie werde ich das verstehen. Du wickelst dich in eine Lüge ein. Du backst aus Illusionen zuckersüße Plätzchen, die du nie verdauen kannst. Man sollte dich durchschütteln und dir in beide Ohren schreien: Wach auf!«

»Ich bin wach. Und wie wach ich bin! Deshalb fliege ich ja nach Paris.«

Dr. Sendlinger warf Waldhaas einen schnellen Blick zu. Er nickte zurück. Verstanden. Ich werde Sybins Schatten sein. Er hat sein Gehirn um Natalja verknotet... hoffentlich muß man es nicht, wie Alexander den Gordischen Knoten, zerschlagen. Warum kann eine Frau einen Mann in den Wahnsinn treiben... gibt es nicht genügend Frauen auf der Welt? Warum muß es genau diese eine sein?

Waldhaas schüttelte den Kopf. Er hatte diese Probleme nie gehabt. Wenn die eine ging, stand eine andere schon vor der Tür. Man könnte ihn als Macho beschimpfen. Sei's drum, aber er lebte ruhiger.

Am nächsten Tag flogen sie statt nach Wien sofort nach Paris. Sie stiegen im palastartigen Hotel *Crillon* ab und bezogen Zimmer, die Sybin an die Prunkräume des Katharinenpalastes in St. Petersburg erinnerten. Und plötzlich glaubte Sybin zu wissen, warum Natalja schwieg: Sie war überwältigt von der Pracht, und sie stellte Vergleiche an mit der Datscha, die ihr der reichste Mann Rußlands geschenkt hatte. Gegen den Pariser Prunk war sie eine Hütte für Wildhüter.

Sybin trat an das große Fenster und blickte hinunter zur Place de la Concorde.

Du sollst leben wie eine französische Königin, dachte er. Natalja, ich werde eines der verfallenen russischen Schlösser kaufen, das schönste, und für dich wiederaufbauen, mit allem Glanz, als wohne der Zar darin. Verzeih mir... ich habe Paris ja bis heute nicht gekannt. Verzeih mir, dem Proleten, der dir jetzt ein Stück des Himmels kaufen kann.

Sybin, ein Mann von schnellen Entschlüssen, schrieb sofort ein Fax, das ein herbeigeklingelter Page zur Telefonzentrale des Hotels brachte. Es lautete:

»Ab morgen werden drei Architekten alle verlassenen Schlösser oder Adelssitze an der Allee von Peterhof und Puschkin auf ihren baulichen Zustand hin untersuchen und in Details fotografieren. Auch die bereits verfallenen Palais werden bewertet. Ich wünsche, daß mir in zehn Tagen die Expertisen vorliegen. Sybin.«

Mit dieser Idee, für Natalja ein Adelsschloß zu kaufen, ging Sybin zufrieden ins Bett. Er glaubte zu wissen, Nataljas heimliche Wünsche damit erfüllen zu können.

Genau um dieselbe Stunde lag Natalja in dem kleinen Zimmer des Hotels *Monique* in Fultons Armen, unendlich glücklich, innerlich befreit und zum ersten Mal erkennend, was Liebe ist: vollkommene Hingabe und Erfüllung aller Sehnsucht.

Und unten in der Küche kochte Madame Juliette Bandu eine

kräftige Gulaschsuppe – ein Mann, der etwas leistete, mußte auch etwas Gutes essen.

Sie hatte Natalja Petrowna in ihr Herz geschlossen wie eine Mutter, die für ihren Sohn nur das Beste wollte.

Den ersten Schock erlebten Dr. Sendlinger und Waldhaas, als Sybin nicht, wie abgemacht, im Frühstücksraum erschien. Sie waren für zehn Uhr verabredet, und als es halb elf wurde, ließ Sendlinger in Sybins Zimmer rufen. Die Antwort elektrisierte ihn.

»Sybin ist nicht da!« sagte er zu Waldhaas, der sich angewöhnt hatte, zum Morgenkaffee auch einen Kognak zu trinken. »Er meldet sich nicht.«

»Er wird in der Badewanne sitzen. Was der gestern wieder gesoffen hat! Er muß einen Schwamm statt einer Leber haben.«

»Er ist weg, Ludwig, er hat das Hotel um acht Uhr verlassen.«

»O Scheiße!« Waldhaas verfiel in den Jargon der früheren Jahre. »Jetzt haben wir den Mist. Ich kann doch nicht vor Sybins Tür auf dem Flur schlafen!«

»Damit haben wir nicht gerechnet. Ahnst du, wohin er gefahren ist?«

»Zum ›Roten Salon‹. Wir müssen sofort hinterher.«

»Um diese Zeit läßt man keinen Gast herein.« Sendlinger trank noch schnell eine Tasse Kaffee. »Da schläft alles noch.«

»Und wenn er so lange Klingelterror macht, bis jemand kommt? Wenn er draußen steht und ›Natalja‹ brüllt? Ihm ist jetzt alles zuzutrauen. Sein Verstand ist blockiert.«

»Um acht Uhr ist er weg... jetzt haben wir Viertel vor elf... da kann schon alles passiert sein.« Sendlinger warf seine Serviette auf den Tisch. »Verdammt, wenn wir zu spät kommen...«

Sie nahmen ein Taxi, ließen es zwei Straßen von der Villa entfernt parken und gingen zu Fuß zu der schloßartigen weißen Villa. Waldhaas blieb stehen. »Donnerwetter«, sagte er. »Das ist ein Brocken. Wie kann man mit einem Puff soviel verdienen?«

»Madame de Marchandais hat das Haus von ihrem Mann geerbt. War's der dritte oder der vierte, ich weiß es nicht mehr. Sybin ist nicht hier. Ich sehe keinen Wagen.«

»Wie du sagst: Sie haben ihn nicht hineingelassen.«

»Und da gibt er auf? Da stimmt was nicht. Ein Sybin gibt nie auf. Schwierigkeiten zertrümmert er. Aber er ist nicht hier, das ist fast wie ein Wunder!«

»Vielleicht hat man ihn doch ins Haus gelassen?«

»Einen Fremden, einen Unbekannten... niemals. Das würde Madame nie zulassen.«

»Wenn er sich als Nataljas Mann ausgibt? Oder er hat denjenigen, der öffnete, einfach niedergeschlagen und tobt jetzt im Haus herum.«

»Dann wäre längst die Polizei hier.«

»Was tun wir also?«

»Wir fahren zum Hotel zurück. Vielleicht ist Sybin längst zu Hause und hat nur einen Spaziergang gemacht.« Dr. Sendlinger wischte sich über die Stirn, auf der kalter Schweiß perlte. »Was mich beruhigt, ist, daß er nicht da ist. Es hätte auch anders kommen können.«

Hier irrte Dr. Sendlinger.

Es hätte nicht schlimmer kommen können.

Sybin war wenige Minuten nach acht Uhr mit einem Taxi vor der Villa am Bois-de-Boulogne angelangt und bewunderte mit zusammengekniffenen Augen das feudale Gebäude.

Hier also wohnt sie, dachte er. Natalja, ich werde dir ein Schloß schenken, gegen das diese Villa ein Gesindehaus ist. Ich weiß jetzt, was du brauchst und wie geizig ich war. Du bist eine Kaiserin der Schönheit, und wie eine Kaiserin sollst du auch leben.

»Warten Sie hier«, sagte er zu dem Chauffeur. Der verstand ihn natürlich nicht, aber als Sybin ihm zweitausend Francs hinhielt und eine Geste macht, hierzubleiben, verstand ihn der Taxifahrer sofort. Die Sprache des Geldes ist international, da gibt es keine Grenzen.

Kurz vor neun Uhr kam ein Taxi angefahren und hielt vor der Villa. Sybin beugte sich vor. Als er Natalja aus dem Wagen steigen sah, wollte er die Tür aufreißen, aber dann umklammerte seine Hand den Griff.

Ein Mann stieg hinter Natalja aus, umarmte sie, zog sie an sich und küßte sie ungeniert und lange. Während der Umarmung streichelte sie seinen Rücken und drückte ihren Körper an ihn, und er griff in ihr schwarzes Haar, zerwühlte es und bedeckte ihr Gesicht mit Küssen, von der Stirn über die Wangen, zu den Ohren und dann hinunter bis zur Halsbeuge, und sie bog sich in seinen Armen zurück und krallte ihre Finger in seinen Rücken, als habe die Nacht nicht gereicht, ihre Leidenschaft zu bändigen.

Sybin starrte durch das Fenster und war blaß geworden. Der

Taxifahrer vor ihm schnalzte mit der Zunge und sagte: »Das ist Liebe! Man kann nie genug kriegen. Mademoiselle ist wunderschön.«

Da er französisch sprach, verstand Sybin ihn nicht, aber der Klang der Stimme sagte ihm genug. Die Worte trafen ihn wie Peitschenhiebe. Es war ihm unmöglich, wegzusehen, wie Natalja nach dieser Kußorgie die Treppen hinauf zur Tür sprang, mit dem Schlüssel aufschloß und dem Mann noch einen Handkuß zuwarf, ehe sie in der Villa verschwand.

Fulton stieg wieder ins Taxi und zog die Tür hinter sich zu.

»Hinterher!« sagte Sybin mit kaum wiedererkennbarer Stimme. »Hinterher!« Er zeigte auf den wegfahrenden Wagen und hielt seinem Fahrer noch einmal zweitausend Franc hin. Auch jetzt verstand der Fahrer ... viertausend Francs an einem ruhigen Morgen, da fährt man gerne einem Kollegen hinterher.

Während der Fahrt durch Paris hatte sich Sybin weit in das Polster zurückgelehnt und die Augen geschlossen. Er fühlte keine Wut, keine Mordlust, keinen Vernichtungswillen ... Er kam sich nur leer vor, hineingestoßen in eine unendliche Einsamkeit, in einen luftleeren Raum, in dem er schwerelos herumschwebte. Und da war eine Stimme, die rief: Du hast sie verloren! Sie braucht kein Schloß mehr von dir. Nicht einmal eine Hütte ... sie ist glücklich auf einem kleinen Fleck dieser Erde ... ein Fleck, so groß wie ein Bett. Natalja Petrowna hat ihre Seele entdeckt.

Sybin verkrampfte die Finger ineinander, so fest und unkontrolliert, daß die Gelenke knackten. Aber er spürte keine Schmerzen. Er sah nur immer wieder das Bild der sich leidenschaftlich Küssenden, diesen angedeuteten Beischlaf in aller Öffentlichkeit, diese Hingabe ohne Zeit und Raum.

Er schrak hoch, als das Taxi bremste. Der Fahrer drehte sich zu ihm um. »Da sind wir.«

Sybin drückte das Gesicht gegen die Autoscheibe. Er sah den Mann, der ihm Natalja weggenommen hatte, aus dem Wagen steigen und ein Haus betreten. Auf einem vergilbten Schild stand: Hotel *Monique*.

Hier wohnt er also. Hier, in einem kleinen, alten Hotel ... nicht in einer Luxusherberge ... in einer schäbigen Absteige am Rande des Vergnügungsviertels. Mit einem solchen Mann, mit einem solchen Niemand, mit einem solchen Penner geht sie ins Bett. Ihr könnte die Welt zu Füßen liegen, und sie legt sich lieber auf eine speckige Matratze wie die billigste aller Moskauer Huren. Wer ist dieser Mann, der ihr mehr wert ist als ich? Kann eine Königin ein Dreckschwein lieben? Sie kann es... ein Engel fällt in die Gasse.

Er las noch einmal das Schild, merkte sich den Namen *Monique*, tippte dem Fahrer auf die Schulter und zeigte nach vorn. »Fahr los, zurück. Es gibt den alten Sybin nicht mehr.«

Der Taxifahrer, der keim Wort verstand, schüttelte den Kopf, aber Sybins Handbewegung deutete er richtig. »Wohin?« fragte er und zeigte geradeaus.

»Hotel *Crillon*...«

Im prunkvollen Foyer des Hotels saßen Dr. Sendlinger und Waldhaas; sie sprangen sofort auf, als Sybin durch die große Glastür kam. Beide waren sichtlich erleichtert.

»Wo warst du?« fragte Sendlinger. Sybin war blaß. »Warst du bei Madame de Marchandais? Hast du Natalja gesprochen?«

»Nein.«

Sybin ließ sich in einen tiefen Sessel fallen und zog die Beine an. Gesprochen. Natalja. Was hätte ich zu ihr gesagt, wenn sie mir gegenübergestanden wäre? Zusammen mit diesen Mann, der in einer Kaschemme wohnte und in den sie fast hineinkroch. Worte? Hätte ich ein Wort gesagt? Was hatten Worte noch für einen Sinn? Vielleicht hätte ich die Hände um ihren Hals gelegt und sie erwürgt. Oder nicht? War es nicht sinnvoller, den Mann zu töten, der sie mir weggenommen hat? Das ist die einzige Lösung... erst den Mann, dann sie... aber nicht, bevor ich weiß, wer er ist.

»Wo warst du?« fragte Dr. Sendlinger noch einmal, dieses Mal eindringlicher.

»Ich bin herumgefahren. Nur so... herumgefahren. Paris ist eine schöne Stadt... aber St. Petersburg gefällt mir besser.«

»Du läßt dich morgens um acht allein durch Paris fahren?«

»Ich hatte plötzlich Lust dazu.« Sybin schloß die Augen und drückte den Kopf an die Sessellehne. Das Bild, wie Natalja und der Kerl sich auf der Straße küßten, dieses verdammte Bild schob sich zwischen ihn und seine Umwelt. Er nahm Sendlinger und Waldhaas kaum wahr, die zweite Halle des *Crillon* wurde erfüllt von diesem Bild, er verstand die Worte nicht mehr, er nahm nur noch Geräusche wahr, und sein Körper begann zu schmerzen, das Atmen fiel ihm schwer, in seinen Schläfen rauschte es, und seine Nerven vibrierten.

Natalja Petrowna, einen Sybin betrügt man nicht. Einen Sybin verläßt man nicht. Was einem Sybin gehört, gibt er nicht wieder her.

Du bist mein Eigentum geworden, und niemand bestiehlt mich ungestraft.

»Ich werde nachher Ducoux anrufen und mich mit ihm am Abend im ›Roten Salon‹ treffen«, hörte er Dr. Sendlinger sagen. »Wo willst du den Abend verbringen? Oper? Theater? Oder Moulin Rouge? Pigalle? Quartier Latin? Ludwig führt dich überallhin, wohin du willst.«

»Ich gehe mit dir zu dieser Madame...«

»Unmöglich!«

»Nichts ist unmöglich bei Igor Germanowitsch Sybin!«

»In Moskau mag das zutreffen... aber hier ist Paris. Als was soll ich dich Madame oder Ducoux vorstellen? Als der Welt größter Nuklearlieferant?«

»Ich bin ein Exporteur...«

»Das stimmt sogar. Du exportierst den Tod.«

»Und du verkaufst ihn und gibst ihn weiter. Der ehrbare Rechtsanwalt in Berlin. Der Freund hoher Politiker. Ausgezeichnet mit dem Bundesverdienstkreuz erster Klasse. Der jedem fröhlich die Hand drückt und im Keller eines Lokals fünf Kilogramm reines Plutonium versteckt.«

»Was soll das?« Waldhaas schüttelte entsetzt den Kopf. »Ihr streitet euch herum wie zwei wütende Jungen! Ihr seid doch keine Kindsköpfe! Du bist ein Lump, nein, du bist ein Schuft, und beide sitzt ihr im selben Boot, und jeder bohrt es an. Man kann doch vernünftig über alles reden.«

»Ich möchte Natalja sehen und sprechen«, sagte Sybin trotzig. »Nur darum bin ich in Paris.«

»Wenn ich Natalja bei Madame sehe, werde ich ihr sagen, daß du im Hotel auf sie wartest.« Sendlinger winkte einem Pagen und bestellte für sich einen Pernod. »Zufrieden, Igor?«

»Nein.« Sybin nahm ihm das Glas weg und trank es in einem Zug leer. »Ein fürchterliches Zeug! Wie kann man so etwas trinken.« Er hustete und wischte sich mit einem Taschentuch, das rotgestickte Initialen I. G. S. verzierte, die Nase.

»Wie kann man euren Büffelgraswodka trinken! Der Franzose liebt Pernod.«

»Du willst Natalja ins Hotel schicken! Und wenn sie nicht kommt...«

»Warum soll sie nicht kommen? Wenn sie hört, daß du in Paris bist, wird sie am liebsten zu dir fliegen wollen...«

Sybin starrte ziellos in die Halle. Alles verschwamm wie hinter einer Milchglasscheibe. Dann wieder das verfluchte Bild: Natalja eng an einen Mann gedrückt, seinen Rücken streichelnd, ein Kuß, der alles vergessen ließ... Sie wird nicht ins Hotel kommen, sie wird sich aus Angst vor mir verkriechen, sie wird Paris verlassen und sich irgendwo verstecken. Sie wird ahnen, warum ich nach Paris gekommen bin, und sie weiß, daß kein Weinen und kein Flehen mehr hilft. Wer einen Sybin verletzt, hat das Recht verloren, zu leben.

»Wann gehst du zu dieser Madame?«

»Heute abend, sobald ich mit Ducoux gesprochen habe. Morgen früh kann ich dir sagen, wer vier Kilo Plutonium gekauft hat. Dann hat jeder von uns hundert Millionen Dollar in der Tasche.« Sendlinger bestellte einen neuen Pernod. »Und nicht nur das. Ich werde Aufträge für Sprengköpfe und Raketenzündstoff mitbringen. Wieviel kann ich anbieten?«

»General Lucknetschow hat mir zwanzig Sprengköpfe versprochen. Von einem Verschrottungsplatz für SS-20-Raketen werden bis Ende des Jahres fünfundzwanzig Treibsätze abgezweigt werden.« Sybin zählte unlustig seine Warenlager zusammen. Er durchschaute Sendlingers Taktik, vom Thema Natalja abzulenken. »In Sewerodwinsk, einem Hafen der Nordmeerflotte, liegen auf der Werft ›Swjesdotschka‹ vierundzwanzig Atom-U-Boote, die nicht abgewrackt werden können, weil die Werft die Stromrechnungen nicht bezahlt hat und man den Strom deshalb abgestellt hat. In allen U-Booten sind die Kernreaktoren noch an Bord. Keiner kümmert sich darum. Sie werden jetzt heimlich ausgebaut und liefern Uran 237 mit einem Anreicherungsgrad von sechzig Prozent. Das ist typisch für Atom-U-Boot-Reaktoren.«

»Igor! Davon weiß ich ja nichts!« rief Sendlinger. Es klang anklagend, aber Sybin winkte ab.

»Es ist auch eine Quelle. Die Wachtürme rund um das Werftgelände sind nicht besetzt; früher standen da schwerbewaffnete Soldaten. Der Elektrozaun ist an vielen Stellen aufgeschnitten, denn er kann wegen Strommangel nicht geladen werden.« Sybin gab sich Mühe, sich auf die Informationen zu konzentrieren. »Ich habe aus dem Marinestab erfahren, daß über hundert Atom-U-Boote in russischen Häfen herumliegen und nicht ausgebaut werden können, weil die Wiederaufbereitungsanlage Tscheljabinsk-65 völlig überlastet ist. Die Firma ›Majak‹ arbeitet mit halber Kapazität, weil die Arbeiter seit drei Monaten keinen Lohn mehr bekommen haben. Für uns ist das gut... wer hungert, verkauft alles, was sich verkaufen läßt. Bei Majak liegt in erster Linie Nuklearmaterial. Deshalb hat unser Mann Timski auch über ein Kilo Plutonium heranschaffen können. Dabei hat er einen neuen, sicheren Transportweg gefunden: Jeder männliche Arbeiter in Tscheljabinsk-65 wird mit Detektoren beim Verlassen des Werksgeländes abgetastet... aber nicht die schwangeren Frauen! Was tut der listige Timski? Er steckt jeder Schwangeren ein paar Gramm Plutonium unter den Rock... und draußen ist die Ware! Wie die Ameisen schleppen die Frauen das Plutonium ins Freie. Diesen Trick geben wir jetzt auch an die anderen Atomwerke und Forschungsinstitute weiter. Zehn Weiber mit je zehn Gramm im Kleid, das sind schon hundert Gramm. Auf diese Weise bekommen wir schnell die Menge zusammen, die wir brauchen.«

»Und haben Hunderte von Mitwisserinnen! Igor, das ist ein gefährlicher Weg, den dieser Timski da entdeckt hat.«

»Der sicherste! Jede Frau erhält für einen Transport ein Pfund Fleisch oder eine luftgetrocknete Wurst oder einen halben Liter Sonnenblumenöl. So etwas schlägt man nicht aus... zu Hause warten die hungrigen Mäuler. Und wenn eine den Mund aufmachen sollte – warum sollte sie, so patriotisch ist keiner, den man um den Lohn betrügt –, aber gut, eine macht den Mund auf, dann werden die anderen dafür sorgen, daß sie schnell keinen Ton mehr herausbringt. Frauen sind da anders als Männer. Ein Mann kann – idiotisch die meisten – politisch denken... eine Frau denkt an die Kinder und an das Geschrei: ›Mamuschka, ich habe Hunger!‹ So muß man das sehen... dann schläft man ruhiger.«

»Ich kann das alles anbieten?« fragte Dr. Sendlinger. In diesem Augenblick war ihm Sybin unheimlich. Wo überall hatte er seine Finger hineingesteckt, was und wer stand unter seiner Kontrolle, arbeitete für ihn oder knüpfte Verbindungen?

»Du kannst alles verkaufen, was aus Militärbeständen stammt.«

»Das hast du bisher verschwiegen.«

»Lenin sagte: Glauben ist gut, Kontrolle ist besser. Als ich dich kennenlernte, warst du für mich ein Unbekannter, der große Töne spuckte. Das kann jeder... spitz die Lippen, und aus der Trompete kommt ein Ton. Ich habe dich jetzt fast zwei Jahre lang beobachtet, und mein Vertrauen – das wirst du gemerkt haben –

wurde immer größer.« Wieder nahm Sybin Sendlingers Pernod und trank ihn. »Wir haben noch viel zu besprechen. Auch über deinen Bakterienwahnsinn habe ich nachgedacht.«

»Das ist die Zukunft, Igor Germanowitsch.«

»Aber noch nicht greifbar. Was greifbar ist, das ist Natalja!«

Dr. Sendlinger verdrehte die Augen und bestellte den dritten Pernod. Er hoffte, diesen nun selbst trinken zu können.

»Vergiß wenigstens jetzt Natalja. Ich treffe heute abend zwei Vertreter interessierter Länder. Darum kann ich dich nicht mitnehmen! Ich muß meine Tarnung behalten, verstehst du das denn nicht? Wenn ich mit einem Russen ankomme, wird Ducoux trotz aller Freundschaft mißtrauisch. Er weiß, wie der Atomschmuggel läuft. Nur Namen kennt er nicht. Wenn er deinen Namen erfährt, wird er sofort mit Moskau Verbindung aufnehmen.«

»Ist denn bei euch jeder Russe verdächtig?«

»Nein, aber jeder, der in den Kreis des ›Roten Salons‹ einsteigen will.«

»Ich bin ein Urlauber, weiter nichts!«

»Und Ducoux ist ein versierter Polizist. Gerade jetzt, seit einige Kuriere mit russischem Nuklearmaterial enttarnt worden sind, ist für ihn jeder unbekannte Russe zunächst verdächtig. Vor allem, wenn er so reich ist wie du! Der erste Gedanke: Woher kommt plötzlich dieser Reichtum. Der zweite Gedanke: Gehört er zur neuen russischen Mafia?«

Sybin verzog den Mund, als habe er Essig getrunken. Als er erneut nach Sendlingers Glas griff, zog dieser das Glas aus seiner Reichweite. »Ich mag das Wort Mafia nicht«, sagte Sybin ärgerlich. »Es gibt keine russische Mafia! Wir sind ein privates Großunternehmen, weiter nichts. Wir helfen, das neue Rußland in die internationale Marktwirtschaft einzugliedern.«

»So kann man das auch nennen.« Waldhaas lächelte spöttisch. »Wenn einer von der angegebenen Straße abweicht, verunglückt er tragisch.«

»Bei großen Transaktionen gibt es manchmal Unfälle. Das muß man einkalkulieren.« Sybin starrte erneut in die weite Hotelhalle. Wer ist dieser Mann, bohrte es in ihm. Immer wieder die gleiche Frage, wie bei einem Sprung in einer Schallplatte, wer ist der Mann... wer ist der Mann... »Aber da kann es auch Fehlkalkulationen geben«, sprach er weiter und senkte dabei seine Stimme, als stünde er an einem Grab und nehme für immer Abschied. »Ich habe

Natalja alles gegeben, was sie sich wünschte. Ich habe nie nein gesagt. Was habe ich falsch gemacht?«

Dr. Sendlinger wurde es zuviel, immer nur dieses Gejammer zu hören. Für ihn war die Reise nach Paris nach langer, langer Vorbereitung die Erfüllung seiner Pläne: mit einem Geschäft über Hunderte von Millionen Dollar die Zentrale für waffenfähiges Plutonium 239 zu werden. Zusammen mit Sybins Organisation würde er den illegalen Markt für Nuklearbeschaffung kontrollieren. Was bedeutete dagegen eine Natalja Petrowna?

»Du hast sie zu sehr verwöhnt, das ist alles!« sagte er ziemlich grob. »Und das Verrückteste: Du hast dich in sie verliebt, wirklich verliebt.«

»Ja. Ich liebe sie.«

»Du bist ihr hörig. Das ist das Schlimmste, was einem Mann passieren kann. Das ist eine Art Wahnsinn und weiter verbreitet, als man weiß. Einer Frau hörig zu sein, bedeutet, sein Ich aufzugeben, sein Hirn zu verlieren, sein Leben in einen einzigen Schoß zu werfen. Igor Germanowitsch... vergiß nicht, daß du einer der mächtigsten Männer Rußlands bist! *Das* ist dein Leben, das ist deine Aufgabe heute und in Zukunft...«

»Du nimmst mich also nicht mit in den ›Roten Salon‹?«

»Nein, auf gar keinen Fall. Aber ich werde Natalja sagen, daß sie zu dir ins Hotel kommen soll...«

»Ich warte.« Sybin erhob sich und nickte Sendlinger und Waldhaas zu. »Ich bin auf meinem Zimmer.« Und dann, ganz leise, aber für die beiden hörbar: »Wenn sie nicht kommt, bringe ich sie morgen um...«

Er drehte sich schroff um, ging zum Lift und fuhr nach oben. Waldhaas starrte ihm mit sorgenvollem Gesicht nach. »Er tut das wirklich...«

»Ich werde Natalja warnen.« Dr. Sendlinger blickte auf seine Uhr. Es war Zeit, sich mit Ducoux in Verbindung zu setzen. »Ich weiß nicht, warum sie schweigt...«

»Mir ist das kein Rätsel. Ein anderer Mann...«

»Das scheidet aus. Sie haßt Männer. Sie ekelt sich vor ihnen.«

»Und wenn sich das geändert hat?«

»Nicht bei Natalja. Irgendein Kindheitserlebnis muß bei ihr so tief sitzen, daß es sie total verändert, sobald sich ihr ein Mann nähert. Da hilft auch die Pariser Luft nichts. Ein anderer Mann? Niemals!«

»Kennst du Natalja so gut?«

»Ich habe sie in Moskau beobachtet ... und sie hat es mir gesagt. Indirekt, aber deutlich genug. Glaub mir, ich wäre gern mit ihr ins Bett gegangen. Sie ist eine Edelnutte, habe ich gedacht. Sie treibt's mit jedem, von dem sie sich einen Vorteil erhofft. Ich habe mich gründlich geirrt. Vor einem anderen Mann braucht Sybin keine Angst zu haben.« Dr. Sendlinger stand auf und zog sein Jackett gerade. »Ich rufe jetzt Ducoux an. Und was machst du?«

»Ich muß auf Sybin aufpassen, sagst du. Ein Wachhund darf seinen Posten nicht verlassen.«

»Sybin wird auf seinem Zimmer bleiben. Sieh dir Paris an, aber fall nicht in eine Löwengrube, die Mademoiselle heißt ...«

Waldhaas setzte sich an die um diese Stunde leere Bar, trank ein Bier und überlegte, was mit der Zeit anzufangen wäre. Er entschloß sich, Notre-Dame zu besichtigen und dann an den Ufern der Seine bei den Boukinisten in den antiquarischen Kostbarkeiten zu wühlen. Alte Bücher – man konnte Schätze darunter entdecken.

Sybin blieb allein im Hotel zurück, aber darauf hatte er nur gewartet. Gegen sieben Uhr abends rief er bei Dr. Sendlinger und Waldhaas in deren Suiten an und erhielt keine Antwort. Um ganz sicher zu sein, daß sie das *Crillon* verlassen hatten, fuhr er mit dem Lift hinunter in die Halle und tat so, als habe er gerade das Hotel betreten. Der Chefportier starrte auf das Schlüsselbrett und schüttelte den Kopf. Er sprach englisch.

»Die Gentlemen haben das Haus verlassen. Wollen Sie eine Nachricht hinterlegen, Sir?«

»Nein, danke. Ich melde mich wieder.«

Sybin verließ das *Crillon* und ließ sich ein Taxi herbeiwinken. Während Dr. Sendlinger wie ein alter Freund von Ducoux empfangen wurde und Waldhaas an der Seine bummelte und Mädchen nachblickte, ließ sich Sybin zum Hotel *Monique* fahren und folgte damit dem Gefühl, Natalja zu treffen. Sie wird kommen, das spürte er wie ein Eisen, das sein Herz umschloß. Sie wird kommen, und dieser Mann wird sie wieder erst morgen früh zurückbringen in die weiße Villa am Bois-de-Boulogne. Sie wird die ganze Nacht in seinen Armen liegen und ihn mit der Leidenschaft lieben, die er kannte und die bei ihm nur gespielt war. Hier aber schien ihre Liebe echt zu sein, ihr wochenlanges Schweigen war ein Beweis dafür. Ein Mann, dem sie nur ihren Körper anbot, hätte sie nicht daran hindern können, in Moskau anzurufen.

Sybin bezahlte, stieg aus dem Taxi und stellte sich dem Hotel gegenüber in den Hauseingang eines verwahrlosten Hauses, in dessen Treppenhaus es nach gebratenem Fisch stank. Wie bei Onkel Wanja, dachte Sybin. Damals, als kleiner, armer Junge war ich froh gewesen, wenn ich einen gebratenen Stör bekam, den der Onkel selbst gefangen hatte.

Seine Ahnung bestätigte sich: Nach zwanzig Minuten Warten hielt ein großer Citroën vor dem Hotel *Monique*, und Natalja stieg aus. Sie schloß den Wagen ab und verschwand durch die alte Eichentür.

»Ich brauche heute dein Auto«, hatte sie zu Madame de Marchandais gesagt. »Gibst du ihn mir?«

»Du willst wieder zu ihm?«

»Ja.«

»Keinen Abend bist du mehr zu Hause, das fällt allen auf. Und daß Bob Fulton nicht mehr kommt, erkläre ich immer damit, daß er für seine Firma unterwegs ist. Man glaubt es mir, nur Ducoux macht ein Gesicht, als wolle er mir sagen: Lüg nicht so infam!«

»Ich liebe Bob... ich liebe ihn wirklich, Louise. Ich habe zum ersten Mal gefühlt, was Liebe ist. Es ist wie ein Wunder über mich gekommen.«

»Es mußte einmal geschehen, das habe ich gewußt. Aber ausgerechnet ein Amerikaner? Ein Verteter für Cocktails!«

»Er hätte auch Schafzüchter sein können...«

»Dann hätte ihn Ducoux nicht mitgebracht.« Madame nickte und küßte Natalja auf die Stirn. »Nimm meinen Wagen. Was lüge ich den anderen heute vor? Wann kommst du zurück?«

»Morgen früh... aber früher als sonst. Ich muß noch einen Koffer packen.«

»Du willst verreisen?« Madame war entsetzt. Die Nachricht traf sie so unerwartet, daß sie sich in einen der Sessel fallen ließ. »Zurück nach Moskau?«

»Nein. Mit Bob nach Marseille.«

»Was willst du in Marseille?«

»Bob will dort eine Filiale gründen. Ich begleite ihn.« Sie sah, wie fassungslos Louise war, beugte sich zu ihr und küßte sie auf die Stirn. »Warum machst du dir Sorgen? Ich komme doch wieder. Ich bleibe in Paris, solange Bob auch hier ist.«

»Ihr wollt zusammenbleiben?«

»Darüber haben wir noch nicht gesprochen...«

»Und dein reicher Freund in Moskau?«

»Ich weiß nicht, ich habe Angst, ihm zu sagen: Ich komme nicht mehr nach Moskau zurück.«

»Du willst deinen ganzen Reichtum wegwerfen wegen dieses Fulton? Natalja, du kannst nicht mehr klar denken! Wach auf!«

»Wach auf! Das hast du mir auch gesagt, als ich noch alle Männer haßte. Nun liebe ich wirklich... und wieder ist es falsch? Wenn ich an Igor denke, beginne ich zu frieren. Sind Millionen Dollar so wichtig?«

»Man kann ruhiger damit leben.«

»Nein, nicht leben. An Igors Seite kann niemand leben! Was Leben ist, betimmt er, und er bestimmt auch, wer leben darf und wer nicht. Er ist der Herr... und spielt Gott!«

»Du hast nie seinen Namen genannt. Wer ist er?«

»Ein Mann, der Geld verdient, das andere ihm zutragen.«

»Ein Fabrikant?«

»Nein, eher ein Händler. Er verkauft alles, was Geld bringt. Er sieht das Gold auf der Straße liegen, an dem alle anderen vorbeigehen.«

»Also ein Genie...«

»Auf seine Art, ja. Und er liebt mich... das ist das Schreckliche. Wenn er mich in die Arme nimmt, beginne ich zu frieren. Und dann schließe ich die Augen und werde zur Schauspielerin in einer leidenschaftlichen Liebesszene. Danach könnte ich mich anspucken, ich hasse mein Spiegelbild und schreie mir ins Gesicht: Du elende Hure! Davor will ich fliehen... weg aus Moskau, mit Bob irgendwohin, und das alte Leben vergessen.«

»Du wirst es nie vergessen, Natalja. Es ist in dich eingebrannt. Es ist wie eine Tätowierung, die man nie wieder los wird. Ob dieser Fulton der richtige Mann ist?«

»Ich weiß es nicht. Ich weiß nur, daß ich ihn liebe und daß ich, zum ersten Mal in meinem Leben, glücklich bin.«

Das war vor einer Stunde gewesen. Jetzt stieg Natalja aus Madames Citroën, und Sybin knirschte mit den Zähnen, als er sie das Hotel *Monique* betreten sah. Sie sah wie eine Elfe aus in ihrem kurzen, buntgeblümten Sommerkleid und den schwarzen Haaren, in die sie an der linken Schläfe mit einem Clip eine rote Rose geklemmt hatte.

Sybin war unschlüssig, was er jetzt tun sollte. Etwas, das war sicher, mußte geschehen. Seinen ersten Gedanken, ihr nachzulaufen und sie noch im Eingang zu töten, verwarf er wieder. Warum sie töten, dachte er. Damit bestrafe ich mich selbst. Nein, den Mann soll man töten... das trifft sie härter, das wird sie wieder vernünftig machen, das wird eine Warnung für sie sein... vor ihren Augen stirbt ihr Geliebter, und dann wird sie morgen bei Bulgari oder van Cleef and Arpel's den teuersten Schmuck kaufen, den sie haben. Die Erinnerung an diesen Mann wird man mit Gold ersticken. Nein... sie muß weiterleben, wieder zurück nach Moskau kommen, und dort wird sie die Pläne sehen für einen neuen Palast, der gekauft worden ist. In St. Petersburg, an der Straße nach Puschkin... ein Schloß, wie es der sagenhafte Stroganoff nicht gehabt hat. Und sie wird diesen verdammten Mann vergessen, der es gewagt hat, sie mir wegzunehmen!

So mußt du es machen, Igor Germanowitsch: Töte ihn!

Sybin löste sich aus dem Schatten der Haustür, überquerte die Straße und betrat das Hotel *Monique*.

Den Plan, den Fulton-Fontana entwickelt hatte, hielt Ducoux für absolut verrückt.

Typisch amerikanisch – das war seine Meinung zu allem, was Fulton ihm vortrug. Eine Wahnsinnsidee, die man in einem Kinofilm einem unbedarften Publikum vorsetzen kann, aber nicht einem Geheimdienst, der eine große Tradition zu wahren hat. Die häufig fehlgeschlagenen Abenteuer der CIA waren hinreichend bekannt, und Ducoux hatte kein Interesse, in ein Unternehmen dieser Art einzusteigen. Die Blamage, die unausweichlich folgen würde, war für alle tödlich. Ducoux hatte nicht die Absicht, frühzeitig in Pension zu gehen.

Das Gespräch fand in einem abhörsicheren Zimmer der Sûreté statt. Nur Ducoux war anwesend und rauchte eine Zigarre, während Fulton seinen Plan präzisierte. Erst später, wenn man sich in groben Zügen einig geworden war, sollten der Innen- und der Außenminister verständigt werden. Natürlich auch Präsident Mitterrand.

»Ich habe mir nun alles angehört«, sagte Ducoux, als Fulton einmal Atem holte. »Und ohne zu unterbrechen. Erlauben Sie mir eine Frage: Meinen Sie das alles im Ernst?«

Fulton sah Ducoux so ungläubig an, als hätte dieser plötzlich behauptet, er sei taub geworden. Das gibt es doch nicht! Ich rede über eine halbe Stunde, und er pafft seine Zigarre und fragt, ob es mein Ernst ist!

»Ich verstehe Ihre Frage nicht«, antwortete Fulton, noch immer höflich.

»Fassen wir zusammen: Was wissen wir bisher durch die Ermittlungen des MOSSAD, der Sûreté, des deutschen BND, des BKA, des englischen Geheimdienstes, des russischen Bundessicherheitsdienstes FSB, der vor kurzem noch KGB hieß, des österreichischen Sicherheitsdienstes und Ihrer CIA:

1. Es gibt laufend Transporte radioaktiven Materials aus Rußland nach Mitteleuropa.
2. Die Abnehmer sind noch unbekannt, aber es gibt noch nicht bewiesene Aktivitäten von sogenannten Atomschwellenländern.
3. Neben den vielen kleinen Anbietern von Nuklearproben, vor allem Plutonium, Uran und Lithium, ist durch die Israelis ein wichtiger Kurier enttarnt worden, ein Russe namens Anassimow. Er ist bei einem Verhör in Libyen durch Agenten der CIA an einem plötzlichen Herzversagen gestorben.«

»So ist es«, sagte Fulton nüchtern. Curley hatte ihn von der Pleite unterrichtet, und er hütete sich, diesen halben Mißerfolg Ducoux einzugestehen. Das mokante Lächeln hätte er nicht ertragen.

»Weiter:

4. Wir wissen durch Anassimow, daß hinter dem Schmuggel von Nuklearmaterial eine straffe Organisation steht, eine Art Mafia russischer Machart.
5. Der Kopf dieser Organisation soll Igor Germanowitsch heißen. Nachnamen konnten durch den plötzlichen Herztod von A. nicht in Erfahrung gebracht werden. Ungemein wichtig ist der Hinweis, daß dieser Igor an der linken Hand nur vier Finger hat. Das ist der einzige konkrete Hinweis, der für die Fahndung ungemein wichtig ist.
6. Alle Erkenntnisse laufen darauf hinaus, daß mit weiteren, und dieses Mal größeren Mengen von Plutonium und Uran zu rechnen ist. Der Hauptweg des Materials ist bekannt: Polen –Deutschland–Frankreich–arabische Länder. Aber auch Nordkorea ist im Gespräch, dafür laufen die Verbindungen über Rumänien.«

Ducoux streifte vorsichtig die Asche von seiner Zigarre, dabei sah er Fulton herausfordernd an.

»Und das ist alles!« betonte er. »Was kann man damit anfangen? Warten. Und während wir warten, laufen die Transporte an uns vorbei. Bei den Russen ist es wie bei den chinesischen Triaden:

Absolutes Schweigen ist oberstes Gebot! Wer nur ein Wort aushustet, spuckt kurz danach Blut.« Ducoux sah die brennende Spitze seiner Zigarre an. »Und diese straffe Organisation wollen Sie unterlaufen?«

»Der Plan der CIA ist, an die Hintermänner heranzukommen. Ich habe es Ihnen doch in allen Einzelheiten erklärt: Ein V-Mann von uns oder auch mehrere treten als potentielle Käufer auf. Auf einer Luxemburger Bank sind vierhundert Millionen Dollar deponiert. Die Bankbescheinigung liegt vor und wird jeden Anbieter überzeugen.«

»Und Sie glauben, daß der Mann mit den neun Fingern darauf hineinfällt?«

»Wenn es ihn überhaupt gibt, aber ich habe da so meine Zweifel.«

»Ihre Zentrale glaubt daran. Ihr V-Mann hat ja sogar die Vornamen herausgekitzelt.«

»Das kann von Anassimow auch nur ein Selbstschutz gewesen sein, um den Verhören zu entgehen. Wirf einem Hund einen Knochen hin, und er knurrt nicht mehr.« Fulton schüttelte den Kopf. »Ich verlasse mich nicht auf nur eine Spur... dafür sind die Angebote zu breit gestreut. Immer wieder tauchen neue Anbieter auf, die miteinander nichts zu tun haben. Auch kommen die Plutonium- oder Uranproben aus völlig verschiedenen Kernkraftwerken oder Nuklearlabors, was lediglich beweist, wie löcherig die russischen Kontrollen sind. Da arbeiten mehrere Gruppen parallel und gegeneinander. Der Neunfingermann ist nur einer der Bosse. Mir geht es darum, durch unsere Scheinaufkäufer die Quellen zu entdecken. In Zusammenarbeit mit dem russischen FSB können dann die Löcher gestopft werden. Es hat wenig Sinn, die Kuriere mit ihren Pröbchen verantwortlich zu machen... sie sind wie Unkraut, das munter weiterwächst, wenn man die Wurzel nicht rausreißt.«

»Ich weiß, wie die CIA sich das vorstellt: Man verhandelt als Käufer mit den Probeanbietern, bestellt zwei oder drei oder mehr Kilogramm Plutonium, die der kleine Kurier natürlich nicht liefern kann, sondern den Auftrag weitergibt an die Männer im Hintergrund. Der Kaufpreis ist in Luxemburg hinterlegt... nun liefert mal schön. Wie und wo und wann, das wird sich dann schon noch herausstellen. Der große Coup ist gelungen.«

»So ähnlich.« Fulton musterte den gemütlich rauchenden Ducoux. Meinte er es ernst, oder machte er sich über ihn lustig?

»Nehmen wir an, es klappt wie nach Plan. Spielen wir das mal theoretisch durch.« Ducoux befeuchtete den linken Zeigefinger mit der Zunge und betupfte eine Stelle des Deckblattes der Zigarre, die sich abgelöst hatte. »Sie bekommen die Nachricht: Die bestellten Kilogramm Plutonium sind da. Sie liegen abholbereit in Bulgarien. Was nun?«

»Wir werden sagen: nicht Bulgarien, sondern Österreich.«

»Wird erfüllt. Der Stoff liegt eine Woche später in Salzburg. Drei kleine Stahlbehälter mit einem Innenmantel aus Blei. Unauffällig, dem Aussehen nach wie drei Thermoskesselchen voller Suppe. Ich nehme an, Ihre Männer holen in Zusammenarbeit mit der österreichischen Sicherheitsbehörde die Kästchen ab. Vorher treffen Sie sich natürlich mit dem Transporteur, der auch die vereinbarten dreihundertachtzig Millionen Dollar in Empfang nehmen soll. Dieser Mann ist natürlich auch nicht der Boß – wie Sie es nennen –, sondern ein Vertrauter des Bosses. Sie haben also wiederum nur einen der kleinen Kuriere an der Leine. Und nun läuft das Geschäft so ab: Ware nur gegen Sicherstellung des Kaufpreises auf einem Schweizer Nummernkonto. Offizielle Version gegenüber der Bank: ein Industriedeal mit Erdöl und sibirischen Diamanten. Die CIA gibt die Dollar also frei?«

»Pro forma... Irgend jemand muß sie ja abholen.«

»Wie leichtsinnig! Sie bezahlen blind, ohne zu wissen, ob in den Kästen auch Plutonium ist! Wenn es nun Puderzucker oder feinster Wüstensand ist, wie bei Proben schon vorgekommen?«

»Das ist Vertrauenssache. Der Anbieter will ja im Geschäft bleiben.«

»Eine fragwürdige Einstellung. Mit dreihundertachtzig Millionen Dollar in der Tasche braucht man keinen Deal mehr durchzuziehen! Das reicht für einen sorglosen Lebensabend. Ein Betrug ist also vorprogrammiert! Und nehmen wir an, es ist wirklich Plutonium in den Suppenkesselchen... aber nicht hochangereichert, nicht waffenfähig, statt zweiundneunzig Prozent nur vierzig Prozent. Wen können Sie verantwortlich machen? Den armen, kleinen Überbringer? Und bei der Analyse stellt sich dann heraus, daß der Stoff aus verschiedenen Kernkraftwerken zusammengeschüttet wurde. Ein wertloser Plutoniumcocktail... ähnlich Ihrem Cocktail *Ladykiller*, den Sie hier in Paris einführen wollen.«

»Sie machen sich über mich lustig, Monsieur Ducoux!« sagte Fulton gepreßt.

»Nein. Ich denke nur logisch.«

»Logisch ist: Der Lieferant will die Millionen Dollar haben, also muß er auch gute Ware liefern.«

»Aber die Ware kann man nicht wie einen Apfel in der Hand halten und sagen: Das ist Handelsklasse eins. Und das Prüfungsverfahren, ob Plutonium wirklich das Pu 239, also rein und waffenfähig ist, erfordert komplizierte Analysen. So lange wird der Verkäufer nicht warten wollen.«

»Das muß er, sonst bekommt er keinen Cent!«

»Dann platzt das Geschäft... und die CIA steht wieder mit heruntergelassener Hose da. Was hat die ganze Mühe gebracht? Nichts! Wie immer: Sie haben die kleinen Zuträger erwischt... der Mann im Hintergrund bleibt der große Unbekannte. Und während Sie sich noch mit Ihren drei oder vier Kilo beschäftigen, ziehen die anderen Nukleartransporte an Ihnen vorbei...«

»Sie vergessen unsere Agenten in Rußland. Nicht nur wir, auch der FSB, der BND und Ihre Sûreté haben ihre Leute an den interessanten russischen Stellen sitzen. Und sie arbeiten jetzt endlich zusammen und nicht mehr gegeneinander. Es gab in der ganzen Welt keine bessere Kontrolle als die durch den KGB! Das hat jetzt der FSB übernommen. Nur der Name wurde geändert. Sogar die Zentrale ist geblieben: die Lubjanka!«

Ducoux legte seine halbgerauchte Zigarre in den Aschenbecher. Ein schlechtes Deckblatt... es blätterte ab, zu trocken gelagert. Die Kiste bekommt der Zigarrenhändler Chantal morgen zurück. Eine gute Zigarre muß in einer Klimatruhe gelagert werden.

»Wenn wir gute Agenten haben... wozu brauchen wir dann noch Ihren abenteuerlichen Scheinkauf? Das gibt nur einen wilden Presserummel rund um die Welt, Rußland wird beschuldigt, und die Russen dementieren natürlich und sind beleidigt, was ihr gutes Recht ist. Die verrücktesten Behauptungen werden geglaubt, Magazine und Illustrierte leben wochenlang von dieser Sensation, Politiker werden diffamiert, endlich kann man Unbequemen in den Hintern treten und dem Staat ans Bein pinkeln, alle Welt regt sich auf... und was war wirklich los? Ein Windei ist geplatzt! Was hat man an neuen Erkenntnissen gewonnen? Nichts! Alles war schon vorher bekannt. Und die Atomverkäufe laufen weiter. Monsieur Fulton, da glaube ich schon eher an einen Erfolg, wenn wir uns an den Mann mit den neun Fingern halten, an diesen geheimnisvollen Igor Germanowitsch... das allein scheint eine heiße Spur zu sein!

Was uns fehlt, ist schlicht der Nachname. Haben wir den, kann Rußland den Atomschmuggel beobachten. Irgendwann einmal wird einer der Boten seinen Namen nennen, um sich von einer Bestrafung freizukaufen. Bis dahin können wir nur auf den ›Kommissar Zufall‹ hoffen.«

Dieses Gespräch hatte am Vortag stattgefunden. Jetzt stand Sybin vor dem Hotel *Monique* und hatte sich vorgenommen, das zu tun, wozu er sonst seine Spezialisten einsetzte: töten!

Nur: wie tötete man einen Menschen, ohne eine Waffe zu haben? Mit den bloßen Händen? Mit einem Strick? Woher jetzt einen Strick nehmen? In Filmen ist das einfach: Man reißt das Telefonkabel aus der Wand oder eine Gardinenschnur vom Vorhang, auch die eigene Krawatte kann in solcher Situation nützlich sein, aber gab es in dem schäbigen Zimmer, in dem Nataljas Geliebter hauste, überhaupt ein Telefon und eine Gardine? Und immer wieder die gleiche Überlegung: Wenn er stärker ist als ich? Er sah, soweit es Sybin beurteilen konnte, sehr sportlich aus, nicht wie einer, der nach einem Fausthieb wehrlos wird.

Sybin erwog das alles, bevor er die Tür des Hotels öffnete. Er zog die Hand, die schon auf der Klinke lag, zurück und ging an der schmutziggrauen Fassade entlang bis zur nächsten Straßenecke.

Es war lange her, seit er mit eigener Hand einen Menschen getötet hatte. Damals war er noch jung gewesen, ganze siebzehn Jahre alt. Breschnew regierte, obwohl schon sehr krank, das Sowjetreich im Sinne von Lenin und Stalin, der »kalte Krieg« mit den USA lähmte die Wirtschaft, und der KGB hatte alle Hände voll zu tun, die Unzufriedenheit im Lande zu unterdrücken und unbequeme Kritiker in sibirische Lager zu verbannen oder in Irrenhäusern verkommen zu lassen. Das war die Zeit, in der Sybin mit drei anderen Freunden nach dem Muster der amerikanischen Mafia eine »Gesellschaft« gründete, deren Geschäftsbereich sich vor allem auf das Land konzentrierte: Auf den Sowchosen und landwirtschaftlichen Genossenschaften verschwanden Getreide, Gemüse, Fleisch, Käse, Butter, Sonnenblumenöl, überhaupt alles, was eßbar war; aus Schuhfabriken verließen Lastwagen voller Schuhkartons die Laderampen und kamen nie in den Zielorten an; die Großschneidereien verbuchten plötzlich unerklärliche Stoffengpässe und rätselhaft war auch, daß pharmazeutische Werke einen Schwund meldeten, den man mit den veralteten Maschinen begründete: Es würde zuviel Ausschuß fabriziert.

Alle diese Gegenstände tauchten später auf den schwarzen Märkten in den russischen Großstädten auf, in Minsk und Smolensk, in Irkutsk und Jakutsk, in Leningrad und Odessa, überall dort, wo die Menschen in langen Schlangen anstanden, um ein »Sonderangebot« zu ergattern. Die Logistik der »Gesellschaft« war straff durchorganisiert, aus den drei Gründern waren in kürzester Zeit viertausend »stille Mitarbeiter« geworden, und da mußte auch Sybin, allein zur Aufrechterhaltung der Disziplin bei den Fabrikdirektoren und den Verteilern, eigenhändig tätig werden. Er hätte ständig eine geladene Makarovpistole im Hosenbund stecken, und wenn er eine größere »Inspektionsreise« antrat, fuhr in einem Geigenkasten – wie in den dreißiger Jahren bei Al Capone in Chicago – eine Kalaschnikowmaschinenpistole mit. Es gab dann einige unerklärliche Todesfälle, die in Moskau in der Zentrale des KGB archiviert wurden. In Moskau selbst war es ruhig... auf dem dortigen Schwarzmarkt tauchte keine heiße Ware auf, und es gab keine Erschossenen: Sybin hatte sich vorgenommen, seine Heimatstadt sauberzuhalten.

So hatte alles angefangen. Heute kontrollierte der »Konzern« alles, was produziert und verkauft werden konnte, kassierte Schutzgelder, hatte das Bordellwesen fest in der Hand, überwachte den Drogenmarkt und war nun, nach den Abrüstungsverträgen, in das Nukleargeschäft eingestiegen. Rußland war in Sybins Hand... und ausgerechnet er stand jetzt an einer Straßenecke auf dem Montmartre, starrte vor sich hin und wußte nicht, womit er den Mann töten könnte, der ihm Natalja weggenommen hatte.

Er überquerte die Kreuzung, ging ziellos weiter, vorbei an Cafés und Bistros, an den ersten Huren und an einem Sexshop, auch eine Errungenschaft der neuen Freiheit, und sah plötzlich auf der gegenüberliegenden Straßenseite ein hellerleuchtetes Geschäft mit zwei großen Schaufenstern. Anders als sonst in Europa, vor allem in Deutschland, ist in Frankreich das Ladenschlußgesetz liberaler und kundenfreundlicher. Es gibt sogenannte »Magazins«, die bis zweiundzwanzig Uhr und länger geöffnet haben und in denen man alles kaufen kann, was zum Leben gehört... ein Warenhaus im kleinen.

Sybin stellte sich vor die große Glastür und blickte in das Geschäft. Sie werden etwas haben, womit man töten kann, sagte er sich. Keine Waffen, aber es gibt noch andere Möglichkeiten, einen Menschen umzubringen. Sein Körper ist weich und seine Hirnschale dünn, und er hat keine Krallen und keine Reißzähne wie ein Raubtier, keine Hörner wie ein Büffel – man muß ihn nicht erschießen. Der Mensch ist ein wehrloses Geschöpf.

Er betrat das kleine Kaufhaus, ging zwischen den Regalen hindurch und stand dann vor einer Wand, an der Werkzeuge aller Art für Heimwerker hingen, aber auch Messer und Beile aller Größen.

Sybin wählte ein schmales, langes Messer aus, das einem Dolch ähnelte, und wog dann sorgsam einige Beile in der Hand. Er entschied sich für ein mittelgroßes, nicht zu schweres, gut in der Hand liegendes Beil mit einem griffigen Stiel, ging zur Kasse, bezahlte den lächerlich geringen Preis – wie billig ist es, einen Menschen zu töten –, packte die Sachen in eine längliche Tüte und verließ zufrieden das Magazin.

Ein Beil und ein Messer.

Wie ganz am Anfang seines Weges zur Macht – da war es ein Taschenmesser gewesen, mit dem er eine Halsschlagader durchtrennt hatte.

Sybin ging den Weg zurück zum Hotel *Monique*. Als er von weitem das alte, angerostete Schild sah, atmete er tief durch.

Fast eine halbe Stunde wartete Victoria Miranda in der Eingangshalle des Andrej-Rubjow-Museums auf Igor Germanowitsch Sybin. Sie fand keine Erklärung dafür, warum er nicht kam, aber wenn er verhindert war, hatte er ja keine Möglichkeit gehabt, sie zu verständigen. Er wußte nicht, wo sie in Moskau wohnte, denn nach dem Barbesuch hatte sie sich von ihm verabschiedet und war mit einem Taxi weggefahren. Und was sie von ihm wußte, war nur sein Name und daß er ein erfolgreicher Geschäftsmann war. Jeder, der ihn kannte, begegnete ihm mit einer gewissen Ehrfurcht, die manchmal fast untertänig wirkte. Vor allem im *Tropical* benahmen sich der Geschäftsführer, die Kellner, die Barmixer und sogar die Gäste, soweit sie Russen waren, so, als sei der Zar selbst in das Lokal gekommen. Victoria Miranda hatte sich während der Stunden, die sie zusammen am Tisch saßen, immer wieder gefragt: Wer ist dieser Sybin? Wer ist der Mann, der an jedem seiner neun Finger einen klotzigen Ring trägt und aussieht wie ein Filmstar der dreißiger Jahre?

Am nächsten Morgen hatte sie Kevin Reed gefragt, aber der hatte nur geantwortet:

»Moskau hat zirka fünf Millionen Einwohner, und einer davon

heißt Sybin. Wie soll man ihn kennen?« Reeds Antwort war fast beleidigend.

»Er muß ein reicher Mann sein«, insistierte Miranda.

»Auch davon gibt's jetzt in Moskau mehr, als man kennen sollte. Die meisten sind Ganoven, Gauner oder Funktionäre.«

»Den Eindruck machte er nicht.«

»Was interessiert Sie so an ihm?«

»Er scheint in Moskau sehr bekannt zu sein. Er könnte mir die Richtung weisen zu den Personen, die ich suche.«

»Victoria ...« Reed sprach jetzt zu ihr wie zu einem Kind. »Wenn es wirklich eine Atommafia gibt, was von Kennern der Szene bezweifelt wird, dann sitzen die Paten nicht mit Sybin an einem Tisch. Sie bleiben unter sich, und sie kommen nie allein!«

Victoria richtete sich steif auf und blickte Reed böse an. »Woher wissen Sie, daß Sybin allein ins *Tropical* gekommen ist?«

»Meine Liebe ...« Reed grinste sie unverfroren an. »Haben Sie geglaubt, ich lasse Sie allein im Moskauer Sumpf fischen?«

»Das ist eine Unverschämtheit. Ich verbitte mir das!«

»Ich nehme Ihren Protest zur Kenntnis ... aber es bleibt dabei. Ich bin für Sie verantwortlich.«

»Das sind Sie nicht!«

»Sie sind eine amerikanische Staatsbürgerin und stehen daher automatisch unter unserem Schutz.«

»Ich habe mich nur der CIA gegenüber zu verantworten!«

»Davon spricht keiner. Was Sie tun, ist ganz allein Ihre Sache. Aber Ihre Sicherheit – das ist unsere Sache.«

»Und wie weit gehen Sie?« Victoria war so wütend, daß sie Reed provozierte und etwas sagte, was eine Dame eigentlich nicht sagt. »Wenn ich mit Sybin ins Bett gegangen wäre, hätte dann auch einer von der Botschaft neben dem Bett gestanden?«

Reed lächelte sie an wie ein gütiger Vater. »Das hätte ich Ihnen nie zugetraut, Victoria, das ist nicht Ihr Stil. So gut habe ich Sie in den wenigen Tagen schon kennengelernt.«

»Ich habe den Befehl zum uneingeschränkten Einsatz bekommen.«

»Mag sein, aber Sie setzen sich selbst Grenzen.« Reed hatte keine Lust, dieses unergiebige Gespräch fortzusetzen. »Wir werden versuchen, diesen Sybin ausfindig zu machen. Okay? Und eine Wohnung haben wir auch für Sie in Aussicht, mitten in der Altstadt. Wir bekommen in drei Tagen Nachricht, ob sie geräumt ist.«

»Hervorragend. Ich danke Ihnen, Kevin.«

»Keine Ursache. Ich halte Ihren Plan nach wie vor für blödsinnig. Was dem russischen Geheimdienst nicht gelingt, das soll der CIA in einem fremden Land gelingen? Da kann man sich doch nur an den Kopf fassen.«

Victoria ging hinauf in ihr Zimmer. An dem, was Reed gesagt hatte, war etwas Wahres dran. Aber er kannte Sybin nicht. Ein eitler Mann wie dieser Sybin würde sie in die richtigen Kreise einführen, schon, um ihr zu zeigen, welches Ansehen er genoß. Sie war sich sicher, mit Sybin den Schlüssel zur geheimen, aber trotzdem überall spürbaren Macht zu haben.

Jetzt allerdings, einen Tag später, stand sie in der Eingangshalle des Rubjow-Museums und war enttäuscht, daß Sybin seine Verabredung nicht eingehalten hatte. Sie wartete noch eine Viertelstunde, um ganz sicher zu sein, daß er sich nicht nur verspätet hatte, nahm dann ein Taxi und ließ sich zum *Tropical* fahren. Der Fahrer sah sie zweifelnd an – ins *Tropical*, am hellichten Tag? Noch dazu eine Ausländerin? Seit wann beschäftigt die Sexbar ausländische Mädchen? Eigentlich läuft es ja umgekehrt: Man exportiert die Mädchen in den Westen. Ein ständiger Strom hübscher Russinnen fließt über die Grenzen in das Paradies der Kapitalisten, gut organisiert von einer Firma, die Mädchen als Handelsware betrachtet.

Der Taxifahrer lud Victoria vor dem *Tropical* ab und bekam dafür fünf Dollar, ohne daß er einen Preis zu nennen brauchte. Er steckte sie ein und fuhr eilig davon. Eine Neue, eine Ahnungslose... fünf Dollar... sie weiß noch nicht, was fünf Dollar jetzt in Rußland wert sind.

Es dauerte eine Zeitlang, bis sich auf das anhaltende Klingeln die Tür des *Tropical* öffnete. Der Geschäftsführer, der offensichtlich im Haus wohnte, starrte Victoria mit verquollenen Augen an, erkannte aber sofort die schöne Amerikanerin wieder, an deren Tisch er Igor Germanowitsch geführt hatte. Mit seinem mangelhaften Englisch fragte er:

»Haben Sie etwas im Lokal vergessen, Lady?«

»Ja.« Sie lächelte ihn herausfordernd an.

»Wir haben keine fremden Gegenstände gefunden.«

»Ich habe die Adresse von Mr. Sybin verloren...«

Der Name Sybin ließ ihn sofort hellwach werden. »Das ist unmöglich, Lady!« sagte er abweisend. »Mr. Sybin hinterläßt nie seine Adresse.«

»Bei mir hat er eine Ausnahme gemacht.«
»Das glaube ich nicht.«
»Aber Sie kennen doch seine Adresse?«
»Nein. Ich habe keine Ahnung.«

Sie wußte, daß er log, und sie sah auch, daß er sich zuammenrollte wie ein Igel und die Stacheln aufstellte. Er würde jetzt kein Wort mehr sagen, auch wenn sie ihm hundert Dollar hinhielt. Aber eines hatte sie an der Reaktion des Geschäftsführers erkannt: Sybin mußte ein mächtiger Mann sein. Dieser eitle Fatzke mit seinen neun beringten Fingern, seinem Menjoubärtchen und den pomadisierten Haaren erzeugte Angst. Jetzt war ihr auch erklärbar, warum sich bei seinem Erscheinen in der Bar die Stimmung schlagartig verändert hatte und alle zu ihrem Tisch gestarrt hatten.

Wer war Igor Germanowitsch Sybin?

Und in diesem Augenblick explodierte in ihr die Erkenntnis: Er ist einer der geheimnisvollen Mächtigen, die, sich selbst im Hintergrund haltend, nicht nur Moskau, sondern ganz Rußland kontrollieren und an Hunderten von Fäden die Marionetten dirigieren, die das neue Rußland repräsentieren.

Victoria spürte plötzlich ihren Herzschlag: Sie war auf dem richtigen Weg. Jetzt mußte sie sich an ihn hängen, bis er – stolz, sie erobert zu haben – sie dem Boß der Bosse vorstellte. Dem Paten von Moskau. Dem Herrn über Plutonium und Uran. Dem Mann, der diese Welt vernichten konnte.

Wo aber war Igor Germanowitsch Sybin?

»Ich muß ihn sprechen«, sagte sie zu dem Geschäftsführer des *Tropical*. »Ich muß ihn unbedingt sprechen.«
»Kommen Sie heute abend wieder zu uns.«
»Sie glauben, daß er auch kommt?«
»Wahrscheinlich, er ist oft bei uns. Oder ...« Der Geschäftsführer zögerte, aber sagte es dann doch: »Sie können ihn im *Kasan* finden, Lady. Dort ißt er besonders gern. Mehr kann ich Ihnen nicht sagen.«

Er war noch so freundlich, ihr ein Taxi zu bestellen, denn um diese Zeit fuhr keines durch diese Gegend. Er blickte ihr nach und schüttelte den Kopf. Alle sind sie gleich, diese Weiber, dachte er und schloß hinter sich die Tür. Immer hinter den Männern her. Und am schlimmsten sind die Ausländerinnen ...

In der amerikanischen Botschaft konnte es sich Victoria nicht verkneifen, zu Kevin Reed ins Dienstzimmer zu gehen. Er blickte hoch und ahnte nichts Gutes, als er ihren triumphierenden Blick sah.

»Sie brauchen sich nicht mehr zu bemühen, Kevin!« sagte sie. Er bemerkte sehr wohl, wie gut ihr diese Worte taten. »Ich weiß, wo ich Sybin treffen werde: im Restaurant *Kasan*.«

»Nobel, nobel!« Reed griff nach einer Akte und schlug sie auf, als habe er eine dringende Arbeit zu erledigen. »Da sieht man, wo unsere Steuergelder bleiben...«

»Affe!« sagte Victoria und warf hinter sich die Tür zu.

Aber Sybin tauchte auch am Abend nicht im *Kasan* auf, statt dessen eine Reisegruppe lärmender Finnen.

Ohne etwas zu essen, verließ sie das Restaurant. Dann morgen, dachte sie. Oder übermorgen. Ich habe Zeit, Igor Germanowitsch...

Als Sybin die kleine Empfangsdiele des Hotels *Monique* betrat, war Madame Juliette Bandu gerade damit beschäftigt, im Hinterzimmer frische Sardinen zu braten. Das ganze Haus stank nach Fisch, was Sybin so unangenehm war, daß er trotz seiner inneren Anspannung nur flach atmete.

Was ist nur aus Natalja in diesen drei Wochen geworden, überlegte er. Sie hätte in einem Schloß wohnen können, aber sie lebt in diesem Fischgestank! Welche Macht muß dieser Mann über sie haben, daß sie alles vergißt, was früher ihr Leben gewesen ist: Luxus, blumiges Parfüm, der gläserne Wintergarten in der Datscha, die teuersten Kleider der internationalen Modeschöpfer, ein Jaguarwagen, Pelzmäntel aus Wildnerz und Zobel, Schmuck der weltbesten Designer, alles, alles hatte sie bekommen... und sie tauschte es ein gegen ein Bett in einem schäbigen Hotel.

Sybin drückte die große Tüte mit dem Beil und dem Messer an sich und trat an die Rezeption.

Da niemand kam, griff er nach der auf der Theke stehenden Handglocke und klingelte kräftig. Ihr Ton war hell und durchdringend und rief Madame Bandu aus dem Hinterzimmer.

»Guten Abend, Monsieur«, sagte sie und putzte ihre Hände an einer blauen Kittelschürze ab. »Sie wollen ein Zimmer, Monsieur?«

Sybin verstand sie natürlich nicht und zeigte auf sich. Madame Bandu erkannte jetzt auf den zweiten Blick, daß der Zimmersuchende ein Ausländer sein mußte.

»Ich... Russe«, sagte Sybin.

»Ah! Ein Russe!« Madame Bandu warf einen schnellen Blick zur Treppe. Sie war keine dumme Frau, auch wenn sie etwas einfältig wirkte. Sie begriff sofort, daß es einen Zusammenhang geben mußte zwischen dem Mann, der vor ihr stand, und der wunderschönen Frau, die Bob Fulton seit Tagen mitbrachte. »Sie ist Russin«, hatte er zu ihr gesagt und ihr fünfzig Dollar auf den Tisch gelegt. »Besorgen Sie uns jeden Abend Kaviar, Madame, und eine Stange Brot dazu.«

Und sie hatte geantwortet: »Und Butter und gehackte Eier und Zwiebeln und einen guten, leichten Meursault. Ich weiß, wie man Kaviar ißt, Monsieur.«

Auch heute hatte sie das Tablett mit dem auf Eis liegenden Kaviar hinauf ins Zimmer gebracht und freute sich, daß sie zwei so glückliche Menschen bei sich beherbergen konnte. Fulton hatte auch den Namen der schönen Russin genannt: Natalja Petrowna. Und Madame Juliette sprach sie von da an auch nur mit Natalja an. Ihr gefiel der Name... er zerging ihr auf der Zunge wie ein knuspriges Croissant.

»Wer sind Sie, Monsieur?« fragte sie. In ihrer Stimme lagen Abwehr und Mißtrauen.

Sybin hob die Hand und zeigte nach oben. Seine Ringe blitzten im Licht der Deckenlampe. »Natalja Petrowna!« sagte er.

Madame Bandu schüttelte schnell den Kopf. »Non!« Das mußte auch ein Russe verstehen. »Non! Nicht da...«

Sybin hörte nur das Nein und drückte die Tüte an sich. Er hatte Natalja ins Haus gehen sehen, und ihr Citroën stand noch auf der Straße, sie war also nicht weggefahren, während er sein »Werkzeug« gekauft hatte. Er wölbte die Unterlippe etwas vor und kniff die Augen zusammen.

Madame, einen Sybin belügt man nicht, nicht in Rußland und auch nicht in Paris. Wer einen Sybin belügt, wird sein Leben lang daran denken. Es gab Lügner, die später ohne Zunge herumliefen, und es gab Lügner, die nichts gesehen haben wollten, die kurz darauf ihre Augen verloren. Doch bisher hatte er sich nicht selbst darum gekümmert – er hatte sich nur den Vollzug melden lassen. Hier war es anders. Er war allein, und eine alte Frau belog ihn.

Ein Funken Mitleid glomm in ihm auf. Mütterchen, dachte er, nun ganz ein Russe, ich muß dir weh tun. Verzeih, aber es gibt keinen anderen Weg diese Treppe hinauf. Um meine Ehre geht es, mein Stolz ist zertreten worden, man hat mir meine Seele geraubt, meinen Glauben an eine wirkliche Liebe gemordet... da kannst du mir nicht im Weg stehen, Mamuschka. Ich muß es tun, sonst müßte ich mich bei jedem Blick in den Spiegel bespucken.

Er nickte Madame Bandu freundlich zu, ging zu ihr hinter die Rezeption, umarmte sie, und noch bevor sie sich aus der Umarmung befreien konnte, drückte Sybin zu. Er preßte ihre Halsschlagader so fest zusammen, daß eine plötzliche Blutleere im Gehirn entstand. Bewußtlos sackte sie zusammen. Sybin zog sie an den Beinen ins Hinterzimmer und legte sie dort auf ein altes, rotes Sofa. Auf dem Herd bruzzelten die Sardinen in einer tiefen Pfanne. Er ging hin, überwand seinen Ekel, schob die Pfanne von der Kochplatte und schaltete den Elektroherd aus. Um ganz sicher zu sein, drückte er noch einmal auf die Halsschlagader, fesselte Juliette mit zwei verknoteten Handtüchern und schob ihr eine Serviette als Knebel in den Mund.

»Es dauert nicht lang, Mamuschka!« sagte Sybin und betrachtete das Bündel Mensch. »Es ist schnell vorbei. Nur eine böse Erinnerung bleibt zurück, mehr nicht...«

Auf der Treppe öffnete er die Tüte und holte das lange, schmale Messer heraus, steckte es in seinen Gürtel, nahm das Beil und wog es in der Hand. Der Schwerpunkt war gut ausgewogen... ein Schwung, nur ein Hieb aus der Schulter heraus, so spaltete man schnell einen Kopf.

Ohne sich Mühe zu geben, leise zu sein, ging Sybin über den Flur und lauschte an jeder Tür. Auf diesem Stockwerk gab es acht Zimmer, und sein Gefühl sagte ihm, daß sich Natalja hinter einer der Türen aufhielt, vielleicht im Begriff war, sich auszuziehen oder gar schon mit ihrem Liebhaber im Bett lag, einem leidenschaftlichen Vorspiel hingegeben.

Es war das letzte Zimmer.

Sybin hörte leise Radiomusik – nicht Borodin oder Glinka, die er so liebte und sehr oft hörte, wenn er mit Natalja zusammen war, nein, es war amerikanische Popmusik, und ein Sänger mit einer Fistelstimme piepste herum. In Sybins Ohren klang es wie das Gegeneinanderreiben von zwei Stahlnägeln.

Es war ein Fehler, daß die Tür nicht verriegelt war. Fulton wartete noch auf den gut gekühlten Weißwein, den Madame Bandu heraufbringen wollte. Sonst war alles wie immer: ein Tisch, gedeckt mit einer weißen Decke, mit geeistem Kaviar und einigen Zutaten, zwei Weingläser, zwei Porzellanteller, die Bestecke, das frische Baguette und sogar kunstvoll gefaltete Servietten.

Fulton saß mit dem Rücken zur Tür und trank einen Whisky, was einem Feinschmecker die Haare zu Berge gestellt hätte. Whisky pur vor Kaviar – das war barbarisch! Aber Fulton, in seiner amerikanischen Unbekümmertheit, hatte Lust auf einen harten Drink, bevor er sich mit Natalja über den Kaviar und den trockenen Weißwein hermachte.

Er saß mit bloßem Oberkörper am Tisch, nur bekleidet mit einer Hose, barfuß, und er wippte mit den Füßen zum Takt der Melodie aus dem Radio. Er hatte die Musik so laut gedreht, daß er nicht hörte, als sich die Tür leise öffnete und Sybin ins Zimmer trat. Natalja war nicht da, aber ihre Kleider lagen über einer Stuhllehne, die zierlichen, hochhackigen Schuhe standen neben dem aufgeschlagenen Bett.

Sybin zog die Schultern hoch. Als im Radio eine Pause entstand und eine Ansage für die neuen Musiksummern ertönte, hörte Sybin das Rauschen von Wasser und Nataljas Stimme. Sie sang, sang im Badezimmer unter der Dusche. Das kannte er, denn er hatte oft vor der Badezimmertür gestanden und verzückt auf die Lieder gelauscht, die sie trällerte. Und er wußte, daß sie jeden Moment aus dem Bad kommen und sich in ihrer überirdischen Nacktheit an den Tisch setzen würde, mit glänzenden, rätselhaft kindlichen Augen, um zu sagen: »Igor, ich freue mich, daß du gekommen bist. Ha, das Bad hat mir gutgetan. Gib mir ein Glas Wein, Igor...«

Lüge! Alles nur Lüge! Nur ihr Mund sprach warme Töne, innerlich blieb sie kalt. Nur ihr Körper war bereit, ihre Seele aber kapselte sich ab. War es hier anders? Gab sie hier auch ihre Seele hin?

Sybin wog erneut das Beil in seiner Hand. Die Popmusik setzte wieder ein und übertönte alle Geräusche. Mit zwei Schritten, es war ein kleines Zimmer, stand Sybin dicht hinter Fulton, starrte auf seinen Nacken, seine Schultern, seinen Hinterkopf, es war so einfach, jetzt zuzuschlagen und ihm den Schädel zu spalten, aber er tat es nicht.

Man erschlägt keinen Mann von hinten. Man muß seinem Gegner in die Augen schauen, muß seine Angst, sein Entsetzen, seinen brechenden Blick genießen, um das Glück des Tötens auskosten zu können. Nur so stellt sich die Befriedigung ein, die Rache vollendet zu haben.

Sybin holte tief Atem und hob gleichzeitig das Beil.
»Dreh dich um!« schrie er. »Sieh mich an!«

Fulton reagierte reflexartig. Er wirbelte herum, sah das blitzende Beil, sprang zur Seite und rollte sich ab, so wie er es gelernt und in zahllosen Kung-Fu-Trainingskämpfen praktiziert hatte. Sybins mörderischer Hieb zerschmetterte den Stuhl. Mit einem wilden Aufschrei stürzte er sich auf Fulton, aber dieser war schon wieder auf die Beine geschnellt, wirbelte um die eigene Achse, hob das rechte Bein und trat aus der Drehung heraus gegen Sybins Brust. Der Schmerz, der Igors Körper durchraste, war so stark, daß ihm das Beil aus der Hand fiel und über den Boden schlidderte. Nach einer Sekunde Verblüffung hatte er begriffen, daß sein Gegner ein Kung-Fu-Kämpfer war, und dann erwiderte er Fultons Angriff mit einem Sprung und einem Handkantenschlag, begleitet von einem hellen Aufschrei.

Fulton konterte den Hieb mit seiner weitgeöffneten Hand, riß Sybin an sich und warf ihn über die Schulter gegen die Wand. Aber auch Sybin war sofort wieder auf dne Füßen und setzte zu einem neuen Sprung an. Hochspringen und in sein Gesicht treten. Igor, das hast du doch vor zwanzig Jahren bei dem Mongolen gelernt, weit weg in Sibirien, am Fluß Ussuri. Damals hast du Tiger geschossen, um zu überleben. Der KGB jagte dich, als seist du selbst ein Raubtier, und es blieb dir nichts anderes übrig, als dich im einsamen Sibirien zu verstecken. Da hast du den Mongolen getroffen, und er hat dich gelehrt, wie man sich verteidigt und wie man überlebt.

Fast gleichzeitig sprangen Sybin und Fulton in die Höhe und trafen in der Luft aufeinander. Beim Zusammenprall ertönte ein dumpfer Knall, Fulton kam als erster auf dem Boden auf und schlug Sybin die Faust in den Magen. Aber er war nicht schnell genug, der Hieb prallte an Sybins Hüftknochen ab. Gleichzeitig trat Sybin nach hinten aus, traf Fultons Brust und schleuderte ihn gegen das Bett.

Benommen schüttelte Bob Fulton den Kopf. Er wollte sich aufrichten, als er Sybin auf sich zukommen sah, und er sah auch das lange Messer in dessen Hand, vorgestreckt, um ihn aufzuspießen. Im letzten Moment ließ er sich fallen und rollte zur Seite. Sybin krachte auf das Bett, sein Messer stieß in die Matratze... und dann blieb Fulton wie paralysiert auf dem Boden liegen und starrte auf Natalja.

Sie war beim ersten Geräusch aus dem Bad gestürzt, nackt und naß, hatte das auf dem Boden liegende Beil mit beiden Händen ergriffen, schwang es jetzt weit über ihren Kopf, und als Sybin vom Bett hochschnellte, sie fassungslos anstarrte und mit sich überschlagender Stimme »Natalja!« schrie, ließ sie das Beil niedersausen, mitten in die Stirn.

Ein Blutschwall schoß aus dem gespaltenen Schädel hervor und spritzte über Nataljas nackten Körper. Sybin schwankte, suchte Halt, das Blut nahm ihm die Sicht, aber sie wußte, daß er sie ansah. Sein Mund öffnete sich, als wolle er ihr etwas zurufen... da ergriff sie noch einmal das Beil, das neben das Bett gefallen war, riß es hoch und schlug erneut zu. Sybins Hirnschale platzte auf, und erst da brach er zusammen, rollte ihr vor die Füße.

Natalja warf das Beil weg. Sie sank in sich zusammen, als habe sie keine Knochen mehr, jeder Muskel versagte, sie stürzte kopfüber auf das Bett und blieb unbeweglich liegen.

Fulton kroch zu ihr hin, zog sich an der Bettkante hoch und legte sich neben sie. Er hat mir die Wirbel zertrümmert, dachte er und wunderte sich, wie nüchtern er das feststellen konnte. Ich bin gelähmt. Ich kann mich nicht mehr bewegen. Ich werde nie wieder gehen können, nichts mehr greifen können. Ich werde für den Rest meines Lebens steif in einem Spezialbett liegen – nur denken werde ich noch können.

Er wußte nicht, wie lange er so neben Natalja gelegen hatte, aber dann versuchte er, die Hand zu heben.

Die Hand ließ sich bewegen.

Bewege das Bein.

Das Bein bewegte sich.

Richte dich auf.

Sein Oberkörper gehorchte.

Steh auf.

Und er stand auf.

Er begriff dieses Wunder nicht, aber als er Natalja ansah, die völlig blutverschmiert war, nahm er sie auf seine Arme und trug sie hinüber ins Badezimmer. Er legte sie in die Wanne, drehte das Wasser auf und begann, Sybins Blut und Hirnmasse von ihr abzuwaschen. Ich kann es, schrie er innerlich, ich habe Kraft, ich bin nicht gelähmt, Natalja, wir haben es überlebt.

Während er sie wusch, erwachte sie aus der Ohnmacht und setzte sich in der Wanne auf.

»Bleib ganz ruhig«, sagte Fulton. »Ganz ruhig. Es ist alles vorbei.«

»Ist er tot?« Sie umklammerte seinen Arm. »Ist er wirklich tot? Kann er nicht wieder aufstehen?«

»Du hast einen verdammt harten Schlag. Von mir bekommst du nie ein Beil in die Hand.« Er versuchte ein Lachen, drückte sie an sich und küßte sie. Sie zitterte am ganzen Körper. »Du warst sehr tapfer, du hast unser Leben gerettet. Er muß ein Verrückter gewesen sein. Was wollte er von mir? Steht plötzlich da, brüllt mich in einer fremden Sprache an und schlägt zu.«

»Es... es war russisch... Bob, o Bob...« Sie drückte ihr Gesicht gegen seine Brust und begann zu weinen. Als er sich aus ihrer Umklammerung befreien wollte, krallte sie sich an ihm fest.

»Russisch?« Fulton umfaßte mit beiden Händen ihr Gesicht, zog es zu sich empor und zwang sie, ihn anzusehen. Sie schloß sofort die Augen, ihr Zittern verstärkte sich. »Er war deinetwegen da? Du kennst ihn? Er wollte mich deinetwegen töten?«

»Es ist Sybin...« Ihre Stimme brach, und sie begann wieder zu weinen. Fulton spürte, wie sich ihre Fingernägel in seinen Rücken gruben. Das kannte er von ihr: Sie konnte kratzen und die Nägel in sein Fleisch drücken, wenn ihre Leidenschaft sie mitriß und sie nicht mehr wußte, was sie tat. Jetzt aber war es Verzweiflung, war es das Suchen nach einem Halt.

»Wer ist Sybin?« fragte er, schwer atmend. Und ehe sie eine Antwort stammeln konnte, schrie er in ihr Gesicht: »Dein Geliebter aus Moskau?«

Sie nickte. Fulton erstarrte.

»Hast du gewußt, daß er nach Paris kommt?« schrie er Natalja an und schüttelte sie. »Sag die Wahrheit! Verdammt, sag die Wahrheit... du hast gewußt, wer ich bin?«

»Und wer bist du?« Sie riß die Augen auf und starrte ihn an. Ihr leises Weinen hörte schlagartig auf, nur das tränenlose Schluchzen vibrierte noch durch ihren Körper. »Du... du bist nicht Robert Fulton?«

»Nein. Ich bin Captain Dick Fontana von der CIA!«

Ihre Umklammerung erschlaffte, ihre Finger mit den scharfen, spitzen Nägeln glitten an ihm hinunter. Sie wäre zurück in die Wanne gerutscht, wenn er sie nicht am Kopf festgehalten hätte.

»Du hast gewonnen«, sagte sie leise. »Ihr habt alle gewonnen. Endlich ist es vorbei...«

Noch immer begriff Fontana nicht, wer der Tote war. Es war zu abwegig, jenseits allen Vorstellungsvermögens.

»Was habe ich gewonnen?«

»Ich habe ihn getötet – mein Gott, ich habe ihn getötet.« Sie umklammerte den Rand der Wanne, als Fontana sie losließ. »Ich habe ihn erschlagen... mit einem Beil... Ich habe Igor Germanowitsch Sybin erschlagen...«

In Fontana schlug es ein wie ein Blitz. Das eisige Gefühl wurde von einer großen Hitze weggefegt. Sein Mund wurde trocken.

»Sag das noch einmal. Der Tote nebenan ist Igor Germanowitsch? Der... der Boß der Atommafia?«

»Der mächtigste Mann Rußlands...«

»Und du warst seine Geliebte?«

»Er hat mich dazu gemacht. Er hat meine Eltern und mich vor dem Verhungern gerettet. Was weißt du von Rußland, was weißt du von Menschen in Not, was weißt du von mir? Sybin hat mich aus dem Dreck geholt – und ich mußte ihm dankbar sein.«

»Mit deinem Körper! Mit diesem verdammten Körper!« schrie er.

»Ich habe Igor nie geliebt, nie. Glaube es mir. Gehaßt habe ich ihn. Immer wieder habe ich mir vorgestellt, daß jemand ihn tötet... nur ich konnte es nicht tun. Und jetzt habe ich es doch getan. Deinetwegen, um dich zu retten... er hatte das Messer, du hattest nichts. Ich mußte es tun!«

»Und du bist nach Paris gekommen, in diesen feinen ›Roten Salon‹ der Madame de Marchandais, um Kontakte mit Atomkäufern zu knüpfen?«

»Ich sollte die Namen von Konkurrenten herausfinden, die in Sybins Markt eingedrungen waren. Er wollte der Alleinherrscher sein. Er wußte, daß in Paris und Marseille unbekannte Anbieter tätig waren.« Sie lehnte den Kopf gegen den Wannenrand und tastete nach seiner Hand. »Ich habe dieselbe Aufgabe gehabt wie du... stimmt das?«

»Ja. Ich sollte den Kopf der Organisation oder Hinweise auf ihn suchen.«

»Er liegt nebenan, zweimal gespalten.«

Sie stieg aus der Wanne und schlang das Badetuch um ihren Leib. Ein paar Blutspuren waren an der Wannenwand zurück geblieben – Fontana drehte die Handdusche auf und spülte sie weg. Während er zusah, wie das Wasser gurgelnd im Abfluß verschwand, wurde er ruhiger und konnte wieder nüchtern denken, unbelastet von dem brennenden Gefühl, mit Natalja die Geliebte des meistgesuchten Mannes in den Armen gehalten zu haben.

»Ich habe eine Idee...«, sagte er.

»Verzeihst du mir?« Natalja lehnte an der Wand des Bades. Aus ihrem Haar lief das Wasser über ihr Gesicht, aber sie trocknete es nicht ab.

»Was soll ich dir verzeihen?«

»Daß ich die Geliebte von Sybin war.«

»Ich habe nie vorausgesetzt, daß du noch Jungfrau bist.« Es sollte ironisch klingen, aber sie hörte die Bitterkeit heraus.

»Auch wenn du es nicht mehr glaubst«, sagte sie, »ich liebe dich. Du bist der erste Mann, der mich überzeugte, daß es wirklich Liebe gibt. Ich habe nicht gewußt, was Liebe ist. Glaub es mir...«

Er ging nicht auf ihr Geständnis ein, er überhörte es, als habe sie nichts gesagt.

»Wir müssen Sybin wegschaffen«, sagte er und lehnte sich ihr gegenüber an die Wand. »Niemand soll erfahren, was hier geschehen ist. Wir haben Sybin in Paris nicht gesehen. Aber man wird ihn finden... und dann werden die Unbekannten, mit denen er gearbeitet hat, reagieren. Es wird Panik geben, Ratlosigkeit, eine hektische Betriebsamkeit... wer liefert jetzt Plutonium und Uran? Mit wem muß man neue Verbindungen knüpfen? Ist jetzt das Händlernetz zerrissen? – Das ist die große Chance, aus einem aufgewühlten Teich die dicksten Fische herauszuholen!« Er sah sie mit gerunzelten Augenbrauen an. »Zieh dich an...«

»Es... es ist alles im Zimmer. Ich kann nicht hinausgehen, ich kann nicht...«

Er verstand sie, verließ das Badezimmer und holte die Wäsche und das Kleid, die über der Stuhllehne hingen, und dazu mußte er mit einem großen Schritt über Sybin steigen. Er lag in einer riesigen Blutlache – es war ein Anblick, der starke Nerven erforderte.

Nataljas Kleidung über dem Arm, beugte sich Fontana über die Leiche. Seine letzten Zweifel wurden vom Anblick der linken Hand des Toten beseitigt. Es fehlte ein Finger. Er war der »Neunfingermann«, wie Ducoux ihn nannte, der Boß aller Bosse.

Natalja hat die Welt von einer großen Gefahr befreit, dachte er, dafür müßte ihr die ganze Menschheit dankbar sein. Aber was wird nun aus ihr? Kann sie noch in Moskau leben? Bleibt sie in Paris? Wovon will sie leben? Mit Sybins Tod ist auch die frühere Natalja gestorben. Wie wird die neue Natalja aussehen? Wird es einen neuen Geliebten geben, der sie verwöhnt? Oder wird sie der Star im »Roten Salon«, für jeden käuflich, der das nötige Geld hat? Verdammt, Dick, mach dir auch darüber Gedanken! Sie hat dir dein Leben gerettet und ihres damit zerstört. Und jetzt willst du sie fallenlassen, weil sie einem Sybin gehorcht hat, der sie aus dem Dreck holte und zur reichen Frau machte. Ist das unehrenhaft? Warst du nicht willens, sie in dein Leben mitzunehmen? Und jetzt soll alles vergessen sein, weggewischt durch die dumme Eifersucht, daß sie die Geliebte eines anderen Mannes gewesen ist? Gibt es im Leben nicht auch mal einen Schlußstrich, hinter dem ein neues Leben beginnt? Haben wir nicht mehrere Leben, die wir durchschreiten? Dick, du liebst sie doch; seit du sie kennst, hast du den Wunsch gehabt, sie mit nach Washington zu nehmen. Du hast dir auch schon überlegt, was du Curley sagen willst, wenn er verbieten sollte, daß du eine Russin heiratest. Das Sicherheitsrisiko! Soll die Politik eine Liebe zerstören? »Sir, ich bitte um meine Versetzung!« hatte Dick Fontana sagen wollen. »Und wenn das nicht möglich ist, bitte ich um meine Entlassung aus dem Dienst.« So sehr liebst du sie, daß du die Uniform ausziehen willst! Dir ist, zum Teufel, nicht gleichgültig, was aus ihr wird! Du wirst sie mitnehmen nach Washington!

Er stieg wieder über Sybin hinweg, ging in das Badezimmer und hielt Natalja ihre Kleidung hin. Sie stand noch so da, wie er sie verlassen hatte: an die Wand gelehnt, das Handtuch um die Hüften geschlungen, mit nassen Haaren.

Fontana bezwang sich, um sie nicht an sich zu ziehen und in die Arme zu nehmen. Da sie sich nicht rührte, legte er die Kleidung über den Wannenrand und sagte:

»Ich gehe hinunter zu Juliette. Sie muß uns helfen.«

»Laß mich nicht allein. Bitte...« Wieder begann sie zu zittern.

»Wovor hast du Angst? Sybin steht nicht wieder auf. Wir müssen ihn loswerden. Wir müssen ihn mit deinem Wagen wegschaffen.«

»Mit meinem Wagen... Bob, ich kann nicht...«

»Ich bin Dick, gewöhne dich daran.« Es klang härter, als er wollte. »Und du kannst. Wir bringen ihn aus Paris hinaus und legen ihn irgendwo ab, aber so, daß man ihn schnell findet. Dabei muß uns Juliette helfen.«

»Ich... ich kann ihn nicht mehr ansehen!« sagte sie voller Verzweiflung.

»Du wirst sogar helfen, ihn wegzutragen.«

»Nein! Nein!«

»Juliette muß alle Spuren verwischen. Sybin ist nach Paris gekommen und wurde erschlagen. Von wem, warum und was er in Paris wollte, wird für die Polizei ein Rätsel bleiben. Auch für die, die mit ihm zusammengearbeitet haben.« Er zog ihr das Handtuch von den Hüften. »Los! Zieh dich an.«

»Bleib hier, Dick!« schrie sie.

Er hatte die Tür aufgestoßen und das Badezimmer verlassen. Sie zog die Tür schnell wieder zu und verriegelte sie, als könne Sybin wirklich hereinkommen.

Schon auf der Treppe rief Fontana nach Madame Bandu, aber sie gab keine Antwort. Als er an der Rezeption stand, hörte er aus dem Hinterzimmer ein leises Wimmern. Er stürzte in den Raum und sah Juliette gefesselt und geknebelt auf dem roten Sofa liegen. Sie zerrte an den Fesseln, aber Sybin hatte die Handtücher gut verknotet.

Zuerst riß Dick den Knebel aus Madame Bandus Mund und löste dann die Verknotung. Kaum konnte Juliette wieder frei atmen, stieß sie einen Schrei und dann einen Fluch aus, den Fontana nicht verstand. Erst dann schrie sie:

»Wo ist der Russe? Wo steckt er?«

»Bei mir.«

Sie sprang vom Sofa, und Fontana wunderte sich, wie beweglich die alte Dame noch war. Ihr faltiges Gesicht glühte, und ihre Blicke spuckten Feuer. Sie wollte an ihm vorbeirennen, aber Dick hielt sie am Arm fest.

»Lassen Sie mich los, Bob!« schrie sie. »Ich will ihm zwischen die Beine treten! Rühreier mache ich aus ihm!«

»Nicht nötig, Madame. Er spürt es nicht mehr.« Fontana ließ ihren Arm los. Madame Bandu wischte sich die schweißnassen Haare aus der Stirn.

»Was heißt das?« fragte sie, plötzlich kleinlaut geworden.

»Das, was ich sage.«

»Bob! Sie haben den Russen...« Ihr Atem stockte. »Nein...«

»Doch! Er wollte mich und Natalja umbringen, mit einem Messer und einem Beil. Es war Notwehr... wirklich nur Notwehr...«

»Das ist das erste Mal, daß jemand im *Monique* stirbt. Auch die Polizei war noch nie bei mir.«

»Sie wird auch jetzt nicht kommen, Madame. Sybin, so hieß der

Russe, war nie hier gewesen. Wir müssen alle Spuren verwischen. Vor allem das Blut im Zimmer...«

»Viel... viel Blut?«

»Sehr viel...«

»Du lieber Himmel!«

»Sie müssen die Dielen scheuern, jede Ritze. Am besten ist es, das Holz wird hinterher gestrichen. Aber vorher muß die Leiche weg.«

»Wohin? Man kann sie doch nicht in den Mülleimer werfen.« Madame Bandu war sichtlich beruhigt. Daß dieser Russe, der sie mißhandelt hatte, tot war, freute sie. Sie hätte ihn in ihrer ersten Wut auch töten können. Er war als Mörder ins Haus gekommen und hatte seine gerechte Strafe erhalten.

»Wir werden ihn mit Nataljas Wagen wegbringen. Aber wir können ihn nicht über die Straße tragen. Kann man von rückwärts an das Hotel heranfahren?«

»Ich habe einen kleinen Hof... aber die Gasse dazu ist zu schmal für das Auto. Da kommt nur ein Handkarren durch.«

»Ich muß es versuchen, Juliette. Rückwärts... dann können wir Sybin in den Kofferraum laden, ohne daß es jemand sieht. Es genügt, wenn ich am Anfang der Gasse stehe.«

Sie gingen die Treppe hinauf, aber bevor Fontana die Tür des Zimmers öffnete, hielt er Madame Bandu noch einmal fest.

»Erschrecken Sie nicht«, sagte er. »Es ist kein schöner Anblick. Haben Sie starke Nerven?«

»Muß man die nicht haben bei einem Hotel am Pigalle?«

»Sein Kopf ist gespalten.«

»Ich werde es ertragen.«

Sie betraten das Zimmer, und trotz der Warnung zuckte Madame Bandu heftig zusammen. Aber nicht wegen Sybins Anblick, sondern wegen des vielen Blutes, in dem er lag.

»So eine Sauerei!« sagte sie empört. »Wie soll ich das je wieder sauber kriegen? Ich werde das Zimmer drei Wochen lang nicht vermieten können. Mein bestes Zimmer.«

»Ich bezahle Ihnen die drei Wochen, Madame.«

»Das habe ich gehofft.« Sie sah sich um, als suche sie etwas. »Wo ist Natalja?«

»Im Badezimmer. Sie hat Angst vor dem Toten.«

»So ein Unsinn! Der harmloseste Mensch ist der Tote! Vor den Lebenden muß man Angst haben.« Sie ging zur Badezimmertür und schlug mit der Faust dagegen. »Komm heraus!« rief sie resolut. »Sei nicht so hysterisch! Der Kerl muß weg.«

Natalja schob den Riegel zurück und kam heraus. Sie hatte sich angezogen, aber als sie einen schnellen Blick auf Sybin warf, verzerrte sich ihr Gesicht: das Beil in der Blutlache, der Schädel, zweimal gespalten ... und das hatte sie getan, ohne zu zögern, ohne nachzudenken, mit der Kraft der Verzweiflung. Jetzt war es ihr unbegreiflich, daß sie zu so etwas fähig gewesen war.

»Ich fahre den Wagen zur Gasse«, sagte Dick und nahm den Autoschlüssel vom Tisch. Der Kaviar lag nun in dem geschmolzenen Eis, das bereits in Scheiben geschnittene Baguette war getrocknet, und noch immer wurde im Radio Popmusik gespielt. Er schaltete das Gerät aus. »Haben Sie eine alte Decke, Madame? Wir müssen ihn einwickeln, sonst versaut er Madame Marchandais' Wagen.«

Ohne eine Antwort abzuwarten, eilte er aus dem Zimmer. Kurz darauf hörte Natalja, wie der Motor angelassen wurde. Sie stand am Fenster, mit dem Rücken zu dem Toten, und starrte auf die dunkle Straße. Um diese Zeit waren viele Menschen unterwegs, das Vergnügungsviertel von Montmartre erwachte zum nächtlichen Leben.

Nach wenigen Minuten kehrte Fontana zurück. »Es geht«, sagte er, »der Wagen paßt wie ein Korken in den Eingang der Gasse. Von der Straße aus ist nichts zu sehen. Schaffen wir ihn weg, Natalja, du nimmst die Beine, ich trage ihn unter den Achseln. Madame, sie drücken ihn in der Mitte hoch.«

Natalja würgte, als sie Sybins Beine packte. Sie biß sich auf die Lippen, und als Fontana »Jetzt! Hoch!« kommandierte, riß sie Sybins Beine in die Höhe und machte die ersten Schritte. Er war schwerer, als sie gedacht hatte, und sie hatte Mühe, Stufe für Stufe die Treppe hinunterzusteigen, ohne zu stolpern oder auszurutschen.

Sie schafften es bis zum Kofferraum des Citroën und schoben keuchend und schwer atmend die Leiche hinein. Fontana schlug den Deckel zu.

»Geschafft!« sagte er.

»Wir haben die Decke vergessen.« Madame Bandu lehnte sich gegen den Wagen. »Pardon, Bob.«

»Wir werden den Kofferraum auswaschen, bevor wir den Wagen abliefern.«

»Wo wollt ihr die Leiche loswerden?«

»Ich habe gedacht, wir werfen sie an einer einsamen Stelle außerhalb von Paris in die Seine.«

»Schlecht, sehr schlecht – man wird ihn herausfischen..«

»Das soll man ja.«

Madame Bandu starrte Fontana fassungslos an. Sie verstand nichts mehr, aber sie fühlte, daß hier etwas geschehen war, das sie nie begreifen würde.

»Wer war dieser Sybin?« fragte sie.

»Das ist eine lange Geschichte, Madame.« Fontana blickte auf seine Hände, die voller Blut waren. »Ich werde sie Ihnen erzählen, wenn wir viel Zeit haben.« Juliette nickte. Sie wußte, daß er es nie erzählen würde.

Sie blieb am Eingang der Gasse stehen, bis Fontana und Natalja weggefahren waren, und ärgerte sich gewaltig, daß sie nun das Blut wegwischen und die Betten neu beziehen mußte.

Irgendwo außerhalb der Stadt, an einer mit Büschen dichtbewachsenen Uferstelle, zerrten Dick und Natalja mühsam Sybin aus dem Kofferraum, schleiften ihn die Uferböschung hinunter und warfen ihn in die Seine. Die Strömung riß den Toten mit, seine Jacke blähte sich auf und hielt ihn wie eine Schwimmweste über Wasser, aber als sie sich voll Wasser gesogen hatte, versank Sybin im Fluß.

Natalja blickte ihm nach, bis das Wasser ihn verschluckte. Sie hob die Hand und sagte laut:

»Nitschewo!«

Nichts!

Es war ihr letzter Gruß an ein vergangenes Leben...

Im »Roten Salon« der Madame de Marchandais trafen sich Ducoux und Dr. Sendlinger wieder. Louise nannte Sendlinger einen alten Freund, küßte ihn auf beide Wangen und machte ihm das Kompliment, daß er gut aussehe. Eines der Mädchen brachte ihm ein Champagnerglas und flüsterte: »Vierzehn, Monsieur.« Das war ihre Zimmernummer im ersten Stockwerk der Villa.

Sendlinger hatte kein Interesse, seinen Abend mit einer bezahlten Frau zu verbringen. Er ging hinüber zu dem runden Stammtisch, begrüßte Ducoux, Pataneau, Lumette, einen François Lasanna, der ein Abteilungsleiter einer Behörde bei der EU und daran beteiligt gewesen war, das bahnbrechende Gesetz zu formulieren, wie lang, wie dick und wie krumm eine der EU genehme Banane zu sein hat.

Auch Anwar Awjilah war gekommen und gab Dr. Sendlinger die Hand. Sie blinzelten sich kaum merklich zu ... es war das Zeichen, daß das Plutonium 239 zur Übergabe bereitstand. Wirklich vier Kilogramm? Awjilah war gespannt – morgen in der iranischen Botschaft würde man mehr wissen.

Dr. Sendlinger blickte sich suchend um. Enttäuscht fragte er: »Ist Natalja Petrowna nicht hier?«

»Sie ist verreist.« Madame de Marchandais, die Sendlinger gefolgt war, machte ein bedauerndes Gesicht. »Nach St. Tropez ...«

»Natalja ist schon seit einer Woche nicht mehr bei uns.« Ducoux fingerte eine seiner Zigarren aus einem silbernen Etui. »Wir vermissen sie sehr.«

»Sie wollte eigentlich gestern zurück sein.« Louise trank einen Schluck Champagner. Wenn sie log, bekam sie immer eine trockene Kehle vor Aufregung. »Und Monsieur Fulton ist auch nicht da.«

»Er hat mir gesagt, er müsse nach Lyon ... wegen seines *Ladykillers*.« Auch Ducoux log glaubhaft. Dr. Sendlinger, der zum ersten Mal den Namen Fulton hörte, versuchte einen Witz.

»Sind Sie sicher, Jean«, fragte er, »daß dieser Herr in Lyon ist und nicht in St. Tropez Ladys killt?«

Ducoux fand das gar nicht lustig. »So etwas kann nur jemand sagen, der Natalja kaum kennt.«

Dr. Sendlinger verkniff sich ein Grinsen. Mein lieber Ducoux, wenn du wüßtest, mit wem du sprichst. Wenn jemand Natalja Petrowna kennt, dann bin ich es. Du bist ein alter Esel, der sich einbildet, Eindruck auf sie gemacht zu haben, und du ahnst nicht, daß sie dich verführerisch anlächelt, um an das Material der Sûreté heranzukommen, an die Informationen, die ihr über den Nuklearhandel gesammelt habt, damit Sybin, der für euch große Unbekannte, die Konkurrenz ausschalten kann.

Ohne Natalja wurde es Sendlinger schnell langweilig im »Roten Salon«. Die halbnackten Mädchen riefen bei ihm mehr Ablehnung als Interesse hervor, mit einer der »Damen der Gesellschaft« wollte er auf gar keinen Fall eine Affäre beginnen, das Bäumchen-wechsle-dich-Spiel ekelte ihn an und war nicht seine Sache. Warum also bei Madame bleiben?

Er hatte noch einen schnellen Blickkontakt mit Awjilah, verabschiedete sich von allen und verließ die Villa. Ein Taxi, das er hatte bestellen lassen, holte ihn ab und brachte ihn zum Hotel *Crillon*.

In der prunkvollen Halle sprang Waldhaas auf, der in einem der

Sessel saß und offensichtlich auf Sendlinger gewartet hatte. Er stürzte ihm entgegen und machte einen verzweifelten Eindruck.

»Sybin ist weg!« rief er mit unterdrückter Stimme. »Ich wollte ihn mitnehmen ins Crazy Horse... sein Zimmer ist leer.«

»Was soll das heißen?« Sendlingers gute Laune verflog schlagartig. »Er ist wieder allein losgezogen?«

»Er ist jedenfalls nicht mehr da.«

»Ist es nicht möglich, daß du einen einzigen Mann im Auge behältst?« Sendlinger war wütend. »Was hast du denn vierzehn Jahre lang bei der Stasi getan? Hunderte von Menschen überwacht... und das hat fabelhaft geklappt. Und jetzt kannst du nicht einmal einen Mann festhalten?«

Waldhaas setzte sich beleidigt in den nächsten Sessel und verzichtete auf eine Entgegnung. Es war für ihn ein Trauma, auf seine Stasi-Vergangenheit angesprochen zu werden. Das war vorbei und aus... jetzt war er einer der größten Baustoffhändler Berlins. Wer redet denn noch von der fatalen Vergangenheit – nur die Gauck-Behörde, die alle verfügbaren Akten der Stasi durcharbeitete... na ja, eine Langzeitbeschäftigung für einige Beamte. Den Namen Waldhaas suchte man vergeblich in der Hinterlassenschaft des DDR-Staatssicherheitsdienstes, er hatte alle ihn betreffenden Papiere verbrannt und auch wichtige Ermittlungsberichte, die ihn hätten belasten können. Dann war er untergetaucht in der Menge und hatte sogar am Brandenburger Tor gejubelt, als man die Mauer einriß und es wieder ein vereintes Deutschland gab. Er fand es unerhört, daß Sendlinger die Vergangenheit wieder hervorkramte und ihn damit attackierte.

»Wie war es im ›Roten Salon‹?« fragte er ablenkend. »Hast du Natalja gesprochen?«

»Sie ist verreist. Nach St. Tropez.«

»Meine Ahnung... da steckt ein Mann dahinter.«

»Oder einfach nur die Lust, das Mittelmeer zu sehen. Sie soll noch diese Woche zurückkommen.«

»Und was sagen wir Sybin? Wie ich ihn kenne, fliegt er sofort nach Nizza, um Natalja in St. Tropez zu suchen. Hast du ihre Adresse?«

»Nein.«

»Aha! Auch der superkluge Dr. Sendlinger macht Fehler.«

»Sie kommt morgen oder übermorgen zurück, habe ich gesagt. Viel wichtiger ist, daß ich morgen nachmittag Awjilah in der iranischen Botschaft treffe. Der Vertrag ist perfekt: vier Kilogramm Plutonium.«

»Da wird Hässler Halleluja schreien, daß er das Zeug nicht mehr in seinem Keller verstecken muß.«

»Und für uns bedeutet das rund zweihundert Millionen Dollar. Du kannst deinen dämlichen Baustoffhandel aufgeben.«

»Im Gegenteil – ich werde investieren. Berlin wird bis über das Jahr zweitausend hinaus eine Baustelle bleiben.« Waldhaas blickte Sendlinger an. Was er jetzt sagte, war sein unumstößlicher Wille. »Und – Paul – das ist der letzte Deal, bei dem ich mitmache. Ich steige aus! Ich habe mehr Geld, als ich verfressen kann! Geld wird in dem Moment unwichtig, wo man genug davon hat. Ich kann mir jeden Wunsch erfüllen – was will ich mehr?« Er lachte kurz auf und blickte in Sendlingers verärgertes Gesicht. »Und was hast du in Zukunft vor?«

»Ich mache weiter. Plutonium wird nie aus der Mode kommen, solange es Machthunger und Fanatiker gibt. Und Waffen werden auf der ganzen Welt gebraucht. Außerdem will ich das Geschäft mit den Bakterien und Viren aufbauen.«

»Meinst du das im Ernst?!«

»Es ist das Geschäft der Zukunft. Bomben machen Krach, Bakterien sind lautlos und unsichtbar – und viel wirksamer.«

Waldhaas zuckte die Schultern, als wehe ihn ein eisiger Windhauch an. »Du bist unersättlich«, sagte er mit dumpfer Stimme. »Du hast kein Gewissen. Manchmal wünsche ich mir, ich hätte dich nie kennengelernt.«

Dr. Sendlinger schüttelte den Kopf, als könne er Waldhaas nicht verstehen. Für ihn waren Geld und Macht die einzigen Kriterien, die den Wert des Lebens bestimmten. Ein Gewissen kann sich nur der leisten, der jeden Monat sein festes Gehalt erhält.

»Gehen wir schlafen, Ludwig«, sagte er. »Ich bin müde.«

»Und Sybin?«

»Wird morgen früh in seinem Bett liegen. Ich vermute, daß er die Kunstfertigkeiten einer Pariser Hure studiert. Aber auch das hat Grenzen, eigentlich ist es doch immer dasselbe. Gute Nacht, schlaf gut.«

»Du auch!«

Waldhaas wartete, bis Sendlinger mit dem Lift nach oben fuhr, ging dann in die Bar und trank zwei Gläser seines Lieblingsgetränks. Cuba libre – Cola mit Rum.

Gegen zwei Uhr früh ging auch er auf sein Zimmer.

Sybin war noch nicht zurückgekommen, und Waldhaas hatte keine Lust mehr, noch länger auf ihn zu warten.

Am nächsten Morgen zogen zwei städtische Arbeiter Sybin an einem Auffanggitter aus der Seine.

Er schwamm zwischen leeren Dosen, abgerissenen Ästen, einem aufgeweichten Pappkarton, verendeten Fischen und einer toten Katze mit dem Gesicht nach unten im Fluß. Die Arbeiter zogen ihn ans Ufer, starrten verblüfft auf die dicken Ringe an den neun Fingern, sahen sich an, blinzelten sich zu und waren sich einig. Sie zogen die Ringe von Sybins Fingern, und da man neun nicht durch zwei teilen kann, bekam der eine vier und der andere fünf Ringe. Das war gerecht, denn er hatte den Toten zuerst gesehen.

Sie schleiften ihn die Böschung hinauf und putzten sich dort die Hände an den Arbeitshosen ab.

»Den haben sie aber zugerichtet«, sagte der eine, »zweimal den Kopf eingeschlagen.«

»Wetten«, sagte der andere, »das war 'n Zuhältermord. Mit den Ringen... wer trägt denn schon solche Ringe?«

»Möglich. Rufen wir die Polizei.« Er klopfte auf seine Rocktasche und lächelte strahlend. »Jetzt hab ich für Martine ein Geschenk zum Geburtstag und für Weihnachten. Ich sag's doch immer: Das Geld liegt auf der Straße, man muß es nur aufheben.«

Nitschewo...

Die Ohnmacht des Wissens

Ducoux hatte gerade sein Büro betreten, als das Telefon klingelte. Das war ungewöhnlich, denn jeder in der Sonderabteilung V wußte, daß der Chef am Morgen nicht gestört werden wollte, bis er eine Zigarre geraucht und zwei Tassen Kaffee getrunken hatte. Das gehörte zum morgendlichen Ritual, und jeder respektierte es.

Mit ärgerlich zusammengezogenen Augenbrauen hob Ducoux ab. »Was ist?« fragte er unhöflich.

»Guten Morgen, Jean! Warum so brummig? Dazu hätte ich allen Grund. Hier ist Pierre Germain.«

»Pierre!« Ducoux zündete sich seine Morgenzigarre an. Pierre Germain war der Chef der Mordkommission, ein guter Freund seit fast zwanzig Jahren, der nur einen Fehler hatte: Seine Art zu sprechen, gefiel Ducoux nicht, es war ihm zu ordinär, aber vielleicht machte der ständige Umgang mit Toten stumpf, sarkastisch und rüde, denn die Eleganz der Formulierungen war Germain abhanden gekommen. »Wenn du mich anrufst, ahne ich Komplikationen...«

»Es kommt darauf an, wie man die Sache sieht. Ich habe hier eine Leiche auf dem Tisch liegen.«

»Das ist nichts Neues, aber daß du sie auf deinem Schreibtisch aufbahrst...«

»Ich bin im gerichtsmedizinischen Institut. Hast du schon mal einen Mann gesehen, der zwei tiefe Kerben im Schädel hat?«

»Nein.«

»Dann komm her. Zwei fabelhafte Beilhiebe, sagt der Pathologe. So spaltet man sonst einen Kalbskopf.«

Ducoux blickte an die Decke, das war Pierre Germain...er stand vor einem Toten und machte Witze. Ein abgebrühter Bursche!

»Kalbsköpfe sind nicht mein Gebiet«, antwortete er und bemühte sich, Germains Ton nachzuahmen. »Und deswegen rufst du mich an?«

»Nicht nur. Der Zerhackte könnte dich interessieren. Er hatte noch seinen Paß in der Innentasche seiner Jacke. Er ist ein Russe. Wohnhaft in Moskau. Grenzstempel der Einreise von gestern.«

Ducoux hörte, wie Germain in einem Paß blätterte. »Der Gespaltene heißt Igor Germanowitsch Sybin...«

Ducoux durchzuckte es wie ein Blitz. Er ließ die Zigarre auf den Tisch fallen und sprang aus seinem Schreibtischsessel hoch. Das darf nicht wahr sein, dachte er, das kann nicht wahr sein. Das muß eine Duplizität der Namen sein... Igor Germanowitsch können viele in Rußland heißen.

Er stützte sich auf die Tischplatte, legte die Zigarre in den großen Aschenbecher aus rotem Glas und holte tief Luft.

»Pierre – hat der Tote nur neun Finger...?«

»Das hab ich noch nicht nachgeschaut. Moment.« Germain antwortete sofort. »So ist es. An der linken Hand fehlt ein Finger. Du kennst ihn?«

»Pierre, ich suche ihn... seit Jahren.«

»Gratuliere, Jean. Ich schenk ihn dir. Hol ihn ab.«

»Mein Gott, er ist tot!« Ducoux war nach der ersten Überraschung ruhig und nachdenklich geworden..

»Toter kann man nicht sein.« Germain schien das ausgesprochen amüsant zu finden. »Da wartest du jahrelang, und plötzlich kommt er in der Seine angeschwommen. Das nennt man eine echte Überraschung.«

»Er lag in der Seine?«

»Hing mit anderem Müll in einem Auffanggitter.«

Ducoux verzog das Gesicht – Pierre, hör auf, so zu reden! Was dieser Sybin auch gewesen war, er war ein Mensch! Ein Mensch und nicht ein Stück Abfall.

»Wer hat ihn getötet?«

»Jean, wie kann ein so alter Wolf wie du so etwas Dämliches fragen? Wir haben ihn gerade erst vor einer Stunde geliefert bekommen.«

»Weißt du überhaupt, wen du jetzt vor dir liegen hast?«

»Einen Russen, der dir Ärger machte.«

»Ein Amerikaner würde sagen: der Boß aller Bosse! Sybin ist – nein, war – der Chef der russischen Atommafia. Der bis jetzt geheime Hintermann, von dem seine Vermittler sagen, er könne jede Menge waffenfähiges Plutonium liefern. Alle Geheimdienste jagten ihn und griffen immer wieder ins Leere. Die kleinen Anbieter von Nuklearmaterial schweigen eisern... ich glaube ihnen sogar, daß sie gar nicht wußten, wer der Kopf des tödlichen Handels war.«

»Aber du wußtest es?«

»Erst seit kurzem. Ein Anbieter hat gesungen, hat aber nur den Vornamen genannt und von den neun Fingern erzählt. Dann ist er vor Aufregung an einem Herzinfarkt gestorben.«

Pierre Germain schien beeindruckt zu sein. Er schwieg kurz und sagte dann:

»Und jetzt hat ihm einer den Schädel eingeschlagen – in Paris. Gratuliere, Jean. Soviel Glück ist nicht normal.«

»Ob es Glück ist, wird sich noch herausstellen.« Ducoux blickte auf seine geliebte Zigarre. Sie war längst ausgegangen, aber er zündete sie nicht wieder an. Ein Zigarrenkenner raucht keine einmal erloschene Zigarre zu Ende. »Ich komme sofort zu dir. Hat die Presse schon Wind davon bekommen?«

»Nein. Für mich war er ein normaler Mordfall. Und stinknormale Mordfälle locken keinen Journalisten aus seinem Büro.«

»Verhänge eine absolute Nachrichtensperre. Ob wir diese Sache bekanntmachen, muß das Ministerium entscheiden. Das ist jetzt kein Mordfall mehr, sondern eine Staatsangelegenheit von höchster Brisanz. Verstehst du?«

»Mir haben sie die Ohren noch nicht abgeschnitten.«

Ducoux knallte den Hörer auf die Gabel, sprang in seinen Peugeot und fuhr zum gerichtsmedizinischen Institut. Und dann stand er vor der Leiche und schüttelte den Kopf, als er den gespaltenen Schädel betrachtete. Pierre Germain beobachtete ihn.

»Mit einem Beil...«, sagte Ducoux leise.

»Und gleich zweimal. Der Mörder war gründlich – zweimal ist sicherer. Ein Gangsterkrieg – denkst du das auch? Sybin stand einem anderen im Weg... das ist immer lebensgefährlich in diesem Beruf.«

»So kann es gewesen sein. Kann!« Ducoux zog das Laken über Sybins zerhackten Kopf. »Aber es gibt auch andere Tatmotive.«

»Sybin hat in einem Puff randaliert, und da hat man ihm auf die Rübe gehauen!«

»Das ist am wenigstens glaubwürdig. Eher könnte es so gewesen sein, daß er bei Verhandlungen über Plutoniumlieferungen die Erwartungen seiner Abnehmer nicht erfüllt hat, und das war sein Todesurteil.«

»Da widerspreche ich aus Erfahrung. In einem solchen Fall schwingt man kein Beil, sondern liquidiert mit einem ganz normalen Schuß. Peng – und vorbei! Einfacher geht es doch nicht.

Warum sich solche Mühe geben, Kleinholz aus einem Kopf zu machen?«

Ducoux verließ den kühlen Raum, ein Gehilfe des Gerichtsmediziners schob Sybin in eine Box. Draußen, im Zimmer des Arztes, sah sich Ducoux um.

»Suchst du was?« fragte Germain.

»Ich brauche jetzt zwei Kognaks.«

»Für jeden Spalt einen?«

»Pierre, du bist ein so lieber Kerl und ein so guter Freund...« Ducoux holte tief Luft und schrie ihn dann an: »Aber laß dieses Gerede in meiner Gegenwart.«

»Schon gut!« Germain hob beide Hände. »Es muß wohl so sein, daß ihr von der Sûreté ein sensibler Verein seid.«

Zurück in seinem Büro, rief Ducoux im Hotel *Monique* an. Madame Bandu meldete sich mit müder Stimme. Sie hatte die vergangene Nacht das Blut von den Dielen gescheuert, die blutige Bettwäsche gewaschen und die blutbespritzten Möbel abgewischt. Der alte Wollteppich aber war nicht mehr zu retten, er mußte verbrannt werden. Ihn reinigen zu lassen, war zu gefährlich. Natalja und Fontana hatten in Madame Bandus Schlafzimmer geschlafen. »Ich werde die ganze Nacht putzen müssen!« hatte sie geklagt. »Legt euch ruhig hin. Ich bin eine zähe Katze... das Leben macht einen dazu.«

Juliette wußte nicht, wer dieser Ducoux war, der sich am Telefon meldete. Als er Monsieur Fulton zu sprechen verlangte, glaubte sie, es hänge mit Bobs Geschäften zusammen. Vielleicht ein Getränkegroßhändler.

»Ja, Monsieur Fulton ist hier. Einen Augenblick, Monsieur.«

Fontana kam in kurzer, geblümter Unterhose ans Telefon; er war gerade aufgestanden. Auch er hatte die Nacht kaum geschlafen. Er hatte Natalja beruhigt, die nicht aufgehört hatte zu zittern. Erst gegen Morgen wurde sie ruhiger, konnte ein wenig schlafen und stand jetzt im Türrahmen, als Fontana den Hörer aus Juliettes Hand nahm.

»Ja? Hier Fulton!« meldete er sich.

»Sie können wieder Fontana sein.« Dick erkannte Ducoux' Stimme sofort und nickte Natalja zu. »Warum, das erkläre ich Ihnen gleich. Kommen Sie zu mir ins Büro.«

»Sofort?«

»Wenn's möglich ist. Ich habe eine Überraschung für Sie.«

Fontana hielt die Sprechmuschel zu und nickte Natalja noch einmal zu. »Sie haben ihn gefunden. Der Endspurt beginnt.« Und wieder laut ins Telefon: »Ich bin in zwanzig Minuten bei Ihnen, Ducoux. Bin gespannt, womit Sie mich überraschen wollen.«

»Sie werden staunen, Fontana.«

Ducoux hatte in seinem Büro seine engsten Mitarbeiter versammelt. Als Fontana ins Zimmer kam, schlug ihm dichter Tabakqualm entgegen. Ungefähr zwanzig Beamte saßen oder standen an der Wand und warteten, was der Chef ihnen zu sagen hatte. Es mußte etwas außergewöhnlich Wichtiges sein, denn Ducoux war der einzige, der nicht rauchte.

»Jetzt sind wir komplett. Monsieur Fontana von der CIA kennen die meisten von Ihnen, die anderen wissen es jetzt. Um es kurz zu machen: Der meistgesuchte Mann aller Geheimdienste ist ein Russe, von dem man bisher vermutete, daß er der – sagen wir es auf italienische Art – Pate der russischen Atommafia ist. Bei Ihnen, Dick, heißt es wohl: der Boß der Bosse. Die Vermutungen haben sich als zutreffend erwiesen. Nachdem wir durch Ermittlungen des MOSSAD und der CIA erfahren haben, daß dieser Mann mit Vornamen Igor Germanowitsch heißt, wissen wir jetzt auch seinen Nachnamen: Sybin.«

»Gratuliere!« rief Fontana in die Stille hinein. »Jetzt kommt das Schiff in Fahrt...«

Ducoux konnte nicht umhin, ebenso salopp zu antworten. »Das Schiff ist gesunken.« Die Unruhe, die daraufhin entstand, winkte er energisch ab. »Der große Unbekannte, der Lieferant von Plutonium 239 und Uran 235 ist in Paris.«

Fontana spielte den Ratlosen. »Und warum greifen Sie nicht zu, Monsieur Ducoux?«

»Er ist ungefährlich.« Ducoux genoß die dummen Gesichter seiner Beamten. Was sie dachten, stand ihnen auf den Gesichtern geschrieben: Der Alte dreht durch. Er läßt den Boß der russischen Mafia frei herumlaufen! »Er hat keine Möglichkeit mehr, uns zu entkommen«, fuhr Ducoux fort. »Er liegt mit gespaltenem Schädel im GM-Institut.«

Jetzt erhob sich chaotisches Stimmengewirr. Ducoux klopfte mit den Fingerknöcheln auf die Schreibtischplatte.

»Bitte Ruhe!«

Fontana schüttelte den Kopf, als könne er nicht glauben, was er gehört hatte.

»Sind Sie sicher, Monsieur, daß es der gesuchte Mann ist?«
»Da gibt es keinen Zweifel mehr. Er hatte seinen Paß bei sich. Igor Germanowitsch Sybin. Es wäre ein Wunder, wenn es zwei davon gäbe.«
»Solche Wunder sind gar nicht so selten.«
»Ihre CIA, Monsieur Fontana, hat uns den letzten Beweis geliefert, der eine einwandfreie Identifizierung des Toten möglich macht: Der große Unbekannte soll nur neun Finger haben, an der linken Hand fehlt ein Finger. Dem Toten, den man aus der Seine gezogen hat, fehlt links ein Finger! Er ist – war – der gefährlichste Mann auf unserer Erde. Jetzt wird es uns endlich möglich sein, den gesamten Nuklearhandel aufzurollen. In diesen Minuten werden alle befreundeten Geheimdienste unterrichtet. Ein persönliches Telegramm habe ich mit Billigung des Präsidenten an den Chef des russischen Bundessicherheitsdienstes FSB, Monsieur Sergej Stepaschin geschickt. Ich nehme an, daß in Moskau die große Razzia bereits angelaufen ist. Das Ganze ist eine streng geheime Verschlußsache. Nicht ein Hinweis darf an die Öffentlichkeit gelangen. Absolutes Schweigen ist befohlen. Wann wir den Tod von Sybin bekannt geben, ist die Entscheidung eines Gremiums aus Abgesandten aller Geheimdienste. Wir haben die Hoffnung, daß die Russen jetzt ihre Empörung und ihr beleidigtes Gehabe vergessen und uns bestätigen, daß das bisher geschmuggelte Nuklearmaterial aus ihren Atommeilern, Instituten, Labors und Kernkraftwerken stammt. Das kann das Ende des Handels mit waffenfähigem Plutonium 239 und Uran 235 sein. Kann... muß nicht. Kalkulieren wir die Möglichkeit ein, daß sich ein neuer Händlerring bildet oder sich die Anbieter in einzelne kleine Gruppen aufteilen. Dann fehlt ihnen die Logistik und das Know-how, die Sybins Organisation so unangreifbar gemacht hatte.« Ducoux atmete tief durch, griff in seine Zigarrenkiste und holte sich eine seiner geliebten Havannas heraus. Für alle Anwesenden war das ein Zeichen, daß die Informationsphase beendet war. Was jetzt folgte, war die bekannte Kleinarbeit, das Aufwickeln der Fäden, die von der Mafia gespannt worden waren.

Fontana blieb als einziger zurück, als die anderen Beamten Ducoux' Büro verlassen hatten. Er setzte sich auf die Schreibtischkante, was Ducoux mit einem Stirnrunzeln registrierte. Es war ihm einfach unmöglich, die lässige Art der Amerikaner zu akzeptieren. Ein Franzose ist ein Ästhet – mit dem Hintern auf einem Schreibtisch sitzen: unmöglich.

»Haben Sie eine Ahnung oder Theorie, wer Sybin ermordet haben könnte?« fragte Fontana.

»Nein. Aber ich könnte den, der es getan hat, umarmen und auf die Wange küssen – und dann erst verhaften.«

Fontana zog das rechte Bein an und umfaßte das Knie mit beiden Händen.

»Haben Sie einen Whisky hier, Ducoux?«

»Whisky trinke ich nicht! Aber Kognak...«

»Der tut's auch. Sie werden ihn nötig haben.«

»Haben Sie auch eine Überraschung im Ärmel?« Ducoux ging zu einem Wandschrank und holte eine Flasche Prince de Polignac und zwei Kognakschwenker. »Eigentlich habe ich für heute genug erlebt.«

»Es geht um Natalja Petrowna.«

Es gab einen leisen Knall: Ducoux hatte die Kognakflasche hart auf dem Tisch abgestellt.

»Natalja? Was ist mit ihr? Sie ist in St. Tropez.«

»Nein. Sie ist in Paris.«

»Unmöglich. Auch Madame de Marchandais bestätigte, daß...« Ducoux hielt inne und kam zwei Schritte auf Fontana zu. »Wie können Sie behaupten, Natalja sei in Paris?«

»Ducoux, sie ist bei mir...«

»Bei...« Ducoux wurde rot im Gesicht. »Bei Ihnen im Hotel *Monique*?!«

»Ja.«

»Und warum?«

»Raten Sie mal...«

Ducoux starrte Fontana an und verstand plötzlich, warum man wegen einer Frau zum Mörder werden konnte. Es war ein fiebriger Gedanke, eine kurze Aufwallung, dann hatte er sich wieder in der Hand.

»Das hätte ich ihr nicht zugetraut.« Bitterkeit lag in seiner Stimme. »Und Sie sind ein Schwein, Dick!«

»Sie sind erregt, deshalb schlage ich Ihnen jetzt nicht ins Gesicht.«

»Sie verdammter Weiberheld! Wie lange wird es dauern und Sie haben Natalja satt und werfen sie weg? Eine solch wunderbare Frau muß auf Sie hereinfallen! Kennen Sie überhaupt das Wort Gewissen oder Moral in Ihrer Sprache?«

»Trinken Sie einen Kognak, Ducoux. Ich rate es Ihnen.«

»Respektieren Sie einen Wunsch von mir?«
»Wenn er erfüllbar ist.«
»Gehen Sie! Gehen Sie sofort!«
»Das wäre ein Fehler... denn Sie würden die Pointe nicht erfahren.« Fontana griff zur Flasche. »Doch ein Gläschen?«
»Nein!« schrie Ducoux. »Gehen Sie!«
»Wie Sie wollen.« Fontana goß sich ein Glas ein, prostete Ducoux zu und trank einen großen Schluck. »Natalja Petrowna Victorowa war die Geliebte von Igor Germanowitsch...«
Es schien einen Augenblick, als hätte Ducoux kein Wort verstanden, sein Unterkiefer klappte herunter, aber dann faßte er sich und ballte die Fäuste. Er verlor völlig die Beherrschung.
»Sie Saukerl!« brüllte er. »Sie hinterhältiges Schwein! Sie unterstellen...«
»Ducoux, fassen Sie sich. Ich weiß es.«
»Sie Lügner.«
»Ich weiß es von ihr. Sie hat es gestanden. Und noch mehr... Doch einen Kognak?«
Ducoux nickte. Er war unfähig, ein Wort zu sagen. Als er das halbvolle Glas in einem Zug ausgetrunken hatte, sprach Fontana weiter.
»Natalja ist im Auftrag von Sybin nach Paris gekommen, zu dem einzigen Zweck, über Sie an die Akten heranzukommen, die sich mit dem Atomschmuggel befassen. Sybin wollte aus Ihren Ermittlungen die Namen seiner Konkurrenten erfahren, die er dann liquidiert hätte.«
Ducoux ging um den Tisch herum und ließ sich schwer in den Sessel fallen.
»Wenn das wahr ist...« sagte er leise.
»Es ist wahr, Natalja hat mir alles erzählt. Sie hat bis ins Detail ausgepackt.«
»Wie kann ein Engel so ein Luder sein?« Ducoux wischte sich über die Augen. Er war bis in seine Grundfesten erschüttert. »Ich war für sie also nur Mittel zum Zweck?«
»Haben Sie geglaubt, Sie würden ihr mehr bedeuten?«
»Ich verstehe... sie ist ein mieses Stück Dreck!«
»Moment, Ducoux.« Fontana goß die Gläser wieder voll. »Ihr Ärger ist gerechtfertigt, Ihre Enttäuschung verständlich, aber bitte nicht solche Worte. Sie beleidigen die zukünftige Mrs. Fontana...«

»Kognak!« Ducoux streckte seine zitternde Hand aus. »War das nun alles?«

»Nein.«

»Sie haben noch mehr anzubieten?«

»Dann ist der dritte Kognak fällig. Natalja ist von Sybin nach Paris geschickt worden mit einem ganz speziellen Auftrag, das wissen Sie jetzt. Aber Sie haben sich anscheinend nie Gedanken darüber gemacht, wieso Natalja sich ausgerechnet im ›Roten Salon‹ bei Madame de Marchandais einquartiert hat. Wie kommt eine Russin, die noch nie in Paris war, in diese Villa?«

Ducoux spürte, wie sein Herzschlag sich verdoppelte. »Sie werden es mir sagen, Fontana.«

»Auf Empfehlung: Ein lieber Gast des ›Roten Salons‹ hat sie Madame empfohlen.«

»Ich kann mir nicht denken, wer das sein könnte.«

»Auch ein guter Freund von Ihnen. Achtung, der nächste Kognak wird fällig...«

»Spucken Sie es aus! Wer?«

»Dr. Paul Sendlinger aus Berlin.«

»Nein! Der Docteur hat Natalja erst bei Madame kennengelernt. Ich habe ihn ihr vorgestellt.«

»Alles Theater! Dr. Sendlinger ist vielleicht der intelligenteste und qualifizierteste Mann der Bande. Er ist Sybins europäischer Dreh- und Angelpunkt. Er hat die Geschäfte eingefädelt, die Verhandlungen geführt... Sybin hat geliefert. Sendlinger ist die Schlüsselfigur! Ohne ihn hätte es Sybin schwer gehabt, sein Plutonium loszuwerden. Und nicht nur das – über Sendlinger laufen auch die Lieferungen von gestohlenen Atomsprengköpfen russischer Raketen, von Lithium 6 zur Herstellung der Wasserstoffbombe, von Californium und Uranoxid U 305. Den gesamten ›Ameisentransport‹ hat Sendlinger organisiert. Über Österreich, die Schweiz, Frankreich und Spanien. Und er ist damals nach Paris gekommen, um mit den Botschaften der uns bekannten islamischen Staaten zu verhandeln. Er trat so seriös auf, daß er selbst Sie täuschen konnte.«

»Kognak...«

»Nummer vier, Ducoux.«

»Und das alles hat Ihnen Natalja erzählt?«

»Woher sollte ich es sonst wissen?«

»Ich nehme das Schwein und den Saukerl von vorhin zurück. Ihre Liebe hatte Erfolg, und nur Erfolg zählt im Leben.«

»Stopp!« Fontana hob abwehrend die Hand. »Das klingt so, als habe ich Nataljas Liebe nur zur Beschaffung von Informationen ausgenutzt. Das stimmt nicht. Als ich sie kennenlernte, hatte ich keine Ahnung, wer sie ist. Wir lieben uns wirklich.«

»Und Sie wollen sie mit nach Washington nehmen?«

»So habe ich es mir gedacht – als Mrs. Fontana.«

Ducoux erhob sich aus seinem Sessel und trank das vierte Glas Kognak. »Meine Gratulation, Fontana. Captain Fontana. Und da ich nicht nachtragend bin und Sie – genau betrachtet – auch mein Land gerettet haben, bin ich jetzt der erste, der Ihnen ein Hochzeitsgeschenk überreicht.«

»Da bin ich gespannt.«

»Das können Sie auch sein. Kommen Sie, wir machen eine kleine Spazierfahrt zum Hotel *Crillon*. Dort ist gestern Dr. Sendlinger abgestiegen.«

»Ich glaube es nicht!« Fontana bezwang sich, Ducoux nicht zu umarmen. »Davon wird sich die russische Mafia nie wieder erholen!«

»Sie sehen, auch ich habe Überraschungen zu bieten.« Ducoux lachte und griff nach seinem Hut, ein Panamahut – der Sommer war gekommen. »Wie hat Natalja es denn aufgenommen, daß Sie Captain der CIA sind?«

»Völlig ruhig, sie ist nicht so leicht zu erschrecken ...«

Beim Frühstück ließ sich Dr. Sendlinger ungern stören.

Wie immer, wenn er auf Reisen war, ließ er sich das Frühstück auf dem Zimmer servieren. Er saß gemütlich im Bademantel an dem Rolltisch, genoß den frischgepreßten Orangensaft und zwei Eier im Glas, las dabei die Zeitung und fühlte sich so richtig wohl. Frühstücken war bei ihm eine Zeremonie, die schönste Stunde des Tages – wenn er in das knackige Brötchen biß, überkam ihn eine Art Glücksgefühl. Er war dann weit entfernt von seinem Alltag, der von Klagen, Prozessen und Anschuldigungen bestimmt wurde, von Mandantentränen und Beschimpfungen. Das Frühstück war für ihn eine heilige Zeit.

An diesem Morgen war er trotz knuspriger Croissants und frischer Eier mißgelaunt. Der Tag hatte mit einem Problem begonnen, das fatale Auswirkungen haben konnte. Waldhaas hatte ihn per Telefon geweckt und ihm erregt atmend mitgeteilt:

»Sybin ist nicht im Hotel. Ich habe ihn angerufen. Keine Antwort. Rückfrage beim Portier: Der Schlüssel hängt noch am Brett. Er ist also bis jetzt nicht zurückgekommen.«

Dr. Sendlinger schob die Beine aus dem Bett und gähnte laut. »Ja, ja, die Pariser Weiber. Sybin wird etwas erlebt haben, was er von Moskau her nicht kennt. Er wird schon noch auftauchen, bleich und hohlwangig.«

Er lachte kurz auf und blickte auf die Uhr: kurz vor neun Uhr, für halb zehn war das Frühstück bestellt, also Beeilung. Duschen, rasieren, neues Hemd, ein paar Spritzer Eau de Toilette, aber vorher in aller Ruhe frühstücken.

Waldhaas war mit Sendlingers Reaktion nicht zufrieden. Er machte sich Sorgen.

»Sybin kann kein Wort Französisch! Er ist doch völlig aufgeschmissen, schon wenn er eine Speisekarte lesen will. Nicht mal mit einem Taxi kommt er zurecht. Mach mal einem Taxifahrer klar, daß du in ein Nachtlokal willst, wenn du nur russisch sprechen kannst! Und bei den Frauen...«

»Da gibt es eine internationale Sprache... von Japan bis zum Urwald im Kongo. Zum Beispiel Daumen zwischen Zeige- und Mittelfinger, das versteht jeder.« Sendlinger stand auf und kratzte sich den Bauch. »Hast du schon gefrühstückt?«

»Nein. Ich gehe gleich runter.«

»Ich bleibe auf dem Zimmer. Wir sehen uns nachher in der Halle. Sagen wir um elf Uhr?«

»Und wenn Sybin dann immer noch nicht im Hotel ist?«

»Dann rufen wir die Polizei an und sagen: Ein Freund von uns ist gestern nacht auf einer Hure kleben geblieben. Was sollen wir tun?«

Er lachte laut, fand diesen Witz gut und legte auf. Waldhaas kniff die Lippen zusammen. Er konnte mit Sybins Ausflug in das nächtliche Paris nicht so locker umgehen wie Sendlinger. Sein von der Stasi geschultes Mißtrauen meldete sich.

An der Tür der Suite klopfte es. Sendlinger, der gerade ein Croissant mit Butter bestrich, legte verärgert das Messer auf den Teller zurück. Eine Störung beim Frühstück war wie ein persönlicher Angriff. Außerdem: Wer konnte ihn jetzt, um diese Zeit, besuchen? Awjilah? Nein, mit dem war er für den Nachmittag verabredet. Ein Hotelboy? Er hatte keine Wünsche geäußert. Oder fehlte etwas auf dem Frühstückstisch? Er warf einen kurzen Blick darauf... nein, es fehlte nichts. Es klopfte erneut.

Unwillig ging Sendlinger zur Tür und riß sie auf.

»Monsieur Ducoux!« rief er, erstaunt über diesen Besuch im Hotel. »Welche Überraschung! Kommen Sie doch herein. Ich bin gerade beim Frühstück... soll ich Ihnen auch einen Kaffee bringen lassen?« Erst dann sah er, daß ein zweiter Besucher mitgekommen war. Ducoux deutete den fragenden Blick richtig.

»Ich habe einen guten Freund mitgebracht«, sagte er. »Monsieur Dick Fontana. Amerikaner. Auch er ist Mitglied des ›Roten Salons‹.«

Diese Empfehlung reichte. Sendlinger drückte Dick die Hand. »Sendlinger«, stellte er sich vor.

»Ich weiß. Wir haben über Sie gesprochen.« Fontana stellte sich an die Tür und schob den Sicherheitsriegel vor, der lautlos einrastete. Sendlinger klopfte an seinen weißen Bademantel.

»Entschuldigen Sie meinen Aufzug. Auf Reisen, im Hotel, frühstücke ich am liebsten leger, im Bademantel.«

»Es wäre nützlich, wenn Sie sich anziehen würden.« Ducoux' Stimme hatte ihre gewohnte Freundlichkeit verloren. »In einem Haus wie das *Crillon* wäre es zu auffällig, wenn Sie es im Bademantel verlassen würden.«

Dr. Sendlinger blickte Ducoux verständnislos an. Sollte das ein Witz sein? Und was für ein Ton ist das? Ducoux, haben Sie schlecht geschlafen?

»Ich verstehe nicht...«, sagte er und verzichtete auf alle Höflichkeiten. »Stört Sie mein Bademantel? Wie konnte ich wissen, daß Sie mich besuchen?«

Ducoux verzichtete ebenfalls auf weitere Höflichkeitsfloskeln. Mit einer Stimme, die man »dienstlich« nennt, sagte er zu Sendlinger: »Docteur Sendlinger... hiermit verhafte ich Sie.«

Sendlinger starrte fassungslos von Ducoux zu Fontana und zurück. »Das ist kein guter Witz!« sagte er. »Und wenn wir Theater spielen wollen, ist das nicht die richtige Zeit.«

»Ziehen Sie sich an!«

»Ich denke nicht daran!« Sendlinger wurde es nun zuviel. »Ich nehme nicht an, daß Sie bereits am Morgen betrunken sind! Oder kommen Sie etwa direkt von Madame? War eine lange Nacht, nicht wahr?«

»Ich verhafte Sie wegen Vergehens gegen das Nukleargesetz, wegen Atomschmuggel und als Mitglied einer kriminellen Vereinigung. Alles, was Sie ab jetzt sagen...«

»Sie sind verrückt!« unterbrach ihn Sendlinger. »Total verrückt... oder sinnlos besoffen! Ducoux, Sie kennen mich doch...«

»Ja, jetzt kenne ich Sie!«

»Warum diese Umwege.« Fontana mischte sich jetzt ein. »Einen lieben Gruß von Sybin...«

Dr. Sendlinger erstarrte. Ja, er war so überrascht, daß es ihm für einen Augenblick die Sprache verschlug, und ein nervöses Zucken in den Augenwinkeln zeigte, daß ihn Fontanas Vorstoß voll getroffen hatte. Doch so schnell, wie er die Beherrschung verloren hatte, so schnell fing er sich auch wieder.

»Wer ist Sybin?«

»Ach, Sie kennen ihn nicht?« Ducoux' Stimme war pure Ironie.

»Ich habe diesen Namen noch nie gehört.«

»Gedächtnislücken gehören zu Ihrem Beruf.« Fontana ging zum Frühstückstisch und nahm sich aus dem Brotkorb ein Croissant. Unbefangen biß er hinein und begann zu kauen. »Verzeihen Sie, aber ich hatte Hunger...«

Diese Amerikaner! Ducoux schüttelte den Kopf. Sendlinger dagegen brauste auf wie ein Mann, den man geohrfeigt hatte.

»Was erlauben Sie sich?« schrie er. »Wer sind Sie denn?«

»Captain Fontana von der CIA...«

Das war die zweite Attacke. Sendlingers Gesichtszüge erstarrten. In diesem Augenblick wußte er, daß mit Sybin doch etwas geschehen war und daß Ducoux wußte, welche Rolle er spielte.

»Ich möchte meine Botschaft sprechen!« sagte er gepreßt. »Sofort!«

»Bemühen Sie sich nicht. In diesem Augenblick wird das BKA informiert, und einem Auslieferungsantrag wird sofort entsprochen werden.«

»Ich protestiere hiermit ganz energisch!« Sendlinger sagte es, obwohl er wußte, daß es eine reine Redensart war. »Es ist ungeheuerlich, was mir da vorgeworfen wird. Ich ersuche um Vorlage der Beweise.«

»Die werden wir Ihnen beim Verhör vorlegen.«

»Verhör? Ich weigere mich, verhört zu werden!«

»Da war Igor Germanowitsch aber kooperativer als Sie...«, warf Fontana ein.

Sendlinger spürte ein Kribbeln in den Adern. Was hatte Sybin erzählt? Hatte er überhaupt auf Fragen geantwortet, oder bluffte dieser unsympathische Fontana nur? Gehen wir zum Angriff über.

»Ich wiederhole: Ich kenne keinen Sybin. Ich verlange eine Gegenüberstellung.«

»Das ist im Moment nicht möglich. Er befindet sich auf dem Weg zu einer anderen Dienststelle, aber es geht ihm gut. Er ist froh, daß er alles hinter sich hat.«

Ducoux mußte sich abwenden. Solche Nerven wie Fontana möchte ich haben, diese Kaltschnäuzigkeit. Er begann, ohne es zu wollen, Fontana zu bewundern.

»Ziehen Sie sich endlich an, Docteur«, sagte Ducoux. Er hörte Fontana kauen und daß er sich sogar eine Tasse Kaffee eingoß.

»Und wenn ich mich weigere?«

»Das ist doch sinnlos! Das hilft Ihnen nicht.«

»Moment.« Fontana legte sein halb gegessenes Croissant auf den Tisch und hob die Faust. Sendlinger wich zurück. »Nur zur Information, Dr. Sendlinger«, sagte er. »Sehen Sie sich diese Faust an. Ich war einmal Mittelgewichtsmeister im Boxen in meinem College, und diese Kraft habe ich noch nicht verloren.«

»Sie drohen mir mit körperlicher Gewalt? Ich werde in der Öffentlichkeit...«

»Sie werden sich jetzt anziehen!« Dick Fontana griff wieder nach dem Croissant. »Und das mit der Öffentlichkeit vergessen Sie. Man hat Sie zur geheimen Verschlußsache erklärt. Die Medien werden nichts erfahren. Für die Öffentlichkeit sind Sie Luft!«

Dr. Sendlinger fügte sich. Er sah ein, daß weitere Diskussionen sinnlos waren. Das einzige, was ihm blieb, war hartnäckiges Leugnen – und falls Beweise vorgelegt wurden –, alle Ermittlungsergebnisse anzufechten und zu zerpflücken. Gleichgültig, was Sybin ausgesagt hatte... er würde dabei bleiben, ihn nicht zu kennen, und dahingehend plädieren, daß ein ihm unbekannter Russe die Straftaten auf ihn abschieben wolle. Dabei würde es ein Rätsel bleiben, woher dieser Sybin den Namen Sendlinger kannte. Aus dem Telefonbuch, willkürlich herausgesucht? Und Beweise lagen keine vor, nicht die geringsten, und auch in der Kanzlei würde man bei einer Durchsuchung nichts finden. Keine Notizen, keine Hinweise, keine Namen. Die ganze Anklage mußte in sich zusammenfallen. Aber eines war damit erreicht worden: Der Plutoniumhandel mußte gestoppt werden, und er mußte vorerst untertauchen. Und später? Wenn Sybin an Rußland ausgeliefert wurde, würde er in einem Straflager in Sibirien verschwinden. Wer sorgte dann für Nachschub? Die Abnehmer warteten auf weitere Sendungen. Es war unmöglich, auch nach Sybins Ausschaltung die Quellen versiegen zu lassen.

Sendlinger zog sich an und streckte dann seine Arme aus. Ducoux schüttelte den Kopf.

»Keine Handschellen?« fragte Sendlinger.

»Ich setze voraus, daß Sie ein Ehrenmann sind.«

»Auf einmal? Als Atomverkäufer?«

»Als Mann, der seine Schuld mit Würde trägt und mit uns unauffällig das *Crillon* verläßt.«

»Ich bin mir keiner Schuld bewußt. Gehen wir.«

Fontana entriegelte die Tür, und erst jetzt begriff Sendlinger, daß er von Anfang an in einer luxuriösen Zelle gewesen war. Er konnte sich ein Grinsen nicht verkneifen und sagte beim Verlassen des Zimmers zu Fontana:

»Wir sind hier nicht in Chicago, Captain... und es ist auch nicht meine Art, mir den Weg freizuschießen. Ein Unschuldiger reagiert so nicht.«

Waldhaas hatte gerade sein Frühstück beendet und wollte noch einmal in sein Zimmer gehen, als er Sendlinger in Begleitung von zwei Männern durch die Halle zum Ausgang gehen sah.

Ruckartig blieb er stehen und versteckte sich hinter einer Säule. Ein Mann links, ein Mann rechts und in ihrer Mitte der Dritte. Das kannte er zu genau, das hatte er selbst Hunderte Male praktiziert: das Abführen eines Verhafteten.

Es war für Waldhaas nicht schwierig, die Zusammenhänge zu erkennen: Sybin nicht im Hotel, Sendlinger verhaftet... das ist einfachstes Einmaleins. Es war nicht nötig, darüber nachzudenken, was in der Nacht passiert war...

Waldhaas handelte sofort, auch das war Stasi-Ausbildung: Nicht zögern... zugreifen. Wer wartet, kann später hinterherlaufen. Oder – wie Gorbatschow sagte – wer zu spät kommt, den bestraft das Leben. In dieser Situation bedeutete das: sofort weg aus Paris – noch weiß niemand, wer du bist.

Er bezahlte die Rechnungen für sich, Sybin und Sendlinger, ging in Sendlingers Suite, nahm den Schlüssel an sich, fuhr wieder hinunter mit seinem eigenen Koffer, gab den Schlüssel ab und ließ sich zum Flughafen Charles de Gaulle fahren. Dort schrieb man sein Flugticket um, und mit dem nächsten Flieger verließ er Paris und flog zurück nach Berlin. Als er in seiner Dahlemer Villa saß und einen spanischen Kognak getrunken hatte – er liebte den weichen iberischen Kognak mit dem zarten Weinaroma – fühlte er sich wieder sicher. Er begann, die Folgen von Sendlingers Verhaftung durchzuspielen. Der Name Waldhaas tauchte nirgendwo auf. Nur zwei Männer wußten von ihm: Sendlinger und Hässler. Und wie er Sendlinger kannte, würde man aus ihm kein Wort herauspressen können.

Waldhaas kam zu dem Resultat, daß er nichts zu befürchten hatte.

Am Abend rief er Adolf Hässler an.

»Wie ist's in Paris gelaufen?« fragte Hässler. »Alles in Ordnung?«

»In bester Ordnung«, antwortete Waldhaas sarkastisch.

»Das hört man gern.«

»Sie haben Paul verhaftet...«

Einen Augenblick war es still. Hässler mußte die Mitteilung erst verdauen. »*Was* wurde er?« fragte er ungläubig. »Verhaftet?«

»Ja, von der Sûreté. Heute morgen.«

»O Scheiße!«

»Und Sybin ist auch aus dem Verkehr gezogen.«

»Auch? Und was nun?«

»Abwarten, Adolf. Uns kann keiner was anhängen. Keine Angst, wir sind raus.«

»Angst? Wer spricht denn von Angst? Was wird mit den verdammten fünf Kilo Pu?«

»Die bleiben bei dir im Keller.«

»Ich will die Scheiße loswerden! Ich will nicht auf einer Bombe leben.«

»Das Pulver ist harmlos, solange du es nicht einatmest. Oder kannst du Atome spalten?«

»Rede nicht solchen Blödsinn! Ich will die Kästen loswerden! Ich habe ein Restaurant und keinen Atombunker.«

»Du mußt sie behalten, Adolf. Wohin soll ich damit?«

»Du hast riesige Lagerräume.«

»Und zweihundertvierunddreißig Arbeiter! Das ist ein zu großes Risiko. Warten wir, bis Sendlinger entlassen wird.«

»Entlassen? Hast du 'ne Macke? Wenn er verurteilt wird...«

»Da liegt ja unsere Chance. Sendlinger wird angeklagt werden wegen Verstoßes gegen das Kriegswaffen-Kontrollgesetz. Der zweite Tatbestand ist vermutlich: unerlaubter Umgang mit Kernbrennstoff und wird mit dem ersten zusammengelegt. Höchststrafe bis zu zehn Jahren. Aber die hat noch niemand bekommen. Sendlinger wird es als ausgebuffter Rechtsanwalt hinkriegen, mit höchstens drei Jahren davonzukommen, und es wird ein reiner Indizienprozeß werden... wenn Sybin den Mund hält!«

»Hält er ihn. Weißt du das?«

»Er hat so viele Helfer an höchsten Stellen, daß auch sein Prozeß unterm Tisch verhandelt werden wird. Sybin ist unangreifbar. Von dieser Seite kommen keine Beweise. Und ohne Beweise kein Urteil! Ich glaube, daß Paul noch nicht einmal drei Jahre kriegt. Im Zweifel für den Angeklagten, heißt es so schön. Aber nehmen wir den ungünstigsten Fall an: Drei Jahre sitzt er, und wenn er zurückkommt, haben wir fünf Kilo PU Startkapital. Es geht einfach weiter... mit dieser kleinen Verzögerung.«

»Das heißt, ich soll das Mistzeug drei Jahre in meinem Keller behalten?« schrie Hässler empört. »Da mache ich nicht mit!«

»Sechsundsechzig Millionen Dollar, Adolf, für jeden von uns.«

Zahlen hatten Hässler schon immer imponiert und überzeugt. Auch jetzt verstummte er. Waldhaas hörte ihn seufzen.

»Wenn alles so wird, wie du dir das denkst...«, sagte er nach einer Weile.

»Warten wir es ab. Das ist das einzige, was wir jetzt tun können. Ich vertraue auf Sendlingers juristisches Können und auf die milden deutschen Gesetze.«

Waldhaas legte auf. Er machte sich wirklich keine Sorgen. Was konnte schon passieren? Die liberale deutsche Rechtsprechung erleichterte es, beruhigt zu schlafen.

Unerlaubter Umgang mit Kernbrennstoff... welch ein zart formulierter Gesetzestext.

Daß dahinter Millionen von Toten stehen können, das übersteigt anscheinend die Vorstellungskraft des Gesetzesgebers.

Waldhaas sah keinen Grund, sich zu sorgen.

Die an alle Geheimdienste abgeschickte Information, daß man den großen Unbekannten der russischen Atommafia enttarnt habe, schlug bei den Diensten wie eine Bombe ein. Vor allem der russische FSB, ein Nachfolger des immer bestens informierten und schlagkräftigen KGB, stand vor der heiklen Aufgabe, entweder weiterhin zu leugnen oder gnadenlos zuzuschlagen, ohne Rücksicht auf viele große Namen, mit denen Sybin freundschaftlich verbunden war und die von ihm ein gutes Zubrot zu ihren Gehältern erhielten. Es war ein Problem, das man schnell lösen mußte, denn die ganze Welt blickte jetzt nach Moskau, der Schwarze Peter lag bei den Russen. Was man schon immer geahnt hatte, war nun offiziell: Das Nuklearmaterial, das durch verschiedene Länder geisterte, stammte aus russischen Brütern oder Instituten. Ein Kesseltreiben gegen Rußland, wie Moskauer Offizielle es genannt hatten, wurde von der bitteren Wahrheit abgelöst, da offengelegt wurde, was die Verantwortlichen schon längst wußten. Nun hieß es, schnellstens zu handeln.

Im Auftrage der deutschen Regierung in Bonn flog Egon Wallner vom BKA nach Moskau. Er war mittlerweile zum leitenden Kriminaldirektor befördert worden mit der Aussicht, in absehbarer Zeit Polizeipräsident von Stuttgart zu werden. Der Flug nach Moskau war wahrscheinlich seine letzte große große Aufgabe in Sachen Plutoniumschmuggel.

In Moskau empfing ihn der russische Geheimdienstdirektor Sergej Stepaschin, bei dem bereits der Abgesandte von Kanzler Kohl, Staatsminister Bernd Schmidtbauer als Koordinator der Geheimdienste vorstellig geworden war. Somit war ein enger Kontakt zu den deutschen Ermittlern geschaffen worden, als Wallner das Gebäude des FSB betrat: die gefürchtete Lubjanka, zu Zeiten der Sowjetunion oft die Endstation für Verhaftete. Bevor du die Lubjanka betrittst, nimm Abschied von deinen Lieben, heißt ein modernes russisches Sprichwort. Nach Glasnost und Perestroika hatte es zwar seinen Schrecken verloren, aber die »Fachleute« waren noch da, und sie begannen nun, Sybins Imperium aufzurollen.

Was im einzelnen zwischen Wallner und Stepaschin besprochen worden war, wurde nicht bekannt. Alle Aktionen verliefen im stillen, alle Razzien und Verhaftungen unterlagen absoluter Geheimhaltung. Zum ersten Mal wurden auch Informationen deutscher V-Männer des BND verwertet und erwiesen sich als Tatsachen. Grundlage der engen Zusammenarbeit zwischen Rußland und der Bundesrepublik Deutschland war ein Memorandum zur Bekämpfung des illegalen Nuklearhandels, das Staatsminister Schmidtbauer und FSB-Chef Stepaschin am 22. August 1994 unterzeichnet hatten, zwölf Tage nach dem bisher größten Plutoniumfund auf dem Franz-Josef-Strauß-Flughafen in München, der weltweit für größte Aufregung sorgte, und vor allem Rußland als neuen Unruhestifter entlarven sollte.

In Moskau hatte man empört reagiert: Innenministerium, Atomministerium, Außenministerium, Verteidigungsministerium und die russische Atomaufsichtsbehörde Gosatomnadsar protestierten und sprachen von einer Beleidigung Rußlands. Einen Augenblick lag die Gefahr in der Luft, daß das gute Ost-West-Verhältnis zusammenbrechen würde.

Nun aber waren sich FSB und der BND einig, daß nur ein kooperatives Vorgehen gegen den erwiesenen Atomschmuggel erfolgreich sein könnte, aber gleichzeitig wurde jede Aktion als geheime Verschlußsache behandelt. Den Spekulationen über den Münchener Atomskandal war der Boden entzogen worden.

In Paris genoß Jean Ducoux seinen Triumph. Es war eine nationale Tat gewesen, die Atommafia zu zerschlagen und damit international für Ruhe und Erleichterung zu sorgen. Frankreichs Sûreté hatte ihr Können bewiesen. Auch Mitterrand sah das so, empfing Jean Ducoux im Élyséepalast und sprach ihm seinen Glückwunsch aus. Ducoux verließ stolz das Arbeitszimmer des Präsidenten.

Auch im »Roten Salon« empfing man Ducoux mit Applaus. Madame de Marchandais aber mußte einen Verlust beklagen: Botschaftsrat Anwar Awjilah war plötzlich zurück nach Teheran versetzt worden und hatte Paris bereits zwei Tage nach Sendlingers Verhaftung verlassen. Niemandem fiel etwas auf, denn es ist üblich, daß Botschaftsangehörige hin und her geschoben werden.

In Berlin hatte das Landeskriminalamt die Kanzlei von Dr. Sendlinger gründlich durchsucht. Kartonweise wurden Akten beschlagnahmt und abtransportiert, der Oberstaatsanwalt leitete die Aktion, eine Gruppe Kriminalbeamter war damit beschäftigt, alle Personen aus der Kartei des Anwalts zu überprüfen. Das verstieß zwar gegen das Datenschutzgesetz, aber in diesem Fall hielt man eine solche Maßnahme für gerechtfertigt, denn es bestand die Gefahr der Verdunkelung, wenn man nicht schnell genug arbeitete.

Im Verlauf dieser Kontrollen erschienen auch zwei Beamte des LKA Berlin bei Hässler im Lokal *Zum dicken Adolf*. Hässler, darauf gefaßt, hatte seine Antworten schon lange einstudiert.

»Sendlinger?« fragte er. »Ein Dr. Sendlinger? Muß ich den kennen?«

»Ihr Name steht in seinem Notizbuch. Wörtlich: Morgen im *Dicken Adolf*.«

»Ich habe ein Restaurant, wie Sie sehen. Ein renommiertes Restaurant, bei Feinschmeckern bekannt. Dieser Dr. Sendlinger war bestimmt einmal mein Gast. Ich habe dreißig Tische ... wie soll ich da jeden kennen? Die Gäste stellen sich ja nicht vor.« Er zeigte in das Lokal. »Es geht raus und rein. Möglich, daß auch ein Dr. Sendlinger hier war, wie Ihr Polizeipräsident, der war auch schon hier. Sogar zweimal.«

»Ach, und den kennen Sie?«

»Aus der Zeitung. Und als ich zu ihm sagte: Es freut mich, daß Sie mein Gast sind, Herr Präsident ... da hat er gelächelt.«

Die LKA-Beamten tranken noch ein Bier – ein Radeberger Pils – und verließen dann den *Dicken Adolf*. Sie stuften Hässler als absolut unverdächtig ein.

Das gleiche geschah mit Waldhaas. Ihn hatte Sendlinger in vier Prozessen gegen zahlungsunwillige Bauherrn vertreten und die Prozesse gewonnen – ein normaler Mandant also, unverdächtig.

Das Fazit der Ermittlungen und der Hausdurchsuchung: keinerlei Beweismaterial. Es würde für die Staatsanwaltschaft schwierig werden, eine Anklageschrift zu formulieren. Was lag konkret vor? Nur die Aussage einer Natalja Petrowna Victorowa. Eine ehemalige Tänzerin in einem berüchtigten Nachtclub, keine besonders glaubwürdige Zeugin. Es war ein Jammer, daß der angebliche Kopf des Atomschmugglerrings, dieser Sybin, mit gespaltetem Schädel aus der Seine geborgen worden war. Seine Ermordung ließ aber auch den Schluß zu, daß hier zwei rivalisierende Banden um den Markt kämpften. Die logische Schlußfolgerung: Es gab also noch eine Mafia, von der man nicht das geringste wußte.

Man tappte also wieder im dunkeln.

Der leitende Kriminaldirektor Wallner kehrte aus Moskau zurück. Er hatte zu Stepaschin ein fast freundschaftliches Verhältnis entwickelt und brachte Informationen mit, die hoffen ließen, den Nuklearschmuggel unterbinden oder wenigstens in Grenzen halten zu können.

Wallner ruhte sich einen Tag lang aus und arbeitete an einem Vortrag. Er stellte zahlreiche Fakten zusammen, die insgesamt gesehen einen genauen Überblick über den internationalen Nuklearschmuggel gaben.

Am nächsten Tag berief er eine Sondersitzung der Dezernate ein, die mit den Atomverkäufen beschäftigt waren. Auch der Präsident des BKA war anwesend, genauso gespannt wie die anderen Beamten. Wallner hatte ihn gebeten, den Bericht auf diese Weise entgegenzunehmen, um nicht alles zweimal vortragen zu müssen.

Wallner kam in den Konferenzraum. Unter dem Arm trug er eine dicke Akte, ein untrügliches Zeichen dafür, daß man sich auf einen langen Vormittag einstellen mußte. Im BKA waren Wallners Vorträge gefürchtet – man wurde mit so vielen Fakten gefüttert, daß man sie kaum verdauen konnte. Wallner aber erwartete von seinen Beamten, daß sie alles begriffen und vor allem im Gedächtnis behielten, und anders würde es auch heute nicht sein.

»Wie Sie wissen, bin ich vorgestern aus Moskau zurückgekommen«, begann er seinem Bericht, »und ich habe alle Erkenntnisse zusammengestellt, die mir von den uns befreundeten Diensten zur Verfügung gestellt wurden. Daraus ergibt sich ein fast lückenloses Bild über die Aktivitäten des internationalen Nuklearschmuggels und dessen Bekämpfung. Bei dieser Zusammenstellung hat auch der BND mitgewirkt, und ich bin ihm dankbar für seine große Hilfe.«

Ein staunendes Schweigen breitete sich aus. Jeder wußte, wie Wallner bisher über den BND gedacht hatte, jeder kannte seine Animosität gegenüber dem deutschen Geheimdienst, den er – sehr persönlich – im Vergleich zum israelischen MOSSAD für einen Verein überbezahlter Lehrlinge hielt. Und jetzt dieses Lob? Hatte die Moskauer Luft Wallner verändert?

»Ich möchte nicht mehr auf die Münchener Affäre eingehen... sie ist allen bekannt und in der Öffentlichkeit lange genug breitgetreten worden. Nur zur Erinnerung: Am 10. August 1994 landet um siebzehn Uhr fünfundvierzig auf dem Flughafen München die Lufthansamaschine Boeing 737, Flugnummer 3369, aus Moskau kommend. Sie wird von Kollegen des LKA erwartet. Der BND hatte verlauten lassen, daß ein V-Mann aus Moskau mitgeteilt hatte, daß mit dieser Maschine drei Atomschmuggler landen würden, die vorher mit einem verdeckten Ermittler des LKA bereits im Münchener Hotel *Excelsior* Kontakt aufgenommen und ihm Proben des Nuklearmaterials überreicht hatten. Dieser Kontakt war ebenfalls durch den BND über Mittelsmänner in Spanien hergestellt worden. Der Tip erwies sich als richtig. In einem Schalenkoffer hatten die drei Händler 363,4 Gramm hochreines, waffenfähiges Plutonium 239 mitgebracht. Dazu noch vierhundert Gramm Lithium 6 – unentbehrlich für die Herstellung der Wasserstoffbombe vom Typ Nagasaki. Die Händler betrachteten auch diese Menge an Plutonium nur als Beweis ihrer Seriosität... die endgültige Liefermenge sollte vier Kilogramm betragen. Ein Deal im Werte von 387,5

Millionen Mark! Wie das alles gelaufen ist, wissen Sie. Herumgerätselt wurde lediglich, woher das Nuklearmaterial stammt. Man tippte auf die Atomfabrik in Majak, das zur ehemals geheimen Stadt Tscheljabinsk-65 in Sibirien gehört. Die russische Regierung bestritt das energisch, der stellvertretende Atomminister Sidorenko wies alle Vorwürfe zurück und sprach von einer gezielten Lüge. Er hatte recht...«

Ein Raunen ging durch den Konferenzsaal. Was sagt der Wallner da? Er zweifelt die Untersuchungen an, die von Experten durchgeführt worden waren? Wenn das nur gutgeht!

Wallner blätterte in der dicken Akte. »Ich verstehe Ihre Reaktionen«, fuhr er fort. »Aber seit dem 10. August 1994 hat sich vieles verändert. Was bisher geheime Verschlußsache war, kann ich Ihnen heute unter Auferlegung totaler Schweigepflicht und mit Billigung des russischen Kollegen Stepaschin mitteilen: Der bisher geheime Lieferant des Münchener Plutoniums ist dank der hervorragenden Arbeit des FSB in Moskau enttarnt worden. Der Beschaffer der 363,4 Gramm mit einer Reinheit von siebenundachtzig Prozent, also absolut waffenfähig, ist ein einundsechzigjähriger Pensionist, von Beruf Chemiker und spezialisiert auf Nuklearforschung. Ein absoluter Fachmann! Er heißt Gennadi Nikiforow und wohnt in Moskau, am Kawkaskijboulevard. Das in München beschlagnahmte Plutonium stammt nicht aus einem sibirischen Brüter, sondern aus der Atomforschungsinstitut Obninsk, eines der Zentralinstitute der russischen Kernforschung, achtzig Kilometer von Moskau entfernt. Damit sind alle Spekulationen deutscher Medien widerlegt. Ich betrachte das als einen großen Erfolg der deutschrussischen Zusammenarbeit.«

Zwei Beatme klatschten Beifall; ihre Kollegen sahen sie mißbilligend an. Auch Wallner winkte ab.

»Das ist nur die Vorderseite... die Rückseite ist weniger glatt poliert. Im August 1994 wurden in Moskau zwei Atomhändler festgenommen, die Kontakte zu westlichen Vermittlern aufgenommen hatten. Das Fatale an der Verhaftung war, daß die beiden Anbieter Mitarbeiter des russischen Geheimdienstes FSB waren. Und der FSB hatte den Auftrag, die Nuklearkriminalität zu bekämpfen. Aber solche schwarzen Schafe gibt es in allen Ländern – sie sind nicht rußlandtypisch.« Wallner blätterte erneut in seinen Akten und hatte bald gefunden, was er suchte.

»Um Ihnen die gegenwärtige Situation der Nuklearkriminalität zu illustrieren, muß ich Sie leider mit einigen Statistiken langweilen. Aber sie geben genaue Auskunft darüber, daß wir es nicht mehr mit Einzelpersonen zu tun haben, sondern mit einer gutorganisierten, international arbeitenden Verbrecherorganisation. Beginnen wir bei dem bereits erwähnten Gennadi Nikiforow in Moskau, dem braven Pensionär, der in seiner ›Freizeit‹ eine Handelsgesellschaft für Buntmetalle gegründet hat. Nachdem am 10. August der Münchener Deal geplatzt war, wurde Nikiforow bereits Ende August wieder aktiv. Über seine Verbindungsleute im Ausland bot er wiederum fünf Kilogramm hochangereichertes Plutonium 239 an. Ermittler des FSB fanden heraus, daß dieses Mal das Plutonium nicht aus Obninsk stammte, sondern aus der Plutoniumfabrik Tomsk-7. Durch ihre Agenten erfuhr der FSB sogar den Weg der tödlichen Ware: über Moldawien nach Rumänien und von dort weiter nach Österreich und Deutschland, ganz normal per Flugzeug. Die an sich schon locker kontrollierenden Beamten in den Flughäfen von Moskau und Bukarest wurden zudem noch bestochen. Nichts Neues ... Korruption ist ein weltweites Problem. Und nun der Gipfel: Die bestellte Menge sollte ab dem 11. September 1994 geliefert werden. Wir haben daraufhin einen Monat lang alle aus dem Osten kommenden Flugzeuge unter die Lupe genommen. Ohne Erfolg. Wir wissen bis heute nicht, ob diese vier Kilogramm Plutonium in Deutschland oder Österreich angekommen sind. Sie sind verschwunden. Und noch einmal wollte Nikiforow zuschlagen. Einem Mitarbeiter der nordkoreanischen Botschaft in Bukarest bot er achtundfünfzig Kilogramm angereichertes Uran an. Der russische Geheimdienst verhaftete daraufhin in einer Blitzaktion mutmaßliche Lieferanten in den Atomwerken Obninsk und Tomsk und einen Vermittler in St. Petersburg. Nikiforow hatte Glück: Der kleine, raffinierte Pensionist schaffte es, daß die russische Atompolizei ihm eine Beteiligung am Münchener Deal nicht lückenlos nachweisen konnte. Die Information der konspirativen FSB-Agenten, die angebotenen achtundfünfzig Kilo Uran seien in einem Bunker der Stadt Elektrostal südöstlich von Moskau versteckt, konnte nicht bestätigt werden. Auch das Uran war verschwunden. War Nikiforow gewarnt worden, vielleicht durch einen Mitarbeiter des Geheimdienstes? Es besteht kein Zweifel, daß Nikiforow eine zentrale Figur der Atommafia geworden ist, denn in seiner Garage in Moskau entdeckten Fahnder über sechseinhalb Kilogramm Urantabletten, die allerdings für militärische Zwecke unbrauchbar sind, da der Reinheitsgehalt zu niedrig war. Man kann also sagen, daß Nikiforow der direkte Konkurrent des sagenhaften Igor Germanowitsch Sybin war, den man aus der Seine gefischt hat. Ob er mit diesem Mord etwas zu tun hat, wird nie geklärt werden können. Der Wettbewerb im Atomhandel eskaliert, das wissen wir alle. Und nun eine interessante Zahl. In den vergangenen achtzehn Monaten hat das russische Innenministerium hundertdreißig Fälle von Nuklearstraftaten registriert.«

Wallner unterbrach seinen Vortrag und trank einen großen Schluck Mineralwasser. Seiner Kehle war trocken geworden ... soviel redete er normalerweise in drei Monaten nicht. Er blickte über die Versammlung seiner Beamten und hinüber zum Präsidenten, der nachdenklich vor sich hinstarrte. Er ahnte, daß Wallner noch mehr brisante Informationen in seiner Akte verwahrte. Und er täuschte sich nicht.

»Sind das, was sie uns vortragen, keine Hypothesen, Herr Wallner«, fragte er. »Ist alles belegt?«

»Ich werde Ihnen die Berichte vorlegen, Herr Präsident.«

»Sie müssen sofort an den BND und die Bundesregierung geschickt werden.«

»Es ist alles vorbereitet. Ich wollte den ganzen Komplex zuerst im vertrauten Kreis vortragen. Das BKA wird ja die Hauptlast aller weiteren Ermittlungen tragen.«

Der Präsident nickte zustimmend. Ein As, dieser Wallner. Schade, daß er Polizeipräsident von Stuttgart werden soll. So einen Mann bekommen wir so schnell nicht wieder.

»Die Atomkriminalität wird, aus russischer Sicht, der ich beipflichte, sehr schwer zu bekämpfen sein. Wir kennen bisher zehn ehemals ›geheime Städte‹, in deren Kernkraftwerken und Forschungsinstituten Plutonium hergestellt wird: Arsamas-16, südlich von Nishni Nowgorod, die älteste Nuklearanlage, an der auch die erste russische Atombombe gebaut wurde. Bereits im Jahre 1942 erhielt der damalige KGB-Chef Lawrentij Berija von Stalin den Auftrag, die Nuklearforschung zu forcieren und eine Atombombe zu konstruieren. Unter der Leitung von Professor Igor Kurtschatow bastelten die besten Chemiker und Physiker an dieser Bombe, aber die Amerikaner kamen ihnen zuvor. Damals hatte übrigens auch Hitler die Idee, einen Atomkrieg zu entfesseln. Bei uns war der Beauftragte Wernher von Braun, aber auch er verlor das Wettrennen. Sagen wir, Gott sei Dank – undenkbar, wenn Hitler einen

Atomkrieg angefangen hätte! Doch zurück nach Rußland. Die ›Geheimen Städte‹ sind: Arsamas-16, Pensa-19, Slatoust-36, Swerdlowsk-45, Swerdlowsk-44, Tomsk-7, Krasnojarsk-26, Krasnojarsk-45, Tscheljabinsk-65 und Tscheljabinsk-70. Hinzu kommen neunundzwanzig in Betrieb befindliche Reaktorblöcke, hundertsechzehn Forschungsreaktoren, verteilt über das ganze Land, allein in Moskau sind es fünfzig Reaktoren. Zusammen erzeugen sie pro fünfhundert Kilogramm Uranbrennstäben gute fünf Kilo Plutonium! Sie können sich ausrechnen, was da pro Jahr zusammenkommt. Zwei Probleme gibt es in diesen Werken: Die Sicherheitsvorkehrungen sind lückenhaft, zum Teil sogar nicht vorhanden, und seit der Abrüstung der Atomwaffen erhalten die hochqualifizierten Forscher und Ingenieure ein Monatsgehalt von rund hunderttausend Rubel. Das entspricht zirka hundert Mark! Jede Putzfrau im öffentlichen Dienst verdient mehr! Wer versteht da nicht, daß jeder auf der Jagd nach einem Nebenverdienst ist! Und wo liegt das Zusatzbrot? In den Lagern mit Plutonium und Uran, Lithium und Cäsium.

Man hat ausprobiert, wie einfach es ist, an Plutonium heranzukommen. Ein Ermittler gab sich als Aufkäufer für einen arabischen Staat aus und verhandelte, nach einigen Umwegen, die nicht genannt werden können, mit einem Oberstleutnant a. D., der auf die Frage, ob er waffenfähiges Plutonium beschaffen könne, die lapidare Antwort gab: ›Wieviel wollen Sie? Wir besorgen Ihnen Plutonium in jeder Menge!‹ Oder – ein anderer Fall, geschehen in Tomsk-7 –: Eine Gruppe Arbeiter im Kernkraftwerk wetten miteinander, ob es möglich wäre, zwei Kilo Plutonium aus der gutbewachten Sperrzone herauszuschmuggeln. Einer der Arbeiter bindet sich ein Stück Eisen von sechs Kilo Gewicht – es ist ja nur ein Test – um die Brust, simuliert einen Herzanfall, fällt um und wird sofort von Werkssanitätern in einen Krankenwagen geladen und ins Hospital gefahren. Keiner kontrolliert den Kranken, er passiert alle Sperren... es wäre also ein leichtes gewesen, zwei Kilogramm Plutonium hinauszubringen. So einfach ist das! Und dieser Trick ist nur *ein* Weg, es gibt Hunderte von Möglichkeiten. Die große Frage aber ist: Wieso bemerkt man das Fehlen von Plutonium nicht? Dies liegt am Kontrollsystem! In den Kernkraftwerken werden lediglich die Listen über freigeworfenes Nuklearmaterial durchgesehen und abgehakt... eine Überprüfung, ob die Menge wirklich vorhanden ist und in den unterirdischen Bunkern eingelagert ist, findet nicht statt. Auf dem Weg vom Reaktor zum Bunker kann also leicht etwas ›verlorengehen‹. Eine andere Art der Beschaffung hat sich ein Beamter der russischen Atomaufsichtsbehörde ausgedacht. Sein Name wird verschwiegen. Er zeigte, wie man sogar größere Mengen waffenfähiges Plutonium abzweigen kann: In einem Schnellen Brüter zur Plutoniumerzeugung kann es vorkommen, daß bei hundert Brennstoffwechseln ein Kilo Plutonium mehr gewonnen wird, als es die Norm vorschreibt. In die Berichtsbücher aber schreibt man nur die offiziellen Werte ein, und der Überschuß verschwindet. Er taucht dann auf dem schwarzen Markt auf und wird von der Atommafia angeboten. Werkskontrollen sind kein Hindernis... dieser Beamte konnte Atomfabriken nennen, wo man das Material einfach über die Mauer werfen kann. Oder noch ein Fall: Ein Chemiker des Atomforschungsinstitutes Podolsk bei Moskau stellte beim Wiegen eine kleine Ungenauigkeit an der Waage ein. Er konnte dadurch winzige Mengen Uran mit fünfundvierzig Prozent Anreicherung abzweigen. Als der Geheimdienst ihn verhaftete, fanden sie bei ihm in der Wohnung eineinhalb Kilo Uran... es lag auf dem Balkon!«

»Statt Blümchen Atömchen«, sagte einer der Anwesenden. Einige lachten, aber es befreite nicht von dem Unbehagen, das alle erfaßt hatte. Die Unterbrechung nahm Wallner zum Anlaß, sein Glas Mineralwasser auszutrinken. Die Langeweile, die er zu Beginn des Vortrages angekündigt hatte, hatte sich nicht eingestellt. Der Bericht des leitenden Kriminaldirektors war eine Bombe für sich.

Wallner blickte auf seine Mitarbeiter. »Müde?« fragte er. »Sollen wir eine Pause einlegen?«

»Nein. Berichten Sie weiter, Herr Wallner.« Der Präsident des BKA nickte Wallner aufmunternd zu.

»In den russischen Atomarsenalen gibt es eine Menge Löcher. Die Kontrollorgane sind nicht in der Lage, aus welchem Grund auch immer, eine genaue Inventarliste über gelagertes Nuklearmaterial anzufertigen. Der FSB mutmaßt, daß Hunderte von Tonnen spaltbaren Atommaterials einfach verschwunden sind. Soviel kann man nicht stehlen und verstecken, aber keiner weiß, wo es geblieben ist. Um diesen Mißständen abzuhelfen, haben die USA ein Angebot an Rußland, Weißrußland, die Ukraine und Kasachstan gemacht, also den Ländern, in denen am meisten Nuklearmaterial lagert: Wir holen es ab und entsorgen es. Das Angebot wurde angenommen, und die Geheimoperation ›Saphir‹ lief an. Aus einem

Bunkerlager bei Kamenogorsk in Kasachstan transportierte die US-Air-Force im November 1994 sechshundert Kilogramm Uran 235 nach Amerika. Das Uran hätte für vierundzwanzig Atombomben vom Typ Hiroshima gereicht. Wollen Sie noch einige Zahlen hören?« Wallner nahm eine Zusammenstellung aus der Akte. »Trotz der angelaufenen großen Vernichtung von nuklearen Waffen verfügen Rußland und Amerika heute noch über siebenundvierzigtausend Atomsprengköpfe. Wenn die Abrüstung weiterhin so bleibt wie bisher, werden im Jahre 2003 immer noch achtzehntausend Sprengköpfe übrig sein. Das sind – nach der Sprengkraft gerechnet – zweihunderttausend Hiroshima-Bomben! Können Sie sich das vorstellen, meine Herren? Aber das sind ›nur‹ Sprengköpfe. Wie viele Tonnen Plutonium werden in den unterirdischen Bunkern verwahrt? Da schwanken die Schätzungen. Kein Atomland wird sein größtes Geheimnis preisgeben ... trotz aller Abrüstungsverträge. So schätzen Experten die weltweiten Plutoniumvorräte auf etwa tausendzweihundert Tonnen und rechnen mit tausendsiebenhundert im Jahre 2000. Aber das ist zu niedrig geschätzt. Wenn man bedenkt, daß ein Tausend-Megawatt-Leichtwasserreaktor jährlich zweihundertfünfzehn Kilogramm Plutonium abstößt, ist die Menge von tausendsiebenhundert Tonnen weltweit unrealistisch. Ich halte mich da lieber an einen Bericht der russischen Militärzeitung ›Krasnaja Swesda‹, in dem stand, daß der Bestand an hochangereichertem Plutonium – also waffenfähig – zur Zeit rund tausend Tonnen beträgt! Nur in Rußland! Wenn die Abrüstung weitergeht, werden diese Bestände, wie der Atomwaffen-Chefkonstrukteur Stanislaw Woronin ausgerechnet hat, um sechshundert Tonnen verringert. Es bleiben dann immer noch vierhundert Tonnen übrig. Für eine Plutoniumbombe aber braucht man nur vier bis fünf Kilogramm!« Wallner räusperte sich. Er wurde langsam heiser.

Es ist unmöglich, sagte er sich, das gesamte vorliegende Material, alle Ermittlungen, Geheimberichte, Enttarnungen, Verhaftungen, Händlertricks und Querverbindungen vorzutragen. Das kann man nur lesen. Beschränken wir uns also jetzt nur noch auf das Wesentliche. Vieles muß ungesagt bleiben, wie zum Beispiel der von der österreichischen Staatspolizei in Zusammenarbeit mit uns, dem BKA, als bisherige absolute Geheimsache erklärte Bericht, der den Titel trägt: »Nuklearkriminalität« und im Untertitel lautet: »Illegaler Handel mit radioaktiven Materialien oder sonstigen gefährlichen Substanzen – Lagebericht Österreich«. Ein brisantes Papier – allein in Österreich gab es von 1991 bis 1994 einunddreißig schwere Fälle von Handel mit Uran und Plutonium und zweihundertzweiunddreißig Vergehen wegen sonstiger gefährlicher Materialien. Dabei fungierte Österreich als reines Transitland, wörtlich: »Ein Absatzmarkt in Österreich selbst besteht nach heutigem Wissensstand nicht.«

Wallner zog die letzten Papiere aus der Akte, die er für erwähnenswert hielt, und holte damit gleichzeitig zum letzten, erschreckenden und entsetzlichen Schlag aus.

»Wir haben jetzt immer nur von Plutonium 239 und Uran 235 gehört, von Lithium 6 und der Bombenherstellung. Meine Herren, Sie werden erstaunt sein, wenn ich Ihnen sage: Die Atombombe, ob Plutonium, Uran oder Wasserstoff, ist gar nicht das aktuelle Problem. Die große Gefahr für die Menschheit liegt nicht in einem Atomknall!«

Wieder unterbrach ein Murmeln Wallners Vortrag. Nicht die Atombombe? Was denn sonst? Es geht doch bei Plutonium nur um die Herstellung dieser Vernichtungswaffe. Wer die Atombombe hat, spielt im Weltkonzert die besten Instrumente. Was gibt es denn noch?

»Ich höre Ihr Erstaunen, meine Herren«, sagte Wallner, damit hatte er gerechnet. »Ich komme jetzt zum letzten Kapitel meines Berichtes: Nicht nur die bekannten Nuklearstoffe kreisen durch die Welt, sondern die Zukunft wird das Geschäft mit strahlenden, das heißt radioaktiven Isotopen sein: Osmium 186, Kobalt 60, Strontium 90, Cäsium 137 und Iridium 192. Bevorzugt wird man mit Tritium handeln. Tritium ist ein radioaktives Gas, das durch eine Dauerbestrahlung von Lithium im Reaktor gewonnen wird. Es wird ›erbrütet‹ und ist für die Herstellung einer Wasserstoffbombe vom Typ Nagasaki unentbehrlich. Die Wirkung dieser neuen Bombengeneration ist verheerend. Dagegen war die Bombe von Nagasaki ein Knallkörper. Tritium hat nur einen Fehler: Während die Halbwertzeit von Plutonium vierundzwanzigtausend Jahre beträgt, ist die Halbwertzeit von Tritium nur knapp zwölfeinhalb Jahre. Das heißt, das Gas verflüchtigt sich pro Jahr um fünfeinhalb Prozent. Es muß also genau kontrolliert werden, wieviel von diesem Alkalimetall sich verflüchtigt hat... die Bomben müssen ständig nachgefüllt werden, sonst verringert sich ihre Sprengkraft, die mit keiner anderen Bombe vergleichbar ist, aber auch das ist nicht die schreckliche Vision, die eine ganze Menschheit bedroht.

Es gibt einen lautlosen, unsichtbaren, geruchs- und geschmacklosen Tod: Plutonium 239, aber nicht als Bombenstoff, sondern als Staub. Mehlfeiner Staub... das ist die Besonderheit bei der Plutoniumherstellung, und das macht auch die Verlockung des nahezu ungefährlichen Transports aus, zumal die Strahlung nur zehn bis zwölf Zentimeter weit reicht. Um durch Plutonium getötet zu werden, muß man also in die Nähe davon kommen. Nun ist Plutonium eines der stärksten Gifte, das wir kennen... ein Siebenundzwanzigmillionstel Gramm reicht aus, einen Menschen mit hundertprozentiger Sicherheit zu töten. Plutoniumpulver eingeatmet, erzeugt nicht nur Lungenkrebs, sondern lagert sich auch in Leber und Knochen ab. Folge: Leber- und Knochenkrebs und Leukämie. Die Strahlung zerstört die Zellen und schädigt das Erbgut. Der Körper verbrennt von innen. Zunächst spürt man keinen Schmerz, keine Anzeichen einer Krankheit. Das ändert sich nach fünf bis sechs Tagen! Die Haut rötet sich, es kommt zu Schleimhautentzündungen von Magen und Darm und unerklärbaren Blutungen. Das Krankheitsbild nach drei Wochen: Haarausfall, aufbrechende Geschwüre, Gehirn- und Kreislaufversagen... Rettung unmöglich!«
Wallner blickte auf seine Zuhörer. Auf vielen Gesichtern entdeckte er Skepsis.

»Sie fragen sich jetzt«, nahm er die Gedanken seiner Mitarbeiter auf, »welcher Idiot Plutoniumstaub einatmet? Wir alle sind diese Idioten! Stellen Sie sich vor, nur dreihundert Gramm – weniger als wir in München beschlagnahmen konnten – geraten in die Hände von Terroristen oder politischen oder religiösen Fanatiker. Diese dreihundert Gramm, aus einem gemieteten Sportflugzeug gestreut, reichen aus, um dreihundert Quadratkilometer in eine unbewohnbare Wüste zu verwandeln mit Millionen von Toten. Dreihundert Quadratkilometer entsprechen der Fläche von München! Mit vier Kilogramm, wie sie jetzt angeboten werden und die auch irgendwo herumliegen, könnte man lautlos, ohne spektakulären Atomknall, ganz Europa leerfegen. Das Einatmen des Plutoniumstaubes ist der endgültige Tod. Dies ist ein nicht einschätzbares Erpressungs- und Drohpotential, an das interessierte Kreise leicht herankommen können. Da braucht man keine vier Kilo für eine Plutoniumbombe. Plutoniumstaub in der Menge des Volumens eines Tennisballes kann bei der gesamten Weltbevölkerung Lungenkrebs auslösen. Und das wäre noch das harmloseste. Wir alle sind hilflos ausgeliefert, wenn der tödliche Staub auf uns niederrieselt. Merken

Sie sich die Zahl: Ein Siebenundzwanzigmillionstel Gramm reicht für einen Menschen! Und Sie merken nichts, bis es zu spät ist. Das ist unsere Zukunft, nicht die Bombe!«

Wallner packte seine Unterlagen zusammen und schloß den Aktendeckel

»Von all diesen Aspekten der Nuklearkriminalität ist die Öffentlichkeit noch nicht umfassend unterrichtet worden. Es war geheime Verschlußsache, um nicht eine weltweite Hysterie auszulösen. Fassen wir zusammen: Weltweit lagern über tausendfünfhundert Tonnen Plutonium 239. In Rußland genügend, um zweiundsiebzigtausend Atombomben zu bauen. Die Gefahr, unter Einsatz von Plutoniumstaub erpreßt zu werden, wächst. Der Atomschmuggel wird in den nächsten Jahren anwachsen, und wir können es nicht verhindern, solange noch ein Gramm in den Arsenalen lagert. In deutlichen Worten: Wir werden mit der Nuklearbedrohung leben müssen. Ich danke Ihnen, meine Herren!«

Es dauerte vier Wochen, bis Dick Fontana von Colonel Curley hörte, sein Gesuch, zurück nach Washington zu kommen, sei bewilligt. Gleichzeitig wurden auch Victoria Miranda aus Moskau und Bill Houseman aus Tripolis abberufen. Mit dem Tod von Sybin war ihre Aufgabe erledigt ... die kleinen Boten mit ihren paar Gramm Probematerial waren Sache der einzelnen Staaten und deren Polizei. Der große Unbekannte, der Boß der Bosse von Rußland, war enttarnt. Daß er tot, mit gespaltenem Schädel, in der Seine getrieben war, betrachtete man als Pech. Wichtig war allein, daß die Nuklearkriminalität einen großen Rückschlag erlitten hatte. Das ganze Umfeld der russischen Mafia mußte sich neu formieren, die Dealer gingen vorerst in Deckung.

Weil niemand einen Besitzanspruch auf die Leiche stellte, wurde Sybin an die Pathologie der Universität von Paris überwiesen, wo er, freudig begrüßt, den Medizinstudenten als Anschauungsmaterial diente und Stück für Stück seziert wurde. Die angehenden Ärzte ahnten nicht, wen sie da auf dem Metalltisch zerschnitten. Auch der mächtigste Mann von Moskau war nur ein Mensch aus Muskeln, Adern und Knochen, alles andere hätte die Studenten auch nicht interessiert.

Nur in einem irrte sich die CIA und alle anderen Geheimdienste: Kaum war durch wachsame Dealer bekannt geworden, daß Igor Germanowitsch Sybin in Paris plötzlich gestorben war, reisten seine beiden Meisterschüler aus dem tiefen Sibirien an, um den »Konzern« zu übernehmen und in seinem Sinne weiterzuführen: Bogdan Leonidowitsch Grimaljuk aus Majak und Nikita Victorowitsch Suchanow aus Krasnojarsk. Er hatte Wawras Tod noch nicht überwunden und war voller Schadenfreude, daß Sybin – wie er sich ausdrückte – krepiert war.

»Fangen wir dort an, wo Igor aufgehört hat«, sagte Grimaljuk. »Wir haben eine gute Ausgangsposition. In Berlin, bei Dr. Sendlinger, liegen fünf Kilogramm PU.«

»Sendlinger ist verhaftet worden.«

»Um so besser, dann fällt er bei der Verteilung der Dollars aus.«

»Und wo hat er das PU versteckt?« fragte Suchanow.

»Das werden wir schon erfahren.«

Sie erfuhren es nicht. Von Adolf Hässler wußten sie nichts, und auch Waldhaas war ihnen unbekannt. Aber dies war zu verschmerzen. Schon acht Wochen später verfügten Suchanow und Grimaljuk über sieben Kilo Plutonium 239 und zehn Kilo Uran 235. Außerdem hatte ihnen ein ehemaliger General zehntausend Kalaschnikowmaschinenpistolen angeboten. Sybins Lehrlinge hatten keine Zukunftssorgen mehr. Wie Wallner es in Wiesbaden gesagt hatte: Der Schmuggel geht weiter, und wir müssen mit ihm leben.

Ducoux sprach ein letztes Mal mit Fontana, bevor er auf Einladung des BKA nach Deutschland fuhr.

»Wann fliegen Sie nach Washington, Dick?« fragte er.

»Übermorgen, Jean.« Fontana strahlte. »So schön Paris auch ist, in meinem Haus bei Washington fühle ich mich wohler.«

»Und mit Natalja ist alles klar?«

»Ja. Sie muß nur noch einmal nach Moskau.«

»Warum? Dick, das kann gefährlich werden. Wenn sie nun nicht zurückkommt! Bei Natalja ist mit allem zu rechnen.«

»Sie will ihre Eltern versorgen. Sie wird ihnen die Datscha schenken und einen großen Teil ihres Schmuckes verkaufen. Das ist typisch für eine Russin: Die Familie geht ihr über alles. Überhaupt, sie ist eine phantastische Frau.«

»Das ist eine der wenigen Feststellungen, bei denen ich Ihnen recht gebe. Alles Gute, Dick.«

»Danke. Ihnen auch, Jean.«

Einen Tag vor ihrem Abflug sagte Fontana zu Natalja Petrowna:

»Hast du dir überhaupt darüber Gedanken gemacht, warum du in die USA einreisen darfst?«

»Nein. Du hast gesagt: keine Schwierigkeiten. Das mache ich über die Botschaft in Paris.«

»Das habe ich geglaubt.«

»Hast du Ärger bekommen?«

»Nur Probleme mit unseren Gesetzen.«

»Ich... ich darf nicht mit dir nach Amerika?« Sie senkte den Kopf. »Ich muß nach Moskau zurück?«

»Nein. Du fliegst mit mir. Curley hat mir einen Trick verraten und die nötigen Papiere ausgestellt: Du wirst vom CIA herübergeholt... als Kronzeugin im Mafiafall Sybin...«

»Ich bin also verhaftet? Ich werde sofort den russischen Botschafter...«

Fontana lachte, zog sie in seine Arme und küßte ihre Augen. Ihr Blick war eine Mischung aus Aufsässigkeit, Empörung und strahlender Liebe.

»Was wirst du?« fragte er und drückte sie an sich. »Dich deiner Zeugenpflicht entziehen. Da kennst du aber Captain Dick Fontana nicht! Was er in der Hand hält, gibt es nicht wieder her! Zukünftige Mrs. Fontana... und wie sieht es bei dir aus?«

»Wie soll es bei mir aussehen?« Ihre Augen blitzten. »Schrecklich. Chaotisch. Eine Katastrophe... ich liebe dich.«

Das Leben kann so schön sein, und wir haben nur ein Leben.

Aber in Berlin lagern in einem Kellergewölbe fünf Kilogramm waffenfähiges Plutonium 239.

Fünf Kilogramm – gut für eine Bombe, die Hunderttausende töten kann.

Fünf Kilogramm Plutonium als tödlicher Staub.

Fünf Kilogramm, mit denen man lautlos einen ganzen Erdteil entvölkern kann, wenn der Wind den Staub über die Länder trägt.

Millionen Tote.

Und in den unterirdischen Bunkern lagern weltweit über zweitausend Tonnen Plutonium.

In Rußland allein über achthundert Tonnen.

Und zweiundsiebzigtausend Atomsprengköpfe.

Genug, um alles Leben auf dieser Erde zu zerstören.

Aber die Jagd nach dem Atomstoff geht weiter...

Und die Kriege gehen weiter, und der Terror geht weiter... immer neue Kriege, immer neuer Terror. Warum begreift der Mensch nicht, daß er sich selbst vernichtet...?